Das
Durchqueren
des
großen
Wassers

John G. Bennett

Das Durchqueren des großen Wassers

übersetzt von
Jochen Eggert

Ahorn Verlag

Der Titel der englischen Originalausgabe lautet
Witness
Sie ist erschienen bei Turnstone Press
übersetzt von Jochen Eggert

84 85 86 87 88 89 90 5 4 3 2 1

Umschlaggestaltung: Flath + Frank, München
Satz: Indragni, Ascheberg-Herbern
Druck: Fuldaer Verlagsanstalt

ISBN 3-88403-051-5

Inhalt

Vorwort
zur erweiterten Ausgabe von 1975

In der ersten Ausgabe dieses Buches ist die Pilgerschaft meines Lebens bis zum Jahr 1961 dargestellt. So vieles ist jedoch in den vergangenen zwölf Jahren geschehen, daß manches einer Neubewertung bedarf, und ich nehme dankbar die Gelegenheit wahr, die mein Verleger mir dazu bietet. Die letzten vier Kapitel der vorliegenden Ausgabe sind neu und ergänzen die Geschichte meiner Suche bis zum Jahr 1973. Während dieser Zeit wurde mein Blick mehr und mehr auf die Weltsituation und die Zukunft der Menschheit gelenkt. Im zweiten Band von *The Dramatic Universe* (erschienen 1965) habe ich begründet, weshalb ich glaube, daß wir uns im Frühstadium der Parusie, der Wiederkunft Christi, befinden, die das Ende unserer gegenwärtigen Welt ankündigt. Ich werde häufig gefragt, ob man das wörtlich nehmen soll, und falls ja, ob ich dieser Überzeugung nach wie vor anhänge. Die Antwort lautet, daß ich nicht weniger überzeugt bin als vor zehn Jahren und in der Tat an immer mehr Anzeichen erkenne, daß das große Ereignis naht. Wir müssen Fakten von Fiktion sondern, figurative Darstellungen echter Zeichen von den Interpretationen unterscheiden, die ein- oder zweitausend Jahre vor der Ankunft dieser Zeit des Wandels entstanden. Die Tatsachen liegen auf der Hand: Die alte Welt geht aus den Fugen und wird vor dem Ende dieses Jahrhunderts verschwunden sein. Eine ungeheure Zerstörungskraft ist am Werk, und ihr kann man nur auf der unsichtbaren Ebene von Verstehen und Liebe begegnen. Unbestreitbar wirkt jedoch auch eine schöpferische Gegenkraft, die ihren Ursprung nicht im menschlichen Bewußtsein hat. Der Strom der Einflüsse aus diesen höheren spirituellen Ebenen auf unser gewöhnliches Erleben reißt nie ab; wo sie eingelassen und beantwortet werden, finden diese Einflüsse ein Zuhause. In unserer Zeit gewinnt die Gegenbewegung an Kraft, und Millionen von Menschen, vor allem aus der Nachkriegsgeneration, werden dessen gewahr. All jene, die spüren — und sei es nur halbbewußt —, daß eine Große Arbeit vollbracht wird, fühlen den Drang, an ihr teilzunehmen. Daher die Bewegungen des Suchens und Fragens, die für unsere Zeit so typisch sind.

Wir beobachten die Umwälzungen in Wissenschaft und Technik, die sich mit immer größerem Tempo vollziehen. Neue Entdeckungen wie Düsenschubkraft, Atomenergie und Satellitenkommunikation haben unser Leben seit dem Zweiten Weltkrieg in der kurzen Spanne von einer Generation vollkommen gewandelt. Wir sehen unsere Zivilisation von Bevölkerungsexplosion und Nahrungsmittelknappheit bedroht. Wir sehen, wie Regierungen und Großkonzerne immer weniger in der Lage sind, den Gang der Dinge zu steuern, und andererseits alles daransetzen, die Macht immer weiter zu konzentrieren und damit aller Kontrolle zu entziehen.

Mit jedem Jahr wird wahrscheinlicher, daß die Sozialstruktur der Welt vor dem Ende dieses Jahrhunderts zusammenbricht. Ich glaube, wir müssen mit einer Periode der Panik rechnen, in der jedem klar wird, daß die bestehenden Institutionen außerstande sind, Katastrophen zu verhindern. Nur die immense Trägheit des Systems und sein wesenseigener Widerstand gegen Wandel wird die Dinge noch dreißig oder vierzig Jahre lang in Gang halten. Danach wird sich ein völlig neues Gesellschaftssystem durchsetzen müssen. Es wird weder kapitalistisch noch kommunistisch sein, weder national noch international, sondern ein Zusammenschluß weitgehend autonomer Gemeinschaften, die auf der Basis gegenseitiger Hilfe überleben können. Die großen Städte werden entvölkert und dem Verfall überlassen. Die Staatsregierungen werden durch Agenturen ersetzt, deren Hauptaufgabe in der Verteilung des Lebensnotwendigen bestehen wird. Das Leben wird sich vereinfachen.

Seit dreitausend Jahren und länger bestimmen Expansion und wachsende Komplexität die Welt. Diese Entwicklung stößt jetzt an ihre Grenzen, und wir müssen uns wieder der Konzentration und Vereinfachung zuwenden. Die Errungenschaften von Wissenschaft und Technik, die echten Wert besitzen, müssen wir deswegen nicht über Bord werfen, wohl aber alles, was unsere Welt zu zerstören droht. Das Auto als privates Transportmittel werden wir ebenso aufgeben müssen wie die Massenproduktion von mechanischen oder elektronischen Geräten, die nicht lebensnotwendig sind, oder die ungeheure Verschwendung, die auf den Gebieten „Bildung" und „Verteidigung" betrieben wird. Ich habe diese Begriffe in Anführungszeichen gesetzt, weil sie zwei der großen Lügen unserer Zeit repräsentieren. „Bildung" bildet nicht, und „Verteidigung" verteidigt nicht. Wenn wir anfangen, das Leben auf das Prinzip der Bedürfnisbefriedigung zu gründen anstatt auf die unersättliche Gier nach immer mehr, dann wird es sich enorm vereinfachen, und in gleichem Maß werden Glück und Überlebenschancen zunehmen.

Dieser Wandel kann sich nur dann ohne schwere Erschütterungen vollziehen, wenn die tatsächliche Lage der Welt allgemein offenbar wird. Weshalb wir die Realität so wenig sehen, liegt weniger an planmäßiger Unterdrückung von Information als vielmehr am Fehlen einer umfassenden Perspektive. Was wir beobachten, ist ein Wechselspiel von Krisen und ermutigenden Zeichen eines neuen Aufschwungs. Daß sich unsere Gesellschaft aber insgesamt in der Auflösung befindet — und für dieses Urteil muß man einen Zeitraum von mindestens hundert Jahren überblicken —, wird vom politisch-ökonomischen Auf und Ab verdeckt.

Wir brauchen mehr Menschen, die die Lage erkennen und für die Zukunft der Menschheit arbeiten können. Tatsächlich ist der Mensch nicht fähig,

Katastrophen ohne Hilfe abzuwenden. Die einzige Hoffnung besteht in der Zusammenarbeit mit den Höheren Mächten, die nach ihren eigenen Gesetzen und ihrem eigenen Zeitplan arbeiten. Ich meine die Große Arbeit, an der alle aufgerufen sind mitzuwirken, die dazu fähig sind. Ihre Wahrnehmung muß geschult werden und ihre Fähigkeit, die Spannungen des Weltgeschehens zu verstehen und ihnen standzuhalten. Die Schulung muß auf den Menschen selbst zielen, auf all seine körperlichen, mentalen und spirituellen Kräfte. Wir brauchen Menschen, die den bewußten und dauerhaften Entschluß fassen können, sich in den Dienst der Zukunft zu stellen.

1970 wußte ich, daß ich alles daransetzen mußte zu zeigen, daß diese Schulung möglich ist. Fünfzig Jahre der Suche hatten mich davon überzeugt, daß Gurdjieffs Methode, auf den neuesten Stand gebracht und aus anderen Quellen ergänzt, für eine solche Schulung, wie sie die Welt braucht, am besten geeignet ist. Im Oktober 1971 begann der erste Kurs an der International Academy for Continuous Education, und jetzt ist bereits der zweite abgeschlossen. Die Ergebnisse zeigen, daß die Methoden bei denen wirksam sind, die bedingungslos bereit sind, ihre ganze Kraft aufzuwenden. Das letzte Kapitel berichtet von diesem Unternehmen.

Überall auf der Welt bemerken immer mehr Menschen, daß es Zeit wird, sich auf das neue Zeitalter vorzubereiten. In Stadt und Land suchen Tausende von experimentellen Gemeinschaften nach neuen Wegen. Diese Suche ist in den siebziger Jahren an die Stelle des politischen Aktivismus der sechziger getreten. Ein weiterer Zug dieses Jahrhunderts ist das Umsichgreifen spiritueller Massenbewegungen, die irgendeine Form von Ruckzuck-Erlösung versprechen. Auf dieser Grundlage entstehen gelegentlich religiöse Gemeinschaften, die mit apokalyptischem Ingrimm das Ende der Welt erwarten. Es gibt auch ganz diesseitig eingestellte Gruppen, denen es nur ums Überleben geht.

In solchen Ansätzen mögen sich einzelne Züge der kommenden Gesellschaft schon abzeichnen, aber sie sind unvollständig, und die meisten von ihnen scheitern nach ein paar Jahren. Bis 1985 werden sich neue Faktoren im Leben der Menschen auf der ganzen Welt bemerkbar machen. Zum Beispiel werden alle, denen es bisher an nichts gefehlt hat, den Geschmack des Mangels kennenlernen, und andere, in deren Händen die Rohstoffversorgung der Welt liegt, werden horten. Wir sehen schon die Ansätze dazu, aber noch bekommt nicht jeder die Auswirkungen zu spüren. Wenn das geschieht, wird ein großer Wandel einsetzen. Die Menschen werden ernsthaft nach einer neuen Lebensweise suchen, und das neue Zeitalter wird beginnen.

Soll es aber ein richtiger Anfang ohne unnötiges Leiden sein, dann muß diese „neue Lebensweise“ für jeden sichtbar sein. Deshalb müssen jetzt unverzüglich Gruppen und Gemeinschaften gegründet werden, die sich ganz der Schulung des Menschen widmen. Das kann freilich der Mensch nicht allein bewerkstelligen, und es fällt auch nicht vermöge des blinden und gedankenlosen Glaubens an die göttliche Vorsehung vom Himmel herunter.

Wir werden dazu mit spirituellen Kräften zusammenarbeiten müssen, die höher und intelligenter sind als wir. In einem sehr realen Sinn sind diese spirituellen Kräfte Manifestationen Christi in der Welt. Wir müssen uns jedoch vor Augen halten, daß diese helfenden spirituellen Kräfte sich niemals gegen den Willen des Menschen durchsetzen: er kann nur gerettet werden, wenn er sich retten läßt und an seiner Rettung mitwirkt. Deswegen habe ich das kommende Zeitalter Synergetische Epoche genannt. Überheblichkeit muß der Demut platzmachen und Selbstsucht dem Dienen; unser Ja zu jener Qualität, die nur aus dem Einfachen erwachsen kann, muß an die Stelle des Glaubens an Expansion um ihrer selbst willen treten.

Ideen und Einstellungen verändern die Welt. Wir brauchen eine völlig neue Haltung gegenüber unserer Mutter Erde und allem, was auf ihr lebt. Heute mißbrauchen wir unsere Kräfte, um zu plündern und zu zerstören; uns muß gezeigt werden, wie man sie einsetzen kann, um zu hegen und zu bewahren. Unsere Zukunft hängt von denen ab, die sehen und andere lehren können zu sehen. Die älteren Generationen sind blind, von seltenen Ausnahmen abgesehen. Die Hoffnung liegt bei der Jugend, aber auch sie muß sich von kurzsichtigen selbstsüchtigen Zielen lösen und für die Zukunft arbeiten.

Vorwort

Dieses Buch entstand aus der Überzeugung, daß es zu den wichtigsten Pflichten des Menschen gehört, die Wahrheit zu bezeugen, die ihm offenbart wurde. Nicht jeder ist aufgerufen, die von ihm geschaute Wahrheit in einem Buch oder überhaupt in Worten darzulegen. Die besten Zeugen sind die, deren Leben bekundet, daß die letzte Wirklichkeit hinter allen Erscheinungen im höchsten Sinn gut ist. Mein Leben war gewiß nicht von dieser Art, doch ich hatte Erlebnisse, die mich davon überzeugten, daß der interessanteste und wichtigste Teil der Wirklichkeit sich außerhalb der Reichweite unserer Sinne und Geisteskräfte abspielt.

Anfangs hatte ich den Plan, diese Geschehnisse aufzuschreiben, ohne sie in den biographischen Lauf meines Lebens einzuordnen. Das erwies sich bald als undurchführbar, denn vielfach erschloß sich die Bedeutung der inneren Erfahrung erst in ihren äußeren Konsequenzen. Es ließ sich deshalb nicht umgehen, die Geschichte meines Lebens als Ganzes aufzuschreiben. Sie beginnt zwölf Wochen vor meinem einundzwanzigsten Geburtstag. Meine Geburt und Kindheit erscheinen mir unwichtig, denn meine Erinnerungen unterscheiden sich in nichts von denen anderer Jungen. Erst in Frankreich, als ich dem Tod begegnete, fing ich an, über den Tod hinauszusehen. Von diesem Augenblick an war ich ein Zeuge. Die Geschichte ist nicht zu Ende, aber sie reicht bis zum heutigen Tag.

Gott möge mir verzeihen, wenn ich irgendwo den Eindruck erwecke, mir sei eine Vision zuteil geworden, die andere nicht gehabt haben. Visuelle Vorstellungskraft geht mir fast vollständig ab, und ich stelle in den letzten Jahren staunend fest, daß diese Gabe in mir erwacht. Gleichwohl habe ich eher gespürt als gesehen, und wenn man mich einen Zeugen nennen kann, dann nur in Analogie zu einem Blinden, der Menschen als wandelnde Bäume sehen lernt und überzeugt ist, obgleich er nicht versteht.

Die Niederschrift meiner Lebensgeschichte kann nur so wertvoll sein, wie ich aufrichtig bin. Vor langer Zeit habe ich gelernt, daß kein Mensch seine eigene Erfahrung aufrichtig beschreiben kann. Keiner von uns kann der Versuchung widerstehen, sich selbst interessant zu machen. Kein Zweifel, auch ich bin ihr erlegen. Immerhin, man kann sich um Wahrhaftigkeit bemühen und über die eigenen Fehler und Irrtümer so ehrlich wie möglich schreiben — aber nicht über die anderer, sofern man nicht deren ausdrückliche Einwilligung besitzt. Sollte ich mich gegen diesen Grundsatz vergangen haben, so bitte ich um Verzeihung. In einigen Fällen habe ich Namen verschwiegen oder geändert und in anderen Details ausgelassen, die zwar relevant sind, aber als Kritik an anderern erscheinen könnten.

Meine Absicht war die Beschreibung meiner eigenen Suche und der Entwicklungsstufen, über die ich zu meinen gegenwärtigen Überzeugungen gelangt bin. Aus diesem Grund habe ich manche an sich unwichtige Episoden in den Bericht aufgenommen (und andere, die von größerem allgemeinen Interesse sein könnten, weggelassen), die Licht auf meine eigene Problematik werfen.

Einige Freunde haben mir sehr geholfen, indem sie alte Fotos aufspürten — vor allem Bernhard Rickatson-Hatt.

Andere Freunde haben Korrektur gelesen und Anregungen dazu gegeben, vor allem June Sawrey-Cookson, Hugh Heckstall-Smith, Rosamond Lehmann und Professor E.A. Scaife. Ich war nicht immer in der Lage, die Mängel zu beheben, auf die sie mich hinwiesen, aber sollten die späteren Kapitel das Buch nicht verderben, so ist das ihr Verdienst und nicht meins.

Coombe Springs
Kingston-on-Thames
März 1961

John G. Bennett

1. Todesnähe und Hochzeit

Dies ist die Geschichte meines Lebens, aber sie beginnt nicht mit Geburt und Kindheit oder mit meinen frühen Erinnerungen. Am eigentlichen Anfang meines Lebens, dem 21. März 1918, steht der Geschmack des Todes. Es ist ein himmelweiter Unterschied, ob man den Tod aus der Nähe, aber von außen, oder ob man ihn von innen sieht. Mehrmals in meinem Leben und unter ganz verschiedenen Umständen habe ich erlebt, wie es ist, tot zu sein. Dies ist ein Buch über den Zusammenhang zwischen Leben und Tod, wie er sich in den vergangenen vierzig Jahren immer klarer und sicherer für mich abgezeichnet hat.

Jedem Anfang geht etwas voraus, und ich beginne deshalb mit einem bitterkalten Morgen Anfang März 1918, an dem ich in die Kalkhöhlen von Roeux einstieg, den Matsch und die Gräben, das ratternde Maschinengewehrfeuer, all die Sperrfeuer und Überfälle hinter mir lassend, die den öden Alltag des Grabenkriegs bilden. Der Höhlenkrieg war weder öde noch alltäglich. Die Kalkhöhlen von Roeux erstreckten sich über viele Meilen von Frankreich bis nach Belgien hinein, von unserer damaligen Hauptkampflinie bis tief in den deutschen Sektor. In der Dunkelheit waren Lichter die Vorboten von Unanehmlichkeiten, und in dem schwachen Licht, an das die Augen sich nur langsam gewöhnten, konnte ein Stalagmit ein deutscher Wachtposten sein, und das Geräusch der von der Kalkdecke fallenden Wassertropfen war dem fernen Schlagen einer Spitzhacke zum Verwechseln ähnlich.

Ich weiß nicht, wieviele Hundert britische und deutsche Soldaten sich in den Höhlen versteckten und einander beschlichen. Ich war mit einem Sonderauftrag da, und den hatte ich mir mit einer Charakterschwäche eingehandelt, die mich oft in Schwierigkeiten gebracht hat: Ich melde mich für Aufgaben, für die ich weniger als halb qualifiziert bin, und dann muß ich meinen Mangel an Können und Erfahrung durch einen ungeheuren Kraftaufwand ausgleichen. Wir arbeiteten in den Höhlen mit einem neuentwickelten Gerät, das schwache Erdströme verstärkte, und konnten auf diese Weise die Gespräche der deutschen Feldtelefone abhören. Wer das Gerät bediente, mußte Deutsch verstehen und sich mit der thermionischen Röhre auskennen. Ich war Offizier der Funkertruppe, und das Gerät gehörte zur Ausrüstung der Geheimdiensteinheit — eigentlich also gar nicht meine Sache. Der Geheimdienstoffizier war jedoch auf dem Weg zur Frontlinie in ein Sperrfeuer geraten und entweder tot oder schwer verwundet. In unserem Hauptquartier war nach Freiwilligen gefragt worden, und ich hatte mich gemeldet, obgleich ich hätte wissen müssen, daß mein Schuldeutsch nicht ausreichen würde, um kaum hörbare deutsche Stimmen zu verstehen.

Als ich die Höhlen erreicht hatte, gab es kein Zurück mehr, denn außer mir war niemand da, der das Instrument bedienen konnte oder Deutsch verstand. Zu der Zeit war von nichts anderem die Rede als von einem bevorstehenden deutschen Großangriff, und jeder Hinweis, der aus einem unvorsichtigen Gespräch über die deutschen Feldtelefone aufgeschnappt wurde, konnte Tausende von Leben retten. So saß ich also angestrengt lauschend in der Dunkelheit und bekam gelegentlich peinigende Gesprächsfetzen mit, die viel oder nichts bedeuten konnten.

Die Stunden vergingen. Niemand kam, um mich abzulösen. Stündlich erschienen Kuriere, die meine Notizen abholten. Einmal fing ich beim Abstimmen des Geräts plötzlich ein SOS-Signal auf. Ich war als Morser ausgebildet und konnte das ganze gefunkte Drama verfolgen. Ein Schiff war in der Nordsee torpediert worden und sank. Noch während ich dies nach über vierzig Jahren schreibe, spüre ich wieder den Stich des schmerzhaften Bewußtseins unserer gemeinsamen Todesnähe. Da saß ich tief unter der Erde in den Kalkhöhlen und wußte, daß jeden Tag die grausamste Schlacht des Krieges losbrechen konnte, um mich und Hunderttausend andere zu töten. Und da draußen war dieses Schiff und seine Besatzung und versank im eisigen Wasser der Nordsee. Das einzige Band zwischen uns war die Aussicht auf einen frühen Tod.

Die Signale brachen plötzlich ab, und ich stimmte den Apparat wieder auf die scharfen und verzerrten Stimmen deutscher Offiziere ab. Der Schock hatte mir frische Energie gegeben und meine Schläfrigkeit vertrieben.

Als ich abgelöst wurde, hörte ich staunend, daß zwei Tage und Nächte vergangen waren, in denen ich meine Abhörtätigkeit keinen Augenblick unterbrochen hatte. Der Rückweg führte hinter dem hohen Ufer des Marne-Oise-Kanals zu einem Unterstand, in dem ich mein Motorrad abgestellt hatte. Erst auf dem Rückweg zum Hauptquartier überfiel mich die Müdigkeit. Ich schlief im Sattel ein und wachte erst etliche Stunden später, halb im Schlamm versunken, frierend und sehr schwach wieder auf.

Ich ging wieder an meine eigene Arbeit, die darin bestand, den Funkkontakt mit der Front zu halten, bis endlich die bedrohliche Stille von Artillerietrommelfeuer zerrissen wurde und der deutsche Großangriff begann. Ich war in jenem sonderbaren Zustand, den jeder kennt, der extreme Erschöpfung erlebt hat. Man fühlt eine Art Körperlosigkeit. Man hat erbärmliche Kopfschmerzen, aber zugleich ein Daseinsgefühl, als seien die Begrenzungen des normalen Lebens aufgehoben. Unter günstigen Umständen kann diese Verfassung in einen Zustand vollkommener Klarheit übergehen, in der man der Gegenwart eines höheren Bewußtseins innewird.

Aus diesen letzten Tagen vor dem Beginn meiner eigentlichen Lebensgeschichte steht mir noch ein Vorfall lebhaft vor Augen. Mit meinem Corporal Jenkins, den ich in allem vertraute, weil er in der Praxis kannte, was ich nur theoretisch gelernt hatte, zog ich in einer pechschwarzen Nacht los, um an einem nicht mehr benutzten Telegrafenmast eine Funkantenne anzubringen. Ich schnallte die Steigeisen an und kletterte so geräuschlos wie möglich hoch, bis ich mich an der eisernen Querstange halten konnte. Irgendein Geräusch machte die Deutschen aufmerksam — sie waren nur einige Hundert Meter entfernt —, und sofort lag der Boden unter mir in dichtem Maschinengewehrfeuer. Corporal Jenkins hatte sich in eine Mulde geworfen, aber ich konnte nicht vom Mast herunter, weil die Kugeln dicht unter meinen Füßen hindurchpfiffen. Ich fühlte mich vollkommen von meinem Körper losgelöst, und der Gedanke stieg in mir auf: „Was wäre das für ein merkwürdiger Tod, wie Christus an einem Baum hängend." Ich weiß nicht, wie lange das Feuer dauerte, aber als meine Arme gerade müde zu werden begannen, brach es ab, und nachdem ich noch einige Minuten gewartet hatte, stieg ich hinunter. Wir konnten beide kaum glauben, daß wir ungeschoren davongekommen waren.

Drei Tage später wurde ich verwundet. Ich habe keine Erinnerung daran, wie es geschah. Ich fuhr mit dem Motorrad durch Monchy-le-Preux, das nach einem verheerenden Beschuß durch die Deutschen ziemlich verlassen war. Der deutsche Vormarsch hatte am Morgen begonnen, und meine Arbeit war für den Moment getan. Das letzte, woran ich mich erinnere, war das Staunen, daß ich keine Angst hatte. Das Artilleriefeuer war immer noch ziemlich stark, und ich hatte mir noch nicht die Abgebrühtheit der alten Hasen angeeignet. Ich sagte noch: „Wenn ich durch Monchy komme, hab ich es geschafft."

Meine nächste Erinnerung ist die des Aufwachens — aber nicht in meinem Körper, sondern außerhalb. Ich wußte, ich war nicht tot. Ich konnte weder sehen noch hören, aber ich nahm irgendwie wahr, daß mein Körper auf einem weißen Bett lag. Nach und nach wurde mir bewußt, daß noch andere Menschen da waren, und irgendwie sah ich, was sie sahen, und fühlte sogar, was sie fühlten. Ich bin ganz sicher, daß meine Augen sich nicht öffneten und ich keine Empfindung von meinem Körper hatte. Dennoch nahm ich wahr, daß Bahre um Bahre hereingetragen wurde und gar nicht so viel Platz da war. Zu beiden Seiten meines Bettes wurden Bahren abgestellt. Ich wußte, es waren verwundete und sterbende Menschen, aber ich hörte nichts. Ich wußte auch, daß wir beschossen wurden — nicht weil ich die Granaten gehört hätte, sondern weil ich das Zucken spürte, mit dem die Menschen auf sie reagierten.

Sehr deutlich erinnere ich mich an einen Mann in einem anderen Bett. Ich wußte, daß er in seinem Körper gefangensaß und ich nicht. Der Gedanke durchfuhr mich: „Wie seltsam — er weiß nicht, daß ihm nichts geschieht, wenn sein Körper zerstört ist!"

Tot sein, das war mir in diesem Augenblick völlig klar, ist ganz anders als sehr krank oder schwach oder hilflos sein. Ich jedenfalls hatte überhaupt keine Furcht. Dabei war ich nicht gerade ein mutiger Mensch und fürchtete mich nach wie vor bei starkem Geschützfeuer. Ich erlebte ein völliges Desinteresse an meinem eigenen Körper.

Ich war allerdings auch nicht ganz von ihm abgelöst. Als er in den Operationsraum gebracht wurde, ging ich mit. Während der Operation muß ich bewußtlos gewesen sein — später erfuhr ich sogar, ich habe sechs Tage im Koma gelegen. Trotzdem hörte ich eine Stimme sagen: „Fein, bitte", und dann eine Frauenstimme: „Wir haben nur noch grob." Als ich nach Tagen aufwachte und an meinem Kopf die Fäden gezogen wurden, sagte die Schwester: „Warum die wohl mit grob genäht haben?" Ich sagte: „Sie hatten kein feines Haar mehr." „Woher wissen Sie das denn?" staunte sie, „Sie waren doch bewußtlos."

Neben solchen eher belanglosen Erinnerungen ist mir etwas geblieben, was nichts mit dem Erinnern vergangener Ereignisse zu tun hat. Ich fühlte mich in einen Bereich der Erfahrung versetzt, wo alle Wahrnehmungen verwandelt sind, und unser Körper nicht gebraucht wird. Ich habe später oft versucht, mir diese Gewißheit zurückzurufen, mit der ich sagen konnte: „Wenn mein Körper kaputtgeht, was soll's?" Aber es gab keine Brücke, über die ich aus dieser Welt in jene gelangen konnte. Der Tod rechtfertigt wahrhaftig das chinesische Sprichwort: „Wer nicht geschmeckt hat, weiß nicht." Ich möchte noch weitergehen und sagen: „Wem der Geschmack des Todes nicht gegenwärtig ist, der kann den Tod nicht kennen." Fast jede andere Erfahrung kann in unserer Erinnerung bewahrt werden; aber alle Anzeichen sprechen dafür, daß Menschen, die gestorben und zurückgekehrt sind, den Geschmack des Sterbens ein für allemal verlieren.

Wir vergessen auch den Geschmack der Geburt, aber das gilt als natürlich, denn ein neugeborenes Kind scheint ja nichts zu haben, mit dem es erinnern könnte. Vielleicht weiß es aber doch, wie es ist, den physischen Körper nicht nötig zu haben; vielleicht kann es den Geschmack nur nicht bewahren, wenn es erst einmal ganz in dem Körper fixiert ist, der es durch sein irdisches Leben begleitet. Ich glaube, daß Geburt und Tod vieles gemeinsam haben. Mein Erlebnis am 21. März 1918 war ebenso eine Geburt wie ein Tod — wenn mir auch erst viel später aufging, daß ich wahrhaftig gestorben und wiedergeboren war.

Nach ein paar Wochen wurde ich mit einem Lazarettschiff nach England gebracht. Ich kam ins First Military General Hospital nach Cambridge. Meine Mutter besuchte mich sofort nach meiner Ankunft. Sie hatte ein Feldtelegramm erhalten mit der Nachricht, ich sei schwer verwundet, habe aber nicht das Gefühl, daß ich sterben werde. Meine rechte Körperhälfte war teilweise gelähmt; ich hatte eine schwere Kopfverletzung, aber der Schädel war nicht gebrochen. Ich war mit Granatsplittern gespickt — einige kamen erst nach Jahren wieder zum Vorschein. Doch verglichen mit den meisten anderen Männern auf meiner Station — wirklich schwere chirurgische Fälle —, hatte ich eigentlich nicht zu klagen. Nach und nach kehrte auch die Funktion meines rechten Arms und Beins zurück, und ich konnte wieder gehen. Aber ich war nicht mehr der, der ich einmal war. Der Jüngling, der England 1917 verlassen hatte, wohnte nicht mehr in meinem Körper, und doch lebte ich sein Leben — das Leben eines Fremden. Ich konnte mich zwar an seine Gedanken erinnern, aber seine Gefühle nicht mehr fühlen.

In Cambridge begann ein neues Lebens. Unter den Besuchern des Lazaretts war auch Sir Arthur Shipley, der spätere Vizekanzler der Universität. Er fragte mich, ob ich irgendwelche Bücher wollte. Da mußte ich feststellen, daß meine Schwächen meine Wandlung überlebt hatten. Aus Eitelkeit oder Großspurigkeit erbat ich mir Benedetto Croces Werke auf Italienisch. Shipley war entzückt über diesen unerwarteten Widerhall und holte bald darauf die Genehmigung der Lazarettleitung ein, mich zur Erholung in einem Gästehaus der Universität unterzubringen. Er stellte mich überall als seinen verwundeten Offizier vor, der Benedetto Croce auf Italienisch las. Da mein Italienisch allenfalls Küchenniveau hatte, mußte ich mich mit Ainslies Übersetzung zufriedengeben, und ich muß gestehen, daß ich nicht viel damit anfangen konnte.

Shipley war ein äußerst liebenswürdiger Mann, tief betroffen von der Verwüstung, die unter den jungen Männern meiner Generation angerichtet wurde. Er gab sich rührende Mühe mit der kleinen Schar verwundeter Offiziere, die er um sich versammelt hatte, und als er herausfand, daß mein Interesse an Philosophie und Mathematik nicht durch und durch geheuchelt war, arrangierte er Begegnungen mit den berühmtesten Männern von Cambridge. Ich hatte Privatunterredungen mit Sir Joseph Thompson über Elektronen und Relativität, mit Sir Joseph Larmor über den Tensorkalkulus, der durch Einstein plötzlich berühmt geworden war, vor allem aber mit dem Mathematikprofessor J.A. Hobson über die Geometrie höherer Dimensionen. Meine Vermutung, daß zwischen dem geometrischen Raum höherer Ordnung und der Welt ohne Körper ein Zusammenhang bestehen könnte, war durch meine Erfahrung am 21. März bestätigt worden. Ich hatte ein Theorem über Rotationen im fünfdimensionalen Raum entdeckt, und Hobson fand, es sei wert, veröffentlicht zu werden. Das war eine aufregende Zeit für einen jungen Mann, der sein Leben in der Zurückgezogenheit eines Londoner Vororts verbracht hatte.

Einmal fanden sich General (später Feldmarschall) Sir William Robertson und General Smuts zum Lunch bei uns ein; sie waren nach Cambridge gekommen, um Ehrenauszeichnungen zu empfangen. Shipley ließ mich über meine Eindrücke vom deutschen Angriff am 21. März berichten. Ich wunderte mich, mit welchem Interesse sie meine Darstellung verfolgten. Erst viel später erfuhr ich, daß Robertson von Premierminister Lloyd George fallengelassen worden war und Smuts in dieser unverdienten Schmach zu ihm gehalten hatte. Smuts lud mich ein, ihn zu besuchen, sollte ich einmal nach Südafrika kommen. Dreißig Jahre später nahm ich ihn beim Wort.

Der Krieg wütete weiter. Ich erfuhr, daß mein Nachfolger als Funkoffizier schon nach zwei Tagen gefallen war und auch sein Nachfolger noch in derselben Schlacht — dem letzten Aufbäumen der Deutschen in diesem Krieg — tödlich verwundet wurde. Der Tod war noch zu nah, als daß ich ihn vergessen konnte. Eine neue Frage ließ mir keine Ruhe mehr. Weshalb lebte ich noch? So viele meiner Kameraden aus Schule und Militärakademie waren gefallen und ich nicht. Warum nicht?

Entweder diese Gedanken oder meine Kopfverletzung oder die für meinen schwachen Körper viel zu aufregende Erholungszeit führte zu einem Zusammenbruch, und ich wurde ins Craiglochart Military Hospital bei Edinburgh eingeliefert. Entweder da oder irgendwoanders — ich weiß es nicht mehr — fing ich an schlafzuwandeln und versuchte einmal sogar, aus dem Fenster zu springen. Dabei fühlte ich mich wieder von mir selbst getrennt. Mein Körper tappte herum und verhielt sich töricht, aber mich regte das nicht auf — weshalb auch? Der Zustand ging vorüber, und bald durfte ich wieder nach Edinburgh fahren, wo ich Deutschunterricht nahm. Mein Deutschlehrer stellte mich Henri Bergson vor, der, wenn ich mich recht erinnere, an der Universität über Emotion und Empfindung sprach. Er sagte etwas, was mir das Gefühl gab, er würde meine Erfahrung des *dédoublement* verstehen. Er hörte freundlich, aber abwesend zu, und ich stellte fest, daß er sich mehr für Ideen als für Menschen interessierte. Das war mein erster Versuch (und für lange Zeit der letzte), über meine innere Erfahrung zu sprechen.

Anfang September 1918, ich war noch in Craiglochart, erhielten alle Offiziere, die sich zur Genesung in Großbritannien aufhielten, vom Kriegsministerium per Rundschreiben das Angebot, sich für Türkisch- und Arabischkurse einzuschreiben. Sicher haben sich Hunderte von denen gemeldet, die fern vom Schauplatz des Kriegsgeschehens hier in der Etappe festsaßen und sich langweilten. Ich meldete mich auch — aber mit dem klaren Bewußtsein, daß ich dann auch in die Türkei gehen würde. Ich hörte nichts weiter, aber ein anderer Offizier wurde zu einem Gespräch nach London gerufen. Irgendwas war da falsch gelaufen. Ich vermutete, daß meine Einstufung als „nicht geeignet für den Auslandsdienst" der Grund war. Ich überredete meinen Kommandanten, mich noch einmal untersuchen zu lassen, bekam eine bessere Beurteilung und eilte sofort nach London. Ich sollte wohl anmerken, daß ich zu jener Zeit weder Linguist war, noch überhaupt an Sprachen interessiert. Ich hatte nichts vorzuweisen als meine Deutsch-Vigilien in den Kalkhöhlen von Roeux.

Im Kriegsministerium bekam ich zu hören, daß ich nicht aus Gesundheitsgründen abgelehnt worden war; wegen der Flut von Bewerbungen hätten nur Leute angenommen werden können, die schon Vorkenntnisse besaßen. Hier erwies sich meine Schwäche einmal als Stärke. Ich behauptete dreist, ich könne ein wenig Türkisch. Der Offizier, mit dem ich sprach, offenbar von vielen solchen Diskussionen schon entnervt, sagte mir, ich solle warten und mich einer Prüfung unterziehen.

Meine Behauptung unterschied sich in der Tat kaum von einer glatten Lüge. Ich kannte nur das Wort *bilmen*, und das heißt: „Ich weiß nicht". Ich rechnete natürlich damit durchzufallen, aber nach drei Stunden Wartezeit wurde ich gerufen, und man sagte mir, es sei schon zu spät und ich solle zwei Tage später wiederkommen. Ich nahm das als Zeichen, daß ich es einfach schaffen mußte. Ich machte mich sofort auf den Weg zur nächsten Berlitz School und hatte sogar das Glück, einen Armenier zu finden, der Türkisch unterrichtete. Zu meinem Entsetzen erzählte er mir, ich müsse ein neues Alphabet lernen und zudem ein Vokabular das sich von allen europäischen Sprachen grundsätzlich unterschied. Selbst für die kümmerlichsten Anfangsgründe, so versicherte er mir, brauchte man mindestens ein halbes Jahr. Zwei Tage waren ein Witz. Ich überredete ihn trotzdem, und wir arbeiteten von morgens bis in die Nacht.

Zwei Tage später war ich wieder im Kriegsministerium — mit rotem Kopf angesichts der Absurdität dieses Unterfangens. Mein Prüfer war Mr. G. Fitzmaurice, früher Chefdragoman an der Hohen Pforte und ein alter Freund meines Vaters. Mir fiel ein, daß er als Kenner orientalischer Teppiche bekannt war, und ich fragte ihn, ob es ratsam sei, in der Türkei Teppiche zu kaufen — vielleicht konnte das meine sprachlichen Lücken kaschieren. Er biß bereitwilliger an, als ich zu hoffen gewagt hatte. Erst nach einem halbstündigen Vortag über die Dummheit von Leuten, die glaubten, sie könnten die Teppichhändler von Galata aufs Kreuz legen, fiel ihm die Zeit wieder ein, und er sagte: „Ach ja, ich wollte ja eigentlich Ihr Türkisch überprüfen. Sie haben es von Ihrem Vater gelernt, nehme ich an. Na, versuchen Sie einfach mal Ihr Glück mit dem Kurs." Und so undankbar sind wir dann dem Himmel der unsere Geschicke fügt, daß ich nur dachte: „Zwei Tage Arbeit und fünf Pfund von meinem schönen Geld einfach für die Katz!"

In diesem Kurs wurde mir deutlich, wie stark unser Denken von sprachlichen Formen geprägt ist. Europäer und Türken können einfach nicht auf die gleiche Weise denken. Die Subjekt-Prädikat-Form unserer Sprache macht eine Subjekt-Prädikat-Logik unausweichlich. In der Wurzelform der Turksprachen, von denen das Türkisch abgeleitet ist, gibt es kein Prädikat. Es gibt nicht einmal Sätze in unserem Sinn, sondern eher einzelne Wortkomplexe, die Haltung oder Gefühl des Sprechers zu einer Situation ausdrücken. Es gibt im Türkischen eine natürliche und leicht erkennbare Art, faktische Aussagen von Meinungs- oder Gefühlsäußerungen zu unterscheiden. In den europäischen Sprachen müssen wir diese Unterscheidung künstlich und ausdrücklich machen — und unterlassen es oft. Beim Dolmetschen zwischen Europäern und Türken muß man darauf achten, daß man eine im Türkischen deutlich geäußerte Ungewißheit nicht als Tatsachenaussage übersetzt. Der Vorwurf der Doppelzüngigkeit, dem Türken und andere Asiaten oft ausgesetzt sind, geht häufig auf diese Art von Fehlübersetzung zurück. Selbst wenn ein Türke eine europäische Sprache spricht, bleibt die Form seines Denkens türkisch.

Dies und vieles andere lernte ich bei meinem Türkischlehrer Ali Riza Bey, und später in der Türkei erwarb ich mir mit diesem Wissen das Vertrauen der Einheimischen, mit denen ich zu tun hatte. Ich muß allerdings auch sagen, daß die türkische Denkweise meiner eigenen näherzuliegen scheint als die Subjekt-Prädikat-Logik, die ich in der Schule gelernt hatte. Kaum drei Jahre waren vergangen, seit ich Aristoteles entdeckt und zu meinem Helden gemacht hatte. Jetzt ging mir allmählich auf, daß Logik sehr in die Irre führen kann.

Immer stärker zog es mich zum Osten hin. Als Junge hatte ich mich kaum dafür interessiert. Mein Vater war ein leidenschaftlicher Weltenbummler, aber Afrika und Südamerika hatten ihn stärker angezogen als Asien. Mich aber zog es nach Asien, ob ich wollte oder nicht. Der Krieg war zu Ende, und das Vernünftigste wäre gewesen, meinen Abschied zu nehmen und nach Oxford zurückzugehen, wo mein Stipendium auf mich wartete und ich Aussichten auf einen akademischen Titel hatte. Vernünftig auch deswegen, weil ich die Absicht hatte zu heiraten. Was ich tatsächlich tat, war weder vernünftig noch schlüssig. Ich setzte alles daran, so schnell wie möglich in die Türkei zu kommen, und heiratete in dem Wissen, daß ich meine Frau zurücklassen mußte.

Diese erste Eheschließung war eine merkwürdige Sache. 1917, vor meiner Abkommandierung nach Frankreich, hatte ich mich mit der älteren Schwester eines Schulfreundes verlobt. Evelyn McNeil war ein großes, wunderschönes Mädchen mit großen grünen Augen — für einen sechzehnjährigen Schuljungen der Inbegriff weiblicher Sanftheit. Sicher hatte es mir geschmeichelt, daß sie lieber mit mir zusammen war als mit Männern ihres Alters. Aber zwischen uns war mehr als Eitelkeit und Besitzergreifen, denen fast alle menschlichen Beziehungen unterliegen. Sie war meine erste Liebe, und ich schaute weder rechts noch links. Ich war noch nicht zu meiner eigenen männlichen Natur herangewachsen, und während der Schulzeit oder auf der Militärakademie machte ich mir noch nicht viel aus Frauen. Meine Verlobung hatte mich selbst überrascht. Ich hatte gar nicht an Eheschließung gedacht, und doch hörte ich meine Stimme während eines Wochenendurlaubs von der Militärakademie eben diesen Vorschlag machen.

Als ich verwundet heimkehrte, war mir alles, was geschehen war, wie ein Traum. Evelyn besuchte mich im Lazarett, und ich freute mich, sie zu sehen. Doch von meiner inneren Erfahrung konnte ich nichts sagen. Ein Versuch, den ich machte, beunruhigte sie derart, daß ich ihr die Sorge ansehen konnte, mein Gehirn sei in Mitleidenschaft gezogen worden.

Als ich nach der Genesung wieder zu Kräften kam, stellte sich auch ein so starker sexueller Drang ein, wie ich ihn noch nie erlebt hatte. Alles schien eine frühe Eheschließung nahezulegen. Meine Mutter hatte mich so sittenstreng erzogen, daß außereheliche Sexualität völlig außer Frage stand. Dabei war gerade sie tief bekümmert über meine Heiratsabsicht. Viele Jahre später sah ich einen Brief, den sie an Evelyns Vater geschrieben hatte; sie drückte darin ihre Überzeugung aus, daß die Ehe scheitern müsse, und bat ihn einzuschreiten. All das entging mir. Ich war nicht *ein* Mensch, sondern zwei oder drei. Der Jüngling, der sich Woche um Woche immer mehr dieser Ehe verschrieb, war wie das Gespenst meines früheren Selbst in seltsamer Allianz mit meinem gerade erwachenden männlichen Körper. Der Mann, der in die Türkei gehen wollte, schien in einer tieferen und wahreren Schicht meines Bewußtseins zu leben. Und hinter beiden stand das Selbst, das weder

Jüngling noch Mann war, aber den Geschmack von Tod und Unsterblichkeit kannte. Ich war noch nicht vorgedrungen bis zu der Frage: „Wer bin eigentlich ich zwischen all dem?" Auch sah ich nicht, daß sich in allem, was ich dachte und tat, die gleichen unveränderten Charakterschwächen zeigten. Mein Eheversprechen war nur wieder so ein Fall, wo ich etwas auf mich nahm, wozu ich noch nicht reif war. Ich trieb in etwas hinein, das mich zugleich erschreckte und faszinierte und überdies völlig unwirklich war — denn mir war die ganze Zeit klar, daß ich mein wirkliches Leben in der Türkei finden würde.

Wäre ich zu einem Minimum an Introspektion fähig gewesen, dann hätte ich vielleicht gesehen, daß ich innerlich ein anderer geworden war; mag sein, daß ich dann den Mut gehabt hätte, die Richtung, die mein äußeres Leben nahm, zu ändern. Aber das Offensichtliche ist mir immer erst nach und nach aufgegangen.

Vom Waffenstillstand am 11. November 1918 bis zum 20. Dezember, dem Tag meiner Hochzeit, war mein Leben zum Bersten voll. Mindestens zehn Stunden am Tag lernte ich Türkisch. Die Krankheit meines Vaters nahm einen fatalen Lauf. Er war als Invalide aus der Armee entlassen worden; in Zentralasien hatte er sich das Schwarzwasserfieber geholt. Unheilbar optimistisch, zweifelte er nicht an seiner Genesung und schmiedete schon wieder Pläne für neue Reisen und Unternehmungen, die uns alle reich machen würden.

Meine Eltern liebten einander sehr, doch die puritanische Erziehung meiner Mutter ließ ihr keine Möglichkeit, das eher unbürgerliche sexuelle und finanzielle Gebaren meines Vaters zu akzeptieren. Aus Furcht, er könnte uns Kinder anstecken, hatte sie ihn weggeschickt, ging aber weiterhin heimlich zu ihm. Ich könnte viele Geschichten über ihre stoische oder spartanische Haltung gegenüber dem Leben erzählen — und diese Haltung war sogar ihr ganzer Stolz. Als mein Vater starb, besuchte sie ihn nur einmal in einer schäbigen Absteige am Kennington Oval, wohin ihn die Armut getrieben hatte.

Ich nahm so wenig wahr, daß ich fast nichts von all dem begriff. Ich besuchte meinen Vater oft; sein Körper verfaulte buchstäblich unter der verzehrenden Gewalt des Fiebers. Noch jetzt ertrage ich kaum die Erinnerung an das letzte Mal, daß ich ihm aus dem Bett half. Ich konnte kaum glauben, daß ein menschlicher Körper so verwüstet sein und doch leben kann. Und zu allem Überfluß erzählte er auch noch von seinem großen Plan, nach Sizilien zu gehen und die dortigen Schwefelminen wieder flottzumachen.

Am nächsten Morgen war er tot. Es war der Tag meiner Hochzeit. Früh am Morgen fuhr ich nach Brixton, begegnete zum ersten Mal einem Begräbnisunternehmer und erfuhr, daß ich den Tod melden und Anweisungen für das Begräbnis geben mußte. Meine Mutter bestand auf einem Armenbegräbnis: niemand von uns sollte wissen, wo und von wem er begraben wurde. Außerdem durfte sein Tod erst nach der Hochzeit bekanntgegeben werden.

Mit schmalen Lippen und einem Funkeln in ihren blauen Augen sagte sie: „Ich kann diese Hochzeit nicht gutheißen, und ich hätte sie verhindert, wenn ich gekonnt hätte. Jetzt ist es zu spät. Du mußt es zu Ende bringen". Und mit dem ihr eigenen Sinn fürs Praktische fügte sie hinzu: „Du hast drei Tage frei für eure Flitterwochen, und wer weiß, wann ihr noch einmal Gelegenheit dazu bekommt."

Jede Minute dieses Tages scheint mir ein Bild ins Herz geätzt zu haben. Jeder Schritt zur Meldestelle für Todesfälle steht mir noch klar vor Augen. Dann die Busfahrt zur Waterloo Station und die Bahnfahrt nach Wimbledon. Den geliehenen Cutaway anziehen. Die Schritte zum Haus meiner Großmutter auf dem Weg zur Kirche. Meine Großmutter war eine imposante Dame; man sagte ihr nach, sie brächte 127 Kilo auf die Waage, aber niemand hatte je gewagt, eine Überprüfung dieses Gerüchtes vorzuschlagen. Sie lehnte meine Mutter ab — vordergründig weil sie Amerikanerin war, in Wahrheit aber, weil sie ihr den jüngsten Sohn gestohlen hatte, ihren geliebten Benjamin, den sie stets angebetet und verwöhnt hatte. Daß meine Mutter die Heirat verwarf, war für sie Grund genug, mir ihren Segen zu geben.

Dann kam der letzte Gang den Hügel hinauf zur Kirche St. Mary. Zeit existierte nicht: trotz allem, was ich vorher getan hatte, war ich noch zu früh, aber ich wußte es nicht einmal. Ich fühlte mich wieder — wie vor neun Monaten — von meinem Körper abgelöst. Doch diesmal lebte mein Körper und ging seinem Verhängnis entgegen.

„Verhängnis" ist hier eigentlich ein absurder Ausdruck, denn ich liebte Evelyn und wollte sie wirklich heiraten. Ich fand nicht, daß meine Mutter recht hatte mit ihrer Ansicht, wir paßten überhaupt nicht zueinander. Das Verhängnisgefühl war ohne jeden emotionalen Inhalt. Es entsprang auch nicht dem Denken. Meine Gedanken versuchten hilflos, all das zu verfolgen, was sich da abspielte.

Warum konnte ich nicht kehrtmachen und einfach weggehen? Es war ein solcher Unsinn zu heiraten — an solch einem Tag und unter solchen Umständen. War der Körper meines Vaters schon kalt?

Ich erreichte die Kirche und ging den Gang entlang. Es waren sicher viele Leute da, aber ich sah niemanden. „Jetzt kann nur noch ein Erdbeben dem Einhalt tun!" Meine Braut kam und stand neben mir. „Was, wenn ich plötzlich taub wäre?"

Äußerlich war von diesem inneren Wirrwarr wohl nichts zu sehen. Mein Körper bewegte sich und sprach, aber er war ein Automat. Ich hatte mit seinem Handeln nichts zu tun und konnte keinen Einfluß darauf nehmen.

Unsere „Flitterwochen" in Brighton waren eine quälende Erfahrung. Ich hatte nur ganz vage Vorstellungen von den Pflichten eines Ehemannes. Ich hatte noch nie mit einer Frau geschlafen, und Fragen zu stellen hatte ich aus Schüchternheit nicht gewagt. Ich hatte nicht das Gefühl, daß wir einander fremd waren. Ganz im Vordergrund standen Schuldgefühle, aber ich war emotional zu sehr erschöpft, als daß ich irgend etwas sehr stark hätte empfinden können.

Wieder in London, bezogen wir eine Etagenwohnung mit Bedienung. Ich fing an, mich mit meiner Frau wohlzufühlen, aber das Gefühl der Unwirklichkeit blieb. Fast jeden Abend kam ich spät von meinen Privatstunden bei Ali Riza Bey nach Hause. Einmal kam ich früher als erwartet und traf einen Offizierskollegen an. Er und meine Frau wirkten merkwürdig verlegen. Mir war es peinlich, sie gestört zu haben. Weder da noch irgendwann später kam mir je der Gedanke, daß da etwas nicht in Ordnung war, und doch schoß mir kurz der Gedanke durch den Kopf: „Jetzt habe ich einen Grund abzuhauen."

Das war wirklich lächerlich, denn ich liebte Evelyn, und sie liebte mich. Ich wollte, daß sie glücklich war, aber ich war so von der Türkei und der türkischen Sprache besessen, daß wir selten zusammen waren. Sie war sehr geduldig mit mir, wenn ich auch glaube, daß ich sie allmählich zu enttäuschen begann.

Zwei Monate nach der Hochzeit ging der Türkischkurs zu Ende. Da ich als Bester abgeschnitten hatte, wurde ich zum ranghöchsten Offizier des Trupps ernannt und nach Saloniki abkommandiert, um mich der Besatzungsarmee in der Türkei anzuschließen. Meine Frau weinte, als ich ging, aber meine Mutter jubelte. Ich wußte weniger vom Leben und über Menschen als die meisten jungen Männer meines Alters. Aber ich wußte, daß Leben und Tod weit interessanter sind, als die meisten Leute glauben.

2. Der Geheimdienst

Februar 1919. Die Verbindungswege in Europa waren immer noch voller Lücken und unliebsamer Überraschungen. Das Mittelmeer war noch nicht von den deutschen Minen geräumt, und die Ägäis galt als sehr unsicher für Transporte.

Wir erreichten Boulogne, und ich erfuhr, daß wir sieben Offiziere in einem Waggon reisen würden, der noch die vertraute Aufschrift *Hommes quarante - Chevaux huit* trug. Die Reise von Boulogne nach Tarento dauerte zwölf Tage. Für mich war das die erste von vielen unbequemen Reisen, die ich noch erlebte. Geschwächt von den zehn spannungsreichen Monaten seit meiner Verwundung, holte ich mir eine Art Grippe mit Durchfall und Schüttelfrost. Wir überquerten die Alpen bei grimmiger Kälte, und immer wenn der Zug anhielt — was Gott sei Dank häufig vorkam —, mußte ich aus dem Waggon springen, weil es drinnen keine Toilette gab. In meinem Elend war ich den anderen gewiß kein sehr unterhaltsamer Begleiter, aber dann erreichten wir Kalabrien und schönes warmes Wetter, und an jedem Bahnhof verkauften Bauern aus der Gegend italienischen Wermut. Ich erreichte Tarento schwer betrunken — aber die Krankheit war weg. Nach fünf Tagen Pause in einem völlig organisationslosen Lager außerhalb von Tarento, wo niemand zu wissen schien, wohin es weiterging, nahmen wir ein Schiff nach Itea im Golf von Korinth. Von Itea führte eine von deutschen Kriegsgefangenen angelegte Straße nach Bralo in Thessalien. Einmal sagte der Fahrer beiläufig: „Rechts da oben liegt Delphi."

Es ist schwer, ungedachte Gedanken wiederzugeben, aber ich erinnere mich noch an den plötzlichen Schauer der Erregung: „Das hier ist Geschichte, und ich gehöre dazu. Nächstes Mal mache ich hier Halt." Mein Körper kam während der ganzen Reise immer wieder in fremde und noch nie gesehene Länder, doch ich selbst kehrte auf vertrauten Boden zurück, zu dem ich irgendeine tiefe Beziehung hatte. Noch heute kann ich solche Erfahrungen nicht erklären. Manche glauben, es seien flüchtige Einblicke in ein vergangenes Leben; ich selbst habe große Vorbehalte gegen die Reinkarnationslehre — zumindest was ihre landläufigen Formen angeht. Ich neige jedoch zum Glauben an Vorahnungen und zu einer Art Verbindung mit der Zukunft, die unser Leben stärker beeinflußt, als wir wahrnehmen.

Wir blieben eine Woche in Saloniki. Hier herrschte in der Armee eine ganz andere Stimmung, als ich sie in Frankreich erlebt hatte. Krankheit und schlechte Ernährung waren schlimmere Feinde gewesen als die Bulgaren. Der Krieg war vorbei, aber von Frieden keine Spur. Ich gewann erste

Einblicke in die bitteren Streitigkeiten zwischen des siegreichen Alliierten, die bald darauf die politische Landschaft entstellen sollten.

Die Bahnlinie zwischen Saloniki und Konstantinopel war kürzlich wiedereröffnet worden, aber unser Zug zuckelte langsam von Dorf zu Dorf. Wir verkürzten uns die Zeit mit dem Tausch von Büchsenfleisch gegen Brathähnchen, Retsina und Zigaretten aus dem feinsten Blatt der Welt. Uns erschien es, als machten die Bauern dabei ein schlechtes Geschäft, aber sie liefen über lange Strecken neben dem Zug her, um sich keinen Tausch entgehen zu lassen. Überall wurde Türkisch verstanden, obgleich Mazedonien schon vor acht Jahren an Griechenland abgetreten worden war.

Nach fast einem Monat seit dem Aufbruch von England erreichten wir endlich den Bahnhof von Istanbul. Dort umgab uns ein dichtes Gedränge von heimkehrenden türkischen Soldaten, von Russen, die nur weg wollten, egal wohin, von Griechen, Armeniern und Juden und etlichen Deutschen, die verspätet heimkehrten.

Am nächsten Tag meldeten wir uns beim Hauptquartier der britischen Schwarzmeerarmee, wo mir als dem Ranghöchsten des kleinen Trupps der einzige lohnende Posten angeboten wurde, der zu vergeben war: Verbindungsoffizier am türkischen Kriegsministerium. Die anderen wurden der Zensur zugeteilt — elende Stumpfsinnsarbeit, die einen zur Flasche greifen läßt.

Bei meiner Arbeit am Kriegsministerium mußte ich den ganzen Tag Türkisch lesen, schreiben und sprechen und machte rasche Fortschritte. Mein Vorgesetzter, außer mir der einzige britische Offizier am türkischen Kriegsministerium, war Major van M. Damals steckte er mitten in einem stürmischen Liebesabenteuer mit einer russischen Dame, die seine ständige Anwesenheit wünschte. So oblag mir ganz allein der Umgang mit Generälen, Generalleutnants und Stabsoffizieren aller Dienstgrade. Ich schrieb Stabsoffizieren Erlaubnisscheine für das Verlassen der Sperrzone Istanbul, ich übersetzte Anweisungen des britischen Hauptquartiers und gab sie weiter, ich hatte wöchentlich über „Den Fortgang der Demobilisierung der türkischen Armee“ zu berichten, ein ziemlich alberner Auftrag, denn ich konnte nichts anderes tun, als die Berichte zu übersetzen und weiterzuleiten, die der türkische Generalstab mir auf den Tisch legte.

Da weder der französische noch der italienische Verbindungsoffizier ausreichend Türkisch sprach, herrschte in meinem Büro ein ständiges Gedränge von Offizieren mit irgendwelchen Problemen — darunter viele, die unsere Alliierten angingen. Schon nach wenigen Wochen hatte ich viele Freunde, die meisten alt genug, um mein Vater zu sein.

Ohne es zu wissen, wurde ich für einen Tag zum Werkzeug des Schicksals. Am 15. Mai landeten die griechischen Streitkräfte in Smyrna und stießen auf unerwarteten Widerstand. Der Sultan gab dem Drängen der Alliierten Hohen Kommissare nach und entsandte eine Kommission unter General Mustafa Kemal, dem Helden von Gallipoli, um sicherzustellen, daß die türkische Armee sich aus dem Konflikt heraushielt. Am 8. Juni, meinem zweiundzwanzigsten Geburtstag, kam ein türkischer Offizier in mein Büro und ersuchte um die Visa für Mustafa Kemal und seine Gesandtschaft.

Ich fand auf der Liste, die er mir reichte, die Namen von fünfunddreißig der aktivsten Generäle und Stabsobersten der türkischen Armee. Mir war nicht wohl bei dem Gedanken, die Visa auszustellen. Major van M. war wie üblich in seiner privaten Mission unterwegs. Ich legte die Liste im Hauptquartier vor und bat um Anweisungen. Dem diensthabenden Offizier sagte ich, mir erschiene das ganze eher als kriegerische Unternehmung. Ich sollte warten, bis die britische Hohe Kommission konsultiert worden sei. Nach etwa einer Stunde wurde ich hineingerufen und erhielt Anweisung, die Visa auszustellen. „Mustafa Kemal Pascha", so wurde mir mitgeteilt, „besitzt das ungeteilte Vertrauen des Sultans."

Fünf Wochen später wurde Mustafa Kemal Pascha vom Sultan geächtet. Er hatte Griechenland den Krieg erklärt und zog mit der Unterstützung eben jener Offiziere, die ich nach Kleinasien geschickt hatte, die Überreste der türkischen Armee um sich zusammen. Das war meine erste Berührung mit hoher Politik und zugleich der Beginn meiner Zweifel am Ratschluß der Großen.

Ich selbst kam derweil im Kriegsministerium bestens zurecht. Eines Morgens, bei türkischem Kaffee und einer Süßspeise namens *mahallebi,* sprach einer der türkischen Offiziere sein Bedauern aus, daß so wenige von ihnen Englisch sprachen, da sie in Deutschland ausgebildet worden seien. Einer Augenblickseingebung folgend, fragte er mich, ob ich bereit sei, einigen Stabsoffizieren Englischunterricht zu erteilen. Das würde ihnen auch die Zeit vertreiben, da die meisten von ihnen wenig oder nichts zu tun hatten. Ohne über die möglichen Folgen nachzudenken, stimmte ich zu. Die Bitte wirkte ganz harmlos, und schließlich bestand mein Auftrag ja auch darin, freundschaftliche Beziehungen zum türkischen Stab zu knüpfen.

Leider waren meine Englischstunden ein zu großer Erfolg. Ich hatte gesehen, daß türkische Schuljungen noch auf der Oberschule ihre Lektionen auswendiglernen und laut herbeten mußten, und benutzte die gleiche Methode. In jeder Stunde gab ich auf der Grundlage dessen, was ich von Ali Riza Bey gelernt hatte, eine Einführung und legte dann eine Reihe von gereimten Sätzen in Subjekt-Prädikat-Form vor.

Der erste Kurs hatte sechzig Offiziere, der zweite dreihundert und der dritte über vierhundert. Der große Vortragssaal hatte tausend Plätze und war nach wenigen Wochen beinahe ausgelastet. Die Stabsoffiziere langweilten sich zu Tode und waren aufrichtig um ein freundschaftliches Verhältnis zu Großbritannien bemüht. Die Türkei und Großbritannien waren seit Generationen befreundet, und jedermann konnte sehen — *ba'ad al harab al Basra,* „nach der Plünderung von Basra", wie das arabische Sprichwort sagt —, daß die Türken einen großen Bock geschossen hatten, als sie sich in den Krieg gegen uns hineinziehen ließen. Weder unsere Regierung noch unsere Botschaft in der Türkei begriff, daß die freundschaftliche Gesinnung der Türken aufrichtig war — als sie dann doch begriffen, war es zu spät.

Unsere Alliierten, vor allem die Franzosen, wußten das und ärgerten sich darüber. Sie verstanden auch nicht, daß wir unsere Vorteile nicht ausnutzten. Als sich herumsprach, daß Hunderte von türkischen Stabsoffizieren an Englischkursen teilnahmen, und das sogar im Kriegsministerium, war die Empörung groß. Statt sich aber direkt beim britischen Hauptquartier zu beschweren, richteten die Regierungen von Frankreich und Italien einen offiziellen Protest an den Obersten Rat der Alliierten in Paris, und das in einem Augenblick, in dem gerade die Syrienfrage mehreren Regierungen auf den Nägeln brannte. Alle waren nervös und reizbar, und meine Englischstunden wurden zu einem „Vorfall" aufgebauscht.

Ich wurde ins britische Hauptquartier gerufen, um Bericht zu erstatten. General (später Feldmarschall) Sir George Milne saß zwischen den französischen und italienischen Oberbefehlshabern und den Vertretern der drei Hohen Kommissare hinter einem schwarzen Marmortisch von enormer Größe und abweisender Kälte. Ich wurde für meine nicht autorisierte Initiative gerügt. Ich würde augenblicklich vom türkischen Kriegsministerium abgezogen werden. Man hatte sich beim französischen und italienischen Oberbefehlshaber entschuldigt.

Das war eine seltsame Erfahrung, denn ich fühlte mich ganz abgelöst von dieser eindrucksvollen Szene. Ich beobachtete das kindische Verhalten von Staaten und lernte etwas. Ich salutierte und trat ab — eher erstaunt, daß ich nicht arretiert wurde. Man sagte mir, ich solle in General Milnes Vorzimmer warten. Ich rechnete damit, der Postzensur zugeteilt zu werden.

Eine Stunde später, die alliierten großen Tiere hatten unser Hauptquartier wieder verlassen, wurde ich in das Privatbüro des britischen Oberbefehlshabers gerufen. General Milne war in Gesellschaft des Stellvertretenden Leiters des militärischen Geheimdienstes; das war ein so hoher Offizier, daß ich bis dahin nicht einmal von seiner Existenz gewußt hatte. Ich mußte mich setzen und meine Geschichte noch einmal erzählen. Ein Schimmern in General Milnes Augen gab mir neues Selbstvertrauen, und ich erzählte von meiner Überzeugung, daß die Türken wirklich die Freundschaft mit Großbritannien wünschten und ihre Allianz mit Deutschland vergessen wollten. Der Geheimdienstoffizier befragte mich über verschiedene Offiziere, die ich zufällig recht gut kannte. Milne hörte schweigend zu und unterbrach plötzlich in dem barschen Ton, für den er berühmt war: „Ich muß eine alliierte Gesandtschaft nach Smyrna bringen. Wir müssen wegen diesem Gerangel zwischen den Griechen und Türken irgendwas unternehmen. Wollen Sie als mein persönlicher Geheimdienstoffizier mitkommen?"

Ich nahm das Angebot schweigend an, obgleich sein freundliches Entgegenkommen mich den Tränen nahebrachte. Kein Wort fiel über das Kriegsministerium, aber ich glaube, Milne fand insgeheim auch, daß die Franzosen aus einer Mücke einen Elefanten gemacht hatten. Im übrigen wußte sogar ich, daß General Franchet d'Esperey nicht gerade sein Busenfreund war. D'Esperey hatte mit viel Getöse der Stadt Konstantinopel ein Krankenhaus gestiftet, das seinen Namen trug, und tat alles, um das Prestige Frankreichs gegenüber unserem und dem der anderen Alliierten auszubauen. Außerdem hatten die Franzosen den Türken in Kilikien große Mengen Gewehrmunition gelassen — in der Hoffnung, daß sie dann im Grenzdisput zur Intervention aufgerufen würden. Mein Englischunterricht konnte im Vergleich dazu kaum als gefährliche Einmischung gewertet werden.

Ich hatte zu der Zeit wenig Sinn für die Rivalitäten zwischen den Regierungen der Alliierten oder gar zwischen den einzelnen Zuständigkeitsbereichen innerhalb der Regierungen. Die Welt um mich her, die mir wie ein unbegreiflicher Traum erschien, war tatsächlich eher ein Alptraum von menschlicher Eitelkeit und Machtgier. Was da gesät wurde, war mit der Aufschrift „Frieden“ versehen, aber es war die Saat des unvermeidlichen Krieges.

Die unerwartet glückliche Wendung, die mich nach Smyrna (Izmir) brachte, erschien mir so unwirklich wie alles andere. Ich hatte gehofft, meine Frau in die Türkei holen zu können, sobald die Alliierten Regierungen zu der Einsicht kamen, daß es für Frauen vollkommen sicher war. Die Smyrna-Mission war so aufregend, daß ich alles vergaß. Ich mußte bei allen Zusammenkünften für General Milne dolmetschen. Da er nicht Französisch sprechen konnte (oder wollte), mußte ich alles auf Französisch und Türkisch übersetzen. Ich kann wohl sagen, daß ich kein gewöhnlicher Dolmetscher war. Mir waren die Verschiedenheiten im Umgang mit der Sprache sehr deutlich geworden. Ein Dolmetscher, der eine absichtlich unbestimmt gelassene Äußerung als definitive Aussage übersetzt, kann gefährliche Mißverständnisse heraufbeschwören.

Als persönlicher Dolmetscher von General Milne und später von General Hare lernte ich das menschliche Leben von einer ganz neuen Seite her betrachten. Zwischen 1919 und 1921 begegnete ich vielen berühmten Leuten und sah, daß sie von den gleichen niederen und trivialen Kräften getrieben wurden wie alle anderen. Die menschliche Natur ist überall gleich: Sie ändert sich nicht, wenn einer besonders schlau ist oder andere geschickt in seine Pläne einzubeziehen weiß. Sie ändert sich nicht einmal, wenn er ein aufrechter Patriot ist oder sich für humanitäre Ziele einsetzt.

In Smyrna begegnete ich zum erstenmal einem wirklich cleveren Politiker. Er hieß Sterghiadis, der griechische Hohe Kommissar, enger persönlicher Freund von Ministerpräsident Weniselos. Er verdankte seine Position zweifellos der Tatsache, daß man ihm am ehesten zutraute, den griechischen Traum von Megali Hellas durch die Annexion der westlichen Provinzen von Anatolien zu verwirklichen. Es stand außer Zweifel, daß die Griechen sich schlecht benommen hatten. Sie waren tief in das Hinterland von Smyrna vorgedrungen und hatten die Türken durch viele kleine Provokationen in den bewaffneten Widerstand getrieben. Fast täglich fanden Zusammenkünfte der alliierten Gesandtschaft statt, bei denen Sterghiadis aufgefordert wurde, diesen oder jenen Akt der Provokation zu erklären. Ich konnte nicht umhin, die Wendigkeit zu bewundern, mit der er jede Frage verdrehte. Manchmal redete er pausenlos eine halbe Stunde lang, bis die anderen — geradlinig denkende Soldaten, die seiner Diplomatie nicht gewachsen waren — ihre eigene Frage vergessen hatten. Manchmal gelang es mir beim Übersetzen für den türkischen Vertreter, General Milne an den eigentlichen Verhandlungsgegenstand zu erinnern, und dann ließ er sich durch nichts mehr davon abbringen. Doch von Anfang bis Ende gab Sterghiadis nicht ein einziges Mal etwas zu, was vor dem Obersten Rat gegen sein Land hätte verwendet werden können. Während alle übrigen nach der Wahrheit suchten oder sich mit Anschuldigungen und Gegenanschuldigungen auseinandersetzten, schien Sterghiadis jederzeit vor Augen zu haben, wie der Verhandlungsbericht sich dann vor der Kommission in Paris ausnehmen würde. Doch all seine Raffiniertheit konnte nicht darüber hinwegtäuschen, daß er von der gleichen Eitelkeit, den gleichen Ängsten, der gleichen Machtgier getrieben war wie alle anderen Menschen, groß oder klein. „Weshalb sind die Menschen so?" begann ich mich zu fragen, aber ich war viel zu beschäftigt, um eine Antwort abzuwarten.

Meine Pflichten beschränkten sich in Smyrna nicht aufs Dolmetschen, sondern ich mußte auch Geheimdienstberichte über die Lage in Anatolien analysieren. Hier hatte ich einen unverdienten Erfolg, der mir eine Erwähnung in General Milnes Berichten eintrug und außerdem den Ruf, ein fähiger Geheimdienstoffizier zu sein. Mich erreichte eine Flut von Geheimberichten über die Stärke der türkischen „Banden" (wie die Griechen sie beharrlich nannten), die der griechischen Besatzungsarmee Widerstand leisteten. Der Oberste Rat hatte dringend um eine Darstellung der tatsächlichen Lage ersucht. Alliierten Offizieren war der direkte Zugang verwehrt, und wir hatten zu unserer Orientierung nichts als diese Berichte. Sie enthielten meist nichts weiter als blinde Vermutungen oder krasseste Propaganda. Die für ein bestimmtes Gebiet angegebenen Zahlen reichten von einer Handvoll bis zu etlichen Tausend. Ich mußte eine Karte anfertigen, aus der die Stärke und Verteilung der türkischen Truppen zu ersehen war. Nur aufgrund des Tonfalls einer Darstellung konnte ich erraten, welchem Vorurteil ihr Verfasser unterlag und wie stark er wohl über- oder untertrieb. Ich zeichnete eine ansprechend aussehende Karte, die durch Sonderkurier nach Paris gebracht wurde.

Fast unmittelbar darauf boten die Türken freies Geleit für alliierte Offiziere an, damit sie sich vor Ort selbst vom Stand der Dinge überzeugen konnten. Als wir diese Augenzeugenberichte erhielten, stimmten sie in fast absurder Weise mit meinen Schätzungen überein.

Die Zeit in Smyrna lehrte mich etwas über Greuelgeschichte, was ich nie wieder vergaß. Ein besonders scheußlicher Bericht stammte vom türkischen Vertreter. Er sagte, es gebe deutliche Hinweise darauf, daß ein griechisches Sonderkommando in einem bestimmten Dorf siebenunddreißig türkische Männer und Frauen ermordet und die Leichen in einen Brunnen geworfen habe. Die Vergiftung des Brunnens wurde offenbar als besondere Greueltat gewertet.

Sterghiadis schlug eine Untersuchung vor — um Zeit zu gewinnen, wie ich zunächst dachte. General Hare stimmte zu. Ein französischer und ein italienischer Vertreter wurden an den Ort des Geschehens entsandt, und ich begleitete sie, weil ich der einzige Türkisch sprechende Stabsoffizier war und wir so nicht auf Dolmetscher angewiesen waren.

Die Smyrna-Aidin-Eisenbahn war seit dem Krieg außer Betrieb, aber die Straße galt als befahrbar. Wir brachen in einer *dressaine* auf — das ist ein kleiner offener Lastwagen —, bewacht von vier bewaffneten Männern. Ich glaube, es waren Bengal Lancers aus der Wache des Oberbefehlshabers.

Der Weg führte uns durch die Ruinen von Ephesus, die sich über ein Meer von grünen Süßholzbäumen erheben. Am Ende der gebahnten Straße fanden wir Pferde vor und setzten den Weg zum Ort des grausigen Geschehens fort, wobei wir in jedem Dorf Erkundigungen einzogen. Jeder kannte die Geschichte, aber sie klang aus jedem Mund anders. Kurz bevor wir die Ortschaft erreichten, wurden die Berichte immer konfuser und zurückhaltender, als sie in Smyrna kursierten. Genau wußten die Leute eigentlich nur noch, daß ein Brunnen verunreinigt worden war. Als wir die Stelle schließlich erreichten, war der tatsächliche Vorfall schnell rekonstruiert. Ein Schaf war in den Brunnen gefallen. Die Leute hatten sein Blöken gehört, sofort an Mord gedacht und sich tagelang nicht nachzuschauen getraut. Da war der Brunnen natürlich verunreinigt, denn wir hatten Mitte August, und bei der Hitze setzt die Verwesung schnell ein. Der Brunnen war zwar zehn Tage vor unserer Ankunft gereinigt worden, aber er stank noch derart, daß niemand das Wasser trinken konnte.

Ich glaube, daß viele, wenn nicht die meisten Greuelgeschichten in Kriegszeiten von dieser Art sind. Oft ist wohl etwas Wahres daran, aber blühende Phantasie und fixe Ideen machen aus den Tatsachen Schauermärchen.

Auf dem Rückweg von Aidin wurde ich von einigen Türken gebeten, das Dorf Seukie aufzusuchen, wo Hilfe dringend benötigt wurde. Ich verließ meine Begleiter mit der Absicht, am nächsten Tag nach Smyrna zurückzukehren.

Seukie liegt im Tal des Meander, heute eines der reichsten Täler Anatoliens, damals aber wegen Malaria praktisch unbewohnbar. Nie wieder hat sich mir ein ähnliches Schauspiel geboten wie damals, als wir die niedrige Wasserscheide überquerten: Das Meandertal lag in seiner ganzen Breite von vielleicht dreißig Kilometern unter einem blaßblauen Schleier von Moskitoschwärmen. Ich konnte es kaum glauben, bis wir dann durch die Süßholzplantagen fuhren. Niemand arbeitete hier; allerdings werden die Wurzeln auch nur in der Zeit geerntet, wo die Moskitos ihren Winterschlaf halten. Einmal gab es für kurze Zeit eine Handelsbeziehung mit amerikanischen Kautabakherstellern, aber Mr. Wrigley scheint den ganzen Landstrich mit seinem Kaugummi unwissentlich ins Elend gestoßen zu haben.

In Seukie wurden mir zwei Menschen gezeigt, die an Cholera gestorben waren. Das war ein Anblick, den ich nur schwer ertrug. Niemand wagte hinzugehen, um die Leichen zu beerdigen, und der Gestank war unbeschreiblich. Ich ließ sie mit Kalk bedecken. Das war noch nicht geschehen, weil die Leute offenbar wollten, daß jemand die Toten zuvor sah. Meine Gegenwart schien ihnen wieder etwas Mut zu machen. Ich hatte noch nie gesehen, was Krankheiten wie Cholera und Malaria anrichten können, und ich muß zugeben, daß ich entsetzt war. Trotzdem übernachtete ich zweimal im Dorf, während ein Bote einen Arzt aus Smyrna herbeiholte.

Diese Zeit in Seukie war meine einzige Begegnung mit einer echten Karawanserei. Dieser Ort war seit Jahrhunderten ein Kameldepot für Karawanen, die vom Mittelmeer nach Persien und Turkestan zogen. Zu der Zeit gab es noch viele Kamelkarawanen. Der Klang der Kamelglocken und der Geruch dieser Tiere lag über allem. Innerhalb weniger Jahre sollte all das verschwinden. Die Welt veränderte sich damals schnell, und in Asien mindestens ebenso schnell wie in Europa.

Zurück in Smyrna, wurde ich krank. Wie sich nach anfangs unklaren Symptomen herausstellte, war es Amöbenruhr. In Smyrna gab es keine britischen Ärzte. Im Übrigen hat wohl kaum jemand aus meiner Gesandtschaft gemerkt, wie krank ich war. Ich war zu schwach, um aufzustehen und konnte nur noch zwischen Bett und Toilette hin und herkriechen. Dann besuchte mich einmal der Adjutant des Oberbefehlshabers und ließ mich voller Entsetzen über den unsäglich verdreckten Zustand, in dem ich lebte, sofort nach Konstantinopel evakuieren. Dort ging es mir bald besser, aber die Ruhr hinterließ Spuren, die ich erst nach vierzig Jahren ganz überwand.

Derweil begann mein Schicksal eine neue Richtung zu nehmen. Sobald ich wieder gesund war — das war im September 1919 —, wurde ich zum stellvertretenden Leiter des militärischen Geheimdienstes gerufen. Dort erfuhr ich, daß mir zwei Posten offenstanden und ich wählen konnte. Der eine war Britischer Kontrolloffizier in Baku am Kaspischen Meer, der andere Leiter des Militärischen Geheimdienstbüros in Konstantinopel. Beide waren eigentlich Obersten-Planstellen, aber beide setzten auch gute Sprachkenntnisse voraus, und die hatte außer mir niemand. Ich bekam 24 Stunden Bedenkzeit.

Ich wunderte mich, daß ich vor diese Wahl gestellt wurde. Später erfuhr ich, daß der Posten in Baku als gefährlich galt, und tatsächlich wurde der Mann, der dorthin ging, von den Bolschewiken kassiert und verbrachte zwei oder drei Jahre in einem kommunistischen Gefängnis. Baku lockte mich nicht — außer vielleicht als Tor zur transkaspischen Region und Zentralasien. In Seukie hatte ich angefangen, von einer Karawanenreise über Persien, Turkestan und durch die Wüste Gobi nach China zu träumen. Konstantinopel bot dagegen unmittelbare Attraktionen, und obgleich ich im Generalstabskasino daraufhingewiesen wurde, daß da eine haarige Aufgabe auf mich zukam, nahm ich den Posten an.

So begann einer der merkwürdigsten und aufregendsten Abschnitte meines Lebens. In England hatte ich mich deplaziert gefühlt, aber hier unter den Türken, Tscherkessen, Kurden, Griechen, Armeniern, Juden und Levantinern, mit denen ich jetzt arbeiten würde, fühlte ich mich wie zu Hause.

Als ich mein neues Büro in Hagopian Han betrat, das diskret in einem Wohnblock an der alten Galata-Tunnelbahn versteckt war, wurde mir gleich klar, weshalb der Posten so schnell hatte besetzt werden müssen. Fast alle Offiziere packten sofort ihre Sachen, um wieder an ihre Arbeit im konsularischen Dienst zu gehen, von der sie hierher abkommandiert worden waren. In der regulären Armee gab es keinen Offizier, der für diese Aufgabe gut genug Türkisch lesen und schreiben konnte.

Ich übernahm das Büro in einem ungünstigen Augenblick. Die griechische Invasion Kleinasiens hatte die türkische Bevölkerung tief empört. Mit der britischen und französischen Besetzung hatte man sich abgefunden, aber den Griechen schlug überall offener Haß entgegen. Böses Blut machte auch die wahllose Requirierung von Wohn- und Bürohäusern durch die alliierten Oberkommandos in dieser ohnehin schon überfüllten Stadt. Außerdem ergoß sich ein ständiger Strom von Mekka-Pilgern aus Zentralasien in die Stadt, und es hieß, es befänden sich viele bolschewistische Agenten darunter, die panislamische Propaganda machen sollten; so sollte die Aufmerksamkeit der Alliierten gebunden werden, damit die Russen sich in aller Stille an die Invasion des Kaukasus machen konnten. Denkt man noch an die Aufregung unter der armenischen Bevölkerung wegen einer Serie von Morden an Armeniern, die der Kollaboration mit den Jungtürken verdächtig waren, und an die weißrussischen Flüchtlinge von der Krim und aus der Ukraine, die zu Tausenden in die Stadt strömten, dann kann man sich vorstellen, was für einer Aufgabe der politische Zweig des militärischen Geheimdienstes in Konstantinopel gegenüberstand.

Ich erhielt keinerlei Anweisung oder Beratung außer der, die Fäden dort aufzunehmen, wo mein Vorgänger sie fallengelassen hatte. Innerhalb einer Woche mußte ich lernen, wie unsere Geheimdienstagenten arbeiten, wie man Berichte abfaßt, in welchem Umfang Offiziere selbst Erkundigungen einziehen dürfen, wie unsere Beziehungen zur alliierten Militärpolizei waren und so weiter und so weiter.

Und irgendwie funktionierte das alles. Bald konnte ich erste Ergebnisse vorweisen, und zwar hauptsächlich deshalb, weil so viele Leute auf einen Schwatz hereinkamen und ich so ein Gefühl bekam von der Stimmung in dieser wuchernden Stadt mit ihren eineinviertel Millionen Bewohnern, ihrem halben Dutzend Rassen und ihren vier Religionsgemeinschaften. Mit welcher Intensität ich arbeitete, kann man daran ablesen, daß die von mir eigenhändig geschriebenen Berichte nach zwölf Monaten eine Zahl von gut über Tausend erreicht hatten. Nachts traf ich die Agenten der höchsten Geheimstufe, morgens und abends las und schrieb ich Berichte, und dazwischen hörte ich eine Menge wertvollen Klatsch.

Ich erhielt die Erlaubnis, meine Frau herzuholen. Meine Freizeitbeschäftigung bestand fast ausschließlich in Rugby, das die Army auf einem Gelände nahe der Mündung des Goldenen Horn spielte. Für Familienleben hatte ich nicht viel Zeit, und meine Frau tat sich schwer, mit den wenigen anderen Offiziersfrauen Kontakt aufzunehmen. Immerhin, der Hauptzweck ihres

Kommens war erfüllt. Bald nach ihrer Ankunft wurde sie schwanger — allerdings waren wir beide so ahnungslos, daß wir erst nach vier Monaten merkten, was los war. Da bekam sie Angst und sagte, sie müsse nach England zurück, um richtig versorgt zu sein. Ich konnte es ihr nicht übelnehmen. Sie hatte viel zu wenig Platz in meinem Leben. Damals schien mir, und der Eindruck hat sich seitdem noch verstärkt, der wahre Sinn unserer Ehe habe darin bestanden, daß sie ein Kind gebären und ich sein Vater sein sollte. Das war die einzig wirkliche Verbindung zwischen uns. Es ist eine sehr starke Verbindung, und ich glaube, daß weder das Leben noch der Tod sie zerreißen kann.

Nach ihrer Heimfahrt schrieb ich ihr zwei- bis dreimal die Woche. Sie hob die Briefe auf, und wenn ich sie jetzt lese, wird mir klar, wie egoistisch und verständnislos ich war. Die Briefe sind eine einzige Klage über meine Erschöpfung, über die Arbeit, die mich schier auffraß. Viele Beteuerungen von Liebe und Mitgefühl — aber nicht die Spur von Verstehen dessen, was eine Frau durchmacht, wenn sie ihr erstes Kind trägt. Unsere Tochter wurde am 18. August 1920 geboren. Fast augenblicklich fühlte ich mich außerstande, weitere Briefe zu schreiben. England,.meine Familie und meine eigene Frau gehörten einer anderen Welt an. Nur noch sehr wenige Briefe konnte ich mir mühsam abringen.

Nach langem Zögern und sehr schüchtern ließ ich mich auf eine Liebesgeschichte mit einem armenischen Mädchen ein. Ich begann auch zu trinken — manchmal sogar recht unmäßig. Wirklich wichtig war mir nur meine Arbeit, und meine samstäglichen Rugbyspiele wurden immer seltener, bis sie ganz aufhörten. Ich trieb mich zu sehr an, und hatte keine Ahnung, wohin es gehen sollte.

Um zu illustrieren, unter welchem Druck ich lebte, will ich die Ereignisse des 20. März 1920 beschreiben. Meine Frau war kurz zuvor nach England abgereist, und ich stellte mein Bett im Büro auf, um auch nachts arbeiten zu können.

Zu der Zeit trat in Konstantinopel die türkische Abgeordnetenkammer zusammen, die (mit dem nur allzu offensichtlichen Ziel, dem ungerechten Vertrag von Sèvres Gewicht zu verschaffen) unter alliierter Oberaufsicht gewählt worden war. Mustafa Kemal Pascha baute sich eine schlagkräftige Truppe auf, doch die Alliierten waren weit davon entfernt zu bemerken, wie stark er wurde. An diesem Punkt wurde ein folgenschwerer Fehler gemacht. Die Abgeordnetenkammer gewann allmählich Selbstbewußtsein und fing an, die Regierung Damad Ferid Paschas wegen ihrer rückgratlosen Haltung gegenüber der griechischen Invasion Kleinasiens und Ostthrakiens offen anzugreifen. Tatsächlich waren diese Debatten ein wichtiges Ventil für den aufgestauten Zorn der Türken, und mit etwas Fingerspitzengefühl hätte man die Abgeordnetenkammer zur Vermittlungsinstanz zwischen dem Sultan und seiner Regierung in Konstantinopel einerseits und Mustafa Kemal und seiner Armee auf der anderen Seite machen können.

Stat dessen wurde in einem Augenblick der Panik beschlossen, alle Abgeordneten zu verhaften und auf Malta zu internieren. Ich erhielt eine streng geheime Nachricht von diesem Beschluß, der nicht durch die Alliierte Polizei ausgeführt werden sollte, sondern von uniformierten Armeeinheiten. Sämtliche Abgeordnetenwohnungen sollten umstellt werden, und um vier Uhr früh am 20. März sollten die Haftbefehle präsentiert werden.

Die Absurdität dieses Unternehmens war mir sofort klar, sonst aber offenbar niemandem. Ich machte den Geheimdienststab darauf aufmerksam, daß es angesichts der Architektur türkischer Häuser mit ihren Selamlik und Haremlik jedem Abgeordneten ein Leichtes sein würde, durch irgendeine Haremstür zu entwischen, und daß die Army dann ziemlich dumm dastünde. (Ich sollte hier anmerken, daß die meisten Abgeordneten im britischen Zuständigkeitsbereich wohnten, in Péra, Galata und am Nordufer des Bosporus; die Franzosen waren für Istanbul und die Küste des Marmarameers verantwortlich, die Italiener für die asiatische Seite.)

Die ganze Reaktion auf meine Warnung bestand darin, daß die Häuser nun zusätzlich noch von zivilen Agenten beobachtet werden sollten. Ich hatte nur zehn zuverlässige Agenten, und hundertzwanzig Abgeordnete waren zu beschatten. Das Unmögliche wurde möglich durch das Angebot meines besten Agenten, eines sehr mutigen und loyalen Armeniers (den ich hier einfach Mr. P. nennen will), mir die Dienste einer armenischen Geheimgesellschaft, der gefürchteten Daschnak Zutiun, zur Verfügung zu stellen. Mindestens dreihundert Mitglieder der Daschnak müssen mobilisiert worden sein, denn sämtliche Abgeordnetenhäuser standen von den frühen Morgenstunden des 20. März an unter Bewachung.

Ich blieb die ganze Nacht in meinem Büro auf Posten, und gegen vier Uhr erhielt ich die ersten Meldungen, daß die ganze Operation ein Schlag ins Wasser war. Acht Abgeordnete hatten sich widerstandslos verhaften lassen, die übrigen waren untergetaucht. Ich unternahm erst mal nichts.

Um acht wurde ich dringendst ins Hauptquartier gerufen. Ob ich nicht die Verhaftungen vornehmen könnte, da leider einige entkommen seien? Ich fragte, wieviele denn nun wirklich festgenommen seien, und erhielt die Antwort: „Etwa ein Dutzend." Ich bat um die Unterstützung der Alliierten Polizei bei den Festnahmen, da ich wußte, daß mein Freund Bernhard Rickatson-Hatt sich eine kleine, aber gut disziplinierte Truppe mit mehreren guten Dolmetschern aufgebaut hatte.

Am Abend waren schließlich fünfundachtzig Abgeordnete hinter Schloß und Riegel und unser Gesicht gewahrt. Ich wurde ins Hauptquartier geschickt, um Belobigungen entgegenzunehmen. Vielleicht würde ich sogar dekoriert, hieß es — aber ich glaube, jeder wollte die ganze Sache so schnell wie möglich vergessen. Ich selbst fühlte mich sehr schlecht dabei. Die ganze Aktion war ein tragischer Fehler. Die etwas über vierzig Abgeordneten, die entkommen waren, gingen schnurstracks nach Ankara, bildeten ein provisorisches türkisches Parlament, entzogen dem Sultan und seiner Regierung ihre Anerkennung und stellten die Alliierten vor ein Problem, zu dessen Lösung sie einiges an Demütigung hinnehmen mußten.

Ich erwartete, daß alle meine türkischen Freunde sich wegen meiner Beteiligung an der Sache gegen mich stellen würden. Die wahre Geschichte schien jedoch überall bekannt zu sein, und selbst mein dringender, aber vergeblicher Protest gegen die ganze Vorgehensweise hatte schon die Runde durch die Basare gemacht. Überdies konnte ich bei einigen Abgeordneten besondere Härtefälle nachweisen und sie vor der Deportierung bewahren. Von da an wurde ich für weitaus einflußreicher gehalten, als ich tatsächlich war, und mein Büro wurde von morgens bis abends von den Verwandten politischer Gefangener belagert. Keine Form der Bestechung blieb unversucht. Es war gar nicht ungewöhnlich, daß ich morgens beim Betreten meines Büros eine Ziege an den Schreibtisch gebunden vorfand und ein paar Gänse auf dem Boden herumschnatterten.

Ein Teil des Unternehmens erwies sich allerdings als Bumerang. Ich war den Mitgliedern der Daschnak, die mir zu meinem Erfolg verholfen hatten, etwas schuldig. Diese Gesellschaft, über die ich fast nichts wußte, war zur Befreiung Armeniens vom zaristischen Rußland gegründet worden. Während des Krieges hatte sie die Alliierten gegen die Türken unterstützt. Jetzt war sie zu einem Instrument der Rache gegen alle geworden, die an Deportationen und Massakern mitschuldig waren, unter denen die Armenier zu leiden hatten. Die Daschnak galt als verantwortlich für die Attentate auf Talaat Pascha in Berlin, auf Mahmud Pascha in Mailand und vielleicht sogar auf Enver Pascha im fernen Turkestan. Jetzt begann eine Serie von Morden an prominenten Armeniern in der Türkei, die mit der Regierung der Jungtürken kollaboriert hatten.

Die Morde wurden mit vollendeter Präzision geplant und ausgeführt. Sie geschahen am hellichten Tag auf offener Straße mitten in einer Menschenmenge. Plötzlich ein Schuß, und dann stürzte jemand zu Boden. In der Menge befanden sich viele, wenn nicht Hunderte von Armeniern, zwischen denen der Attentäter einfach untertauchte. Die Polizei konnte sich nur mühsam durch die wogende Menge heranarbeiten, wurde durch Rufen und Gestikulieren in die Irre geführt — und dann war es zu spät. Nahm man ein Dutzend Leute fest und verhörte sie, dann wußte niemand was. Die meisten wußten wahrscheinlich tatsächlich nichts, und selbst die Helfershelfer wußten wahrscheinlich nur, daß sie zu einer bestimmten Zeit an einem bestimmten Ort sein mußten. Jedenfalls war niemand so mutig, auch nur ein Sterbenswörtchen verlauten zu lassen, das ihn zum Feind der gefürchteten Daschnak gemacht hätte.

Nach dem dritten oder vierten Mord, denen die türkische ebenso wie die alliierte Polizei völlig ratlos gegenüberstand, erhielt ich die Anweisung, die Sache zu untersuchen. Ich vermutete schon die Daschnak im Hintergrund und fragte Mr. P. rundheraus, ob es nicht stimmte, daß hier ein durchorganisierter Plan ablief. Er stritt es nicht ab, bat mich aber, mich einmal in ihre Lage zu versetzen. Dann erzählte er mir einen Fall nach dem anderen, in denen Armenier durch Verrat Hunderte ihrer Rassen- und Religionsgenossen dem Tod ausgeliefert hatten. Über die normalen Justizkanäle war den Schuldigen nicht beizukommen, aber die armenischen Gesellschaften — und er bestritt, daß die Daschnak hier allein arbeitete — prüften jeden Fall. Ich sagte schon, daß wir alle in der Schuld der Daschnak standen. Als General Townsend in Kut-el-Amara belagert wurde, hatte sie Nachrichten aus der Stadt herausgeschmuggelt; britischen Gefangenen hatten sie die Flucht aus der Türkei ermöglicht. Und nach den Ereignissen vom 21. März war ich ihnen auch persönlich verpflichtet. Aber politische Attentate konnte ich einfach nicht stillschweigend hinnehmen.

Die Schwierigkeit war die, daß niemand eine Ahnung hatte, wer die Führer der Daschnak waren. P. selbst war ein vertrauenswürdiger britischer Agent, und es gab nicht den geringsten Hinweis darauf, daß er persönlich beteiligt war. Ich entschloß mich zu einem Bericht ans Hauptquartier und bat um Anweisungen. Dabei wurde sichtbar, daß niemand etwas unternehmen wollte. Man sagte mir, das sei Sache der regulären Polizei, und ich sollte mich lieber heraushalten und vergessen, was ich gehört hatte.

Das nächste Attentat verursachte großes Aufsehen, weil sein Opfer ein ungeheuer reicher Armenier war, der, vermutlich auf der Flucht über die Grenze, im Orientexpreß ermordet wurde. Die Leiche wurde zurück in die Türkei gebracht, dann aber am Bahnhof von Istanbul von Unbekannten entwendet. Anscheinend hatte dieser Mann dem armenischen Fonds eine sehr große Summe versprochen, aber nicht bezahlt. Wochenlang feilschte die Familie um seine Leiche und bezahlte schließlich doch. Daraufhin wurde in der armenischen Kathedrale eine prächtige Begräbnisfeier veranstaltet.

Ich konfrontierte P. mit dieser Sache. Er beteuerte, die Daschnak habe mit diesem Attentat nichts zu tun, räumte aber ein, daß andere bevorstanden. Inzwischen hatte ich Hinweise auf einige aktive Mitglieder der Gesellschaft erhalten und sagte offen, daß ich einschreiten würde. Er bat mich um etwas Zeit und kam am nächsten Tag mit einem erstaunlichen Vorschlag wieder. Das Beschlußkomitee der Daschnak war anscheinend übereingekommen, daß ich in Zukunft der Richter sein sollte. Ohne Namen zu nennen, sollte P. künftig in allen Fällen die Fakten offen vor mir darlegen, und wenn ich dann nicht gezwungen war einzuräumen, daß diese Person den Tod verdient hatte, würde man sie verschonen. Dieses Angebot wurde unter der Voraussetzung gemacht, daß ich mit niemandem, auch nicht mit dem Hauptquartier, über die Geschehnisse sprach. Ich erklärte mich einverstanden, zumal ich wußte, daß mit keiner direkten Maßnahme irgend etwas zu erreichen war.

Nur ein einziger Fall wurde mir vorgelegt. Es erwies sich als unmöglich, ohne die Nennung von Namen und Orten ein klares Bild zu gewinnen, und ich weigerte mich, ein Urteil zu fällen. In der Folgezeit kamen keine weiteren Attentate auf Armenier mehr vor; ob meine Intervention irgend etwas damit zu tun hatte, weiß ich bis heute nicht. Für mich war es eine besonders aufrüttelnde Erfahrung, die Gewalt über Leben und Tod in den Händen zu halten. Ich war so sehr von den Merkwürdigkeiten des Lebens in Anspruch genommen, daß ich den Tod vergessen hatte.

Mein Leben war damals wirklich sehr merkwürdig. Ich hatte von meinem Vorgänger einen riesigen Mercedes geerbt, früher Eigentum des deutschen Oberbefehlshabers, Liman von Sanders Pascha. Fast täglich fuhr ich durch Péra, Galata und Stambul, und ich hatte so viele Gesichter kennengelernt und die Geschichten, die mit ihnen verbunden waren, daß der bloße Anblick der Leute auf den Straßen mich über die politische Entwicklung in der Stadt unterrichtete. Die Türken vermuteten bei mir erheblich mehr Wissen und Einfluß, als ich besaß. Das britische Hauptquartier interessierte sich kaum dafür, was ich so trieb; es erweiterte nur ständig meinen Zuständigkeitsbereich. Zuerst umfaßte er nur Konstantinopel und seine Vororte. Im Mai 1920 wurde dann beschlossen, alle britischen Kontrolloffiziere aus Kleinasien abzuziehen und sich ganz auf den Geheimdienst zu verlassen. Mir wurde mitgeteilt, daß mein Monatsbudget um das fünffache aufgestockt würde und ich dann ganz Kleinasien bis zur russischen Grenze zu betreuen habe. Später wurde das Territorium immer wieder erweitert, bis mein unscheinbares Büro in Péra für ein Gebiet so groß wie Europa zuständig war — von der dalmatinischen Küste bis zu den Grenzen nach Persien und Ägypten. Ich hatte echte Erfolge vorzuweisen, machte aber auch viele Fehler. Ich war sehr unerfahren, wußte aber über die Vorgänge im Nahen Osten besser Bescheid als viele ältere und höhere Offiziere.

Ein Beispiel mag gestattet sein. Die Entwaffnung der türkischen Armee in Kleinasien galt Mitte 1919 als abgeschlossen. Sämtliche Gewehre und Munition waren eingezogen und entfernt worden. Aus irgendeinem Grund hielt man den Abtransport schwerer Geschütze für undurchführbar, aber die Artillerieexperten waren sich darin einig, daß die Kanonen völlig unbrauchbar seien, wenn man die Verschlußblöcke entfernte; diese Blöcke konnten nur in eigens dafür eingerichteten Werkstätten gefertigt werden.

Im Juni 1920 wurde mir berichtet, daß in den Eisenbahnwerkstätten von Eskisehir, einem großen Eisenbahnknotenpunkt zwischen Konstantinopel und Ankara, solche Verschlußblöcke gebaut wurden. Als ich darüber dem Hauptquartier berichtete, war mir noch nicht klar, was für schwankenden Boden ich da betrat; offenbar hatte ein sehr hoher Artillerieoffizier sich über die Ansicht seiner Experten hinweggesetzt, daß die Entfernung der Verschlußblöcke keine ausreichende Vorkehrung sei. Meinen Bericht bekam ich mit der Bemerkung zurück, es handle sich um wilde Mutmaßungen.

Als ich das dem betreffenden Agenten mitteilte — einem Albanier und früheren Flugoffizier in der Türkischen Armee —, regte er sich furchtbar darüber auf, daß an seinen Worten gezweifelt wurde. Er ging sofort wieder nach Anatolien und beschaffte unbezweifelbar authentische Fotos von Werkstätten, wo die Verschlußblöcke hergestellt wurden. Bald darauf meldete unser Verbindungsoffizier bei der griechischen Armee, daß die Türken schwere Artillerie einsetzten und die Franzosen im Verdacht standen, sie ihnen beschafft zu haben. An einer erbeuteten Kanone fand man jedoch einen Verschlußblock, der in der Türkei angefertigt worden war.

Man kann sich vorstellen, was das für einen Wirbel machte. Zu meinem Glück gehörte der Oberkommandierende auch zu den Gegnern der Entscheidung, die Kanonen an Ort und Stelle zu lassen. Das trug mir wieder eine Erwähnung in seinen Berichten ein, und ich wurde zur beschleunigten Beförderung vorgeschlagen.

Dieser und andere Erfolge stiegen mir zu Kopf, und ich fing an zu glauben, ich könne tun, was ich wollte. Ich war dreiundzwanzig, und Männer die meine Großväter hätten sein können, kamen, um mich ernsthaft um meinen Rat in hohen Staatsangelegenheiten zu fragen. Ich sprach täglich mit türkischen Kabinettsministern, Eunuchen und Kammerherren aus dem Yildiz (dem Sultanspalast), mit Spionen und Informanten, mit Intriganten und Plauderern, und alle betrachteten mich als hohe Autorität mit großem Einfluß in London. Irgendwie entstand sogar das Gerücht, daß ich mit der königlichen Familie verbunden war, und das mochte ich ernst oder scherzhaft dementieren, alles, was ich sagte, gab dem Gerücht nur neue Nahrung.

Neun Monate lang, Juni 1920 bis März 1921, befand ich mich im dicksten Getümmel türkischer Politik. Jede Art von Geheimnissen wurde mir anvertraut, und selbst für die Besetzung höchster Regierungsämter erbat man meinen Rat. Seitdem sind in der Türkei etliche Bücher über diese Jahre nach dem Waffenstillstand erschienen, und mein Name steht darin oft für eine nicht ganz geheure, undurchschaubare Gestalt. Am besten hat mir aber eine Beschreibung gefallen, die vom Türkeikorrespondenten einer amerikanischen Zeitung stammt; er nannte mich den „notorischen britischen Leisetreteragenten".

Türkische Kabinettsmitglieder baten mich in allen erdenklichen Fragen um Rat, und ich gab meinen Rat mit der Unbekümmertheit der Jugend freimütig. Einmal wurde ich gebeten, einen neuen Polizeichef zu empfehlen und schlug meinen Freund Tahsin Bey vor, weil ich mich zumindest auf dessen Ehrlichkeit verlassen konnte. Als ich ihn empfahl, dachte ich mit keinem Gedanken daran, seine Ernennung auszunutzen. Tahsin machte mich mit einem Kreis von Leuten aus der Provinz bekannt, die sich an den Ministerien herumtrieben und auf irgendeine Chance warteten, und die ich ohne ihn kaum kennengelernt hätte.

3. Erster Kontakt mit dem Islam

Auch meine erste Begegnung mit der islamischen Mystik ergab sich aus meiner Arbeit. Die panislamische Bewegung hatte die Alliierten stark beunruhigt, vor allem Großbritannien mit seinen einhundertfünfzig Millionen mohammedanischen Untertanen der Krone in Malaia, Indien und Afrika. Der unter deutschem Druck vom türkischen Sultan und Kalifen erklärte Heilige Krieg, die *Dschihad,* war fehlgeschlagen, aber Nachschwingungen waren noch zu spüren. Bei meiner Ankunft in der Türkei hieß es überall, die Bolschewisten wollten den Panislamismus schüren, um die Alliierten von ihren eigenen Plänen im Kaukasus und in Persien abzulenken. Es gab noch keine starke Zentralregierung in Rußland, und der alte russische Geheimdienst mit seinem unstillbaren Haß auf alles Britische war nach wie vor in Aktion. Außerdem herrschte die ständige Sorge, die Türken könnten angesichts unserer recht schwachen Besatzungsarmee unter religiösen Vorwänden einen politischen Handstreich in Konstantinopel wagen. Wir spielten damals mit dem Gedanken, ein unabhängiges Kurdistan zu schaffen, und dagegen hätten die Türken sehr wahrscheinlich bewaffneten Widerstand geleistet.

Es war daher wichtig, sowohl mit den politischen als auch mit den religiösen Strömungen im Lande auf Tuchfühlung zu bleiben. Ich erhielt Anweisung zu untersuchen, was die Derwische trieben. Dabei erfuhr ich, daß Derwische seit Jahrhunderten zu Fuß oder mit Handelskarawanen vom einen Ende der islamischen Welt zum anderen wanderten. Jeder Derwisch konnte ein Geheimagent oder fanatischer Missionar irgendeiner politisch-religiösen Bruderschaft sein. Ein anderer wichtiger Faktor waren die Derwischorden, unter denen die Mevlevi-Bruderschaft als der einflußreichste galt. Der verstorbene Sultan Mehmed Reschad V. war Mitglied dieses Ordens gewesen. Während der Regierungszeit von Abd Al Hamid, in der er praktisch als Gefangener leben mußte, hatte er sich unter der Führung des Scheichs des Mevleviordens, Ahmed Chelebi von Konya, ganz der Praxis der sufischen Mystik gewidmet.

Ich sollte nun also über diesen Orden Erkundigungen einziehen und herausfinden, ob er auch außerhalb von Kleinasien wirksam war. Einer meiner türkischen Freunde fand meinen Wunsch ganz natürlich, einmal ein *Tekke* (Kloster, Versammlungsort) der Mevlevi-Derwische zu besuchen. Die meisten Besucher von Konstantinopel sahen sich die „wirbelnden Derwische“ im Galata Serail an. Ich fragte, ob das denn echt sei, was dort geboten würde, und mein Freund antwortete: „Nein. Das ist für Touristen. Das wichtigste Tekke liegt vor dem Adrianopeltor. Dahin ist auch Merhum („der in die ewige Ruhe Eingegangene") Sultan Reschad jede Woche gegangen." Ich entschied mich natürlich für das Tekke außerhalb der alten Stadtmauer. Es war an der Stelle erbaut worden, wo ein Mevlevi-Derwisch 1452 bei der Eroberung Konstantinopels durch die Türken den Angriff gegen die Byzantinier geführt und die erste Bresche in den Schutzwall geschlagen hatte.

Am Donnerstagabend waren Besucher zum Ritual der Bruderschaft zugelassen. Ich war der einzige Ausländer, aber viele türkische Besucher kamen. Das Ritual wird *Mukabele* — Zusammenkunft — genannt. Beim ersten Mal kam ich aus dem Staunen nicht heraus; ich hatte ja keine Ahnung, daß es so etwas überhaupt gab. Nachdem ich das Ritual inzwischen oft verfolgt habe und mir der mystische Sinn aller Bewegungen und Gesten erklärt wurde, kann ich meinen ersten Eindruck kaum noch in mir wachrufen. Denken oder Neugier gab es nicht, nur ein Gefühl von Freude und tiefem Frieden, das alle Anwesenden ergriffen zu haben schien. Die Bewegungen der Derwische, anfangs sehr langsame und dann immer schnellere Drehungen, schienen sie aus allen Belangen dieser Welt herauszuheben. Und die Musik war nicht weniger bewegend als dieses Wirbeln.

Das Mukabele hat drei Teile. Es findet im *Sema Hané* statt, was wörtlich soviel wie Himmelshaus bedeutet. Als wir eintraten befanden sich bereits einige Derwische im Raum; sie saßen mit gekreuzten Beinen auf dem Boden oder knieten. Sie trugen kurze offene Jacken über einem weißen Hemd, lange braune Röcke und große randlose Hüte, die leicht schräg auf dem Kopf saßen. Um die Taille war eine Schärpe geschlungen. Ihr Alter reichte, wie mir schien, von achtzehn bis achtzig. Alle trugen Bärte.

Weitere Derwische traten ein, gingen langsam, mit gesenktem Blick, und verbeugten sich tief, bevor sie sich niederließen. Der Scheich, das Oberhaupt der Bruderschaft, trat gefolgt von zwei weiteren Männern ein und blieb vor der Empore der Musiker stehen. Die Musiker stimmten eine fröhliche Melodie an, die Bilder vom Dorfleben in der glücklichen alten Zeit heraufbeschwor. Die Derwische erhoben sich, wandten sich nach rechts und gingen in langsamer Prozession im Kreis herum. Ein niedriges Geländer grenzte den Innenraum gegen die Besuchertribüne ab, wo die Zuschauer auf Teppichen oder niedrigen Schemeln saßen. An einer Seite war das Sema Hané zu einem Nebenraum erweitert, in dem drei oder vier mit bestickten Tüchern drapierte Grabsteine standen. Es waren die Gräber des Begründers dieses Tekke und einiger besonders heiliger Derwische, die hier gestorben waren. Jeder Derwisch blieb vor diesen Gräbern kurz stehen und verbeugte sich tief mit über der Brust gekreuzten Armen.

Die Musik und die Prozession symbolisieren das irdische Leben. Die Melodie wechselt mehrmals, und jedesmal werden neue Erinnerungen an ein freies und natürliches Leben wachgerufen. Das Stehenbleiben bei den Gräbern soll daran erinnern, daß wir im Leben des Todes eingedenk sein müssen. Bei der Verbeugung setzt jeder Derwisch den linken Fuß über den rechten großen Zeh. Das erinnert ihn daran, daß es in seinem Vertrauen auf

Gott keine Vorbehalte geben darf. Um das zu verstehen, muß man die Legenden kennen, die sich um die Gründung des Ordens durch Dschelaleddin Rumi im Jahr 1246 ranken. Er erhielt den Beinamen Maulana — „unser Herr“, und für seine Anhänger steht unter den Menschen nur noch der Prophet selbst über ihm. Er hatte einen Koch namens Atesch Bas, der seiner Frömmigkeit wegen verehrt wurde. Eines Tages ging beim Kochen das Feuerholz aus, und da Atesch Bas den Pilav Maulanas auf jeden Fall rechtzeitig fertighaben wollte, legte er sein rechtes Bein ins Feuer. Nichts verbrannte jedoch außer dem großen Zeh. Daran merkte er, daß sein Glaube noch nicht vollkommen war, und versteckte den Zeh unter seinem linken Fuß, als er seinem Herrn sagte, das Essen sei fertig. Maulana, dem sein mystischer Blick die ganze Geschichte enthüllte, rief die Derwische zusammen und sagte: „Wenige auf Erden haben solch einen Glauben wie Atesch Bas. In Zukunft sollen alle Derwische ihn nachahmen, damit ihnen stets vor Augen bleibt, was Glaube wirklich bedeutet.“

Beim Mukabele wird die Musik auf einer Rohrflöte — der *ney* — gespielt. Begleitet wird sie von Trommeln und manchmal von einem kleinen Becken und einer Art Geige namens *keman*. Dann plötzlich eine Disharmonie, ein schriller Flötenton, und alle Derwische erstarren mitten in der Bewegung. Dieses Anhalten symbolisiert den Augenblick des Todes.

Die Musik setzt wieder ein, jetzt aber mit einem starken, fließenden Rhythmus, begleitet vom gleichmäßigen Schlag der Trommel. Die Derwische verbeugen sich dreimal tief und fangen an, sich auf dem rechten Bein zu drehen, indem sie sich mit dem linken Fuß abstoßen. Die jungen Derwische wirbeln ganz schnell, die alten drehen sich gemächlich. Der Scheich steht still, die Hände über dem Nabel zusammengelegt. Die Bewegungen sind so ausgerichtet, daß der ganze Kreis von etwa zwanzig Tänzern sich langsam dreht. Das ganze macht den Eindruck von vollkommener Freiheit in einer präzisen Ordnung. Die Tänzer haben die Augen geschlossen oder den Blick zu Boden gesenkt. Sie achten nicht aufeinander, und doch gibt es selbst im schnellsten Teil des Tanzes keine Zusammenstöße. Nichts deutet auf Erregung und Ekstase hin: im Gegenteil, der Raum ist von tiefem Frieden erfüllt.

Dieses Stadium des Mukabele wird *Dhikr* genannt — das Ausrichten der Seele auf Gott. Es nimmt symbolisch den paradiesischen Zustand der Seele vorweg, in den sie gelangt, wenn sie den Körper verläßt und in die Welt des vollendeten Menschen, des *Ihsan-i-Kiamil,* eintritt. Später erlernte ich selbst die Ausführung des Dhikr und erlebte dieses Gefühl der Glückseligkeit, das frei von aller Erregung ist.

Der Dhikr wurde dreimal wiederholt. Beim letzten Mal bewegte sich die Musik in einem starken, stetigen Rhythmus — viel weniger dramatisch als zuvor. Diesmal nahm auch der Scheich teil. Ohne zu wissen weshalb, begann ich zu weinen. Dann bemerkte ich, daß auch die meisten anderen Zuschauer weinten. Es geschah eigentlich nichts Neues, und doch war alles anders. Viel zu schnell war der Dhikr zu Ende, die Derwische hielten abrupt ein, verbeugten sich dreimal zum Scheich hin, der wieder seinen alten Standort eingenommen hatte, und verließen hintereinander langsam den Raum. Ich sah jedem ins Gesicht, als sie vorbeikamen, und mir war, als hätte ich niemals zuvor solch tiefen Frieden gesehen.

Die Zeremonie beeindruckte mich so tief, daß ich darum bat, wiederkommen zu dürfen. Man sagte mir, ich dürfe jeden Donnerstagabend kommen, aber man sei im übrigen nicht sonderlich erpicht auf europäische Besucher; die sollten zu dem anderen Tekke in der Stadt gehen, wo die Musik auch viel besser war und wohin man von der Grande Rue de Péra nur fünf Minuten hatte.

Die Erklärungen, die ich in die Beschreibung des Rituals eingefügt habe, wurden mir erst nach und nach gegeben. Die Derwische hatten keine Eile, darüber zu sprechen, aber sie schienen auch nichts verschweigen zu wollen. Ich wußte noch nicht, daß Derwische keine Geheimnisse haben dürfen und jede an sie gerichtete Frage beantworten müssen. Sie dürfen nicht freiwillig Informationen anbieten oder mehr antworten, als sie gefragt werden. Da die meisten Menschen nicht wissen, wie man fragt, hört man von Reisenden immer wieder, daß Derwische eifersüchtig ihre Geheimnisse hüten. Als ich mit ihrer Art, Fragen zu behandeln, vertraut geworden war, befragte ich einen weisen alten Derwisch über meine Erfahrung vom 21. März 1918 in Frankreich. Er hörte sehr aufmerksam zu und stellte eine oder zwei Fragen, die mich an bereits vergessene Einzelheiten des Erlebnisses erinnerten. Dann sagte er: „Das Mukabele versetzt uns in eben diesen Zustand, wo alle Todesfurcht verschwindet. Wir wissen, wenn wir in diesem Augenblick sterben, werden wir nur Seligkeit empfinden. Deshalb sind Derwische auch stets die tapfersten Soldaten." Augenblicklich fiel mir der Sudankrieg ein und General Gordons seltsames Geschick, das ihm bestimmte, im letzten Religionskrieg Derwischen gegenüberzustehen, die den Tod nicht fürchteten. Doch man muß den Tod wirklich erfahren, um die Furcht zu verlieren. Vielleicht besaßen diese Derwische das Geheimnis.

Meine nächste Erfahrung mit Derwischen war ganz anders. Ich hatte von einem Tekke der Rufa'i, der sogenannten Heulenden Derwische, auf der asiatischen Seite des Bosporus gehört, das oft von Pilgern aus Persien und Zentralasien und von den Wolga- und Krimtartaren besucht wurde. Als ich mich erkundigte, ob ich selbst dorthingehen könnte, erfuhr ich, daß der Augenblick sehr günstig war, weil sich gerade ein berühmter und hochgeehrter Scheich aus Turkestan im Tekke aufhielt, zu dessen Ehren am Donnerstagabend ein besonderes Mukabele abgehalten werden sollte.

Der Hauptraum dieses Tekke war, anders als das achteckige Sema Hané der Mevlevi, von vier Holzwänden eingefaßt. Das Podium war höher und über eine Treppe von außen zugänglich. Es gab auch eine Galerie für Frauen mit einem engen Gitter davor, durch das man nichts sehen konnte. Ich erhielt einen Platz ganz vorn und merkte, daß das Ritual schon längst in Gang war, vielleicht seit drei Stunden. Die Rufa'i-Derwische tanzen nicht, sondern sitzen oder knien auf dem Boden und schwingen hin und her, während sie einen der Namen Allahs ausrufen. Es gibt mehr Instrumente als bei den Mevlevi, und sie sind schärfer im Klang. Die Melodien haben eher aufpeitschenden als besinnlichen Charakter. Die Derwische reagieren darauf durch immer heftigeres Hin- und Herschwingen. Als ich eintrat, lag bereits eine dichte Atmosphäre von Erregung und gespannter Erwartung über dem Raum.

Bald wurde das Schwingen zu einem entfesselten Hin- und Herschleudern des Körpers; sie schlugen sich an die Brust, rissen an Haar und Bärten. Anstelle der Namen Allahs riefen sie „Ya Hu" — Oh Du — aber jetzt war es eher gekeucht als intoniert.

Nach etwa einer halben Stunde erhob sich ein großer, schlanker, bejahrter Mann, der nur ein Lendentuch trug. Er verbeugte sich vor dem Scheich des Tekke und blieb ganz still in der Mitte stehen. Stahlspieße und Kette wurden gebracht. Ohne mit dem Schwingen und dem „Ya Hu" einzuhalten, griffen die Derwische danach, schlugen sich mit den Ketten und stießen sich die Spieße durch Wangen, Brust und Schenkel. Kein Zeichen von Furcht oder Schmerz war zu bemerken. Der alte Mann in der Mitte blieb regungslos stehen; er schien der einzige zu sein, der sich nicht in wilder Erregung befand.

Da ich keiner Halluzination oder Suggestion zum Opfer fallen wollte, entfernte ich mich für einige Minuten aus dem Raum und kam dann vollkommen ruhig und distanziert zurück.

Das Ritual ging seinem Höhepunkt entgegen. Zwei Derwische brachten ein großes Krummschwert und warfen sich vor der *Kabbe* nieder, einer Nische in der Wand, die in Richtung Mekka weist. Der alte Mann legte sich auf den Holzfußboden, prüfte die Schärfe des Schwerts mit dem Finger, legte es mit der Schneide nach unten über seinen Bauch und zog es tief in seine mageren Flanken. Plötzlich tiefe Stille; der Scheich des Klosters trat vor und stellte sich auf die Klinge, während er sich an den Händen der beiden Derwische hielt, die am ganzen Körper zitterten und „Allah-u-Akbar" murmelten — Gott ist der Größte. Das Schwert schien den Boden zu erreichen, und man erwartete den Körper in zwei Hälften geteilt zu sehen.

In der pulsierenden Stille schien diese Szene eine Ewigkeit zu dauern. Lautlos stieg der Scheich von der Klinge herunter. Der alte Mann hob das Schwert mit beiden Händen, ohne den Körper zu bewegen. Dann zog er mit dem rechten Daumen eine Linie über den Bauch, wo die Klinge gewesen war, und stand auf; jeder konnte sehen, daß er unverletzt war.

Obgleich alle Anwesenden von einem unbeschreiblichen Gefühl geschüttelt wurden, durchbrach immer noch kein Laut die Stille. Das Schwert wurde an eine Stelle gehängt, wo jeder es sehen konnte. Die Derwische stellten sich zum letzten Gebet des moslemischen Gottesdienstes auf. Meine türkischen Freunde gingen hinunter und schlossen sich an. Dieses Gebet ist das längste des Tages; es umfaßt dreizehn *rika-as* oder Doppel-Niederwerfungen und dauert etwa zwanzig Minuten. Man spürte Kraft und Frieden. Ich blieb allein auf der Gallerie und dachte meine Gedanken. Nach dem Ritual rief mein Freund mich hinunter und ließ mich das Schwert prüfen, das ganz sicher nicht berührt worden war. Ich fand keine Spur von Blut, und die Klinge war scharf wie ein Rasiermesser. Es gab nichts, womit ich mir erklären konnte, was ich gesehen hatte. Seitdem habe ich vielen Demonstrationen dieser Art beigewohnt, und ich zweifle nicht daran, daß es mit bestimmten Übungen möglich ist, außergewöhnliche Macht über den menschlichen Körper zu erlangen.

Die Moslemreligion fing an, mich sehr stark zu interessieren. Das Gezänk unter den verscheidenen christlichen Kirchen hatte mich schon als Junge abgestoßen. In der Schule hatten wir zwei Religionslehrer, einen von der sehr Hohen und einen von der sehr Niederen Church of England. Der Hohe war ein milder, aber unfähiger alter Kleriker, der Niedere ein Fanatiker, der vor nichts haltmachte. Die römisch-katholische Kirche bedachte er mit Ausdrücken, die ein Schuljunge eigentlich gar nicht erst kennenlernen sollte. Dann tauchten auch mehrmals missionarische Vortragsreisende auf, die mit solcher Selbstgerechtigkeit über das elende Dasein der Heiden sprachen, daß ich und viele andere auf der Stelle Heiden werden wollten. Als ich davon meinen Eltern erzählte, sagte meine Mutter, die alles Scheinheilige haßte: „Die meisten Engländer sind Heuchler, vor allem englische Priester." Mein Vater sagte: „Religion wäre schon recht, wenn es nicht die Priester und Missionare gäbe; die Missionare sind die Schlimmsten." Er hatte am Lancing College studiert und dort eine religiöse Konversion erfahren. Von da an hatte er einen Widerwillen gegen die institutionalisierte Religion und hatte alles darangesetzt, uns Kinder vor irgendwelchen fixierten Glaubenssätzen zu bewahren, gegen die wir später aufbegehren würden.

Kaum verwunderlich also, daß ich als Junge wenig Sinn für die Bedeutung von Kirchenämtern hatte. Im Konfirmationsunterricht mußte unser Vikar auf meine Frage nach dem Konflikt zwischen den Kirchen und nach der Rechtfertigung der Mission schlicht passen. Beim Abendmahl erlebte ich nichts, und in die Kirche ging ich nur, um es anderen rechtzumachen. Bis dahin war mir noch kein einziger Christ begegnet, Priester oder Laie, von dem ich den Eindruck hatte, daß er wirklich an seinen Beruf glaubte.

Bei den Moslems, denen ich begegnete, schien das anders zu sein. Sie hatten die gleichen Charakterschwächen wie jeder andere, aber viele von ihnen glaubten wirklich an Gott. Einmal mußte ich hinüber nach Istanbul zum Justizminister, den ich bis dahin nicht kannte. Er hatte den Ruf, ehrlich und mutig zu sein. Nachdem ich, von sechs befrackten Herren eskortiert, den Salon betreten hatte und die damals üblichen Höflichkeitsfloskeln ausgetauscht waren, sah ich mir den Minister an und merkte, daß ich ihn doch schon gesehen hatte — nicht einmal, sondern oft. Er bemerkte meine Verwirrung und lachte. „Ich habe Sie letzten Donnerstag im Kapu-Tekke von Edirne gesehen." Da ging mir plötzlich auf, daß er ein Derwisch war, den ich beim Ritual wirbeln gesehen hatte. Wir wurden Freunde, und ich lernte von ihm viel über den moslemischen Glauben und die sufische Mystik.

Diese Verquickung von Mystik und weltlichen Ämtern war in der Türkei der ottomanischen Sultane nichts Seltenes. Ich besuchte manchmal einen früheren Kammerherrn von Sultan Abd al Hamid, ein alter Mann, der ein Stückweit den Bosporus hinauf wohnte. Er sagte einmal zu mir: „Der Unterschied zwischen Asiaten und Europäern besteht darin, daß wir nicht an schnelle Veränderungen glauben, während ihr meint, ihr könntet auf einen schlechten Baum gute Früchte pfropfen. Bei uns gibt es das Sprichwort: *def i mefasid celb i menafiden evla dir* — das Böse muß man ausmerzen, bevor das Gute kommen kann. Aber ihr sagt lieber: Das Gute muß kommen, damit das Böse ausgemerzt werden kann. Beide Ansichten haben ihre Berechtigung, aber solange wir nicht einmal gewahr werden, daß sie verschieden sind, können wir einander nicht verstehen."

Der Fastenmonat Ramadan fiel in diesem Jahr auf den Juli. Ich wollte versuchen, das Fasten einzuhalten — kein Essen, Trinken oder Rauchen zwischen Sonnenaufgang und Sonnenuntergang. Eine Woche hielt ich durch, stellte aber fest, daß meine Arbeit darunter litt. Ich wurde müde und reizbar, wenn der Tag noch nicht einmal halb um war. Ich beobachtete, daß die meisten Türken zwar das Fasten einhielten, dafür aber frühmorgens und spätabends umso reichlicher zulangten. Ich sah auch, daß sie noch reizbarer wurden als ich — vor allem vom Nichtrauchen. Es war jedoch nicht zu bestreiten, daß das ganze Leben der Stadt in dieser Zeit verändert war. Ich hatte so etwas noch in keiner christlichen Stadt gesehen und mußte zugeben, daß die Moslems ihre Religion alles in allem sehr viel ernster nahmen als die Mehrheit der Christen. Es war nicht ungewöhnlich, daß man bei irgendeinem Geschäft vor verschlossener Tür stand, weil der Inhaber zum Gebet in die Moschee gegangen war.

Die siebenundzwanzigste Nacht des Ramadan heißt *Leyl-ul-Kadir* — Nacht der Kraft. Nach der moslemischen Überlieferung sendet Gott in dieser Nacht den Erzengel Gabriel zur Erde, um die Seelen der Menschen in Augenschein zu nehmen. Wen er dabei in aufrichtiger Andacht an Gott antrifft, dessen Name wird in das Buch der fürs Paradies Bestimmten eingetragen.

Ich wurde eingeladen, den Gebeten dieser Nacht in der Hagia Sophia beizuwohnen, eine der größten überdachten Flächen der Welt. Man sagte mir, daß sich in diesem Raum mehr als zehntausend Männer drängten. Die Frauen befanden sich auf den Gallerien, nur die Westgallerie war Besuchern vorbehalten. Zwei oder drei Stunden lang gingen Männer aus und ein, verrichteten ihr Gebet oder saßen still in Gruppen. Um Mitternacht stimmte der Muezzin den Ruf zum Gebet an. Die Männer bildeten Reihen, Schulter an Schulter. Der Ruf *Allah-u-Akbar* schallte wie Donner. Als zehntausend Köpfe in der Niederwerfung den Boden berührten, spürte man das ganze Gebäude erzittern. Niemand konnte sich der Wucht dieser vieltausendfachen Huldigung entziehen. Das Nachtgebet umfaßt sieben kollektive Niederwerfungen und sechs weitere, die jeder für sich allein ausführt. In den Zeiten dazwischen stellte sich eine sonderbare Empfindung von hereinströmender Kraft ein; man konnte sich wirklich vorstellen, daß in diesem Augenblick ein Erzengel über der Menge schwebte. Nach dem Gebet zerstreuten sich die Menschen nur langsam; die meisten blieben in der Moschee und erwarteten die Morgendämmerung, die das Fasten beenden würde.

Was sollte ich davon halten? Das Erlebnis selbst beeindruckte mich tief, aber hatte es irgendjemanden verändert? Morgen würden sie alle wieder wie früher sein — von den gleichen Leidenschaften und Schwächen beherrscht wie alle anderen Menschen. Meine Gedanken wanderten nach Rom, und auch hier wieder das gleiche Schauspiel, wenn zu Ostern aus abertausend Kehlen donnernd der Ruf „Tu es Petrus!" erschallt. Männer und Frauen stehen tränenüberströmt, und der Himmel scheint sich aufzutun. War das nicht ganz genauso? Kehrten sie nicht alle unverändert ins gleiche Leben zurück, das von den gleichen Schwächen beherrscht war?

Ich ging ins Freie. Ganz Istanbul war ein Lichtermeer von Öllampen und Kerzen, die in Girlanden von Dach zu Dach, von Minarett zu Minarett hingen. Eine unvergleichlich schöne Stadt lag im Sterben. Bald würden im Yildis-Palast keine Sultane mehr residieren. Ich konnte nicht wissen, wie radikal der Wandel sein würde, wie schnell Fes und Schleier verschwinden sollten. Bald würde der Muezzin mit einer Melone auf dem Kopf zum Gebet rufen — gemäß der Verordnung eines Diktators und Religionshassers jüdischer Herkunft. Auch die Derwische sollten von den Straßen verschwinden, die Tekkes geschlossen und die Führer exiliert werden.

Ich war Zeuge des Todes einer Epoche, doch ich wußte es nicht. Ich wußte nur, daß ich von tiefer Traurigkeit erfüllt war. Wohin sollte ich gehen? Ich hatte dem Direktor meines College in Oxford eben geschrieben, daß ich mein Stipendium nicht in Anspruch nehmen würde. Ich war für das Stabscollege vorgeschlagen worden, aber mir war klar, daß eine militärische Laufbahn für mich nicht in Frage kam. Ich konnte auch nicht alles hinter mir zurücklassen und Derwisch werden. Die Derwische gehörten einer sterbenden Welt an. Sie waren das Denkmal einer Zeit, in der die Menschen noch ein innerlich wie äußerlich erfülltes Leben zu leben wußten. Es war nur allzu offensichtlich, daß das uralte Feuer nicht mehr brannte.

Es gab niemanden, an den ich mich um Rat wenden konnte. Mir fiel ein Distichon aus einer Gasele von Fuzuli ein, dem größten türkischen Dichter:

Dost bi perva, felek bi rahm, devran bi sukyun
Derd çok, hemderd yok, dusmen kavi, tali zubun
Sayei ümid za'il, afitab-i-zevk kerim
Rütbeyi idbar ali, paye-i-tedbit dun.

Kein Freund teilt mein Fühlen, der Himmel hört meine Klage nicht, die rollenden Sphären sind niemals still.
Meine Sorgen sind viele – und keine, die ich mitteilen kann; die Feinde sind mächtig, das Schicksal läßt meinen Willen verzagen. Der Schatten der Hoffnung auf jenes süße Morgengrauen wird länger.
Hohen Zielen gilt mein Streben, doch dürftig und elend, ach, ist mein Können.

Ich ließ mich mit der mitternächtlichen Menge treiben, die Straße der Hohen Pforte hinunter, am Großen Basar von Istanbul und der Moschee des Bayazid vorbei zum Kriegsministerium. Dort hatte ich vor fünfzehn Monaten meine Arbeit aufgenommen, ohne eine Ahnung zu haben, was alles in dieser kurzen Zeit geschehen würde. Meine Familie war weit weg, und ich hatte sie fast vergessen. Ich hatte nirgendwo mehr ein Zuhause.

Ich wandte mich nach Norden und ging, bis ich die Moschee von Suleimaniye erreicht hatte. Wenige Gebäude auf der Welt sind so beeindruckend wie dieses Meisterwerk des Sinan von Kayseri, des Architekten zahlloser Moscheen und Plätze. Das fast Unmögliche, eine riesige Kuppel mit kleineren Nebenstrukturen zu kombinieren, hier ist es gelungen wie nirgendwo sonst auf der Welt. Hier ist Harmonie, die unzerstörbare Erhabenheit eines großen Kunstwerks.

Die Frage in Fuzulis Klage ließ mich nicht los. Was war mein *rütbeyi idbar,* das Ziel meines Strebens? Was wollte ich in diesem Leben wirklich erreichen?

Diese Fragen ließen ein qualvolles Gefühl der Leere in mir aufsteigen, das mein Herz fast zerriß. Bald gewann jedoch mein Verstand mit seinem unverbesserlichen Hang zu Formeln wieder die Oberhand. Es gab doch ein paar Prinzipien, die ich nicht anzweifeln konnte. Ich ging über die großen, fast leeren Höfe von Suleimaniye hin und her, bis ich diese Prinzipien in Worte gefaßt hatte.

Zuerst, was mich selbst anging. Ganz gewiß war ich ein ganz normaler Mensch mit den gleichen Mängeln wie jeder andere. Ich durfte mir niemals erlauben, mich anders oder besser zu fühlen als andere. Es mochte wohl Unterschiede geben, aber weshalb sollte ich recht haben und sie nicht? Jeder Mensch, den ich kannte, war egozentrisch. Also war ich es gewiß auch, und folglich konnte ich meinem Urteil über mich selbst nie trauen. Eitelkeit und Eigenliebe scheinen die schlimmsten Feinde der Menschheit zu sein, aber wenigstens konnte ich versuchen, ihnen nicht zu unterliegen.

Was konnte mir dabei helfen? Was konnte die Religion mir geben? Überall sah ich, daß die Menschen sich gegenseitig ausschlossen, daß einer die Wahrheit des anderen ablehnte, seinen Glauben verwarf. Ich konnte nicht glauben, daß eine Religion im Besitz der alleinigen und der ganzen Wahrheit war. Wenn ich diese Ausschließlichkeit umgehen wollte, konnte ich mich an niemanden wenden, der in ihr lebte. War es nicht völlig unwahrscheinlich, daß ein paar Hundert Millionen Menschen die Wahrheit besaßen und alle anderen nicht ein Fünkchen davon? Dieses Argument galt für alle Religionen in Ost und West. Ich schwor mir, daß ich nicht ruhen würde, bis ich die eine Wahrheit und den einen Glauben fand, in dem sich alle Wahrheiten miteinander versöhnen ließen.

Dann stellte sich auch die Frage der Heimat. Wo war ich zu Hause? In England, wo ich geboren war? In Amerika, woher meine Mutter kam? In der Türkei, wo ich mich wohlfühlte? Irgendwo in Asien, wo es vielleicht eine Quelle der Wahrheit gab, von der ich nichts wußte? Weshalb war ich stolz, ein Engländer zu sein? Den ganzen Tag lang hatte ich mit allen möglichen Rassen zu tun: mit Engländern, Franzosen, Italienern, Griechen, Armeniern, Türken, Kurden, Russen, Arabern, Juden und mit Menschen, die so gemischt waren, daß sie keiner Rasse angehörten — und jeder einzelne von ihnen war von der Überlegenheit seiner Rasse überzeugt. Konnte irgendeiner von ihnen recht haben und alle anderen unrecht? Es war alles Unsinn. Bessere oder schlechtere Nationen oder Rassen gab es einfach nicht. Wollte ich ein Mensch sein, dann mußte ich das Gefühl ablegen, Brite und daher vom Besten zu sein. Da hatte ich immerhin eine Wahrheit, die ich ohne Vorbehalt akzeptieren konnte: Die menschliche Rasse ist eins und unteilbar, und vor allem anderen muß ich mein Leben als Mensch leben.

Ein Gefühl des Friedens kam über mich, als hätte ich den Ausweg gefunden. Ich hatte ein *rütbeyi idbar* — ein Ziel, das es zu erreichen galt. Ich wollte ein Mensch sein, der frei von Eitelkeit und Eigenliebe ist, um den Ursprung aller Religion und die Einheit der Menschheit zu finden. Dann meldete sich aber wie immer gleich die Gegenstimme in mir. Das waren wohl schöne Worte, die ich mir aufschreiben und dann getrost mir mir herumtragen konnte. Aber weder ich noch irgendwer sonst konnte etwas damit anfangen, denn wir sind alle vom gleichen Holz.

Oder doch nicht? Gab es nicht vielleicht doch irgendwo jemanden, der helfen konnte? Zum ersten Mal in meinem Leben kam mir der Gedanke der Suche in den Sinn. Es gab etwas, das es zu finden galt, bevor irgend etwas unternommen werden konnte.

Der Morgen graute. In meinem Büro wurde ich erwartet — von Geheimagenten, die nie vor Mitternacht auftauchten. In ein paar Stunden würde ich wieder Berichte schreiben. Es war auch der Tag, an dem ich meinen Wochenbericht schrieb, der dann allen Kontrolloffizieren und vorgeschobenen Posten im Nahen Osten zugestellt wurde.

Ich bestieg eine *araba,* einen offenen Zweispänner, der damals in der Türkei noch das Hauptverkehrsmittel war, und fuhr zu meinem Büro zurück. Nichts war geschehen — und doch alles verändert.

4. Prinz Sabaheddin und Mrs. Beaumont

Immer wenn ich mal eine Stunde oder zwei übrighatte, nahm ich Unterricht in türkischer und persischer Literatur bei Kurd Avni Bey. Er war stolz auf seine Abstammung vom großen Bederhan — sehr groß, hager, arm und gelehrt. Er schrieb Gedichte auf Türkisch und Persisch und sogar in kurdischer Sprache, die wenig eigene Literatur besitzt. Auch er war ein Bewunderer Fuzulis, eines Zeitgenossen William Shakespeares, und in seinen Augen kein geringerer Dichter. Ich konnte dieser Ansicht nicht beipflichten. Fuzuli war wie alle großen islamischen Dichter ein Mystiker, der sich für die irdische Seite der Menschennatur wenig interessierte. Seine Dichtung schöpft so stark aus der Feinstruktur der Sprache, daß sie sich kaum übersetzen läßt. Ich versuchte mich an dem oft zitierten Vers:

Jani jânân dilemis: vermemek olmaz ey dil
Ne reva eyleyelim: ol ne senindir ne benim.

The soul of souls begged for my soul. Say, heart, shall we our soul resign?
Why take we anguished thought and pine?
That soul is neither thine nor mine.

(Die Seele der Seelen flehte um meine Seele. Sag, Herz, sollen wir unsere Seele ausliefern?
Wozu sollen wir uns grämen und mit Gedanken quälen?
Diese Seele ist weder dein noch mein.)

Avni Bey machte mich mit den Dichtern und Schriftstellern jener Zeit bekannt; vor allem wollte er mich aber die letzte Blüte der ottomanischen Kultur noch erleben lassen, bevor sie für immer verschwand. Er machte mir den Vorschlag, mich zu einem Festmahl bei einem reichen Kaufherrn mitzunehmen.

Unser Gastgeber war ein Moslem vom alten Schlag; er hatte vier Frauen und einen großen Haushalt. Die Frauen hatten in dem Haremlik zu bleiben, und die Gesellschaft, der ich mich gegenübersah, bestand ausschließlich aus Männern aller Altersstufen. Man folgte dem alten Brauch, jedem, der kommen wollte, die Tür zu öffnen; vor allem mußten ein oder zwei Bettler eingeladen werden, so schmutzig und zerlumpt wie nur möglich.

Aufgetragen wurde von mehreren Dienern, und man aß in alter türkischer Weise mit den Fingern. Vor allen Plätzen lagen die typischen weichen Brotfladen. Man brach sich Stücke ab und aß damit die Speisen, die für die Hände zu weich waren. Natürlich gab es keinerlei Alkohol, dafür aber verschiedene Sorten Sherbet — gekühlt mit Schnee, der seit dem letzten Winter unterirdisch aufbewahrt wurde.

Wie jeder weiß, der diese Länder bereist hat, haben solche Gelage die manchmal peinliche Eigenart, daß sie ihr Ende zu erreichen scheinen und dann plötzlich wieder losgehen. Pilaf mit Huhn, Lamm, Fisch und verschiedenen Gemüsen, gefolgt von sehr süßem Gebäck und Sirup — ein wohl abgerundetes Mahl, glaubt man. Dann bringen die Diener auf einmal wieder Pilaf, vielleicht in einer anderen Farbe, und das Ganze beginnt von neuem. Man muß sich bei den ersten Gängen vorsichtig bedienen, will man nicht die unverzeihliche Unhöflichkeit begehen, die späteren Gerichte zurückzuweisen.

Einer der Bettler war ein Spaßvogel — vermutlich war es sein Beruf, von Haus zu Haus zu gehen und die Gäste zu amüsieren.

Er erzählte Geschichten über Mulla Nasrudin, den türkischen Till Eulenspiegel, und verbreitete den neuesten Klatsch über bekannte Persönlichkeiten der Stadt. Nicht über alles wurde gelacht, denn man wußte ja nie, was dann anderswo wieder aufgetischt wurde und wie.

Nach dem Essen gab es Musik. In der Türkei sind die Muezzine die besten Sänger, und die von den großen Moscheen waren sehr gefragt. An jenem Abend war der berühmteste von allen unter den Gästen, Nurreddin Fahri von der Blauen Moschee des Sultan Ahmad. Der Zauber der traditionellen türkischen Musik hatte mittlerweile meine Widerstände durchbrochen, aber ich hatte zuvor noch nie Gelegenheit gehabt, die poetischen und musikalischen Improvisationen zu erleben, die als Höhepunkt dieser Kunst in Kurdistan, Nordpersien und im Kaukasus galten. Ich wußte nicht einmal, daß man dieser Kunst hier in Konstantinopel begegnen konnte.

Mehrere bekannte Musiker und Dichter waren anwesend. Die ganze Gesellschaft hatte sich angeregt über ein ziemlich abstraktes Thema unterhalten, bei dem es um den mystischen Gehalt bestimmter türkischer Gedichte ging. Irgendwann bat der Gastgeber einen der Dichter beiläufig, das Gesagte in Verse zu kleiden, und die Musiker erhoben sich stillschweigend, um ihre Instrumente zu holen. Ein paar Worte wurden gewechselt über die geeignete Art, dieses Thema zu intonieren, und dann begann der Muezzin das Gedicht zu singen. Dieses Geschehen war in seiner vollständigen Spontaneität sehr bewegend, aber die Reaktion der Zuhörer erschien mir doch maßlos übersteigert. Alle Anwesenden seufzten und stöhnten. Manche schluchzten. Einige warfen sich zu Boden und taten mit lauten Mashallah-Rufen ihre Verzückung kund.

Als der Sänger endete, trat ein langes Schweigen ein, das nur durch tiefe Seufzer unterbrochen wurde. Die Darbietung wurde mehrmals wiederholt. Dann wurde das ursprüngliche Thema wieder aufgenommen, und irgendwie mußten die Musik und das Gedicht wohl klärend gewirkt haben, denn alle waren jetzt einer Meinung.

Musik bedeutet für Asiaten etwas ganz anderes als für Europäer — zumindest für die Asiaten, deren Geschmack noch nicht durch die Berührung mit dem Westen verändert ist. Sie ist ein intimes Ritual. Die modernen Konzertsäle haben diese Eigenschaft der Musik, die sie früher auch bei uns besaß, zerstört. Doch nicht die Musik allein war hier so beeindruckend; das ganze Festmahl war ein Ritual und jedes seiner Teile hatte rituellen Charakter.

Ich sprach mit anderen Gästen darüber und fragte sie nach ihrer Meinung. Einer sagte, die Europäer gingen jede Frage mit dem Verstand an und achteten nicht auf den tieferen Bewußtseinszustand hinter der Frage. „Ihr seid in eurem gesellschaftlichen Leben weit fortgeschrittener als wir. Wir bewundern eure technischen Errungenschaften und eure politischen Institutionen, aber ihr wißt über das innere Leben viel weniger als wir. Ihr meint, ihr wüßtet zu leben und verstündet Freude und Leid, aber ihr wißt nichts von dem *Hal* (dem inneren Zustand), in den wir kommen, wenn wir solche Musik hören." Ein viel älterer Mann pries die französische Kultur und sagte, die Türkei verdanke Frankreich mehr als jedem anderen Land. Die französische Kultur beruhe auf einem Gespür für das Passende, und das ginge den Briten und Deutschen vollkommen ab. Ein junger Mann mit einem mir unbekannten Akzent warf ein: „Die höchste Kultur der Welt ist die angelsächsische. Kein anderes Volk besitzt soviel Achtung vor dem Individuum und hat zugleich ein so gesundes soziales Gewissen. Wir in der Türkei sollten unsere politischen und sozialen Zukunftspläne an Großbritannien orientieren." Seine Begeisterung unterbrach den Fluß des Gesprächs und ich verlor den Faden.

Bevor wir gingen kam dieser junge Mann zu mir und sagte, ich müsse unbedingt seinen Freund Prinz Sabaheddin kennenlernen, die Hoffnung des türkischen Liberalismus. Sabaheddin war der Neffe des regierenden Sultans, und sein Vater war der berühmte türkische Reformer Damad Mahmud Pascha, der wegen seines Widerstands gegen den Despotismus Sultan Ab al Hamids verbannt wurde.

Ich griff den Vorschlag nicht auf und erfuhr nicht einmal den Namen des jungen Mannes. Doch wenn etwas sein soll, hat das Schicksal mehr als eine Karte in der Hand. Schon innerhalb der nächsten Wochen hörte ich den Namen des Prinzen ein zweites Mal, diesmal von Satvet Lutfi Bey, einem Freund der Alliierten, der mich wegen eines irrtümlich festgenommenen Abgeordneten sprechen wollte. Lutfi Bey beharrte so nachdrücklich darauf, daß ich den Prinzen kennenlernen müsse, daß ich mein Desinteresse überwand und wir verabredeten, daß er mich am nächsten Mittwoch zu einem Dinner beim Prinzen mitnehmen würde.

Manchmal nimmt sich ein Ereignis für uns zunächst als purer Zufall aus und erscheint uns dann im Nachhinein als Fügung. Am nächsten Mittwoch war ich sehr beschäftigt und vergaß fast meine Verabredung. Ich schrieb an einem Bericht, der das Hauptquartier davon überzeugen sollte, daß die effektive Stärke der türkischen Armee in Anatolien horrend unterschätzt worden war, und ich hatte gerade die bereits erwähnten Fotos von der Eisenbahnwerkstatt in Eskisehir erhalten. Als Satvet Lutfi Bey kam und nach mir fragte, übernahm eine innere Notwendigkeit die Führung. Ich ließ alles liegen und fuhr nach Kuru Chesme. Satvet Lutfi Bey erzählte mir, daß er mit Prinz Sabaheddin schon in der Zeit vor 1908 befreundet war, als er Jura studiert und sich der Revolution gegen Sultan Abd al Hamid angeschlossen hatte. Später war er von den Jungtürken in Haft genommen worden, konnte aber nach Frankreich fliehen. Der Prinz gehörte zu den energischsten Kriegsgegnern, hatte es aber abgelehnt, sich an irgendwelchen Komplotten gegen die unionistische Regierung von Talaat Pascha zu beteiligen. Nichtsdestotrotz fand Satvet Lutfi sich unversehens in etliche Verschwörungen verstrickt, wurde zweimal zum Tode verurteilt und entkam mit knapper Not dem Henker. Er war Bosniake, also ein serbischer Moslem, eine Rasse, die für Mut und Loyalität bekannt ist. Er war und ist ein sehr gutaussehender Mann.

Kuru Chesme war eigentlich kein Palast sondern eine große Villa hoch über dem Bosporus. Sie wurde später abgerissen, um Platz für Öltanks zu schaffen. Wir wurden von einem Lakai in Schoßrock empfangen, aber es herrschte eine Atmosphäre von Armut, die man eher spürte als sah. Wir betraten ein typisches türkisches Empfangszimmer mit verschossenem Empiremobiliar. Nach einigen Minuten betrat eine winzige Gestalt den Raum. Sabaheddin war einer der kleinsten und schlanksten Männer, die ich je gesehen habe, aber er strahlte so viel Würde aus und hatte ein so überzeugendes Auftreten, daß ich sofort wußte, er konnte keiner von den üblichen Duodezprinzchen sein. Er sprach perfekt Französisch und zog es dem Türkischen vor. Bekleidet war er mit dem traditionellen Schoßrock, der sehr gut zum Fes paßt. Seine vollendete Höflichkeit ließ mich fürchten, daß ich einen Abend lang Plattitüden im großen Stil anhören müßte.

Der Prinz war Vegetarier, trank aber, was damals unter Moslems noch sehr ungewöhnlich war, Wein zum Essen. Für mich hatte er eine berühmte türkische Delikatesse zubereiten lassen: Tscherkessen-Tawuk, Hühnchenbrust mit einer Soße aus gemahlenen Walnüssen.

Ich hatte befürchtet, einem großspurigen Grande zu begegnen, aber diese Sorge erwies sich als unbegründet. Sabaheddin wußte durch Lutfi Bey wohl über meine Arbeit Bescheid, war aber viel zu feinfühlig, als daß er ein vielleicht peinliches Thema berührt hätte. Bald waren wir bei seinem Steckenpferd: der Bedeutung der Privatinitiative in der Gesellschaftsordnung. Zum ersten Mal hörte ich von Frédéric le Play und Edmond Demolins und von der Schule für Sozialwissenschaft. Es war ein Erlebnis, Sabaheddin sprechen zu hören, und ich sah mit Vergnügen, wie seine kleinen Hände seine Darlegung illustrierten. Der ganze Fragenkreis war mir neu, aber ich sah deutlich wie schwer es den an strikt zentralistische Verwaltung gewöhnten Türken fallen mußte, den Wert der Eigeninitiative zu erkennen. Es war kein Wunder, daß der Prinz allein zwischen seinen Büchern in Kuru Chesme saß, unbeachtet sowohl von der Hohen Pforte als auch von der Nationalistenregierung in Ankara. Fast vierzig Jahre sollten noch vergehen, bevor seine Landsleute endlich auf seinen Rat zu hören und seine Theorien zu studieren begannen. Da war er dann schon zehn Jahre tot.

Als wir uns verabschiedeten, lud der Prinz mich ein wiederzukommen. Ich sah, daß er es ernst meinte und stimmte zu, und bald waren die Mittwochabenddinners in Kuru Chesme ein fester Bestandteil meines Lebens. Das war, glaube ich, im Oktober 1920. Viele Jahre später erzählte Satvet Lutfi mir, der Prinz sei nur zögernd bereit gewesen, mich kennenzulernen, habe aber nach unserem ersten Abend gesagt: *„Ce jeune homme est un génie; je n'ai jamais rencontré un esprit plus fin.“*

Sabaheddin nahm es auf sich, Lücken in meiner Bildung zu füllen. Er gab mir Bücher zu lesen, die ich auch wirklich lesen mußte, denn in der folgenden Woche diskutierte er mit mir darüber. In einem der ersten Bücher, Edouard Schurés *Les Grands Initiés,* fand ich die erstaunliche Behauptung, alle Religionen seien im Ursprung gleich, und die scheinbaren Widersprüche zwischen ihnen beruhten nur auf unzureichendem Verstehen. Das stimmte so genau mit meiner eigenen Überzeugung überein, daß ich mehr wissen wollte. Sabaheddin erzählte mir von Rudolf Steiner, der sein persönlicher Freund war, und von den Lehren der Theosophie und Anthroposophie. Er berichtete auch von Initiationssuchern, die er in Frankreich kennengelernt hatte, darunter der Okkultist Charles Lancelin.

Als ich fragte, ob es für all diese erstaunlichen Ideen Beweise gäbe, erzählte er mir von Experimenten, die er selbst als Zeuge verfolgt hatte; darin wurde Menschen mit Hilfe von Hypnose und Autosuggestion ermöglicht, die unsichtbaren Welten zu erkunden. Er gab mir die Bücher von Colonel de Rochas, den er fünfzehn Jahre zuvor in Paris kennengelernt hatte.

Diese Abende mit Prinz Sabaheddin riefen in mir die Probleme und die Hoffnung wach, die mein Erlebnis im Feldlazarett am 21. März 1918 in mir ausgelöst hatte. Alles in allem nahm meine Arbeit aber so viel von meiner Zeit in Anspruch, daß ich mich kaum ernsthaft mit den Büchern befaßte, die Sabaheddin mir lieh.

Kuru Chesme war der Schauplatz zweier Ereignisse, die meinem Leben eine völlig neue Richtung gaben. Es waren die Begegnung mit einer Dame, die für fast vierzig Jahre meine Frau und Gefährtin werden sollte, und mit Gurdjieff, dessen Ideen und Lehren das Hauptanliegen meines inneren Lebens werden sollten.

Eines Abends sagte der Prinz, er würde mich gern mit einer englischen Dame bekanntmachen, die er während des Krieges in der Schweiz kennengelernt hatte und die als Begleiterin seines einzigen Kindes, der Prinzessin Fethiye, mit ihm in die Türkei gekommen war. Die Prinzessin war in Konstantinopel bekannt für ihre rigorose Emanzipation von den Sitten und Umgangsformen des Serail. Ich hatte sie noch nie gesehen, weil sie zu den Dinners ihres Vaters nie erschien; und diese Engländerin wollte ich auch nicht kennenlernen. Ich war bis über die Ohren in türkische Staatsangelegenheiten vertieft und hatte nichts übrig für die englischen Kreise, die Offizieren zugänglich waren. Ich wollte nicht an England denken. Wenn meine eigene Familie und meine erst wenige Monate alte Tochter mir so wenig bedeuteten, was für einen Grund hatte ich dann, mich an England erinnern zu lassen?

Aber dem Prinzen gegenüber waren schlechte Manieren undenkbar. Da er offensichtlich mit meinem Einverständnis rechnete, erschien ich also am folgenden Mittwoch, aber in der Erwartung von Unerfreulichem. Ich konnte nur hoffen, daß sich Sabaheddin mit einer Begegnung zufriedengeben würde. Als ich das Empfangszimmer betrat, war sie schon da. Mein erster Eindruck war, daß sie dem Prinzen an Würde und Haltung nicht nachstand. Ich fühlte mich *gauche* neben ihnen. Doch als sie sprach, gewann ich mein Selbstvertrauen schnell zurück. Es war eine Stimme, die zu mir und in mir sprach, ich fühlte mich nicht wie bei so vielen anderen Leuten von außen angeredet. Es lag etwas in dieser Stimme, was Gefühle von neuem Leben und neuer Hoffnung in einem aufkeimen ließ. Ich betrachtete ihr Gesicht. Es war schön, aber ihre Augen wirkten traurig. Trotz ihres schon weißen Haars war ihr Teint frisch und jung. Ihre braunen Augen waren warm wie ihre Stimme.

Sie sprach an diesem Abend wenig, und doch gab ihre Gegenwart unseren Gesprächen eine ganz neue Färbung. Bis dahin hatte ich mich für alles, was der Prinz sagte, nur interessiert — an jenem Abend war ich das erste Mal wirklich betroffen, so als hörte ich alles in mir und nicht außerhalb. Ich begriff nichts von dem, was mit mir geschah. Später erzählte mir der Prinz, daß er sie l'Allumeuse nannte — die das Feuer entfacht; dieses Wort traf sehr genau, was ich schon bei der ersten Begegnung gespürt hatte.

Sie hatte kein Auto, und ich fuhr sie zu ihrer Wohnung in Matchka am anderen Ende der Grande Rue de Péra (an deren einem Ende mein Büro lag, in dem ich immer noch wohnte). Sie erzählte, sie habe sich anfangs dagegen gewehrt, mir zu begegnen, und sie halte sich von britischen Offizieren und allem Britischen möglichst fern. Sie war in die Türkei gekommen, um England zu vergessen; warum, das sagte sie nicht. Ich fühlte mich in ihrer Gegenwart nicht schüchtern wie bei den meisten anderen Frauen. Es war sogar so, als wäre das alles schon einmal geschehen und wir begegneten uns aufs Neue.

Die ganze Woche über mußte ich ständig an sie denken. Ich hoffte, sie würde am Mittwoch wieder beim Prinzen sein, denn es war mir gar nicht in den Sinn gekommen, sie zu fragen, ob ich sie mal besuchen könnte. All das ist sicher ganz natürlich, aber mich verwunderte, daß etwas oder jemand mich so sehr von meiner Geheimdienstarbeit ablenken konnte, für die ich mich doch so leidenschaftlich engagierte.

In der nächsten Woche trafen wir uns wieder in Kuru Chesme, und diesmal gab der Prinz ohne Reserviertheit seine persönlichen Überzeugungen zu erkennen. Er sprach über Jesus Christus auf eine Weise, wie ich noch nie jemanden hatte sprechen hören. Natürlich war er in der islamischen

Tradition aufgewachsen. Er hatte östliche Religionen studiert, vor allem den Buddhismus, fand aber nirgendwo Frieden außer in der Kontemplation Jesu Christi. Ein Strahlen kam in sein Gesicht, als er von dessen Liebe für die Menschheit sprach. Ich sah wohl, daß göttliche Liebe eine Realität für ihn war — ganz anders als für die Priester, die mir den Sinn des christlichen Glaubens zu vermitteln versucht hatten. Mrs. Beaumont verfolgte seine Äußerungen mit sichtlichem Entzücken, und sie wußte ihn mit den richtigen Einwürfen zu beflügeln. Er sagte, der Islam sei eine große und edle Religion, und er habe an seinem zentralen Dogma — daß es nur einen Gott gibt und daß er das schlechthin andere ist — stets festgehalten. Die Heilige Jungfrau war für ihn ebenso lebendige Wirklichkeit wie Jesus, der Sohn Gottes. Nur sei es notwendig, sich jederzeit zu vergegenwärtigen, daß kein Mensch je verstehen könne, was das heißt: Sohn Gottes.

Für mich war dieses Gespräch eine wundersame Erfahrung. Bis zu diesem Abend hatte ich Religion noch nie ernstgenommen. Am nächsten Tag erinnerte ich mich noch an vieles, was er gesagt hatte, doch im Lauf der Woche verblaßte der Eindruck. Ich verstand erst viel später, daß niemand seinen Glauben auf einen anderen übertragen kann. Ich war bewegt von allem, was der Prinz gesagt hatte — aber es war doch nicht in meine Tiefe eingedrungen. In der Rückschau über so viele Jahre wundert es mich, daß ich so vieles von dem, was gesagt wurde, doch behalten habe, obgleich es lange Jahre vergessen war.

In derselben Woche traf ich Mrs. Beaumont noch einmal, doch unter ganz anderen Umständen. Ich wurde oft abgeteilt, um Bedeutende Besucher oder Gruppen zu betreuen, die in irgendeiner Mission oder einfach aus Neugier nach Konstantinopel kamen. Meine Vertrautheit mit der Stadt und der Sprache (ganz zu schweigen von meiner Neigung, mehr auf mich zu nehmen, als ich bewältigen konnte), machten mich immer wieder zum ersten Kandidaten für unerwünschte Aufträge. Manchmal waren sie jedoch auch interessant, zum Beispiel als ich für die Dardanellenkommission dolmetschen mußte. Diesmal sollte ich mich um eine Delegation der Zweiten Sozialistischen Internationale kümmern, die zu Konsultationen mit der sozialdemokratischen Regierung Georgiens nach Tiflis unterwegs war.

Die britische Armee hatte kurz zuvor eine Infanteriebrigade, die nach dem Waffenstillstand die Ölpipeline von Baku ans Meer zu bewachen hatte, aus Batumi, dem wichtigsten Hafen von Georgien, abgezogen. Das war für mein Empfinden eine jener Entscheidungen, die in London von irgendeinem ahnungslosen Generalstabschef am grünen Tisch gefällt wurden. Solange irgendeine britische Einheit, und sei es nur ein Bataillon, im Kaukasus blieb, würden die Regierungen der drei Schlüsselländer Aserbaidschan, Georgien und Armenien dem Druck des Kommunismus standhalten und ihre Unabhängigkeit wahren können, davon war ich überzeugt. Am 9. Juli 1920 wurde die Brigade abgezogen, und schon nach vier Wochen ließ die georgische Regierung die Alliierten wissen, sie könne der bolschewistischen Propaganda nicht mehr entgegenwirken. Just in diesem Moment wurde mir über einen verläßlichen Agenten ein merkwürdiges Ansinnen gestellt. Die Bedrohung der Unabhängigkeit Georgiens ging hauptsächlich von den Aktivitäten des bolschewistischen Kommissars, eines Armeniers, aus. Eine armenische Geheimgesellschaft war bereit, ihn umzubringen, damit Armenien nicht in russische Hände fiel, brauchte aber unsere Hilfe, um die Beteiligten dann in Sicherheit zu bringen. Ich erstattete Bericht und erhielt nach wenigen Tagen den knappen Bescheid: „Seiner Majestät Regierung wird niemals einem politischen Mord Vorschub leisten."

Jetzt war eine fast komische Situation entstanden. Die Zweite Sozialistische Internationale, die während und sogar nach dem Krieg für die meisten alliierten Regierungen den pazifistischen und subversiven Buhmann abgeben mußte, sollte jetzt die Rolle des Retters der demokratischen Kaukasusrepubliken spielen. Bei ihrem Berner Konvent im Februar 1919 war eine Resolution verabschiedet worden, die den Bolschewismus verdammte und den Beschluß enthielt, eine Untersuchungskommission nach Rußland zu entsenden. Eineinhalb Jahre waren seitdem vergangen, und jetzt, fünf Minuten vor Zwölf, bequemten sich die Alliierten endlich, solch einer Kommission die Reise in den Kaukasus zu ermöglichen, um der georgischen Regierung den Rücken zu stärken. Der Makel des Pazifismus haftete der Zweiten Internationale natürlich nach wie vor an, und die Anweisungen, die ich erhielt, waren alles andere als eindeutig; ich sollte der Kommission auf jede erdenkliche Weise helfen, aber ständig auf der Hut sein.

Ich ging an Bord des Schiffes, mit dem die Delegation reiste. Zu meinem Erstaunen traf ich auf dem Begleitschiff Mrs. Beaumont und erfuhr, daß sie eng mit der Berner Internationale verbunden war und die meisten Mitglieder der Delegation kannte. Unter anderen Arthur Henderson, Camille Huysmans, Vandervelde, Philip und Mrs. Snowden, Bernstein und andere bekannte Führer der sozialistischen Bewegung in Europa. Sie hatten ein paar Tage Aufenthalt, bis die Formalitäten erledigt waren, und ich zeigte ihnen die Sehenswürdigkeiten der Gegend. Die meisten kannten Prinz Sabaheddin, der in Kuru Chesme einen Privatempfang gab, bei dem ich eingehend über die Türkei und den Kaukasus befragt wurde. Ich faßte große Zuneigung zu den Mitgliedern der Delegation. Camille Huysmans war die überragende Gestalt, und offensichtlich waren er und seine Tochter, die mit von der Partie war, sehr herzlich mit Mrs. Beaumont befreundet. Ich konnte mich des Gefühls nicht erwehren, daß diese Männer und Frauen, die fest an ihre Leitprinzipien glaubten, vertrauenswürdiger waren als die Führer der Alliierten, die von Engstirnigkeit und Eigennutz getrieben schienen.

Diese Zusammenkünfte hatten auch zur Folge, daß ich mich mehr und mehr zu Mrs. Beaumont hingezogen fühlte. Vor allem beeindruckte mich ihre Fähigkeit, die Begeisterung dieser Delegation zu entfachen, die ziemlich desorientiert und voller Befürchtungen in der Türkei angekommen war und jetzt mit neuem Glauben an den Sinn ihrer Mission nach Batumi aufbrach.

Nicht lange, und ich besuchte Mrs. Beaumont immer häufiger in ihrer Wohnung, und es schien ganz natürlich, sie zu fragen, ob ich nicht bei ihr einziehen könnte. Ich zog also um mit meinem türkischen Burschen Mevloud, dem treuesten Diener, den ich je kennengelernt habe. Sein einziger Fehler war seine Gier nach Brot. Wir wurden in der Generalstabsmesse mit sehr grobem Brot versorgt, das der Kantinenchef nicht gern zum Essen servierte. So blieben jeden Tag fünf oder sechs große Laib Brot übrig, und Mevloud verdrückte sie alle. Türkische Soldaten wußten kaum, was es heißt, Fleisch zu essen, aber sie waren derart zäh, daß sie selbst bei einer Versorgung fröhlich kämpften, die bei uns als Hungerration angesehen worden wäre. Wenn ihnen Brot in unbegrenzter Menge zur Verfügung stand, konnten sie einfach nicht mehr aufhören.

Mevloud ließ niemals zu, daß ich abends allein ausging. Er wartete dann geduldig und bei jedem Wetter vor dem Haus, in dem ich war, und paßte auf, daß niemand mir auflauerte, wenn ich herauskam. Er war überzeugt, daß ich Feinde hatte, die mich umbringen wollten. Vielleicht hat er mein Leben gerettet, denn ich erhielt zwar tatsächlich Drohbriefe, nahm sie aber nie ernst. Mrs. Beaumont fand seine volle Anerkennung und gemeinsam brachten sie ein wenig Ordnung in mein monatelang völlig vernachlässigtes Privatleben zurück.

Seit der ersten Begegnung mit ihr spürte ich ganz deutlich, daß unsere Leben verbunden waren. Wir konnten erst 1925 und nach vielen Abenteuern heiraten. Sie und der Prinz müssen sich ernsthaft über mich unterhalten haben. Er nannte mich wohl *notre enfant génial* und glaubte, daß ich in der Zukunft eine besondere *rôle* zu spielen habe. Er hoffte, daß sie mich in meiner Suche nach einer tieferen Wirklichkeit bestärken und nicht zulassen würde, daß ich mich blind in den Kampf um Erfolg hineinziehen ließ.

Von ihrem Interesse angeregt, wandte ich mich wieder meinen mathematischen Studien zu. Sie standen für mich in Verbindung mit dem Problem des freien Willens auf der spirituellen und der Determiniertheit auf der materiellen Ebene. In der Rückschau kann ich kaum noch nachvollziehen, weshalb ich damals von dieser Frage so besessen war. Die Erfahrung, daß wir in zwei Welten leben — einer sichtbaren, meßbaren, erkennbaren und einer unsichtbaren, die man eher spürt als erkennt —, war sicher sehr wesentlich für dieses Interesse. Da ich beiden Welten angehörte, mußten sie irgendwie miteinander vereinbar sein — aber wie, das wußte ich nicht. Mir schien, daß die Menschen sich zu leicht mit der Wirklichkeit vor ihrer Nase zufriedengeben. Einerseits schienen die Naturwissenschaften auf ein strikt mechanistisches Weltbild hinauszulaufen, in dem es keinen Platz gab für den freien Willen — es sei denn, er wurde durch spekulative Winkelzüge geschaffen. Andererseits setzte die Moral Freiheit und Verantwortung voraus, und die Religion ging noch weiter und forderte Glauben an eine Mysterienwelt, für die Freiheit allein noch nicht ausreichte. Und um die Schlußfolgerungen der modernen Wissenschaft annehmen zu können, war auch die Religion auf Kunstgriffe angewiesen, die denen der Gegenseite in nichts nachstanden. Ich stand vor dem Problem, daß all diese Fragen und Widersprüche in mir selbst waren und ich deshalb gar nicht anders konnte, als von der Sehnsucht nach einer Lösung besessen zu sein.

Eines Tages erhielt ich aus England ein Bündel wissenschaftlicher Schriften, darunter auch ein Papier Albert Einsteins über den Äther als Medium des Lichts. Er diskutiert darin die Hypothese, daß der Äther eine materielle Substanz ist und zeigt, daß er unter dieser Voraussetzung die scheinbar undenkbare Fähigkeit haben muß, sich in alle Richtungen gleichzeitig zu bewegen — und zwar mit Lichtgeschwindigkeit. Einstein schloß daraus, daß der Lichtäther nicht aus Materie bestehen kann, mich aber fesselten vor allem die geometrischen Implikationen. Wie konnte man solch einen Zusammenhang geometrisch veranschaulichen?

Am nächsten Abend, auf dem Weg zu meinem Büro, wo ich noch einige Berichte fertigzustellen hatte, traf mich die Lösung vor dem Franchet d'Esperey Hospital wie ein elektrischer Schlag. Blitzartig leuchtete eine ganze neue Welt vor mir auf. Die Gedanken liefen schneller ab, als man sie wiedergeben kann, aber die Abfolge war etwa so: „Wenn es eine fünfte Dimension gäbe, nicht von der Art des Raums, sondern der Zeit ähnlich, und wenn diese Dimension senkrecht zu der uns bekannten Raumzeit stünde, dann besäße sie die geforderten Eigenschaften. Materie, die in dieser Richtung liegt, würde sich, von unserem Standpunkt aus betrachtet, mit Lichtgeschwindigkeit bewegen. Und sie würde sich in alle Richtungen gleichzeitig bewegen. Das mußte die Lösung zu Einsteins Rätsel sein. Und wenn sie es war, dann mußte die fünfte Dimension so real sein wie der Raum und die Zeit, die wir kennen. Aber der zusätzliche Freiheitsgrad, der durch die fünfte Dimension gegeben ist, eröffnet einen ganzen Kosmos neuer Möglichkeiten. Dann ist zum Beispiel die Zeit nicht mehr einmalig, und wenn es mehr als eine Zeit gibt, gibt es auch mehr als eine Zukunft. Und wenn es viele Zeiten gibt, sollte auch die Möglichkeit vorhanden sein, zwischen ihnen zu wählen. In jeder Zeitlinie mag strikte Kausalität herrschen, doch wenn wir auf eine andere überwechseln, sind wir frei. Wie ein Bahnreisender: bleibt er in einem Zug sitzen, so liegt sein Reiseziel bei Antritt der Fahrt fest. Aber er kann umsteigen und sein Bestimmungsziel ändern."

Während mir all das durch den Kopf schoß, sah ich, daß das Rätsel von Freiheit und Determiniertheit, das mich so sehr beschäftigte, durch Hinzunahme einer fünften Dimension zu lösen war.

Ich fühlte mich beflügelt und wie losgelöst von mir selbst durch diese Offenbarung; und dann hatte ich eine Vision. Ich sah eine große Kugel und wußte, sie war das Universum, in dem wir leben — ich meine das Universum, das wir mit unseren Sinnen erreichen können. In dieser Kugel war nach innen hin immer tiefere Finsternis, außerhalb Licht und immer mehr Licht. Ich sah Wesen von der Sphäre des Seins in die Finsternis fallen. Ich sah helle Gestalten von außerhalb auf sie heruntersteigen. Und ich begriff, daß es eine Vision der Ewigkeit war. Es war eine Vision von Freiheit und Determinismus, und ich sah, daß Seelen aus unserem sichtbaren Universum abstürzen können in einen Zustand größerer Fixiertheit und Starrheit oder aufsteigen zu größerer Freiheit und Herrlichkeit. Mir schien auch, daß die freien Seelen in das Universum eintreten und es wieder verlassen können.

All das muß in weniger als einer Minute abgelaufen sein, denn ich hatte die Rue de Péra noch nicht erreicht, als die Vision verlosch und Erinnerung wurde. Ich ging nicht ins Büro, sondern machte kehrt — zitternd unter der Gewalt dieses Erlebnisses — und ging heim, um es Mrs. Beaumont zu berichten. Ich bat sie, nach meiner Beschreibung ein Bild zu zeichnen. Mit wenigen Strichen skizzierte sie meine Sphäre der Wahrnehmung mit ihren inneren und äußeren Regionen.

Als wir Sabaheddin das nächste Mal besuchten, nahmen wir das Bild mit. Die Vorstellung des in alle Richtungen mit Lichtgeschwindigkeit sich bewegenden Äthers fesselte ihn sehr. Wir waren alle drei derart angeregt, daß das Gespräch die halbe Nacht dauerte. Mevloud wartete draußen geduldig auf uns. Als wir endlich kamen, schien er das Gefühl des Wunderbaren mitempfinden zu können, ohne daß ein Wort gewechselt wurde.

Ich versuchte meine Vision in mathematische Begriffe zu fassen, fand aber keinen Weg, die Fünfte Dimension mit irgendetwas Meßbarem, also Nachprüfbarem, in Verbindung zu bringen, was einen Beweis oder Gegenbeweis ermöglicht hätte. Über dreißig Jahre sollten bis zu diesem Schritt noch vergehen.

Ich dachte über die Möglichkeit nach, die fünfte Dimension durch Herbeiführen veränderter Bewußtseinszustände zu erkunden. Ich hatte gehört, daß Haschischrauchen einen Zustand herbeiführt, in dem die Zeit stillzustehen scheint. In der Türkei gab es viele, die dem Haschisch verfallen waren, und ich fand bald jemanden, der bereit war, mir zu zeigen, wie man es nimmt. Den ersten Zug fand ich ebenso unangenehm wie beunruhigend. Es brannte in der Kehle und schnürte mir den Hals zu, bis ich zu ersticken fürchtete. Dann löste sich plötzlich alles, und ich hatte das Gefühl, in der Luft zu schweben. Ein Gefühl von Freiheit und Unbeschwertheit stieg in mir auf und hielt eine Weile an. Ich hatte keinerlei Visionen, und das Schwebegefühl hob mich in keiner Weise aus Raum und Zeit heraus. Ich versuchte es noch zweimal in Abständen von je vierundzwanzig Stunden, wie mein türkischer Mentor mir geraten hatte. Die Lösung kam schneller, und die unangenehmen Augenblicke verliefen milder, doch nichts deutete darauf hin, daß ich mich in der fünften Dimension bewegte. Es geschah nichts weiter, als daß das Bewußtsein meiner Selbst vom Bewußtsein meines Körpers getrennt wurde. Die Schwebeempfindung hatte nichts mit jener Trennung vom Körper gemein, die ich zweieinhalb Jahre zuvor im Koma erlebt hatte.

Ich erzählte dem Prinzen von meinen Experimenten, und er sagte, ich müsse sicherlich noch viel weiter gehen, um interessante Ergebnisse zu erzielen. Er riet mir, diese Experimente nicht weiterzuführen. Er hatte selbst Ähnliches versucht und die Literatur über diesen Gegenstand eingehend studiert. Seiner Überzeugung nach lief man ernsthaft Gefahr, dem „Astralkörper“ bleibenden Schaden zuzufügen. Damit meinte er ein quasimaterielles Organ, das mit seiner besonderen Sensibilität als Bindeglied zwischen dem physischen Körper und dem höheren Selbst des Menschen dienen kann. Sabaheddin glaubte, daß man den Astralkörper experimentell demonstrieren könne und er noch eine Weile bestehen bleibe, wenn die Verbindung mit dem Körper durch den Tod zerrissen wird.

Ich verstand diese Erklärungen nicht, denn in jener Zeit dachte ich in cartesianischen Begriffen über Geist und Materie nach. Die Vorstellung eines quasi-materiellen Organs konnte ich nicht akzeptieren: für mich mußte der Astralkörper — wenn es ihn gab — entweder Materie oder Bewußtseinszustand sein, nicht irgendwas dazwischen. Jedenfalls nahm ich den Rat des Prinzen sehr gern an, denn in Wahrheit hatte ich Angst vor Drogen. Ich habe auch nie wieder mit Drogen gearbeitet und kann daher nicht beurteilen, ob sie die Pforten zu übernormalen Bewußtseinszuständen öffnen können oder nicht.

Mein Interesse für das Grenzgebiet zwischen Bewußtsein und Materie ließ nicht nach. Von Zeit zu Zeit besuchte ich die Derwische und begegnete Menschen aus den östlichen Provinzen oder sogar aus Zentralasien, denen außergewöhnliche Kräfte nachgesagt wurden. Dabei entdeckte ich jedoch nie Phänomene, die man zum Gegenstand kontrollierter Experimente hätte machen können. Gegen Ende des Jahres 1920 — es war eine Zeit, in der mich die Geheimdienstarbeit etwas weniger in Anspruch nahm — hörte ich zufällig von einem Polen, der sich Radwana de Praglowski nannte und offenbar Demonstrationen der Hypnose gab. Einer meiner Kollegen lud ihn für eine Demonstration in unsere kleine Generalstabsmesse ein, und er führte mehrere Experimente aus, die ich nicht erklären konnte. Besonders beeindruckt war ich, als er einen Offizier, der seine Skepsis offen bekundet hatte, in einen kataleptischen Zustand brachte, in dem sein Körper so steif wurde, daß man ihn mit dem Kopf auf einen Stuhl und mit den Füßen auf einen anderen legen und sich dann noch ein Mann auf seinen Bauch stellen konnte. Auf ganz eigenartige Weise erinnerte mich das an den alten Rufa'i-Derwisch und sein Krummschwert.

Ich lud Radwana de Praglowski in unsere Wohnung ein, und als sich herausstellte, daß er auch die tieferen Zustände hypnotischer Trance erforscht hatte, bat ich ihn, mir Unterricht zu erteilen, wozu er sich gern bereiterklärte. Er sagte, einfache Experimente könne man mit fast jeder Versuchsperson anstellen, aber für tiefergehende Forschung brauche man zwei oder drei besonders sensitive Personen.

Mrs. Beaumont und ein russisches Mädchen, das wir durch unser Engagement für die russischen Flüchtlinge kennengelernt hatten, erklärten sich zu einem Versuch bereit und erwiesen sich als besonders geeignet. Wir trafen uns zwei- oder dreimal die Woche, und ich wiederholte viele der Experimente, die in Colonel de Rochas' Büchern beschrieben sind. Ich konnte unter anderem einen Effekt überzeugend verifizieren, der „Exteriorisation der Sensibilität" genannt wird. Dabei wird die Versuchsperson in so tiefe hypnotische Trance versetzt, daß ihre Haut unempfindlich wird und sie nur noch die Stimme des Hypnotiseurs hört. Dann muß die Versuchsperson die

Augen schließen, und ihr Kopf wird so abgeschirmt, daß sie ihren Körper nicht sehen kann. Dann wird ein an einem Seidenfaden hängender Gegenstand, etwa ein Goldring, sehr vorsichtig an eine Stelle des Körpers herangeführt. Die Versuchsperson muß von allen Empfindungen berichten. Wenn sich der Ring bis auf wenige Zentimeter dem Körper genähert hat, schreit sie auf und sagt, ihre Haut werde verbrannt. So kann man verschiedene Sensibilitätszonen an der Körperoberfläche austesten. Diese Zonen scheinen mehrere Hüllen zu bilden, deren innerste einige Millimeter von der Körperoberfläche entfernt ist und die äußerste einen Meter.

Die Experimente überzeugten mich von der Existenz eines Kraftfeldes um den Körper, das mit dem Nervensystem verbunden ist. Ich mußte meine Meinung über Sabaheddins Beschreibung vom Astralkörper revidieren. Anscheinend gab es Arten von Materie, die weder sichtbar noch tastbar waren, aber eine dem Nervensystem vergleichbare Sensibilität besaßen.

Als wir dem Prinzen von diesen Experimenten erzählten, war er begeistert, drängte mich aber, meine Aufmerksamkeit der sogenannten „Regression des Gedächtnisses“ zuzuwenden; dabei tritt die hypnotisierte Person nach dem Durchgang durch vier verschiedene Phasen in ihre eigene Vergangenheit ein. Sie vergißt die Ereignisse der unmittelbaren Vergangenheit und weiß nicht mehr, wo sie ist. Sie scheint in einem bestimmten Augenblick der Vergangenheit zu leben. Stimme und Verhalten ändern sich und werden mit fortschreitender Regression immer jünger.

Mrs. Beaumont, damals siebenundvierzig Jahre alt, kehrte in ihre Kindheit in Indien zurück und sprach fließend Hindustani, während sie sich im Wachzustand selbst bei größter Anstrengung nur an einige Wörter erinnern konnte. Das russische Mädchen kam noch weiter und erreichte ihr vorgeburtliches Leben — zusammengekauert wie ein fünfmonatiger Fötus. Noch weiter regrediert gab sie an, daß sie im Raum schwebte.

Mit beiden versuchte ich mehrmals, ein zurückliegendes Leben zu erreichen, doch nie fand ich den leisesten Hinweis auf Erinnerungen, die weiter zurücklagen als die Zeugung. Das „Schweben im Raum“ kann man als das Gastrulastadium der Entwicklung interpretieren.

Sabaheddin war ziemlich enttäuscht von diesen bescheidenen Resultaten. Er glaubte nur zögernd an Reinkarnation und hoffte wohl, wir würden Anhaltspunkte finden, die uns von der Realität früherer Leben überzeugen konnten. Mit unseren amateurhaften Experimenten fanden wir jedenfalls keinerlei Bestätigung für die Art von Behauptungen, wie sie Colonel de Rochas in *Les Vies Successives* aufstellt.

Irgendwann wurde ich dieser Versuche müde, zumal ich nicht sah, wie sie mir helfen konnten, die fünfte Dimension zu erforschen. Meine Versuchspersonen wußten mit meiner Anweisung, den Blick von einer Zeit auf eine andere zu richten, nicht das Geringste anzufangen. Wenn sie ihr Leben von vor fünf, zehn oder zwanzig Jahren lebten, dann wußten sie von keiner anderen Zeit, ob Vergangenheit oder Zukunft — und waren auch gar nicht daran interessiert.

Neue Interessen stellten sich in dieser Zeit ein, die uns ganz in Anspruch nahmen, und bald gab ich meine Hypnose-Experimente auf.

5. Gurdjieff und Ouspensky

Das zweite entscheidende Ereignis meines Lebens, für das Kuru Chesme die Szene bildete, war meine Begegnung mit Georg Iwanowitsch Gurdjieff, einem der bemerkenswertesten Männer unseres Jahrhunderts. Die innere Struktur meines Lebens muß wohl auf diese Begegnung gezielt haben, denn drei verschiedene Schicksalsfäden führten unabhängig voneinander zu ihr hin.

Die Geschichte fängt an mit Michail Alexandrowitsch Lvow, einem ehemaligen Oberst der Gardekavallerie. Er gehörte dem höchsten russischen Adel an, war von Leo N. Tolstoi bekehrt worden, hatte seinen Abschied genommen und war nach Jassnaja Poljana gegangen, wo er 1910, bei Tolstois Tod, noch lebte. Seinen ganzen Besitz hatte er weggegeben und dafür das Schusterhandwerk erlernt, womit er seinen Lebensunterhalt bestritt. Wie Tolstoi ein Gegner der Revolution, hatte er aus Rußland flüchten müssen und lebte 1920 in großer Armut in Konstantinopel. Er schlief unter der Treppe in einem weißrussischen Club nahe dem Tunnel, das ist der obere Bahnhof der Untergrundbahn zwischen Péra und Galata. Mrs. Beaumont traf ihn einmal und war von seiner Bescheidenheit und seinem Gleichmut so berührt, daß sie ihm ein kleines Zimmer in ihrer Wohnung anbot. Er gab zu, daß es ihn sehr belastete, sich nie zurückziehen zu können, und nahm das Angebot an — vorausgesetzt man lasse ihn seine Hausarbeit nach seinen eigenen Vorstellungen tun und störe ihn nicht bei seiner Meditation.

Wir nahmen ihn sehr gern bei uns auf, allerdings waren wir beide nicht oft zu Hause. Sie arbeitete damals als Englischlehrerin an der Mädchenschule von Besm-i-Alem und hatte sehr viel zu tun. Sie liebte ihre türkischen Schülerinnen und gab ihnen abends nach Bedarf noch Sonderunterricht. Ich blieb auch oft bis spät in die Nacht in meinem Büro, und wir hätten wenig von Lvow gesehen, wäre ich nicht von seiner Persönlichkeit so stark beeindruckt gewesen.

Ich war noch nie einem Mann wie Lvow begegnet. Seine Demut und Bescheidenheit waren über jeden Zweifel erhaben. Niemals sah ich Eigennützigkeit an ihm noch gab er jemals unerbetene Ratschläge. Sprach man ihn nicht an, so sagte er den ganzen Tag kein Wort und flickte Schuhe für arme Russen, die ihn gewöhnlich nicht bezahlen konnten. Ich vermute, er war damals um die fünfzig Jahre alt, aber seine sanften, blaßblauen Augen, die hagere, aufrechte Gestalt und das klare Gesicht ließen ihn alterslos erscheinen. Nie sah ich ihn mutlos, und nie sagte er irgend jemandem Böses nach. Er selbst hatte sich eine rigorose Selbstdisziplin auferlegt, erwartete sie aber von niemand anderem.

Eines Abends erzählte er nach langem Drucksen und unter vielen Entschuldigungen, einer seiner Freunde, Peter Demianowitsch Ouspensky, wolle in Péra wöchentliche Kurse abhalten, könne aber die Miete für einen Raum nicht aufbringen. Mrs. Beaumonts Salon war groß genug für den Zweck, und da er am Nachmittag nicht benutzt würde, dachte er, sie würde ihn vielleicht zur Verfügung stellen. Sie gab bereitwillig ihre Zustimmung, obgleich Lvow zur Bedingung machte, daß wir bei den Zusammenkünften nicht zuhörten, weil sie privater Natur seien. Man würde bei diesen Begegnungen russisch sprechen, sagte er, und da konnten wir ihm versichern, daß wir kein Wort verstehen würden.

So traf ich P.D. Ouspensky, der mein Lehrer werden sollte und einer der wichtigsten Faktoren, die meine Einstellung zum Leben prägten. Die Treffen fanden mittwochnachmittags statt, fingen aber meist so spät an, daß Mrs. Beaumont und ich schon vor dem Ende nach Hause kamen. Hinter der Salontür schien stets ein Hexenkessel zu brodeln. Alle schrien durcheinander, und wir fragten uns, was diese paar Russen wohl so erregen mochte. Lvow hatte uns versprochen, daß keinerlei politische Fragen angesprochen würden, und wir wußten, daß sein Wort heilig war. Ouspensky gefiel uns, und wir versuchten uns mit ihm anzufreunden, obgleich sein Englisch kaum zu verstehen war. Er wohnte damals mit Frau und Familie auf der Insel Prinkipo und verdiente sich ein wenig Geld durch Englischunterricht für Russen und Mathematiknachhilfe für Kinder.

Einmal fragte ich ihn, worüber bei den Zusammenkünften gesprochen wurde. Er sagte: „Über die Transformation des Menschen“, und fügte hinzu: „Sie glauben, daß alle Menschen sich auf der gleichen Stufe befinden, aber in Wirklichkeit kann sich ein Mensch vom anderen stärker unterscheiden als ein Schaf von einem Kohlkopf. Es gibt sieben Kategorien von Menschen“. Er nahm ein Stück Papier und zeichnete ein einfaches Diagramm.

7. Vervollkommneter Mensch

6. Bewußter Mensch

5. Integrierter Mensch

4. Mensch im Übergang

3. Mensch des Denkens

2. Mensch des Gefühls

1. Mensch des Instinkts

Alle Menschen, denen wir zu begegnen erwarten können, erklärte er, gehören einer der drei unteren Kategorien an — sie leben gemäß ihren Instinkten, ihren Emotionen und ihrem Verstand. „Wenn jemand echte Wandlung anstrebt", sagte er, „muß er erst zwischen seinen Instinkten, Gefühlen und Gedanken Ausgleich und Harmonie herstellen. Das ist die erste Voraussetzung für richtige Transformation. Der gewandelte Mensch erlangt Kräfte, die für gewöhnliche Leute unvorstellbar sind. Selbst der Mensch Nummer fünf ist für uns ein Supermann."

Dieses Gespräch prägte sich mir mit fotografischer Schärfe ein. Ich sehe mich noch zu seiner Linken auf einer Bank unter dem Fenster sitzen. Ich erinnere den jähen Abbruch seiner Erläuterungen und die Art, wie er kurzsichtig durch seinen Kneifer spähte. Die ganze Szene ist mir so gegenwärtig wie damals, aber sie steht ganz isoliert, denn ich spürte keinen Drang dieser Sache weiter nachzugehen und brachte den Gedanken der „Transformation" nicht mit mir selbst in Verbindung.

Als ich am selben Abend bei Sabaheddin zum Dinner war, erzählte ich ihm, was Ouspensky gesagt hatte. Er zeigte sich nicht sonderlich interessiert, und auch mir erschien Ouspenskys Schema eigentlich künstlich und unwissenschaftlich. Insgeheim dachte ich, meine Entdeckung der fünften Dimension sei wesentlich interessanter, hatte aber keinen Wunsch, darüber zu sprechen — vor allem wohl, weil ich keine substantiellen Beweise für die Theorie vorbringen konnte.

Ouspensky kam nicht mehr auf das Thema Transformation zurück, sei es weil ich keine Reaktion gezeigt hatte oder weil er sich scheute einen zweiten Anlauf zu nehmen. Wir blieben Freunde, und ich besuchte ihn und seine Familie manchmal auf Prinkipo.

Der zweite Faden, der zu Gurdjieff führte, kam mir durch die Liebe zur Musik in die Hände. Ich gehörte zu einer kleinen Gruppe alliierter Offiziere, die sich um die Organisation von Konzerten in Péra bemühten. Unter den Rußlandflüchtlingen befanden sich viele Orchestermusiker und zwei bekannte Dirigenten, Butnikow und Thomas de Hartmann. Jeder hatte seine eigene Anhängerschaft, aber es war kein Platz für zwei Orchester, und so überredeten wir sie, gemeinsame Sache zu machen. Das war nicht leicht, denn zwischen den Parteien schwelten tiefe Rivalitäten. Einer hatte den Posaunisten des Orchesters von Kiew unter seinen Leuten, dem es gelungen war, mehrere Truhen mit Orchesterpartituren außer Landes zu schmuggeln. Der andere hatte den Konzertmeister des Moskauer Orchesters hinter sich. Zum Intrigieren war reichlich Gelegenheit.

Von den beiden Dirigenten interessierte mich Thomas de Hartmann am meisten. Er hatte eine bemerkenswert schöne Frau, die früher Opernsängerin gewesen war. Hartmann war ein enger Freund Alexander Skriabins gewesen, der während des Krieges in Sibirien gestorben war. Er erzählte mir von Skriabins Überzeugung, daß der Mensch höhere Fähigkeiten besitzt, die außerhalb seines Körpers wirken und die durch Musik erweckt und entwickelt werden können. Hartmann wollte die beiden symphonischen Dichtungen und den *Prometheus* aufführen. Er war selbst Komponist, versuchte aber nie, seine eigenen Werke ins Rampenlicht zu rücken.

Butnikow war dynamischer und wohl auch versierter, aber Hartmann war mehr als nur Dirigent. Mrs. Beaumont und ich hatten den Eindruck, daß er Zugang zu irgendeinem Geheimwissen besaß und daß es aus seiner Freundschaft mit Skriabin herrührte. Wir kamen nicht auf den Gedanken, daß er Ouspensky vielleicht kannte.

Die Stücke des Puzzles fügten sich kurz darauf plötzlich zu einem Bild. Den nächsten Faden bekam ich durch Prinz Sabaheddin in die Hand. Er haßte das Telefon und betrachtete es als ein unseliges Instrument, mit dem man in das Leben anderer Menschen eindringt. Um so erstaunter war ich, als er mich anrief und um meine Erlaubnis bat, einen alten Bekannten zu unserem nächsten Mittwochstreffen einzuladen. Es war ein Mann, den er seit 1912 nicht mehr gesehen hatte und den er als ungewöhnlich interessant bezeichnete. Den Namen verstand ich am Telefon nicht, erfuhr aber, daß der Mann erst kürzlich aus der Gegend am Kaspischen Meer in die Türkei gekommen war.

Ich träumte immer noch von einer Karawanenreise das Oxustal hinauf und dann durch das chinesische Turkestan nach China. Jede Gelegenheit, Leute aus Zentralasien zu treffen, nahm ich wahr. Ich hatte sogar Begegnungen mit kirgisischen, usbekischen und turkmenischen Reisenden dazu benutzt, mir Kenntnisse in einigen der Turkdialekte des transkaspischen Gebietes und Turkestans anzueignen. Immer war ich auf dem Sprung, etwas über diese Länder meiner Träume zu erfahren, und freute mich schon auf den Mittwochabend.

Da ich die Pünktlichkeit des Prinzen kannte, fand ich mich schon einige Minuten vor acht in Kuru Chesme ein und wurde sofort in den kleinen Salon geführt, wo wir nach dem Essen immer saßen und uns unterhielten. Sabaheddin gesellte sich sofort zu mir. Ich erfuhr, daß der Gast Gurdjieff hieß und der Prinz ihn zufällig getroffen hatte, als er nach der Jungtürkenrevolution von 1908 aus Europa in die Türkei zurückgekehrt war.

Er war Gurdjieff nur zwei- oder dreimal begegnet, wußte aber, daß er einer Gruppe von Okkultisten und Forschern angehörte, mit denen er weit herumgekommen war. Der Prinz betrachtete ihn als einen der wenigen, die Zugang zu den geheimen Bruderschaften Zentralasiens gefunden hatten. Er fügte hinzu, daß er aus den Gesprächen mit Gurdjieff stets profitiert hatte, aber mehr konnte oder wollte er nicht sagen.

Wir wendeten uns meinen Hypnoseexperimenten zu. Er sprach von seinem Glauben an die Akashachronik — es gibt, so meinte er, eine feinstoffliche Substanz, *akasha* oder Äther, die alles Existierende durchdringt und sowohl sensibel als auch unvergänglich ist. Jedes Geschehen und alle Erfahrung hinterlassen eine Spur in dieser Substanz. Menschen, die sensibel genug sind, können diese Spuren lesen und dadurch Verbindung zu Ereignissen der Vergangenheit aufnehmen. Jedes Individuum trägt solch eine Chronik in sich und ist durch sie mit all seinen vergangenen Leben verbunden. Ich konnte diese Theorie nicht so ohne weiteres akzeptieren, denn ich fand, wenn wir wirklich schon einmal gelebt hatten, sollte es dazu doch einen direkteren Zugang geben als über die Akashachronik, die nur ein paar Auserwählte lesen konnten.

Die Zeit verging, doch der Prinz zeigte keinerlei Zeichen von Ungeduld. Es muß schon nach halb neun gewesen sein, als Gurdjieff erschien. Ohne eine Spur von Verlegenheit begrüßte er den Prinzen; sein Türkisch war eine Mischung aus kultiviertem Osmanli und irgendeinem rauhen östlichen Dialekt. Als wir einander vorgestellt wurden, blickte ich in die seltsamsten Augen, die ich je gesehen habe. Sie waren so verschieden, daß ich mich fragte, ob das Licht mir einen Streich spielte. Mrs. Beaumont bemerkte später dasselbe und sagte, der Unterschied liege im Ausdruck und nicht am Lichteinfall oder einem Sehfehler. Er trug einen langen schwarzen Schnurrbart, dessen Enden grimmig aufgezwirbelt waren. Auf dem Kopf hatte er einen Kalpak, das ist die Astrachankappe der östlichen Provinz, die man aber in der Hauptstadt selten sieht. Als er den Kalpak nach dem Essen abnahm, sah ich, daß sein Kopf rasiert war. Er war klein, aber sehr kräftig. Ich schätzte ihn auf um die fünfzig, aber Mrs. Beaumont sagte, er müsse älter sein. Später erzählte er mir, er sei 1866 geboren, aber seine eigene Schwester bestritt dieses Datum und nannte dafür das Jahr 1877. Sein Alter war so rätselhaft wie alles andere an ihm.

Da er weder Französisch noch Englisch sprach, mußten wir uns auf Türkisch unterhalten, was Mrs. Beaumont zwar verstand, aber selbst nicht sprach. Ich fühlte mich ganz wohl in seiner Gegenwart, aber Mrs. Beaumont sagte später, sie habe sich unbehaglich gefühlt, so als wüßte er Dinge über uns, die wir lieber für uns behielten. Das alles überstieg meine Grenzen, und erst viel später entdeckte ich, daß Gurdjieff die merkwürdige Fähigkeit besaß, jedem, dem er begegnete, anders zu erscheinen.

Anscheinend war er schon seit fast zwei Monaten in Konstantinopel. Er war aus Tiflis, der Hauptstadt von Georgien, gekommen, wo er ein Institut gegründet hatte, um die Ergebnisse seiner Forschung an die Öffentlichkeit zu bringen. Er wollte nach Europa reisen, wohin ihn Jaques-Dalcroze, der Begründer der Eurythmie, eingeladen hatte, der damals in Hellerau in Deutschland arbeitete.

Um auch mich ins Gespräch einzubeziehen, erzählte Sabaheddin von unserem Interesse an der Hypnose und bat mich, meine Experimente zu schildern. Gurdjieff hörte aufmerksam zu, und ich hatte den Eindruck, daß er weniger meinen Worten folgte als vielmehr direkt an der Erfahrung teilnahm. Nie zuvor hatte ich dieses Gefühl gehabt, besser verstanden zu werden, als ich mich selbst verstand.

Als ich fertig war, holte Gurdjieff zu einer langen Erklärung aus, der der Prinz und ich mit Bewunderung und Vergnügen zuhörten. Er sprach als Spezialist, der mit Theorie und Praxis der Hypnose gleichermaßen vertraut war. Als ich anschließend für Mrs. Beaumont zu übersetzen versuchte, stellte ich entsetzt fest, daß ich fast alles vergessen hatte. Dieses Erlebnis wiederholte sich später noch viele Male, und erst nach vielen Jahren verstand ich seine Bedeutung. In einem bestimmten Bewußtseinszustand hören und verstehen wir mit anderen Organen als in einem anderen. Gehen wir von einem Zustand zum anderen über, so kann das Gedächtnis keine Brücke bilden, denn es liegt in seiner Natur, unsere Aufmerksamkeit auf einen schmalen Ausschnitt der Erfahrung — also auf einen Strang der Zeit — zu beschränken.

Gurdjieff setzte seine Äußerungen über die Ebenen der Erfahrung zur Hypnose in Beziehung. Er begann mit der Definition verschiedener Substanzen und Energien, deren Existenz, wie er sagte, demonstriert werden konnte, auch wenn die Wissenschaft sie noch nicht entdeckt hatte. Dann gab es noch weitere Energien, so fein, daß sie mit keinerlei physikalischen Mitteln nachzuweisen waren. Jede Aktion hing von diesen Substanzen ab. Wenn wir zum Beispiel denken wollen, müssen wir die Substanz des Denkens benutzen. Sollen uns supranormale Erfahrungen zugänglich werden, so ist das nur in soweit möglich, als wir über die erforderliche Substanz verfügen.

Es gibt Wege, die feineren Substanzen zu isolieren und verfügbar zu machen. Einer dieser Wege ist die Hypnose. Es gibt viele Spielarten der Hypnose, je nachdem welche Substanz ins Spiel gebracht wird. Gurdjieff definierte die Regression der Erinnerung als die Kraft einer bestimmten Substanz, die in allen Lebewesen anzutreffen ist und, wie er sagte, „als eine Art feinstofflicher Körper im physischen Körper kristallisiert werden kann". Der Prinz fragte, ob sich dieser feine Körper in menschlicher oder tierischer Gestalt reinkarnieren könne. Gurdjieff verneinte, wollte aber die Behauptung des Prinzen, daß Reinkarnation demonstriert werden kann, weder akzeptieren noch verwerfen. Er sagte nur: „Reinkarnation ist im Westen so falsch verstanden und interpretiert worden, daß es nutzlos ist, darüber zu sprechen."

Dann sprach er über meine Experimente mit der Exteriorisation der Sensibilität und die Reaktionen verschiedener Personen auf verschiedene Metalle. Mit jedem Metall ist eine besondere Feinsubstanz verbunden. Die gleichen Substanzen wirken auch im Menschen, wenn sie auch ein tieferes Niveau einnehmen als die wahrhaft menschliche Substanz. Jede Substanz hat eine bestimmte psychische Eigenschaft. Wird eine Person in tiefe hypnotische Trance versetzt, so beginnen die verschiedenen Substanzen sich zu trennen — wie Eisen- und Messingspäne unter dem Einfluß eines Magneten. In diesem Zustand kann die Person auf Substanzeinflüsse reagieren, für die sie im Normalzustand unsensibel ist. So kann man mit verschiedenen Metallen verschiedene psychische Zustände hervorrufen wie Zorn, Furcht, Liebe, Zärtlichkeit und so weiter.

Hier verlor ich den Faden der Erklärung und begann zuzuhören ohne aufzunehmen. Kein Zweifel, dieser Mann besaß Wissen von einer Art, wie ich es noch nirgends angetroffen hatte. Ich war sicher, daß er von Fakten sprach, die er selbst verifiziert hatte — keine von diesen Fantasien, die okkultistische Autoren immer irgendwoanders geborgt zu haben schienen.

Es wäre schwer zu erklären, worin der Unterschied zwischen Gurdjieff und anderen bestand, mit denen ich gesprochen hatte, etwa dem Prinzen oder den Derwischen. Mir war sehr bewußt, wie wenig ich mich mit ihm messen konnte. Er würde meine Fragen gewiß beantworten können — aber ich wußte nicht, welche Frage ich stellen sollte.

Ich hätte gern von meinem Erlebnis im Feldlazarett erzählt, konnte mich aber nicht dazu überwinden. Ich fürchtete den Eindruck zu erwecken, daß ich mich für etwas besonderes hielt. Und ich wollte nicht zergliedert werden, so wie er die Hypnoseexperimente zergliedert hatte. Dafür sprach ich über meine Entdeckung der fünften Dimension und meine Überzeugung, daß sie der Bereich des freies Willens ist.

Abermals hörte Gurdjieff sehr ernsthaft zu und betrachtete das Diagramm, das ich aufzeichnete, um die höheren und tieferen Ebenen des Seins außerhalb unseres Raums und unserer Zeit zu veranschaulichen. Er sagte: „Ihre Vermutung ist richtig. Es gibt höhere Dimensionen oder Welten, wo die höheren Fähigkeiten des Menschen freies Spiel haben. Aber was für einen Sinn hat es, diese Welten theoretisch zu betrachten? Angenommen Sie könnten mathematisch beweisen, daß die fünfte Dimension tatsächlich existiert, was hätten Sie davon, solange Sie hier bleiben?“ Er deutete auf die Sphäre von Raum und Zeit in meinem Diagramm. „Wenn Sie hier bleiben, müssen Sie irgendwann hinunter. Wenn Sie in die Welt der Freiheit aufsteigen wollen, dann können Sie das nur in diesem Leben. Nachher ist es zu spät.“

Er erinnerte mich an das, was er über die Kristallisation des feinstofflichen Körpers gesagt hatte, und fügte hinzu: „Selbst das ist nicht genug, denn auch dieser Körper unterliegt den Gesetzen der Materie. Um sich von den Gesetzen, die in Raum und Zeit gelten, zu befreien, müssen Sie selbst sich ändern. Dieser Wandel hängt von Ihnen selbst ab und läßt sich nicht durch Studien herbeiführen. Sie können alles wissen und trotzdem bleiben, wo Sie sind. Wie ein Mann, der alles über Geld und Bankwesen weiß, aber selbst kein Geld hat. Was nützt ihm da all sein Wissen?“

Hier änderte sich seine Art zu sprechen plötzlich. Er sah mich ganz direkt an und sagte: „Sie haben die Möglichkeit, sich zu wandeln, aber seien Sie gewarnt: es wird nicht leicht sein. Sie sind noch ganz von der Idee erfüllt, daß Sie tun können, was Sie wollen. Bei all Ihren Forschungen über freien Willen und Determinismus ist Ihnen entgangen, daß Sie gar nichts tun können, solange Sie hier bleiben. In dieser Sphäre gibt es keine Freiheit, denn Sie haben keine...“ Gurdjieff fand keinen türkischen Ausdruck für das, was er sagen wollte. Dann wählte er das Wort *varlik,* was man mit Gegenwärtigsein wiedergeben kann. Ich dachte, er spielte damit auf die Erfahrung der Trennung vom eigenen Körper an.

Weder ich noch der Prinz konnten verstehen, was Gurdjieff zu vermitteln suchte. Ich war traurig, denn seine Art zu sprechen ließ keinen Zweifel, daß er etwas sehr Wichtiges mitteilte. Ich gab die etwas kümmerliche Antwort, mir sei wohl klar, daß Wissen allein nicht ausreiche, aber was könne man denn tun, außer zu forschen? Er gab keine direkte Antwort, sondern wandte sich dem Prinzen zu (ohne daß ich den Eindruck bekam, er lasse mich links liegen) und erzählte von Tempeltänzen und ihrer Bedeutung für das Studium alter Weisheit. Er lud uns alle zu einer Demonstration von Tempeltänzen durch eine Gruppe seiner Schüler ein, die er aus Tiflis mitgebracht hatte.

Wir fuhren ihn in die Grande Rue de Péra zurück. Er hatte dort, wie er sagte, um Mitternacht eine Verabredung. Er wiederholte seine Einladung für den kommenden Samstag.

Der Prinz mochte nicht hingehen. Überhaupt verließ er abends nie das Haus. Mrs. Beaumont und ich erschienen abends um neun am verabredeten Ort. In dem langen Raum, den wir betraten, befand sich nur ein großer Mann, der ein weißes Kostüm und eine gelbe Schärpe trug. Er stand mit dem Rücken zum Raum in einer Ecke und bewegte den Kopf langsam vor und zurück. Weitere Männer und Frauen traten ein. Alle trugen weiße Kostüme. Sie bestanden aus weißen, bis zum Hals geknöpften Kasackblusen, und die Männer trugen dazu weiße Pumphosen, die Frauen weiße Röcke über weißen Beinkleidern. Niemand sprach, und sie schienen keine Notiz voneinander zu nehmen. Einige saßen mit gekreuzten Beinen am Boden, andere übten verschiedene Stellungen und Rhythmen.

Am einen Ende des Raums wurden Stühle aufgestellt; Zuschauer kamen herein und setzten sich. Zu unserem großen Erstaunen war Ouspensky plötzlich da; er schaute weder rechts noch links und schien uns nicht zu erkennen. Kurz darauf kam Thomas de Hartmann herein und setzt sich ans Klavier. Bei keinem von beiden hatten wir eine Verbindung zu Gurdjieff vermutet.

Gurdjieff selbst kam kurz darauf. Er war schwarz gekleidet. Die Männer und Frauen in Weiß erhoben sich und stellten sich in sechs Reihen auf. Sie trugen verschiedenfarbige Schärpen, und ich erwartete, sie würden nach der Farbenfolge des Spektrums Aufstellung nehmen, aber aus irgendeinem Grund war das Rot an der falschen Stelle.

Hartmann begann zu spielen. Der erste Tanz wurde von einem herrlichen langsamen Thema begleitet, das eher an eine griechische Hymne als an östliche Tempeltänze erinnerte. Der Tanz selbst war sehr einfach, fast wie schwedische Gymnastik. Jeder Tanz dauerte nur ein bis zwei Minuten. Nach und nach wurde die Darbietung bewegter. Dann wurden die Reihen aufgelöst, und die Tänzer gruppierten sich zu einem komplizierten Muster. Vor dem nächsten Tanz sagte einer der Männer auf Englisch: „Die folgende Übung stellt die Einweihung einer Priesterin dar. Sie stammt aus einem Höhlentempel im Hindukusch." Es wurde der eindrucksvollste und bewegendste Teil des Abends. Die Übung dauerte viel länger als die übrigen. Den Part der Priesterin tanzte eine große und sehr schöne Frau fast bewegungslos. Ihr Gesichtsausdruck vermittelte den Eindruck vollkommener Abgezogenheit aus der äußeren Welt. Sie schien das verwickelte Webmuster aus Bewegungen um sie her nicht zu bemerken. Ich hatte noch nie einen so schönen Tanz gesehen oder so eigenartig aufwühlende Musik gehört.

Auf die Einweihung der Priesterin folgten mehrere Übungen für Männer. Dann stellten sich alle in einer Reihe im Hintergrund des Raums auf, während Hartmann eine Folge von Akkorden spielte. Gurdjieff gab auf Russisch ein Kommando, worauf alle Tänzer in die Luft sprangen und auf die Zuschauer zustürmten. Plötzlich rief Gurdjieff: „Stop!" und alle hielten abrupt in der Bewegung an. Die meisten Tänzer wurden von der Wucht ihres Laufs umgeworfen und überschlugen sich mehrmals. Wo sie liegenblieben, verharrten sie steif wie in kataleptischer Trance. Dann folgte eine lange Stille. Gurdjieff gab wieder ein Kommando, und alle standen leise auf, um wieder die ursprüngliche Ordnung einzunehmen. Die Übung wurde zwei- oder dreimal wiederholt, hatte dann aber nicht mehr die gleiche bestürzende Wirkung.

Man könnte der Ansicht sein, daß dieser seltsame Sturmlauf etwas aus dem Rahmen fiel — aber irgendwie paßte er doch in das Gesamtbild. Mich erinnerte er auch an die Stop-Übung im Mukabele der Mevlevi-Derwische. Ich wollte Gurdjieff fragen, ob dieser Stop den Augenblick des Todes darstellen soll, aber er verließ ganz schnell den Raum, und auch die Tänzer zerstreuten sich. Hartmann kam herüber und begrüßte Mrs. Beaumont und mich sehr freundschaftlich. Als wir uns nach Ouspensky umsahen, war er schon verschwunden.

Obgleich wir Gurdjieff persönlich, die Gespräche mit ihm und die Arbeit seiner Schüler sehr interessant fanden, hatte weder Mrs. Beaumont noch ich den Impuls, mehr über ihn in Erfahrung zu bringen. Wir hatten den Eindruck, vor einem geschlossenen Kreis — fast einer Geheimgesellschaft — zu stehen, dessen Mitglieder lieber für sich blieben. Vielleicht beruhte dieser Eindruck vor allem auf unserem Kontakt zu Ouspensky. Wir kamen gar nicht auf die Idee, daß wir jemals einen Platz in Gurdjieffs Kreis einnehmen könnten, zumal die Geschicklichkeit und Ausdauer, die wir beobachtet hatten, gewiß eine Disziplin erforderte, die man nur aufbringen konnte, wenn man sein Ganzes Leben dieser Sache widmete.

Ich weiß die genauen Daten nicht mehr, aber Gurdjieff blieb, glaube ich, etwa ein Jahr in der Türkei und brach im Herbst 1921 nach Deutschland auf. Ich sah ihn gelegentlich, aber meist nur im Zusammenhang mit Visaschwierigkeiten. Zu der Zeit war es für Russen sehr schwer, überhaupt irgendwo zu reisen. Ich half so gut ich konnte, aber russische Flüchtlinge fielen in die Zuständigkeit einer Verwaltungsabteilung, mit der ich wenig zu tun hatte.

Einmal besuchte mich Ouspensky in diesem Jahr und brachte drei Exemplare seines *Tertium Organum* in der englischen Übersetzung mit. Mit den Büchern hatte sein Verleger ihm auch einen Tantiemenscheck geschickt, der es ihm endlich ermöglichen würde, nach England zu reisen. Er hatte sehr eifrig gelernt und sprach schon viel besser als bei unserer ersten Begegnung. Er sagte, er habe Freunde in England, die mit der Theosophischen Gesellschaft in Verbindung stünden, und ich gab ihm den Rat, um eine formelle Einladung zu ersuchen. Dann schenkte er mir netterweise ein Exemplar von *Tertium Organum,* das ich mit Bewunderung und tiefem Interesse las.

Dieses Buch öffnete meine Augen zum ersten Mal für die Möglichkeit, daß die Menschheit vor einem großen Wandel steht, der Fähigkeiten und Kräfte im Menschen reaktivieren könnte, die lange Zeit unter der Last des logischen Denkens begraben waren. Ich hatte das Buch kaum durch, als Ouspensky wieder erschein, in der Hand ein Telegramm von Lady Rothermere aus New York mit dem Inhalt: „tief beeindruckt von ihrem buch tertium organum — wünsche mir treffen new york oder london — zahle alle auslagen."

Ouspensky fragte mich, was ich über Lady Rothermere wußte. Ich sagte ihm, ihr Mann habe angeblich großen Einfluß bei Premierminister Lloyd George, aber man könne nie wissen, ob sie in der Lage sei, die Visafrage zu regeln. Daran scheiterten oft sogar sehr einflußreiche Leute. Ouspensky hatte es offenbar sehr eilig, nach London zu kommen. Er nahm Lady Rothermeres Einladung an und erklärte ihr die Visaschwierigkeiten. Einige Wochen lang geschah nichts; das Reisegeld traf ein, aber keine Visa. Meine Erfahrung hatte mich gelehrt, daß der Weg über die „höchsten Stellen" meist auf Verzögerungen hinauslief, und ich ging selbst in die russische Abteilung. Dort lagen keinerlei Einwände gegen Ouspensky und seine Familie vor, so daß er die Visa bald erhielt und nach London aufbrechen konnte.

Bald darauf machten sich Gurdjieff und seine Leute, darunter auch Hartmann, auf den Weg nach Deutschland. Ich wußte noch nicht, welche Rolle diese Begegnungen mit Gurdjieff, Ouspensky und Hartmann in meinem künftigen Leben spielen würden. Mein Leben war zu sehr angefüllt und zu interessant als daß noch Platz gewesen wäre für die strenge Disziplin, die Gurdjieff wohl fordern würde.

6. Die Höhen und Tiefen der Politik

Die beiden letzten Kapitel vermitteln ein etwas einseitiges Bild. Man könnte den Eindruck gewinnen, ich hätte den größten Teil meiner Zeit und Kraft der Wahrheitssuche gewidmet. Tatsächlich war ich aber Tag und Nacht in meine Geheimdienstarbeit eingespannt, und die Abende bei Prinz Sabaheddin hatten eher etwas von Freizeitbeschäftigung als von ernsthaftem Engagement. Wenn ich auf diese Jahre in der Türkei zurückblicke, bedrückt mich heute noch, wie wenig Gespür ich für die Menschen hatte, mit denen ich umging. Mrs. Beaumont und der Prinz beobachteten mich voller Zuneigung, konnten aber meine Besessenheit von der Politik nicht verstehen. Der Prinz sagte zu ihr: „*Notre enfant génial a le coeur encore glacé.*" Und viel sollte noch geschehen, bis das Eis schmolz.

Ich nahm weder auf mich selbst noch auf andere Rücksicht. Von August 1919 bis Januar 1921 trieb ich mich erbarmungslos an, ohne jemals auszuruhen. Ich mußte einfach alles wissen, was im Nahen Osten vorging, und warum. Die türkische Nationalistenarmee kämpfte an drei Fronten, in Smyrna, Kilikien und Armenien. Die Franzosen kämpften in Syrien gegen die Araber. Die Russen rückten in den Kaukasus vor. Weniselos war entmachtet, und ein Volksentscheid hatte König Konstantin von Griechenland wieder eingesetzt. Die Amerikaner suchten unter dem Druck großer Ölgesellschaften in Mesopotamien Fuß zu fassen. Neue Regierungen bildeten sich in Armenien, Aserbaidschan und Turkestan, und niemand wußte so genau, welcher Seite sie zuneigten.

Informationen ergossen sich in mein Büro, und ich schrieb jede Woche zwanzig oder mehr Berichte. Meine Hauptsorge galt der glücklosen türkischen Regierung in Konstantinopel. Das britische Auswärtige Amt bestand auf dem *de-jure*-Status der Regierung des Sultans und wollte die *de-facto*-Staatsmacht der Nationalisten nicht anerkennen. Ich hielt es für notwendig, die beiden Regierungen zusammenzubringen, und vor allem erschien es mir auch möglich, seit mit der Entmachtung Weniselos' das wichtigste Hindernis für die Verständigung mit Griechenland aus dem Weg geräumt war. Ich war mit dem Kronprinzen, Abd Al Medschid Effendi, fest befreundet, seit er glaubte, ich hätte ihm das Leben gerettet. Und das kam so.

Im Mai 1920 läutete eines Morgens sehr früh mein Telefon, und als ich abnahm, war der Kronprinz persönlich am Apparat. Das war so wider alles Protokoll, daß ich kaum antworten konnte. In höchster Aufregung bat er mich, sofort zum Dolma-Baghche-Palast zu kommen, um einen Brief entgegenzunehmen, den ich persönlich dem britischen Oberbefehlshaber überbringen sollte. Er sagte, der Sultan habe ihn unter Hausarrest gestellt und wolle ihn möglicherweise umbringen lassen.

Mein großer Mercedes stand immer abrufbereit. Mein Fahrer war ein Russe, der im Krieg Panzerwagen gefahren hatte, und jetzt nicht immer daran dachte, daß er in einem normalen Auto saß. Nach wenigen Minuten stand er in meinem Büro, und als ich ihm erklärte, worum es ging, wollte er unbedingt, daß ich eine geladene Pistole mitnahm — was ich verweigerte. Als wir den Dolma Baghche erreichten, fanden wir ihn von türkischen Wachposten hinter einer hastig gezogenen Stacheldrahtabsperrung umstellt. Mit einem Glitzern in den Augen drehte mein Fahrer sich um und meinte, es wäre eine Kleinigkeit durchzukommen, ohne daß der Wagen beschädigt würde. Der türkische Unteroffizier, der die Abteilung befehligte, schrie: *„Dur! Geçme!"* („Halt! Nicht weiter!"), und seine Männer hoben etwas ratlos die Gewehre. Meine Abneigung gegen alles, was mich hindern wollte, meinen Weg zu gehen — ein nur allzu starker Zug meines Charakters —, ließ mich augenblicklich die Entscheidung zum Durchbruch fällen. Die türkischen Soldaten hatten offenbar mit einem britischen Offizier in Uniform nicht gerechnet und schrien bloß, taten sonst aber nichts. Im nächsten Augenblick war ich an der Palasttür, wo der Kronprinz schon mit einem riesigen versiegelten Umschlag auf mich wartete.

Er erzählte, er habe am Vortag seine Yacht unter Dampf setzen lassen, um mit seiner kleinen Tochter, die sich gerade von einer Bronchitis erholte, aufs Marmarameer hinauszufahren. Der Sultan muß wohl gewarnt worden sein, und da er argwöhnte, der Kronprinz wolle in Wirklichkeit ans andere Ufer übersetzen und sich an die Spitze der Nationalistenarmee stellen, hatte er seine Palastgarde geschickt, um ihn an der Abreise zu hindern. Dann erzählte er ziemlich unzusammenhängend von Gift, das man ihm angeblich geben wollte, um seinen Tod dann als Selbstmord hinzustellen — wie es seinem Vater, dem Sultan Abd Al Asis, vor vierzig Jahren ergangen war.

Ich brachte den Brief ins Hauptquartier, und auch da war alles in heller Aufregung über ein Gerücht, das besagte, der Kronprinz wolle den Heiligen Krieg gegen die Alliierten proklamieren. Der Brief, den ich brachte, klärte die ganze Verwirrung auf, und binnen weniger Tage hatte sich alles wieder beruhigt. Abd Al Madschid blieb bei seiner unerschütterlichen Ansicht, sein Cousin der Sultan habe ein Mordkomplott gegen ihn geschmiedet und ich sei sein Retter. Er schenkte mir eine prächtige Golduhr mit einem Emailbild des Dolma-Bagche-Palasts — und ein kleines Stück Stacheldraht als Andenken.

Sieben Monate später war die Lage völlig verändert. Die Alliierten wären jetzt vielleicht dankbar gewesen für einen Abd Al Medschid Effendi als Vermittler zu Mustafa Kemal Pascha. Ich war an komplizierten Geheimverhandlungen über eine Annäherung beteiligt. Dabei kam schließlich heraus, daß der Kriegsminister, Izzet Pascha, sich entschloß, nach Ankara zu gehen. Einmal dort, weigerte er sich zurückzukommen, bis die Alliierten sich bereiterklärten, einige der unliebsamen Klauseln des Vertrags von Sèvres zu revidieren. Vor seiner Überfahrt lud er mich in seiner Villa auf der asiatischen Seite des Bosporus oberhalb von Skutari ein. Er fragte mich, ob ich aufrichtig daran glaubte, daß die Briten wieder Freundschaft mit der Türkei schließen wollten. Wenn er das glauben konnte, wollte er alles in seiner Macht stehende tun, um Mustafa Kemal zu einem Treffen mit dem britischen Oberbefehlshaber zu überreden, damit ein Übereinkommen für den Abzug der Griechen aus Kleinasien zustandekommen könnte, das ihnen erlaubte, ihr Gesicht zu wahren. Er hatte König Konstantin während des Krieges kennengelernt und glaubte, daß auch er sehr daran interessiert war, die Feindseligkeiten zu beenden. Izzet Pascha war sogar bereit, selbst nach Griechenland zu gehen, um mit dem König zu sprechen.

Das war für mich eine quälende Begegnung. Ich hätte ihm die verlangte Bestätigung so gern gegeben, hegte aber den Verdacht, daß das Auswärtige Amt in seiner Unfähigkeit zu vergessen und zu lernen sogar die Bourbonen noch übertraf. Lloyd George und Curzon mochten von der politischen Bühne abtreten, aber die Regierungsmaschinerie würde immer weiter die gleichen Vorurteile und Strategien fabrizieren. Ich konnte Izzet Pascha nur sagen, daß alle, die mit den Türken in Berührung kamen, sehr schnell Sympathie und Vertrauen entwickelten und daß mit der Zeit sicher wieder echte Freundschaft zwischen unseren Völkern entstehen würde. Ich konnte jedoch nicht für Seiner Majestät Regierung sprechen. Er schüttelte traurig den Kopf und sagte: „Selbst in einem demokratischen Land wie Ihrem zählt letztlich die Regierung. Mehr als ein Jahrhundert lang haben die Briten das ottomanische Sultanat unterstützt und dadurch die Verhältnisse in einem sehr wichtigen Teil der Welt stabilisiert. Jetzt demontiert ihr euren nützlichsten Verbündeten in der moslemischen Welt. Eines Tages werdet ihr auf dieser Spur zurückgehen und eure Politik wieder auf eine starke Türkei bauen müssen. Bis dahin müssen wir eben selbst für uns sorgen."

Einige Tage später ging er als offizieller Vertreter des Sultans nach Ankara. Dort angekommen ließ er verlauten, die Wiedervereinigung der Türkei unter dem Sultanat hinge von den Alliierten ab. Er werde in Ankara bleiben, bis die Bestimmungen des Vertrags von Sèvres gelöscht wurden, die eine unabhängige Türkei unmöglich machten.

Mein Bericht über diese Begegnung hatte unvorhergesehene Folgen. Ich wurde ins Hauptquartier gerufen, um Details der Unterredung wiederzugeben, und dann wurde mir gesagt, ich hätte zwar wertvolle Informationen beschafft, sei aber mit meinen Äußerungen zur Politik der britischen Regierung zu weit gegangen. In dieser Zeit gab ich schon nicht mehr viel um die Ansichten der höheren Autoritäten. Ich fühlte mich maßlos elend und merkte nicht, daß mein Problem hauptsächlich aus Erschöpfung und Streß bestand.

Ich weiß nicht mehr, was ich sagte, aber ich muß wohl den Eindruck eines übermüdeten und sehr aufbrausenden jungen Mannes hinterlassen haben, denn einige Tage später erhielt ich die Mitteilung, man hätte mir Heimaturlaub bewilligt und ich sollte ein paar Wochen mal ganz ausspannen.

Ich verließ Konstantinopel an dem Tag, an dem Mustafa Kemal Pascha die Hohe Pforte davon in Kenntnis setzte, daß sie nicht mehr Regierungssitz war. Inzwischen hatten die Alliierten die Regierungen Griechenlands und der Türkei auf Anregung Lord Curzons zu einem Treffen in London eingeladen. „Konferenz zur Befriedung des Nahen Ostens" hieß das Ganze. Ich wußte zu der Zeit noch nichts davon.

Meine Abreise aus Konstantinopel bot ein denkwürdiges Bild. Auf dem Bahnsteig drängten sich Leute, die mich verabschieden wollten. Weder dem Oberbefehlshaber noch dem britischen Hohen Kommissar hätte man solch einen Bahnhof bereitet. Aber wer war ich denn? Ein unbedeutender junger Offizier, der nach Hause fuhr und nicht wußte, ob er jemals wiederkehren würde.

Mrs. Beaumont saß neben mir in dem engen Schlafwagenabteil, das vom Boden bis zur Decke mit Blumen, türkischen Süßigkeiten und anderen Geschenken meiner türkischen Freunde vollgestopft war. Ich sah weinende Männer und bedauerte, daß ich für sie nicht so empfinden konnte wie sie für mich. Ich war erschöpft und entmutigt und fühlte doch ein unbegreifliches Lebensfeuer in mir brennen.

Über meine Beziehung zu Mrs. Beaumont kann ich nicht schreiben und will es auch nicht versuchen. Die Einheit von Mann und Frau geht niemanden etwas an als sie selbst. Immer wieder sagte ich zu ihr: „Ich werde dich nie verlassen" — und ich wußte, daß ich jetzt mehr die Wahrheit sagte als vor zwei Jahren bei meiner Trauung.

Vier Monate hatte ich mit Mrs. Beaumont zusammengelebt. Erst als ich mir die verschiedenen Daten noch einmal vor Augen hielt, wurde mir klar, wie kurz unsere gemeinsame Zeit gewesen war. Mrs. Beaumont war für mich „Polly" geworden, und mit diesem Namen habe ich sie vierzig Jahre lang gerufen. Sie wurde meine Frau und teilte alle Freuden und Leiden des Lebens mit mir. Ich war vierundzwanzig, ein Alter, in dem ein Mann in die erste Phase der Reife eintritt: Ich hatte vieles über die menschliche Natur gelernt, aber wenig über Menschen. Ich hatte ganz in meinem Kopf gelebt, und mein Herz war eine leere Schale. Ich konnte mich selbst nicht verstehen. Woher war ich so sicher, daß das Band zu Mrs. Beaumont niemals zerreißen würde? Heute habe ich den Eindruck, daß meine Gewißheit weder aus meinem Kopf noch aus meinem Herzen kam, noch mit meinem Körper zusammenhing. Sie hatte vielmehr den Charakter einer Vorahnung, die mit meinen Gedanken oder Wünschen nichts zu tun hatte.

Als ich später nach Konstantinopel zurückkehrte, sagte Mrs. Beaumont, sie sei überzeugt gewesen, daß ich nicht zurückkommen, sondern bei meiner Frau und meinem Kind bleiben und sie vergessen würde. Auf meine Worte: „Ich werde dich nie verlassen", hatte sie geantwortet: *„Quien sabe?* Vergiß nicht, daß ich deine Mutter sein könnte; du mußt jetzt dein eigenes Leben und deinen eigenen Weg finden." *Quien sabe?* — Wer weiß? — war ihr Motto. Ihr Briefpapier war unten mit einer blauen *fleur de lys* und *Quien sabe?* bedruckt.

Dann war es Zeit zum Abschied. Ich ging hinaus auf den Bahnsteig, unfähig, diese Demonstration der Zuneigung zu begreifen. Ich schämte mich, weil ich nicht so fühlen konnte wie diese Leute, und ich war mir nicht sicher, ob ich je in die Türkei zurückkehren würde. Und da war noch etwas, aber schwer zu erfassen: Mir war bewußt, daß mein Leben einem Muster folgen würde, das nichts mit meinem eigenen Willen zu tun hatte und daß die Türkei und die Türken in diesem Muster eine große Rolle spielen würden.

Als der Zug den Bahnhof verließ, hatte ich wieder dieses Unwirklichkeitsgefühl, das bisher alle entscheidenden Momente meines Lebens begleitet hatte. Ich war ein unbedeutender Mensch, und ich wußte es. Ich hatte niemals etwas vorgetäuscht, was ich nicht war, und doch hatten mich die Türken behandelt, als hätte ich soviel Einfluß wie ein Oberbefehlshaber oder Hoher Kommissar. Tiefe Traurigkeit ergriff mich. Ich wollte kein unwirkliches Leben führen, und doch brachte ich mich durch mein Handeln immer wieder in Situationen, die einen falschen Eindruck erweckten.

Am 4. Februar 1921 kam ich in London an und sah meine Tochter Ann das erste Mal. Sie war noch nicht ganz ein halbes Jahr alt. Ich staunte sie nur an, unfähig zu begreifen, daß ich ihr Vater war. Die ersten beiden Tage war ich keinmal mit ihr allein. Am dritten ging ich mit ihr spazieren und schob sie in ihrem Kinderwagen an meiner alte Schule vorbei hinaus zum Wimbledon Common. Ich sprach leise mit ihr, denn mir schien, daß irgendeine Art von Kommunikation zwischen uns stattfand, auch wenn sie Worte nicht verstand. Einmal schaute sie mir in die Augen, und ihr Blick schien zu sagen, daß sie mich kannte. Dieser eine Augenblick war zwanzig Jahre lang der einzige echte Kontakt. Bei meiner Frau spürte ich überhaupt keinen Kontakt. Sie empfing mich mit ungespielter Herzlichkeit. Wir schliefen im selben Zimmer, aber ich war außerstande, sie als meine Frau zu behandeln. Die Erinnerung an jene Tage ist so sehr verblaßt, daß ich nicht einmal mehr weiß, ob sie über meine Distanziertheit bekümmert oder erstaunt war. Bevor ich mich richtig niederlassen konnte, um meinen Urlaub zu genießen (oder auch nicht), warf eine neue Überraschung alles wieder über den Haufen.

Mein Vorgesetzter in Konstantinopel hatte mir ein Empfehlungsschreiben an Ormsby-Gore, ein jüngeres Mitglied der Regierung, mitgegeben und mir geraten, ihm von meinem Gespräch mit Izzet Pascha zu berichten. Zufällig am selben Tag, an dem ich mich mit Ormsby-Gore traf, verkündete die türkische Nationalistenregierung ihre Absicht, ebenfalls eine Delegation zur Londoner Konferenz zu entsenden. Das muß einigen gar nicht recht und für andere ein Grund zum Schmunzeln gewesen sein. Ankara hatte eine Schlüsselrolle bei fast allen Problemen, die gelöst werden mußten, aber niemand gab das gern zu.

Zu meiner Überraschung nahm Ormsby-Gore meine Geschichte sehr ernst und schickte mich zu Robert Vansittart, dem damaligen Privatsekretär Lord Curzons. Der ließ mich den Bericht wiederholen und fragte nach meiner eigenen Einschätzung der Stärke und Organisation der nationalistischen Regierung. Dann telefonierte er mit jemandem — ich glaube, es war

Ormsby-Gore — und sagte in meiner Gegenwart: „Wir sollten für diesen Bennett ein Frühstück mit dem Premierminister arrangieren. Er möchte sowieso einen Bericht aus erster Hand über die Lage in der Türkei, und jetzt haben wir jemand, der ihn geben kann. Können Sie versuchen, das mit Philip Kerr zu arrangieren?" Ich wußte noch nicht einmal den Namen von Lloyd Georges Privatsekretär, der bald Nachfolger seines Vaters als Lord Lothian werden sollte und während des Zweiten Weltkriegs Botschafter in den Vereinigten Staaten war. Vansittart wandte sich wieder mir zu und sagte: „Der Premierminister läßt sich gern beim Frühstück informieren. Wenn er sie sehen möchte, dann erzählen Sie ihm alles genauso wie mir."

Dann sprach er über die Delegation der Nationalistenregierung in Ankara und fragte mich, ob ich etwas über ihren Leiter, Bekir Samy Bey wüßte. Ich sagte, er sei ein Grundbesitzer aus der Gegend von Trapezunt, und erzählte weiter über die verschiedenen Gruppierungen und ihren Einfluß auf die Ausschüsse der Regierung. Er unterbrach mich und sagte: „Ormsby-Gore sagt, daß Sie auf Urlaub hier sind. Wenn wir die Genehmigung vom Kriegsministerium bekommen, würden Sie dann als unser inoffizieller Verbindungsoffizier zur Delegation aus Ankara zur Verfügung stehen? Da wir Ihre Regierung nicht anerkennen, können wir niemanden aus dem Ministerium zu Ihnen schicken, aber Sie sind nun mal die Macht in der Türkei, und wir müssen mit Ihnen rechnen." Beim Zuhören bemerkte ich wieder dieses Unwirklichkeitsgefühl, das immer dann über mich kam, wenn ich irgend etwas Unausweichliches auf mich zukommen sah, gegen das mein eigener Wille machtlos war. Ich war auf Krankheitsurlaub und brauchte wirklich Ruhe; ich hätte es sagen können, und die ganze Sache wäre für mich erledigt gewesen. Ich spürte, daß es nicht richtig war, mich noch einmal in die türkische Politik verwickeln zu lassen. Ich hätte ablehnen sollen, und doch wußte ich, bevor Vansittart ausgeredet hatte, daß ich annehmen würde.

Vansittart telefonierte nach meiner Zustimmung sofort mit dem Kriegsministerium und sagte mir dann, daß im Savoyhotel, wo die beiden türkischen Delegationen untergebracht sein würden, ein Zimmer für mich reserviert werde. Ich sollte einen Cutaway tragen, aber den hatte ich nicht. Vom Auswärtigen Amt ging ich sofort zum einzigen Savile-Row-Schneider, den ich kannte, und der nahm den Auftrag an, mich binnen drei Tagen auszustaffieren. Ich kaufte einen Zylinder, einen Rattanstock mit Goldknauf, gelbe Handschuhe — und fand mich von einem Offizier in unsauberer Uniform in die glaubwürdige Imitation eines Diplomaten verwandelt.

Ich traf mich mit Philip Kerr, aber was ich zu sagen hatte, interessierte ihn anscheinend nicht, und mein Frühstück mit dem Premierminister fiel erstmal unter den Tisch. Ich wußte nicht, daß er gerade an Lloyd George geschrieben und um die Entbindung von seinem Amt als Privatsekretär gebeten hatte. Vansittart sagte, ich sollte mich der türkischen Delegation bekannt machen und alles Notwendige tun, damit die Leute sich wohlfühlten. Jeden Morgen sollte ich im Auswärtigen Amt erscheinen und berichten, wie sie auf den Fortgang der Konferenz reagierten. Mein Cutaway wurde gerade noch rechtzeitig fertig, und am 18. Februar, gerade drei Wochen nach meiner eigenen Ankunft, empfing ich die mit dem Orientexpress anreisende Delegation.

Die nächsten zehn Tage waren ein Erlebnis und eine Lektion. Ich begegnete den großen Führern und hörte ihnen zu. Curzon wurde zum Präsidenten der Konferenz gewählt, aber Lloyd George nahm an fast allen Sitzungen teil und schien von Anfang an alle Zügel in der Hand zu haben. Aristide Briand, der damalige französische Premierminister, machte den besten Eindruck auf mich; seine Haltung unterschied ihn von allen anderen Franzosen, die ich je getroffen hatte. Er glaubte aufrichtig und leidenschaftlich daran, daß die Hoffnung der Welt in der Schaffung eines vereinigten Europas lag. Sein politischer Weitblick reichte so weit in die Zukunft, daß seine Landsleute ihn selbst nach über vierzig Jahren kaum eingeholt haben. Conte Sforza, der italienische Außenminister, Colonel Edward House, der persönliche Vertreter Präsident Wilsons, und ein sehr intelligenter Japaner waren die anderen Repräsentanten. Das waren die Namen, die für mich zwei Jahre lang gleichbedeutend gewesen waren mit dem Obersten Rat der Alliierten und seinen sonderbaren Entscheidungen, die so viele unserer Schwierigkeiten in der Türkei verursacht hatten.

Ich sah mit eigenen Augen, daß berühmte Leute von denselben kleinlichen Motiven getrieben werden wie die übrigen. Trotz seines überaus leichfertigen Umgangs mit Fakten konnte ich Lloyd George nur bewundern. Er war so gewitzt, daß er ohne einen Schimmer den Konferenzsaal betreten konnte und schon nach einer halben Stunde wußte, wo die schwache Stelle irgendeiner Position lag, um dann die ganze Diskussion in Kanäle zu lenken, die zufällig gerade seiner Linie entsprachen. Aber ich hörte ihn nie irgendwelche konstruktiven Ideen äußern. Briand erstaunte mich mit seinem offensichtlichen Willen, eine Übereinstimmung zu erzielen — ganz anders als die ewig kampfbereiten französischen Vertreter, denen ich in der Türkei begegnet war.

Mir machten all die sinnlosen Mißverständnisse Sorge. Für mich lag auf der Hand, daß die Griechen wie die Türken des Kämpfens müde waren. Die Griechen waren nicht annähernd so selbstbewußt, wie sie vorgaben und wie die britische Regierung glaubte. Ihre schlecht ausgebildete, nervöse Armee mußte eine feindselige türkische Bevölkerung in Schach halten — in einem Gebiet Kleinasiens, das so groß war wie Griechenland selbst. In Europa wurden sie von ihren slavischen Nachbarn bedroht, den Serben und Bulgaren. Von den Alliierten hatten sie nicht die Hilfe erhalten, die sie erwartet hatten, aber Konstantins Regierung wagte nicht aufzugeben, was der verhaßte Weniselos gewonnen hatte. Die Türken ihrerseits waren zutiefst kriegsmüde. Sie waren seit zwölf Jahren mobilisiert und hatten in fünf Kriegen gekämpft.

Der äußere Ablauf der Konferenz war eine Farce. Die Griechen waren nicht zu bewegen, sich mit den Ankaratürken an einen Tisch zu setzen. Also mußten abwechselnd Sitzungen mit einer der beiden türkischen Delegationen abgehalten werden, und natürlich kam die Konferenz keinen Schritt voran. Lloyd George war mit seiner Unkenntnis der Grundtatsachen aus Geschichte und Geographie auch nicht gerade eine Hilfe. Einmal kamen angebliche Massaker von Türken an Armeniern zur Sprache. Er fragte, wo denn das gewesen sei, und als man ihm sagte, es sei in Kilikien (engl. Cilicia) gewesen, erwiderte er staunend, er habe gar nicht gewußt, daß in Schlesien (engl. Silestia) türkische Truppen stünden. Als einer der Delegierten den Fehler genüßlich berichtigte, versuchte Lloyd George ihn schnell zu überspielen und schlug vor, eine inoffizielle armenische Delegation einzuladen. Das war in niemandes Sinn, und Lord Curzon vertagte kurzerhand die Sitzung.

Ich verließ mit der britischen Delegation den Saal, und Lloyd George sagte: „Wir müssen weg von dieser Konferenzatmosphäre. Ich werde die Türken zum Tee einladen. Weiß irgendwer, was sie zu Hause so machen?" Vansittart schob mich vor, und ich sagte: „Die meisten dieser Leute sind aus dem westlichen Landesteil. Bekir Samy Bey ist ein begeisterter Bauer; er hat mich schon gefragt, wo er Zuchthammel herbekommen kann, um sie mit nach Hause zu nehmen." Das reichte Lloyd George, und ich erlebte fasziniert, was er daraus machte. Beim Tee versicherte er Bekir Samy Bey, er halte die Landwirtschaft für wesentlich wichtiger als die Politik, und als er ihm dann noch versprach, die besten englischen Schafzuchtexperten für ihn heranzuschaffen, hatte er ihn gewonnen. Am nächsten Tag hielt Bekir Samy Bey bei einer gemeinsamen Sitzung der drei Delegationen eine versöhnliche Ansprache. Die Alliierten rangen sich dazu durch, alle weiteren Verhandlungen den Griechen und Türken zu überlassen, und die Konferenz wurde mit dem Anschein der Übereinstimmung abgeschlossen. Tatsächlich war überhaupt nichts erreicht worden, und jeder wußte es. Überdies hatten die Franzosen und Italiener heimlich irgendwelche Geheimabkommen mit der Nationalistendelegation ausgehandelt. Dennoch war diese Konferenz vielleicht der Beginn einer allmählichen Aussöhnung zwischen Großbritannien und der Türkei, die inzwischen zu einem einigermaßen ausgewogenen Kräfteverhältnis im Nahen Osten geführt hat. Den Franzosen gelang es bei all ihrer Cleverness nicht, die Türken für ihren Plan der Teilung Kilikiens zu gewinnen, und schon wenige Tage nach Bekir Samy Beys Rückkunft nach Ankara, brach der Streit zwischen Türken und Franzosen offen aus.

Am Ende der Konferenz stand ich vor einer Wahl. Das Kriegsministerium hatte offenbar nicht die Absicht, mich wieder in die Türkei zu schicken, und das war auch ganz richtig so. Ich verspürte nicht den Wunsch, in der regulären Armee zu bleiben, obgleich ich für das Stabscollege vorgeschlagen worden war, hatte auch nicht den Impuls, nach Oxford zurückzugehen. Und in Wimbledon bei meiner Frau und ihrer Familie fühlte ich mich völlig deplaziert.

Nach einem Monat der Trennung wurde mir immer bewußter, wie stark mein Schicksal mit dem von Winnifred Beaumont verbunden war. Ich nahm meinen Abschied, und um meine Papiere so schnell wie möglich zu bekommen, mietete ich ein Auto und fuhr selbst zur zuständigen Dienststelle hinaus nach Chatham. Als ich so allein in dem großen Daimler saß und durch Woolwich fuhr, wo ich vor drei Jahren noch die Militärakademie besucht hatte, schien es mir unmöglich zu glauben, daß ich noch dieselbe Person war. Es schien allerdings auch unmöglich, mein jetziges Selbst zu glauben. Wer war ich denn, daß ich hier mit einem großen, teuren Wagen in der Gegend herumfuhr? Weshalb benutzte ich nicht die Bahn wie jeder andere? Ich löste mich von dem Leben, in das ich eingetreten war, als ich Oxford hinter mir gelassen hatte, um zur Armee zu gehen. Nichts war mehr wirklich.

In der Offiziersmesse aß ich das letzte Mal als Soldat zu Mittag. Ich kannte niemanden, und niemand kannte mich.

Bald war ich auf dem Rückweg nach London. Meine Papiere waren in Ordnung, und mein Ausscheiden würde bald bekanntgegeben werden. Jetzt hatte ich keinen Rückhalt mehr als meinen eigenen Grips. Ich war entschlossen, von der Familie meiner Frau keine Hilfe anzunehmen, und meine Mutter würde wohl bald Hilfe von mir brauchen. Auf dem Heimweg durch die kentischen Felder zwischen den Londoner Vororten dachte ich an die Zukunft. Es gab keinen Zweifel mehr, daß ich wieder in die Türkei gehen würde, und ich wußte, daß ich gehen würde, weil ich lernen mußte zu leben. Ich war knapp vierundzwanzig Jahre alt, und ich fühlte, daß die nächsten sechs oder sieben Jahre die Erfahrungen bringen würden, die ich brauchte. Ich wollte alles über das Leben wissen, und ich wußte mit unangenehmer Klarheit, daß ich noch viele Dummheiten begehen würde, ehe ich meine eigene Bestimmung fand.

Wieder in Wimbledon, sagte ich Evelyn, daß ich in die Türkei zurückkehren würde. Ich forderte sie nicht auf mitzukommen, und sie fragte nicht, weshalb. Ich fühlte mich in meinem eigenen Leben als Fremder — und verließ es. Die Tatsachen waren unverändert: nach wie vor war ich Sohn und Bruder, Ehemann und Vater. Ich war sogar noch eingeschriebener Student des Merton College in Oxford, wo ein leidgeprüfter Direktor immer noch mein Stipendium offenhielt. Aber alle meine Wertvorstellungen hatten sich gewandelt. Ich fing an zu begreifen, daß unser Leben von Dingen aus der zeitlosen Ewigkeit meiner fünften Dimension abhängt und nicht von den Fakten jener Zeit der Uhren und Kalender, die für die Suche nach echten Werten einfach keinen Platz hat. Unser Leben verläuft in mehr als einer Zeitlinie. Die Linien werden durch unsere verschiedenen Bewußtseinszustände auseinandergehalten, und unser Gedächtnis neigt dazu, nur eine Linie zu verfolgen und die anderen auszuschließen. So geht uns immer ein großer Teil unserer Vergangenheit verloren, in erster Linie alles, was Erfahrungen beinhaltet, die unserer gegenwärtigen Stimmung nicht entsprechen. Das ist nicht verwunderlich, denn Wertvorstellungen sind das, was uns wichtig ist und anspricht, während Fakten indifferent sind. Wir erinnern uns kaum jemals an Fakten aus der Vergangenheit — es sei denn, sie hingen mit Werten zusammen. Nicht alle Werte sind angenehm, aber alle sind auf irgendeine Weise wichtig für uns. Deshalb erscheint uns das Leben im

Rückblick interessant, während der Bericht darüber für andere ganz uninteressant sein mag.

Die Einseitigkeit unseres Gedächtnisses hat noch eine weitere Konsequenz: es ist nicht möglich, bei der Rekonstruktion der eigenen Vergangenheit ganz ehrlich zu sein. Je wichtiger eine Erfahrung war, desto weniger sind wir offenbar imstande, die ganze Wahrheit zu erzählen — selbst wenn wir es möchten.

7. Sultan Hamids Erben

Von den Mitgliedern der Zweiten Sozialistischen Internationale, die ich in Konstantinopel kennengelernt hatte, waren die Snowdens mir am freundlichsten begegnet. Sie hatten mich herzlich eingeladen, sie einmal zu besuchen, wenn ich wieder in London war, und ich war dieser Einladung kurz nach meiner Ankunft gefolgt. Sie machten mich mit Ramsey MacDonald bekannt, der aus erster Hand über die Lage in Armenien unterrichtet werden wollte. Das mit britischer Billigung gestartete kleinasiatische Abenteuer der Griechen hatte er abgelehnt, und jetzt entsetzten ihn die Berichte von Massakern an Türken. Bei ihm spürte ich eine echtes Empfinden, das über die intellektuelle Leidenschaft, wie ich sie bei anderen Sozialisten kennengelernt hatte, hinausging. Ich konnte mit ihm über meine persönlichen Probleme sprechen, und er gab mir den Rat, in die Politik einzusteigen und mich mit Fragen des Nahen Ostens zu befassen.

Die Konferenz war gerade zu Ende, und MacDonald mußte sich in Woolwich einer Nachwahl stellen. Einem Impuls folgend, bot ich ihm an, in seinem Wahlkreis als Stimmwerber für ihn zu arbeiten. Ich bekam eine Mittelklassenwohngegend zugewiesen, und als ich dort von Tür zu Tür ging, sah ich, was für unerschütterliche Vorurteile der Krieg selbst vernünftigen Menschen einimpfen kann. Sie glaubten wirklich, daß es im Krieg ein Verrat an England gewesen sei, für den Frieden zu arbeiten, und daß die Sozialisten bereit gewesen waren, ihr Land einer fremden Herrschaftsgewalt zu überlassen. Ich wurde mit Ausdrücken beschimpft, die ich noch nie gehört hatte, und das gab mir das Gefühl, den Dingen um mich her sonderbar entrückt zu sein. Die Wahl wurde für MacDonald zu einer Katastrophe. Hysterische Begeisterung brandete um die Town Hall auf, als das Wahlergebnis bekanntgegeben wurde. Ich war traurig und wütend. Zu allem Überfluß wurde ich bei dieser Gelegenheit auch noch zum ersten und einzigen Mal in meinem Leben von einem Taschendieb bestohlen. Ich hatte gerade vierzig Pfund von der Bank abgehoben, und das war für mich damals eine beachtliche Summe. Ein enttäuschter und rebellischer junger Mann ging an diesem Abend seinen Heimweg nach Wimbledon.

Am nächsten Morgen beim Frühstück jubelte mein Schwiegervater, David McNeil, über das Wahlergebnis in Woolwich. Er war wie MacDonald ein Schotte aus Lossiemouth in Morayshire, und persönlich hielt er viel von ihm, aber über den Sozialismus im allgemeinen sprach er mit — wie mir schien — bigotter Engstirnigkeit. Ich sagte mir, daß ich England verlassen und nicht so bald zurückkehren würde. Ich sah meine Frau an; sie war geduldig und verständnislos gewesen, freundlich, aber ohne ihr Herz zu öffnen. Sie hatte versucht, sich meinen vielen neuen Freunden anzupassen, aber nicht ein Mal während der sechs Wochen, die ich in London war, gab es etwas Wirkliches in unserem Zusammensein. Ich sah meine Tochter an, die in einem Hochstuhl am Frühstückstisch saß. Ich fühlte mich der Vaterrolle nicht gewachsen und sagte mir, daß sie ohne mich besser dran sein würde. Doch noch während ich das dachte, wußte ich, daß es nicht stimmte. Ich wußte, ich würde weggehen — aber nicht wegen meines Schwiegervaters oder weil ich kein Ehemann und Vater sein konnte oder weil die Politik mich anwiderte, nicht einmal wegen Mrs. Beaumont oder irgendeinem mystischen Ruf des Ostens, sondern einfach weil ich mußte. Die Entscheidung lag nicht bei mir.

Eine jener Koinzidenzen, die mehr bewirken als unsere sorgfältig geplanten Aktionen, führte mich an jenem Tag noch zu Ouspensky, der damals in einem Hotel am Russel Square wohnte. Es war unsere erste Begegnung seit seiner Abreise aus der Türkei vor einigen Monaten; er erzählte mir von den Erfolgen, die er in London hatte, von den Vorträgen, die er vor einer Gruppe von Theosophen und Psychologen hielt. Ich erzählte ihm, daß ich England verlassen und in die Türkei zurückkehren, vorher aber gern noch einige von seinen Vorträgen hören würde. Er sagte: „Kommen Sie ruhig. Aber Sie können es nicht entscheiden. Wenn Sie in die Türkei gehen, dann nicht aufgrund Ihrer Entscheidung. Sie haben nicht die Kraft zu entscheiden. Niemand hat sie."

Seine Worte riefen die Gedanken vom Morgen wieder in mir wach, und der tiefe Ernst, mit dem er erklärte, daß der Mensch nicht Meister seines Schicksals ist, berührten micht sehr eigenartig. Was er sagte, warf ein neues Licht auf alles, was ich im letzten Jahr gehört und gesehen hatte. Ich war überzeugt, daß er recht hatte und daß die Menschen nicht absichtlich oder aus Sturheit dumm sind, sondern weil sie nicht wählen können. Die Erinnerung an dieses Gespräch blieb in mir wach und sollte mich schließlich wieder nach London ziehen, wo ich unter seiner Leitung studierte und arbeitete.

Und so reiste ich hilflos, aber ohne es ändern zu können, wieder in die Türkei ab. Meine Frau schaute traurig zu, wie ich ging. Sie wußte anscheinend noch besser als ich, daß unsere Ehe zu Ende war, aber sie konnte nichts daran ändern. Als ich in die Cambridge Road einbog, schaute ich zurück und sah sie mit unserem Kind auf dem Arm am Gartentor ihres Vaterhauses stehen. Ich verließ ein Leben, das nie existiert hatte, aber ich fühlte mich trotzdem schuldig und elend. In all den Wochen hatte meine Mutter nur zugeschaut und nichts gesagt. Sie hatte sich ungeheuer für die Friedenskonferenz interessiert, denn Geschichte war ihre Leidenschaft. Mit meiner Rückkehr in die Türkei war sie einverstanden — weshalb weiß ich auch nicht genau, denn noch glücklicher wäre sie zweifellos gewesen, wenn ich in die Politik eingestiegen wäre, wofür sie mich besonders geeignet glaubte.

Die Reise mit dem Orientexpress von Calais bis Konstantinopel dauerte damals viereinhalb Tage. Ich hatte reichlich Zeit, mir mein Leben zu vergegenwärtigen und meine Zukunft auszumalen. Viele Möglichkeiten hatten sich in Luft aufgelöst, aber ich fühlte kein Bedauern. Ich fuhr in die Türkei, wo ich keinen Platz und keine Aussichten hatte, und doch war ich voller Vertrauen, daß alles sich finden würde.

Der Zug fuhr in den Bahnhof von Konstantinopel ein, und wieder mußte ich staunen über die vielen bekannten Gesichter auf dem Bahnsteig. So viel war inzwischen geschehen, daß mir kaum bewußt war, daß seit meiner Abreise erst knapp zwei Monate vergangen waren. Man behandelte mich, als wäre ich gar nicht fort gewesen. Ich war nicht mehr in Uniform, aber man ging einfach davon aus, daß ich zum Geheimdienst gehörte — mochte ich es noch so sehr bestreiten. Die Agenten, die eigentlich meinem Nachfolger Bericht erstatten sollten, wollten unbedingt zu mir kommen und mir die aufregendsten Neuigkeiten mitteilen. Die türkischen Politiker, denen inzwischen klargeworden sein sollte, daß ich nicht für Seiner Majestät Regierung sprach, glaubten sogar eine noch unglaublichere Geschichte: daß ich für Seine Majestät King Georg V. persönlich tätig war. Man muß sich vor Augen halten, daß die türkische Politik damals noch ganz vom System der *Mabeyn* beherrscht war — das ist ein Heer inoffizieller Mittelsmänner, über die jede Form der Kommunikation abgewickelt wird. Ich hatte beobachtet, daß die Türken sich keine Vorstellung von der Arbeitsweise einer konstitutionellen Monarchie machen konnten; den Buckingham Palace konnten sie sich nur als Netz von Intrigen nach dem Muster des Sultanspalasts vorstellen. Für sie war ich nun mal ein Mitglied der Mabeyn von Buckingham Palace, der eine bestimmte Mission in der Türkei hatte, und das mochte ich bestreiten, so sehr ich wollte, dafür empfing ich nur wissende Blicke und die Versicherung, man werde meinen Wunsch nach Diskretion zu respektieren wissen.

Weitere Gerüchte über mich gingen von Ankara aus. Bekir Samy Bey schien die Geschichte verbreitet zu haben, Lloyd George habe vom Buckingham Palace geheime Anweisung erhalten, jeden Ärger mit der Türkei zu vermeiden — und ich sei der Mittelsmann dieser Anweisung gewesen. Diese vollkommen frei erfundene Version von Lloyd Georges Tea Party trug mir eine Einladung nach Trapezunt ein, wo ich Bekir Samy Bey und andere Nationalistenführer besuchen sollte.

Der Gipfel der Absurdität war erreicht, als mein Freund Tahsin Bey, der Polizeichef, mir eine Abordnung von Albaniern ankündigte, die in einer wichtigen Mission zu mir geschickt worden sei. Die Leute erschienen, und nachdem sie mir in aller Ausführlichkeit dargelegt hatten, daß die Albanier ein sehr stolzes Volk seien und ihre Verbindung mit England weiter ausbauen wollten, rückten sie damit heraus, daß sie einen König suchten, und fragten, ob ich nicht den albanischen Thron besteigen wollte. Ich konnte der Versuchung nicht widerstehen, ihnen feierlich zu erklären, ich sei ein Nachfahre von Neville, Earl of Warwick, dem Königsmacher, und meine Vorfahren hätten es stets abgelehnt, irgendwelche Kronen anzunehmen. Ich merkte schnell, daß mit solchen Witzchen kein Durchkommen war, denn sie luden mich ein, mit ihnen zurück nach Tirana zu gehen und mit Mitgliedern ihrer Regierung zu sprechen. Ich versuchte mich ganz klar auszudrücken, ohne jemanden zu brüskieren; Tahsin Bey erzählte mir später, ich hätte trotz allem einen sehr guten Eindruck gemacht, denn die Albanier wünschten sich einen hochgewachsenen König. Als Zog später König wurde, konnte ich nicht umhin zu denken, daß ich eine bessere Figur gemacht hätte...

In diesen ersten Wochen nach meiner Rückkehr besuchte mich ein alter Freund. Jaques Bey Calderon war einer von den echten Mabeyn von Sultan Abd Al Hamid; er kannte jeden und sonderbarerweise genoß er jedermanns Freundschaft und Vertrauen. Er berichtete mir, Abbas Hilmi Pascha, der Ex-Khedive von Ägypten, sei von meiner intimen Kenntnis der Zusammenhänge im Nahen Osten sehr beeindruckt gewesen und bitte darum, mir ein Geschenk von tausend Pfund Sterling in Goldmünzen machen zu dürfen. Außerdem wollte er sich gern einmal über ägyptische Angelegenheiten mit mir unterhalten. Ich ließ Jaques Bey die Botschaft überbringen, daß ich sehr gern zu einem Gespräch mit Seiner Hohheit bereit sei, aber zu bedenken geben müsse, daß ich in der britischen Politik keinerlei Einfluß habe. Ein paar Tage später wurde der Besuch arrangiert, und ich wurde im Palast der Ex-Khediven am Bosporus zeremoniell empfangen. Ich lauschte einer brillanten Analyse der britischen Politik im Orient und hörte, weshalb ein starker pro-britischer Regent in Ägypten so wichtig war. Hilmi Pascha erklärte, wie das Mißverständnis entstanden war, das zu seiner Absetzung führte. In Konstantinopel war ein Attentat auf ihn verübt worden, das er aber überlebte. Zur Erholung war er in die Schweiz gefahren. Inzwischen spielten seine Feinde den Briten die Falschmeldung zu, er stehe mit den Türken im Bunde. Er war jedoch bereit, das britische Protektorat zu akzeptieren, und selbst jetzt noch hätte er ein Gegengewicht zu Saghlul Pascha und der Wafd-Partei sein können. Er fragte, ob ich als Mittelsmann bei der britischen Regierung für ihn arbeiten wolle. Ich sagte ihm ganz direkt, daß ich keinerlei Stellung bekleidete und wohl auch nicht so bald wieder in London sein würde. Er sagte, er verstünde das vollkommen und hoffte, daß wir uns einmal wiedersehen würden.

Am nächsten Tag erschien Jaques Calderon mit einem Koffer voller Goldmünzen und sagte, der Khedive bitte mich, sie anzunehmen, selbst wenn ich im Augenblick nichts für ihn tun könne. Er fügte hinzu, ich solle um Gottes willen nicht ablehnen, denn er selbst war in schweren Geldnöten und hoffte, ich würde ihn die Hälfte für sich behalten lassen. Ich stimmte zu und nahm mir fünfhundert der Goldmünzen. Das war ein unehrlicher Handel, denn Hilmi Pascha ging offensichtlich davon aus, daß er sich meine Unterstützung für seine Intrigen um die Rückeroberung des ägyptischen Throns einkaufte. Damals fühlte ich zunächst keine Gewissensbisse, denn ich wußte, daß er ungeheuer reich war und oft solche Geschenke machte, wenn er glaubte, daß jemand für ihn nützlich sein könnte. Mit der Zeit gewann aber die Erinnerung an diese Sache einen immer faderen Geschmack und trug zu der Erkenntnis bei, daß wir die inneren Auswirkungen unseres Handelns noch jahrelang mit uns herumtragen, auch wenn die äußeren Folgen längst verflogen sind. Mir wurde klar, daß wir von der Vergangenheit nur freiwerden können, wenn wir uns so tiefgreifend ändern, daß wir nicht mehr der Mensch sind, der einmal so gehandelt hat. Ein unehrenhafter Mann wird nicht schon dadurch ehrenhaft, daß er aufhört unehrenhaft zu handeln — sondern erst durch den inneren Wandel, der es ihm völlig unmöglich macht, unehrenhaft zu handeln. Es sollte jedoch noch manches lange Jahr vergehen, ehe mir die wirkliche Bedeutung von „innerem Wandel" aufging.

Mit dem Geld des Ex-Khediven kaufte ich mich in den Feigenhandel ein; wir exportierten nach London, wo Feigen in diesem Jahr knapp waren. In wenigen Wochen konnte ich satte Gewinne einstreichen, einfach weil ich die richtigen Leute kannte. Dann wurde mir von einem alten türkischen Freund ein Anteil an einer Braunkohlenmine angeboten. Im Krieg war dort gefördert worden; die Mine lag, so hieß es, unweit der asiatischen Küste der Dardanellen und hatte einen großen Hafen. Mrs. Beaumont und ich machten uns auf, die Mine zu besichtigen, obgleich ich nicht das Geringste von Bergbau oder Kohle verstand. Wir fuhren mit einem kleinen Küstendampfer nach Lapsaki und von da aus in einem alten Fordlastwagen die Küste entlang. Die Straßen waren fast unpassierbar, und überall, wo wir anhielten, um zu übernachten, wurden wir fast von Insekten aufgefressen. Wir durchquerten ein Gebiet, das ganz in den Händen gefährlicher Räuber sein sollte, fanden aber nur Dörfer, in denen Griechen und Türken noch friedlich miteinander lebten — keine sechzig Meilen von Balikessir entfernt, wo die Armeen beider Länder ihren sinnlosen Krieg führten. Mein Ärger über die Legislatoren von Sèvres und Neuilly erwachte wieder, als ich sah, wie hier die Saat künftiger Kriege gesät worden war. Die Länder des ottomanischen Imperiums verfügten über ungeheure Rohstoffreserven. Jede der Rassen, die hier lebten, Türken, Araber, Kurden, Armenier und Griechen, besaß Eigenschaften, durch die sie einander ergänzten. Und es gab keinen ursprünglichen Haß unter ihnen — nur den, der von Politikern und professionellen Agitatoren gesät wurde.

Über all das sprach ich mit dem Ortsvorsteher in einem weit von den Hauptstrecken abgelegenen Dorf, in dem sich nur die alten Leute an den letzten Besuch eines Europäers erinnern konnten. Ich sah mit Erstaunen, wie genau er die Situation erfaßte. Er sagte: „Wir haben keinen Streit mit den Griechen. Seit Jahrhunderten leben wir zusammen und vertrauen einander. Ich will Ihnen sagen, warum. Wir Türken haben das Land und die Obstbäume, aber uns fehlt das Kapital, und wir wissen nicht, wie man das Obst verkauft. In jedem Frühjahr kommen die griechischen Kaufleute in unsere Dörfer, und wir schätzen gemeinsam die Ernte. Dann schießen sie uns das Geld für die Ernte, fürs Packen und für unseren eigenen Bedarf vor. Im Herbst schicken wir das Obst nach Smyrna oder Panderma. Niemals verkauft ein Türke sein Obst einem anderen Händler als dem, der ihm das Geld geliehen hat, und niemals kommt es vor, daß ein Händler versäumt, uns später den tatsächlichen Verkaufserlös zukommen zu lassen. Wenn wir uns gegenseitig so vertrauen, weshalb können unsere Politiker das dann nicht auch? Wir brauchen die Griechen, und sie brauchen uns. Wir gehen beide an diesen idiotischen Kriegen kaputt." All das sagte er ohne Bitterkeit, so als ob er die Politiker eher bedauerte als verdammte, weil sie nicht einsahen, daß Eintracht ihren Preis wert ist.

Ich fand das Bergwerk und sah gleich, daß ich weder seinen Wert abschätzen konnte noch eine Ahnung hatte, wie man so etwas betreibt. Ein wackliges Gleis und ein paar winzige Grubenhunde waren die ganze Ausrüstung. Der Führer, der uns hingebracht hatte, bot mir an, den ehemaligen Vorarbeiter herbeizuschaffen. Dieser Mann war ein Derwisch, wie sich herausstellte, ein frommer Moslem, der alles, was ihm begegnete, als Gottes Willen anzunehmen bereit war. Er sicherte mir zu, er könne Arbeiter bekommen und die gefröderte Kohle dann per Schiff nach Panderma transportieren lassen, wo man sie günstig zu Briketts verarbeiten konnte. Ich blieb eine Woche, in der ich eine Planskizze des Geländes anlegte, ließ dem Vorarbeiter dann genug Geld für den ersten Monatslohn da und kehrte mit dem Gefühl nach Konstantinopel zurück, daß das alles ziemlicher Blödsinn war. Ich war Mitinhaber einer Kohlemine, und da wurde tatsächlich Kohle gefördert — aber ich selbst hatte eigentlich nichts dazu getan, und es gab auch nichts zu tun. Auf diese Art betrieben, war das Unternehmen zu klein, um von wirklichem Nutzen zu sein, aber um es richtig auszubauen, hatte ich zu wenig Geld und Sachkenntnis. Ich brachte einen Plan und Kohleproben von dort mit, aber ansonsten konnte ich nichts weiter tun, als ein Schild an unserer Wohnung anzubringen, auf dem stand: „Dardanelles Mining Company". Durch einen glücklichen Umstand konnte ich die Mine an einen Levantiner verkaufen — zu einem Preis, auf den ich stolz sein konnte und der auch den Bedürfnissen meines türkischen Geschäftspartners gerecht wurde.

Wir hatten unsere wöchentlichen Treffen bei Prinz Sabaheddin wieder aufgenommen, aber sie waren jetzt anders, das Gefühl der Distanziertheit war verschwunden. Ich entdeckte, daß Sabaheddin hoch verschuldet war und daß die Regierung sich weigerte, Familieneigentum wieder herauszugeben, das bei der Verbannung des Prinzen und seines Vaters konfisziert worden war. Es entmutigte ihn, daß seine Vorschläge für die Reform der türkischen Wirtschaft ungehört verhallten. Mrs. Beaumont war immer dabei, und sie tat ihr Bestes, um den Prinzen immer wieder aufzurichten.

Ich erinnere mich an ein Gespräch über die persönliche Bestimmung. Ich erzählte dem Prinzen von meinem Gespräch mit Ouspensky, den er auch kannte und schätzte, allerdings für weniger interessant hielt als Gurdjieff. Er wollte nicht zugeben, daß Ouspensky recht haben könnte mit seiner Behauptung, es stünde nicht in unserer Macht zu entscheiden, was wir tun würden. Mrs. Beaumont sagte, sie neige dazu, diesen Satz zu akzeptieren, glaube aber zugleich, daß alles, was uns geschieht, die Folge unseres eigenen Handelns ist. „Ich habe oft leiden müssen", sagte sie, „und oft sah es so aus, als liege es an einem Unrecht, das irgend jemand mir zufügt. Und trotzdem habe ich immer klar gesehen, daß ich all mein Leiden selbst verschulde." Das sagte sie mit Tränen in den Augen. Ich wußte, daß sie vor ihrer Reise in die Türkei dem Selbstmord nahe gewesen war und daß man sie sehr grausam behandelt hatte. Der Prinz war ebenso gerührt wie ich, und wir saßen eine Weile in ungewohntem Schweigen beieinander und fühlten uns stärker als sonst verbunden. Unsere Bestimmung, so schien es mir, ist ein Geheimnis, das keiner von uns verstehen und das keine Formel erfassen kann.

Am nächsten Tag war ich ruhelos und fuhr allein über den Bosporus nach Skutari. Ich ging den Hügel hinauf zu dem alten türkischen Friedhof, der sich dort viele Hundert Meter weit über die Hügel erstreckt. Es war Frühling geworden. Die Silhouette Istanbuls mit ihren Kuppeln und Minaretten hob sich scharf gegen das tiefe Blau des Marmarameers ab. Unter mir der Leanderturm, umspült von der Strömung des Bosporus. Umgeben von Mahnmalen des Todes, sann ich über die Legende des Heros und die Tradition des heroischen Selbstmords nach. Weshalb entscheiden Menschen sich für den Tod, fragte ich mich. Die Frage kam als Echo zurück: Weshalb entscheiden wir uns für das Leben? Um mich her standen die schlanken Zypressen des Friedhofs und die verwitterten Grabsteine mit ihren steinernen Turbanen und den wunderschönen persischen Inschriften. Ich betrachtete all das, während die Sonne still im Meer versank. Langsam kehrte meine Aufmerksamkeit sich nach innen, und mir wurde bewußt, daß mein eigenes Leben sich vor mir ausbreitete. Ich konnte nicht bezweifeln, daß mir die Zukunft gezeigt wurde. Ich konnte es nicht bezweifeln, und doch glaubte ich nicht, was ich sah.

Mir war, als spräche eine Stimme in mir, aber ich bin mir nicht sicher, ob es eine Stimme war oder nur das lautlose Echo einer Stimme. Ich würde sieben Jahre der Vorbereitung bekommen, und dann würde mein Leben beginnen. Ich hatte eine große Lebensaufgabe, aber erst mit sechzig würde ich erfahren, worin sie bestand. Und dann wurde mir im letzten verhallenden Echo gesagt, daß ich meine wahre Bestimmung erst mit siebzig Jahren erkennen würde. Zuletzt sagte die Stimme (wenn es eine Stimme war): „Du mußt lernen zu leben. Du weißt noch nichts von dieser Welt und allem, was in ihr ist. Das mußt du erst lernen, bevor du deine Bestimmung verstehen kannst."

In der Beschreibung wirkt diese Erfahrung eher zusammenfantasiert, selbst auf mich, der ich mich an die ganze Szene so lebhaft erinnere, daß ich mich wieder auf dem Grabstein sitzen und wie abwesend die Inschriften lesen sehe, während ich dem lausche, was in mir gesagt wird. Für jemand anderen kann diese Erinnerung nicht viel Realitätsgehalt haben, aber in mir ist sie immer wieder wachgeworden, wenn mein Leben alle Richtung verloren zu haben schien, und hat mir geholfen, lange Jahre der schieren Verzweiflung durchzustehen.

Am nächsten Morgen erwachte ich mit rasenden Zahnschmerzen. Man empfahl mir den Leibdentisten des Sultans, Samy Bey Gunsberg. Er wohnte und praktizierte nur wenige Minuten von unserer Wohnung entfernt. Wahre Menschenmengen hielten sich in zwei oder drei Wartezimmern auf, die im Empirestil ausgestattet waren; überall Fotos von Sultanen, Prinzen und Paschas mit persönlichen Widmungen für ihren Freund Samy Bey

Gunsberg. Ohne Rücksicht auf die anderen Wartenden rief Samy Bey mich herein und ließ mich in seinem Behandlungsstuhl platznehmen. Nach einem Blick in meinem Mund sagte er: „Sie haben da einen bösen Abszeß. Das beste wäre, ihn gleich zu öffnen, aber das ist schmerzhaft." Ohne zu ahnen, was da auf mich zukam, gab ich die forsche Antwort, er solle nur machen. Ohne Betäubungsspritze oder dergleichen Firlefanz bohrte er geradewegs in meinen Zahn hinein. Noch heute ist die bloße Erinnerung kaum auszuhalten. Wenn ich sage, daß ich tausend Tode starb, so ist das stark untertrieben. Dafür war es dann allerdings schnell vorbei, und ich merkte wohl, daß ich mich in den Händen eines wahren Künstlers befand. Er bestand darauf, mich gründlich zu untersuchen, und da ich mein Gebiß seit dem Verlust eines Schneidezahns bei meiner Verwundung in Frankreich stark vernachlässig hatte, gab es allerhand zu tun.

Dann wurde mir vorgeführt, was für eine exzellente Waffe die Zahnheilkunst im Zusammenhang mit Politik sein kann. Als ich ihm so völlig wehrlos und mit aufgesperrtem Mund ausgeliefert war, hielt er mir einen zehn- oder fünfzehnminütigen Vortrag über sein Lieblingsthema: die Ungerechtigkeiten, die das Herrscherhaus der Osmanen zu erdulden hatte. Seine Verehrung aller Prinzen osmanischen Geblüts war grenzenlos. Ich erfuhr später, daß seine erklecklichen Einkünfte als Zahnarzt gänzlich den osmanischen Prinzen und Prinzessinnen zuflossen, mochten sie es verdient haben oder nicht.

Er erzählte von ungeheuren Reichtümern, die von den Jungtürken widerrechtlich konfisziert worden waren. Ganz auf eigene Faust hatte er einen Fall vor das oberste Religionstribunal gebracht, und die Konfiszierung war für null und nichtig erklärt worden. Dann ließ er sich über die Ölfelder von Mosul aus. Mit unbestechlichem Blick für die Wirklichkeit hatte der Sultan lange vor dem Ausbruch der weltweiten Ölgier erkannt, daß unter dem Wüstensand des Irak und Arabiens grenzenloser Reichtum lag. Er wollte diesen Schatz seinen eigenen Nachfolgern sichern und hatte aus seinem Privatvermögen Probebohrungen finanziert und exklusive Schürfrechte erworben.

Dann kam Samy zu seinem großen Plan. Die Herrscherfamilie kannte mich und vertraute mir, und er glaubte sie überreden zu können, mir eine Vollmacht für die Vertretung ihrer Interessen vor der britischen Regierung auszustellen — bei einer Friedenskonferenz, die einberufen werden sollte, um den Vertrag von Sèvres zu revidieren. Ich glaube, ich habe zwei Stunden in seinem Stuhl gesessen, während seine armen Patienten draußen in den vergoldeten Salons warteten.

Ein paar Tage danach rief Samy Bey mich an und sagte, ich solle um elf Uhr einen vertraulichen Besuch empfangen; ich solle ihn selber einlassen und dafür sorgen, daß niemand ihn sehe. Diese Art von Prozedur war mir sattsam vertraut, aber ich hatte nicht damit gerechnet, dem Chefeunuchen des Sultans die Tür zu öffnen, von dem ich zwar gehört hatte, dem ich jedoch nie begegnet war. Die Eunuchen waren eine aussterbende Rasse — meist

Berber, die als Kinder kastriert und dann als Sklaven an den Palast verkauft worden waren. In der Zeit Abd Al Hamids war der Chefeunuch eines der wichtigsten Mitglieder der Mabeyn, und selbst unter dem schüchternen Mehmed Vahideddin hatten sie in Hofangelegenheiten noch ein Wort mitzureden. Der Chefeunuch war genau das, was man sich unter einem Palasteunuchen vorstellte. Groß und dickbäuchig, hatte er die typische hohe Stimme, die meist flüsternd spricht. In allem, was er sagte oder tat, vermittete er den Eindruck, daß er ominöse Geheimnisse mitteilte. Er war gekommen, um mich wissen zu lassen, der Sultan habe gehört, daß ich seine Neffen und Nichten vertreten wollte; der Sultan habe zwar keinen direkten Anteil am Erbe seines Bruders, werde es aber an *himet* (Protektion) nicht fehlen lassen, wenn er seine eigenen legitimen Interessen irgendwie gewahrt sähe. Jeder wisse ja, daß ich schlau genug sei, das alles irgendwie zu arrangieren.

Vergeblich versuchte ich einzuwenden, daß ich von Abd Al Hamids Erbe noch so gut wie nichts wußte und mit keinem seiner Erben bisher darüber gesprochen hatte. Solche Dementis sind bei Verhandlungen unter Asiaten einfach üblich, weshalb der Eunuch meinen Worten entnahm, daß ich genau wußte, worum es ging. Er sagte, er würde mich gern wieder besuchen. Es gehörte auch zum guten Ton, in aller Breite über alles andere als den zur Diskussion stehenden Gegenstand zu sprechen, und so hörte ich nebenbei allerlei interessanten Hofklatsch.

Als nächstes erfolgte eine Einladung zum Dinner bei einem der Prinzen. Diesmal hatte ich das Glück, etwas zu erleben, was gewiß eine der letzten sozialen Funktionen des ottomanischen Regimes war. Türkische Musiker waren da, und es gab ein Essen von mindestens fünfzehn Gängen. Nach dem Essen hörten wir Chopin, von der Prinzessin, die nicht zu sehen war, in einem Nebenraum wunderbar gespielt. Fünf oder sechs Hofzwerge amüsierten die Gäste; jeder hatte einen grellbunten Luftballon am Fes. Sie trieben ihre Späße gleichermaßen mit den Gästen und den schoßberockten Lakaien. Kein Wort fiel über die sagenumwobene Erbschaft, und niemand stellte mir irgendwelche unangenehmen Fragen.

Am nächsten Tag erschien ein Mittelsmann und teilte mit, die Prinzen seien sehr positiv beeindruckt von meinem Auftreten und von meinem Verständnis für die mißliche Lage der ganzen Herrscherfamilie; sie wollten mich sehr gern zu ihrem Repräsentanten machen, wenn ich ihnen helfen könnte, aufgrund ihrer legitimen Ansprüche schon jetzt etwas Geld zu beschaffen.

Diese Aussichten fesselten mich, und ich fühlte mich auch geschmeichelt, aber ich hatte nicht die Spur einer Ahnung, wie ich das in mich gesetzte Vertrauen rechtfertigen konnte. Ich erzählte Mrs. Beaumont die ganze Geschichte. Sie äußerte erheblichen Zweifel daran, schlug dann aber doch vor, mich mit einem Mann bekanntzumachen, der sich mit internationalen Verhandlungen auskannte und — falls er sich interessiert zeigte — den Prinzen auch aus ihrer finanziellen Misere helfen konnte. Sein Name war John de Kay; Mrs. Beaumont und der Prinz hatten ihn gelegentlich erwähnt, aber ich war nie neugierig gewesen, mehr über ihn zu erfahren. Sie schrieb ihm einen Brief und erhielt als Antwort eine lange und enthusiastische Depesche, in der er uns zu einem Treffen in Berlin einlud. Nach anfänglichem Sträuben entschloß Mrs. Beaumont sich, mit mir zu fahren. Sabaheddin nannte John de Kay seinen *ami providentiel.* Er hatte ihm das Geld für die Rückreise in die Türkei gegeben.

Ich fand Dokumente nicht notwendig, aber Samy Gunsberg bestand darauf, daß ich einen offiziellen Status bekommen sollte, und so wurde eine Vollmacht ausgestellt, die vier oder fünf der Erben unterschrieben. Diese Vorbereitungen dauerten mehrere Wochen, und in dieser Zeit wurde ich von einer ziemlich ungewöhnlichen Katastrophe heimgesucht. Nach dem Genuß von bulgarischem Käse bekam ich die Maul- und Klauenseuche. Diese Krankheit befällt den Menschen offenbar ausgesprochen selten, denn die britischen Militärärzte konnten sich anfangs keinen Reim auf meine Symptome machen. Als schließlich einer die richtige Diagnose stellte, wurde ich eine medizinische Kuriosität, und die Ärzte standen Schlange, um mir in den Rachen zu schauen.

Diese Krankheit befällt die Mund- und Rachenschleimhäute, läßt sie anschwellen und übersät sie mit schmerzhaften Geschwüren. Tagelang konnte ich nicht schlucken und lag nur in größtem Elend da, dankbar, daß ich wenigstens noch atmen konnte. Niemand wußte eine Behandlung, und so mußte ich den Mund nur immer wieder mit Desinfektionsmitteln spülen, was lediglich die Schmerzen verschlimmerte. Diesen erbärmlichen Zustand besserte auch das Wissen nicht, daß keiner der Ärzte eine Ahnung hatte, wie das wohl ausgehen mochte. Der akute Zustand muß etwa eine Woche gedauert haben, und dann brachen eines Nachts kurz nach Mitternacht alle Geschwüre gleichzeitig auf. Darauf folgte ein stundenlanger verheerender Blutsturz. Als das vorbei war, wußte ich, daß ich geheilt war, aber ich fühlte mich entsetzlich schwach. Nach zehn Tagen war ich dann doch wieder reisefähig, und so begann ein Abenteuer, das mir sehr viel Erfahrung eintrug, aber sonst kaum etwas.

Ein Vorfall während der Reise bestätigte mein Gefühl der allgemeinen Absurdität in diesen ersten Jahren nach dem Krieg. Wir erreichten die ungarische Stadt Szabadka, die vor kurzem von Jugoslawien annektiert und in Subotitza umbenannt worden war. Ein Mitreisender hatte uns gewarnt, an dieser Grenzstation werde alles geklaut, was nicht niet- und nagelfest sei, und wir sollten immer ein Auge auf unser Gepäck haben. Mrs. Beaumont hatte zufällig wertvolle alte Spitzen und Pelze bei sich, und ich bemerkte, daß der Zöllner sie kennerisch befingerte. Dann wurde jedoch alles wieder im Gepäckwagen verstaut, und wir kehrten in unser Abteil zurück. Es war sehr heiß, und ich zog mein Jackett aus. Als letzte Vorsichtsmaßnahme schaute ich aus dem Fenster, als der Zug anfuhr, und sah, wie unser Schrankkoffer auf den Bahnsteig heruntergezerrt wurde.

Ohne einen Augenblick zu zögern, sprang ich aus dem Wagen und packte die Truhe. Der Zug verschwand über die Grenze. Bald merkte ich, daß ich kein Geld, keinen Paß und nichts hatte, womit ich mit identifizieren konnte — und nicht einmal Serbisch sprach. Ich versuchte es mit Deutsch, aber das konnten oder wollten sie nicht verstehen. Dann verlangte ich den Stationsvorsteher, übergab ihm die Truhe und ging in die Stadt, um das britische Konsulat zu suchen — falls es eins gab.

Zufällig fand genau an diesem Tag in ganz Serbien eine allgemeine Kommunistenhatz statt. Ich lief hut- und mantellos und von der Reise leicht verwahrlost aussehend herum und — was das Schlimmste war — versuchte mich auf Russisch zu verständigen. Natürlich wurde ich festgenommen und auf die nächste Polizeiwache geschleppt.

Endlich fand ich jemanden, der Französisch sprach, und von da an besserte sich meine Lage zusehends. Inzwischen war es Nachmittag geworden. Stundenlang hatte ich ohne Essen und ohne die Mittel, mir auch nur eine Tasse Kaffee zu leisten, in der drückenden Hitze gestanden. Als die Polizei mich endlich laufen ließ, dämmerte schon der Abend. Ich erfuhr, daß es in der Stadt kein britisches Konsulat oder sonstige Vertretungen gab und suchte mir ein Hotel in der vagen Hoffnung, auf Kredit ein Zimmer zu bekommen.

Ich hatte aber nicht mit Mrs. Beaumonts Gewitztheit gerechnet. Auf den Rat des Reisenden, der uns gewarnt hatte, war sie an der ungarischen Grenzstation ausgestiegen und mit unserem ganzen Gepäck nach Subotitza zurückgekehrt. Dort fand sie die Truhe beim Stationsvorsteher und vermutete richtig, daß ich irgendwann ein Hotel aufsuchen würde. Als ich ankam, saß sie schon mit meiner Jacke und dem Paß im Foyer, und zwei Tage später fuhren wir mit dem nächsten Express nach Budapest und Prag weiter.

In Subotitza hatte ich ein paar Ungarn getroffen und erfahren, daß die Stadt und ihr Umland fast ausschließlich von Magyaren bewohnt war. Irgendwelche Drahtziehereien bei den Friedensverhandlungen hatten den Jugoslawen ermöglicht, Szabadka ihrem Territorium einzuverleiben, aber die ganze Gegend war jetzt ein einziges Pulverfaß. Die sogenannte Säuberungsaktion gegen die Kommunisten war nichts weiter als ein Vorwand, unter dem Leute verhaftet wurden, die gegen die jugoslawische Okkupation passiven Widerstand leisteten. Es hieß, viertausend Menschen seien festgenommen und die ganze Stadt dadurch ins Chaos gestürzt worden.

Düstere Vorahnungen beschlichen mich, denn ich wußte wohl, daß in ganz Europa ähnlich absurde Dinge geschahen. Wenn die politischen Führer so wenig Verantwortlichkeit und Einsicht besaßen und die Massen einfach schweigend stillhielten, mußten dann nicht neue und schreckliche Kriege auf uns zukommen? Als wir in Berlin ankamen, war es früher Morgen, und ich sah Scharen von Arbeitern aus dem Charlottenburger Bahnhof strömen. Angesichts so vieler verkniffener Gesichter wurde mir ganz elend zumute. Ich sah offensichtliche Kriegsgewinnler in ihren dicken Autos unberührt durch die Menge fahren und war zutiefst empört. Ich hatte ganz vergessen, daß es Menschen gab, die aus dem Krieg ein Geschäft machen.

Ein paar Tage später erlebten wir auf der Straße zwischen Berlin und Warschau etwas, das zu klischeehaft scheint, um echt zu sein, aber es ist tatsächlich geschehen. Die Städte hungerten, und zwar vor allem deshalb, weil die Bauern aus Mißtrauen gegenüber der Währung ihre Ernte zurückhielten. Es war viel von einem Generalstreik die Rede, mit dem die Regierung gezwungen werden sollte, mehr Lebensmittel zu beschaffen. Wir fuhren nach Berlin und hielten an, um einen sehr heruntergekommen aussehenden, aber kräftig gebauten Arbeiter mitzunehmen. Wir sprachen über den Streik, und er sagte, er sei verboten worden, da könne man halt nichts machen. Sie seien ja bereit zu sterben, wenn es dann nur für ihre Kinder genug gäbe. „Aber wenn das so weitergeht, besteht dann nicht die Gefahr der Revolution?" Er sah mich verstört an und sagte: „O nein, Revolution ist polizeilich verboten!" Da begriff ich zum ersten Mal die schreckliche Bereitschaft der Deutschen, sich beherrschen zu lassen. Meine Erinnerung an diese Zeit enthält viele solche Bilder, die mich alle auf Ouspenskys Lehre von der Handlungsunfähigkeit des Menschen hinlenkten. Wie wenig hatte mich diese Lehre beeindruckt, als ich sie das erste Mal hörte!

8. John de Kay

John de Kay, den ich im Mai 1921 in Berlin kennenlernte, war eine beeindruckende Gestalt. Weißgraues, wallendes Haar, ein großer Mund, dessen Festigkeit unbeugsamen Willen verriet, blaßblaue, doch strahlende Augen. Er war nicht groß, aber sehr breit, und er hatte einzigartig schöne Hände. Er hatte Rodin gekannt und für ihn gesessen, und die Kopfplastiken von John de Kay, die in der Tate Gallery und im Pariser Rodin-Museum zu sehen sind, zeigen, was der Bildhauer an seinem Modell geliebt hat.

Geboren war er 1872 in North Dakota in einer Familie von Ranchern und Cowboys. Er wollte gern Schriftsteller werden. Mit zwölf begann er als Zeitungsjunge, mit neunzehn war er Redakteur und mit zweiundzwanzig Besitzer von drei Zeitungen. Seine Mutter hatte religiöse Wahnideen und brachte sich an seinem einundzwanzigsten Geburtstag um. Er war vom Eifer der Wiedererweckungsbewegung beflügelt, allerdings eher humanitär als religiös ausgerichtet. Mit wachsendem Enthusiasmus hatte er die Karriere von William Jennings Bryan verfolgt — diese nicht ungewöhnliche Mischung aus religiöser Besessenheit, politischem Opportunismus und haarsträubender Ignoranz — und das ganze Gewicht seiner Publikationen in die Cross-of-Gold-Kampagne von 1896 geworfen. Fünfundzwanzig Jahre später zitierte er tränenüberströmt Bryans Worte: „Du sollst gewöhnliche Menschen nicht an dein Kreuz aus Gold schlagen." Relativ wenige Zeitungen unterstützten die Kampagne, so daß de Kays eloquente und wohldokumentierte Angriffe auf den Schlachthof von Chicago ein breites Interesse fanden.

Als sein Held von Präsident McKinley in die Knie gezwungen wurde, wandte er sich angewidert von der Politik ab, verkaufte seine Zeitungen an einen Konkurrenten und ging nach Mexiko, um Porfirio Diaz aufzusuchen, seinen Herrscher-Helden, der sein Volk aus dem Chaos in den Wohlstand geführt hatte. Der junge Eiferer und der alte Diktator paßten wunderbar zusammen und wurden augenblicklich Freunde. De Kay entwarf den kühnen Plan, in Mexico City eine Fleischverpackungsindustrie aufzubauen — als Konkurrenz für Chicago. Er konnte Diaz für seinen Traum von sauberen und für Mensch und Tier humanen Schlachthäusern begeistern — für alles, was Chicago zu haben behauptete, aber nicht hatte. Diaz gewährte ihm eine Exklusivkonzession für fünfzig Jahre. In New York fand er wenig Unterstützung, weil dort seine Kampagne gegen die Fleischindustrie noch zu sehr in Erinnerung war; so ging er nach London — mit nichts in der Hand als seiner Konzession, seinem Charme und der mitreißenden Beredtsamkeit eines Mannes, der eine Mission hat.

In mittelwestlicher Aufmachung, Revolver am Gürtel und auf dem Kopf den Stetson, marschierte er schnurstracks ins Direktionszimmer einer der großen Handelsbanken in der Lombard Street. Mexiko war damals ein Eldorado für Auslandskapital, und John de Kay bekam sein Geld, plante und baute eine Modellfabrik und war schon 1910 — zumindest auf dem Papier — ein Multimillionär.

Aufgrund seiner Erscheinung und Lebensfreude war ihm die Rolle des Cowboyphilosophen, der Millionär wurde, wie auf den Leib geschrieben. Er traf Winnifred Beaumont, und sie wurde von ihm mitgerissen bis nach Mexiko, wo sie als seine Sekretärin und Empfangsdame arbeitete, einiges von ihrem eigenen Feuer auf Diaz und seine Minister übertrug und in ihrer Freizeit Bilder von Mexiko und seinen Menschen malte. De Kay schrieb ein Theaterstück, das Sahra Bernhardt, die mit ihm eine ihrer vielen stürmischen Liebesaffären hatte, nach Amerika mitnahm und dort produzierte. Er veröffentlichte auf eigene Kosten Gedicht- und Aphorismenbände und hielt sich für einen wahren Stoiker, dem bestimmt sei, ein zweiter Marc Aurel zu werden.

Er behauptete von den Sieurs de Coucy abzustammen, unterschrieb einen Kaufvertrag für das Château de Coucy, eine der schönsten normannischen Burgen in Frankreich, und träumte davon, dort nach fünfhundert Jahren sein Geschlecht wiederaufleben zu lassen.

In Mexiko standen die Dinge inzwischen nicht mehr zum besten. Das Fleischgeschäft florierte, die Exporte nahmen zu, aber der alternde Diaz saß nicht mehr so fest im Sattel und zog sich schließlich zurück. De Kay übertrug sein Treue auf den Neffen des Diktators, Feliz Diaz, und jenen Glücksritter General Huerta, die er als legitime Nachfolger seines Freundes und Schutzherrn ansah. Dadurch verdarb er es sich mit H.L. Wilson, dem Botschafter der Vereinigten Staaten in Mexiko, der aus bitterböser persönlicher Feindschaft gegenüber Huerta die Rebellen unter Madero unterstützte. Als die USA anfingen, Madero mit Waffen zu beliefern, packte John de Kay die Wut über diesen, wie er sagte, amerikanischen Imperialismus, und er kaufte in Europa Waffen für die rechtmäßige Regierung Mexikos. Er verkaufte mexikanische Staatspapiere in London und Paris und gab bei einer französischen Rüstungsfirma eine große Bestellung auf. Der Zusammenbruch von Huertas Regierung und der Ausbruch des Krieges in Europa machte die Verschiffung sowohl sinnlos als auch unmöglich. John de Kay wählte einen Ausweg, für den er listigerweise Huertas Zustimmung eingeholt hatte: er verkaufte die Waffen an die französische Regierung und behielt den Erlös als Ablösung für seine Ansprüche aufgrund der Fleischkonzession.

Der deutsche Vormarsch zur Marne im August 1914 überraschte ihn und Mrs. Beaumont im Château de Coucy; sie fuhren in seinem Auto durch die Linien der Deutschen und Alliierten nach Paris. Der Schock des direkten Kontakts mit dem Krieg machte über Nacht einen militanten Pazifisten aus ihm, und er überschüttete verschiedene Friedensbewegungen mit Geld. Die Feindschaft Washingtons, Folge seines Paktierens mit Huerta, der dort als

Oberbösewicht galt, holte ihn in London ein, wo er 1919 aufgrund eines Auslieferungsantrags festgenommen wurde; die gegen ihn erhobene Beschuldigung lautete auf Betrug im Zusammenhang mit den Mexikanischen Staatspapieren. Er kam in das Gefängnis von Brixton, und wie üblich in solchen Fällen, wandten sich alle Freunde von ihm ab — außer Mrs. Beaumont. Sie kämpfte fast ganz allein — in der allgemeinen Kriegserregung interessierte sich niemand, nicht einmal die Anwälte, für solche Fälle — und schaffte Beweismaterial herbei, aufgrund dessen der Auslieferungsantrag abgelehnt werden konnte. Sie reisten in die Schweiz, wo de Kay sich für das Friedensprogramm der Zweiten Sozialistischen Internationale zu interessieren begann. Er finanzierte Zusammenkünfte, zuerst die Berner Konferenz im Februar 1919, dann die Konferenz in Amsterdam drei Monate später, wo sie viele der Sozialistenführer Europas trafen und sich mit ihnen anfreundeten.

Hier entdeckte Mrs. Beaumont, daß John de Kay, dessen sexuelle Moral nie so ganz lupenrein war, mit einer gemeinsamen Freundin zwei Kinder hatte. Sie beschloß, sich aus seinem Leben zurückzuziehen, und da sie nicht wieder nach England wollte, ging sie in die Schweiz. Dort traf sie Prinz Sabaheddin, dessen Wirken für einen Separatfrieden zwischen der Türkei und den Alliierten de Kay mit seinem Geld unterstützt hatte. Er lud sie ein, mit ihm nach Konstantinopel zu kommen, und hier schließt der bereits erzählte Teil ihrer Geschichte an.

Von bösen Erinnerungen und Vorahnungen geplagt, brachte Mrs. Beaumont mich nach Wannsee, damals ein äußerer Vorort von Berlin, wo de Kay und seine neue Familie im Hause Engelbert Humperdincks wohnten. Sie wollte, daß ich etwas über das Leben lernte, und sie wurde nicht enttäuscht. De Kay, immer noch in seiner alten Begeisterungsfähigkeit, arbeitete in wenigen Tagen einen Plan zur Verteidigung der Rechte der türkischen Prinzen aus und schickte mich mit einem Schreiben, in dem die ganze Angelegenheit erläutert war, zu seinen alten Bankiersfreunden nach London. So sehr hatte er sie zwanzig Jahre zuvor beeindruckt, daß sie seinen Plan ernstnahmen, und damit begann ein Abenteuer, das mich sicher mehr erstaunt hätte, wenn mir klargewesen wäre, wie weit es von den üblichen Gepflogenheiten der Lombard Street abwich.

Mrs. Beaumont und ich waren nicht lange in London, aber in dieser Zeit sahen wir Ouspensky sehr viel häufiger. Ich nahm an seinen Zusammenkünften teil, die jetzt (und noch siebzehn Jahre lang) in Earl's Court stattfanden. Ouspensky hatte große sprachliche Fortschritte gemacht, und seine Vorträge wurden von bekannten Psychologen und Schriftstellern besucht.

Ouspensky strebte an, bei seinen Zuhörern die Illusionen zu zerstören, in denen der moderne, zivilisierte Mensch so gern lebt. Immer wieder sagte er: „Sie denken, Sie wissen, wer und was Sie sind; aber Sie wissen weder, was für Sklaven Sie jetzt sind noch wie frei Sie werden könnten. Der Mensch kann nichts tun; er ist eine Maschine, die von äußeren Einflüssen gelenkt wird — nicht von seinem eigenen Willen, der ist eine Illusion. Er schläft. Er hat kein beständiges Selbst, das er „Ich" nennen kann. Weil er nicht einer ist sondern viele, sind seine Stimmungen, seine Impulse, ja sein ganzes Lebensgefühl nicht mehr als ein ständiges Hin und Her. Sie müssen nicht glauben, was ich Ihnen sage, aber wenn Sie sich selbst einmal beobachten, werden Sie finden, daß es wahr ist. Machen Sie ein Experiment: versuchen Sie, Ihrer eigenen Existenz innezusein, und Sie werden merken, daß Sie sich nicht mal für zwei Minuten an sich selbst erinnern können. Wie kann ein Mensch, der nicht erinnern kann, wer oder was er ist, der die Kräfte hinter seinen Aktionen nicht kennt, vorgeben, er könne irgend etwas tun? Nein. Die erste Wahrheit, die es zu begreifen gilt, ist, daß Sie und ich und alle Menschen Maschinen sind. Der Mensch hat nicht die Kraft, sein eigenes Privatleben zu lenken, und im gesellschaftlichen oder politischen Leben ist er genauso hilflos."

Diese Behauptung fand heftigen Widerspruch. Viele glaubten, der Krieg sei nicht mehr als ein unseliger Zwischenfall auf dem großen Vormarsch der Menschheit zu Gerechtigkeit und universalem Frieden. Entgeistert hörte ich mir diese Beschwichtigungen an. Alles, was ich bisher sowohl in meinem Privatleben als auch in der politischen Arena gesehen hatte, überzeugte mich davon, daß kein Mensch tut, was er beabsichtigt, oder weiß, was er tut. Angesichts all der Erfahrung, gab es zu Ouspenskys Ausführungen nichts zu sagen. Und doch glaubten die Leute immer noch, der Mensch habe einen freien Willen und könne sein Geschick selbst bestimmten.

Für mich war alles, was Ouspensky sagte, offensichtlich richtig, und vielleicht verhinderte diese intellektuelle Überzeugung, daß seine Lehre mich — wie es anderen geschah — mit ihrer ganzen Wucht traf wie A.R. Orage und Maurice Nicoll. Ich konnte auch die Vorwürfe mancher Zuhörer nicht verstehen, seine Lehre sei kalt und herzlos. Ich war unter denen, die schmunzelten, als A.E. Waite, ein bekannter Autor, mit den Worten: „Mr. Ouspensky, in ihrem System fehlt die Liebe", aufstand und feierlich den Raum verließ.

Mrs. Beaumont hatte ganz andere Empfindungen. Was Ouspensky sagte, war leider nur allzu richtig, doch sie hatte die Realität menschlicher Hilflosigkeit schon durchlebt und wollte einen Ausweg gezeigt bekommen. Wir waren in dieser Zeit nicht viel zusammen, denn ihre Mutter war sehr gealtert und bei schlechter Gesundheit, und sie wohnte bei ihr. Wir nahmen regelmäßig an Ouspenskys Veranstaltungen teil, und ich bemühte mich darum, einige der Schüler, vor allem die Psychologen, kennenzulernen. Meine Frau sah ich nur zwei oder dreimal. Mrs. Beaumont lernte meine Mutter kennen, und zwischen den beiden Frauen, zwischen denen ein Altersunterschied von nur sechs Jahren war, entwickelte sich sofort eine herzliche Freundschaft. Meine Mutter war (vielleicht etwas zu betont) stolz darauf, daß sie Dummheit nicht ertrug, und sie genoß die ideensprühenden Gespräche, von denen alle Freunde Mrs. Beaumonts begeistert waren.

Im Juli 1921 kehrten wir in die Türkei zurück. Ich war jetzt mit einer Vollmacht, finanziellen Garantien und einem Vertragsentwurf bewaffnet, der aus John de Kays Hand stammte und mir überaus fair erschien — wenn er auch Bargeld erst für den Fall versprach, daß die Rechte der Prinzen von irgendeiner unabhängigen Autorität bestätigt wurden. Wir reisten mit dem Orientexpress durch Serbien und Bulgarien. Als wir in Sofia ankamen, war in Griechenland gerade der Generalstreik ausgerufen worden. Ein Dutzend Züge, die nach Griechenland und in die Türkei fahren sollten, standen im Bahnhof. Wir konnten in unseren Abteilen schlafen, aber zu essen gab es nichts.

Um uns die Zeit zu vertreiben, besuchten wir die Pferderennbahn. Ich sah zum ersten und einzigen Mal in meinem Leben Pferderennen. Ich fand es langweilig, aber als das nächste Rennen vorbereitet wurde, deutete Mrs. Beaumont auf eins der Pferde und sagte: „Nummer soundso wird gewinnen." Und es gewann. Beim nächsten Mal gab sie wieder einen Tip ab und behielt recht. Ich fand, wir sollten beim nächsten Rennen auf ihren Tip setzen, wußte aber nicht, wie man das macht, und wir sahen wieder bloß zu, wie ihre Nummer gewann. Das geschah vier oder fünfmal, wenn ich mich recht erinnere. Irgendwie drängte sich mir bei diesem Erlebnis die Empfindung auf, daß man Glücksspiele lieber lassen sollte. Es war kein moralischer Gedanke, sondern einfach das Gefühl, daß eine Gefahr darin lauert, die man besser gar nicht erst wachruft.

Da der Streik, wie wir erfuhren, noch Wochen dauern konnte, folgten wir dem Rat eines türkischen Reisenden und nahmen den nächsten Zug nach Burgas, damals ein kleiner bulgarischer Handelshafen am Schwarzen Meer. Burgas war berüchtigt als eine Stadt, in der Seeleute und allerlei Banditen Schmuggelware und Drogen austauschten und die Polizei terrorisierten. Es gab kein Hotel, und wir bekamen den Rat, die Nacht in einem *Han* nahe am Kai zu verbringen. Gasthäuser dieser Art waren Überbleibsel aus der Zeit, als Bulgarien türkisch war. Sie hatten einen asiatischen Grundriß: ein großer Innenheof, in dem die Packtiere standen, umgeben von dreistöckigen Holzgebäuden mit offenen Veranden vor den Wohnräumen. Die meisten Räume waren mit mehreren Leuten belegt, Männer und Frauen getrennt. Mitten im Hof stand ein Springbrunnen, die einzige Waschgelegenheit. Wir fuhren in einer *Araba*, einem Ochsenwagen, vor, mitsamt unserem Gepäck, das im Hof aufgestapelt wurde. Ich mußte unsere Schiffskarten besorgen, und da wir das Gespäck nicht alleinlassen wollten, blieb Mrs. Beaumont da. Im Büro der Schiffahrtsgesellschaft erhielt ich die Fahrkarten und wurde gefragt, wo denn die Dame sei. Ich erzählte dem Mann am Schalter, sie sei im Han beim Gepäck. Entsetzt schrie er: „Man wird sie umbringen, gehen Sie sofort zu ihr zurück. Keine Frau ist da allein sicher!" In der hereinbrechenden Dunkelheit hastete ich zurück zu dem mit Öllampen und Kerzen schummrig beleuchteten Han. Dort traf ich Mrs. Beaumont mit zwei übel aussehenden Bulgaren an — und ohne Gepäck. Ihr waren die beiden wohl auch nicht geheuer gewesen, und sie hatte ihnen befohlen, das Gepäck nach oben auf unser Zimmer zu bringen. Völlig perplex ob ihrer Furchtlosigkeit, hatten sie alles brav ausgeführt. Sie war froh, daß ich wieder da war, aber nicht weil sie sich unsicher fühlte, sondern weil der überwältigende Geruch ungewaschener menschlicher Körper ihr Übelkeit verursachte, und sie jetzt endlich an die frische Luft gehen konnte.

Als wir am nächsten Tag an Bord gingen, sahen wir, daß die Fracht aus Ziegen bestand — und es waren nicht nur ein paar, sondern über zweitausend. Ziegen überall, selbst auf der Kommandobrücke, wo ein solches Gedränge herrschte, daß der Steuermann über die Ziegenrücken klettern mußte, um ans Ruder zu kommen. Die Fahrt dauerte nur zehn Stunden, aber der Ziegengeruch wurde in der Sonnenglut immer stärker, bis wir glaubten, wir würden ihn nie wieder aus der Nase bekommen.

In Konstantinopel erfuhren wir, daß inzwischen Rivalen auf den Plan getreten waren. Zwei Grubeningenieure bemühten sich mit Rückendeckung durch zwei oder drei der Erben ebenfalls um die Rechte der Herrscherfamilie, und wir sahen uns vor die unangenehme Aufgabe gestellt, die Prinzen der Illusion zu berauben, daß ihre Rechte leicht durchzusetzen sein würden. Angesichts des Wetteiferns um die Ehre, sie vertreten zu dürfen, trumpften sie natürlich auf und fingen an, Barvorauszahlungen zu fordern.

Die nächsten neun Monate waren für mich äußerst lehrreich. Zum ersten Mal in meinem Leben mußte ich allein meinen Mann stehen. Bis dahin war ich immer nur Teil einer Maschinerie gewesen, etwa der Armee, und wenn ich auch bis an die Grenze der Insubordination aus eigener Initiative handelte, war ich doch nie allein. Jetzt war ich in einer Lage, in der niemand mir helfen konnte, John de Kay war fern und wußte nichts von der Türkei und den Türken. Unsere Finanziers in London hatten keinen Zweifel daran gelassen, daß sie nichts tun und nicht einmal die Nennung ihre Namens erlauben würden, bis ein Vertrag unterzeichnet war.

In sechs Monaten war ich kaum weitergekommen, und es wurde immer wahrscheinlicher, daß der Vertrag von Sèvres zur Revision kommen würde, ohne daß die Prinzen dabei vertreten waren. Mrs. Beaumont und ich fuhren im Dezember 1921 wieder nach Berlin. Der Wannsee war zugefroren, und die jungen Leute auf Schlittschuhen oder in diesen unglaublich schnellen Eisseglern hoben sich wohltuend gegen die dicken Berliner ab, die wir hier sechs Monate zuvor beim Sonnenbaden gesehen hatten.

John de Kay ließ sich weder durch die inzwischen eingetretenen Schwierigkeiten noch durch unseren Geldmangel abschrecken. Er warf einfach den ganzen Plan um. Da wir keine Vollmacht für die Vertretung der Prinzen bekommen konnten, die ihren Besitz komplett verkaufen wollten, würden wir anbieten, ihn gegen Anteile an einer amerikanischen Aktiengesellschaft einzutauschen, die er sich sogleich ins Leben zu rufen anschickte. Binnen einer Woche wurde in Delware die Abdul Hamid Estates Incorporated registriert — mit einem Kapital von 150000000 Dollar, dem geschätzten Wert des Vermögens der Prinzen. Ich sollte nach Konstantinopel reisen, um die Aktien anzubieten, und einen Anteil von zehn Prozent für uns reservieren. Eine andere Firma sollte sich damit befassen, die Ländereien freizubekommen und ihre Erschließung zu organisieren und zu finanzieren.

Ich telegrafierte Samy Bey Gunsberg und den Anwälten, ich brächte neue und wichtige Vorschläge, und bat um ein baldiges Treffen. Das war an einem Freitag. Mrs. Beaumont und ich fuhren über Budapest und Bukarest zurück. Diese Reise ist mir so lebhaft in Erinnerung geblieben, daß ich einige Episoden erzählen muß. Wir erreichten Bukarest am frühen Sonntagmorgen. Das Treffen mit den Prinzen sollte am nächsten Donnerstag sein, und unser Schiff, für das wir schon gebucht hatten, würde am Montagnachmittag in Konstantinopel einlaufen. Unser Gepäck mußten wir schon am Bahnhof von Bukarest durch den Zoll bringen. Es war jedoch kein Zollbeamter aufzutreiben. Ein französischer Passagier versicherte uns mit sardonischem Grinsen, wir würden jeden rumänischen Beamten bestechen müssen, der uns begegnete — und auch noch einige Nicht-Beamte. Ein alter Dienstmann am Bahnhof, der Türkisch sprach, bot sich an, den Zollbeamten herbeizuschaffen. Nach einer Stunde kam er wieder und sagte, der Zöllner müsse in die Kirche und werde später kommen. Nach vier Stunden schickten wir unseren Emissär noch einmal los, und diesmal brachte er die Botschaft, der Beamte werde nach dem Essen erscheinen. Da wir in diesem Fall den Schnellzug nach Constanza verpaßt hätten, wurde ich ungeduldig und fragte, ob vielleicht ein kleines Geschenk angebracht sei. Das zauberte ein Lächeln in sein Gesicht, und er sagte, der Mann werde für tausend Lei (etwa drei Pfund) kommen. Das war eine unerhörte Summe, und ich bot zweihundert dagegen. Nach einigem Feilschen einigten wir uns fünfhundert Lei, aber auch für diese Summe wollte der Zollbeamte durchaus nichts überstürzen. Wir verpaßten den Schnellzug und mußten mit dem Nacht-Bummelzug fahren. Wir aßen in der Stadt zu Abend und fanden uns eine halbe Stunde vor der Abfahrt wieder am Bahnhof ein. Der Kontrolleur wollte uns nicht auf den Bahnsteig lassen, und ich dachte, er wolle auch erst noch abkassieren. Diesmal blieb ich aber hart, und er ließ uns protestierend durch. Dann erst entdeckten wird, was er auf dem Herzen gehabt hatte. Der Zug bestand aus uralten Wagen der dritten und vierten Klasse, und wir hatten Erster-Klasse-Fahrkarten. Um die Sache zu bereinigen, wurde einer der Gepäckträger beauftragt, an einem der Abteile eine I über die II zu malen. Wir waren dankbar für die harten Holzbänke, denn jedes Polster hätte von Insekten gewimmelt.

Die von den Deutschen zerstörte Donaubrücke von Cernavoda war noch nicht wiederaufgebaut; wir mußten aussteigen und in einem Lastkarren über eine Behelfsbrücke fahren. Endlich erreichten wir Constanza, aber unser Schiff war schon ausgelaufen. Ich ging zur Reederei und erfuhr, daß es in dieser Woche das einzige Schiff war. Die griechischen Dampfer, die sonst zwischen den Schwarzmeerhäfen pendelten, waren für den Krieg gegen die Türkei requiriert worden.

Ich sagte, wir würden das erste Schiff nehmen, das Constanza verließ. Dann gingen Mrs. Beaumont und ich erst mal in die berühmten Schlammbäder. Auf dem Rückweg schauten wir noch einmal bei der Reederei vorbei, und der Mann sagte uns, für den Rest der Woche bestünde keine Aussicht mehr auf einen Dampfer. Auslaufen würde überhaupt nur ein Schlepper mit einem Leichter am Tau. Wir könnten wohl auf dem Schlepper mitfahren, und Mrs. Beaumont könnte die Kapitänskajüte haben, aber es würde schrecklich unbequem sein. Da wir nur ungefähr zweihundert Seemeilen zu fahren hatten und der Schlepper sechs Knoten machte, konnten wir in eineinhalb Tagen in Konstantinopel sein — rechtzeitig für meine Verabredung. Ich beschloß es zu wagen. Ich erzähle von dieser Berechnung, weil sich darin eine Schwäche von mir zeigt, auf die ich immer wieder hereinfiel: ich rechnete nie mit unvorhergesehenen Zwischenfällen.

Am Dienstagabend gingen wir jedenfalls hinunter an den Kai. Die Weissagung des Franzosen bewahrheitete sich noch einmal, denn obgleich unsere Pässe vollkommen in Ordnung waren, ließ der Hafenwächter sich nur mit Geld dazu bewegen uns durchzulassen. Vom Betreten Rumäniens bis zum Verlassen hatte ich jeden bestechen müssen, mit dem ich zu tun hatte — Beamter oder nicht.

Auf dem Schlepper sah es noch schlimmer aus, als der Mann von der Reederei uns ausgemalt hatte. Mit einem Schrei flüchtete Mrs. Beaumont schon nach wenigen Minuten aus der Kapitänskajüte. Nicht nur aus der Koje, sondern sogar aus Boden und Wänden schien das Ungeziefer regelrecht hervorzubrechen. Es gab nur einen Hängematte; die wurde für Mrs. Beaumont an Deck aufgehängt. Wir liefen vor der Morgendämmerung aus und schienen ganz gute Fahrt zu machen, bis wir nach ein paar Stunden in einen der berüchtigten Schwarzmeerstürme gerieten, die jedes Jahr viele Fischer das Leben kosten. Diese Stürme brechen so plötzlich los, daß selbst große Fangschiffe kentern. Unser starker Schlepper mit seinem Leichter bewegte sich im Sturm auf eine Weise, die man sich kaum vorstellen kann. Er stampfte fürchterlich, und immer wenn es kopfüber ging, hob sich die Schraube aus dem Wasser. In diesem Augenblick hing die Trosse zum Schleppkahn durch, und wenn das Heck dann wieder eintauchte, spannte sie sich mit einem krachenden Ruck. Niemand konnte aufrecht stehen, und jeden Augenblick schien es, als würde das Schiff sich nicht wieder aufrichten.

Nach vier oder fünf Stunden kämpfte sich der Kapitän zu der Stelle hin, wo wir an Deck saßen und uns an ein Tau klammerten. Er sagte, er müsse Burgas anlaufen, da er befürchte, die Trosse werde brechen. Mrs. Beaumont hatte einen Reiseflachmann bei sich, den sie ihm wortlos reichte. Er leerte die Flasche in einem Zug, worauf sich seine Stimmung besserte und er auf Kurs zu bleiben versprach.

Noch erbärmlichere Umstände kann man sich kaum denken. Wir waren bis auf die Haut durchnäßt. Unser Reiseproviant schwamm in Salzwasser und war ungenießbar. Es gab kein Trinkwasser. Vierundzwanzig Stunden lang mußten wir uns auf eine Weise ernähren, die einem Fisch den Magen umgedreht hätte. Am Freitag ließ der Sturm nach und wir dampften unter strahlendem Sternenlicht durch die mondlose Nacht — aber trocken wurden wir nicht und wir waren sehr, sehr hungrig und völlig erledigt. Am Samstagmorgen, die Sonne ging gerade in unserem Rücken auf, sichteten wir die drohenden schwarzen Felsenwächter an der Einfahrt zum Bosporus — die

Symplegaden der Antike, die die Argonauten auf ihrer Rückkehr mit dem Goldenen Vlies passierten.

Als wir in den Bosporus einfuhren, kam eine kleine Pinasse mit einem sehr jungen britischen Marineoffizier in makelloser Uniform längsseits, und wir wurden angerufen. Verdreckt und aufgeweicht, wie wir waren, hat es ihn bestimmt verwundert, eine englische Antwort zu bekommen. Er salutierte und bot an, uns an Bord zu nehmen. Wir schüttelten dem Kapitän und seiner zweiköpfigen Besatzung die Hand und schossen davon nach Therapia, wo wir das am heißesten ersehnte Bad unseres Lebens nahmen.

Meine Verabredung hatte ich verpaßt, aber wir erfuhren, daß die Rivalen sich zurückgezogen hatten und die Prinzen wieder sehr zahm geworden waren. Die neuen Vorschläge waren viel zu kompliziert für sie, aber einer der Prinzen, der immerhin begriff, daß man die amerikanischen Aktien zu Geld machen konnte, überredete die übrigen zu unterschreiben.

Wir verloren einige Wochen, weil drei der Erben sich immer noch weigerten, aber am 22. April 1922 konnte ich endlich einen Vertrag unterzeichnen, in dem neunzehn von zweiundzwanzig Erben sämtliche Rechte an die Abdul Hamid Estates Inc. abtraten und dafür Anteilszertifikate erhielten. Der Transfer galt erst dann als vollzogen, wenn sie eine größere Vorauszahlung erhalten hatten.

Was während den Verhandlungen geschah, meine persönlichen Begegnungen mit den Prinzessinnen und Prinzen und den Witwen des Roten Sultans, das Verhalten der verschiedenen autorisierten und nichtautorisierten Mittelsmänner — all das wäre eine Geschichte für sich. Ich lernte eine Menge über asiatische Menschen, was mir später — wann immer ich wieder mit ihnen zu tun hatte — ein Gefühl der Vertrautheit gab. Aber es würde diesen Bericht sprengen, wollte ich alles erzählen, woran ich mich erinnern kann.

9. Seltsame Verhandlungen

Sobald der Vertrag unter Dach und Fach war, packten oder verkauften wir alles, was wir in der Türkei besessen hatten. Unser Geld war fast alle, aber wir konnten doch noch über Berlin nach London zurückreisen. Am schwersten fiel mir der Abschied von Prinz Sabaheddin. Er war der erste Mensch, der in mir ein Gefühl von einer spirituellen Wirklichkeit geweckt hatte. Die Blindheit seiner Landsleute für seine sozialreformerischen Pläne hatte ihn zutiefst enttäuscht und verletzt. Unserer wöchentlichen Zusammenkünfte waren ihm ein großer Trost gewesen. Wir glaubten, wir würden zurückkommen und ihm und seinen Plänen helfen können. Doch es kam anders. Erst nach dreiunddreißig Jahren kam ich wieder in die Türkei, und Sabaheddin war inzwischen in der Schweiz gestorben. Er begann zu trinken und starb in großer Armut. Wir schrieben uns immer mal wieder bis zu seinem Tod, aber ich sah ihn nie wieder.

Unsere Reise nach Berlin verlief ohne Zwischenfälle. John de Kay trafen wir voller Pläne für die Realisierung des Vertrags an. Er hatte Kontakt zu großen amerikanischen Ölgesellschaften, die an Konzessionen für die Ölfelder von Mosul interessiert waren. Er hatte sich mit einer reichen jüdischen Familie angefreundet, die in Palästina Land kaufen wollte; Abd Al Hamid hatte den Arabern dort große Landstriche abgekauft, um sie später an jüdische Siedler zu verkaufen. De Kay hatte gehört, daß auf den Abd-Al-Hamid-Olivenhainen in Tripoli ein für die Seifenherstellung geeignetes Olivenöl produziert wurde, und wollte dort eine Fabrik für feinste Toilettenseife errichten, die nach Amerika exportiert werden sollte. All diese Ideen waren ihm beim Lesen meiner Berichte über die Ansprüche der Prinzen in den verschiedenen Ländern gekommen. Er gab mir genaue Anweisungen, wie ich die verschiedenen Projekte in England präsentieren sollte und hoffte, wir würden damit die Unterstützung der britischen Regierung für eine anglo-amerikanische Kooperation bei der Erschließung des Nahen Ostens gewinnen. Ich versuchte ihn zu überreden, mit nach England zu kommen, aber er sgte, sein Name würde die Amerikaner verprellen und er wolle lieber im Hintergrund bleiben.

Als ich schließlich London erreichte — das war kurz vor meinem fünfundzwanzigsten Geburtstag, dem 8. Juni 1922 —, ging ich ins Auswärtige Amt, um herauszufinden, welche Haltung Seiner Majestät Regierung gegenüber unseren Plänen einnahm. Meine Freunde dort blieben zurückhaltend und gaben mir den Rat zu warten, bis der Vertrag von Sèvres endgültig geklärt war. Die Nationalistenregierung wurde von Monat zu Monat stärker. Meinungsverschiedenheiten zwischen den Alliierten machten jedes koordinierte Vorgehen unmöglich. Lloyd George heftete seine Hoffnungen gegen den Rat der Experten an die griechische Armee. Der Mittlere Osten war wie ein Vulkan kurz vor dem Ausbruch — kein günstiger Augenblick, um die Frage der Rechte der Prinzen aufzuwerfen.

Ich stand zwar noch unter dem Einfluß von de Kays großartigen Weltverbesserungsträumen, da sich aber herausstellte, daß ich einige Zeit in London bleiben würde, konnte ich mich ganz auf Ouspenskys Unterweisungen einlassen.

In jener Zeit waren viele Menschen von hochfliegenden Idealen — oder eher Träumen — erfüllt, wie der Menschheit zu helfen sei. John de Kay hatte die letzten beiden Jahre damit verbracht, die Satzung eines internationalen Instituts zu erarbeiten, das *Intellectus et Labor* heißen sollte und die Realisierung des Programms der Zweiten Sozialistischen Internationale zum Ziel hatte. Er glaubte, nur ein großer Kreuzzug für die Rechte des gemeinen Mannes und gegen die organisierte Macht von Staat, Kirche, Finanzwesen und Industrie könnte Frieden und Fortschritt für die Menschheit sichern. Er glaubte, daß Geist und Hand des Menschen von Natur aus Partner sind und daß Intellekt und Arbeit kooperieren müßten, um das Machtstreben zu überwinden, das die moderne Welt bedrohte. Er wollte ganz schnell eine Menge Geld machen, um seinen großen Plan in allen Ländern der Welt gleichzeitig anlaufen zu lassen.

Doch mit all seiner Begeisterung und Eloquenz konnte er mich nicht für seine Ideen gewinnen, denn die Gefahren, die in der Hilflosigkeit und Unwissenheit des Menschen lauern, berührten mich viel tiefer als die Bedrohung durch machthungrige Oligarchien. Gurdjieffs Ideen, so wie Ouspensky sie darstellte, zogen mich stark an. Aber ich glaubte auch, daß Geld von Nutzen sein könnte, und tatsächlich kam Gurdjieff kurz nach unserer Ankunft auch nach London und entwickelte uns seinen Plan für die Gründung eines großen Instituts für die harmonsiche Entwicklung des Menschen — ein Plan, zu dessen Verwirklichung man Geld brauchte. Gurdjieffs Pläne waren um nichts weniger grandios als die von John de Kay. Sein Institut, so sagte er, sei dazu bestimmt, sich über die ganze Welt zu verbreiten und die Menschheit zu erneuern.

Auch meine Pläne standen dem kaum nach. Ich dachte an weltweite Forschung und Verifizierung der unsichtbaren Welt der fünften Dimension. De Kays soziale Ideen sollten darin mit den psychologischen Methoden Gurdjieffs verknüpft werden. Finanzieren wollte ich all das mit den Reichtümern des Ostens (in der Gestalt des Grundbesitzes und der Konzessionen Abd Al Hamids).

Bei unserer Rückkehr nach London hatte John de Kay versprochen, uns reichlich Geld zur Verfügung zu stellen, und Mrs. Beaumont und ich nahmen uns eine Wohnung mit Bedienung in Queen Anne's Mansions. Dort trafen wir zufällig den amerikanischen Biologen T.H. Morgan, der eben mit einer Sammlung seiner berühmten Fruchtfliegen (*Drosophila melanogaster*) angekommen war, an denen er die Existenz der Gene und die Mutation nachgewiesen hatte. Durch ihn lernte ich eine Gruppe von Biologen kennen, Julian Huxley, J.B.S. Haldane, R.A. Fisher und andere, denen ich von de Kays *Intellectus et Labor* erzählte, aber auch von meinem eigenen Forschungsinstitut, das von allen Regierungen unabhängig sein sollte. Darüber entspann sich eine lebhafte Diskussion. Morgan sprach von den ungeheuren Ausblicken auf eine gelenkte Zukunft des Lebens durch künstlich hervorgerufene Genmutation. Jeder hatte seinen eigenen Traum.

Und die ganze Zeit spürte ich die Unwirklichkeit dessen, was gesagt wurde. Irgendwie wußte ich schon, daß aus der Spekulation mit den Reichtümern Abd Al Hamids und aus den verschiedenen Weltverbesserungsinstituten nichts werden würde.

Wenige Wochen später hörten wir von John de Kay, daß es ihm nicht gelungen sei, die versprochenen Gelder zu beschaffen. Da wir selbst kaum noch Geld besaßen, zogen wir Hals über Kopf aus unserer Wohnung aus und suchten uns etwas Billigeres in Bloomsbury.

Wir nahmen jetzt regelmäßig an Ouspenskys Zusammenkünften in Nummer 38 Warwick Gardens und an kleinen Gruppentreffen in verschiedenen Wohnungen teil. Da ich eine schnelle Auffassungsgabe besaß, wurde ich gebeten, Ouspenskys Ausführungen zu wiederholen und zu erklären. Das „System", das er uns Woche für Woche entwickelte, machte auf die vierzig oder fünfzig Leute, die regelmäßig kamen, einen ungeheuren Eindruck. Mich faszinierte Gurdjieffs Kosmologie mit ihrem weiten Ausblick auf immer höher gestaffelte Welten; sie hebt uns heraus aus dem geozentrischen und anthropomorphischen Weltbild, das die Philosophie und Theologie unserer Zeit so niederdrückt. Zum anderen war Gurdjieffs messerscharfe psychologische Analyse ein Antidot gegen die Tendenz zu unverifizierbaren Spekulationen, von der Theosophie und Anthroposophie so sehr entstellt wurden.

Die unvermeidlichen Verzögerungen in den Verhandlungen um den Besitz der Prinzen hörten auf, mich zu irritieren, und ich war froh, daß ich fast meine ganze Zeit der „Arbeit" widmen konnte, wie Studium und Praxis der Lehre Gurdjieffs von seinen Anhängern genannt wurden.

Hauptsächlich interessierte mich in dieser Zeit das Problem der „Selbsterinnerung", das Ouspensky als die Grundlage jeder brauchbaren Theorie von der Natur des Menschen betrachtete. Er forderte uns auf, alles daranzusetzen, uns unserer selbst zu erinnern; über die Ergebnisse sollte bei den wöchentlichen Zusammenkünften berichtet werden. Keiner von uns wußte so recht, was Selbsterinnerung eigentlich sein sollte, doch wir merkten bald, daß wir außerstande waren, uns länger als eine Minute unserer selbst zu erinnern. Ich kämpfte verzweifelt darum. Es war meine erste Erfahrung mit der „Arbeit an mir selbst", und sie eröffnete mir eine neue Welt. Zum ersten Mal verstand ich, was Gurdjieff gemeint hatte, als er bei unsererm ersten Gespräche sagte, es sei nicht genug zu *wissen,* sondern man müsse auch *sein.* Ich war überzeugt, daß Selbsterinnerung und die Kraft zur Entscheidung eng miteinander verknüpft sind. Ouspensky sagte: „Wie kann man bezüglich eines Menschen, der schläft, der kein beständiges Ich hat, der sich nicht seiner selbst erinnern kann, von Entscheidungskraft reden?" Für mich selbst fand ich diese Antwort: „Ich bin der Spielball jedes x-beliebigen Einflusses und werde es bleiben, bis ich mich meiner selbst erinnern kann. Alles andere ist Zeitverschwendung."

Einmal sagte Ouspensky: „Sie können sich nur mit der Hilfe einer Gedächtnisstütze Ihrer selbst erinnern — mit etwas, das wie ein Wecker rasselt, wenn Sie einschlafen. Die einfachsten Erinnerungshilfen sind Ihre Gewohnheiten. Wenn Sie trotz Ihres eigenen inneren Widerstandes gegen Ihre Gewohnheiten ankämpfen, werden Sie Ihr Wecker sein." Wir versuchten es. In der nächsten Woche berichtete ein Mann von einem Ergebnis, das ich nie wieder vergaß, weil es so lehrreich war. Er sagte: „Ich habe mir vorgenommen, nicht mehr zu rauchen. Ein oder zwei Tage lang war das ein wunderbarer Wecker, aber dann wurde es leicht. Heute Abend saß ich auf dem Weg hierher in der U-Bahn und sagte mir, das Rauchen aufzugeben, ist viel zu leicht, als daß es als Wecker dienen könnte. Als ich so mit mir plauderte, fiel mein Blick zufällig mal auf meine rechte Hand, und ich sah eine halb gerauchte Zigarette zwischen meinen Fingern. Das war solch ein Schock, daß mir zum ersten Mal klar wurde, was damit gemeint ist, daß wir alle schlafen."

Nach etlichen Wochen merkten wir, daß der Kampf gegen Gewohnheiten nur für kurze Zeit als Gedächtnisstütze dienen kann. Ouspensky sagte: „Es ist notwendig, etwas zu opfern. Ohne ein Opfer ist nichts zu erlangen. Versuchen Sie etwas zu opfern, was Ihnen kostbar ist, dann werden Sie verstehen, weshalb es so schwer ist, sich seiner selbst zu erinnern." In der folgenden Woche meldete sich eine Frau zu Wort, sichtlich aufgewühlt: „Ich habe ein Teeservice, das meiner Urgroßmutter gehörte. Wir haben es seit vier Generationen, und noch nie ist eine Tasse kaputtgegangen. Ich wasche es immer selbst ab, weil ich da niemandem traue. Ich hab mir gesagt: „Wenn ich eine Tasse in Scherben werfe, werde ich mich meiner selbst erinnern können", aber ich konnte mich einfach nicht überwinden. Das hat mich so verrückt gemacht, daß ich die ganze Nacht nicht schlafen konnte, und immer wenn ich an das Service denke, fange ich an zu zittern. Was soll ich bloß tun?" Ouspensky gab trocken zurück: „Wenn eine Tasse Ihnen wichtiger ist, als sich Ihrer selbst zu erinnern, was glauben Sie, können Sie dann überhaupt tun? Gar nichts."

Noch wochenlang geisterte die heilgebliebene Teetasse durch unsere Zusammenkünfte. Ich kannte mich so wenig, daß ich annahm, ich hätte sie zerschlagen. Erst sehr viel später wurde mir klar, daß wir alle unsere besonderen Verhaftungen haben, gegen die wir nichts ausrichten können. Immerhin ließ dieses Beispiel und viele andere mich erkennen, daß wir uns unserer selbst nicht erinnern können, weil wir zu sehr an all den Dingen hängen, die uns einlullen.

Ergänzend zu diesen psychologischen Studien erläuterte Ouspensky uns auf beeindruckende Weise Gurdjieffs Bild vom Universum und seinen Gesetzen. Ouspensky forderte uns auf, nach Vorläufern dieses Ideengebäudes und nach Parallelen zu forschen. Das führte mich zum Studium östlicher Religionen und Sprachen. Ich war mir sicher, daß in den heiligen Texten der Hindus und Buddhisten ein immenser Weisheitsschatz zu finden sein mußte, gewann aber bald die Überzeugung, daß man ihren ursprünglichen Sinn nicht anhand von Übersetzungen und Kommentaren erfassen konnte. Ich nahm mir vor, zumindest soviel zu lernen, daß ich die Texte im Original studieren konnte. Ich lernte Sanskrit und Pali an der School of Oriental Studies. Durch einen glücklichen Zufall fand ich in M.H. Kanhere, einem Samha-Veda-Brahmanen aus Benares, einen wirklichen Lehrer. Er war ein frommer Mann und ein vorzüglicher Musiker, ein orthodoxer Hindu, der seine Kaste verlassen hatte, um in England zu lehren. Er sah es als seine Pflicht an, zu einer besseren Verständigung zwischen Christen und Hindus beizutragen.

Hinsichtlich der Einstellung asiatischer Menschen zu Heiligen lernte ich etwas, als Mrs. Beaumont und ich ihn einmal mitnahmen und dem Maharadscha Gaekwar von Baroda vorstellten. Ihr Vater, bekannt als Elliot von Baroda, war Hauslehrer des Gaekwar und später sein Berater gewesen, und der alte Mann erinnerte sich seiner mit Achtung. Er wohnte im Hyde Park Hotel, wo seine Suite eine ganze Etage einnahm. Mit großem Interesse nahm er auf, daß ich Sanskrit studierte, und bat darum, mit meinem Lehrer bekanntgemacht zu werden. Einige Tage später nahmen wir Kanhere, der ein ärmliches Zimmer in Putney bewohnte, zum Maharadscha mit. Als er eintrat, kniete der Mahardscha nieder und bat um seinen Segen. Mit der Unbekümmertheit, die nur aus Bescheidenheit und Würde erwachsen kann, gab der Brahmane ihm seinen Segen.

Pali studierte ich bei Mrs. Rhys Davids, die zusammen mit ihrem Mann als eine der ersten dafür gearbeitet hatte, europäischen Gelehrten die frühbuddhistischen Texte in Pali nahezubringen. Ich besuchte sie allwöchentlich in ihrem Haus in Surrey. Sie sprach stundenlang darüber, daß die echten, ursprünglichen Lehren des Buddha von den Abschreibern und Kommentatoren so entsetzlich verstümmelt worden waren. Sie glaubte nicht, daß Gotama Buddha wirklich gelehrt hatte, der Mensch habe keine Seele und es gebe kein Höchstes Wesen. Sie glaubte fest an die Reinkarnation und erzählte mir von Erfahrungen, die sie davon überzeugt hatten, daß sie zu Buddhas Zeit als die Nonne Dhammadinna, eine seiner berühmtesten Schülerinnen, gelebt hatte.

In der Zusammenarbeit mit Mrs. Rhys Davids begann ich die religiöse Erfahrungswelt des Buddhismus zu verstehen. Unsere langen Gespräche über die wahre Bedeutung von Wörtern, die sich auf verschiedene innerer Zustände beziehen, trugen wesentlich zu meiner Überzeugung bei, daß alle religiöse Erfahrung ein gemeinsames Grundmuster hat, das ganz unabhängig von äußeren religiösen Formen besteht.

Mein Interesse an Asien war jedoch nicht auf Sprache und Religion beschränkt. Ich fühlte mich allem, was im Osten geschah, eng verbunden. Ich trat der Central Asian Society bei und sprach auf allen Versammlungen, bei denen es um den Nahen und Mittleren Osten ging.

Ouspenskys Versammlungen nahmen drei oder vier Abende der Woche in Anspruch, und tagsüber arbeitete ich in der School of Oriental Studies oder in der Bibliothek des British Museum. Ich wurde eine von jenen stillen Gestalten, die morgens bei der Öffnung der Bücherei schon vor der Tür warten, dann einen enormen Stapel bestellter Bücher abholen und sich irgendwo einrichten, um den ganzen Tag lang zu lesen und sich Notizen zu machen.

Zu dieser Zeit lebten Mrs. Beaumont und ich so gut wie mittellos in Bloomsbury. John de Kay sollte uns über die amerikanische Firma Geld schicken, aber eine ganze Zeitlang kam nichts bei uns an. Wir verkauften alles Entbehrliche, und Mrs. Beaumont versetzte ihren Schmuck — bis schließlich nichts mehr da war. Keiner von uns konnte sich für den Gedanken erwärmen, unsere Familien um Hilfe zu bitten.

Mit der Miete waren wir im Rückstand, aber wenigstens bekamen wir noch eine warme Mahlzeit am Tag. Wir erfuhren, was Hunger ist, und wir waren dankbar für diese Erfahrung; für mich ist sie von großer Bedeutung für das Verständnis der menschlichen Natur. Einmal bat uns Dr. Mizzi, ein reicher malteser Rechtsanwalt, der für John de Kays Pläne arbeitete, mit ihm in den Londoner Zoo zu gehen, den er noch nie gesehen hatte. Das war im August 1922 in einem sehr heißen Sommer. Mrs. Beaumont sagte zu mir: „Wenigstens kriegen wir dann ein Mittagessen", aber als wir ihn trafen, verkündete er gleich, er habe früher gegesssen, um ordentlich Zeit für den Rundgang zu haben. So wanderten wir im Zoo herum bis zur Teezeit. Inzwischen hatten wir unsere Hoffnung schon auf eine gute Tasse Tee heruntergeschraubt. Davon nahm er offenbar überhaupt nichts wahr, denn um halb fünf verabschiedete er sich, sehr zufrieden darüber, daß wir alles abgeklappert hatten. Wir waren so müde, daß wir kaum noch den Heimweg schafften — wir hatten nicht mal mehr Geld für eine Tasse Tee.

Am Abend durchwühlte ich noch einmal unsere Truhen und fand fünfunddreißig türkische Lira, die ich am nächsten Tag gegen sechs Pfund Sterling eintauschte. Wir fühlten uns reich, und ein paar Tage später traf eine Überweisung aus Deutschland ein.

Es ist ein Unterschied, ob man aus Mittellosigkeit Hunger leidet oder freiwillig fastet. Später interessierte ich mich für den gezielten Gebrauch des Fastens zur Beeinflussung der Beziehung zwischen Geist und Körper. Es hat sicherlich großen Wert; ich selbst habe mich allerdings selbst in der Zeit, als ich regelmäßig fastete, nie daran gewöhnen können und immer mit Bangen dem Sonntagabend entgegengesehen — den Beginn meiner wöchentlichen Fastenzeit, die bis Dienstag früh reichte. Das freiwillige Fasten hat einen schweren Nachteil, den ich an mir selbst und anderen beobachten konnte: es erzeugt ein Gefühl der Erhabenheit über andere. Als ich entdeckte, daß ich anfing, auf mein Fasten stolz zu sein und andere gern über meine strenge Lebensweise reden hörte, machte ich Schluß damit. Ich glaube, ein Mensch muß ganz frei von Eigenliebe sein, bevor er sich in der Enthaltsamkeit üben kann. Es genügt nicht, sie vor anderen zu verbergen, denn selbst das gibt uns noch ein Gefühl der Erhabenheit, und dieser Makel schadet der Seele mehr als Habgier.

Unfreiwilliger Hunger aus wirklicher Armut hat eine ganz andere Wirkung. Er ist ein Zustand, den wir mit einigen Hundert Millionen Mitmenschen teilen. Daher entfernt er uns auch nicht von anderen, sondern erzeugt ein Gefühl der Verbundenheit. Außerdem ist solch eine Erfahrung für unsereinen immer von dem Bewußtsein begleitet, daß Millionen andere viel schlimmer leiden und keine Aussicht haben, davon erlöst zu werden. Fasten ist nur gut, wenn es in einer Gemeinschaft praktiziert wird wie etwa im Islam. Das Ramadanfasten einzuhalten ist eine Pflicht, deren Erfüllung keinen besonderen Verdienst darstellt. Sein ursprünglicher Sinn bestand darin, die Reichen am Empfinden der Armen teilnehmen zu lassen und ihnen die Notwendigkeit des Teilens klarzumachen.

Während ich solche Erfahrungen durchlebte und zugleich Woche für Woche durch Ouspensky immer mehr über die kosmische Bedeutungslosigkeit des Menschen und unser Unvermögen als Individuen erfuhr, erhielt ich eines Tages von Ramsey MacDonald eine Einladung zum Lunch im Athenaeum. Er war jetzt Oppositionsführer, ein Mann, mit dem man rechnen mußte. Diese Begegenung ist mir lebhaft in Erinnerung geblieben, denn ich fällte eine Entscheidung, bei der ich mich von der Zukunftsvision geleitet fühlte, die ich ein Jahr zuvor auf dem Friedhof von Skutari gehabt hatte. Nach dem Essen gingen wir die große Treppe hinauf und tranken auf dem Absatz unter dem vergoldeten Apollo unseren Kaffee. MacDonald sagte, er sei überzeugt, die Zukunft der Welt liege beim gemäßigten Sozialismus, wie ihn die Zweite Sozialisitische Internationale repräsentierte. Die Labour Party würde an die Macht kommen, aber sie brauche junge Männer mit breiter Erfahrung. Besonders gefragt waren Leute, die sich in Auslandsangelegenheiten auskannten. Er erinnerte sich an meine Wahlhelferschaft bei der tragischen Nachwahl von 1921 und fand, ich würde bei der nächsten Parlamentswahl einen akzeptabeln Labourkandiaten abgeben. Er hatte gehört, daß ich bei den Zusammenkünften des Institute for International Affairs ganz gut sprach. Wenn mir der Sprung ins Parlament gelänge und ich dort einen guten Eindruck machte, könnte ich sicher sein, daß er mich im Auge behalten würde.

Alles, was er sagte, klang vernünftig. Ich fühlte mich ihm und den Snowdens verbunden und hatte keine Bindungen, die mich daran hinderten, seinen Vorschlag anzunehmen. Doch während ich so den gesetzteren älteren Mitgliedern des Clubs zusah, wie sie die Treppe hinauf- und hinuntergingen — viele grüßten MacDonald und sahen mich ohne Neugier an —, wußte ich, daß dies sich nicht in das Muster meines Lebens fügte. Damals und noch für lange Zeit hatte ich eine Schwäche, die viele Menschen mit mir teilen: ich konnte mich nicht zu einem klaren Nein durchringen. Ich erfand die Ausrede, ich hätte nicht genügend Geld für den Wahlkampf, stünde aber vielleicht bald besser da. Er sagte, ich solle mich wieder bei ihm melden, sobald ich mich entschlossen hätte.

Die Entscheidung fand sich schon nach wenigen Tagen auf unerwartete Weise. Ouspensky kündigte eine Reihe von Sonderveranstaltungen an, die mittwochabends stattfinden sollten. Das überschnitt sich zufällig mit den Zusammenkünften des Institute of International Affairs. Falls ich ihnen in Zukunft fernblieb, würde ich bald meinen wachsenden Ruf als Fachmann für nahöstliche Angelegenheiten verlieren. Ich hatte ein anregendes Gespräch mit Arnold Toynbee, der mich durch intime Kenntnis der inneren Geschichte der Ottomanendynastie überraschte; ich besaß dieses Wissen zum größten Teil aus erster Hand, während er es sich wohl angelesen hatte. Mit seinem Vorschlag, Artikel über den Mittleren Osten zu schreiben und zugleich MacDonalds Vorschläge aufzugreifen, eröffnete er mir reizvolle und aufregende Ausblicke.

Ich sprach darüber mit Mrs. Beaumont. Sie wollte mich nicht beeinflussen, aber ich spürte, daß sie der Ansicht war, ich solle in die Politik einsteigen. Sie hatte selbst viele möglicherweise nützliche Beziehungen zu Führern der alten Liberal Party, die gegen Lloyd George opponierten. Am Mittwochabend nahm ich an Ouspenskys Versammlung teil und entfesselte eine törichte Diskussion über die Evolution, deren Existenz Ouspensky bestritt. Bewaffnet mit den Fakten, die ich von T.H. Morgan erfahren hatte, sprach ich über Mutation — ein Wort, das Ouspensky nicht kannte oder nicht kennen wollte.

Ich konnte meine Stimme hören, diese als Bescheidenheit getarnte Arroganz, mit der ich meine Einwände vorbrachte. Vierzig oder fünzig Zuhörer waren anwesend, und ich spürte, wie sie gegen mich waren. Fast vierzig Jahre später erzählte eine schottische Frau mir, daß sie mich an jenem Abend wirklich gehaßt hatte und mir den Disput mit unserem Lehrer nie ganz vergeben konnte.

An diesem Abend ging ich sehr mißmutig nach Hause, zornig über mich selbst, weil meine Besserwisserei mit mir durchgegangen war. Ich sagte mir: „Es ist alles Zeitverschwendung. Ich werde die Zusammenkünfte bei Ouspensky aufgeben und mich ganz der Außenpolitik widmen." Doch während ich das sagte, wußte ein tieferes Bewußtsein in mir schon, was wirklich geschehen würde. Ich würde mich aus dem Institute for International Affairs zurückziehen. Ich würde MacDonald in einem Brief erklären, daß ich unmöglich in die Politik einsteigen konnte. Ich würde alles stehen- und liegenlassen, um Gurdjieff und Ouspensky zu folgen.

Alle Pläne wurden über den Haufen geworfen durch die Ankündigung eines neuen Friedensvertrages mit der Türkei, der in Lausanne ausgehandelt werden sollte. John de Kay hatte Samuel Untermyer, einen berühmten Anwalt aus Amerika, eingeschaltet; er sollte die Erben Abd Al Hamids vertreten. Alle anderen Interessen wurden fürs Erste aufgesogen von der Aufregung über meine erste Begegnung mit Big Business und Hochfinanz auf internationaler Ebene.

Ein Treffen mit Untermyer in München war arrangiert, bei dem ich ihm Fragen beantworten sollte, die er vorbreitet hatte. Ich nahm den ersten Zug nach München, wo Untermyer gerade in seinem privaten Eisenbahnwagen nach Paris aufbrechen wollte; er nahm mich mit. Er reiste mit großem Aufwand, und ich machte meine erste Bekanntschaft mit dem merkwürdigen Phänomen amerikanischen Reichtums. Es war so ganz anders als die spontane Verschwendung eines Gaekwar von Baroda — vermutlich ein viel reicherer Mann. Zwischen München und Paris eignete Untermyer sich die ganze Geschichte an. Er ließ mich mit der Geschichte und Geographie des ottomansichen Weltreichs anfangen und dann die Beziehungen innerhalb der Dynastie, Abd Al Hamdis Land- und Konzessionskäufe und die Politik der Alliierten erklären. Er las selbst die Erklärung des Obersten Religionstribunals, daß die Konfiszierung der Besitztümer Abd Al Hamids durch die Jungtürken illegal und unwirksam sei.

Als wir Paris erreichten, hatte er einen Entschluß gefaßt. Er sagte: „Es gibt nur ein Tribunal für diesen Fall — die öffentliche Meinung der Welt. Ich werde direkt an dieses Tribunal appellieren.“ Er berief eine internationale Pressekonferenz ein — damals noch etwas Neues und Fremdes in Europa — und erklärte den versammelten Korrespondenten der führenden amerikanischen und europäischen Zeitungen, die Erben Abd Al Hamids hätten ihn zu ihrem Vertreter berufen und es gebe mächtige amerikanische Geldgeber, die bereit seien, die Konzessionen zum Nutzen aller Beteiligten auszubeuten. Der potentielle Reichtum des Nahen Ostens sei so groß, daß er das ökonomische Kräfteverhältnis der Welt radikal verändern könne. Ich lauschte mit Bewunderung dieser großartigen Neufassung meiner eigenen Träume. Untermyers Name stand damals im Bewußtsein der Menschen für sein fulminates Kreuzverhör John D. Rockefellers und Pierpoint Morgans bei den Anti-Trust-Prozessen, und die Zeitungen druckten begierig alles, was aus seinem Mund kam. So wurde der Fall Abd Al Hamids und seiner Erben über Nacht in aller Welt bekannt.

Untermyer reiste weiter nach London, und ich blieb in Paris, um in Walter Teagle, dem Präsidenten der Standard Oil Company von New Jersey, einer nicht minder respektgebietenden Gestalt, zu begegnen. Er belegte im Riz eine Prinzensuite. Sam Untermyer hatte das Terrain so gut vorbereitet, daß Walter Teagle mir ohne lange Fragen mitteilte, daß die Standard Oil bereit sei, für eine Option auf die Konzessionen der Prinzen und eine zweieinhalbprozentige Beteiligung an der Firma, die die Ausbeutung betreiben würde, 100000 Dollar in bar zu bezahlen. Ich sagte, meiner Auffassung nach werde man einen Kompromiß finden müssen, und er versicherte, der Anteil der Prinzen werde unangetastet bleiben, selbst wenn noch weitere Firmen sich an der Ausbeutung beteiligen wollten.

Ich rief John de Kay an und berichtete ihm alles. Er beging den kapitalen Fehler, unsere Position zu überschätzen, und verlangte eine Million Dollar in bar und einen größeren Anteil an der Ausbeutungsgesellschaft. Ich rechnete mit einigem Feilschen, aber offenbar war die Standard Oil nicht bereit, sich unter Druck setzen zu lassen. Walter Teagle sagte zu mir: „Erzählen Sie

Ihrem Freund de Kay, daß er seine Chance verpaßt hat. Und Sie, junger Mann, sollten sich merken, daß man seine Karten nie überreizen darf."

Ich reiste Untermyer nach London nach, aber er hatte sich schon wieder in etwas anderes vertieft. Er sagte, bis zum Zusammentreten der Friedenskonferenz gebe es nichts mehr zu tun, und dann werde er Druck auf das State Department ausüben, damit es sich für die Interessen der amerikanischen Abdul Hamid Company einsetzte.

All das geschah im Oktober 1922. Im November war ich in Lausanne und wohnte mit Mrs. Beaumont im Hotel Beau Rivage. Die Debatten zogen sich hin. Zu Weihnachten wurden große Feste veranstaltet: alle Delegationen nahmen an einem Kostümball teil, und ich ging als Beduine. Chaim Nahum Effendi, der oberste Rabbi der Türkei, spielte hinter den Kulissen eine Schlüsselrolle. Die Türken setzten großes Vertrauen in ihn, weil er sich in der internationalen Politik außerordentlich gut auskannte. Ich lernte ihn zufällig kennen — und er gefiel mir —, weil er und ich und ein japanischer Baron gemeinsam Tanzunterricht bei einer russischen Dame nahmen. Es war alles so absurd, aber nicht absurder als die Konferenz selbst. Ismet Pascha, der Führer der türkischen Delegation, war mit einem definitiven Mandat gekommen, und er gab in keinem noch so nebensächlichen Punkt auch nur einen Fingerbreit nach. Lord Curzon, der Präsident, war wütend über seine eigene Hilflosigkeit. Ismet Pascha war taub; der Grad seiner Taubheit schien allerdings davon abzuhängen, was gesagt wurde. Am vierten Februar ging ich in den großen Ballsaal, um mir Curzons Ultimatum anzuhören: „Es ist ein Punkt erreicht", sagte er, „wo durch weitere Verzögerung nichts mehr zu erreichen ist. Sämtliche Delegationen der Alliierten stimmen darin überein, daß sie keine weitere Diskussion mehr akzeptieren werden." Ich wußte nur zu gut, daß die Italiener und Franzosen bereits hinter unserem Rücken verhandelten, und Ismet Pascha wußte es auch. Da wurde er stocktaub. Curzon unterbrach die Konferenz, und bei seiner Rückkehr nach England schrieb der Spectator: „Disraeli brachte 1878 einen Frieden ohne Ehre mit; Lord Curzon bringt Ehre ohne Frieden."

In den drei Monaten war in solchen relativ belanglosen Details wie dem Status der Besitzungen des Herrscherhauses kein Fortschritt erzielt worden; über das Öl und andere Konzessionen hatte es hingegen überaus komplizierte Verhandlungen und Intrigen gegeben. Einmal fuhr ich nach Paris, um Walter Teagle zu treffen, der vorübergehend noch einmal Interesse an den Konzessionen zeigte.

Ich nahm die Gelegenheit wahr, ein Wochenende in Gurdjieffs Institut in Fontainebleau zu verbringen. Hier war alles von ungeheurer Geschäftigkeit erfüllt. Ein Studienhaus, in dem Gurdjieffs Übungen praktiziert werden sollten, war gerade fertig geworden und sollte in der nächsten Woche eröffnet werden. Sie hatten es aus dem Gerippe eines alten Flugzeughangars gebaut, den Gurdjieff spottbillig erstanden hatte. Ich hörte viele Geschichten von den unerhörten Erlebnissen aller am Bau Beteiligten. Auch viele Engländer hielten sich, den Bedingungen dieses strengen Winters ausgesetzt, am

Château de Prieuré auf. Auch Catherine Mansfield sah ich dort zum ersten und einzigen Mal — eine Woche, bevor sie starb. Gurdjieff, so hieß es, hatte sie von der Tuberkulose geheilt, indem er sie in einer Dachkammer über dem Kuhstall schlafen ließ. Orage, der kurze Zeit zu Besuch da war, erzählte mir, er habe sich entschlossen, *New Age* zu verkaufen, um sich ungeteilt Gurdjieffs Arbeit widmen zu können.

Über allem lag eine Atmosphäre von Aufbruchstimmung und Zuversicht, die zu dem armseligen Theater von Lausanne einen scharfen Kontrast bildete. Ich sehnte mich danach, all das hinter mir zu lassen und ganz bei Gurdjieff zu bleiben. Ich sprach nur ein paar Minuten lang mit ihm. Er stellte mich Katherine Mansfield vor mit den Worten: „Er ist ein Freund des türkischen Prinzen, der mein Freund ist." Ich war besorgt, sie könnte über Bücher sprechen, denn ich hatte noch keine Seite von ihr gelesen. Sie sagte aber: „Warum bringen Sie Ihren türkischen Freund nicht her? Hier wird er finden, was er sucht." In ihrer Stimme lag etwas, das mich den Entschluß fassen ließ, ihren Rat zu befolgen. Gurdjieff lud mich ein, noch eine Woche zu bleiben und die Eröffnung des Studienhauses, die mit einer besonderen Zeremonie gefeiert werden sollte, mitzuerleben. Ich mußte jedoch nach Lausanne zurück und versäumte so den dramatischen Augenblick, als Katherine Mansfield starb und das Studienhaus zum Leben erwachte; auch gelang es mir nicht, Prinz Sabaheddin ans Prieuré zu bringen. Irgendwie sind er und Katherine Mansfield in meiner Erinnerung seither miteinander verbunden. Sie waren von einer äußersten Feinheit, die zu zart schien für diese grobschlächtige Welt.

Als ich am Montag frühmorgens wieder nach Paris reiste, sagte ich zu mir: „Das ist dein stärkster Charakterzug: daß du immer das weniger Wichtige tust und dafür liegenläßt, was dir am meisten bedeutet." Ich wollte alles hinschmeißen und ans Prieuré gehen, um dort zu bleiben. Leider hatte ich überhaupt kein Geld, wußte aber, daß die Menschen, die dort lebten, große finanzielle Beiträge geleistet hatten.

Wieder in Lausanne, stellte sich heraus, daß die amerikanische Unterstützung, auf die wir hofften, kaum in mehr bestehen würde als dem Ausdruck der Hoffnung, daß Recht geschehen möge. Die Konferenz wurde am 5. Februar beendet, und ich kehrte nach England zurück. Hier stellte ich fest, daß Bonar Laws Regierung allmählich zerbröckelte. Der Premierminister trat zurück und wurde durch Stanley Baldwin ersetzt. MacDonald war der kommende Mann, doch ich hatte alle Brücken hinter mir abgerissen. Es gab Anzeichen dafür, daß die britische Politik konstruktiver wurde. Ich erfuhr auch, daß die türkische und amerikanische Delegation in Lausanne übereingekommen waren, auf der Wahrung privater Rechte — auch der Herrscherfamilie — zu bestehen.

Am 22. April, genau ein Jahr nach Unterzeichnung des Vertrags mit den Prinzen, fuhr ich wieder nach Lausanne. Diesmal herrschte eine ganz andere Atmosphäre. Das State Department hatte für amerikanische Interessenten Konzessionen sichergestellt und war offenbar geneigt, sich aus allem Weiteren herauszuhalten. Die Initiative lag jetzt in den Händen der Italiener. Signor Monraga, der italienische Delegierte, hatte sich so eng mit Ismet Pascha befreundet, daß die anderen Delegationen gezwungen waren, seine Führung zu akzeptieren. Ich traf mich mehrmals mit Ismet Pascha, dessen Hilfe wir für unseren Fall unbedingt brauchten. Leider hatte die Nationalversammlung in Ankara gerade ein Gesetz verabschiedet, das jede Beihilfe zur Wiedereinsetzung des Sultanats zum Hochverrat erklärte. Ismet Pascha zeigte sich wenig bewegt von meinem Argument, es sei besser, die Rechte der Prinzen zu sichern, als sie mittellos wegzuschicken und anderswo Hilfe suchen zu lassen.

Da die amerikanische Delegation die Schäfchen für ihre eigenen Öl- und Eisenbahnfirmen schon im Trockenen hatte, bestand für mich wenig Chance, dort noch Gehör zu finden. Immerhin gelang es mir mit der Hilfe eines türkischen Freundes, einem der jüngeren Mitglieder der türkischen Delegation, jenen katastrophalen Passus aus dem Vertrag von Sèvres, der alles Eigentum des Herrscherhauses dem Nachfolgestaat zusprach, durch eine neutrale Klausel zu ersetzen, in der es hieß: „Die juristische Natur von eingetragenem Eigentum und Besitz wird nicht modifiziert." Das war noch das beste, was wir erhoffen konnten, denn es ließ uns die Freiheit, den Rechtsanspruch der Prinzen nach türkischen Gesetzen nachzuweisen.

Am 8. Juli kam es zu einer Einigung über den Friedensvertrag, und ich reiste gleich darauf zurück nach London. John de Kay hatte unsere inoffizielle Delegation finanziert, war aber nicht selbst nach Lausanne gekommen. Viel Geld war nicht mehr übrig und ich wußte nicht, woher die Mittel kommen sollten, um in einem halben Dutzend Länder — von Tripoli und Griechenland bis in den Irak und nach Palästina — etliche Prozesse durchzukämpfen. Nach acht Monaten politischen Taktierens empfand ich einen schrecklichen Widerwillen gegen all das. Ich sah, daß die Mittel wichtiger geworden waren als die Ziele. Ich hatte die spirituellen Ziele aus den Augen verloren, denen ich eigentlich all meine Kraft hatte widmen wollen.

Als ich über diese Erfahrungen mit Ouspensky sprach, riet er mir zu einem längeren Aufenthalt in Gurdjieffs Institut in Fontainebleau.

10. Bei Gurdjieff in Fontainebleau

Ich fuhr allein nach Fontainebleau. Mrs. Beaumont fühlte sich verpflichtet, bei ihrer Mutter in Dax zu sein, die sich dort einer Kur unterzog. Ich schrieb ihr jeden Tag, und da sie die Briefe aufhob, kann ich meine Zeit am Prieuré besser rekonsturieren als andere Lebensabschnitte. Sehr vieles geschah in dieser Zeit, und müßte ich mich allein auf mein Gedächtnis verlassen, so könnte ich heute kaum noch glauben, daß ich nur dreiunddreißig Tage dort war.

Ich kam müde und voller Befürchtungen an. In der Londoner Gruppe kursierten viele Geschichten über das entbehrungsreiche Leben am Prieuré. Orage, der Journalist und Kritiker, Intellektueller *par excellence,* der niemals mit seinen Händen gearbeitet hatte, hatte starke Muskeln und die ledrige Haut des Bauern oder Fischers bekommen. Aus Maurice Nicoll, dem Psychoanalytiker, der seine bewundernde Anhängerschaft in der Harley Street zurückgelassen hatte, war ein Arbeiter geworden und aus seiner Frau ein Hausmädchen. Reiche und adlige Mitglieder von Ouspenskys Gruppe waren hergekommen und hatten mit Erstaunen festgestellt, daß sie Freude an Putzarbeit fanden. Ich fühlte mich völlig ungeeignet für solch ein Leben, doch zugleich trieb mich eine absolute Notwendigkeit, aus meinem geistigen Gefängnis auszubrechen.

Das Prieuré hatte sich in den acht Monaten seit meinem letzten Besuch stark verändert. Das Studienhaus war fertig, und man hatte mit der Arbeit an einem russischen Bad begonnen. Im Studienhaus war eine Atmosphäre entstanden, die mich an das Mevlevi-Tekke vor dem Adrianopeltor in Istanbul erinnerte. Doch das war nur der erste Eindruck; sehr bald begann man zu spüren, daß es Gurdjieff war und nichts als Gurdjieff. Etwa dreißig Meter lang und zwölf Meter breit, hatte es am einen Ende eine tiefe Bühne und eine niedrige Gallerie, wo die Schüler auf Kissen auf dem Erdboden saßen. Mit der Öffnung zur Bühne standen zwei mit Gardinen teilweise verhängte Holzkabinen; hier pflegte Gurdjieffs Frau, Madame Ostrowska, zu sitzen, um die Übungen zu verfolgen. In den Ecken waren Springbrunnen und die Fenster so bemalt, daß sie wie aus Buntglas gemacht schienen. Alles an diesem Gebäude hatte etwas Improvisiertes — mehr ein Bühnenaufbau als eine dauerhafte Struktur. Und dennoch strahlte es soviel Kraft und Bestimmtheit aus, daß niemand, der eintrat, sich dem entziehen konnte.

Ich kam an einem Sonntagabend an, an dem die Übungen in den gleichen weißen Kostümen ausgeführt wurden, die ich in Konstantinopel gesehen hatte; an diesem Abend waren Besucher zugelassen. Ich sah die gleichen rhythmischen Bewegungen und rituellen Tänze wie damals. Außerdem wurden Demonstrationen telepathischer Kommunikation geboten, die mich zunächst sehr beeindruckten; später zeigte man mir die Tricks, mit denen hier gearbeitet wurde.

Fünfundzwanzig bis dreißig Russen und etwa ebensoviele englische Besucher waren anwesend. Zu der Zeit waren noch keine Franzosen und Amerikaner da, und zwischen den Russen und Engländern gab es wenig Kontakt, hauptsächlich wegen der Sprachschwierigkeiten.

Ich war in dieser Beziehung besser dran. Madame de Hartmann begrüßte mich in einem eleganten Empfangszimmer im Erdgeschoß des Château und sagte mir, Georg Iwanowitsch — so wurde Gurdjieff von den Russen genannt — wolle noch am gleichen Nachmittag mit mir sprechen. Da wir beide Türkisch sprachen, brauchten wir keinen Dolmetscher. Er fragte nach Neuigkeiten über Prinz Sabaheddin und griff dann unvermittelt das Thema wieder auf — den Unterschied zwischen Sein und Wissen —, das wir bei unserem ersten Gespräch in Kuru Chesme vor fast zwei Jahren angeschnitten hatten. Ich habe mir zu allen Gesprächen mit ihm Notizen gemacht und kann sie deshalb nach all den Jahren noch ziemlich genau wiedergeben.

Er sagte: „Sie haben schon zu viel Wissen. Es wird bloße Theorie bleiben, solange Sie nicht mit Herz und Körper verstehen anstatt mit dem Verstand. Bis jetzt ist nur Ihr Verstand wach, Herz und Körper schlafen. Wenn Sie so weitermachen, wird Ihr Verstand bald auch einschlafen, und dann werden Sie nie wieder einen neuen Gedanken denken können. Sie können Ihr Fühlen nicht selbst wecken, aber Ihren Körper. Wenn Sie es lernen, Ihren Körper zu beherrschen, werden Sie anfangen, Sein zu gewinnen.

Dazu müssen Sie Ihren Körper als Diener betrachten. Er muß Ihnen gehorchen. Er ist unwissend und faul. Sie müssen ihm beibringen zu arbeiten. Und wenn er sich weigert, dürfen Sie keine Nachsicht üben. Denken Sie sich selbst als zwei — Sie und Ihr Körper. Wenn Sie der Meister Ihres Körpers sind, werden Ihre Gefühle Ihnen gehorchen. Jetzt gehorcht Ihnen noch nichts, weder Ihr Körper noch Ihr Fühlen, noch Ihr Denken. Sie können nicht mit dem Denken anfangen, denn Sie können noch nicht zwischen Ihnen selbst und Ihren Gedanken trennen.

Dieses Institut will den Menschen helfen, an sich selbst zu arbeiten. Sie können so viel oder so wenig arbeiten, wie Sie wollen. Die Menschen kommen aus verschiedenen Antrieben hierher, und sie bekommen, was sie suchen. Wenn sie nur neugierig sind, dann arrangieren wir Dinge, die sie in Erstaunen versetzen. Wenn sie Wissen suchen, dann haben wir viele wissenschaftliche Experimente, anhand derer sie sich unterrichten können. Wenn sie aber kommen, um Sein zu erlangen, dann müssen sie die Arbeit selber tun. Niemand sonst kann sie für sie tun, aber es stimmt auch, daß sie die Voraussetzungen nicht selbst schaffen können."

Ich sagte, ich sei es müde, so zu sein, wie ich war, und wolle mich ändern. Er erwiderte: „Sie müssen am Anfang anfangen. Sie fangen als Küchenjunge an; dann werden Sie im Garten arbeiten und so fort, bis Sie gelernt haben, Ihren Körper zu beherrschen.“ Er fragte , wie lange ich bleiben könnte, und ich sagte, das hinge von dem Friedensvertrag mit der Türkei ab. Das schien ihn nicht sonderlich zu interessieren, und er sagte: „Na, egal. Fangen Sie jetzt an, und dann sehen wir weiter.“

Ich wurde mit Dr. Tschernwal, einem Russen mittleren Alters, bekanntgemacht. Er sah für mich ein wenig wie Gurdjieff aus, hatte aber einen prächtigen Vollbart und dafür einen weniger eindrucksvollen Kopf. Er zeigte mir mein Zimmer, eine kleine Zelle im ehemaligen Gesindehaus des Schlosses. Das Zimmer war alles andere als sauber, die Einrichtung sehr spärlich. Den ersten Tag hatte ich für mich allein und erkundete das Anwesen. Hinter dem Château befand sich ein angelegter Ziergarten mit Wasserlilienteichen. Daran schloß sich eine schmale Lindenallee an, flankiert von Bänken, die dem Rasen zugewandt standen. Am anderen Ende der Lindenallee befand sich ein großer, kreisrunder Teich. Rechts lag das Studienhaus und links der Steinbruch, wo das russische Bad entsehen sollte. Ich sah kleine Koppeln mit Kühen, Schafen und Ziegen und ein großes Hühnergehege, aber keine Schweine. Dahinter ging das Gelände allmählich in den Wald von Fontainebleau über — hohe Kiefern, Buchen und Eichen. Ein Pfad führte durch den Wald zu einer riesigen Sägegrube, wo die Stämme zu Brettern zersägt wurden.

Am dritten Tag wurde ich Küchenjunge. Einige Ideen hatte Gurdjieff anscheinend den Derwischen abgeguckt; in einem Mevlevi-Tekke muß jeder Neuling einundzwanzig Stadien des Dienstes an der Gemeinschaft durchlaufen. Auch hier ist der Küchenjunge die erste Stufe.

Ich hatte keine Ahnung von Küchenarbeit oder überhaupt von irgendwelcher Hausarbeit. Meine erste Aufgabe war, den Boden der Kochküche und der Spülküche zu putzen. Da ich viel Schmutz fand, nahm ich reichlich heißes Wasser und war stolz, daß der Dreck so leicht abging. Dann wurde mir aber plötzlich klar, daß ich nicht wußte, wie man die Überschwemmung wieder wegbekommt. In diesem Moment erschien Madame Ouspensky, eine majestätische, ganz in Schwarz gekleidete Frau mit kastanienbraunem Haar und blitzenden Augen, auf der hohen Schwelle der Küchentür. Ich hatte sie nicht mehr gesehen, seit wir uns vor über zwei Jahren auf der Insel Prinkipo begegnet waren. Sie lachte wie ein kleines Mädchen, schnappte sich ein paar Putzlumpen und fing an den Boden aufzuwischen und das Wasser in einen Eimer zu wringen.

Ich kam mir ganz klein und dumm vor, daß ich etwas so Einfaches nicht konnte, und machte es ihr sofort nach. Jeden Tag lernte ich ein Dutzend solcher simplen Lektionen, in denen mein praktisches Unvermögen und mein geistiger Hochmut schmerzhaft aneinanderprallten.

Zu meinen Pflichten als Küchenjunge gehörte auch, das Frühstück vor acht Uhr in der Frühe bereitzustellen, wenn die Leute von der Morgenarbeit hereinkamen. In den ersten drei Tagen erfuhr ich etwas über die Natur des Menschen, das ich kaum erwartet hatte. Das Essen war knapp bemessen, und alle hatten mächtig Hunger. Mit dem, was ich an Brot, Butter, Marmelade und Porridge ausgeben durfte, wurden gerade zwei Drittel der Leute satt. Dann gab es auch noch ein besonders unangenehmes Getränk namens „Kaffee", das nach einem Spezialrezept von Gurdjieff aus gerösteten Eicheln hergestellt wurde. Manche kamen zu früh von der Arbeit zurück, um etwas mehr als ihren Anteil zu ergattern. Da ich immer in der Nähe zu tun hatte, um Geschirr und Besteck einzusammeln und zu spülen, bekam ich alles mit. Ich konnte kaum glauben, daß der Egoismus, die Gleichgültigkeit und Mißgunst, die die Menschen normalerweise so gut zu kaschieren wissen, sich bei einem so simplen Vorgang wie dem Frühstück in aller Nacktheit zeigen können. Ich begann zu begreifen, was Gurdjieff meinte, wenn er sagte, alles am Institut biete Gelegenheit zur Arbeit an sich selbst.

Einmal wurde ich vom Putzen suspendiert, um Zimt in einem Mörser zu stoßen — stundenlang. Gurdjieff, so wurde mir gesagt, aß zu der Zeit nichts anderes als Sauerrahm mit Zimt. Kein Tag verging ohne eine Vielzahl unerwarteter und oft unerklärlicher Geschehnisse.

Nach ein paar Tagen wurde ich der Sägegrube zugeteilt. Ich arbeitete dort unter Alexander de Salzmann. Zwei Mann, einer oben auf einem wackligen Gerüst, der andere unten in der Grube, arbeiteten mit einer dreieinhalb Meter langen Säge. Die knapp einen halben Meter dicken Baumstämme wurden hier zu acht Zentimeter dicken Bohlen zersägt. Das war bei der damals herrschenden Hitze eine zermürbende Arbeit. Wer unten arbeitete, wurde ständig mit Sägemehl berieselt, der auf dem verschwitzen Gesicht festklebte. Wer oben stand, mußte bei jedem Zug das ganze Gewicht der Säge heben. De Salzmann bestimmte das Arbeitstempo. Er bugsierte die Stämme so geschickt mit einem Flößerhaken in die richtige Position, daß ich einen der Russen frage, wo er das gelernt habe. In vollem Ernst antwortete er: „Er hat sein ganzes Leben im Kaukasus verbracht und war vor dem Krieg Forstinspektor." Tatsächlich war er aber in Moskau ein berühmter Bühnenbildner und später Mitarbeiter von Jaques-Dalcroze gewesen und hatte nie eine Säge in der Hand gehabt, bis Gurdjieff ihm einen Monat vor meiner Ankunft zeigte, wie man damit umging. Ganz neue Fertigkeiten in kürzester Zeit zu erlernen, war ein Teil der Schulung in Gurdjieffs Institut.

Von der Sägegrube kam ich in den Steinbruch, wo der unvorstellbar harte Kalkstein dieser Gegend für den Bau des russischen Bades gebrochen wurde. Ein stämmiger junger Russe namens Tschechow Tschechowitsch leitete hier die Arbeit. An meinem zweiten Tag bei dieser Arbeit brach ein großer Steinblock los. Tschechowitsch sagte, genau so einen wollte Gurdjieff haben, um daraus den Türsturz zu machen. Da er viel zu schwer war, um ihn zu bewegen, versuchten wir ihn mit Meißeln und Brecheisen zu zerlegen. Nach zwei Stunden, in denen wir nichts ausrichteten, stand Gurdjieff plötzlich in Stadtkleidung da. Er war gerade aus Paris gekommen und hatte die ganze Nacht nicht geschlafen. Er sagte kein Wort, sondern stand einfach am Rand des Steinbruchs und sah uns zu. Wir hämmerten weiter auf den Stein ein. Dann zog er unvermittelt den Mantel aus, sprang in die Grube und nahm einem der russischen Arbeiter Hammer und Meißel aus der Hand. Er sah sich den Stein genau an, setzte den Meißel gezielt an und schlug drei- oder viermal zu. Dann ging er auf die andere Seite, suchte die richtige Stelle und schlug wieder zu. Er hatte bestimmt nicht öfter als ein Dutzend Mal geschlagen, als ein großes Stück, das vielleicht einen Zenter wog, abbrach. Das ganze wiederholte sich drei- oder viermal, und siehe da, der Block war kaum noch halb so groß wie zuvor. „Heben", sagte er. Wir boten all unsere Kräfte auf, bekamen den Stein in die Höhe und trugen ihn hinüber zur Baustelle.

Das war eine lehrreiche Demonstration von Geschicklichkeit, die mir nach all den Jahren noch lebhaft vor Augen ist. Doch die Geschichte hat noch eine zweite Hälfte, die erst über fünfundzwanzig Jahre später offenbar wurde, als ich einmal zum Essen bei Gurdjieff in seiner Pariser Wohnung war; Tschechowitsch, inzwischen ergraut und fast kahl, stand uns gegenüber. Gurdjieff sprach über Jiu-Jitsu und erzählte, er habe in Zentralasien eine noch viel weiter entwickelte Form der Kampfkunst erlernt. Sie hieß Fiz-lez-Lou, und er hatte daran gedacht, sie in Europa einzuführen; deshalb hatte er sich nach einem geeigneten Lehrer umgesehen. Tschechowitsch, der in seiner Jugend Meister im Ringen gewesen war, kam dafür in Frage. „Wissen Sie noch", fragte er Tschechowitsch, „als wir am Prieuré das russische Bad bauen wollten, wie Sie den Stein für den Türsturz zurichten wollten und nicht konnten. Ich konnte sehen, wo der Stein brechen würde, aber sie sahen es nicht, nicht einmal, als ich es Ihnen zeigte. Deshalb habe ich die Idee aufgegeben, Fiz-lez-Lou in Europa einzuführen."

Tschechowitsch, der Gurdjieff verehrte wie eine göttliche Inkarnation, stand regungslos und sagte: „Ja, Georg Iwanowitsch, ich erinnere mich." Tränen liefen ihm über die Wangen. Ich war tief bewegt. Dieser scheinbar isolierte Vorfall, der sich erst nach sechsundzwanzig Jahren zu einem Kreis schloß, gab nicht nur beredtes Zeugnis von menschlicher Beschränktheit, sondern bezeichnete auch schmerzhaft deutlich meinen eigenen Zustand.

Die Arbeit begann um sechs Uhr in der Frühe und ging abends um sechs zu Ende; dazwischen gab es Pausen für Frühstück und Mittagessen. Die Mahlzeiten waren mager und nicht gerade schmackhaft — außer am Sonntag, wenn das Haus für Besucher geöffnet war und es ein üppiges Festmahl gab.

Keiner von denen, die 1923 am Prieuré arbeiteten, wird je das Gefühl der Erwartung und Spannung vergessen, mit dem wir jedem neuen Arbeitsthema entgegensahen, das Gurdjieff uns gab. Und alles ging mit halsbrecherischer Geschwindigkeit. Ein paar Wochen lang waren verschiedene Arten und Grade des Fastens das Thema. Dann folgten so bohrende psychologische Prüfungen, daß wir uns alle spirituell vollkommen entblößt fühlten.

Ein Beispiel mag verdeutlichen, mit wieviel Fingerspitzengefühl Gurdjieff seine Lektionen geben konnte. Rachmiliewitsch, ein berühmter russischer Anwalt, vor dem Krieg Leiter der Anwaltskammer von St. Petersburg, hatte sich Gurdjieff schon 1911 angeschlossen und fühlte sich als sein ältester Schüler dazu berufen, Anordnungen zu geben. Einmal betrat Gurdjieff den Raum, als er gerade zu einem anderen Schüler sagte: „Ich weiß wohl am besten, was Georg Iwanowitsch meint, denn ich bin schon fünf Jahre länger bei ihm als du." Gurdjieff sagte leise: „Rachmil, wenn Sie sich nicht vor sich selbst schämen, so etwas zu sagen, dann schämen Sie sich um meinetwillen. Sie stellen mich als einen schlechten Lehrer hin, wenn Sie nach zwölf Jahren noch so wenig gelernt haben." Bald darauf wurde eine intensive Fastenzeit angekündigt. Rachmiliewitsch versteckte heimlich Lebensmittel in einem Baum. Einige von uns hatten ihn gesehen, aber keiner sagte ein Wort. Als das Fasten begann, sagte Gurdjieff jedem, wie sein Programm aussehen sollte. Rachmiliewitsch hob er sich bis zuletzt auf und sagte: „Rachmiliewitsch braucht nicht zu fasten; er weiß schon zu viel." Ich empfand angesichts dieser Ohrfeige großes Mitleid mit Rachmiliewitsch, denn ich verstand, daß er Gurdjieff alles geopfert hatte — aber sich selbst nicht opfern konnte.

Nach dem Fasten folgten geistige Übungen, die mit der körperlichen Arbeit auf dem Anwesen verbunden wurden.

Gurdjieffs Lehre von „bewußter Arbeit und absichtlichem Leiden" wurde oft auf eine haarsträubende Weise wörtlich genommen, wie sie für Europäer und Amerikaner typisch ist, wenn sie mit asiatischer Subtilität konfrontiert werden. Bei meiner Ankunft am Prieuré bestanden die geistigen Übungen aus dem Auswendiglernen langer Listen von tibetischen Wörtern. Die Damen, meist Engländerinnen mittleren Alters, hatten die Aufgabe, die Stümpfe und Wurzeln der von den Männer gefällten Bäume auszugraben. Das war offensichtlich nur zu machen, wenn man tiefe Löcher grub oder einen Flaschenzug benutzte. Die Damen saßen also um die Baumstümpfe herum und scharrten mit kleinen Handschaufeln oder — wegen des notorischen Werkzeugmangels — sogar mit Eßlöffeln im Dreck wie Federvieh auf einem Misthaufen. Unter Armbanduhren und Armbänder geklemmt hatte sie ihre Wortlisten bei sich, die sie alle paar Minuten hektisch hervorzerrten, um, wie verschreckte Hühner dahockend, ihre tibetischen Wörter zu murmeln. Wenn ich sie so sah, fragte ich mich, was sie hier in Fontainebleau eigentlich suchten. An ihrem aufrichtigen Bemühen war nicht zu zweifeln, aber wo hatten sie ihren gesunden Menschenverstand gelassen?

Gurdjieff hatte brutale Methoden, um diejenigen loszuwerden, die er nicht wollte. Er provozierte und verabscheute eine Art von stumpfsinniger Anbetung, die aus jedem seiner Worte und Gesten ein Symbol irgendeiner ewigen Wahrheit machte. Eine Frau tat sich darin durch besondere Albernheit hervor, und sie stieß er auf eine Weise mit der Nase darauf, die mir zeigte, wie ernst wir seine Mahnung nehmen mußten, nichts und niemandem zu trauen, vor allem nicht ihm selbst.

An jedem Samstag ruhte nach dem Mittagessen die Arbeit, und wir bereiteten das Festessen des nächsten Tages vor. Am Nachmittag gab es auf der Terrasse die zeremonielle englische Teestunde. Einmal gab es dazu Eis mit frischer Sahne von eigenen Kühen. Gurdjieff ging mit seinem seltsam mühelosen Schritt, der ihn von allen anderen Menschen unterschied, auf den Tisch dieser Frau zu und sagte: „Sie nicht wissen, wie Eis schmeckt am besten — sollten mit Senf essen." Sie erhob sich geflissentlich und holte einen Senftopf aus dem Haus. Als sie wieder erschien, deutete Gurdjieff auf sie und rief mit donnernder Stimme: „Sie sehen, was kompletter Idiot ist. Sie immer Idiot. Warum sind Sie hier?" Die arme Frau lief knallrot an und brach in Tränen aus. Sie packte ihre Taschen, verschwand und ward nie mehr gesehen.

Ein andermal bekam ein junger Amerikaner namens Metz, der auch an dieser unkritischen Bewunderung Gurdjieffs krankte, den Auftrag, an Gurdjieffs Auto einen neuen Scheinwerfer anzubringen. Am Abend mußte Gurdjieff nach Paris. Als er feststellte, daß der Scheinwerfer noch nicht ausgewechselt war, schrie er Metz zu, er solle sich mit einer Lampe in der Hand auf den Kotflügel setzen und ihm bis nach Paris leuchten. Metz nahm untertänigst seinen Platz ein, bis Gurdjieff ihn mit seinem Lieblingswort — „Idiot!" — wieder herunterfegte.

Ähnlich erging es auch einem Konzertpianisten namens Finch mit wunderschönen Händen, die er hütete wie einen kostbaren Schatz. Er hatte sich um die Hühner zu kümmern. Die Tage vergingen, und er schaute immer ratloser drein. Endlich sagte er zu Gurdjieff, die Hühner legten nicht mehr so gut, seit er sie übernommen hatte. Gurdjieff sagte: „Natürlich nicht. Weil Sie nicht sie lieben. Hühner kennen Menschen. Sie legen für Leute, die sie lieben. Müssen lernen, sie zu lieben." Am nächsten Tag kam ich am Hühnerstall vorbei und sah den armen Finch in das Gehege starren, offenbar gewillt, die Hühner zu lieben — aber wie macht man das?

Jeden Tag nach dem Abendessen begann ein anderes Leben. Es gab keine Eile mehr. Manche gingen im Garten spazieren, andere rauchten. Gegen neun Uhr gingen wir in kleinen Gruppen oder jeder für sich zum Studienhaus. Wir zogen die Schuhe aus und nahmen dafür Hausschuhe oder Mokassins. Dann setzten wir uns still in der Mitte des Raums auf unsere Kissen. Die Männer saßen rechts, die Frauen links, niemals zusammen.

Manche gingen direkt auf die Bühne und begannen mit den rhythmischen Übungen. Wer neu ankam, hatte das Recht, sich selbst einen Lehrer für diese Bewegungen auszusuchen. Ich hatte mir Wassili Ferapontoff zum Lehrer genommen, einen großen jungen Russen mit einem traurigen, gelehrten Gesicht. Mit seinem Kneifer sah er wie der sprichwörtliche ewige Student aus. Er war ein gewissenhafter Lehrer, selbst aber in der Ausführung nicht allzu geschickt. Seine Freundschaft bedeutete mir viel, und sie währte bis zu seinem frühen Tod zehn Jahre später. In einem unserer ersten Gespräche hatte er gesagt, er glaube, daß er früh sterben werde.

Die Übungen waren denen, die ich drei Jahre zuvor in Konstantinopel gesehen hatte, sehr ähnlich. Neue Schüler wie ich fingen mit einer Serie an, die „sechs obligatorische Übungen" hieß. Ich fand sie äußerst anregend und gab mir große Mühe, sie so schnell wie möglich zu meistern, um bald in die eigentliche Arbeit einsteigen zu können.

Zu der Zeit stellte Gurdjieff eine neue Gruppe zusammen — fast ausschließlich aus Russen —, für öffentliche Demonstrationen der Übungen. Die übrigen durften zwar neue Übungen lernen, aber sie nahmen an der Sonderschulung der Demonstrationsgruppe nicht teil.

Gurdjieffs Methode, neue Übungen zu entwickeln, eignete eine lebendige Spontaneität, die eines der Geheimnisse für seinen Erfolg als Lehrer war. Während die neuen Schüler auf der Bühne übten, sammelten sich einige Russen um das Klavier, hinter dem der kahlköpfige Thomas de Hartmann wie ein Vogel hockte. Gurdjieff begann einen Rhythmus auf das Klaviergehäuse zu klopfen. Wenn alle ihn aufgenommen hatten, summte er eine Melodie oder spielte sie mit einer Hand auf dem Klavier und ging weg. Hartmann entwickelte dann aus dem Rhythmus und der Melodie ein Thema. Wenn er nichts Rechtes zuwegebrachte, schrie Gurdjieff ihn an und er brüllte wütend zurück.

Dann stellte sich die Hauptgruppe in einer Reihe auf, während wir Neulinge zur Seite traten und zuschauten oder uns wieder auf unsere Kissen am Boden setzten. Gurdjieff erklärte die Stellungen und Gesten der Übung, indem er sie zum Teil selbst vormachte; waren sie kompliziert und erforderten verschiedene Bewegungen in den einzelnen Reihen und Haltungen, dann ging er herum und brachte jeden Schüler in die erforderliche Haltung. Dann wurde heftig diskutiert, und auf der Bühne spielte sich ein wildes Gestikulieren und Durcheinanderschreien ab, während jeder versuchte die geforderte Sequenz auszuarbeiten. Plötzlich ein gebieterischer Ruf von Gurdjieff, und sofort herrschte Totenstille. Noch ein paar erklärende Worte, und Hartmann begann das Thema zu spielen, das er inzwischen in reichen Harmonien ausgestaltet hatte. Manchmal war das Ergebnis spektakulär: wie auf ein Zauberwort entfaltete sich ein wunderbares, nie gesehenes Zusammenspiel. Manchmal war die Aufgabe auch zu schwierig, und die Übung endete im Chaos; dann wurde an den folgenden Tagen noch stundenlang daran gearbeitet.

Außer diesen festgelegten Bewegungsabläufen übten wir auch noch viele Stunden rhythmisches Gehen am Platz, wobei sich nur die Beine bewegten; Hartmann improvisierte die Musik dazu. Gelegentlich kam Gurdjieff zwischendurch auf seine berühmte Stop-Übung zurück. Jederzeit während des Tages oder der Nacht konnte er „Stop!" rufen, und dann mußte jeder, der sich in Hörweite befand, in seiner Bewegung erstarren. Zuerst mußte sich der Blick an das Objekt heften, das er gerade anfaßte. Der Körper mußte genau in der Stellung verharren, die er beim Stopruf gerade hatte, und der Gedanke, der gerade gedacht wurde, mußte festgehalten werden. Das Stop konnte einige Sekunden, aber auch fünf, zehn Minuten und länger dauern. Die Haltung konnte schmerzhaft oder sogar gefährlich sein, aber wer ehrlich und gewissenhaft war, unternahm nichts, um seine Lage zu erleichtern. Wenn das Kommando *„Davai!"* ertönte, machten wir da weiter, wo wir aufgehört hatten.

Die rhythmischen Übungen waren oft so kompliziert und unnatürlich, daß ich schier an ihnen verzweifelte. Und doch geschah immer wieder ein kleines Wunder. Nach stundenlangem fruchtlosem Üben, das einen fast um den Verstand brachte, gab der Körper plötzlich nach, und die unmögliche Bewegung gelang. Die Arbeit im Studienhaus dauerte bis Mitternacht und oft noch viel länger, so daß wir selten mehr als drei oder vier Stunden geschlafen hatten, wenn am Morgen die Arbeit wieder losging. Gegen Mitternacht rief Gurdjieff: *„Kto hochest spat, mojet itti spat"* — „Wer schlafen will, geh schlafen." Einer oder zwei standen auf und verließen den Raum, aber die meisten blieben, weil sie wußten, daß die wichtigsten Erklärungen und Demonstrationen erst kamen, wenn die reguläre Arbeit getan war.

Manchmal hielt Gurdjieff Vorträge. Das war immer ein großes Ereignis, denn jeder war begierig, all die merkwürdigen Dinge, die uns geschahen, besser zu verstehen. Einen Vortrag kann ich wortgetreu wiedergeben.

Major Pinder, ein früherer britischer Geheimdienstoffizier, der Gurdjieff 1919 in Tiflis kennengelernt hatte und am Prieuré dolmetschte, weil er sehr gut Russisch sprach, kündigte eines Abends einen Vortrag an. Wir gingen alle wie gewöhnlich zum Studienhaus, arbeiteten aber nicht an unseren Übungen, sondern setzten uns erwartungsvoll auf unserer Kissen. Die Zeit verstrich — zehn Uhr, elf Uhr, Mitternacht. Endlich erschien Gurdjieff, begleitet von Madame Ostrowska, Madame Ouspensky und Major Pinder; offenbar war er von Paris herausgefahren. Er stand lange da und sah uns nur an. Dann sagte er auf Englisch: „Geduld ist die Mutter des Willens. Wenn Sie keine Mutter haben, wie wollen Sie dann geboren werden?" Danach machte er kehrt und verließ das Studienhaus. Dieser Vortrag beeindruckte mich sehr, denn ich wußte, daß mir Geduld und Wille gleichermaßen fehlten.

Jeden Tag gab es Dutzende von Ereignissen, die uns in eine permanente Hochspannung versetzten und aller psychischen Abwehrmechanismen, in denen wir üblicherweise leben, entkleideten. Manche Schüler wurden wahnsinnig. Es gab sogar Selbstmorde. Viele gaben voller Verzweiflung auf. Manche hatten sich so weit in ihre privaten Träume verloren, daß ihnen unsere außerordentlichen Lebensumstände kaum auffielen.

Nach etwa vierzehn Tagen am Prieuré begann ich mich sehr krank zu fühlen, hauptsächlich durch einen Rückfall der Ruhr, die ich mir vier Jahre zuvor in Smyrna eingefangen hatte. Ich nahm wörtlich, was Gurdjieff über das Ignorieren körperlicher Widerstände gesagt hatte, und zwang mich dazu, noch härter zu arbeiten als die anderen. Wir hatten gerade eine lange Trockenzeit, und jeden Abend mußten alle sich an der Bewässerung des Gemüsegartens beteiligen, aus dem wir ein Gutteil unserer Ernährung bestritten. Ich bemerkte, daß der Bach, der nur etwa hundert Meter vom Küchengarten entfernt vorbeifloß, hoch genug war, um ihn zur Bewässerung zu nutzen. Ich machte einige der anderen Schüler darauf aufmerksam, aber sie waren ausnahmslos schockiert, über den Gedanken, unsere Arbeit zu erleichtern. Einmal kam Gurdjieff zum Garten, und ich fragte ihn (innerlich schlotternd), ob ich Bewässerungsgräben anlegen durfte, wie sie in Anatolien üblich waren. Ohne Diskussion stimmte er einfach zu. Am nächsten Tag baute ich einen Damm und fing an, einen Kanal auszuheben, da aber einige Bodenerhebungen zu überwinden waren, sah ich ein, daß ich Wochen für die Arbeit brauchen würde, denn ich konnte nur in der kurzen Freizeit nach dem Mittagessen weitergraben. Ich hatte allerdings nicht mit Gurdjieff gerechnet. Noch am gleichen Abend kam er wieder zum Garten und wetterte über den Unsinn, Wasser herbeizuschleppen, wenn der Bach so nahe war. Alle machten sich an den Kanalbau, und schon am nächsten Tag funktionierte das Bewässerungssystem. Später beschrieb Gurdjieff es als ein besonderes System, das er in Persien gesehen hatte, und es wurde eines der vielbestaunten Einrichtungen am Prieuré, die Besuchern als Beispiel für Gurdjieffs unfehlbare Weisheit vorgeführt wurden.

Jeden Morgen wurde es mir schwerer, aus dem Bett zu kommen, und mein Körper schrumpfte unter der schweren Arbeit in der Sonnenglut zusammen. Der ständige Durchfall machte mich sehr schwach, doch irgendwie blieb ich in Bewegung.

Dann kam doch der Tag, wo ich einfach nicht mehr aufstehen konnte; das Fieber schüttelte mich, und ich fühlte mich sehr elend, fühlte, daß ich versagt hatte. Aber als ich mir gerade sagte: „Heute bleibe ich im Bett", spürte ich, wie mein Körper aufstand. Ich zog mich an und ging wie gewöhnlich an die Arbeit, diesmal aber mit dem sonderbaren Gefühl, von einem höheren Willen zusammengehalten zu sein, der nicht mein eigener war.

Wir arbeiteten wie immer den ganzen Vormittag. Ich konnte nicht zu Mittag essen, sondern lag nur auf der Erde und fragte mich, ob ich wohl sterben würde. Gurdjieff hatte gerade eingeführt, daß auch nachmittags draußen unter den Linden an den tänzerischen Übungen gearbeitet wurde. Als die Schüler sich im Lindenhain versammelten, ging auch ich hinüber. Gurdjieff und Hartmann kamen zusammen heraus. Sechs Männer schleppten das Klavier aus dem Studienhaus herbei. Ich war einer von ihnen; ich stolperte und riß beinah alle anderen mit. Ich glühte und fühlte mich todkrank.

Wir fingen mit einer neuen Übung an, die so kompliziert war, daß selbst die erfahrensten russischen Schüler an ihr scheiterten. Die Struktur der Übung wurde mit Symbolen auf ein Brett gezeichnet; Kopf, Füße, Arme und Rumpf mußten unabhängigen Bewegungsabläufen folgen. Es war für uns alle eine Tortur.

Gurdjieff tat, als sei er wütend, ließ uns anhalten und sagte, wir sollten Rhythmen üben. Hartmann spielte einen Rhythmus nach dem anderen, und wir mußten ihnen mit den Füßen folgen. Eine tödliche Mattigkeit kam über mich, und jede Bewegung bedurfte einer äußersten Willensanstrengung. Einer der englischen Schüler gab auf und setzte sich, dann ein weiterer und noch einer. Ich bemerkte bald nichts mehr als die Musik und meine Schwäche. Immer wieder sagte ich mir: „Beim nächsten Wechsel höre ich auf." Hartmann spielte und spielte. Die englischen Schüler und die russischen Frauen fielen einer nach dem anderen aus. Außer sechs oder sieben Männern machte, glaube ich, nur Jeanne de Salzmann weiter.

Gurdjieff sah gespannt zu. Die Zeit war nicht mehr in vorher und nachher geteilt. Es gab keine Vergangenheit oder Zukunft mehr, nur noch den gegenwärtigen qualvollen Kampf, meinen Körper in Bewegung zu halten. Nach und nach wurde mir bewußt, daß Gurdjieff seine ganze Aufmerksamkeit auf mich konzentrierte. Ich spürte eine unausgesprochene Forderung, die zugleich auch Ermutigung und Versprechen war: ich durfte nicht aufgeben, und wenn es mich umbrachte.

Plötzlich fühlte ich eine ungeheure Kraft in mich einströmen. Mein Körper schien sich in Licht verwandelt zu haben. Ich spürte ihn nicht mehr wie sonst. Es gab keine Mühe mehr, keinen Schmerz, keine Müdigkeit, nicht einmal das Gefühl des eigenen Gewichts. Ich empfand ungeheure Dankbarkeit gegenüber Gurdjieff und Thomas de Hartmann, aber sie hatten die übrigen Schüler entlassen und waren selbst still weggegangen. Ich war in einem Zustand der Glückseligkeit, wie ich ihn nie zuvor erlebt hatte. Es hatte nichts mit der Ekstase der sexuellen Vereinigung gemein, denn es war ganz frei und abgelöst vom Körper. Es war jubelnde Freude in jenem Glauben, der Berge versetzen kann.

Alle waren zum Tee ins Haus gegangen, aber ich schlug die entgegengesetzte Richtung zum Gemüsegarten ein; dort nahm ich mir einen Spaten und begann zu graben. Umgraben ist eine gute Methode, um herauszufinden, wieviel wir körperlich leisten können. Ein kräftiger Mann kann kurze Zeit sehr schnell graben oder längere Zeit langsam, aber niemand kann seinen Körper zwingen, mag er noch so gut trainiert sein, lange Zeit schnell zu graben. Ich hatte das Bedürfnis, die Kraft zu erproben, die in mich eingeströmt war, und begann in der sengenden Nachmittagshitze in einem Tempo zu graben, das ich normalerweise nur wenige Minuten aushielt. Nach über einer Stunde spürte ich immer noch keine Ermüdung oder Anstrengung. Mein schwacher, störrischer, leidender Körper, war stark und gehorsam geworden. Der Durchfall hatte aufgehört, und auch das nagende Bauchweh, das mich tagelang begleitet hatte, spürte ich nicht mehr. Dazu kam eine Gedankenklarheit, die sich sonst nur in seltenen Augenblicken und ohne mein Zutun eingestellt hatte — jetzt stand sie zu meiner Verfügung. Ich kehrte in Gedanken in die Grande Rue de Péra zurück und stellte fest, daß ich jetzt die fünfte Dimension wahrnehmen konnte. Der Ausdruck „mit dem inneren Auge wahrnehmen" gewann einen neuen Sinn, als ich das ewige Muster von allem „sah", das ich anschaute: der Bäume, der Pflanzen, des fließenden Wassers, des Kanals, ja selbst des Spatens und schließlich meines eigenen Körpers. Ich erkannte die wechselvolle Beziehung zwischen „mir" und „meinem Muster"; je nach meinem Bewußtseinszustand rücken „ich" und „mein Muster" näher zusammen oder entfernen sich bis zur Beziehungslosigkeit voneinander. Zeit und Ewigkeit waren die Bedingungen unserer

Erfahrung, und die Harmonische Entwicklung des Menschen, zu der Gurdjieff uns hinführte, war das Geheimnis wahrer Freiheit. Ich weiß noch, daß ich laut sagte: „Jetzt verstehe ich, weshalb Gott sich uns verbirgt." Doch ich kann die Eingebung nicht mehr in mir wachrufen, die hinter diesem Ausruf stand.

Gurdjieff hatte mir bei unserem ersten Gespräch in Kuru Chesme gesagt, es genüge nicht zu wissen, daß es eine andere Welt gibt: man müsse willentlich in sie eintreten können. Jetzt lebte ich in der Ewigkeit, hatte aber meinen Halt an der Zeit nicht verloren. Ich war mir bewußt, daß das Leben unendlich viel reicher ist als alles, was unser Denken je darüber wissen kann.

Als die Schüler zur abendlichen Bewässerung des Gartens zurückkehrten, ließ ich meinen Spaten stehen und ging in den Wald. Ich kam am Steinbruch und an der Sägegrube vorbei und folgte einem Weg, der den Hügel hinaufführte. Die hohen Bäume, die grauen Felsen, der wolkenlose Himmel, das abendliche Summen der Insekten — alles verschmolz mit meinem inneren Leben. Den Unterschied zwischen außen und innen gab es nicht mehr: alles war, wo es war, und deshalb war es weder innerhalb noch außerhalb von irgend etwas anderem. Ich hatte nicht mehr den Wunsch, etwas zu erproben oder zu beweisen; es war mir genug, einfach so zu sein, wie ich war.

Hinter einer Biegung um einen großen grauen Felsen traf ich Gurdjieff. Obgleich ich noch nie in diesem Teil des Waldes gewesen war, empfand ich die Begegnung als unausweichlich. Ohne Umschweife begann er über die Energien zu sprechen, die im Menschen wirken.

„Es gibt eine bestimmte Energie, die für die Arbeit an sich selbst notwendig ist. Niemand kann Anstrengungen machen ohne einen Vorrat an dieser Energie. Wir können sie Höhere Emotionale Energie nennen. Jeder Mensch erzeugt durch einen natürlichen Prozeß täglich eine kleine Menge dieser Energie. Richtig angewendet, gibt sie dem Menschen die Fähigkeit, viel für seine eigene Selbstvervollkommnung zu tun. Aber auf diesem Wege gelangt er nur bis zu einem bestimmten Punkt. Die vollständige Umwandlung des Seins, unabdingbar für einen Menschen, der dem Zweck des Daseins gerecht werden will, erfordert aber eine viel stärkere Konzentration der Höheren Emotionalen Energie.

Es gibt einige Menschen auf der Welt, aber sie sind sehr selten, die mit einem großen Reservoir oder Akkumulator dieser Energie in Verbindung stehen. Dieses Reservoir ist unerschöpflich. Wer aus ihm schöpfen kann, ist fähig, anderen zu helfen. Nehmen Sie an, ein Mensch braucht hundert Einheiten dieser Energie, um sich selbst zu wandeln, hat aber nur zehn Einheiten zur Verfügung und kann sich selbst nicht mehr verschaffen. Er ist hilflos. Mit der Hilfe eines Menschen, der aus dem Reservoir schöpfen kann, ist er jedoch in der Lage, sich die fehlenden neunzig Einheiten zu borgen. Dann erst kann seine Arbeit wirkungsvoll sein."

Er wartete, bis all das in mich eingesunken war. Dann blieb er stehen, sah mir in die Augen und sagte: „Wer diese Fähigkeit hat, gehört der höchsten Kaste der Menschheit an. Vielleicht gehören auch Sie eines Tages dazu, aber

Sie werden noch viele Jahre warten müssen. Heute haben Sie einen Geschmack von dem bekommen, was für Sie möglich ist. Bisher wußten Sie von diesen Dingen nur theoretisch — jetzt besitzen Sie die Erfahrung. Wenn ein Mensch die Wirklichkeit erfahren hat, ist er verantwortlich für das, was er mit seinem Lebem macht."

Er fuhr fort, in ein oder zwei Tagen wolle er über seine Zukunftspläne mit mir sprechen und darüber, welchen Platz ich darin finden könnte, falls ich es wollte. Ich hatte kein Bedürfnis, irgendwelche Fragen zu stellen. Für den Moment hatte ich alles Interesse an weiterer Erkenntnis verloren und war zufrieden mit der Erfahrung, die mir auf so wunderbare Weise zuteilgeworden war. Gurdjieff ging davon, und ich schlenderte weiter durch den Wald.

Ein Vortrag von Ouspensky fiel mir dabei ein. Er hatte über die sehr engen Grenzen der Kontrolle über uns selbst gesprochen und fuhr fort: „Es läßt sich leicht zeigen, daß wir keine Kontrolle über unsere Emotionen haben. Manche Leute meinen, sie können ärgerlich oder froh sein, wie sie gerade wollen, aber jedermann kann bestätigen, daß man kaum willentlich erstaunt sein kann." Diese Worte im Gedächtnis, sagte ich zu mir: „Ich will erstaunt sein." Augenblicklich stellte sich ein überwältigendes Erstaunen ein, nicht nur über meinen eigenen Zustand, sondern über alles, was ich sah oder woran ich dachte. Jeder Baum war so einzigartig, so ganz er selbst, daß ich spürte, ich konnte ewig so weitergehen und würde nie aufhören zu Staunen. Dann kam mir der Gedanke: Furcht. Sofort war ich von Entsetzen geschüttelt. Namenloses Grauen bedrohte mich von allen Seiten. Ich dachte „Freude", und die Verzückung, die sich sogleich einstellte, schien mir das Herz zu sprengen. Ich dachte „Liebe", und es erfüllte mich mit so feinen Schattierungen von Zärtlichkeit und Mitgefühl, daß ich begriff: ich habe nicht die leiseste Ahnung von der Tiefe und Weite der Liebe. Liebe war überall und in allem. Sie war unendlich wandelbar und konnte sich auf jede Schattierung eines Bedürfnisses einstellen. Nach einer Weile wurde es mir zuviel; mir schien, wenn ich noch tiefer in das Mysterium der Liebe eindrang, würde ich aufhören zu sein. Ich wollte frei sein von dieser Kraft zu fühlen, was ich gerade wollte, und im selben Moment war sie weg. Als ich wieder mit meinen eigenen Augen sah und mit meinem eigenen Denken dachte, sprach sich in mir ein Distichon von William Blake:

In Liebe alt geworden, von sieben bis siebenmal sieben,
Hab' ich mir oftmals Hölle gewünscht anstelle des Himmels.

Jetzt verstand ich, daß dies kein bloßes Spiel mit Worten war, sondern Ausdruck echter Erfahrung. In der Welt, in die ich eingetreten war, das wußte ich, gab es keine Einsamkeit, denn alle, die zur Ewigen Quelle gelangen, begegnen sich dort als Brüder. Alles war still und klar geworden; ich war mir meines Körpers bewußt, aber er war ganz „außerhalb". Ich erinnerte mich kristallklar an mein Erlebnis im Feldlazarett am 21. März 1918. Jetzt hatte ich wieder dasselbe Empfinden, daß es nicht das geringste ausmachte, wenn mein Körper zerstört wurde.

Am Abend arbeiteten wir im Studienhaus wieder an der gleichen komplizierten Übung, der ich noch am Nachmittag völlig hilflos gegenübergestanden hatte. Ich sah sofort, wie sie ausgeführt werden mußte. Einen Rhythmus konnte ich der Intelligenz meines Körpers überlassen. Für den zweiten brauchte ich nur der Musik zuzuhören und mich von ihr führen zu lassen. Einen dritten konnte ich meinem Bewußtsein anvertrauen. Die Einheit einer Bewegung war durch den Gefühlszustand gegeben, den sie ausdrückte. Weil ich diese verschiedenen Kräfte in mir auseinanderhalten konnte, war ich in der Lage, dem ganzen Ablauf mühelos zu folgen. Was ich immer versucht hatte, das Muster vom Kopf in den Körper wandern zu lassen, war nicht möglich. Ich wollte, daß niemand bemerkte, da ich die Übung ausführen konnte, und auch das fand ich interessant, denn ich wußte sehr wohl um meine Eitelkeit, die mich sonst immer darauf achten ließ, was für eine Figur ich vor den anderen machte.

Nach kurzer Zeit brach Gurdjieff die Übung ab und ließ eine große Tafel aufstellen, um einen Vortrag zu halten. Er zeichnete ein kompliziertes Diagramm auf, eine schematische Darstellung des menschlichen Körpers und seiner Funktionen. Dazu zeichnete er einen Mechanismus, der aus Spindeln und Rollen verschiedener Größe zusammengesetzt schien. Seinen Vortrag hielt er auf Russisch, und ich nahm alles, was er sagte, unmittelbar auf, bemerkte sogar Übersetzungsfehler, die Major Pinder machte. Gurdjieff sprach darüber, daß unsere Fähigkeit zur Arbeit davon abhängt, wie wir mit den Energiequellen in uns und jenseits von uns verbunden sind. Alles, was er sagte, warf Licht auf meine eigene Erfahrung. Gurdjieffs Erläuterungen erreichten mich so direkt, als kämen sie aus mir selbst. Die Bedeutung dessen, was er sagte, ging weit über meine eigene Situation hinaus: ich sah vor mir die ganze Menschheit, dürstend nach der Energie, die jetzt durch mich hindurchströmte. Gurdjieff sprach von den Großen Ewigen Reservoirs und ihrer Verbindung mit Heiligen Wesen, die auf die Erde gekommen sind, um der Menschheit zu helfen. Dann ging er zu einem anderen Diagramm über, das zeigte, wie der Wille Gottes bei der Schöpfung durch Energien verschiedener Dichte und Feinheitsgrade wirkt. Ich sah, daß solche Quellen der Hilfe wirklich vorhanden sind. Ich sah, was für einen großen Fehler wir Menschen gemacht haben, indem wir die Verbindung zerrissen, die wir mit ihnen haben können.

Nach dem Vortrag zerstreuten sich die Schüler und gingen zu Bett. Ich ging hinaus in den Garten. Die Luft war noch heiß und die Nacht strahlend klar. An Schlaf war nicht zu denken. Wieder trat mir Gurdjieff unerwartet entgegen. Er sagte nichts weiter als: „Jetzt Zeit zu schlafen“, auf Englisch. Ich entgegnete auf Türkisch, ich könne nicht schlafen. Doch, sagte er, ich könne, und ich werde durch den Schlaf nichts verlieren. Ich ging ins Bett und schlief augenblicklich ein. Am nächsten Morgen war von der Erfahrung nichts übrig als eine Erinnerung und die Überzeugung, daß ich eines Tages die Kraft, die ich jetzt geschmeckt hatte, zu meiner eigenen machen mußte:

die Kraft, mich an den großen Akkumulator anzuschließen, der dem Menschen wunderbare Kräfte verleihen konnte.

Gurdjieffs Vortrag hatte ein interessantes Nachspiel. Am nächsten Tag kamen Maurice Nicoll und andere zu mir und sagten sie verstünden nicht, worauf Gurdjieff hinauswollte, hätten aber das Gefühl, daß ich ihm irgendwie gefolgt sei. Als ich zu erklären versuchte, stellte ich fest, daß ich außerstande war, mich auch nur an ein Wort seines Vortrages zu erinnern oder zu beschreiben, was mir am Vortag widerfahren war. Es war der wichtigste Tag meines ganzen Lebens gewesen — aber ich konnte ihn nicht mit anderen teilen. Es gelang mir, das Diagramm zu rekonstruieren, und deshalb konnte ich dreißig Jahre später bei der Niederschrift von *The Dramatic Universe* eine Interpretation des Schöpferischen Prozesses geben, der sonst weit über meinen Verstand hinausgegangen wäre.

Zwei oder drei Tage nach dieser großen Erfahrung lud Gurdjieff mich ein, ihn nach Melun zu fahren, wo er etwas zu erledigen hatte. Bei der Rückfahrt bog er in einen Waldweg ein, und wir gelangten auf eine Lichtung oberhalb vom Château de Prieuré. Er sagte, dies sei sein liebster Aussichtspunkt; dann setzten wir uns nebeneinander auf ein Kissen, und er sprach von seinem Plan, weiteres Land zu kaufen und ein Observatorium zu bauen. Er sagte, es gebe bei den Planetenbewegungen Tatsachen, an denen die Astronomie vorbeisah, und er wolle Forschungen fortsetzen, die er vor dreißig Jahren in Zentralasien begonnen habe. Ich hatte keine Ahnung, wie alt er war; ich schätzte ihn auf sechzig oder siebzig, obgleich er viel jünger aussah. Einmal nannte er sich selbst einen alten Mann, ein andermal konnte er von seiner Jugend und Virilität prahlen. Man wußte nie, wann er im Ernst sprach und wann er einem mit irgendeinem fantastischen Hirngespinst auf den Zahn fühlte.

Jedenfalls nahm ich seine Pläne für ein Observatorium und ein wissenschaftliches Forschungszentrum ernst. Es entsprach meinen eigenen Träumen, und ich fragte mich gar nicht, ob Gurdjieff mich vielleicht zum Narren hielt.

Wieder am Prieuré, kam ich mir sehr wichtig vor, weil Gurdjieff mich in seine geheimen Pläne eingeweiht hatte. Ein Brief war für mich da; er enthielt die Nachricht, auf die ich gehofft hatte — Mrs. Beaumont würde in zwei Tagen ankommen. Ich hatte sie in meinen Briefen immer wieder gedrängt zu kommen. Gurdjieff hatte sich nach ihr erkundigt und ließ mir ausrichten, sie werde hier willkommen sein, doch aus irgendeinem Grund, den ich nicht kannte, hatte sie gezögert. Der Grund war sehr einfach, wie sich herausstellte: Ich hatte ihr das anstrengende Leben am Prieuré so farbig ausgemalt, daß sie sich nicht stark genug dazu fühlte, und andererseits wollte sie mich nicht aufhalten.

Als sie gegen Ende August ankam, begrüßte Gurdjieff sie persönlich und erlaubte ihr zu bleiben, so lange sie wollte. Als sie mich sah, war sie allerdings sehr beunruhigt. Mit Entsetzen stellte sie fest, daß der russische Arzt, der mir Spritzen gegen die Ruhr gab, sich nicht einmal um die Grundregeln der

Hygiene scherte, sondern sich so, wie er aus dem Kuhstall kam, mit einer unsterilisierten Spritze über mich hermachte. Eigentlich waren ihr die Umstände, unter denen wir dort lebten, insgesamt ein Greuel. Als sie sah, daß die Küche schwarz vor Fliegen war, ging sie schnurstracks ins Dorf, kaufte Dutzende von Fliegenpapieren und hängte sie eigenhändig auf.

Die englischen Schüler sahen ihr mit gemischten Gefühlen zu. Die Fliegen in der Küche wurden ganz selbstverständlich als eine „Prüfung" betrachtet, die wir über uns ergehen lassen mußten. Auch den Russen war sie suspekt wegen ihrer scheinbaren Respektlosigkeit gegenüber Gurdjieff. Er selbst war hocherfreut und wurde nicht müde, sie für ihren Kampf gegen die Fliegen zu loben.

Schon ein paar Tage nach meiner großen Erfahrung war die Ruhr wiedergekommen, und ich fühlte mich schwächer denn je. Mrs. Beaumont beharrte darauf, mich zum Ausruhen nach Paris zu bringen. Schon nach ein oder zwei Tagen fühlte ich mich viel besser, und da ich nichts zu tun hatte, entschloß ich mich, Gurdjieffs Rezept fürs Russischlernen auszuprobieren. Einmal hatte er beim Abendessen gesagt, er lerne Sprachen, indem er jeden Tag zweihundert Wörter auswendiglernte und sich am nächsten Morgen vergewisserte, daß er sie nicht vergessen hatte. Damals standen auf dem Champs Elysées vom Rond Point bis zum Etoile Bänke. Ich zählte zwanzig Bänke und nahm mir vor, auf jeder Bank zehn Wörter zu lernen. Am ersten Tag lernte ich meine Liste von zweihundert Wörtern in zwei Stunden. Am zweiten Tag dauerte es sechs Stunden. Am dritten bekam ich bohrendes Kopfweh und mußte den Versuch abbrechen, nachdem ich insgesamt fünfhundert Wörter gelernt hatte. Ganz erstaunt und zu meiner Freude konnten ich jedoch feststellen, daß ich mit diesem Grundwissen jetzt Russisch lesen und auch im Gespräch verstehen konnte.

Inzwischen war ein Brief von John de Kay angekommen. Er drängte mich, nach London zu kommen, denn er hatte gehört, Lord Curzon würde das Auswärtige Amt verlassen, und dann wären vielleicht bessere Voraussetzungen gegeben, um die türkischen Ansprüche geltend zu machen. Ich fuhr am nächsten Morgen nach Fontainebleau zurück; gesundheitlich fühlte ich mich viel besser, aber innerlich war ich voller Unruhe. Ich litt an den Nachwirkungen der ungeheuren Erlebnisse der Vorwoche. Am nächsten Tag sprach ich mit Gurdjieff über John de Kay und seine Hoffnungen; wenn die Ansprüche der Erben Abd Al Hamids anerkannt würden, so fügte ich hinzu, hätte ich genügend Geld, um den Bau des Observatoriums zu unterstützen. Vorderhand besaß ich nichts. Ich mußte auch meine Mutter unterstützen, denn mein Vater hatte sein Geld und ihres durchgebracht und sie ohne einen Penny zurückgelassen. Es gab noch weitere Verpflichtungen, und es war einfach notwendig, Geld zu verdienen. Gern wäre ich am Prieuré geblieben, wo ich gefunden hatte, was mir im Leben am wichtigsten erschien. Gurdjieff sagte: „So weit waren Sie nur versuchsweise hier. Sie haben etwas bekommen. Wenn Sie aber herkommen, um zu arbeiten, müssen Sie wissen, daß nichts geschenkt wird. Wenn Sie etwas für sich selbst haben wollen, müssen

Sie lernen zu stehlen. Was ich zu geben habe, ist unbezahlbar. Wenn Sie es brauchen, müssen Sie es stehlen.

Sie haben die Möglichkeit zu lernen, wie man arbeitet. Tatsache ist, daß in der heutigen Welt nur sehr wenige diese Möglichkeit haben: für die meisten Menschen gibt es Schranken, über die sie nicht hinauskommen. Jeder hat diese Schranken, sie liegen in der menschlichen Natur. Sie haben gesehen, daß es möglich ist, sich direkt an den Großen Energieakkumulator anzuschließen, der der Ursprung aller Wunder ist. Wenn Sie dauerhaft mit dieser Quelle verbunden sind, können Sie alle Schranken überschreiten. Aber Sie wissen nicht, wie man das macht, und Sie sind noch nicht so weit, daß es Ihnen gezeigt werden kann. Alles, was getan werden muß, liegt noch vor Ihnen, aber Sie haben jetzt den Beweis, daß es möglich ist. Es mag noch zwanzig, dreißig oder gar vierzig Jahre dauern, bis Sie wirklich in den Besitz der Kraft gelangen, die ihnen für einen Tag geliehen wurde. Aber was bedeutet ein ganzes Leben, wenn so etwas möglich ist? Seit ich ein Junge war, weiß ich von der Existenz dieser Kraft und der Barrieren, die den Menschen von ihr trennen, und ich habe gesucht, bis ich den Weg fand, auf dem man sie durchbrechen kann. Das ist das große Geheimnis der menschlichen Natur, das es zu lüften gilt. Viele Menschen sind überzeugt, daß sie wirklich frei sein und die Realität erkennen wollen, aber sie erkennen die Schranke nicht, die sie daran hindert, die Realität zu erreichen. Sie bitten mich um Hilfe, aber sie sind nicht bereit oder nicht in der Lage, den Preis zu bezahlen. Es liegt nicht an mir, wenn ich ihnen nicht helfen kann."

Er sprach noch einmal über Sein und Wissen und über die Gefahr, daß ich alles verlieren könnte, wenn ich mich nur auf das Wissen verließ. Sehr ernst sagte er: „Mit zu viel Wissen kann die innere Schranke unüberwindlich werden."

Ich sagte: „Wenn ich bei Ihnen bliebe, wieviel Zeit würde ich dann brauchen?" Nach dem, was er gerade gesagt hatte, erwartete ich als Antwort zwanzig Jahre, aber er antwortete: „Wenn Sie all Ihre Kraft dieser Aufgabe widmen, kann es zwei Jahre dauern, bis Sie allein arbeiten können. Bis dahin werden Sie mich brauchen, denn Sie können die Voraussetzungen nicht selber schaffen. Danach werden Sie mich nicht mehr brauchen, doch in den zwei Jahren müssen Sie zu allem bereit sein."

Als ich ihn daran erinnerte, daß ich kein Geld hatte und nicht bleiben konnte, ohne zu bezahlen, erwiderte er: „Ich bin nicht an Ihrem Geld, sondern an Ihrer Arbeit interessiert. Es gibt genügend Leute, die mir Geld geben werden, aber nur wenige, die arbeiten werden. Ich gebe Ihnen das Geld, das Sie brauchen. Ich werde bald nach Amerika reisen, und Sie können mir helfen, wenn Sie russisch lernen und für mich dolmetschen wollen. Bald werden Sie auch lernen, in meinem Sinne Vorträge zu halten. Vorläufig werden Sie nehmen müssen, denn Sie haben nichts zu geben. Später werden Sie genau wie ich bereit sein, Ihr letztes Hemd zu geben, um die Arbeit zu fördern."

Gurdjieff sah mich mit großer Entschiedenheit an, aber ich wußte, daß ich sein Angebot nicht annehmen konnte. Ich sagte mir, daß ich gehen und Geld verdienen würde, um dann zurückzukommen. Er drängte mich zu keiner Entscheidung; nachdem er gesagt hatte, was er zu tun bereit war, schien er alles Interesse an mir zu verlieren. Ich konnte ihn nicht einmal finden, um mich zu verabschieden. Es war anfangs September 1923, als ich das letze Mal den Hügel hinauf zum Bahnhof von Fontainebleau ging und den Zug nach Paris nahm. Ein Kapitel war abgeschlossen, und nichts sollte darin mehr geschrieben werden, bis ich zu Gurdjieff zurückfand. Ich konnte nicht wissen, daß bis dahin fünfundzwanzig Jahre vergehen würden. Erst nachdem Gurdjieff das Ende seines Lebens erreicht hatte, wurde mir bewußt, daß das Grundmuster seines Lebens ihn immer wieder all jene von sich stoßen ließ, die von größtem Nutzen für ihn hätten sein können. Er vertrieb P.D. Ouspensky, Alexander de Salzmann und selbst seinen hingebungsvollen Freund Thomas de Hartmann. Er vertrieb auch A.R. Orage, Maurice Nicoll und viele andere, von denen keiner es je schaffte, wieder zurückzukommen, obwohl mancher es versuchte. Ich hatte das Glück, daß es mir gelang, zu Gurdjieff zurückzukommen. Das war sicher nicht mein eigenes Verdienst, sondern vermutlich der Tatsache zuzuschreiben, daß ich jünger als die anderen war und fünfundzwanzig Jahre später noch lebte, um meine zweite Chance zu nutzen.

11. Widersprüchliche Einflüsse

Ich kam krank und erschöpft in London an, doch ich war bald wieder bei Kräften. Ich besuchte Ouspensky, und er ließ sich berichten, was ich erlebt hatte. Ich hätte ihm gern von meinem wunderbaren Erlebnis erzählt, merkte aber, daß ich nicht darüber sprechen konnte. Was sich ereignet hatte, war nicht dem geschehen, der ich damals war, sondern einem anderen, der ich vielleicht einmal sein würde. Es war mir peinlich darüber zu sprechen, als würde ich damit vorgeben, jemand zu sein, der ich nicht war. Ich berichtete ihm so gut ich konnte von Gurdjieffs Vortrag über Energien und Geschwindigkeitsveränderungen, doch er schien nicht sonderlich interessiert.

Mrs. Beaumont irritierte es, daß sie Gurdjieff nicht recht einschätzen konnte. Sie war es gewohnt, Menschen definitiv und zutreffend beurteilen zu können, doch Gurdjieff entzog sich ihr. Sie ging zu Ouspensky und sagte zu ihm (wie sie mir am nächsten Tag erzählte): „Ich möchte, daß Sie mir die Wahrheit über Gurdjieff sagen. Ich weiß, er ist kein gewöhnlicher Mensch, aber ich kann nicht sagen, ob er sehr gut oder sehr böse ist. Ich mochte ihn, und ich haßte ihn. Ich wollte nicht unter seinen Einfluß geraten. Sagen Sie mir aufrichtig, was Sie glauben?" Ouspensky hatte ganz einfach und vorbehaltlos geantwortet: „Ich kann Ihnen versichern, daß Gurdjieff ein guter Mann ist. Aber Bennett hatte recht, wieder wegzugehen; er ist noch nicht reif für diese Arbeit."

Im Herbst und Winter 1923 nahm ich regelmäßig an Ouspenskys Zusammenkünften teil und arbeitete mit kleinen Gruppen. Der großartige, weit gespannte Bogen seiner Darlegungen riß uns alle mit. Ich gab mir große Mühe, die psychologischen Methoden der Selbstbeobachtung, der Selbsterinnerung und des Kampfes gegen Gewohnheiten und Charakterzüge in die Praxis umzusetzen. In den kleinen Gruppen forschten wir nach Zusammenhängen zwischen Gurdjieffs kosmologischen Ideen und den Entdeckungen der modernen Wissenschaft. Diese Arbeit nahm fast meine gesamte Freizeit in Anspruch. Tagsüber hielt ich ganz auf mich allein gestellt das Londoner Büro der Sultan Abdul Hamid Estates in Gang. John de Kay hatte viele Eisen im Feuer, und fast jeden Tag mußte ich mit irgendwelchen Leuten verhandeln. Eine Gruppe von Londoner Finanziers interessierte sich für das Projekt, und ich mußte Informationen aus der Türkei und anderswoher einholen, um ihre Fragen zu beantworten.

Am 22. Januar 1924 wurde die erste Labourregierung gebildet, angeführt von Ramsay MacDonald als Premierminister und Außenminister. Henderson, der Parteisekretär, galt als der mächtige Königssmacher hinter den

Kulissen. Philip Snowden war Schatzkanzler. John de Kay entschloß sich, nach England zu kommen; er glaubte, die alten Freunde, für die er durch seine Unterstützung der Zweiten Sozialistischen Internationale so viel getan hatte, würden ihm helfen, für die Besitzansprüche der Prinzen auf britischem Mandatsgebiet in Mesopotamien, Arabien und Palästina eine Schlichtung zu erreichen.

Er machte die Rechnung ohne den Wirt. Die neue, noch unerfahrene Labourregierung schloß sich in allen zweitrangigen Fragen den Ansichten des bestehenden Verwaltungsappartes an. Das Außenministerium war der türkischen Herrscherfamilie seit langem feindlich gesinnt und MacDonald erhielt den Rat, sich aus diesem Schlichtungsverfahren lieber ganz herauszuhalten. John de Kay, hartnäckig wie immer, bearbeitete daraufhin Arthur Henderson, der von Natur aus ein Ohr für die Sache der Unterdrückten hatte. Die türkische Nationalistenregierung hatte vor kurzem die Republik ausgerufen und die Herrscherfamilie aus dem Land getrieben. Viele ihrer Mitglieder strandeten so gut wie mittellos in dieser oder jener europäischen Hauptstadt. Als Kreuzritter für die Rechte der Unterdrückten war John de Kay in seiner Glanzrolle. Er war von der Rechtmäßigkeit der Ansprüche von Sultan Abd Al Hamids Erben so überzeug, daß er um nichts weiter bat als ein Schiedsverfahren vor irgendeinem Tribunal, das der britischen Regierung genehm war. Gegen Mitte April 1924 schien die Sache voranzukommen, als die Rechtsabteilung des Auswärtigen Amts darauf aufmerksam machte, daß man nicht direkt mit den Erben Abd Al Hamids zu tun haben werde, sondern mit einer amerikanischen Firma. Das State Department in Washington mußte hinzugezogen werden und erfuhr auf diese Weise von John de Kays Anwesenheit in England.

Der alte Groll über John de Kays Eintreten für General Huerta in Mexiko war noch lebendig. Unter der Anklage des Betrugs im Zusammenhang mit dem Verkauf mexikanischer Staatspapiere wurde in London wiederum ein Ausweisungsantrag gegen de Kay gestellt. Er wurde verhaftet und kam ins Gefängnis von Brixton. Ich ging ihn sofort besuchen. Mrs. Beaumont, die ihm dringend abgeraten hatte, nach England zu kommen, und die schon bedauerte, daß ich in seine aufreibenden Transaktionen verwickelt war, zeigte sich wieder einmal voller Mut und Einfallsreichtum. Es ist hauptsächlich ihr Verdienst, daß de Kay schon kurz darauf gegen Kaution freikam. Dann begann unser langer und deprimierender Kampf gegen seine Ausweisung. Sir John Campbell, der mit der Untersuchung des Falls beauftragte Gerichtsbeamte, zeigte sich durchaus verständnisvoll, aber de Kay legte sich durch seine Attacken gegen die Botschaft der Vereinigten Staaten selbst Steine in den Weg.

Es war natürlich eine Anklage, die sich ausschließlich auf Dokumente stützte. Ich warf mich in die Arbeit, als gelte es, meine eigene Freiheit zu schützen. Bis dahin hatte ich noch nichts von der Faszination juristischer Prozeduren geahnt. Es war eine ganz neue Welt, und ich mußte sie einfach verstehen. Stunden verbrachte ich mit den Anwälten, die die sehr schwierige

Aufgabe hatten, zu beweisen, daß kein eindeutiger Tatbestand vorlag. Wir waren wohl alle überzeugt, Campbell eingeschlossen, daß de Kay keiner Veruntreuung schuldig war, aber es lag auch auf der Hand, daß er Verpflichtungen auf sich genommen hatte, die er nicht einlösen konnte. De Kay beharrte auf seinem Status als politisch Verfolgter; er zählte auf die Hilfe MacDonalds und seiner Freunde in der Zweiten Sozialistischen Internationale.

Mir fiel die unangenehme Aufgabe zu, Mitglieder der Regierung dahingehend zu bearbeiten, daß sie den Auslieferungsantrag ohne vorherige Anhörungen ablehnten. Vergeblich erklärte ich de Kay, daß dies nach britischen Gesetzen nicht möglich war. Sein Status war zweifelhaft, denn die britische und amerikanische Regierung hatten Huerta gerade in der Zeit, als de Kay für ihn arbeitete, die Anerkennung entzogen. Der Fall zog sich über vier Monate hin. Ich lernte manch bittere Lektion über die Feigheit der Leute angesichts kompromittierender Situationen. Sir John Campbell war fair und geduldig, und offenbar plagte ihn auch der Verdacht, daß die Haltung der Amerikaner auch von politischer Animosität bestimmt war. Am Ende entschloß er sich dann aber doch zur Auslieferung. John de Kay wurde abermals festgenommen und in die Vereinigten Staaten überführt. Ich habe ihn nie wiedergesehen. Der Gang der Ereignisse hatte ihn verbittert, und er fing an zu trinken. Er traute der amerikanischen Justiz nicht über den Weg und glaubte, man werde eine lange Haftstraße gegen ihn „durchpeitschen". Es kam ganz anders. Das amerikanische Justizministerium befand, daß die Anklage nicht zu beweisen war, und de Kay wurde nach einem kurzen Prozeß freigesprochen.

Meine Verbindung zu John de Kay hatte gut zwei Jahre gedauert. Ich hatte viel von ihm gelernt, insbesondere aber, jedes Problem im großen Maßstab zu sehen. Er besaß die seltene Gabe, sich ganz einfach auszudrücken. Das Wichtigste, was ich von ihm lernte, war jedoch, daß ein Mann sich auf sich selbst verlassen muß, wenn er kein Schmarotzer an der Gesellschaft sein will. Ich war bei seiner Auslieferung gerade siebenundzwanzig und hatte mich zu sehr auf ihn verlassen. Er war in vieler Hinsicht das genaue Gegenteil von mir. Sein Herz war alles andere als eisig, und es entzündete sich an jeder realen oder eingebildeten Ungerechtigkeit. Er hatte jedoch den fatalen Fehler, sich für mehr als einen gewöhnlichen Menschen zu halten. Seine Schwächen wurden mir im Licht der Lehren Ouspenskys schmerzhaft deutlich. Mrs. Beaumont und ich hatten uns immer gewünscht, daß die beiden sich einmal trafen. Schließlich schafften wir es, sie zusammenzubringen, aber es kam wenig dabei heraus. In John des Kay brannte das Verlangen, anderen zu helfen, doch er sah nicht, wie sehr er selbst Hilfe brauchte. Wir fragten uns, was Gurdjieff wohl zu ihm gesagt hätte, aber der war für uns inzwischen unerreichbar. Er war mit seinen russischen Schülern nach Amerika gegangen.

Eines Abends lud Ouspensky mich zu einer Zusammenkunft in Ralph Philipsons Wohnung am Portland Place ein. Wir waren nur zehn Leute, und offenbar handelte es sich um keinen gewöhnlichen Anlaß. Ohne Umschweife begann Ouspensky: „Ich habe Sie gebeten herzukommen, weil ich beschlossen habe, alle Beziehungen zu Mr. Gurdjieff abzubrechen. Das bedeutet, daß Sie sich entscheiden müssen. Sie können mit ihm arbeiten oder mit mir: aber wenn Sie bei mir bleiben, müssen Sie sich dazu verpflichten, jede Verbindung zu Mr. Gurdjieff und seinen Schülern abzubrechen."

Obgleich ich wußte, daß zwischen Ouspensky und dem Prieuré etwas schiefgegangen war, überraschte mich diese unumwundene Forderung doch sehr. Die meisten von uns wagten aus Ehrfurcht vor Ouspensky nicht, nach den Gründen zu fragen. Nur Philipson, ein sehr geradliniger Mann aus dem Norden — auch ein sehr reicher Mann, auf den Ouspensky angewiesen war —, stellte die Frage, die uns alle insgeheim bewegte. Ouspensky war offenbar darauf gefaßt, denn er antwortete sehr langsam und mit Bedacht: „Mr. Gurdjieff ist ein sehr ungewöhnlicher Mann. Er hat viel größere Möglichkeiten als Menschen wie wir. Aber auch er kann den falschen Weg einschlagen. Ich glaube, daß er jetzt durch eine Krise geht, und niemand kann vorhersehen, wie das ausgehen wird. Die meisten Menschen haben nicht nur ein „Ich", sondern viele. Wenn diese „Ichs" miteinander auf Kriegsfuß stehen, so kann dadurch nicht viel Schaden entstehen, weil sie alle schwach sind. Mr. Gurdjieff hat nur zwei „Ichs" — ein sehr gutes und ein sehr böses. Ich glaube, daß das gute „Ich" am Ende die Oberhand gewinnen wird, doch bis dahin ist es sehr gefährlich, in seiner Nähe zu sein. Wir können ihm in keiner Weise helfen, und in seinem gegenwärtigen Zustand kann er für uns auch keine Hilfe sein. Deshalb habe ich mich entschlossen, alle Kontakte abzubrechen. Das bedeutet freilich nicht, daß ich gegen ihn bin oder das, was er tut, für schlecht halte."

Jemand fragte: „Wenn er den falschen Weg geht, was kann dann passieren?"

Ouspensky antwortete: „Er könnte wahnsinnig werden. Oder er könnte irgendeine Katastrophe auf sich ziehen, die auch die Menschen in seiner Umgebung trifft."

So weit ich mich erinnere, sagte ich nichts. Ich war so viel jünger als die anderen, und es gab da etwas, das ich nicht verstand. Ich wünschte mir so sehr, bei Gurdjieff zu sein. Er war anders als alle Menschen, die ich je gekannt hatte, und er hatte in mir ein bis dahin nie erlebtes Gefühl der Liebe wachgerufen. Ich verdankte ihm die größte Erfahrung meines Lebens. Doch während ich zwischen diesen Empfindungen hin und her gerissen war, wußte ich schon, daß ich nicht zu Gurdjieff gehen würde. Ich wußte, ich hatte so weiterzuleben, wie ich jetzt lebte.

In späteren Jahren wurde ich oft gefragt, weshalb ich nicht Gurdjieff gefolgt war. Ich glaube nicht, daß Ouspenskys Warnung mich beeinflußt hat. Es war eher so, als hätte Gurdjieff selbst sich von mir zurückgezogen und wollte nicht zulassen, daß ich ihm folgte.

Erst viel später erfuhr ich, daß Gurdjieff kurz vor dieser Zeit einen schrecklichen Unfall gehabt hatte; er war auf dem Weg von Paris nach

Fontainebleau mit hoher Geschwindigkeit frontal gegen einen Baum gerast. Einige von denen, die damals am Prieure' lebten, erzählten mir von den ungeheuren Auswirkungen dieses Unfalls auf alle Schüler und von den Tagen als Gurdjieff mit einer Kopfverletzung, die zu überleben kaum möglich schien, zwischen Leben und Tod schwebte. Er selbst hat diesen Unfall und die Ereignisse, die zu ihm führten, in einem überwältigend kraftvollen Kapitel seines unveröffentlichen Buches *Life is Real only then when I AM* beschrieben.

Sollte dieses Buch je veröffentlicht werden, so wird es viel deutlicher, als ich es jemals könnte, die Gewalt jener Kräfte veranschaulichen, die damals die Hoffnungen vieler Menschen auf einen Umschwung in der Geschichte durch Gurdjieffs System zunichtemachten oder zumindest für lange Jahre ohne Nahrung ließ.

In diesem Jahr (1924) sah ich Ouspensky häufig und half ihm bei der Übersetzung seiner Bücher ins Englische. Trotz häufiger Auslandsreisen nahm ich aktiv an den Studiengruppen teil. Ich glaubte, diese Arbeit bedeutete mir mehr als alles andere, und ich fühlte mich bereit, alles zu opfern, um das von Ouspensky gesteckte Ziel der bewußten Individualität zu erreichen. Ich glaubte auch, daß ich durch die Selbstbeobachtung, die ich seit zwei Jahren praktizierte, fähig geworden war, mich selbst und meine Schwächen zu erkennen. Wenn ich nach einem Dritteljahrhundert jetzt zurückschaue, so sehe ich, daß ich damals nicht einmal angefangen hatte zu begreifen, was das alles bedeutete.

Meine äußere Lebenssituation war nicht leicht. John de Kay hatte den Schauplatz verlassen. Seiner amerikanischen Firma war es nicht gelungen, seine Pläne für die Rechte der Erben Sultan Abd Al Hamids in die Tat umzusetzen, und die Prinzen hatten ihrerseits den Vertrag gekündigt. Man mußte das Vorhaben entweder aufgeben oder noch einmal ganz von vorn anfangen. Ich fühlte mich den Prinzen gegenüber verpflichtet, noch einen Versuch zu machen. Zum ersten Mal stand ich ganz allein da und hatte niemanden, an den ich mich um Rat und Hilfe wenden konnte.

Über einen alten Freund von Mrs. Beaumont lernte ich einige Männer kennen, die im Krieg reich geworden waren und im Ausland nach Anlagemöglichkeiten für ihr Kapital suchten. Mir wurde die Aufgabe übertragen, die Prinzen zu einem neuen Vertrag zu bewegen. Dafür mußte ich nach Paris, Nizza, Rom, Wien und Budapest reisen. Ich wurde großzügig mit Spesengeldern ausgestattet, um die Prinzen unterhalten und ihnen kleine Vorauszahlungen leisten zu können. Die nächsten sechs Monate waren äußerlich sehr erfolgreich — aber nicht gut für mein inneres Leben. Ich tummelte mich quer durch Europa in Cabarets und Nachtclubs. Ich trank zuviel und ging mit Frauen aus jener seltsamen Halbwelt aus, die ich noch nicht kannte. Als die Verträge schließlich unterzeichnet waren und ich triumphierend nach England zurückkehrte, konnte ich das Leben, das ich geführt hatte, vor mir selbst nur als notwendig für meine Bildung rechtfertigen. Bis heute weiß ich nicht, ob das stimmt. Wir können nicht verstehen, was wir nicht selbst erfahren haben, aber das muß nicht heißen, daß es notwendig ist, zu verstehen, wie Menschen leben, deren Hauptantrieb in der augenblicklichen Befriedigung ihrer Gelüste besteht. Ich halte nichts von einer öffentlichen Beichte, aber dieser Bericht von meinen Erlebnissen wäre unvollständig, wollte ich verschweigen, daß mein Lebensstil in der Zeit vom Juli 1924 bis zum Februar 1925 ganz und gar nicht zu meinen hohen Idealen paßte.

Die Verträge wurden in einem günstigen Augenblick geschlossen. Der Vertrag von Lausanne war ratifiziert worden, und damit war der Weg für Verhandlungen mit den Nachfolgestaaten geebnet. In Budapest machte mich einer der Prinzen mit Maître Simons bekannt, einem früheren Justizminister von Griechenland, der mir versicherte, die griechische Regierung werde den privaten Charakter der vom Sultan erworbenen Besitzungen anerkennen.

Er sagte, der einfachste Weg zu einer Einigung sei das Angebot von britischem Kapital für die Erschließung des Besitzes, der aus Ackerland, Schürfrechten und Gebäuden in mazedonischen Städten bestand.

Das war ermutigend, und die Anziehung, die Griechenland auf mich ausübte, wurde noch stärker, als ich in Nizza einen alten Freund aus der Türkei traf. Maître Aristidi Georghiades, ein griechischer Rechtsanwalt und früheres Mitglied von Sultan Abd Al Hamids *Mabeyn,* war als sehr fähiger Verhandlungsführer bekannt. Er kannte Maître Simons und versicherte mir, er könne auf der Basis der von ihm gemachten Vorschläge erreichen, daß die griechische Regierung die Ansprüche der Prinzen anerkenne. Er verwies uns an den griechischen Botschafter in London, der ihn als *persona grata* seiner Regierung bestätigte, und meine Auftraggeber entschlossen sich zu einem ersten Versuch, in Griechenland zu einer Einigung zu kommen.

Sie beauftragten mich mit der Verhandlungsführung, und das brachte mich in ein Dilemma. Bei meinen Reisen hatte ich mich nie länger als einige Wochen von London entfernt und konnte immer den Kontakt zu Ouspenskys Arbeit halten. Diesmal würde ich für Monate oder gar Jahre weggehen. Ich ging zu Ouspensky und bat ihn um seinen Rat. Er antwortete nicht direkt, sondern erzählte mir eine Geschichte: „Es gibt ein russisches Märchen von einem Ritter, der auf Abenteuer auszieht. Er erreicht eine Stelle, wo der Weg sich dreifach gabelt. Unfähig zu entscheiden, welchen Weg er wählen soll, wendet er sich an einen alten Mann, der ihm sagt, auf dem rechten werde er sein Pferd verlieren, auf dem linken sich selbst und auf dem mittleren sich selbst und das Pferd. Da sagt er sich, ein Ritter ohne Pferd ist hilflos, und ein Pferd ohne Ritter ist nutzlos, da kann man ebensogut beides aufs Spiel setzen. Er wählt den mittleren Weg, und nach schlimmen Abenteuern, in denen die Prophezeiung des alten Mannes sich erfüllt, erreicht er endlich sein Ziel." Ouspensky fügte hinzu: „Sie sind jetzt in dieser Lage. Aber ich kann Ihnen ruhig verraten, daß der Ritter auch einen der anderen Wege hätte wählen können und ans gleiche Ziel gelangt wäre. Es kam für ihn nur darauf an, niemals aufzugeben. Das ist die einzige Bedingung."

Dieses Gespräch ist mir noch lebhaft in Erinnerung. Vieles sprach dafür, in England zu bleiben. Madame Ouspensky war gerade nach England gekommen und brachte mir Russisch bei, während ich sie in Englisch unterrichtete. Ouspensky bezog mich immer mehr in seine Arbeit ein; zusammen mit Maurice Nicoll oblag es mir, bei den Zusammenkünften Fragen zu beantworten, wenn er selbst nicht anwesend sein konnte. Seine Lehre interessierte mich ungemein, und ich konnte gar hoffen, selbst einen Beitrag zu leisten. Doch wenn ich in England blieb, würde ich kein Geld zum Leben haben.

Ich sagte zu Ouspensky: „Ich bin sicher, daß diese Arbeit zu Bewußtsein und Unsterblichkeit führen kann, aber ich bin mir nicht sicher, ob ich selbst das erreichen kann. Je mehr ich über mich erfahre, desto weniger scheine ich in der Lage zu sein, etwas zu erreichen. Im letzten Jahr bin ich sogar eher rückwärts als vorwärts gegangen."

Wir waren in seinem kleinen Wohnzimmer in der Gwendwr Road in West Kensington. Er stand mit dem Rücken zum Gasofen und musterte mich wie immer durch die dicken Gläser seines Kneifers. Er seufzte tief und sagte: „Sie sagen, Sie sind sicher, daß diese Arbeit zu Bewußtsein und Unsterblichkeit führen kann. Ich bin da nicht so sicher. Es gibt nichts, dessen ich sicher bin. Aber ich weiß, daß wir nichts haben und deshalb auch nichts verlieren können. Für mich ist das keine Frage der Hoffnung, sondern der Gewißheit, daß es keinen anderen Weg gibt. Ich habe zuviel versucht und zuviel gesehen, um noch irgendwas zu glauben. Aber ich werde den Kampf nicht aufgeben. Im Prinzip glaube ich, daß das erreichbar ist, was wir suchen — aber ich bin mir nicht sicher, ob wir den Weg schon gefunden haben. Doch es ist sinnlos zu warten. Wir wissen, daß wir etwas haben, das aus einer Höheren Quelle kommt. Mag sein, daß aus derselben Quelle noch mehr kommt."

Ich war tief bewegt von diesem Eingeständnis, daß er selbst noch keine Gewißheit über den Weg besaß. Das gab mir viel mehr Zutrauen als jede positive Beteuerung. Als ich Mrs. Beaumont davon berichtete, sagte sie, sie könne keinen Rat geben, ja nicht einmal eine Meinung aussprechen. Ich müsse selbst entscheiden. Wenn ich nach Griechenland ginge, würde sie zurückbleiben, bis ich Klarheit gewonnen hätte.

Das war ein heroischer Vorschlag, denn die Scheidung von meiner ersten Frau war gerade erst ausgesprochen. Es war für uns beide eine sehr schmerzhafte Prozedur gewesen, weil mein Schwiegervater Briefe von Mrs. Beaumont an mich in die Hand bekommen hatte, die dann vor Gericht verlesen und in vielen Zeitungen veröffentlicht wurden. Ich selbst zweifelte nicht daran, daß ich sie heiraten wollte und es bei der ersten Gelegenheit tun würde. Ihre eigenen Freunde warnten sie vor solch einem Schritt mit dem Argument, daß eine Ehe mit einem zweiundzwanzig Jahre jüngeren Mann unmöglich Bestand haben könne. Seltsamerweise war meine Mutter, obgleich sie nur sechs Jahre älter war als Mrs. Beaumont, ganz entschieden für diese Ehe.

Die Argumente und Gegenargumente berührten mich nicht. Ich wußte, daß sie die Frau war, mit der ich mein Leben teilen wollte. Mir war auch bewußt, daß sie vor mir sterben und ich allein zurückbleiben würde. Doch ich wußte ganz sicher, daß ich sie nie verlassen würde.

So brachen wir also Anfang April 1925 zusammen nach Athen auf, um dort gleich nach unserer Ankunft auf dem britischen Konsulat zu heiraten.

12. Griechenland — Abschluß eines Zyklus

Wir kamen unter ungewöhnlichen Umständen in Griechenland an. Bei der Bahn wurde gestreikt, und unser Zug wurde tagelang in Larisa aufgehalten, wo der Olymp sich aus der thessalischen Ebene erhebt und über das Tal von Tempe nach Ossa und Pelion hinüberblickt. Der thessalische Frühling ist ein Dichtertraum, und wir wanderten zwei Tage über die blumenbedeckten Hügel am Fuß des Olymp und wünschten uns die Gewißheit, daß der Zug noch drei Tage aufgehalten werde, damit ich den Olymp besteigen und auf die Thermopylen hinunterschauen könne. Ich fing schon an, in der Vergangenheit zu leben, und ich genoß das eigentümliche Vergnügen, Namen zu hören und Orte zu sehen, die bis dahin kaum mehr als Wörter gewesen waren.

Bald kamen keine weiteren Züge mehr aus Saloniki an, und es wurde immer deutlicher, daß der Streik Wochen dauern konnte. Ich nahm das Angebot eines griechischen Autofahrers an, uns nach Athen mitzunehmen. Er hatte einen alten Fiat, der aber noch recht solide wirkte; wir verzurrten unser Gepäck am Heck des Wagens und fuhren los.

Da wir keine Landkarten hatten und ich mit meinem Altgriechisch von der Schule kein Gespräch bestreiten konnte, wußten wir immer nur dann, wo wir waren, wenn der Fahrer uns einmal den Namen einer Stadt nannte. Jede antike Stätte oder Stadt war eine unerwartete Entdeckung. Am zweiten Morgen erreichten wir Lamia, den Geburtsort des Achilles. Unser Fahrer deutete auf einen mindestens fünfundzwanzig Meter hohen Felsblock, der das ganze Dorf überragte und sagte: „Acropolis Lamia." Als wir um eine Kurve bogen, stand er in voller Größe vor uns aber er trug in Riesenlettern die Aufschrift *Ford!* Die Zeit hat ihre Rache an den Myrmidonen genommen.

Am nächsten Tag passierten wir den Löwen von Chaeronea, der einsam in einem Zypressenhain stand. Nachdem wir auf dem Weg über Cithaeron noch Theben gesehen hatten, erreichten wir am späten Nachmittag Eleusis. Als wir die Bucht von Salamis umrundeten, stieg hinter den Hügeln im Osten, die Athen verbargen, der Vollmond auf. Ich sagte zu Mrs. Beaumont: „Wie oft wohl der Vollmond aufgehen wird, bis wir Griechenland wieder verlassen." In dem Augenblick dachte ich, es könnten vielleicht vier- oder fünfmal werden. Nicht weniger als fünfzig Monde sollten zu- und abnehmen, bis das griechische Abenteuer seinen Abschluß fand.

Mrs. Beaumont und ich heirateten in der Woche nach unserer Ankunft. Wir hatten zwar freundliche Empfehlungsschreiben, aber ich ging trotzdem nicht gern in die Botschaft, weil meine Scheidung so viel Aufsehen erregt hatte. Das erwies sich in der Folge als töricht, denn man hatte uns erwartet, und unser Versäumnis, uns vorzustellen, wurde uns als Feindseligkeit gegen die eigene Regierung ausgelegt. Meine Aufgabe war so schon schwierig genug, da war es nicht sehr sinnvoll, mir auch noch die Sympathien der britischen Kolonie in Griechland zu verscherzen.

In was für einer schwierigen Lage ich war, wurde bald deutlich. Meine einzige Verbindung zur griechischen Regierung war Aristiti Bey, und der war ein Paradebeispiel für die ganze peinigende Verschwiegenheit und Geheimnistuerei eines wahren *Mabeynji.* Er war ein kleiner Mann mit kleinen, scharfen Augen und einem kleinen, gepflegten grauen Bart. Er hatte nie Englisch oder Französisch gelernt und sprach lieber Türkisch als Griechisch. Er hatte seine Stellung am Palast während dreier Regentschaften behauptet und auch nach Absetzung der Dynastie nicht verloren. Er hatte seine Fäden überall und, so weit ich sehen konnte, vertraute ihm jeder als einem Mann, der niemals sein Wort brach.

Aristidi verstand unter Verhandlungen ein verwickeltes Intrigenspiel. Und er nutzte alles für sein Spiel: die Tatsache, daß seine Regierung die Türkei versöhnlich stimmen mußte, die Eifersüchteleien zwischen den verschiedenen Ministerien, den Ehrgeiz der Minister. Auch vor unverblümter Bestechung schreckte er nicht zurück. Ich war nicht mehr als ein Bauer auf seinem Schachbrett. Wenn es in sein Programm paßte, wurde ich Ministern und hohen Zivilbediensteten vorgestellt; er schrieb mir vor, was ich zu sagen hatte und wann ich aufhören mußte. Er hatte nichts gegen den Plan, die Besitzungen mit britischem Kapital zu erschließen und dadurch mit ihrer Freigabe mehr zu gewinnen als mit der Einbehaltung — aber er war nicht bereit, diesen Plan offen darzulegen. Er sagte (und hatte damit vermutlich recht), das würde nur die Habgier der Politiker wecken, und man würde uns womöglich noch als Geiseln kassieren, um der Investitionsfreude britischer Kapitalisten nachzuhelfen. Daher wurde der Plan streng geheimgehalten und nur denen mitgeteilt, denen Aristidi vollkommen vertraute.

Er beharrte darauf, daß wir zuerst die formale Anerkennung der türkischen Ansprüche sicherstellen mußten und erst dann die Finanzierungspläne einbringen durften, um die endgültige Regelung zu beschleunigen. Als ich diesen Rat nach London meldete, stimmten meine Auftraggeber sofort zu und beschlossen, Aristidi als unseren Anwalt einzuschalten, der zusammen mit mir die Verhandlungen führen sollte.

Die Jahre von 1925 bis 1927 waren eine Zeit großer politischer Instabilität in Griechenland. Es gab zwei Revolutionen, die zur Diktatur der Generäle Pangalos und Kondylis führten. Die Armee unterstützte mal diesen, mal jenen. Die kommunistische Propaganda gewann an Einfluß, vor allem unter den Hunderttausenden von Flüchtlingen aus Kleinasien, zu deren Aufnahme sich Griechenland nach dem verlorenen Krieg gegen die Türkei verpflichten mußte, und die größtenteils unter miserablen Umständen lebten. Verhandlungen, die mit einer stabilen Regierung vielleicht in wenigen Monaten abgeschlossen sein konnten, zogen sich jahrelang hin.

Eine zusätzliche Komplizierung kam durch John de Kay ins Spiel. Nach seiner Rehabilitierung in Amerika versuchte er seine Ansprüche aus den alten Verträgen zu erneuern. Er fand einen ziemlich vermögenden Amerikaner, den die Aussicht auf ein großangelegtes Unternehmen faszinierte, und kam als Repräsentant der Abdul Hamid Estates Incorporated, deren Vertrag mit den Prinzen wegen der ausgebliebenen Zahlungen annulliert worden war, nach Athen. De Kay war inzwischen mein unversöhnlicher Gegner geworden und klagte mich an, seine Rechte gestohlen zu haben. Er glaubte immer noch, daß die Presse eine unschlagbare Waffe sei, und ließ verbreiten, daß Griechenland von der Investierung amerikanischen Kapitals große Vorteile haben werde. So wurde also die große Gefahr, die Aristidi gerade vermeiden wollte, von jenseits des Atlantiks heraufbeschworen. Meine Frau war tief erschüttert über de Kays Undankbarkeit. Ich war in der Lage, die Situation aus seiner Sicht zu betrachten, und wußte ganz gut, daß er von seiner Rechtschaffenheit und meiner Treulosigkeit vollkommen überzeugt war. Ich begann zu begreifen, daß die Menschen bei der Beurteilung der Dinge kaum jemals eine andere Perspektive als ihre eigene berücksichtigen — und ich wollte nicht in die gleiche Falle tappen.

Doch obgleich ich sah, wie töricht es ist, Urteile über Recht und Unrecht zu fällen, ließ ich mich in eine Kampagne hineinziehen, die letztlich allen schadete und Aristidi in seiner Politik der Vorsicht und Verschwiegenheit recht gab. Ich sah die Sinnlosigkeit jeder Form der Gewalt ein, aber ich hatte noch längst nicht begriffen, daß man innerlich von den Ursachen der Gewalt frei sein muß. Ich verabscheute sie, doch ich sah noch nicht, daß man den Wunsch, anderen voraus zu sein, opfern muß, will man sich nicht in Konflikte mit ihnen hineinziehen lassen.

Monate vergingen. In jedem anderen Land wäre das Warten für meine ungeduldige Natur vielleicht zuviel gewesen, doch Griechenland bot Interessantes im Überfluß. Meine Frau war Malerin. Sie hatte bei Clausenaar in Brüssel studiert, und als sie mit fünfzehn ein Slade-Stipendium gewann, konnte sie bei Henry Tonks und anderen großen Lehrern der achtziger und neunziger Jahre arbeiten. Sie malte in der impressionistischen Manier und hatte eine seltene Gabe, mit hellen Sonneneffekten umzugehen. Sie hatte seit ihrem Aufenthalt in Mexiko (1911) nicht mehr gemalt, und sie ließ sich von mir nur zögernd zu einem neuen Anfang überreden. Doch dann war sie durch nichts mehr aufzuhalten. Das Licht und die Farben Griechenlands waren für ihren Stil wie geschaffen. Als Modelle fand sie zwei vierzehn und sechzehn Jahre alte griechische Schwestern von reinster klassischer Schönheit. Während unserer Zeit in Griechenland malte sie über hundert Bilder. Einige davon stellte sie in einer Brook Street Galerie aus und erhielt sehr ermutigende Kritiken.

Ich selbst studierte Altgriechisch und arbeitete als Amateurassistent an der American School of Archeology. In der Hoffnung, die Geometrie der kaum wahrnehmbaren Kurven aufklären zu können, mit denen die Baumeister den Eindruck der Massivität des Parthenon noch verstärkten, befaßte ich mich mit der exakten Vermessung des Gebäudes.

Während dieser vier Jahre in Griechenland erlebten wir viele Abenteuer. Eines gleich nach unserer Ankunft, vielleicht im Mai, als ich von einem Freund erfuhr, daß der Vulkan auf der Insel Santorini — das antike Thyra — ausgebrochen war und daß in wenigen Stunden ein Schiff in See stechen würde, auf dem jeder mitfahren konnte, der das Schauspiel sehen wollte. Wir hatten schnell eine Gruppe von zwölf Leuten zusammen — Freunde aus der französischen Botschaft und einige Griechen. Schon vierundzwanzig Stunden nach dem ersten Ausbruch erreichten wir Santorini und konnten so das seltene Schauspiel der Geburt einer neuen Insel verfolgen. Im Jahr 196 v. Chr. war die Insel Thyra Schauplatz einer entsetzlichen Katastrophe gewesen; der ganze Mittelteil der Insel war eingebrochen und versunken, und nur ein kleiner Ring von Inselfragmenten war übriggeblieben. 1860 hatte eine Eruption am Meeresgrund wieder einiges Land an die Oberfläche gebracht. Fünfundsechzig Jahre hatte der Vulkan geruht und war jetzt wieder explodiert.

Eine riesige Wolke aus Rauch und Dampf quoll von der neuen Insel im Zentrum des Inselrings auf. Das Wasser stürzte in den Krater und entwickelte unter der Hitze einen ungeheuren Druck, der zu immer neuen Explosionen führte, bei denen riesige Magmamassen, manchmal so groß wie ein Haus, emporgeschleudert wurden. Ein gewaltigeres Naturschauspiel kann man sich kaum vorstellen. Als wir in dem kleinen Hafen von Santorini unter einer fast dreihundert Meter hoch aufragenden Klippe festmachten, hatte der Vulkan sich wieder beruhigt, und wir mieteten zwei Ruderboote, um die neue Insel zu besichtigen.

Das Wasser wurde immer heißer, und ein paar hundert Meter vor uns sahen wir das Meer kochen. Gekochte Fische schwammen neben Klumpen von Bimsstein und gelbem Schwefel — ein bestürzendes Mosaik aus Leben und Tod. Ein anderer Mann und ich zogen uns aus und schwammen in dem heißen Wasser. Der Bootsmann schlug vor, auf der Insel zu landen und ein paar Fotos zu machen. Sie war zu dieser Zeit gut sechshundert Meter breit und achthundert Meter lang — gerade erst aus dem Meer gehoben und noch heiß unter den Füßen.

Wir machten unsere Fotos und ruderten wieder zurück. Erst kurz vor dem Anlegen stellte sich heraus, wie leichtsinnig wir gewesen waren, denn die Insel flog wieder in die Luft, und wo wir vor zwanzig Minuten noch gestanden hatten, ergoß sich jetzt ein weißglühender Lavastrom. Immer weitere Ausbrüche folgten, und während der nächsten Wochen wagte sich niemand mehr in die Nähe der Insel.

Da die Rückfahrt erst für den folgenden Abend vorgesehen war, mieteten wir am nächsten Morgen Maulesel, um uns die vulkanischen Felsformationen der Hauptinsel anzusehen, die in unserem Reiseführer als fantastisch beschrieben wurden. Es gab weder ein Hotel noch ein Restaurant auf der Insel, und an Bord unseres Schiffes war auch nicht genügend Verpflegung für Hunderte von Passagieren. Bevor wir zu unserer Expedition aufbrachen, handelte ich vorsichtshalber mit dem Besitzer des einzigen Cafes am Platz ein Essen für uns aus. Im ganzen Ort war schon ein großes Hühnerschlachten in Gang, und er versprach uns Brathühnchen für zwölf. Um ganz sicher zu gehen, zahlte ich im voraus, und wir machten uns auf den Weg. Wir ritten meilenweit durch eine Einöde, in der nur Birnenkaktus und Aloe wuchs. Die Ostküste von Santorini ist eher ein Alptraum als eine Fantasie. Das Meer hat dämonische Figuren aus dem weichen Vulkangestein herausgewaschen, und alles ist mit schwefligem Schleim bedeckt. Trotz der mörderischen Hitze war keinem von uns nach einem Bad in dem fauligen Wasser, und wir kehrten ins Dorf zurück, als die Sonne im Zenith stand — 43 Grad im Schatten.

Hoffnungsvoll betraten wir das Cafe und standen einem sehr verlegenen Wirt gegenüber, der uns offensichtlich vergessen hatte. Er wußte sich jedoch den Anschein zu geben, als hätte er alles fest im Griff, und sagte, die anderen Reisenden hätten schon gegessen, und unser Mahl werde in wenigen Minuten fertig sein. In der Gaststube fanden wir zwölf Gläser lauwarmen und von Insekten wimmelnden Wassers vor sowie zwölf dünne Scheiben Brot und zwölf Teller, auf denen — verschieden geschwungen, aber alle gleich widerlich — zwölf Hühnerhälse zur letzten Ruhe gebettet waren.

Wir erlebten viele solche Abenteuer und lernten die Griechen kennen und lieben — vor allem die Leute vom Land, die gastfreundlich, ehrlich und voller Leben und Humor waren.

Herbst und Winter des Jahres 1926 vergingen, und der Disput mit John de Kay endete mit der Rückreise seines Emissärs nach Amerika. Im Frühjahr 1926 wurde ich allmählich ernsthaft rastlos, als ein unerwarteter Besuch eine neue Wendung brachte. Nicholas Nicolopulos war ein früherer Geheimdienstagent, der im Krieg für Compton Mackenzie gearbeitet hatte und in einem von dessen Kriegsbüchern unter dem Pseudonym Davy Jones beschrieben wird. Er war der Held des Dardanellenfeldzuges gewesen. Später hatte er in Konstantinopel für mich gearbeitet, wo er auch meine Frau, damals noch Mrs. Beaumont, kennenlernte. Eine merkwürdige Freundschaft hatte sich zwischen den beiden entwickelt — beiden eignete eine fröhliche Geringschätzung von Gefahren und eine Lebensfreude, die man in diesem Jahrhundert kaum noch findet. Nico war ihr ganz ergeben und geriet jetzt schier außer sich vor Freude, als er hörte, daß wir geheiratet hatten.

Für einen Griechen war Nico groß, ein sehr gutaussehender Mann mit einem prächtigen Schnurrbart und blitzenden dunklen Augen. Er sprach gut Englisch und verfügte über einen unerschöpflichen Vorrat an Geschichten (darunter viele wahre) über seine Heldentaten und seine Rolle für den Sieg der Alliierten. Er war fanatischer Weniselist. Bei all seiner Aufschneiderei mochte man ihn sofort und vertraute ihm — doch er gehörte einer anderen

Zeit an, und nach dem Krieg fand er kaum noch Möglichkeiten, seinen Abenteurergeist auszuleben.

Er trat wie gewöhnlich sehr geheimnistuerisch auf und ließ erst nach einer Weile genüßlich die Katze aus dem Sack: ein halbes Dutzend Eigentumsurkunden für Ländereien aus dem ottomanischen Besitz, die vom Grundbuchamt in Kavalla beglaubigt waren. Er bot sich mir als Agent an und wollte auch die übrigen Urkunden noch beibringen, wenn ich ihm eine Liste der Besitzungen geben könnte. Diesen Schritt erwartete ich erst dann tun zu können, wenn wir uns die „prinzipielle" Anerkennung, für die Aristidi jetzt arbeitete, gesichert hatten. Nico erbat sich ein bescheidenes Honorar für seine Arbeit; er wollte sich endlich niederlassen und wäre gern Verwalter eines der Anwesen geworden.

Aristidi war sichtlich pikiert über die Tatsache, daß ich einen neuen Verbündeten gefunden hatte, aber er mußte zugeben, daß die Besitzurkunden für uns wertvoll waren, zumal die Grundbücher nicht sehr sorgfältig verwahrt wurden und jederzeit verlorengehen oder zerstört werden konnten. Er machte darauf aufmerksam, daß der von den Jungtürken konfiszierte Besitz Abd Al Hamids weder der türkischen Regierung noch Griechenland als Nachfolgestaat übertragen worden war.

Jetzt brauchte ich nicht mehr in Athen zu sitzen, um Aristidis nächsten Schachzug abzuwarten. Ich bereiste Mazedonien und Thrakien, um die Besitzungen zu inspizieren. Meine Frau begleitete mich auf allen Reisen und fand immer neue Anregungen für ihre Malerei.

Eine der Gegenden, die wir besuchten, waren die Golema Reka Berge südwestlich von Saloniki. Dieser bulgarische Name bedeutet „der große Spalt". Es ist eine wenig besuchte Gegend, für Archäologie und Geschichte ohne Belang, und da sie abseits der Hauptstrecken liegt, auch unter den Griechen wenig bekannt. Wir stießen auf ein bulgarisches Dorf, das anscheinend seit Jahrhunderten von der politischen und ökonomischen Entwicklung der Außenwelt unberührt geblieben war. Die Leute sprachen Bulgarisch, aber einige der Älteren konnten noch Türkisch und hatten offenbar nicht mitbekommen, daß das ottomanische Weltreich nicht mehr existierte. Wir sahen Frauen an Webstühlen arbeiten, die Jahrhunderte alt sein mochten. Ein Bild von unserem Rückweg auf Maultieren hat sich mir besonders deutlich eingeprägt. In einer steilen Schlucht trafen wir eine Frau, die uns bergauf entgegenkam. Auf dem Kopf trug sie ein Bündel Astholz, fast so hoch wie sie selbst; dazu spann sie mit einer Handspindel Wolle und trieb eine Herde Ziegen den Berg hinauf. Es war ein Bild von müheloser Haltung und Selbstvertrauen: jede Faser ihres Körpers war in vollkommenem Einklang mit den Bewegungen ihrer Hände und Füße, und die Herde schien sie allein mit den Augen im Rhythmus ihrer eigenen Gangart zu halten. Erst zwanzig Jahre später, als ich in einem abgelegenen Tal im östlichen Transvaal den dort lebenden Basutos bei der Arbeit zuschaute, sah ich noch einmal solch ein Zusammenspiel der natürlichen Kräfte des menschlichen Körpers. Kein Tänzer, kein Akrobat oder Sportler konnte sich mit dieser Perfektion ausgewogener Bewegungen messen. Wir haben das Gespür für diese Ausgewogenheit verloren, und das ist ein Teil des hohen Preises, den wir für die Zivilisation zahlen. Hätte man diese Frau gezwungen, sich in ein Auto zu setzen — oder vielleicht auch nur auf eine unserer modernen Toiletten —, dann hätte sie ihr unfehlbares Gespür für Balance verloren, das ihr erlaubte, auf einem steinigen Bergpfad eine schwere Last auf dem Kopf zu tragen und dabei einen feinen Wollfaden zu spinnen, ohne auch nur auf ihre Hände zu schauen.

Trotz dieser Reisen setzte mir der Streß des ewigen Wartens doch sehr zu. Ich bin von Natur aus so ungeduldig, daß jedes Warten mir endlos erscheint. Mit den Jahren habe ich mich allerdings geändert und kann kaum noch diese nervöse Spannung nachvollziehen, mit der ich zwei- oder dreimal die Woche zu abendlichen Konferenzen in Aristidis üppig ausgestatteter Villa in Kiphissia erschien. Wohl aber weiß ich noch, wie ich eines Abends die Nerven verlor, als ich mit meiner Frau nach Athen zurückfuhr; ich fing an zu schreien, und als sie mich zu beruhigen versuchte, drehte ich mich um und schlug mit den Fäusten auf sie ein.

Das erschreckte uns beide sehr, denn wir hatten uns noch nie gestritten. Ich wußte, daß ich zum Zerreißen gespannt war, und stimmte dem Vorschlag zu, zwei Wochen Urlaub zu nehmen. Das war Ostern 1926, gerade ein Jahr nach unserer Ankunft in Griechenland. Wir blieben über Ostern in Megaspelion und Arcadia. Die Eisenbahnstrecke von Platonos nach Kalavryta am Golf von Korinth verläuft, vorbei an den Wassern der Lethe, durch atemberaubende Landschaften, und tatsächlich hatte ich innerhalb vierundzwanzig Stunden alle meine Nöte vergessen. Das Osterfest verbrachten wir im Kloster von Megaspelion, wo wir viele Skandalgeschichten über Mönche und ihre Liebschaften mit Mädchen aus dem Dorf jenseits des Tals hörten. Megaspelion, so hieß es, besaß eine wunderwirkende Ikone der Heiligen Jungfrau, die der heilige Lukas gemalt haben soll.

Dann erinnere ich mich noch daran, wie wir auf den Zinnen von Mycaenae standen und nach Osten hin über die Ebene blickten. Der historische Kern der griechischen Legenden ist unvergänglich. Ich sah den heimkehrenden Agamemnon und seine abgekämpfte Schar, ich spürte Clytemnestras inneren Aufruhr deutlicher als in Äschylus' Darstellung der Tragödie. In Griechenland ging mir zum ersten Mal die Unvergänglichkeit der Vergangenheit auf. Ich sah, daß die Geschichte nicht nur aus Fakten besteht und daß der Verstand allein sie nicht erfassen kann.

Als wir nach Athen zurückkehrten, rang ich mich dazu durch, die ständigen Zusammenkünfte mit Aristidi, bei denen ich ihn zum Handeln zu bewegen suchte, aufzugeben und mich stattdessen mehr mit dem Studium griechischer Altertümer zu befassen. Immer wieder zog es mich zur Akropolis hin. Ich wollte verstehen, wie es möglich war, solche Kunstwerke zu schaffen. Ich kann behaupten, daß ich die Akropolis Stein für Stein untersucht habe. Ich besuchte den Berg Pentelikon und sah mit eigenen Augen, wo die Steinblöcke gebrochen worden waren; viele, die von den Rollen gestürzt waren, lagen noch jetzt auf den Hängen des Hügels. Ich untersuchte die Methode des Dübelns mit Eisen und Blei und bestaunte die unglaubliche Präzision, mit der jeder Stein in Position gebracht und planiert worden war. Beim Vergleich des Parthenon mit anderen griechischen Gebäuden der gleichen Epoche kam ich zu der Überzeugung, daß die Erbauer über Geheimnisse verfügt hatten, die eine Generation später schon verlorengegangen waren.

Nicht weniger beeindruckten mich die Skulpturen, die erst vor kurzem unter den Fundamenten des prä-perikleischen Gebäudes östlich des Parthenon gefunden worden waren. Beim Vergleich dieser Plastiken aus dem 7. Jahrhundert mit denen der klassischen Epoche empfand ich mich als Zeuge einer tiefgreifenden Wende, die man nicht einfach als Stilwandel interpretieren konnte. Wie der Übergang von Solon zu Perikles, von Hesiod zu Euripides als bloße Tatsache unzureichend beschrieben ist, so hat sich auch in der Kunst ein so plötzlicher und tiefgreifender Wandel vollzogen, daß man nicht mehr einfach von Entwicklung sprechen kann.

An den nördlichen Abhängen des Pentelikon befindet sich ein wenig bekanntes Heiligtum des orphischen Kults. Die Archäologen glauben, daß diese Stätte vor 500 v.Chr. verlassen worden ist, als das griechische Drama die alten Riten zu verdrängen begann. Der esoterische Kult gehörte der frühen Epoche an. Als ich so in den Ruinen des Heiligtums saß, spürte ich die Kraft dieses alten Ritus, der lange und geheime Vorbereitungen erforderte. Ich sah aber auch, wie fremd mir selbst dieser Glaube war, daß Geheimhaltung an sich schon ein Wert sei und daß nur einige wenige berechtigt waren, an den göttlichen Mysterien teilzuhaben. Wir können uns heute nur noch schwer vorstellen, wie tiefgreifend diese spirituelle Revolution gewesen sein muß, nach der alle Athener Bürger als Gleichgestellte an den Kulten in offenen Theatern teilnehmen konnten.

Ein kleines Erlebnis aus dieser Zeit hinterließ in mir einen bleibenden Eindruck. Nach einer katastrophalen Überflutung Athens, bei der zahlreiche Menschen ertranken, ging ich durch die Omonia Straße, als mein Blick von einer grausigen Schaufensterauslage angezogen wurde; es waren Wachsfiguren von Pesttoten und Sterbenden. Aufgebaut war das ganze im Rahmen einer Werbung für die Schutzimpfung, doch diese abstoßende Szenerie lenkte meine Gedanken in eine ganz andere Richtung: „Hier stehe ich mit einem starken, gesunden Körper — aber wie sieht es innen aus? Da sieht es so krank und grauenhaft aus, wie irgendeine dieser Gestalten, aber das bleibt der Außenwelt verborgen. Ich bin voller Begierden und Bosheit, und ich kann micht nicht ändern. Was nützt ein gesunder Körper, wenn man eine kranke Seele hat? Ich muß mich ändern, koste es, was es wolle. Ich hätte alle anderen Überlegungen beiseiteschieben und bei Gurdjieff bleiben sollen. Er hat wenigstens eine Methode, während ich nur Theorien besitze. Bei unserer ersten und letzten Begegnung sprach er zu mir über das *Sein.* Ich *weiß* mehr und mehr, doch ich *bin* immer noch nichts. Ich muß mich von allem freimachen und zur Arbeit an mir selbst zurückkehren.“ Als dies geschah, war ich gerade dreißig Jahre alt. Ich dachte: „Fast zehn Jahre sind vergangen, seit ich zu suchen angefangen habe, und ich habe immer noch nichts vorzuweisen. Ich bin in der gleichen Lage wie fast alle anderen Menschen. Könnten wir uns selbst und einander doch nur *von innen* sehen, so wie ich jetzt sehe — dann wäre alles anders. Weshalb können wir nicht sehen? Und wenn wir sehen, wie können wir dann vergessen?"

Als ich nach Hause kam, sprach ich mit meiner Frau über dieses Erlebnis, und wir kamen zu dem Schluß, daß wir ernsthafter all das in die Praxis umzusetzen versuchen mußten, was wir von Gurdjieff und Ouspensky gelernt hatten. Doch ach, der Druck der äußeren Dinge war zu groß. Ich war in mein Tun so tief verstrickt, daß es kein Entkommen gab, bis irgendwoher eine Entscheidung kam.

Daß ich mich von Aristidi fernhielt, hatte unerwartete Folgen: Er verriet Anzeichen von Unruhe. Ich sah meine Chance und deutete ihm an, daß meine Auftraggeber des Wartens müde seien und mich in ein anderes Land schicken wollten. Zufälligerweise brachte ein Regierungswechsel einen Freund Aristidis in eine Schlüsselposition. Damit kam endlich Bewegung in die total festgefahrene Lage, und schon nach wenigen Wochen wurde ich zu einer Zusammenkunft eingeladen, bei der die prinzipielle Anerkennung der prinzlichen Rechte schriftlich niedergelegt und unterzeichnet wurde.

Da Nico Nicolopulos inzwischen drei Viertel der beglaubigten Eigentumsurkunden beigebracht hatte, konnte ich mit einer stolzen Anzahl von Dokumenten nach London zurückkehren; der Besitzanspruch der Prinzen auf zahlreiche große Grundstücke im Wert von einigen Millionen Pfund, darunter auch bestes Tabakanbauland im westlichen Thrakien, war damit nachgewiesen. Meine Auftraggeber waren entzückt und boten mir den Posten des Betriebsdirektors des Aegean Trust an; der Vertrag sah ein Jahresgehalt von 5000 Pfund vor und gab mir die Vollmacht, in Athen ein Büro einzurichten, von dem aus ich ein für die griechische Regierung akzeptables Entwicklungsprojekt planen sollte — unter der Bedingung, daß wir als Besitzer der Liegenschaften und Gebäude anerkannt wurden. Gerade dreißig Jahre alt, schien mein Traum von einem frühen Rückzug aus dem Geschäftsleben in greifbare Nähe zu rücken.

In London traf ich mich mehrmals mit Ouspensky, und er schlug mir vor, zwei frühere Schüler Gurdjieffs in meinen Stab aufzunehmen: Ferapontoff, meinen Unterweiser am Prieuré, und Ivanoff, einen jungen russischen Buchhalter. Ferapontoff war nach Australien ausgewandert, hatte aber die erhofften Kontakte nicht knüpfen können und wollte jetzt so schnell wie möglich nach Europa zurück. Ich stellte eine englische Sekretärin ein, und sobald wir die Genehmigung der griechischen Regierung hatten, sollten noch einige Landwirtschaftsexperten folgen. Meine Mutter besuchte uns in Athen. Aristidi freute sich schon auf eine neue Serie komplizierter Verhandlungen und war durchaus nicht bereit, einen direkten, offiziellen Vorstoß anzuführen. Die freundliche Haltung der griechischen Regierung schlug unter dem Druck der Flüchtlinge aus der Türkei in Feindseligkeit um; sie hatten ungenutztes Land aus dem Besitz der Prinzen besetzt, und zwar mit dem Argument, es habe Türken gehört, die nach Kleinasien repatriiert worden seien. Meine begrenzten Fähigkeiten als Verhandlungsführer wurden mir immer deutlicher bewußt. Zweieinhalb Jahre Abhängigkeit von Aristidi Georgiades hatten mich des direkten Kontakts mit griechischen Regierungsfunktionären beraubt, den ich jetzt so dringend brauchte.

Immerhin gelang es mir bis Anfang März 1928, eine echte Reaktion auf einen Plan hervorzurufen, der eine Kombination der Landerschließung mit einem Bewässerungsprojekt unter Nutzung des Edessasees vorsah. Am Morgen des 21. März ging ich wie gewohnt in mein Büro und fand es von einem halben Dutzend griechischer Polizisten besetzt. Sie zeigten mir ein Telegramm des Untersuchungsgerichts in Kavalla, in dem meine Verhaftung unter der Anklage der Fälschung von Besitzurkunden angeordnet wurde. Ohne noch mit irgend jemandem sprechen zu können, wurde ich auf die Wache gebracht. Miss Pearson, meine Sekretärin, informierte sofort meine Frau, die wiederum Aristidi benachrichtigte. Er bekam es sofort mit der Angst und wollte mit der ganzen Sache nichts zu tun haben. Sie fand einen anderen Anwalt und nahm den Kampf um meine Freilassung auf.

Es war schon sehr heiß in Athen, und die Zelle auf der Polizeiwache war mit nichts als einem hölzernen Bett und einem Stuhl ausgestattet. Ich erinnere mich noch sehr lebhaft an meine Eindrücke. Von Nico Nicopulos wußte ich, daß er zu allem fähig war, und so konnte es durchaus sein, daß er ohne mein Wissen irgend etwas Ungesetzliches getan hatte. Ich würde kaum glaubhaft machen können, daß ich davon nichts gewußt hatte. Ich konnte schuldig gesprochen und ins Gefängnis geworfen werden, und ich konnte mich nicht einmal um Hilfe an die britische Regierung wenden. Die ganze Sache war vielleicht ein Komplott der griechischen Regierung, um unsere Ansprüche unglaubwürdig zu machen, und wenn dem so war, dann hatte man bestimmt alle Beweise gegen mich gut vorbereitet.

In diesem Augenblick schlug mein Bewußtseinszustand um, und ich sah, daß all das keine Bedeutung hatte. Ich hatte mich selbst von meinem wahren Ziel abdrängen lassen, und alles, selbst das Gefängnis, wäre für mich besser, als mich weiterhin mit Affären abzugeben, die soviel Intrige beinhalteten und die mir selbst im Falle des Erfolgs niemals wahre Freiheit einbringen konnten. Ich lag auf dem Bett und schlief friedlich ein. Als ich aufwachte, sagte man mir, ich würde ins Gefängnis von Athen gebracht, um dort die Ankunft des Untersuchungsrichters aus Kavalla abzuwarten.

Die nächsten Wochen gehörten zu den interessantesten und wertvollsten meines ganzen Lebens. Wer nie im Gefängnis war, ohne eine Ahnung zu haben, wann er wieder freikommen mag, kann die Erfahrung eines Häftlings niemals nachvollziehen. Ganz gewiß entsprach das Athener Gefängnis von 1928 nicht unseren modernen Vorstellungen von einem Gefängnis. Mörder und Räuber, Drogensüchtige und Prostituierte, politische Gefangene und Untersuchungshäftlinge waren bunt durcheinandergewürfelt zu Hunderten zusammengepfercht. Ich war der einzige Ausländer, aber da ich Griechisch schon fast so gut wie Englisch sprach, war ich bald in die Gemeinschaft aufgenommen. Die abenteuerlichsten Gerüchte wurden über mich verbreitet; ich war ein Anarchist, ein Mörder, ein Fälscher, ein Brandstifter, ein britischer Spion. Aber das machte alles nichts; was zählte, war, daß ich der Bruderschaft der hinter Gittern Sitzenden angehörte. Das vollkommene Fehlen einer Privatsphäre, die Zellentüren, die nachts verriegelt wurden, das ewig brennende Licht — alles zusammen eine Welt, die Tausenden bekannt ist, aber eine ganz fremde Welt für den, der sie zum ersten Mal betritt.

Tagsüber durften alle, die nur als „verdächtige Personen" galten, sich frei im Gefängnis bewegen und Freunde empfangen. Es gab keine Anstaltsverpflegung, und wer etwas essen wollte, mußte dafür bezahlen. So konnte es geschehen, daß einem am Ende der Haft eine Rechnung präsentiert wurde, die man nicht begleichen konnte. Wer draußen keine Freunde hatte, die ihm helfen konnten, mußte dann womöglich noch monatelang dableiben, bis irgendein reicherer Mithäftling sich seiner erbarmte. Als Engländer galt ich von vornherein als reicher Mann, so daß ich vom ersten Tag an Abordnungen zu empfangen hatte, die mich in diesem oder jenem Fall (der mir dann in allen bejammernswerten Einzelheiten geschildert wurde) um Hilfe baten. Da ich nichts besseres zu tun hatte, ging ich jedem einzelnen Fall auf den Grund, um dann denen helfen zu können, die es wirklich nötig hatten. Erst da wurde mir die extreme Armut bewußt, die in einem Land wie Griechenland herrschen kann. Manche stehlen buchstäblich aus Hunger, und im allgemeinen werden sie recht nachsichtig behandelt — bis dann der Augenblick kommt, wo sie entlassen werden und ihre Rechnung bezahlen sollen.

Im Gefängnis von Athen herrschte ein Kameradschaftsgefühl, das selbst das Bewachungspersonal einschloß. Kommt man in so ein Gefängnis, so verliert man eine Art von Freiheit, aber man gewinnt eine andere. Viele der Dinge, die im normalen Leben eine Rolle spielen, berühren einen hier überhaupt nicht.

Die verurteilten Gefangenen waren in langen, gewölbeartigen Kellern untergebracht, bei denen eine Wand vom Boden bis zur Decke vergittert war. Eines dieser Gewölbe beherbergte fünfzig bis sechzig Drogensüchtige und ein anderes, wenn ich mich recht erinnere, Sexualstraftäter. Es war ein schmutzstarrendes Grauen, das mich lebhaft an die Schaufensterauslage in der Omonia Straße erinnerte. Zumindest waren hier die abstoßenden Eigenschaften, die unsere Natur vergiften, einmal an der Oberfläche zu sehen. Ich stand mehrmals für eine Weile vor dem Gitter und betrachtete diese stinkende Masse meist zerlumpter Menschen. Manchmal fing einer an zu schreien und warf sich auf einen anderen, der dann zurückschlug, bis der Angreifer auf eines der Holzgestelle entlang der Wände sackte. Diese Masse war nie ganz in Ruhe; man hatte den Eindruck von einem großen Ungeheuer, das sich dort im Schleim wälzte und alle individuellen Züge der Menschen verschluckt hatte. Ich war von Entsetzen geschüttelt, aber auch fasziniert, denn ich hatte noch nie mit eigenen Augen gesehen, wie sehr die menschliche Natur unter solch materiellen Einflüssen wie dem Drogenmißbrauch degenerieren kann. Bei Dieben und Schwindlern wirkten die Verhältnisse dagegen viel normaler, aber wenn ich die Sache von der moralischen Seite betrachtete, war dann der arme Kerl, der hilflos in die Gewohnheit des Drogenmißbrauchs hineinrutschte, wirklich schlechter als der Betrüger, der vielleicht das Leben unschuldiger Menschen ruiniert hatte und dabei selbst gesund geblieben war?

Ich selbst hatte wenig zu ertragen. Meine Frau brachte mir jeden Tag ein Essen, das ein griechischer Koch zubereitet hatte; er stand ganz auf meiner Seite, betrachtete mich als Held und war überzeugt, daß ich „wegen Wenizelos" saß. Mein Anwalt war nach Kavalla gefahren und hatte einen ganz simplen Fehler aufgedeckt. Der Untersuchungsrichter war jung und unerfahren und hatte auf ein Gerücht hin gehandelt, daß Nico Nicolopulos sich gefälschte Eigentumsurkunden verschafft habe, um die Bauern von ihren Tabakfeldern vertreiben zu können. Dennoch befanden wir uns in einer sehr unangenehmen Lage. Der Fall hatte soviel Aufsehen erregt, daß eine Einstellung des Verfahrens das griechische Prestige schwer angeschlagen hätte; zudem hätte dies das Eingeständnis der Echtheit unserer Urkunden bedeutet und unsere Position enorm gefestigt. So entbehrte zwar der Vorwurf der Fälschung jeder Grundlage, aber die örtlichen Grundbuchämter hätten unser Ersuchen um Urkunden melden müssen, und in dem Fall wären sie vermutlich angewiesen worden, die Urkunden zu verweigern. Nico hatte also gesetzeskonform gehandelt, die Grundbuchbeamten jedoch überredet, unvorsichtig zu handeln.

Ich blieb einstweilen im Gefängnis, und meine Frau und meine Mutter besuchten mich täglich. Meine arme kleine Mutter war schrecklich beunruhigt. Sie verstand nichts von all dem, was geschehen war, und niemand hatte Zeit, es ihr zu erklären. Einer meiner Codirektoren reiste aus London an, um die Geschäfte des Aegean Trust weiterzuführen. Er riet meiner Mutter, nach England zurückzukehren. Sie wollte lieber zu ihrer Schwester nach Florenz, und er verfrachtete sie schleunigst auf ein Schiff, bevor meine Frau ihr Selbstvertrauen hatte wiederherstellen können. Die Sache selbst machte ihr keine so großen Sorgen, aber sie fürchtete, ich hätte das Talent meines Vaters geerbt, mich selbst immer wieder in Schwierigkeiten zu bringen.

Meine Anwälte erhielten verschiedene Lösungsvorschläge, die sie mir unterbreiteten. Einer bestand darin, daß die griechische Regierung den Fall zu den Akten legen würde, wenn ich bereit wäre, das Land zu verlassen. Das war natürlich unannehmbar, denn es hätte bedeutet, unsere Ansprüche ohne vernünftigen Grund aufzugeben. Ein anderer, noch schockierenderer Vorschlag sah vor, daß der arme Nico, der inzwischen in Kavalla in einer Zelle saß, zum Sündenbock gemacht wurde; man würde ihn wegen Bestechung und Korruption verurteilen, während ich mit der Begründung, daß ich von den Machenschaften meines Agenten nichts gewußt habe, freigesprochen wurde. Da es aber keine Anzeichen dafür gab, daß Nico bei seinen Manövern jemanden bestochen hatte, wäre es sehr unfair gewesen, ihm die Schuld in die Schuhe zu schieben. Im übrigen bin ich ziemlich überzeugt, daß Nico die

Leute eher bei ein oder zwei Flaschen Wein beschwatzt hat, denn für Bestechungen reichte das Geld nicht, das ich ihm gab.

Als nächstes wurde vorgeschlagen, ich sollte gegen Kaution freigelassen werden. Das war im Grunde einfach und naheliegend, aber inzwischen war Aristidi Georgiades wieder auf der Bildfläche erschienen. Als er erkannte, daß das Ganze auf einem Irrtum beruhte, machte er eine volle Kehrtwendung, wollte die peinliche Lage der griechischen Regierung ausnutzen und eine Anerkennung der strittigen Besitzurkunden durchsetzen. Er drängte uns, auf einem uneingeschränkten Freispruch zu bestehen. Nach wochenlangem Gezänk war immer noch keine Lösung in Sicht. Da nahm meine Frau die Sache in die Hand. Eine griechische Freundin, die Rotkreuzschwester war, verriet ihr ein Rezept, wie man eine Krankheit vortäuschen konnte, die die Verantwortlichen so beunruhigen würde, daß sie mich sofort freiließen. Die vorgeschlagene Methode erwies sich dann für mich allerdings als äußerst unangenehm. Ich sollte eine Blinddarmentzündung vorspielen, und dafür mußte ich bestimmte Symptome beschreiben und Fieber haben. Letzteres war problemlos zu erzeugen, wenn ich eine oder zwei Stunden vor der ärztlichen Untersuchung eine bestimmte Menge Jod trank.

Der einzige sichere Ort, an dem ich das Jod trinken konnte, war die Latrine, und die hätte ich lieber gar nicht erwähnt, denn sie war ein unbeschreiblicher Saustall. Es oblag den Gefangenen, sie zu säubern, aber sie wurde nie kontrolliert, und es ist wirklich erstaunlich, daß sich dort niemand ernsthafte Krankheiten holte. Ich muß gestehen, daß ich Angst hatte. Man hatte mir gesagt, die Wirkung würde ein paar Minuten lang recht unerfreulich sein, und trotz der Versicherung, daß Jod nicht ernsthaft schaden könne, hatte ich wenig Vertrauen zu dem ganzen Plan. Dennoch war ich zu dem Versuch entschlossen, suchte bei der ersten Gelegenheit die unterirdische Schreckenskammer auf und trank die vorgeschriebene Menge. Das Jod schien mir die Kehle auszubrennen, und es würgte mich derart, daß ich über eine Minute lang kaum Luft bekam. Dann schüttelte es mich, daß ich kaum in meine Zelle zurückgehen konnte, wo ich dann keuchend und mit allen Anzeichen eines akuten Fiebers auf dem Bett lag. Der Arzt sollte zwei Stunden später zur Visite kommen, doch nachdem ich vier Stunden gewartet hatte und mich wirklich krank fühlte, kam ein Wärter und sagte, der Doktor sei verhindert und werde am nächsten Tag kommen.

Der Gedanke an eine Wiederholung der Vorstellung ließ mich fast den Mut verlieren, und ich muß wirklich krank ausgesehen haben, denn der Wärter fing an, sich Sorgen zu machen und wollte nach dem Anstaltsarzt schicken. Da unser Plan aber eine Untersuchung durch einen unabhängigen Arzt vorsah, mußte ich ablehnen und verbrachte eine sehr unangenehme Nacht. Am Morgen war die Wirkung des Jods verflogen, und als meine Frau zu Besuch kam, konnte ich schon wieder aufstehen. Sie war entsetzt über meinen Anblick, brachte dann später aber doch noch einmal eine Flasche Jod, weil sie das Gefühl hatte, sie müsse mich um jeden Preis aus dem Gefängnis herausholen.

Es ist nicht leicht, sich kühlen Blutes solchem körperlichen Leiden auszusetzen — und ich hatte nach wie vor Angst, daß etwas schiefgehen könnte. Zudem überkam mich eine unsägliche Übelkeit bei dem bloßen Gedanken, wieder diese Latrine aufzusuchen. Indes führen solche peinigenden Erfahrungen auch zu einer gewissen Abspaltung des inneren vom äußeren Menschen: meine Identifikation mit diesem Körper, der da so lieblos behandelt wurde, nahm langsam ab, und diesmal brachte ich die ganze Prozedur hinter mich, als geschähe sie einem Fremden. Der Trick klappte. Noch am selben Abend wurde eine medizinische Behandlung angeordnet, und ich kam in ein Pflegeheim. Meine Frau, die sich während der kritischen Wochen selbst mit einer bösen Bronchitis plagen mußte, hatte nicht einen einzigen Besuch im Gefängnis ausgelassen und hatte ihr eigenes Leiden vor mir verborgen; ich erfuhr erst nach meiner Entlassung von ihrer Krankheit.

Dann begann eine neue Phase des Taktierens, um den Fall vor Gericht zu bringen. Die griechischen Behörden waren natürlich daran interessiert, das Verfahren so lange wie möglich hinzuziehen, und solange es noch schwebte, war es unmöglich, mit den Verhandlungen voranzukommen; das Ministerium für öffentliche Bauten hatte zwar unseren Bewässerungsplan wohlwollend aufgenommen, konnte aber nichts unternehmen, ohne sich dem Vorwurf auszusetzen, es mißachte die Rechte der Flüchtlinge, die sich auf einigen der landwirtschaftlichen Anwesen angesiedelt hatten.

Der Untersuchungsrichter setzte seine Ermittlungen fort und fand keinen Beweis für Urkundenfälschung. Nico Nicolopulos starb im Gefängnis von Kavalla; die Umstände seines Todes kamen nie ans Licht, doch der Totenschein lautete auf Herzversagen, was durchaus möglich war. Ich war sehr traurig, als ich von seinem Tod erfuhr, denn ich hätte ihn auf Kaution freibekommen, hätte ich mich nicht von den Anwälten beschwatzen lassen, die ihn dem Gericht lieber als Opfer eines Unrechts präsentieren wollten.

Um die griechischen Behörden in Zugzwang zu setzen, wurde mir geraten, in Kavalla eine Wohnung zu nehmen, wo der Fall seltsamerweise vor einem untergeordneten Gericht verhandelt werden sollte. Meine Frau und ich verbrachten sechs oder acht Wochen in diesem kleinen Seehafen. Die Griechen haben selbst dann noch die Fähigkeit, von Größe zu träumen, wenn die Tatsachen eher von Schwäche und Armut zeugen. Das war oft ihre Stärke, zum Beispiel als sie zur Zeit Lord Byrons die ersten Untertanen des Sultans waren, die das türkische Joch abschüttelten. Zuweilen kann es aber auch lächerlich wirken: Einmal kamen meine Frau und ich in den Außenbezirken des unbedeutenden Kavalla an einem weißgetünchten Haus vorbei und standen plötzlich vor einer riesigen Reklamewand, auf die die Worte „Pankosmische Tanzschule“ gemalt waren. Hat man mit Griechen zu tun, so muß man stets mit ihren pankosmischen Träumen rechnen, sie aber auch nicht allzu ernst nehmen.

Während wir in Kavalla warteten und buchstäblich nichts zu tun hatten, beschäftigte ich mich mit der Arbeit an einer Konkordanz der Upanishaden. Ich hatte einen Sanskrittext und eine englische Fassung der sechs Haupt-

Upanishaden bei mir und arbeitete viele Stunden täglich an dieser Konkordanz, die ich noch heute habe und benutze. Dabei wurde mir auch die psychologische Bedeutung des eigentümlichen Gedankenaufbaus immer deutlicher. Mir schien, daß westliche Gelehrte vieles übersahen, was man aus diesen uralten Werken lernen könnte, weil sie entweder Schopenhauer folgten und die Upanishaden als Formulierung eines hochfliegenden Monismus bewerteten, oder weil sie sich zu sehr auf Kommentatoren wie Shankaracharya verließen, die tausend Jahre nach dem Entstehen der Upanishaden keine Verbindung mehr zum psychologischen Sinn des Rituals hatten.

Kavalla liegt an einer weiten Bucht, und davor die Insel Thasos mit ihren hohen Berggipfeln, die in der Abendsonne erglühen. Fernab im Südosten liegt der heilige Berg Athos, den man bei dem klaren Licht Griechenlands an den meisten Tagen sehen kann. Ich hatte vor, den Berg Athos zu besuchen, verschob den Ausflug aber von Woche zu Woche, weil ich annahm, daß ich während der kühleren Herbsttage auch noch in Kavalla sein würde. Eines Tages kam ein Telegramm, das mich zu einer Konferenz mit meinen Auftraggebern nach London rief. Ich brach am nächsten Tag auf, ohne den Berg Athos gesehen zu haben — aber um die Erfahrung reicher, daß wir nicht auf ein günstigeres „Morgen" warten, sondern unsere Chancen dann ergreifen sollten, wenn sie sich bieten.

In London fand ich eine ziemlich verlegene Gruppe von Männern vor, die mich offensichtlich loswerden wollten. Mir war meine Position sehr klar: Ich hatte mir weder juristische noch moralische Verfehlungen anzulasten, und doch war das Projekt unter meiner Führung an den Rand der Katastrophe gelangt. Ich hatte Nico Nicolopulos ins Spiel gebracht, und Aristidi hatte uns wiederholt geraten, wegen der Besitzurkunden nichts zu unternehmen, bis eine grundsätzliche Einigung erzielt war. Ich bot meinen Rücktritt an, und der Vorsitzende erklärte sich einverstanden, meine Anteile an der Gesellschaft zurückzukaufen. Außerdem übernahm die Firma die Kosten meiner Verteidigung. Ich blieb über Weihnachten 1928 in England, lebte in dem Gefühl, daß mein ganzes Leben in der Schwebe war, und hatte keine Ahnung, welche Richtung es jetzt nehmen würde. Ich füllte meine Freizeit mit Schachspielen, nahm am Weihnachtskongreß in Hastings teil und spielte für Kent bei Schachturnieren mit. Ich spielte am zweiten Brett und begegnete vielen der besten Schachspieler Englands. Dabei trat ein schwerer Mangel meines Charakters sehr deutlich zutage. Ich konnte zwar Positionen und wirklich gute Spieler richtig einschätzen, aber meine Impulsivität ließ mich Partien verlieren, die ich hätte gewinnen müssen. So war ich, und so bin ich geblieben. Es stimmt nicht, daß Selbsterkenntnis schon der erste Schritt zur Besserung ist. Menschen lernen im allgemeinen nicht aus ihren eigenen Fehlern, genausowenig wie aus den Fehlern, die sie bei anderen sehen. In geringem Maße sind wir durch unsere Erfahrungen *konditioniert* wie Pavlovs Hunde — aber wir *lernen* nicht aus ihnen.

Das war 1929, das Jahr, in dem die ökonomischen Systeme der Welt ins Wanken gerieten. Ich konnte nichts tun, um meinen Lebensunterhalt zu verdienen, und meine Frau und ich lebten zurückgezogen in London. Aus Gründen, die im nächsten Kapitel beschrieben werden, hatte ich keinen Kontakt zu Ouspensky. Meine Mutter war wieder da und hatte ihre gewohnte Ruhe zurückgewonnen. In diesen Monaten des Wartens begann ich zu schreiben und versuchte meiner Überzeugung Ausdruck zu geben, daß die unsichtbare Welt ewiger Potentialität mit der Welt tatsächlicher Ereignisse ständig in Verbindung steht. Auf diesem Weg kam ich zum Studium der Mathematik zurück, das ich acht Jahre lang vernachlässigt hatte.

Der Winter wich dem Frühling, der Frühling dem Sommer, und endlich kam ein Telegramm mit der Nachricht, daß mein Prozeß für den 27. September angesetzt war und vor dem Appellationsgericht von Saloniki stattfinden würde. Meine Frau und ich reisten, wie schon so manches Mal, mit dem Orientexpreß. Der Prozeß dauerte sechzehn Tage, von denen ich drei im Zeugenstand verbrachte. Gegen den Rat meiner Anwälte lehnte ich einen Dolmetscher ab. Inzwischen beherrschte ich das Neugriechisch wirklich gut, aber sie hatten Angst, ich würde in irgendeine Falle geraten und mich verplappern. Seit der Eröffnung des Strafverfahrens war klar, daß keine Beweise gegen mich vorlagen und die einzige Gefahr von mir selbst ausging. Ich war meiner Sache ganz sicher und blieb hartnäckig. Die Verhöre und Kreuzverhöre dauerten viele Stunden, und am Ende erhob sich der Staatsanwalt, erklärte, es ließen sich keine Beweise unserer Schuld erbringen und plädierte selbst auf Freispruch. Das Gericht sprach uns Kostenerstattung durch die griechische Regierung zu, und damit endete die aufsehenerregende „Fälschungsaffäre" so albern, wie sie begonnen hatte.

Die Entscheidung hatte zur Folge, daß die Ansprüche der Prinzen mehr Gewicht bekamen. Die Gruppe, die den Aegean Trust finanzierte, spürte das Bevorstehen der Weltwirtschaftskrise so deutlich wie jeder andere. Die Aussicht auf große Kapitalinvestitionen in Griechenland hatte sich in Luft aufgelöst. Die große Gelegenheit, vielleicht Zehntausende von Arbeitsplätzen zu schaffen, war verspielt. Die griechische Regierung selbst machte eine schwere Krise durch, und als Weniselos am Ende des Jahres wieder an die Macht kam, und Aussicht auf eine stabile Regierung zu bestehen schien, gab es nichts mehr zu tun.

Nichtsdestotrotz beschloß der Aegean Trust die Fortsetzung der Verhandlungen. Es lag auf der Hand, daß ich keine Hilfe mehr sein würde, und so nahm ich dankbar die großzügige Abfindung für die Auflösung meines Vertrags an. Ich selbst sah mich noch viel schlechter, als andere mich sahen. Ein Abschnitt meines Lebens, der acht Jahre gedauert hatte, ging ergebnislos zu Ende. Seit meinem vierundzwanzigsten Lebensjahr hatte ich meine Zeit mit den Affären um das Erbe Abd Al Hamids vertan. Jetzt war ich zweiunddreißig, und Ouspenskys Prophezeiung, daß ich mein Pferd und mich selbst verlieren würde, hatte sich erfüllt. Es fiel mir nicht leicht, einen neuen Anfang zu machen, denn die Strapazen der letzten zwölf Monate hatten ihre Spuren an mir hinterlassen. Ich war körperlich sehr schwach geworden; die Lungentuberkulose, die vier Jahre später bei mir ausbrechen sollte, hatte vermutlich schon Fuß gefaßt, und ich bot einen so abgezehrten Anblick, daß meine Freunde erschraken. Ich hatte das Vertrauen in mich selbst verloren, und alles, was ich anfaßte, schien mir zum Scheitern verurteilt. Ich wünschte mir sehr, zu der Arbeit bei Ouspensky zurückzukehren, doch es gab für mich keine Aussicht, in England meinen Lebensunterhalt zu verdienen.

13. Zurück zur Wissenschaft

Die Jahre von 1929 bis 1933 waren eine Zeit tiefgreifenden Umbruchs in meinem Leben. Die enge Verbindung zum Nahen Osten, die vierzehn Jahre gedauert hatte, brach ab. Aus dem internationalen Abenteurer wurde ein wissenschaftlicher Arbeiter, der sich auf ein industrielles Forschungsgebiet spezialisierte. Der Wandel in meinem inneren Leben ist schwerer zu beschreiben, aber nicht weniger bestimmt. Bislang hatte ich nur nach meiner eigenen Selbstverwirklichung gesucht — jetzt begann ich meine Verantwortung für das Wohl anderer zu spüren.

Nach einer alten Überlieferung ist die Seele eines Mannes erst in seinem dreiunddreißigsten Lebensjahr bereit, geboren zu werden. Zweifellos hat diese Überlieferung mit der mystischen Teilnahme an Tod und Auferstehung Christi zu tun, doch ich erfuhr davon zum ersten Mal aus einer islamischen Quelle — viele Jahre nach der Zeit, die ich gerade schildere. Blicke ich jetzt zurück, so scheinen mir die bitteren Erfahrungen in Griechenland eine Art Tod gewesen zu sein und die Rückkehr nach England der Beginn eines neuen Lebens.

Meine Verbindung zu Griechenland sollte noch eine Zeit dauern. Während des Prozesses in Saloniki besuchte mich einmal ein Bekannter aus Athen, ein Ingenieur namens Dimitri Diamandopoulos. Er sagte mir, er sei überzeugt, daß ich das Opfer einer anti-weniselistischen Verschwörung geworden war, und mein Plan für die Erschließung der türkischen Besitzungen, den ich dem Gericht entwickelt hatte, habe ihn sehr beeindruckt. Er war Alleininhaber der Nutzungsrechte für die Braunkohlengrube von Vevi, da er aber keine Finanzverbindungen hatte, konnte er das Projekt nicht im großen Maßstab aufziehen. Er bot mir einen fünfprozentigen Anteil an der Grube, wenn ich sie vor meiner Abreise nach England besichtigte und ihm beim Ausbau helfen würde.

Da keine dringenden Gründe unsere sofortige Abreise erzwangen, beschlossen meine Frau und ich, uns die Grube anzusehen. Dieser Vertrauensbeweis, der sich so scharf abhob von meinem eigenen Mißtrauen mir selbst gegenüber, gab mir wieder neuen Mut. Und dann lockte mich auch die Idee, für Griechenland, dieses Land, das ich trotz aller schweren Prüfungen lieben gelernt hatte, etwas Nützliches zu tun.

Als der Prozeß vorbei war, fuhren meine Frau und ich mit dem Zug nach Edessa; diese Stadt, die in der frühen Kirchengeschichte eine große Rolle spielte, liegt in den Vorbergen des albanischen Hochlands. Hier trafen wir Diamandopoulos und fuhren mit ihm im Auto durch die Vodenaschlucht hinauf zum Ostrovosee, der hundertsechzig Kilometer westlich von Saloniki auf einer Höhe von sechshundert Metern über dem Meeresspiegel liegt. Er ist in mancher Hinsicht eine geographische Seltenheit. Etwa vierundzwanzig Kilometer lang und bis zu zehn Kilometer breit, hat er Stellen von enormer Tiefe — so tief, daß sie damals noch nicht ausgelotet waren. Große Welse von bis zu hundertachtzig Pfund werden manchmal in der Tiefe gefangen. Das Merkwürdigste an diesem See ist, daß sein Wasserspiegel sich in einem Zyklus von etwa siebzig Jahren um zehn Meter hebt und senkt. Das wird durch die riesigen Kavernen in den Sandsteinbergen von Golema Reka erklärt, die ich bereits von Osten her erkundet hatte. Durch irgendeine Siphonwirkung werden die Höhlen periodisch mit dem Wasser des Sees (der keinen Abfluß zum Meer hat) gefüllt und leeren sich wieder. Als 1880 die Eisenbahn nach Tirnovo gebaut wurde, war der Wasserstand niedrig. 1910 war er so weit gestiegen, daß die Trasse überflutet wurde. Als ich 1929 da war, fiel der Wasserstand wieder, und die alten Schienen kamen gerade wieder zum Vorschein.

Nördlich des Ostrovosees gelangten wir auf ein wildes, nur dünn besiedeltes Plateau, in dem dicht unter der Erdoberfläche große Braunkohlenvorkommen ruhten. Wir quartierten uns im Dorf Vevi ein, damals ein kleiner Flecken mit kaum zwanzig Häusern, und wurden von einer griechischen Familie aufgenommen. Es war wie ein großes Aufatmen, einmal fernab der Stadt und aller bekannten Gesichter zu sein.

Vor dreißig Jahren war das nordwestliche Mazedonien noch ein wildes und unerschlossenes Land. Die Sümpfe rund um den Ostrovosee waren eine Zufluchtstätte für alle Arten von Feuchtlandvögeln. Es gab hier sogar Gebirgsvögel. Am ersten Morgen sahen wir zwei große weiße Adler aus den um vierzig Kilometer entfernten Albanerbergen heranfliegen. Diesen herrlichen Vögeln sagt man nach, sie könnten ein ausgewachsenes Schaf davontragen. Die Dörfler unternahmen jedoch nichts gegen diese Räuber, denn sie galten als Glücksbringer.

Die Braunkohlengrube von Vevi bestand aus einem einfachen Stollen, der waagerecht in den steilen Abhang einer tiefen Wasserrinne getrieben war. Der Hauptflöz war etwa zwölf Meter stark und bestand hauptsächlich aus Lignit, einer Braunkohle, bei der die Holzstruktur noch zu erkennen ist. Baumstämme aus Wäldern, die vor zehn Millionen Jahren das ganze südliche Europa bedeckten, wurden mit den großen Fluten heruntergeschwemmt und hier abgelagert. Noch heute erkennt man sie, aufgestapelt vor karbonisierten Stämmen, die noch an der ursprünglichen Stelle stehen. Ich sah zum ersten Mal ein großes Kohlevorkommen und war sofort Feuer und Flamme für dieses neue Projekt. Diese ungeheuren Energiereserven, die über Millionen von Jahren von der Erde bewahrt worden waren und darauf warteten, daß der Mensch sie nutzte, waren eine Herausforderung ganz neuer Art. Ich entschloß mich, alles in meinen Kräften Stehende zu tun, um Diamandopoulos zu helfen, und reiste schnellstens nach England zurück.

Der einzige Bergbauexperte, den ich kannte, war James Douglas-Henry, einer meiner Konkurrenten bei den Verhandlungen mit den Erben Abd Al

Hamids. Wir waren gute Freunde geworden; er hatte Ouspensky kennengelernt und war sofort zu einem seiner Bewunderer geworden. Während ich in Griechenland war, hatten er und seine Frau sich Ouspenskys Kreis angeschlossen.

Meine eigene Beziehung zu Ouspensky hatte eine unerfreuliche Wendung genommen. Als ich im Herbst 1929 nach London zurückkehrte und mich telefonisch mit ihm verabreden wollte, erfuhr ich eine herbe Enttäuschung. Er wollte mich nicht sehen und hatte auch seinen Schülern strikt verboten, mit mir zu sprechen. Erst 1930 erfuhr ich die Gründe dafür. Nach meiner Verhaftung in Griechenland empfing ich ein nettes Telegramm von ihm mit dem Inhalt: „Alles Gute für Bennett unter sechsundneunzig Gesetzen." Das war eine Anspielung auf Gurdjieffs Lehre, daß der Mensch normalerweise unter achtundvierzig Arten von Einschränkungen seiner Handlungsfreiheit lebt. Durch besondere Dummheit und Schwäche kann er unter die Herrschaft von immer mehr Beschränkungen fallen, und die Grenze ist erreicht, wenn er schließlich allen sechsundneunzig Restriktionsgesetzen unterliegt, die es gibt, und damit alle Möglichkeiten der freien Entscheidung verliert.

Ich wußte nur zu gut, daß dieser versteckte Tadel berechtigt war, und fühlte mich in keiner Weise ausgestoßen. Ferapontoff und Ivanoff kehrten bald nach London zurück, und im Herbst 1928 hatte ich sie dort zusammen mit Ouspensky gesehen.

Es war jedoch durchgesickert, daß die griechische Polizei bei der Durchsuchung meiner Wohnung im März 1928 sämtliche Briefe beschlagnahmt hatte, die sie finden konnte. Darunter befanden sich auch zwei oder drei von Ouspensky, und der russische Name brachte die Polizei auf die Idee, die ganze Sache könne einen kommunistischen Hintergrund haben. Ich bekam diese Briefe nicht zurück; sie wurden der britischen Botschaft ausgehändigt für den Fall, daß sie eine politische Bedeutung hatten.

Während ich mich in Kavalla aufhielt, hatte man Ouspensky ins Innenministerium zitiert und wegen seiner möglichen Verbindung zum bolschewistischen Rußland verhört. In seinem Bolschewistenhaß war er recht fanatisch, und die bloße Vermutung, er könne etwas mit dem Kommunismus zu tun haben, hatte ihn so in Harnisch gebracht, daß er mir nicht ohne weiteres verzeihen konnte. Außerdem hatte er seit seinen Erlebnissen in Rußland ein tiefes Mißtrauen gegenüber der Polizei und fühlte sich einfach sicherer, wenn er zu so unvorsichtigen Leuten wie mir lieber gar keine Beziehungen unterhielt.

Anfangs war ich bestürzt. Ich dachte daran, zu Gurdjieff zurückzugehen. Als sich eine Gelegenheit, nach Paris zu fahren, bot, fuhr ich zum Château der Prieuré hinaus und fragte nach ihm. Der Vermieter, ein Franzose, sagte, die Russen seien weggegangen, aber mehr wußte er auch nicht. Ich erkundigte mich in Paris, konnte jedoch nichts weiter in Erfahrung bringen. Später erfuhr ich, daß er in den Vereinigten Staaten lebte und in eine kritische Phase seiner eigenen Entwicklung eingetreten war. Er hatte seine schriftstellerische Arbeit abgeschlossen und wollte jetzt einen neuen Anlauf machen, das psycho-kosmische System, an dem er seit seiner Jugend arbeitete, in die Praxis umzusetzen. Er hatte keine Verbindung zu Schülern in Europa. So war ich in meinem spirituellen Leben also von allem abgeschnitten, was mir hätte weiterhelfen können.

Meine Frau und ich nahmen eine sehr billige Wohnung in Pimlico, damit unser kleines Vermögen möglichst lange hielt. Trotz — oder vielleicht gerade wegen — der Wirtschaftskrise war es gar nicht schwer, das nötige Kapital für die Entwicklung unseres Braunkohleprojekts zu beschaffen. Douglas-Henry machte mich mit einem jüdischen Finanzier bekannt, der mir versicherte, er könne soviel Geld wie nötig bereitstellen, sobald wir ihm verläßliche Angaben über den Umfang des Vorkommens sowie über Förder- und Absatzmöglichkeiten machten.

Einige Monate später kehrte ich mit meiner Frau nach Griechenland zurück, und wir fuhren wieder nach Vevi hinauf, diesmal von Douglas-Henry begleitet. Er mußte einige Probebohrungen machen, um den Umfang des Kohlevorkommens abzuschätzen. Da der Flöz dicht unter der Erdoberfläche lag, dauerte das nicht lange. Ich sammelte inzwischen Informationen über den Markt für Braunkohle, über Transportmöglichkeiten, Arbeitskräfte und so weiter. Diese Arbeit machte mir Spaß, denn sie hatte etwas Handgreifliches, das bei meiner jahrelangen Arbeit im Dienst der Erben Abd Al Hamids gefehlt hatte.

Einmal waren wir in dieser Zeit Zeugen eines Ereignisses, das gewiß schon oft beschrieben worden ist, für mich aber neu und tief beeindruckend war. Die Sümpfe von Ostrovo waren in jenem Sommer der Treffpunkt von unzähligen Störchen aus ganz Europa. Störche sind in Mazedonien keine Seltenheit, aber jetzt kamen sie in Scharen zu sechs, zehn, zwanzig und mehr Vögeln an. Das hielt vier oder fünf Tage lang an, und über die Sümpfe verbreitete sich eine Atmosphäre von wachsender Erregung. Wir beobachteten Übungsflüge immer größerer Schwärme, und die Luft war ständig vom Gewirr der Vogelstimmen erfüllt. Dann trieb uns eines Morgens ein brausendes Geräusch vor die Tür, und wir sahen über dem gesamten Sumpfgebiet aufsteigende Vögel. Wir befanden uns ganz im Süden der Sümpfe, die sich meilenweit nach Norden ausdehnten. Diese unübersehbare Menge von Vögeln nahm die Form einer dichten Wolke an, wobei einige Kundschafter in einer Entfernung von vielleicht hundert Metern vom Hauptschwarm flogen. Sie flogen direkt über uns weg und verdunkelten buchstäblich den Himmel. Ich versuchte sie zu zählen, aber bei sechshundert gab ich auf — zu überwältigend war der Eindruck, als daß man ihn in Zahlen hätte ausdrücken können.

Ich fühlte mich einer Intelligenz gegenübergestellt, die ganz anders operiert als das Bewußtsein des Menschen. Als die Vögel schon längst vorüber waren, stand ich noch lange staunend da. Ich hatte ein kollektives Bewußtsein erlebt, dem die komplexe Struktur des Storchenlebens stets gegenwärtig ist, und das doch nicht direkt denkt oder sich in Worten ausdrückt. Dieses kollektive Bewußtsein muß irgendwie Zehntausende von Störchen umfangen, die im Sommer über die Hausdächer Europas verstreut leben. Es zieht seine „Gliedmaßen“ zusammen, und für kurze Zeit wird das große Storchwesen als ein wohlumschriebenes Ganzes sichtbar, um sich dann wieder aufzulösen und entlang der Flußufer von Ägypten und Äthiopien zu zerstreuen.

Wir wissen wenig über solche sozialen Gebilde und ihr kollektives Bewußtsein. Als ich dort in der tiefen Stille stand, die die Vögel hinterlassen hatten, wurde mir ein kurzer Einblick in die Zukunft der Menschheit gewährt. Eines Tages werden wir des kollektiven Bewußtseins der Menschheit innewerden. Es mag noch Millionen von Jahren dauern, aber wenn dieses Bewußtsein da ist, wird seine Macht unvergleichlich viel größer sein als die jeder anderen Spezies. In dieser Vision lag auch das Versprechen, daß die Zeit nicht mehr fern sei, wo die Menschheit einen Schritt nach vorn tun würde und endlich anfangen könnte, über die engstirnige Parteilichkeit für Nation, Rasse und Religion hinaus auf das ferne Ziel der Vereinigung aller Menschen zu blicken.

Was ich dort gesehen hatte, versetzte mich in einen Zustand der Hochgestimmtheit, der tagelang anhielt. Ich sprach mit meiner Frau über diese Vision und über meinen Wunsch, sie nach unserer Heimreise auch anderen mitzuteilen. Sie war eine Verifizierung von so manchem, was ich bei Gurdjieff und Ouspensky gelernt hatte, und wenn ich nicht länger von ihnen lernen konnte, so mußte ich eben anfangen mit anderen zu arbeiten. Ich war überzeugt, daß es sinnlos ist, für sich allein zu arbeiten. Meine Frau ging noch weiter, als ich es gewagt hätte, und sagte: „Dir ist diese Vision gewährt worden, weil du eine ganz eigene Aufgabe hast. Du hast dich bisher zu sehr auf andere verlassen. Wenn Ouspensky dich abgewiesen hat, dann weiß er vielleicht, daß du jetzt in eigener Verantwortung arbeiten mußt. Du mußt deine eigenen Leute um dich versammeln und deine eigene Schule aufmachen. Du machst den Fehler, daß du dir selbst und deinen Kräften nicht vertraust.“

Ich konnte das nicht akzeptieren, zu deutlich waren meine Fehler mir bewußt. Ich erinnerte mich auch an die Vision, die ich vor acht Jahren in Skutari gehabt hatte; damals war mir gezeigt worden, daß der wahre Sinn meines Lebens erst sichtbar werden konnte, wenn ich sechzig Jahre alt war. Ich war überzeugt, daß ich immer noch vorbereitet wurde und längst noch nicht reif zu eigener spiritueller Arbeit war.

Der höhere Bewußtseinszustand, der da über mich gekommen war, hatte aber doch eine greifbare Auswirkung. Als ich am nächsten Tag zur Braunkohlengrube ging und einen von Douglas-Henry frisch angestochenen Flöz betrachtete, fiel mir auf, daß das Holz teilweise in Holzkohle umgewandelt war, offenbar durch Waldbrände vor Millionen von Jahren. Als ich so schaute, kam mir der Gedanke: „Warum soll man das nicht alles zu Holzkohle machen, wo doch überall in Griechenland mit Holzkohle gekocht wird? Die Wälder werden abgeholzt, um Holzkohle zu gewinnen, und hier liegt der Rohstoff in Massen.“

Ich erzählte Douglas-Henry von diesem Gedanken, und wir machten sofort den Versuch, etwas von der getrockneten Braunkohle zu verkohlen. Das Ergebnis war echter Holzkohle so verblüffend ähnlich, daß wir beide Feuer fingen. Griechenland war zu dieser Zeit auf Holzkohleimporte aus Jugoslawien angewiesen, und hier gab es jetzt eine Chance, das Land nicht nur autark zu machen, sondern auch noch in die anderen Mittelmeerländer zu exportieren, wo Holzkohle immer noch der Hauptbrennstoff war.

Ich fuhr mit weiteren Proben von Braunkohle und Lignit nach England zurück und suchte bei einer Quelle des Wissens Zuflucht, die mich noch nie im Stich gelassen hatte: bei der Bibliothek des British Museum. Ich fand nur wenige Bücher über Kohle, und keines davon konnte mir viel über Lignit sagen. So beschloß ich, eigene Experimente zu machen. Chemie war an der Schule mein bestes Fach gewesen, obgleich mein Herz der Mathematik gehörte. Ich erfuhr, daß das Northern Polytechnic Institute sein Labor für private Forschung zur Verfügung stellte, und schrieb mich als Forschungsstudent für Kohlechemie ein. Meine ersten Experimente waren enttäuschend, denn es gelang mir zwar, Holzkohle herzustellen, aber sie brannte mit einem sehr unangenehmen Geruch und würde sich für den Gebrauch in offenen Kohlepfannen kaum eignen. Der Leiter der Abteilung, der sich für meine Arbeit zu interessieren begann, riet mir, mich an das Fuel Research Board (Amt für Brennstofforschung) zu wenden, und stellte mich dessen Direktor vor, dem verstorbenen Dr. C.H. Lander, einem sehr freundlichen und uneigennützigen Mann, der sich große Mühe gab, mir zu helfen.

Ich erstattete einen vorläufigen Bericht, der so gut ankam, daß eine Firma namens Grecian Mining and Development Company gegründet und mit einem Finanzierungsfonds ausgestattet wurde; mich machte man zum Geschäftsführer. Ich erzählte meine Geschichte Sir John Stavridi, damals Vorsitzender der Ionian Bank und eng mit Weniselos befreundet. Seine Stellungnahme zu diesem Unternehmen war sehr ermutigend. Sir Sydney Lawford, ein General a.D. und Freund von Douglas-Henry, wurde Vorsitzender der Firma, und wir eröffneten ein Büro in der Nähe von London Wall.

Meine Frau und ich zogen in eine komfortable Wohnung in der Gegend des Bryanstone Square und begannen alte Freundschaften zu erneuern — in der Hoffnung, daß einige dieser Leute daran interessiert sein könnten, mit mir zu studieren und zu arbeiten. Daraus wurde zunächst einmal nichts, doch zwei oder drei scheinbar zufällige Begegnungen veränderten das ganze Bild. Meine Frau reiste in die Schweiz, um Prinz Sabaheddin zu besuchen und ihm ein wenig Geld zu bringen. Im Zug traf sie einen jungen Mann, Lucien Myers, mit dem sie über unsere Ideen sprach; sie begeisterte ihn derart, daß er um die Aufnahme in unsere Studiengruppe bat. Bald nach ihrer Rückkehr traf sie in einem Bus der Linie 16 zwischen Hyde Park Corner und Victoria eine Frau, Mrs. Beeban Dobie, die ebenso begierig auf unsere Pläne einging. Ich selbst begegnete am Northern Polytechnic einem jungen, brillanten Chemiker, der nach einem umfassenderen Weltbild suchte, als es die Wissenschaft bieten konnte. Die Schwester meiner Frau, eine Opernsängerin, war gerade aus Paris zurückgekehrt und schloß sich mit zwei Freunden unserem Kreis an.

So entstand 1930 ohne jeden Plan die erste Studiengruppe, für die ich persönlich die Verantwortung trug. Wir trafen uns ein oder zweimal zu vorbereitenden Sitzungen in unserer Wohnung. Als ich merkte, daß ein ernsthafter Lernwille da war, dachte ich gründlich über meine eigene Situation nach. Ich fand es nicht richtig, mich selbst als Ausleger von Gurdjieffs System hinzustellen, ohne seine oder wenigstens Ouspenskys Genehmigung zu haben. Schließlich rang ich mich dazu durch, die Arbeit aufzunehmen und Ouspensky von jeder Zusammenkunft einen ausführlichen Bericht zu schicken. Ich schrieb ihm auch, ich würde die Arbeit sofort abbrechen, wenn er sie mißbilligte.

Monatelang kam keine Antwort. Die Gruppe wurde langsam größer. Die Zusammenkünfte waren für mich persönlich eine große Anregung. Ich machte, wie schon seit Jahren nicht mehr, neue Anläufe, um meiner Schwächen und Gewohnheiten Herr zu werden. Ich habe mir die Durchschriften aller Berichte aufgehoben, die ich Ouspensky damals schickte. Was ich dort schrieb, war richtig und oft interessant, aber wenn ich sie jetzt nach fast dreißig Jahren lese, wird mir schmerzhaft deutlich, wie sehr wahres menschliches Empfinden mir nach wie vor abging. Ich arbeitete und lehrte nur mit meinem Intellekt. Mein Herz war kalt, und nicht einmal die Vision der Einheit, die mir in Vevi gewährt worden war, befähigte mich, die Wärme der Mitmenschlichkeit zu empfinden. Immer noch verdiente ich die Rüge, die mein Schuldirektor mir auf mein Abgangszeugnis schrieb: „Er leidet an intellektuellem Hochmut."

Ich sprach überzeugend über den Unterschied von *Erkennen* und *Sein*. Ich erinnerte mich, daß jedes Gespräch Gurdjieffs mit mir eine Variation dieses Themas gewesen war. Aber ich verstand noch nicht, was ich selbst sagte; ich begriff nicht die einfache Tatsache, daß mir der Geschmack des Seins geschenkt worden war, aber nicht seine Substanz. Ich war schwach und voller Widersprüche, und ich kannte mich ebensowenig wie jeder andere Mensch.

Der Sommer des Jahres 1930 verging. Das Braunkohleprojekt machte Fortschritte, und ich fand allmählich einiges von dem Selbstvertrauen zurück, das ich 1928 verloren hatte. Anfang Oktober kam überraschend ein Anruf von Ouspenskys Sekretärin, Madame Kadloubovsky: „Mr. Ouspensky läßt ausrichten, daß Sie und Mrs. Bennett, Mr. Myers, Mrs. Dobie, Mr. Binyon und Major Turner nächsten Mittwoch zu einem Vortrag in Warwick Gardens kommen können." Das war der erste und einzige Hinweis darauf, daß Ouspensky meine Berichte überhaupt las.

Der Vortrag war der erste in einer Reihe, die, wenn ich mich recht erinnere, den Titel „Die Suche nach objektivem Bewußtsein" trug und in London großes Interesse fand. Seit seinem Bruch mit Gurdjieff hatte Ouspensky sieben Jahre vergehen lassen, in denen er die Arbeit mit vierzig bis fünfzig Schülern unter strikter Geheimhaltung fortgesetzt hatte. Jetzt fand er es an der Zeit, seine Arbeit breiteren Kreisen bekanntzumachen.

Ohne ein Wort über die Vergangenheit zu verlieren, ließ er mich wieder an den Zusammenkünften teilnehmen und übertrug mir sogar die Aufgabe, die Vorträge in seinem Beisein vorzulesen. Oft mußte ein Vortrag im Lauf einer Woche zwei oder dreimal wiederholt werden, so groß war der Andrang der Interessierten oder bloß Neugierigen.

Ouspensky erlaubte mir, ihn wieder in der Gwendwr Road zu besuchen wie vor fünf Jahren. Bei einem dieser Gespräche unter vier Augen sagte er: „Ich habe all die Jahre gewartet, weil ich sehen wollte, was Mr. Gurdjieff tun würde. Seine Arbeit hat nicht zu den erhofften Resultaten geführt. Ich bin mir nach wie vor ganz sicher, daß es eine Große Quelle gibt, aus der unser System stammt. Mr. Gurdjieff muß Zugang zu dieser Quelle gehabt haben, aber ich glaube, es war ein beschränkter Zugang. Etwas fehlt noch, und er hat es bis jetzt nicht finden können. Wenn wir es durch ihn nicht finden können, so liegt unsere einzige Hoffnung darin, direkten Kontakt mit der Quelle aufzunehmen. Doch wir haben keine Chance, sie durch Suchen zu finden, davon bin ich schon seit fast zwanzig Jahren überzeugt. Sie ist viel besser versteckt, als die Leute glauben. Deshalb liegt die einzige Hoffnung darin, daß die Quelle uns finden wird. Deshalb halte ich hier diese Vorträge. Wenn die wahrhaft Wissenden sehen, daß wir für sie von Nutzen sein können, dann schicken sie vielleicht jemanden. Wir können nur zeigen, was wir zu bieten haben, und warten. Aber wir müssen begreifen, daß wir aus eigener Kraft eigentlich nichts tun können. Das innerste Geheimnis ist noch ungelüftet. Wir können uns selbst und andere vorbereiten — aber für die eigentliche Arbeit fehlt uns noch etwas."

Fast zwanzig Jahre mußten noch vergehen, bis ich anfing, diese Aussage Ouspenskys zu begreifen. Vorderhand beschäftigte mich ein sehr viel persönlicheres Problem: wie konnte ich zugleich Verantwortung auf mich nehmen und meinen Eigensinn ablegen? Ich spürte, wie lebensnotwendig es war, mein spirituelles Leben zu vertiefen. Ich ließ mich zu leicht von weltlichen Dingen ablenken, und mir schien, daß mein Mangel an Ausdauer mein Hauptfehler war. Deshalb stellte ich mir die Aufgabe, ein Tagebuch zu führen. Das war mir noch nie gelungen, weil irgend etwas in mir sich gegen alles auflehnte, was mich an die Vergangenheit band. Der Neujahrstag 1931 rückte heran, und ich machte mir tiefe Gedanken über meine Lage. Es sah so aus, als könnte es mir in den nächsten drei Jahren gelingen, mich von materiellen Sorgen zu befreien, und ich wollte mich darauf vorbereiten, mein Leben ganz der spirituellen Arbeit zu widmen.

Am 1. Januar schwor ich mir, in drei Tagen ein Tagebuch zu beginnen und tausend Tage lang jeden Tag niederzuschreiben, was ich getan hatte, um meine spirituelle Arbeit lebendig zu halten, und worin ich versagt hatte. Am 1. Oktober 1933 schrieb ich: „Die Zeit, die ich mir gesetzt habe, ist um, und ich habe keine greifbaren Resultate meiner Arbeit vorzuweisen. Immerhin habe ich das Minimum dessen erreicht, was ich mir vorgenommen hatte."

Die bitteren Lektionen, deren erste mir durch das griechische Braunkohleprojekt erteilt werden sollte, standen noch aus. Ich war mächtig stolz auf meine eigenen chemischen Untersuchungen, die ergeben hatten, daß der üble Geruch der Lignit-Holzkohle auf kleine Beimischungen von Schwefelverbindungen zurückzuführen war. Wenn man die Verkohlungstemperatur auf über 900 Grad Celsius anhob, so stellte ich fest, wurden diese Verbindungen zerstört. Das Problem war jetzt, wie man das im industriellen Maßstab machen konnte.

Dr. Lander stellte mich Dr. E.W. Smith, dem technischen Direktor der Woodall-Duckham Company vor, die damals auf dem Gebiet der Gasherstellung in Vertikalkammeröfen Pionierarbeit leistete. In diesen Öfen konnte man die für meine Bedürfnisse erforderlichen Bedingungen schaffen, und das Gaswerk von Birmingham stellte uns großzügig seinen einzigartigen Experimentalofen zur Verfügung. Der erste Versuch verlief sehr erfolgreich, und wir entschlossen uns zu einem Großversuch über drei Tage, für den vierzig Tonnen Braunkohle aus Griechenland hertransportiert wurden.

Zufällig kam Premierminister Weniselos gerade nach London und sah sich unseren Versuch an. Nach einem Essen und einer Begrüßungsansprache, die Austen Chamberlain hielt, fuhren wir im strömenden Regen zum Gaswerk. Die Demonstration wurde ein voller Erfolg. Sir Sydney Lawford, der sich uns voller Zweifel angeschlossen hatte, strahlte jetzt. Weniselos lud ihn als Gast der Regierung nach Griechenland ein.

Ich schrieb die Resultate auf und fügte detaillierte Angaben über Kapazität und Bedarf des griechischen Brennstoffmarktes hinzu. Diese Arbeit wurde unter dem Titel *Probleme der griechischen Brennstoffindustrie* veröffentlicht — meine erste gedruckte Arbeit, auf die ich sehr stolz war. Jetzt waren die Weichen gestellt für einen großen Entwicklungsplan, der auch Zementwerke für die Nutzung des im Haushalt unbrauchbaren Kohlestaubs und ein Elektrizitätswerk vorsah, das zusammen mit einem Wasserkraftwerk an den Wasserfällen von Edessa die Stromversorgung von Saloniki sicherstellen sollte.

Bei einem meiner seltenen Griechenlandaufenthalte im Zusammenhang mit unserem industriellen Entwicklungsprojekt sagte Douglas-Henry, er sei beauftragt, eine angebliche Goldmine in den Bergen östlich von Saloniki zu besichtigen und zu begutachten. Er schlug vor, wir sollten uns dafür ein paar Tage freinehmen. Er war in Australien als Goldsucher tätig gewesen und würde schnell feststellen, ob an der Sache etwas war.

Ins Gespräch gekommen war sie durch einen Griechen, der in seiner Jugend nach Colorado ausgewandert und Goldgräber geworden war. Jetzt, wo er zurückgekehrt war, um sich niederzulassen, verspürte er offenbar den Drang, in seinen Heimatbergen nach Gold zu suchen. Er hatte alte Schürfstellen gefunden, die seit den Tagen Philips von Mazedonien verlassen waren, und jetzt behauptete er, er sei auf eine goldführende Quarzader gestoßen.

Bis heute weiß ich nicht, ob er uns einfach einen Bären aufgebunden hat. Er wies goldhaltige Quarzproben vor, die aus Mazedonien stammen konnten, aber auch von vielen anderen Orten. Als ich später wieder in London war, hatte ich mit Hilfe der Bibliothek schnell herausgefunden, daß in den Bergen nördlich von Saloniki in der Antike tatsächlich Gold gefunden worden war. So konnte es durchaus sein, daß man heute Adern fand, die mit den damaligen Methoden nicht abbaufähig waren, aber heute ausgebeutet werden konnten. Jedenfalls besaß Douglas-Henry Erfahrung, und ich begleitete ihn.

In einem abgelegenen, unbewohnbaren Tal sahen die sandigen Ufer des Flusses vielversprechend aus, und Douglas Henry gab mir meinen ersten Goldwäscherunterricht. Nach vielen erfolglosen Versuchen fand ich endlich „Farbe“. Mit diesem Augenblick ist eine besondere Erregung verbunden, die wohl mit der ewigen Suche des Menschen nach diesem rätselhaften Metall zu tun haben muß. Als ich auf die winzigen gelben Körnchen starrte, traten mir die Tränen in die Augen, und ich spürte in mir den blinden Drang, einfach weiterzusuchen, bis ich wirklich Gold fand. Die Stimmung verflog sofort wieder, aber sie erinnerte mich daran, daß wir die Impulse anderer Menschen nie beurteilen dürfen, bis wir sie selbst erfahren haben. Die Gier nach Gold ist eine nicht mitteilbare, aber deswegen keineswegs unwirkliche Erfahrung.

Douglas-Henry kam zu dem Schluß, daß es früher reiche Goldvorkommen in diesen Bergen gegeben haben muß, die aber längst erschöpft waren. Ich wandte mich mit wachsender Begeisterung und Hoffnung wieder unserem eigenen großen Plan zu.

Mit katastrophaler Plötzlichkeit wandelte sich die Szene. Weniselos verlor die Macht. Die nachfolgende Regierung Tsaldaris war allem Britischen gegenüber argwöhnisch, vor allem, wenn es unter der Schirmherrschaft Weniselos' gestanden hatte. Zudem hatte die breite Darstellung der erfolgreichen Versuche von Birmingham in der griechischen Presse die Illusion erzeugt, es liege ein ungeheurer Reichtum vor der Tür und man brauche nur zuzugreifen. Als die Regierung feststellte, daß unsere Schürfrechte unanfechtbar waren, belegte sie Braunkohle und Lignit mit einer Steuer, die das Doppelte der Förderkosten ausmachte. Vergeblich protestierten wir gegen diese Maßnahme, die für unser Unternehmen den Todesstoß bedeutete. Monatelang kämpften wir weiter und verloren immer mehr Geld. Ich selbst kam in eine immer schwierigere Lage: Douglas-Henry versuchte oben in Vevi, die Produktionsmethoden effektiver zu machen, aber dazu brauchte er Kapital. Ich schickte ihm, soviel ich hatte, stand dann aber selbst ohne Geld da. Ich glaubte an das Projekt. Es war mein erstes kreatives Unternehmen, und ich liebte es. Als ich den Fehlschlag schon hätte eingestehen müssen, sprach ich meinen Codirektoren noch Mut zu.

Der Winter 1931 verging. Unser Manager vor Ort, ein robuster Waliser namens Evans, der schon viele Jahre in Griechenland lebte und mit einer griechischen Frau verheiratet war, versuchte genug Braunkohle zu verkaufen, um weitermachen zu können, aber die endlosen Schikanen des Bergbauministeriums in Athen gaben ihm keine Chance. Schließlich, im Juni 1932, behaupteten ein paar Arbeiter ganz zu Unrecht, er habe ihren Lohn nicht ausbezahlt. Er wurde verhaftet. In derselben Woche kam die endgültige Ablehnung unseres Ersuchens um Steuererleichterung. Am siebten Juni schreib ich in mein Tagebuch: „Heute — vielmehr heute Nachmittag, innerhalb von zwei Stunden — brachen die äußeren Schwierigkeiten mit ihrem ganzen Gewicht auf mich herunter. Evans Verhaftung, Greens Ablehnung, Drossopuolos' Verzögerungstaktik — ein Schlag nach dem anderen, und zu allem die Erkenntnis, daß ich nichts mehr zum Leben habe und nicht weiß, wie ich all die fälligen Zahlungen der nächsten Wochen leisten soll, es sei denn, ich verkaufe das bißchen Besitz, das wir noch haben." Ich fügte hinzu: „Heute Nachmittag hat der Schmerz alle Gefühle von Vergangenheit und Zukunft ertränkt. Und doch ist nach wie vor die Zukunft die Quelle allen Leidens."

Tatsächlich trat mein Leben jetzt in eine Phase ein, in der ich auf mancherlei Weise zu leiden hatte. Von der Befriedigung, die mir die Arbeit mit meiner kleinen Gruppe von Schülern über ein Jahr lang verschafft hatte, blieb in der neuen Phase der Arbeit bei Ouspensky nichts übrig, und an ihre Stelle trat eine ständige Entblößung meiner Fehler und Mängel. In zehn langen Jahren hatte ich nichts als tiefe Desillusionierung gewonnen. Viele von denen, die seit 1922 unter Ouspensky studierten, waren in der gleichen Lage, und um uns neuen Mut zu machen, führte er viele neue Arbeitsthemen ein. Die Beziehung zu Ouspensky war in den nächsten Jahren das Grundthema meines inneren Lebens, und ich will ihr deshalb ein ganzes Kapitel widmen.

14. Mr. und Madame Ouspensky

Hier erscheint Sophie Grigorevna Ouspensky wieder auf der Bildfläche. Sie war in jeder Hinsicht eine große Dame. Ouspensky war ihr zweiter Mann, und sie hatte eine Tochter und einen Enkel, Leonide Savitzky. Ich traf die Familie zum ersten Mal 1920 auf der Insel Prinkipo. Eine Enkelin kam am Prieuré zur Welt. Madame Ouspensky bestimmte einen großen Teil meines Lebens mit; zum letzten Mal sah ich sie 1959. Ihr Einfluß war einer der wichtigsten Faktoren für meine Entwicklung, und es war ein rundherum guter Einfluß. Ich bin ihr zu großem Dank verpflichtet.

Als Ouspensky sich 1924 von Gurdjieff trennte, war sie am Prieuré geblieben. In einem ihrer Briefe aus dieser Zeit schrieb sie sinngemäß folgendes: „Ich bilde mir nicht ein, daß ich Georgy Ivanovitch verstehe. Für mich ist er X. Ich weiß nur, daß er mein Lehrer ist, und daß ich weder das Recht habe, ihn zu beurteilen, noch die Notwendigkeit besteht, ihn zu verstehen. Niemand weiß, wer der wirkliche Georgy Ivanovitch ist, denn er verbirgt sich vor uns allen. Es ist vergeblich, ihn erkennen zu wollen, und ich verweigere mich jeder Diskussion über ihn.“

Als das Prieuré 1929 geschlossen wurde und Gurdjieff nach Amerika ging, kam Madame Ouspensky nach England. Nachdem sie sich behutsam eingelebt hatte, entschloß sie sich zu bleiben und mit einigen Schülern ihres Mannes zu arbeiten. Das führte zu einer Teilung der Verantwortung, die mit der Zeit immer deutlicher hervortrat. Madame Ouspensky stellte sich die Aufgabe, die Voraussetzungen für die Arbeit zu schaffen, während Ouspensky weiterhin lehrte, Vorträge hielt und schrieb. Er stellte keine äußeren Ansprüche; zehn Jahre lang hatte er sich mit einer bescheidenen Wohnung in der Gwendwr Road, West Kensington, zufriedengegeben. Er brauchte nur noch Räumlichkeiten für seine Zusammenkünfte. Madame Ouspensky brauchte für ihre Arbeit jedoch ein Haus auf einem Grundstück, wo die Menschen leben und arbeiten konnten wie sie es während des Krieges in Rußland, nach der Revolution im Kaukasus und in Konstantinopel und schließlich sieben Jahre lang am Prieuré getan hatten.

Madame Ouspensky hatte ihre ganz eigene und klare Vorstellung von ihrer Rolle. Sie beharrte von Anfang bis Ende darauf, daß sie keine Lehrerin war, und sie ließ sich in keine Position drängen, von der sie nicht überzeugt war, daß sie sie ausfüllen konnte. Sie konnte nicht mit vielen Leuten arbeiten und lehnte jede Aufgabe ab, der sie sich nicht gewachsen fühlte. Sie begann ihre Arbeit in sehr kleinem Rahmen, und erst nach zwei Jahren war sie zu einem langfristigen Mietvertrag für ein Haus bereit. Dieses Haus war

Gadsden in Hayes in Kent, weniger als eine Autostunde vom Zentrum Londons entfernt. Es war eine große viktorianische Villa auf mehreren Hektar Grund. Acht bis zehn englische Schüler zogen dort ein, um mit Madame Ouspensky zu arbeiten. Ich wurde nicht eingeladen und hätte auch nicht dort wohnen können, denn dazu fehlten mir die Zeit und die Mittel. Ich durfte jedoch sonntags an der Arbeit teilnehmen und gelegentlich das ganze Wochenende bleiben.

Dadurch entstand bald eine unerträgliche Situation, denn meiner Frau wurde nach ihrem ersten Besuch nicht mehr erlaubt hinzukommen. Ich habe nie verstanden, wie diese harte Entscheidung zustandekam. Sie bedeutete jedoch, daß wir an meinem einzigen freien Tag in der Woche nie zusammensein konnten. Ein paar Monate lang wäre das wohl zu ertragen gewesen, aber es ging drei Jahre so, und das war für meine Frau eine schwere Belastung.

Ich konnte mir die Gelegenheit zu dieser Arbeit in Gadsden (später in Lyne Place, einem viel größeren und imponierenderen Haus nahe Virginia Water, in das die Ouspenskys 1934 umzogen) nicht entgehen lassen, denn sie kam dem am nächsten, was ich am Prieuré erlebt hatte: harte körperliche Arbeit und aufrührende psychologische Umstände. Das allein hätte mich vielleicht nicht dazu gebracht, meine Frau leiden zu lassen. Wichtigster Faktor war mein Entschluß, bedingungslos alles zu tun, was Ouspensky von mir verlangte. Ich hatte ihn als Lehrer angenommen, und ich empfand vorbehaltlosen Gehorsam als oberste Pflicht eines Schülers.

Etwas war an meiner damaligen Einstellung vollkommen schief. Ich setzte als selbstverständlich voraus, daß ich bewußt und planvoll einer Prüfung unterzogen wurde. Ich ging auch davon aus, daß Ouspensky alles wußte, daß er der Übermensch war, der auch ich eines Tages werden wollte. Für seine Grenzen war ich vollständig blind. Verlangte er von mir, daß ich meine Frau jede Woche sitzenließ, dann mußte es wohl einen guten Grund dafür geben und konnte nur zu unserem Besten sein.

Die Jahre der Selbsterforschung und des Kampfes gegen meine Fehler und Schwächen waren nicht ganz ohne Früchte geblieben. Mehr als einmal hatte ich den Geschmack höherer Bewußtseinszustände erlebt, und sie zu erlangen, schien jeden Preis wert zu sein. Zudem bewiesen die wiederholten Fehlschläge bei meinen äußeren Unternehmungen, daß mein Leben immer schiefgehen würde, solange ich selbst mich nicht änderte. In all diese Beweggründe mischte sich zweifellos eine Art spiritueller Ehrgeiz, das Verlangen, ein Übermensch zu werden. Ich glaubte fest an Gurdjieffs Aussage, daß wir Menschen die latente Fähigkeit besitzen, höhere Seinszustände zu erreichen. Mein Erlebnis am Prieuré hatte mir sogar etwas von den Kräften gezeigt, die dann freigesetzt werden.

So sah ich zwar, daß ich selbst dem Ziel noch fern war, glaubte aber, daß Gurdjieff, das Ehepaar Ouspenksy und vielleicht auch andere es schon erreicht hatten. Daher mußten sie in ihren Urteilen und in ihrem Handeln so gut wie unfehlbar sein.

Erst viel später verstand ich, wie töricht solch eine Haltung ist — vor allem als andere sie mir selbst gegenüber einnahmen. Schon lange war ich von der Fehlbarkeit, wenn nicht gar Unfähigkeit von Menschen überzeugt, die nach herkömmlichen Maßstäben als groß galten, aber ich hatte spirituelle Lehrer von diesem Urteil ausgenommen. Als ich selbst die Position eines spirituellen Lehrers einnahm und sah, wie selbst meine unüberlegtesten Aussagen als Offenbarungen aufgenommen wurden, erkannte ich, daß gerade der, der andere auf einem spirituellen Weg führt, seine Schwächen und Fehler nicht verbergen darf und dafür sorgen muß, daß niemand ihn als eigenständige „Autorität“ betrachtet. In dieser Hinsicht war Gurdjieff uns allen ein Beispiel: er schreckte nicht davor zurück, die Leute, die Unterweisung bei ihm suchten, zu schockieren oder gar vor den Kopf zu stoßen.

In seinem ersten, sehr umstrittenen Buch *The Herald of the Coming Good,* spricht er von *Hvareno,* dem geheimnisvollen Attribut der Königswürde, das zu den Glaubenssätzen des babylonischen Mithraskults gehörte und in den Büchern des Alten Testaments sowie in der dritten Versuchung Jesu noch wiederzuerkennen ist. Wer Hvareno besitzt und es nicht auf weltliche Herrschaft, sondern auf spirituelle Führerschaft abgesehen hat, muß dieses Attribut um jeden Preis vor anderen verbergen.

1931 war ich noch weit davon entfernt, diese Dinge zu begreifen. Wenn ich meinen Eigensinn überwinden wollte, so dachte ich, mußte ich mich ganz und bedingungslos meinem Lehrer unterwerfen. Durch das, was Ouspensky sagte, und in gewisser Hinsicht auch durch sein Handeln wurde ich in dieser Haltung bestärkt. Ich übersah, daß er zwischen sich selbst als einem gewöhnlichen Menschen und seiner Rolle als Lehrer unterschied. War er dann mal ganz gelöst und versuchte freundschaftlich mit mir zu verkehren, so blieb ich stocksteif in meinem Gehorsamswahn.

Ein Beispiel mag verdeutlichen, was ich meine: Ouspenskys Hobby war das Sammeln alter Drucke. Er wünschte sich für seine Studien Stiche von St. Petersburg und Moskau und bat mich einmal, ihm ein Geschäft zu suchen. Ich fand das Antiquariat Spencer in der Oxford Street, das damals die größte Auswahl auf der ganzen Welt besaß. Ouspensky war entzückt und bat mich, ihn am Nachmittag um zwei zu begleiten. Zufällig war ich an diesem Tag zu einem Gespräch mit einem wichtigen Klienten verabredet. Das mußte wohl wieder eine Prüfung sein. Ich sagte dem Klienten ab und verbrachte den Nachmittag mit Ouspensky. Es machte ihm einen Heidenspaß; er kaufte ein paar Stiche und sagte, er werde in der nächsten Woche noch einmal hingehen. Er lud mich zum Tee ein, den er mit größter Sorgfalt aus eigenhändig bei Twinings ausgesuchten chinesischen Blättern zubereitete. Ich war geradezu lächerlich steif, denn mir entging vollständig, daß Ouspensky einfach ein Mensch war, der gern Gesellschaft hatte.

Auf diese Weise schuf ich mir ganze Horden von eingebildeten Feinden. Ich rang mit meinem Gewissen um die Frage der Unterwerfung, denn ich konnte Ouspensky zwar gehorchen, aber ich schaffte es nicht, mich ihm zu unterwerfen. Ich hatte Schuldgefühle und wußte doch genau, daß ich an meinen eigenen Urteilen festhalten und mich innerlich immer wieder auflehnen würde.

Das brachte mich auf eine sehr ernste Frge: „Wenn ich mich einem Menschen nicht unterwerfen kann, kann ich mich dann Gott unterwerfen?" Ich hatte allerdings keine Ahnung, was solch eine Frage eigentlich bedeutete — von einer Antwort ganz zu schweigen. An diesem Abend umrundete ich rastlos den Bryanstone Square, wälzte das Problem hin und her, fühlte mich verloren und sah keinen Ausweg. Zum einen war da eine tiefe Weigerung, viel tiefer als mein eigener Wille, mich irgendeinem Menschen zu unterwerfen. Andererseits war ich weder mit meinem Verstand noch in tieferen Schichten fähig zu begreifen, was es hieß, mich Gott zu unterwerfen.

Schließlich ging ich nach Hause, wo meine Frau schon auf mich wartete. Ich hätte mich so gern an ihrer Brust ausgeweint, aber ich konnte nicht loslassen. Ich konnte ihr nur mitteilen, daß ich verzweifelt und hoffnungslos war. Mit ihrem fraulichen Gespür erfaßte sie die Lage sofort: „Du bist nur niedergeschlagen, weil dein Geschäft nicht richtig läuft." Ich war tief entrüstet und sah doch im gleichen Momet, daß sie ins Schwarze getroffen hatte. Was da litt, war mein enttäuschter Eigenwille, nicht die echte Sehnsucht nach einer unerreichbaren Vollendung.

Ich brachte es nicht über mich, diese Tatsache einzugestehen, doch die liebevolle Wärme meiner Frau schmolz die Barrieren weg, und ich wendete mich ihr voller Dankbarkeit zu. So sehr ich sie auch, ohne es zu wollen, vernachlässigte — sie kehrte sich nie von mir ab, und sie verstand stets die inneren Wirrnisse, die ich durchzustehen hatte.

Einer jener scheinbaren Zufälle, die eine so große Rolle für die Gestaltung unseres Schicksals spielen, wollte es, daß Ouspensky am nächsten Abend ein neues Thema einführte, das mein Leben in den nächsten zwölf Jahren stark beeinflussen sollte. Er sprach über Methoden, die in den esoterischen Schulen Asiens und Osteuropas angewendet werden, um die Aufmerksamkeit zu sammeln und zu verhindern, daß der Geist in fruchtlose Fantasien abschweift. Diese Methoden beruhen auf der Tatsache, daß unser Er-Innern, unser Innesein nur eingleisig funktioniert. Erinnern wir eine Sache, so vergessen wir andere. Beschäftigen wir unseren Geist mit dem Erinnern von etwas Bestimmtem, so ist der immerwährende Strom beiläufiger Gedanken unterbrochen. Zwei der gebräuchlichsten Methoden sind Auswendiglernen und Repetition.

Das leuchtete mir ein, denn ich hatte mich schon oft gefragt, weshalb Hindus, Moslems und Christen ihre heiligen Schriften immer noch auswendiglernen, nachdem die Notwendigkeit, sie mündlich weiterzugeben, schon tausend Jahre lang nicht mehr besteht. Mein Sanskritlehrer Kanhere hatte mir die Methode gezeigt, nach der die Brahmanen Indiens die Vedas und Brahmanas auswendiglernen. Ich war den *Hafiz* — den Bewahrern — begegnet, die den ganzen Koran im Kopf hatten und ihn mit sämtlichen grammatischen Fehlern des Propheten wiedergeben konnten. In griechisch-orthodoxen Klöstern lernen manche Mönche die ganze Bibel auswendig, und auch in der westlichen Christenheit waren solche Unternehmungen bis ins 19. Jahrhundert nichts Ungewöhnliches. Ich hatte dergleichen immer als sinnlose Überbleibsel aus einer Zeit betrachtet, in der Lesen und Schreiben noch etwas Besonderes waren und die wenigen Handschriften leicht verlorengehen oder entstellt werden konnten. Jetzt verstand ich, daß die Praxis des Auswendiglernens der Schriften tatsächlich ein Überleben bedeutete — aber nicht einer analphabetischen Epoche, sondern einer Zeit, in der die Menschen noch wußten, wie gefährlich es ist, zu sehr in den Gedanken zu leben.

Ouspensky sprach weiter über Repetition. Er beschrieb das immerwährende Herzensgebet — das beständige Wiederholen der Anrufung: „Herr Jesus Christus, Sohn Gottes, erbarme dich meiner." Als diese Praxis vor über tausend Jahren in den griechisch-orthodoxen Klöstern eingeführt wurde, erlangten bald Tausende von Mönchen und Nonnen die Erleuchtung, indem sie der Anweisung des Apostels Paulus folgten, ohne Unterlaß zu beten. Er sagte, in seiner ursprünglichen Form sei das Herzensgebet nur für Mönche geeignet, aber eine Form des Wiederholens, die weniger aufwühlend wirkt, könnte auch für uns geeignet sein.

Er schlug deshalb vor, daß einige von uns die Bergpredigt oder sogar alle Evangelien auswendig lernten. Andere sollten es mit der beständigen inneren Wiederholung des Vaterunsers versuchen, aber er empfahl uns, die griechische Version zu lernen, da in anderen Sprachen der ursprüngliche Rhythmus verlorenging.

Dann ging er im Zimmer herum und teilte jedem einzelnen seine Übung zu. Mich überging er, und am Schluß sagte er: „Für Bennett ist diese Übung nicht geeignet." Ich war solche Schocks schon gewöhnt, aber diesmal traf es mich besonders hart, denn ich brauchte so dringend etwas, woran ich mich festhalten konnte. Ich war versucht, heimlich die Bergpredigt auswendigzulernen, aber ich hatte mir nun mal vorgenommen zu gehorchen, und nach kurzem Kampf tat ich es auch. Als die anderen in der folgenden Woche von ihren Erfahrungen mit der Übung berichteten, saß ich still dabei, und mich überkam eine großere innere Stille und Dankbarkeit. Wieviel besser ist es doch, nichts zu haben, als sich an irgendeinem Besitz zu erfreuen! Vielleicht erspürte Ouspensky meine Gefühle, jedenfalls sagte er am Ende der Sitzung: „Bennett, Sie können es jetzt mit dem Wiederholen versuchen, wenn Sie möchten."

Von diesem Tag an und für die nächsten fünf Jahre machte ich es mir zur Aufgabe, tagsüber so oft wie möglich das Vaterunser auf Griechisch zu wiederholen. Ich sprach es innerlich, während ich las oder mich mit anderen unterhielt. Nach drei Jahren vereinigte es sich mit meinem Atem und ging selbst dann weiter, wenn ich nicht mehr darauf achtete. Mein Tagebuch der Jahre 1931-35 ist voller Bemerkungen zu dieser Übung. Ich lernte zum Beispiel, das Gebet gleichzeitig und mit verschiedenen Geschwindigkeiten auf Griechisch und Lateinisch zu wiederholen, und für kurze Zeit konnte ich auch noch die deutsche oder russische Fassung einbeziehen. Das erzeugte einen Zustand kontrollierter Abspaltung: die gewohnte Verbindung zwischen intellektuellen, emotionalen und instinktiven Vorgängen war aufgehoben, und an die Stelle trat etwas Neues — reines Bewußtsein —, das sie zusammenhielt.

In dieser Zeit stellte ich mir auch die Aufgabe, die Evangelien auswendig zu lernen, und ich bin immer dankbar gewesen für die intime Begegnung mit diesen herrlichen Schriften.

Schon wenige Wochen, nachdem er die neuen Übungen eingeführt hatte, wollte Ouspensky bei unseren Zusammenkünften nicht mehr darüber sprechen. Wir hätten sie falsch verstanden, sagte er, und würden zu falschen Ergebnissen kommen, wenn wir sie weiterführten. Da er uns aber nicht ausdrücklich auftrug, damit aufzuhören, machten ich und einige andere weiter. Für mich war die Wiederholungsübung etwas ganz Intimes und Persönliches, und ich sprach fünfzehn Jahre lang kaum mit jemandem darüber.

Immer wieder mal führte Ouspensky solche vielversprechenden neuen Themen ein, um sie dann nach ein paar Wochen oder Monaten, wenn er alles Interesse daran verloren zu haben schien, wieder fallenzulassen.

In dieser Zeit gingen auch meine eigenen Zusammenkünfte — bekannt als Bennetts Gruppe — regelmäßig weiter. 1931, als unser griechisches Braunkohleprojekt noch Erfolg versprach, führte ich ein Experiment ein, das bis heute fast ohne Pause zum Schulungsprogramm gehört hat. Es bestand darin, meine Gruppe zu einer Periode intensiver Arbeit und Studium einzuladen. In Shoreham-by-Sea gab es große Bungalows, in denen ein Dutzend Leute schlafen konnten, billig zu mieten, und dahin gingen wir im August 1931. Im nächsten August, kurz nachdem die Liquidation der griechischen Bergwerksgesellschaft eingeleitet worden war, fanden wir uns wieder dort ein, diesmal in einer Gruppe von zwanzig Leuten. Meine Frau und ich reisten aus London mit dem Bus an; sie war nach den Strapazen der letzten Monate sehr müde. Als ich mein Tagebuch von diesen vier Wochen in Shoreham noch einmal las, konnte ich mich nur wundern, daß die anderen es mit mir ausgehalten hatten. Ich war in einem erbärmlichen Zustand — und auch noch stolz darauf. Wanderten wir an einem schönen Tag durch die Dünen, so konnte ich dazu nur schreiben: „Es liegt etwas so Abstoßendes und Demütigendes in der Freude an schönen Dingen, daß man vor sich selbst zurückschaudert, wenn der Augenblick des Erwachens kommt." Am nächsten Tag schrieb ich: „Wenn die Dinge schmerzvoll sind, ist es nicht leichter, dieser elenden Welt zu entkommen, als wenn sie schön sind."

Es wäre müßig, die Geschichte dieser Jahre weiterzuerzählen, wäre tatsächlich alles so trostlos gewesen wie meine Tagebucheintragungen. Es gab jedoch auch lichtvollere Zeiten, in denen die Hoffnung wieder erwachte. Als die Krise um die griechische Bergbaugesellschaft auf ihrem Höhepunkt war, ging ich einmal zur Mittagszeit auf dem Finchbury Square spazieren. Meine Gedanken umkreisten das Problem, das mich schon seit zwölf Jahren plagte: wie ist es möglich, die fünfte Dimension konkret zu fassen? Und auf einmal, wie im Juni 1920, sah ich die Welt in ihrer fünfdimensionalen Gestalt. Ich trat in die fünfte Dimension ein, und die Zeit blieb stehen, aber das Leben ging weiter. Ich sah das Leben als Energie, genauer gesagt als Energie einer bestimmten Qualität. Beim Aufstieg in die fünfte Dimension änderte sich diese Qualität, sie wurde feiner und doch intensiver. Nichts geschah, und doch änderte sich alles. Ich sah, daß es keinen Energieverfall gibt, und blitzartig wurde mir klar, daß das auch so sein mußte, wenn die Zeit stillstand. Eine Formel nahm in mir Gestalt an: „In der Ewigkeit kehren sich die Gesetze der Thermodynamik um. In einem geschlossenen System bleibt die Entropie ewig erhalten, doch die Energie selbst hat viele Wertigkeiten."

Ich war überglücklich über diese Formel, die mir in diesem Augenblick so klar und naheliegend erschien, daß ich kaum begriff, wie ich sie so viele Jahre lang hatte übersehen können. Ich sah, daß das ewige Grundmuster von allem Existierenden seine eigenen Entwicklungsgesetze hat — nur daß es sich nicht in der Zeit entfaltet, es hat kein Vorher und Nachher. „Entwicklung" ist vielmehr eine Intensivierung der Existenz als solcher. Gurdjieffs Stimme tauchte in mir auf: „Zwei Menschen mögen äußerlich gleich aussehen, obgleich der eine unvergleichlich mehr Sein haben kann als der andere. Sie können das noch nicht sehen, weil Sie für das Sein noch blind sind." Jetzt verstand ich endlich, daß man diese Aussage wörtlich nehmen kann. „Mehr Sein haben" bedeutet, auf der Skala der ewigen Energien eine höhere Ebene erreicht zu haben.

Am nächsten Tag fand das wöchentliche Treffen bei Ouspensky statt, und ich versuchte zu formulieren, was ich gesehen und erkannt hatte, doch Ouspensky fegte es alles mit der Bemerkung vom Tisch, es sei „formatorisches Denken", also nichts weiter als Ausdruck der automatischen Assoziationsmechanismen im Gehirn. Ich wußte, daß die strahlende Gewißheit meiner Erfahrung bei dem Versuch, sie in Worte zu fassen, verlorengehen mußte. Ich war bereit, Ouspenskys Zurechtweisung zu akzeptieren, aber ich konnte unmöglich meine eigene Vision verleugnen. In den zehn Jahren des Studiums und der Arbeit bei Ouspensky hatte ich oftmals über tiefe innere Erfahrungen zu sprechen versucht, aber ich konnte mich entweder gar nicht ausdrücken, oder Ouspensky hatte meine Ansätze zurückgewiesen.

Zu der Zeit zweifelte ich so sehr an mir selbst und war so entmutigt von meinen Versuchen, das in die Praxis umzusetzen, woran ich fest glaubte, daß ich bereitwillig annahm, jeder andere habe eher recht als ich. In diesem Jahr, 1932, verbrachten meine Frau und ich vier Wochen in Shoreham. Die Ouspenskys waren noch in Sevenoaks, bereiteten aber schon den Umzug nach Gadsden vor. Ich wurde für den Sonntag mit zwei oder drei Mitgliedern meiner Gruppe eingeladen. Meine Frau, Lucien Myers und noch ein weiterer kamen mit. Nach dem Essen durften wir Madame Ouspensky Fragen stellen. Die Atmosphäre war gespannt, und wir warteten schweigend. Schließlich machte Lucien Myers den Anfang, und Madame Ouspensky beantwortete eine oder zwei Fragen ohne Zögern. Als er dann von einem Manuskript noch eine weitere Frage ablas, unterbrach sie ihn und sagte: „Nur eine Frage ist notwendig: Was ist Arbeit?" Er ließ sich nicht aus der Ruhe bringen, sah sie feierlich an und sagte: „Das ist meine Frage Nummer dreiundzwanzig." Alle lachten, und die Atmosphäre lichtete sich.

Mit meinen Fragen ging sie ziemlich rauh um und sagte dann: „Sie kennen sich selbst nicht, und Sie wissen noch gar nicht, wie mechanisch sie funktionieren." Ich nahm den Tadel als wohlverdient an, aber am nächsten Tag knöpfte meine Frau mich vor und sagte, ich sei zu unterwürfig gewesen, und Madame Ouspensky wolle keine Leute, die sich als Fußabtreter gebrauchen ließen.

Wir fuhren nach London zurück. Ich war so sehr mit meinen Selbstanklagen und meiner Gewissenserforschung beschäftigt, daß ich nicht einmal merkte, wie schwer das auf meiner Frau lastete. Endlich, am 1. September 1932, wurde ich dann doch darauf aufmerksam, wie sehr sie darunter litt. Zwei Mitglieder meiner Gruppe kamen und schütteten mir ihr Herz aus; sie fühlten sich verloren zwischen ihrer Ernüchterung über die alte Welt und ihrer Unfähigkeit, die neue zu verwirklichen. Als Antwort gab ich ihnen eine — so dachte ich — klare Darstellung ihrer Lage und der Gründe, weshalb sie so sein mußte. Meine Frau schwieg dazu. Nachdem die beiden gegangen waren, sagte sie zu mir: „Sie haben mit ihrem Herzen gefragt, und du hast mit dem Kopf geantwortet. Konntest du nicht sehen, wie sehr sie leiden und weshalb?"

Ich berichte von diesen Dingen, um zu zeigen, wie wenig ich andere Menschen verstand, sogar meine Frau, die mir näher stand als jeder andere und die in allem Leid mein einziger Trost war. Die Leute kamen zu mir, weil sie dachten, ich wüßte die Antwort auf ihre Fragen, da ich aber nicht verstand, was in der Tiefe ihrer Seele hinter ihren Fragen stand, kann ich ihnen keine große Hilfe gewesen sein.

Nun, das Leben mußte weitergehen. Die Braunkohlegesellschaft hatte ihre Arbeit eingestellt. Unter großen Schwierigkeiten befreiten wir den armen Manager aus seiner peinlichen Lage und holten ihn nach England zurück. Ein Abschnitt meines Lebens war zu Ende gegangen. Etwas in mir war gestorben, doch bislang war noch nichts Neues geboren worden, um die leere Stelle auszufüllen.

Ich hatte nicht nur all mein Geld verloren, sondern schloß sogar mit Schulden ab. Ich hatte mein Gehalt als Geschäftsführender Direktor fast ein Jahr lang nicht angenommen und für die Gesellschaft sogar noch einiges ausgelegt, anstatt meine eigenen Schulden zu begleichen. Wir beschlossen, unsere Wohnung in Bryanston Mansions aufzugeben und alles zu verkaufen, was wir entbehren konnten. Ich trennte mich von meinem Bechsteinflügel und den besten Büchern in meiner Bibliothek. Meine Frau verkaufte ohne zu zögern ihren Schmuck.

Wir wohnten von nun an bei der Mutter meiner Frau, Constance Alice Elliot. Sie war eine prachtvolle alte Dame, Urenkelin von Sir Elijah Impey, dem ersten Oberrichter von Indien. Mrs. Elliot besaß die ganze Würde und den Mut der anglo-indischen Gesellschaft, der sie angehörte. Sie war sehr klein, aber wohlproportioniert — eine schöne Frau. Ihre aufrechte Haltung erinnerte noch daran, daß sie einmal als beste Reiterin Indiens gegolten hatte.

Der Vater meiner Frau war vor dem Ersten Weltkrieg gestorben, und Mrs. Elliot wohnte in einem kleinen Haus in Baron's Court. Ihr großes Interesse galt dem Londoner Bezirksrat, in den sie dreimal für North St. Pancras gewählt worden war. Sie hatte mich sehr freundlich aufgenommen, und jetzt zogen wir in ihr Haus und bewohnten dort zusammen ein Zimmer.

Ich mußte mich um die Auflösung der Braunkohlegesellschaft kümmern und verdiente allmählich wieder etwas Geld durch Übersetzungen aus dem Griechischen und Türkischen, als sich überraschend eine neue Gelegenheit bot. Eine der Konstruktionsfirmen, die mir bei der Vorbereitung unseres großen Entwicklungsplans für Vevi geholfen hatte, war H. Tollemache & Co., Spezialisten für Kohlestaubverarbeitung. Der Geschäftsführer, Commander Humphrey Tollemache, war mir zwar sehr freundlich begegnet, aber ich hatte ihn nur zwei- oder dreimal gesehen und war deshalb jetzt überrascht, als ich eine Einladung zum Lunch erhielt. Er äußerte sich mitfühlend über unser unverdientes Scheitern, sprach die Vermutung aus, daß ich jetzt wohl in Schwierigkeiten sein könnte, und bot mir die Stelle eines technischen Kalkulators in seiner eigenen Firma an. Das Gehalt, das er mir anbot, war weniger als ein Zehntel meines Einkommens als Geschäftsführer des Aegean Trust und ein Viertel dessen, was ich bei der griechischen Grubengesellschaft verdient hatte. Aber es war ein Job, und er bot mir die Gelegenheit, etwas ganz Neues zu lernen, nämlich wie es ist, ohne Befugnisse und Handlungsfreiheit als kleiner Angestellter zu arbeiten. Meine Frau meinte, wir könnten von dem schmalen Gehalt durchaus leben. Ich sagte zu und nahm in der nächsten Woche meine Arbeit auf. Das war am 9. September 1932 und in der gleichen Woche, in der die Ouspenskys von Sevenoaks nach Gadsden umzogen.

Diese Arbeit war ganz neu für mich, und ich fand sie interessant und aufregend. Nach jahrelangem Ringen mit den Schatten eines großartigen Plans war das Ausarbeiten von realisierbaren Plänen etwas sehr Befriedigendes. Erst jetzt wurde mir klar, wie sehr mir konkrete Ergebnisse meines Tuns gefehlt hatten. Ich spielte als Kalkulator nur eine untergeordnete Rolle, aber ich konnte zusehen, wie meine Kalkulationen in die Wirklichkeit umgesetzt wurden, wie nach meinen Berechnungen Teile beschafft und aufgebaut wurden.

Die Arbeit hatte auch eine schmerzhafte, aber sehr heilsame Seite. Ich wußte schon immer, daß ich zu Flüchtigkeitsfehlern neigte, aber hier wurde jeder Irrtum augenblicklich zum Bumerang. Als ich für meine Fehler streng gerügt wurde, begriff ich, daß keine esoterische Schule die Lektionen erteilen kann, die das tägliche Leben bietet. Ich schrieb: „Sieh dich selbst mit Augen, die dich nicht lieben." Unsere eigenen Augen sind nie frei von dem Konflikt zwischen Selbstliebe und Selbsthaß, und wir müssen uns andere Augen borgen, wenn wir uns selbst unvoreingenommen anschauen wollen.

1933 bekam ich Gelegenheit, wieder ein wenig auf eigene Faust zu forschen. Tollemache war mit dem Vorsitzenden der United Steel Company befreundet und machte ihn auf die Möglichkeit aufmerksam, die Kohle vor dem Waschen zu entstauben und den Staub für die Beheizung von Dampfkesseln zu verwenden. Als der Vorschlag geprüft werden sollte, stellte sich heraus, daß niemand wußte, wieviel Staub die Kohle enthielt. Ich bot an, eine Untersuchung durchzuführen, und verbrachte einige Wochen in der Zeche. Ich kam in meinem Bericht zu einem günstigen Ergebnis, und außerdem entdeckte ich, daß man die in der Kohle enthaltene Staubmenge nach der Größenverteilung der Grobstücke voraussagen kann. Das war der Anfang meines Interesses an der Größenverteilung in gebrochenen Materialien, das mir in den folgenden zehn Jahren einen gewissen Ruf als Industrieforscher eintrug.

Diese Untersuchung brachte mich auch auf die Idee, daß Kohlestaub einer standardisierten Körnung sich in Gießereien besser zum Schutz der Gußformen eignen könnte als ungradierter Staub. Wir überprüften diese Idee, und sie erwies sich als richtig. Die Firma Tollemache hatte inzwischen bei der Zeche Grimethorpe in Yorkshire eine Anlage zur Kohlestaubherstellung in Betrieb genommen. Der Staub wurde in Papiersäcke abgepackt, und wir begannen mit dem Verkauf an Gießereien. Um das Geschäft richtig in Gang zu bringen, bot ich mich als Vertreter an.

Das war eine sehr aufschlußreiche Erfahrung. Aufträge an Land zu ziehen war mir eigentlich zuwider. Andere Vertreter haben mir erzählt, wieviel Spaß ihnen die Arbeit macht. Für mich war sie ein Martyrium. Selbst wenn ich dicke Aufträge heimbrachte, verfolgte mich noch die Angst, ich könnte den Kunden irregeführt oder mehr versprochen haben, als wir leisten konnten. Ich war so schrecklich schüchtern, daß jeder Besuch eine Tortur war — und doch hätte ich diese Monate, in denen ich das industrielle England bereiste und Kohlestaub verkaufte, gegen nichts auf der Welt eingetauscht. Ich lernte, wie eng meine Grenzen waren, und diese Erfahrung schaffte Verbindungen zwischen meinem inneren und äußeren Leben, wie ich sie vorher nie gekannt hatte.

Dieses ganze Jahr über bedrückte mich meine Unfähigkeit, in meiner Arbeit bei Ouspensky zu irgendwelchen positiven Ergebnissen zu kommen. Ich brachte mich ständig selbst in Schwierigkeiten, und Ouspenskys Hauptziel schien darin zu bestehen, mir Diskretion beizubringen. Immer wenn ich etwas für mich Interessantes oder Wertvolles hörte, konnte ich mich nicht beherrschen und mußte es sofort weitererzählen. Manchmal waren die Folgen sehr unangenehm. So kämpfte ich Woche um Woche und Monat um Monat weiter, manchmal voller Hoffnung, aber meistens verzweifelt.

Als ich im August 1933 zum dritten Mal mit meiner Gruppe nach Shoreham gehen wollte, rief Madame Ouspensky mich noch einmal zu sich und sagte: „Wenn Sie jetzt mit Ihrer Gruppe fahren, dann versuchen Sie einmal, Sie selbst zu sein. Warum machen Sie Mr. Ouspensky alles nach? Sie übernehmen sogar seine Englischfehler. Warum? Sie haben Ihre eigene Art zu arbeiten. Sie können dabei nie Erfolg haben, wenn Sie andere imitieren. Denken Sie an die Stelle in der Bhagavadgita, die ich Sie heute Nachmittag lesen ließ." Sie meinte den fünfunddreißigsten Vers der dritten Adhyaya: „Besser das eigene Leben leben, selbst wenn es nicht sehr verdienstvoll ist, als das eines anderen, und mag es noch so gut gelebt sein. Der Weg eines anderen steckt voller Gefahren — das Heil liegt nur darin, dem eigenen Weg zu folgen."

Ich sagte, ich könne mir selbst nicht vertrauen und fürchte mich davor, das Falsche zu sagen. Sie erwiderte: „Natürlich können Sie sich nicht vertrauen; Sie können auch keinem anderen vertrauen. Es gibt nur eine Weise zu erfahren, worauf Sie in sich selbst vertrauen können, nämlich durch Ihr eigenes Handeln, das aus Ihren eigenen Intentionen hervorgehen muß. Wenn sie andere imitieren, können Sie nichts über sich selbst erfahren und niemals stark werden. Sie haben die Anlage, sehr Wertvolles für die Arbeit zu leisten, aber darauf müssen Sie sich vorbereiten und Ihre eigenen Erfahrungen machen."

Dieses Gespräch gab mir neuen Mut. Zwei Tage zuvor war mein Selbstvertrauen durch eine sehr unerfreuliche Szene vor dem versammelten Aufsichtsrat der Braunkohlegesellschaft wieder stark angeschlagen worden. Ich eröffnete den Direktoren, daß wir unsere Schulden nicht bezahlen konnten und die Gesellschaft liquidieren mußten. Einer der Direktoren, ein Mann der diesen Verlust sicher verschmerzen konnte, war sehr wütend geworden und warf mir vor, ich hätte falsche Hoffnungen genährt. Obgleich ich wußte, daß ich niemanden wissentlich betrogen hatte, fühlte ich mich schuldig. Ich lastete mir an, daß ich meine Sache besser hätte machen können.

Als ich zu Hause meiner Frau von dem Gespräch mit Madame Ouspensky erzählte, lächelte sie gequält und sagte: „Das ist doch genau das, was ich Dir auch immer wieder sage. Wie kommt es, daß Du auf jeden hörst, nur nicht auf mich? Und dabei weißt Du, daß ich Dich liebe und mehr an Dich glaube als jeder andere. Warum vertraust Du mir nicht?"

Es stimmte, daß wir einander sehr liebten und nur zusammen glücklich waren. Wir konnten fast alles miteinander teilen, was im Leben zählt, und wir nahmen beide die Arbeit mit meiner Schülergruppe sehr wichtig. Aber trotz allem hörte ich nie auf sie. Ich versuchte mir die Gründe dafür klarzumachen. In mein Tagebuch schrieb ich, ich sei arrogant und gefühllos gegenüber denen, die mich wirklich mochten, und widmete nur denen Aufmerksamkeit, die mich nicht mochten. Aber das ist zu stark vereinfacht. In Wahrheit lag ich mit mir selbst so sehr im Widerstreit und war so bestürzt über meine Mängel, daß ich von jedem, der mir vertraute und Gutes über mich sagte, annahm, er unterliege einer Selbsttäuschung.

Während des Aufenthalts in Shoreham mußte ich einmal geschäftlich nach London und fuhr über Lyne zurück, um Ouspensky zu besuchen. Er hatte damals die Angewohnheit, die halbe Nacht aufzubleiben, Rotwein zu trinken und — fast immer — von seiner Jugend in Rußland zu erzählen. Er schien davon besessen, sich in das Leben zurückzuversetzen, das er geführt hatte, bevor er 1915 Gurdjieff traf.

An diesem Abend waren wir allein. Wir blieben die ganze Nacht zusammen. Gegen Morgen, wir hatten schon vier oder fünf Flaschen Rotwein geleert, äußerte ich gerade meine Meinung zu irgendeiner Frage, die ich völlig vergessen habe, als ich plötzlich ganz aus mir heraustrat und meine eigene Stimme hörte, ja sogar meine eigenen Gedanken beobachtete, als gehörten sie einem anderen. Ich sah mich selbst als vollkommen künstlich: weder meine Gedanken noch meine Worte waren meine eigenen. „Ich" — wer auch immer in diesem Moment „Ich" gewesen sein mochte — war ein vollkommen indifferenter Betrachter dieser Darbietung.

Dann war der Zauber urplötzlich gebrochen, und ich befand mich wieder „in" mir. Ich sagte zu Ouspensky: „Jetzt weiß ich, was Selbstbeobachtung wirklich ist. In all den Jahren habe ich Bennett nie gesehen, wie er wirklich ist — bis jetzt." Er erwiderte sehr ernst: „Hat es sich dafür gelohnt, die ganze Nacht aufzubleiben?" Ich sagte: „Allerdings; zwanzig Nächte, wenn es sein müßte." Er fuhr fort: „Wenn Sie behalten, was Sie gerade gesehen haben, dann werden Sie arbeiten können. Aber machen Sie sich klar, daß Ihnen niemand dabei helfen kann. Wenn Sie nicht selbst sehen, kann Ihnen niemand etwas zeigen."

Bald darauf ging er zu Bett, und ich lenkte meinen Wagen im ersten Morgenlicht nach Shoreham. Die strahlende Schönheit dieses Sommermorgens erfüllte mich mit einer Freude, wie ich sie noch nie erlebt hatte. Und in dieser Freude wußte ich doch schon, daß ich wieder verlieren würde, was ich eben gewonnen hatte. Ich würde vergessen, und ich würde nicht mehr wissen, wer oder was dieser „Bennett" war, dessen Leben meinem eigenen wahren Leben irgendwie aufgepfropft war. Ich sah all das mit stillem Einverständnis, und es nahm mir nicht die Freude darüber, daß meine Augen offen waren, um die Wirklichkeit aufzunehmen — wenn auch nur für eine Stunde. Ich sah die Schwalben über die morgendlichen Felder gleiten und sagte mir: „Eine Vision macht noch keinen bewußten Menschen." Bei diesem Seminar kam ich dem Gefühl der Einheit mit den Menschen, die mit mir arbeiteten, näher als je zuvor.

15. Noch einmal Todesnähe

Am 10. Oktober 1933 waren die tausend Tage, die ich mein Tagebuch führen wollte, abgelaufen. Ich hatte mir bewiesen, daß es möglich war, und da mein Tagebuch mir meine wechselnden Zustände immer wieder vor Augen hielt, beschloß ich es fortzuführen. In den nächsten zwei oder drei Jahren nahm das ständige Wiederholen des Vaterunsers einen beherrschenden Platz in meinem inneren Leben ein. Manchmal zählte ich mit und fand heraus, daß ich es zwischen dreihundert- und über tausendmal am Tag wiederholte. Es war mein Notanker und ein großer Trost.

Meine Frau und ich hatten inzwischen eine kleine Erdgeschoßwohnung in Bayswater gefunden, und wir lebten glücklich mit sehr wenig Geld. Doch Anfang 1934 wurden meine Brustsymptome besorgniserregend. Am 6. Mai schrieb ich: „Ich bin mit dem Problem der Gesundheit konfrontiert. Ich werde mindestens einen Monat im Bett bleiben müssen." Ich fühlte mich sehr müde, und die Arbeit bei Tollemache wurde zu einer schweren Belastung. Ich war so dünn geworden, daß meine Frau sich Sorgen zu machen begann. Sie bestand darauf, daß ich einen Arzt aufsuchte.

Ein guter Freund aus Ouspenskys Gruppe, Dr. Francis Roles, war ein bekannter Spezialist für Tuberkulose. Er diagnostizierte eine aktive T.B. in meinem linken Lungenflügel. Er meinte, sie könne ausheilen, wenn ich mich mindestens drei Monate lang absolut ruhig verhielte und niemals außer Atem käme. Wenn das keinen Erfolg brächte, müßte ich in ein Sanatorium in der Schweiz. Tollemache gewährte mir großzügig drei Monate bezahlten Urlaub, und ich machte mich mit meinem üblichen Ungestüm daran, vollständig untätig zu sein. Untätigkeit war etwas ganz Neues für mich. Mein ganzes Leben lang hatte ich mich selbst angetrieben, besonders seit meinem Gespräch mit Gurdjieff am Prieuré, 1923. Ich wußte nicht, wie man sich still verhält, zumal ich auch nicht lesen durfte und alle intellektuelle Aktivität abstellen sollte. Wir hatten einen Garten mit einem kleinen Rasenstück und einem Steingarten. Hier lag ich den ganzen Tag auf einer Matratze und kümmerte mich um kleine Alpenpflänzchen. Das machte mir viel Freude und ließ die Zeit sanft verstreichen.

Gegen Ende des Sommers hatte ich mich so gut erholt, daß Roles mir die Rückkehr zu meiner normalen Arbeit empfahl. Die übliche Behandlung war durch einen ungewöhnlichen Rat Ouspenskys ergänzt worden. Ich trank zweimal am Tag einen Aloeextrakt, für den die frischen Blätter eigens von einem Freund aus Südafrika geschickt wurden. Ouspensky war während der ganzen Krankheit sehr um mich bemüht. Ich weiß nicht, ob es die Aloe war oder alles andere, was mich so schnell genesen ließ. Ich selbst glaube, daß diese Krankheit eine Phase in dem Prozeß des Sterbens und Wiedergeborenwerdens war, der 1929 begonnen hatte.

Wieder an der Arbeit, interessierte ich mich mehr und mehr für die immense Kohlevergeudung durch ineffektive Verbrennungsmethoden. Vor 1914 war Kohle so billig gewesen, daß kaum jemand sich um ihre intensive Ausnutzung kümmerte. Der wichtigste Teil meiner Arbeit bei Tollemache bestand in dem Nachweis, daß man viel Geld sparen konnte, wenn die Kohle in Staubform anstatt in großen Brocken verfeuert wurde. Ich lernte die Hersteller anderer Typen von Kohlefeuerungsanlagen kennen und entwickelte die Idee zu einem Zusammenschluß dieser Hersteller mit dem Ziel, die Groß- und Kleinverbraucher über die bessere Nutzung der schwindenden Kohlevorräte zu informieren.

Die Kohleindustrie war überdies vor das Problem gestellt, sich auf dem Brennstoffmarkt gegen den wachsenden Konkurrenzdruck von Gas, Elektrizität und Öl zu behaupten. So entstand der Kohlenutzungsrat (Coal Utilization Council = C.U.C.), der von Kohleproduzenten und -händlern finanziert wurde. Sehr bald wurde deutlich, daß dieser Rat nur in Zusammenarbeit mit den Herstellern von Verbrennungsgeräten sinnvolle Arbeit leisten konnte. In Kenneth Gordon, dem ersten Direktor des C.U.C., fand ich einen Verbündeten, der mich ermunterte, den Zusammenschluß der Hersteller von Kohlefeuerungsgeräten selbst in die Hand zu nehmen. Bis 1934 hatte dieser Verband so viel Aktivität entfaltet, daß man mir den Posten des ersten Direktors antrug. So begann eine Phase meines Lebens — sechzehn Jahre sollte sie dauern —, in der mein nach außen gerichtetes Interesse hauptsächlich der besseren Nutzung der Kohle galt.

Die Verbrennung von Kohle zur Erzeugung von Wärme, mechanischer Energie und Elektrizität war damals noch der Grundpfeiler der industriellen Produktion. Ich wunderte mich, wie wenig wissenschaftliche Forschung diesem lebenswichtigen Prozeß gewidmet wurde. Die Kohle wurde noch verwendet, wie seit urdenklichen Zeiten das Holz — in offenen Feuerstellen. Und so verbrannt, wird die Kohle nicht nur größtenteils verschwendet, sondert vermehrt auch den Schmutz und den Smog der Städte. Seit der industriellen Revolution war kaum etwas geschehen, um den Wirkungsgrad des Kohlefeuers zu verbessern und den Schmutzausstoß zu verringern. Ich war mir ganz sicher, daß systematische Forschung hier Wunder wirken würde.

Als ich Gordon von meinen Ideen erzählte, war er sofort Feuer und Flamme und versprach mir die finanzielle Unterstützung des C.U.C. Die Kohleproduzenten waren zuerst skeptisch, doch als ich den damaligen Vorsitzenden der Kohleproduzenten von Lancashire besuchte, bekam ich grünes Licht und tausend Pfund Anfangskapital für die Einrichtung einer Forschungsabteilung bei der Vereinigung der Hersteller von Kohleverbrennungsgeräten. Wir begannen sehr bescheiden in einem Hinterzimmer unseres Büros in der Victoria Street. Ein erster kleiner Erfolg mit einem Gerät für die Rauchreduzierung bildete den Anfang unserer Arbeit. Sir Evan

Williams, Vorsitzender des britischen Bergbauverbands, ein Mann, der die ganze Begeisterungsfähigkeit der Waliser besaß, bat mich, den Kohleproduzenten einen Plan zu entwickeln.

Zu jener Zeit war Lord Rutherford, einer der größten Experimentalwissenschaftler aller Zeiten, Vorsitzender des von der Regierung eingesetzten Beratergremiums für wissenschaftliche und industrielle Forschung. Ich suchte ihn auf und sprach mit ihm über die ungeheure Verschwendung unserer größten natürlichen Rohstoffreserve. Er sah sofort, daß man bei der Aufbereitung der Kohle ansetzen mußte und nicht bei ihren chemischen und sonstigen Eigenschaften, denen die bisherige Forschung fast ausschließlich gegolten hatte. Er willigte ein, beim jährlichen Lunch der Hersteller von Kohleverbrennungsgeräten, zu dem wir die wichtigsten Kohleproduzenten und viele Wissenschaftler einluden, als Ehrengast zu sprechen. Er sprach so überzeugend, daß die Kohleproduzenten eine Forschungsabgabe für jede Tonne geförderte Kohle beschlossen — und die Regierung beschloß, die privat aufgebrachten Gelder zu verdoppeln. Aus der kleinen Forschungsabteilung wurde die Britische Forschungsgemeinschaft für Kohleverwertung (British Coal Utilization Research Association = B.C.U.R.A.), zu deren Direktor ich ernannt wurde. Wir wurden auf Anhieb die zweitgrößte Forschungsgemeinschaft des Landes. Man gratulierte mir als dem Mann, dem es gelungen war, die britischen Kohleerzeuger „forschungsbewußt" zu machen, doch in Wahrheit befolgten sie einfach nur das Gebot der Stunde. Einige große Kohleerzeuger wie Powell Duffryn oder United Steel stellten schon selbst umfangreiche Forschung an, ließen aber nichts darüber verlauten. Meine Leistung bestand nur darin, den Kanal zu graben, in dem die einzelnen Ströme sich sammelten und zu einer echten Kooperation der Erzeuger, Händler und Verbrennungsanlagenhersteller verbanden.

Alles war neu und aufregend, und die Arbeit befriedigte mich sehr. Lord Rutherford, der nicht nur Vorsitzender des Beratergremiums, sondern auch Cavendish-Professor in Cambridge war, untersützte mich mit Ideen und half mir bei der Rekrutierung von Mitarbeitern direkt von der Universität. Zudem hatte ich das Glück, in J.S. Hales ein wahres Genie für die Konstruktion von Verbrennungsanlagen zu finden. Er übernahm die Aufgabe, das Kohlenfeuer zu studieren, seinen Wirkungsgrad zu verbessern und die Rauchbildung zu vermindern. Was bei der Pionierarbeit der B.C.U.R.A. herauskam, sieht man heute in ganz England in Form der neuen Konvektoröfen für Kohle und Koks, die in einer Reihe von Modellen auf dem Markt sind. Ihr Wirkungsgrad konnte durch Hales' Arbeit um dreißig bis vierzig Prozent gesteigert werden.

1936 wurde mir aufgrund meiner Forschungen über die physikalischen Eigenschaften der Kohle die Mitgliedschaft im Kohleforschungsclub (Coal Research Club) angetragen. Das war ein kleiner Stab von Wissenschaftlern, darunter auch zwei bemerkenswerte Frauen, Dr. Marie Stopes und Dr. Margaret Fishenden. Der Club war 1921 auf Initiative der Doktoren Lessing, Wheeler und Sinnatt entstanden — alle leidenschaftlich an den Rätseln der chemischen Natur der Kohle interessiert. Meine Berufung bedeutete, daß auch ihren physikalischen Eigenschaften jetzt größere Bedeutung beigemessen wurde. Professor Wheeler war einer der wenigen, die von der Bildung der B.C.U.R.A. abgeraten hatten, weil, wie er sagte, die Kohleforschung nichts mehr zu bieten habe. Er war ein glänzender, aber enttäuschter Wissenschaftler. Ich habe mein Interesse am Kohleforschungsclub nie verloren, trotz einer gewissen Enge der Perspektive, die leider unter Wissenschaftlern nur allzu häufig ist. Eine Ausnahme bildete nur Dr. Clarence Seyler, der Begründer der Kohlesystematik, der vor kurzem im Alter von zweiundneunzig Jahren gestorben ist. Seine Interessen waren so weit gespannt wie meine, und er wurde einer meiner besten Freunde.

Zwischen 1936 und dem Ausbruch des Zweiten Weltkriegs traten in meiner Beziehung zu Ouspensky Veränderungen ein. Ich hielt mich zwar häufig in seinem großen Haus in Lyne auf, genoß aber nicht mehr sein Vertrauen. Mit Madame Ouspensky war es anders; sie war mir in diesen Jahren eine der größten Hilfen. Sie hatte Ouspensky die Erlaubnis abgerungen, daß eine Gruppe von ausgewählten Schülern mit zwei früheren Schülern Gurdjieffs an dessen Übungen arbeiten durfte. Ich durfte teilnehmen und konnte so die Arbeit wieder aufnehmen, die ich vierzehn Jahre zuvor am Prieuré als so wertvoll empfunden hatte. Der Kurs begann im Oktober 1937 und dauerte fast zwei Jahre.

Dieser Kurs nahm zwei Abende in der Woche in Anspruch, und da ich auch noch zwei- oder dreimal die Woche an Ouspenskys Zusammenkünften in London teilnahm und Sonntags nach Lyne fuhr, war meine Frau fast nur noch allein. Ich fragte Madame Ouspensky und sie sagte, meine Frau sei in Lyne willkommen, von da an nahm sie an der dortigen Arbeit teil.

Trotzdem quälte sie zu dieser Zeit immer häufiger die Furcht, daß sie mir im Weg stand. Sie bot mir mehrmals an zu gehen und sagte, ich müsse eine jüngere Frau und weitere Kinder haben. Ich konnte das nicht ernstnehmen, denn ich zweifelte nicht im geringsten daran, daß wir zusammenbleiben würden, solange sie lebte. Bei ihr zu sein, war mein ganzes Glück, und ich war sicher, daß sie ebenso empfand.

Ich begriff nichts von dem, was in einer Frau vorgeht. Meine Hilflosigkeit angesichts meiner eigenen inneren Probleme nahm mich ganz in Anspruch. Wenn meine Frau von ihrem Gefühl der Unzulänglichkeit sprach, so hielt ich das für Unsinn, denn sie war alles andere als unzulänglich. Ich dachte, es genügte, wenn ich ihr das sagte und ihr so gut ich konnte Mut zusprach. Ich übersah vollkommen, daß ihr Kummer nichts mit der Logik der Situation zu tun hatte. Einmal sagte sie: „Ich hatte ein wunderbares Leben mit Dir. Es sind fast zwanzig Jahre, seit wir uns kennengelernt haben, und ich wußte immer, daß Du Deinen Platz finden und Großes leisten würdest. Jetzt stehst Du sicher auf dem Weg zum Erfolg. Du brauchst mich nicht mehr. Wichtiger als alles andere ist Dir Deine Arbeit bei Ouspensky. Ich finde dort keinen Platz; sie brauchen mich nicht und legen auch keinen Wert auf meine Anwesenheit.

Ich will nicht eingeladen werden, nur weil ich Deine Frau bin. Das Beste wäre, wenn ich ganz verschwände."

Wir hatten mehrere Gespräche dieser Art, bei denen ich hinterher immer glaubte, ich hätte sie getröstet und wieder aufgerichtet. Wie so viele Männer dachte ich, sie sei vielleicht eifersüchtig wegen irgendeiner anderen Frau, und fand, sie sollte aus meinem Verhalten wohl ersehen können, daß ihr Platz als die eine Frau, mit der ich mein Leben teilen konnte — so weit ich es überhaupt teilen konnte —, sicher war. Ich kam nicht auf den Gedanken, daß sie es ernst meinte und wirklich glaubte, es sei für sie an der Zeit, sich aus meinem Leben zurückzuziehen. Erst jetzt, über zwanzig Jahre später, sehe ich, wie erbärmlich wenig ich immer noch von Menschen, vor allem von Frauen wußte. Wenn meine Frau sagte, mein Wohlergehen bedeute ihr mehr als ihr eigenes Leben, so hielt ich das für einen Ausdruck ihrer Gefühle, der nicht wörtlich zu nehmen sei. So traf mich das, was dann geschah, völlig unvorbereitet.

Wir wohnten damals in Bayswater. Am 24. Januar ging ich wie gewohnt zu meinem Büro in der Victoria Street. Ohne erkennbaren Grund wurde ich gegen vier Uhr nachmittags unruhig und rief zu Hause an. Als niemand abnahm, wurde mir sehr beklommen zumute, und ich machte mich sofort auf den Heimweg. Schon in der Tür rief ich: „Polly, wo bist du?" Als ich keine Antwort bekam, ging ich in unser Schlafzimmer, und dort fand ich sie schwer atmend auf dem Bett liegen. Neben ihr eine Nachricht an mich und eine leere Flasche ihrer Schlafmedizin. Ich rannte auf die Straße, hielt ein Taxi an, trug sie hinaus und brachte sie direkt ins St. Mary's Hospital.

Der diensthabende Arzt, Dr. Smiter, kam sofort, erfaßte mit einem Blick die Lage, ließ sie auf eine Station bringen und sagte zu mir, ich solle warten. Eine glückliche Fügung wollte es so, daß Dr. Smiter gerade als Assistent eines bekannten Neurologen die Wirkung von Babituraten auf das Nervensystem erforschte. Seine Sachkenntnis befähigte ihn, drastische Maßnahmen zu ergreifen. Einmal kam er zu mir heraus und sagte: „Ihr Leben hängt nur noch an einem seidenen Faden. Ich beabsichtige Lumbalpunktionen vorzunehmen, bis der zerebrospinale Druck sich senkt. Sie warten hier."

Erst da kehrte mein Denkvermögen zurück. Ich begriff, wie sehr ich an ihrer Qual vorbeigelebt hatte. Es war ganz allein meine Schuld, daß sie zu diesem verzweifelten Schritt getrieben worden war. Es war nicht zu fassen: daß man einem Menschen so nahesein und ihn so innig lieben konnte — und doch nichts verstand. Wie war sie nur auf den Gedanken gekommen, daß ich ohne sie leben könnte? Und wie war ich auf den Gedanken gekommen, es sei nicht ernstzunehmen, wenn sie sagte, es sei für sie Zeit zu gehen?

Abends um elf durfte ich in ihr Zimmer. Sie war in einem tiefen Koma. Ich saß an ihrem Bett und hielt ihre Hand. Dr. Smiter sagte: „Wenn sie irgendeine Regung zeigt, dann sprechen Sie sie an und versuchen Sie sie aufzuwecken." Ich setzte mich ganz nah zu ihr und sprach die ganze Zeit mit ihr; ich sagte ihr, wie sehr ich sie brauchte, ich rief sie zurück zu mir. Die

Stunden vergingen ohne ein Lebenszeichen. Ihr Atem wurde schwächer, und mich ergriff die Panik.

Endlich, nach drei Nächten und drei Tagen, öffnete sie die Augen und sah mich an. Sie sagte: „You" oder „Yes", ich wußte es nicht genau. Dann schloß sie die Augen und sank in einen normalen Schlaf. Dr. Smiter, der seine ganze Kunst aufbot, wurde gerufen. Er sagte, ich solle gehen und mich ausruhen. Ich hatte mich drei Tage lang kaum von ihrem Bett entfernt und wußte nicht mehr, ob ich wachte oder träumte. Langsam kehrten ihre Kräfte zurück. Am nächsten Tag wachte sie auf und sagte zu mir: „Ich habe ein Wunder gesehen. Ich habe meinen Körper verlassen und befand mich an einem Ort, wo ich Himmelsmusik hörte. Sie war ganz anders als irdische Musik. Ich wußte, daß Jesus da war. Ich war seiner Gegenwart ganz gewiß, obgleich ich ihn nicht sehen konnte. Ich wollte bleiben. Dann hörte ich Dein Rufen. Ich sagte Dir, Du solltest nicht rufen, aber Du konntest mich nicht hören. Du hast mich in meinen Körper zurückgerufen. Ich wollte nicht, aber Dein Wunsch war stärker. Ich konnte nicht außerhalb meines Körpers bleiben. Als ich zurückkam, hörte ich Dich sprechen, aber ich konnte Dich nicht sehen. Dann wurde alles schwarz, und ich wachte wieder außerhalb meines Körpes auf, in blauem Licht. Auch da war Frieden, aber es war nicht mehr der Ort, wo Jesus ist. Da wußte ich, daß ich zurückkehren und mein Leben zu Ende leben mußte. Aber ich war auch glücklich, denn ich wußte, daß Du mich wirklich bei Dir haben wolltest." Sie schwieg eine ganze Weile und fügte dann hinzu: „Du darfst niemandem etwas davon erzählen, solange ich noch lebe. Vielleicht sage ich es Mr. Ouspensky — aber ich will noch abwarten."

Ouspensky war informiert worden, allerdings wußte er wie alle anderen nur, daß die Überdosis ein Versehen gewesen war. Er erkundigte sich täglich nach meiner Frau und bat darum, sie sobald wie möglich sehen zu können. Als sie wieder aufstehen konnte, fuhr ich sie nach Lyne, wo sie allein mit Ouspensky sprach. Nachher erzählte sie mir, daß er gesagt hatte: „Ich weiß, daß Sie etwas ganz Wichtiges erfahren haben. Erzählen Sie mir davon?" Sie antwortete, sie wolle ein Jahr warten, und wenn sie dann immer noch von der Realität ihrer Erfahrung überzeugt sei, werde sie ihm berichten. Diese Entscheidung akzeptierte er. Von dieser Zeit an widmete er ihr viel mehr Aufmerksamkeit, und sie begann sich in Lyne aufgenommen zu fühlen.

Sie nähte Gardinen und Steppdecken für Madame Ouspensky und opferte dafür monatelang ihre ganze Freizeit. Ich sah mit Freude, wie zwischen diesen beiden Frauen, die ich am meisten bewunderte, eine Freundschaft entstand. Sie waren fast gleichaltrig und hatten vielleicht deshalb lange Zeit lieber Distanz gehalten, weil sie beide so stark waren.

Nach dieser Todeserfahrung veränderte sich meine Frau auffallend. Sie erlangte eine Abgeklärtheit, die ich noch nie zuvor an ihr gesehen hatte. Ich meine damit nicht, daß ihre Begeisterungsfähigkeit und Lebensfreude nachließen. Im Gegenteil, wir waren glücklicher als je zuvor, doch jetzt wurde sie nicht mehr vom Gefühl ihrer Nutzlosigkeit verzehrt.

1938 starb Evelyn, meine erste Frau. Ich hatte meine Tochter seit achtzehn Jahren nicht mehr gesehen. Als ich nach Evelyns Tod darum bat, Ann sehen zu dürfen, wurde ich von ihrer Großmutter eingeladen, sie in ihrem Haus in Wimbledon zu besuchen. Wir waren Fremde füreinander. Ich wußte nicht recht, wie ich Kontakt zu ihr aufnehmen sollte, und doch fühlte ich eine große Zärtlichkeit und war dankbar für die Möglichkeit, wieder bei ihr zu sein. In all den Jahren war ich meinem Vorsatz treu geblieben, sie nicht zu sehen und mich nicht in ihr Leben einzumischen. Jetzt sah ich, wie wenig einfühlsam und wie künstlich diese Haltung gewesen war. Ihre Mutter war eine sanfte Frau gewesen, der es nicht eingefallen wäre, Vater und Tochter zu trennen. Wieder einmal zeigte sich meine traurige Unfähigkeit, Frauen zu verstehen.

Obgleich ich Menschen nicht verstand, besaß ich die Kraft, Interesse und Vertrauen für meine Visionen in ihnen zu wecken. In den letzten Jahren vor dem Zweiten Weltkrieg nahm mein äußeres Leben eine Wende zum Erfolg. Ich arbeitete an einer Aufgabe, die meinem Typ und Temperament am besten entsprach: etwas Neues aufzubauen und mit Leben zu erfüllen. Meine Tage waren bis zum Rand angefüllt, und doch wußte ich genau, daß alles, was ich in Wissenschaft und Industrie leistete, nur Geplänkel war im Vergleich mit meiner Arbeit bei Ouspensky.

Die Erfahrung meiner Frau hatte die tiefe Überzeugung in mir bestärkt, daß die unsichtbare Welt realer ist als die sichtbare. Da sie nicht weiter darüber sprechen wollte, legte ich diesen Gedanken beiseite. Dann kam — pünktlich, und ohne daß wir damit rechneten — eine Nachricht von Ouspensky, in der er sie daran erinnerte, daß das Jahr um sei und er gern mit ihr sprechen würde. Sie fuhr nach Lyne und sprach lange mit ihm. Als sie wieder nach Hause kam, weinte sie und sagte: „Er tut mir so furchtbar leid. Ich habe nicht gewußt, wie sehr er leidet. Als ich ihm alles erzählte, was ich erlebt habe, war er den Tränen nahe und sagte, seit er ein junger Mann war, habe er auf eine Erfahrung gehofft und gewartet, die ihm die Wirklichkeit der anderen Welt beweisen würde — aber sie ist nie gekommen." Sie hatte dann zu ihm gesagt, sie fühle sich wie seine Mutter und sie wisse, daß er nur den Stolz auf seine eigene Stärke aufgeben müsse. „Er ist ein großer Mann", fuhr sie fort, „und ich habe ihn immer geachtet, aber jetzt empfinde ich anders. Ich fühle zum ersten Mal Wärme ihm gegenüber. Aber er tut mir auch sehr leid, denn ich glaube nicht, daß er bekommen wird, was er sucht. Zu mir ist es nur gekommen, weil ich bereit war zu sterben. Er hat mich verstanden, aber nicht ganz, und deshalb bin ich traurig: weil er so schrecklich allein ist." Als sie ging, hatte er gesagt: „Ich habe Sie viel zu wenig beachtet; besuchen Sie mich doch öfter."

Ich sah, daß sie tief bewegt war, und führte das auf ihr Gespräch mit Ouspensky zurück. Sie schwieg eine Weile, während ich wartete. Schließlich sagte sie: „Meine Erfahrung enthielt noch etwas anderes, was ich Dir noch nicht erzählt habe. Es betrifft Dich und Deine Zukunft, aber ich weiß, daß ich es Dir noch nicht sagen darf. Tatsächlich weiß ich nicht, wie ich es Dir überhaupt jemals sagen soll, denn Du würdest es nicht glauben." Ich versicherte ihr, daß ich alles glaubte, was sie gesagt hatte, doch sie erwiderte sehr traurig: „Ja, Du glaubst mir, was ich über mich sage, aber Du würdest nicht glauben, was ich Dir über Dich sagen könnte. Wenn ich eines Tages mit Dir darüber sprechen kann, werde ich es tun, aber jetzt nicht."

Diese Ereignisse hinterließen in mir tiefe Eindrücke. Ich sah, daß ich in zwanzig Jahren fast ausschließlich mit meinem Intellekt gelernt hatte; innere Sensibilität fehlte mir nach wie vor. Man hätte erwarten können, daß diese Entdeckung ein Wendepunkt in meinem Leben wurde, doch ich war noch nicht reif dazu. Noch viele Jahre lang sollte ich unter der Herrschaft meiner bornierten Klugheit stehen.

Im Frühjahr 1939 sprach Ouspensky einmal mit wenigen von uns über seine schwindende Hoffnung, mit der Quelle, aus der Gurdjieffs Ideen stammten, direkten Kontakt aufzunehmen. Einem Impuls folgend, schrieb ich an den Bash Chelebi, der damals Oberhaupt der Mevlevi-Derwische war und in Aleppo (Syrien) im Exil lebte. Ich erhielt eine herzliche Antwort, in der er mich zu sich einlud. Ich erzählte Ouspensky davon, und er war begeistert. Er ließ sich den Brief geben und zeigte ihn bei den Leuten in Lyne herum. Meine Frau und ich bereiteten alles vor, um im Frühjahr 1940 für einen Monat nach Syrien reisen zu können. Der Kriegsausbruch durchkreuzte diese Pläne.

Mit der B.C.U.R.A. entwickelte sich derweil alles zum besten. Als wir in den neuen Laboratorien in Fulham gerade mit ganzer Kraft loslegen wollten, kam der Krieg. Am 3. September 1939 hörten meine Frau und ich auf dem Weg zur Südküste an einer Tankstelle Chamberlains Kriegserklärung im Radio. Wir wollten uns ein paar Tage ausruhen und meine Tochter besuchen, die sich bei ihrer Großmutter in Bognor aufhielt. Ich kehrte nach London zurück, da ich große Veränderungen und den Verlust meines Mitarbeiterstabs erwartete. Statt dessen wurden wir aber von der Regierung benachrichtigt, daß die Forschungsgemeinschaften für die Kriegsführung von großer Bedeutung sein würden und ihre Mitarbeiter deshalb vom Wehrdienst befreit seien. Ich entwarf schleunigst ein neues Forschungsprogramm für die Betreibung von Motorfahrzeugen mit Koksgas — für den Fall, daß der angedrohte U-Boot-Krieg uns tatsächlich von der Versorgung mit Benzin abschnitt.

Während wir darauf warteten, daß unsere Kriegsaufgaben klar formuliert wurden, hatte ich weniger zu tun als in all den vergangenen Jahren. Meine Gedanken wandten sich wieder der fünften Dimension zu und der Aufgabe, meine Intuition vom Charakter der Ewigkeit in mathematische Begriffe zu fassen. Dazu kam ein Drang, über Gurdjieffs System zu schreiben und es mit neuesten Entdeckungen in den Naturwissenschaften und auf dem Gebiet der Vorgeschichte zu verknüpfen.

In diesem Jahr gelang mir alles, was ich in die Hand nahm. Meine Frau und ich zogen in die Tite Street in Chelsea, wo wir uns eine große Atelierwohnung nahmen. Sie richtete sie sehr behaglich ein, und wir lebten in einem

Stil, den ich noch nie zuvor genossen hatte. Zu der Zeit fuhren wir beide regelmäßig sonntags nach Lyne. Auch viele aus unserer Gruppe kamen zum Arbeiten dorthin. Meine Tätigkeit bei der B.C.U.R.A. und die Arbeit mit Ouspensky standen in einem ausgewogeneren Verhältnis, und ich trieb mich nicht mehr ganz so sinnlos an wie in den vergangenen Jahren. Trotz des Kriegs und der Luftangriffe war es einer der glücklichsten Abschnitte unserer Ehe.

Am 4. Januar 1941 reiste Madame Ouspensky nach Amerika ab. Meine Frau war unter den wenigen, die sie am Bahnhof verabschiedeten. Später sprach sie über die desolate Lage der Zurückgelassenen und sagte: „Sie sind zu abhängig. Wozu haben sie zehn, fünfzehn oder zwanzig Jahre an sich gearbeitet, wenn sie dann von Mr. und Madame Ouspensky so abhängig sind wie eh und je? Du wärest so schlimm wie sie, wenn Mr. Ouspensky Dich gelassen hätte, aber Du hast einfach nicht das Recht so passiv zu sein. Du kannst und mußt die Verantwortung für Deine eigene Arbeit tragen."

Zwei Wochen später hörte ich, daß Ouspensky seiner Frau nach Amerika folgen würde. Er war überzeugt, daß Deutschland den Krieg gewinnen würde und dies das Signal zur Revolution sei. Er sagte, der Kommunismus werde ganz Europa überrollen, und die einzige Hoffnung sei, daß Amerika sich davon freihalten könne. Als ich zu ihm ging, um mich zu verabschieden, stellte ich ihm drei Fragen. Die erste war: „Liegt es an mangelndem oder falschem Bemühen, daß ich keine Fortschritte mache, oder gibt es irgendeine Methode oder Technik, die wir noch nicht kennen und erst noch finden müssen?" Seine Antwort überraschte mich nicht: „Es hat nichts mit Methoden zu tun. Das Schlimme an Ihnen sind Ihre dauernden Fehlstarts; Ihre ganze Arbeit besteht daraus. Und wenn Sie immer wieder in die Startlöcher gehen, wie wollen Sie dann Fortschritte machen?" Ich stellte meine zweite Frage: „Wo stehe ich in Bezug zu Ihrer Gruppe hier?" Er wollte über seine Pläne nicht viel sagen. „Ich kann nur die Arbeit in Lyne in Betracht ziehen. Der Rest ist, was mich betrifft, aufgelöst. Ich habe meine Anweisungen gegeben, damit die Arbeit in Lyne so lange wie möglich fortgesetzt werden kann. Sie und Ihre Frau dürfen natürlich den Kontakt mit dieser Gruppe halten." Dann stellte ich die Frage, die mich schon monatelang quälte: „Haben Sie etwas dagegen, wenn ich versuche, das System schriftlich niederzulegen, soweit ich mich erinnern kann?" „System" war unsere Bezeichnung für die Lehren und Methoden Gurdjieffs, wie sie uns von Ouspensky übermittelt worden waren. Seine Antwort war entmutigend: „Meiner Meinung nach ist das Schreiben unnütz. Mentale Rekapitulation ist besser. Auf jeden Fall kann man das System nicht auf gewöhnliche Weise niederschreiben. Wenn Sie es versuchen, so werden Sie nur finden, daß es unmöglich ist." Er fügte hinzu, er habe im Moment nicht vor, eine Exposition des Systems zu veröffentlichen, werde aber seine Meinung vielleicht später wieder ändern.

Am 29. Januar 1941 reiste Ouspensky in die Vereinigten Staaten ab. Ich sah ihn niemals wieder. Ich empfand die Trennung nicht nur als räumlich. Noch vor seiner Abreise war ich zu dem Schluß gekommen, daß ich in Zukunft unabhängig arbeiten mußte. Ich schrieb in mein Tagebuch: „Es ist kein scharfer Bruch und tut auch meiner tiefen Dankbarkeit ihm gegenüber keinen Abbruch. Er hat mich alles gelehrt, und die Arbeit mit ihm hat mir die Augen für meine Schwächen und meine Dummheit geöffnet."

Zu der Zeit hatte ich dreißig bis vierzig Schüler, die weiterhin im Sinne des Systems mit mir zusammenarbeiten wollten. Trotz der fürchterlichen Luftangriffe auf London trafen wir uns regelmäßig. Das Leben war damals sehr gefährlich. Meine Frau wurde einmal für tot erklärt und hatte das zweifelhafte Vergnügen, ihre eigene Todesanzeige im *Daily Telegraph* zu lesen. Ihr Cousin, Feldmarschall Lord Birdwood, lud mich einmal zum Lunch mit dem türkischen Botschafter in London ein, und dabei ergab sich für mich plötzlich die Möglichkeit, in einer Sondermission in die Türkei zu reisen. Ich erinnerte mich an meinen Briefwechsel mit dem Bash Chelebi und hoffte schon auf eine Gelegenheit, ihn in Aleppo zu besuchen. Der Plan fiel ins Wasser, und an meiner Stelle ging Sir Denison Ross in die Türkei.

In dieser Zeit führte die ständige Wiederholung des Vaterunsers, die ich sieben Jahre lang praktiziert hatte, zu einem unerwarteten Resultat: ich verlor alle Todesfurcht. Wir waren dem Tod oft nahe, doch solange ich innerlich das Vaterunser sprach, war ich überzeugt, gegen alle Gefahren gefeit zu sein. Nicht, daß ich empfunden hätte, der Tod sei gleichgültig, aber ich wußte, daß es mir nicht bestimmt war, auf diese Weise und zu dieser Zeit zu sterben. Indes kamen die Einschläge der Bomben unseren Laboratorien immer näher. Eines nachts fiel eine Bombe in den Friedhof nebenan und schleuderte einen Grabstein durch unser Dach. Am Morgen fanden wir ein Trümmerfeld von zerstörten Apparaturen vor.

Wir lagen jetzt im Zielgebiet der deutschen Bomber und erhielten Anweisung, unsere Laboratorien nach außerhalb zu verlegen. Wir sollten einen geeigneten Ort suchen, den die Regierung dann für uns requirieren würde. Trotz aller Gefahren und Unbequemlichkeiten war das eine glückliche Zeit. Am 10. April fuhren meine Frau und ich für eine siebentätige Ruhepause in die Malvern Hills. Nie zuvor waren wir einander näher und glücklicher. Ich schrieb: „Es war eine Woche, die dem vollkommenen Glück so nahe kam, wie ich es mir überhaupt vorstellen kann — bis ich mich grundlegend ändere." Am Tag nach unserer Rückkehr schlug eine Bombe direkt in der Tite Street ein, und wir fanden uns inmitten von brennenden Häusern. Wir kamen unverletzt davon. Meine Frau und ich teilten eine Überzeugung, die uns aus früheren Erfahrungen zugewachsen war: daß die Zerstörung des Körpers für die Seele kein Unglück sein muß.

Obgleich unsere Wohnung nicht ganz zerstört wurde, war es unmöglich, länger dort zu bleiben. Meine Frau und ich zogen in ein kleines Haus neben den Laboratorien. Die Luftangriffe waren zu dieser Zeit am schlimmsten. Die Nachbarn kamen zu uns in unseren Luftschutzbunker. Es war eine richtige Slumgegend. Hier traf ich zum ersten Mal Ganoven und Prostituierte, die samt ihren entzückenden Kindern in schamloser Promiskuität lebten. Einige der Jungen und Mädchen ließen wir in den Laboratorien arbeiten. Meine Frau verwaltete die Bibliothek, und die Arbeit machte ihr großen Spaß, besonders die Ausbildung ihrer jungen Assistenten.

Es wurde immer dringender, einen neuen Platz zum Leben und Arbeiten zu finden, und ich sah mir in meiner Freizeit Häuser in den Randbezirken der Stadt an, bei denen man davon ausgehen konnte, daß sie außerhalb des Hauptzielgebiets der deutschen Bomber lagen.

16. Coombe Springs

Es zog mich nach Kingston Hill. Ich schaute mir mehrere große Häuser an, die wegen des Krieges leerstanden, doch keins war geeignet. Am Samstag, dem 5. Mai 1942, rief ein Immobilienmakler an und sagte, ihm sei gerade ein großes Haus mit knapp drei Hektar Grund angeboten worden, das für die Dauer des Krieges vermietet werden sollte. Meine Frau und ich stiegen ins Auto und fuhren nach Coombe Springs. Wir fuhren durch ein schönes, wenn auch rostiges schmiedeeisernes Tor eine kurze Auffahrt hinauf zum Haus, das von der Coombe Lane her, der Hauptstraße zwischen Kingston und Wimbledon, nicht zu sehen war. Das Haus war in einem schauderhaften Zustand, und der Geruch von Hunden und Katzen schlug uns entgegen. Sieben bissige Chow-Chows und zweiundzwanzig Katzen fühlten sich als Herren des Erdgeschosses; um Kämpfe zwischen den Tieren zu vermeiden, war das Haus geteilt worden.

Mrs. Hwfa Williams war so gut wie stocktaub. Wir drangen bei ihr überhaupt nicht durch. Sie konnte oder wollte uns nicht den Namen ihres Rechtsberaters sagen, mit dem wir über den Mietvertrag verhandeln wollten. Dafür erzählte sie uns unermüdlich von der großen Vergangenheit ihres Hauses, von den goldenen Tagen, da König Edward VII. und seine Freunde die Wochenenden bei ihr verbrachten. Sie zeigte uns ihr Gästebuch, in dem die Namen europäischer Hoheiten und Adliger sich mit denen aus dem Kreis des Königs mischten. Sie erzählte, ihr Mann sei einmal Besitzer von Claridge's Hotel gewesen und als Reitstallbesitzer berühmt gewesen. Nach seinem Tod hatte sie sein gesamtes Vermögen in Monte Carlo verspielt und lebte jetzt hier allein mit ihrem italienischen Dienstmädchen.

Wir sahen uns das Anwesen an und konnten uns durch das dichte Gestrüpp von Brombeerranken und Disteln kaum einen Weg bahnen. Eine kleine Bombe war in den Rosengarten gefallen und hatte das Gewächshaus zerstört. Das ganze hätte auf uns durchaus einen trostlosen Eindruck machen können, doch wir waren maßlos begeistert. Wir waren beide überzeugt, daß wir hier wohnen sollten und daß es ein großes Zentrum des spirituellen Lebens werden würde.

In jener Nacht schrieb ich in mein Tagebuch: „Wir haben uns Coombe Springs angesehen. Mein Herz sagt mir, es ist der Ort, wohin wir gehen müssen. Immer wieder hat es mich nach Kingston Hill gezogen, um einen Platz zu finden, an den wir einen Teil unserer Arbeit verlegen können. Und jetzt habe ich etwas gefunden, das alle meine Hoffnungen und noch mehr zu erfüllen scheint. Und wenn es wahr wird, werde ich sagen müssen, daß *etwas* mich dorthin geführt hat, denn da war ein ständiger und unmißverständlicher Drang, in dieser Gegend zu suchen, und ich habe andere gute Gelegenheiten ohne logischen Grund ausgeschlagen. Polly und ich waren so glücklich, daß wir gar nicht zu häufig daran zu denken wagten. Wenn wir Coombe Springs wirklich bekommen, eröffnen sich so wunderbare Möglichkeiten für uns, daß ich wirklich hoffen kann, einige Fortschritte zu machen. Zugleich wird es aber auch Gefahren und große Verantwortung geben."

Als ich meiner Gruppe von Coombe Springs erzählte, wollten einige das Haus gleich ganz für uns nehmen und nicht für die Forschungslaboratorien, aber so ein Objekt konnten wir uns allein einfach nicht leisten. Der Rat der B.C.U.R.A. fand das Gebäude für provisorische Laboratorien geeignet, und nach überaus merkwürdigen, fast grotesken Verhandlungen mit Mrs. Hwfa Williams unterzeichneten wir einen Mietvertrag und erhielten die Erlaubnis, für die Dauer des Krieges dort Laboratorien einzurichten.

Ich war jetzt Direktor der größten industriellen Forschungsgemeinschaft in England, einer Institution überdies, die sich der Kohle widmete, dem wichtigsten Industriezweig für die Kriegsführung. Ich besaß weder die akademische Qualifikation noch die praktische Erfahrung der Kollegen, die andere Forschungsgemeinschaften dieser Art leiteten, aber ich hatte Ideen. Meine Stärke war es, daß ich die Entwicklungsmöglichkeiten einer Situation tiefer und schneller erfaßte als andere. Ich sah deutlich, daß die Zeit der billigen Kohle, auf der die industrielle Vorherrschaft Großbritanniens ein Jahrhundert lang basiert hatte, vorbei war und daß wir die höheren Löhne und besseren Lebensbedingungen, die den Bergarbeiten in Zukunft zukommen mußten, nur durch höhere Effektivität wettmachen konnten. Diese Überzeugung führte mich zu verschiedenen Tätigkeiten, bei denen es immer um die bessere Nutzung der Kohle ging. Ich trug viel dazu bei, einen Ausschuß für feste Brennstoffe an der British Standards Institution zu bilden und war für den größten Teil des Krieges ihr Vorsitzender. Ich wurde von der B.C.U.R.A. für den parlamentarischen Wissenschaftsausschuß nominiert; das war ein sehr einflußreiches Gremium von nahezu vierhundert Mitgliedern aus beiden Häusern des Parlaments und über hundert wissenschaftlichen Gesellschaften. Dieser Ausschuß, der Sir John Anderson zum Vorsitzenden hatte, wählte mich zu seinem ehrenamtlichen Schatzmeister. Ich war verantwortlich für seine Berichte über die nationale Brennstoffpolitik und beteiligte mich aktiv am größten Teil der Arbeit. Der Minister für Brennstoffe und Energie berief mich in den Ausschuß für Brennstoffeffizienz. Schließlich war ich auch noch Vorsitzender eines Unterausschusses für bessere Brennstoffverwertung in der Industrie und eines kleinen Ausschusses, der neue Erfindungen auf dem Gebiet der Brennstoffeinsparung zu untersuchen und darüber zu berichten hatte.

Nun mag diese Aufzählung von Ämtern und Tätigkeiten den Eindruck erwecken, hier habe ein selbstbewußter Mann erfolgreich den Weg zu einer einigermaßen wichtigen Position im öffentlichen Leben beschritten. Weit gefehlt. Alles, was ich tat, kam mir widersinnig und überflüssig vor und Welten entfernt von meiner wahren Bestimmung. Ich wußte, daß ich dem weltlichen Erfolg schon vor zwanzig Jahren entsagt hatte, als ich Ramsay Mac Donalds Angebot einer politischen Karriere in der Labourpartei ausschlug. Meine einzige Befriedigung war der Gedanke, daß ich während des ganzen Krieges nichts tun mußte, was mit dem Töten von Menschen in Zusammenhang stand. Unter meinen Mitarbeitern gab es auch Pazifisten, und wenn ich von ihrer Aufrichtigkeit überzeugt war, trat ich auch bei der Gewissensprüfung für Wehrdienstverweigerer für sie ein. Meine eigene Einstellung gegenüber dem Krieg war, daß es konsistenten Pazifismus nicht geben kann. Wir haben nur dann das Recht, uns gegen die Gewalt zu stellen, wenn wir weder selbst gewalttätig sind noch aus der Gewalttätigkeit anderer profitieren. Ich konnte keins von beidem für mich in Anspruch nehmen. Andererseits fand ich den Krieg selbst verabscheuungswürdig. Ich traute unserer eigenen Propaganda nicht, und ich wußte, daß die Deutschen von der Gerechtigkeit ihrer Sache genauso überzeugt waren wie wir von unserer.

Für mich war der Krieg eher dumm als verwerflich. Ich besaß nicht den leidenschaftlichen Glauben an die Unverletzlichkeit des menschlichen Lebens, der so viele zu Pazifisten werden ließ.

Zu töten, auch indirekt, war eine Sünde, aber nicht entsetzlich. Ich war sicher, daß das Leben einer menschlichen Seele nicht von der Existenz des Körpers abhängig war. Mir schien, daß das Grauen des heutigen Menschen vor dem Krieg mit seiner Todesfurcht zu tun hat, die wiederum aus dem Zerfall des Glaubens herrührt. Ich beobachtete, daß viele Atheisten Pazifisten waren; andere, die aufrichtig an Gott, an die göttliche Vorsehung und die Unsterblichkeit der Seele glaubten, waren keine Pazifisten.

Ich lebte in großer Anspannung. Der Krieg und die Bombenangriffe waren nicht die schlimmsten Unruheherde in meinem Leben. Die unversöhnlichen Konflikte in mir selbst wirkten sich auf alles aus, was ich tat. Ich konnte nicht die einfachste Situation betrachten, ohne gleich an die Absurdität des menschlichen Lebens zu denken. Von einer Ausnahme kann ich jedoch berichten, und das ist der Einfluß der Musik und der musikbegeisterten Freunde, die meine Frau und ich in dieser Zeit kennenlernten. Durch Hilda Dederich, eine begabte Pianistin und Frau von Herman Lindars, Vorsitzender der B.C.U.R.A. und selbst ein vorzüglicher Musiker, lernte ich Denise Lassimonne, Marya Hess und andere Schüler des großen Lehrers Tobias Matthay kennen. Meine Frau und ich besuchten ihn häufig in High Marley, oberhalb von Haslemere. Ich nahm bei Hilda Dederich Klavierstunden, und sie zeigte mir ein wenig von der Kunst des Anschlags. Weihnachten 1941 verbrachten wir mit Matthay und seinen engsten Freunden. Ich schrieb: „Wir verbrachten einen wunderschönen Tag: freundliche Menschen, Musik, Lachen — die ganze Atmosphäre harmonisch und friedvoll. Hier scheint nichts als Güte und Schönheit zu Hause zu sein. Und sie sind nicht passiv, sondern dehnen ihren heilsamen Einfluß über die ganze Welt aus. Onkel Tobs ist Ursprung und Mittelpunkt von allem. Von ihm strahlt eine wahre Liebe für das Schöne aus, eine unerschütterliche Echtheit, die in den empfänglichen Schülern ganz neue Wertvorstellungen entstehen läßt."

Wir blieben gute Freunde von Onkel Tobs Matthay, bis er 1945 starb. Wir staunten und freuten uns immer aufs Neue darüber, daß er uns so oft wie möglich bei sich haben wollte. Das letzte Mal besuchten wir ihn eine Woche vor seinem Tod. Er nannte sich selbst einen Agnostiker. Er wußte, daß ich an eine Unsterblichkeit glaubte, die bestimmte Bedingungen hatte, und er sprach oft mit mir über die Seele. Als er starb, übertrug er mir die Pflicht, seine Asche über den Hügel oberhalb von High Marley zu verstreuen. Ich habe nie daran gezweifelt, daß er einen Grad der Befreiung von irdischen Einflüssen erlangt hatte, der die Seele nach dem Tod in ein noch vollständigeres Sein eintreten läßt. Solch eine Seele übermittelt nach ihrem Abgang vom irdischen Schauplatz weiterhin gute Einflüsse.

1942 wurde ich in den Athenaeum Club aufgenommen. Bei meinem ersten Besuch setzte ich mich in den Sessel, in dem ich zwanzig Jahre zuvor McDonald gegenübergesessen hatte. Mein Leben passierte Revue vor mir. Der Zweite Weltkrieg, den ich schon 1922 als unvermeidlich vorausgesehen hatte, war jetzt über uns gekommen. Die Vergeblichkeit aller politischen Unternehmungen war heute so offensichtlich wie damals. Überall sah ich ältere Männer mit ernsten Gesichtern in Gespräche vertieft, die alle irgendwie mit der Kriegsführung zu tun hatten. Ich fühlte mich dem so fern, als lebte ich gar nicht in einem Körper auf dieser Erde. Ich war weder weiser noch besser als all diese respektablen und berühmten Herren, aber ich sah deutlich, was ihrem Blick zu entgehen schien: daß keine noch so große Klugheit je die Grundprobleme des menschlichen Lebens lösen wird.

Wenn der Krieg nicht das größte Verbrechen ist, dann vielleicht die größte Dummheit, die der Mensch begehen kann. Ich war sicher, daß die Alliierten den Krieg gewinnen würden. Ich gründete diese Überzeugung allerdings weder auf den Glauben an die gerechte Sache der Alliierten noch auf das Vertrauen in die Weisheit ihrer Ratschlüsse, sondern auf das abstrakte Prinzip, daß jedes Streben nach Weltherrschaft irgendwann scheitern muß. Ich hatte allerdings keine große Hoffnung, daß der Sieg der Alliierten Frieden bringen würde. Meine zwanzig Jahre zurückliegenden Erfahrungen mit dem Friedenschließen hatte ich nicht vergessen. Ich sah die Welt in eine lange schwere Zeit eintreten. Davon würde die ganze Menschheit betroffen sein, und zu der Zeit dachte ich, als Einzelner oder in kleinen Gruppen könne man sich diesen Einflüssen entziehen. Die Beobachtung, daß meine Gruppe von dreißig bis vierzig Leuten kaum vom Krieg in Mitleidenschaft gezogen wurde, bestätigte diese Ansicht. Niemand wurde getötet oder schwer verwundet, weder bei den Luftangriffen noch beim Wehrdienst. Da wir uns nicht bewußt vom Kriegsgeschehen fernhielten, schien diese Tatsache darauf zurückzuführen zu sein, daß wir uns einem Ziel verschrieben hatten, das über unser eigenes Wohlergehen hinausging. In den Jahren seit dieser Zeit habe ich noch mehr Hinweise darauf erhalten, daß Menschen, die dazu berufen sind, einem großen Zweck zu dienen, einem besonderen Schutz unterstehen.

Diese Ideen fanden ihren Ausdruck durch mein Bemühen, alles, was ich von Gurdjieffs System erinnern konnte, aufzuschreiben. Seit Ouspenskys Abreise aus England hatte ich meine ganze Freizeit dem Schreiben gewidmet. Ich entwarf die Woche über ein Kapitel, las es dann der Gruppe vor und überarbeitete es schließlich anhand der Fragen und Kommentare. Diese Arbeit schien mir besonders dringend, da noch nichts von Gurdjieffs System fixiert und veröffentlicht war. Ouspensky hatte gesagt, er würde wahrscheinlich nicht veröffentlichen, was er geschrieben hatte, und es bestand die Gefahr, daß die Manuskripte zerstört wurden. Zu der Zeit wußte ich noch nicht, daß Gurdjieff selbst jahrelang an seiner eigenen Version, dem monumentalen *All und Alles*, gearbeitet hatte.

Ouspensky hatte gesagt, eine systematische Darstellung von Gurdjieffs Lehre sei unmöglich, doch ich glaubte, daß es zu schaffen war, wenn man sich ein zentrales Thema wählte, das dem Ganzen Zusammenhang und Struktur gab. Dieses Thema fand ich im Begriff der Triade, also in der Theorie, daß alles, was im Universum existiert oder geschieht, eine Verbindung von drei unabhängigen Faktoren ist.

Da das Studium dieses Gesetzes der Drei über zwanzig Jahre einen breiten Raum in meinem Denken einnahm, muß ich auf die Zeit zurückgehen, als ich seine Bedeutung zu erkennen begann. Das war 1934, als Ouspensky vorschlug, daß einige Schüler Forschungen zum Gesetz der Drei anstellen sollten, und mein Angebot annahm, zu diesem Thema die heiligen Schriften Indiens zu studieren. Nach ausgedehnter Lektüre in den Veden, den Upanishaden und im Mahabharata, stieß ich auf ein Kapitel im sechsten Buch dieses Epos, in dem die Vielfalt von allem Existierenden den sechs möglichen Kombinationen der drei *gunas* oder Qualitäten der Natur zugeschrieben wird: Sattva oder Reinheit, Rajas oder Herrschaft und Tamas oder Trägheit. Außerdem fand ich in der Sankhya Karika, die ich in einer alten Sanskritausgabe las, eine ähnliche Darstellung mit dem Zusatz, daß die drei Gunas nur in der Welt des uranfänglichen Seins in vollkommener Ausgewogenheit und Einheit vorkommen.

Als ich Ouspensky diese Entdeckungen mitteilte, sagte er, er sei zu dem Schluß gekommen, daß es sechs oder vielleicht sieben Fundamentalgesetze für alles Existierende geben muß, abgeleitet aus den sechs möglichen und der einen unmöglichen Kombination der drei Qualitäten, die Gurdjieff als die bejahende, die verneinende und die ausgleichende Kraft beschrieben hatte. Er sprach darüber bei einer der allgemeinen Zusammenkünfte und regte an, die Form dieser sechs Gesetze herauszuarbeiten. Er ermunterte mich, über meine eigenen Forschungen zu sprechen, und das war für mich eine Überraschung und Genugtuung, nachdem er mir so oft eine Abfuhr erteilt hatte, wenn ich eigene Ideen vorgebracht hatte.

Etwa zwei Monate lang waren alle unsere Zusammenkünfte und Diskussionen von diesem Thema beherrscht. Dann ließ Ouspensky den Gegenstand, wie schon so oft, plötzlich fallen und weigerte sich, weiter darüber zu sprechen. Mein Interesse war jedoch zu tief geweckt worden, und ich forschte allein weiter.

Nicht lange, und ich merkte, daß ich nicht weiterkam, und legte die Sache widerstrebend beiseite. Ouspensky hatte es wohl deshalb fallengelassen, weil er an einen Punkt gekommen war, wo eine ganz neue Idee gebraucht wurde, um das abstrakte Gesetz enger mit den konkreten Fakten zu verknüpfen — und diese Idee würde erst kommen, wenn die Zeit dazu reif war.

Sieben Jahre vergingen, und 1941, kurz nach Ouspenskys Abreise in die Vereinigten Staaten, gewann die Idee der Triade spontan meine Aufmerksamkeit zurück. Ich bringe das mit unserem Umzug nach Coombe Springs in Verbindung. Es war Juli, und meine Frau und ich sollten in dem Haus wohnen. Ich wollte die Nutzung des Hauses für die Forschung mit dem Projekt verbinden, wieder Schönheit in das verwahrloste Anwesen einkehren zu lassen. In der merkwürdigen Art, wie wir das Haus vorgefunden und bekommen hatten, sah ich eine Triade abgebildet, die ich nie hatte begreifen können. Neue Ideen gärten in mir, und ich empfand den Drang, sie in Aktion umzusetzen. Als ersten Schritt teilte ich der B.C.U.R.A. mit, daß ich an den Wochenenden Freunde zum Arbeiten einladen würde und wir so die Gärten wieder in Ordnung bringen könnten, ohne unseren Forschungsetat zu belasten.

Am 3. August versammelte ich eine Gesellschaft von gut zwanzig Leuten in Coombe, und wir arbeiteten den ganzen Tag im Garten. In dieser Nacht und am nächsten Tag waren meine Frau und ich allein im Haus. Ich schrieb in mein Tagebuch: „Wir unterhielten uns darüber, wie seltsam es ist, daß ich mein ganzes Leben lang noch nie eine Bindung an irgendeinen Ort empfunden habe und nie ein Zuhause wollte. Der bloße Gedanke war mir fremd, denn meine Zukunft malte ich mir immer als Rückzug in den Osten aus. Dann war plötzlich dieses Haus da, und ich habe noch keinen Moment daran gezweifelt, daß es der Ort ist, an dem ich sein muß."

Am 13. August hatten wir in London eine durch einen Luftangriff unterbrochene Familienfeier zum einundzwanzigsten Geburtstag meiner Tochter Ann. Drei Jahre suchte ich jetzt schon nach der richtigen Beziehung zu ihr. Wie weit war ich noch davon entfernt, mich in andere einfühlen zu können! Meine Tochter wollte einen Vater, keinen guten Versorger und Erzieher, und ich wußte nicht einmal, daß das nicht dasselbe war. Und dabei war mein eigener Vater ein sehr guter Vater, wenn auch alles andere als ein Vorbild gewesen. Um nichts in der Welt hätten meine Schwester und ich ihn anders haben wollen.

Ein paar Tage danach fuhr ich mit einer kleinen Gruppe nach Snowdon in Nord-Wales. Es war durchaus eine Leistung, die hundert Kilometer in einem uralten Packard zu bewältigen, der eine Gaserzeugungsanlage im Schlepp hatte. Unsere Reise, die wir mit Koks, einem nicht rationierten Brennstoff, bestritten, erregte viel Aufsehen. Die Vergasungsanlage war von Mitarbeitern der B.C.U.R.A. konstruiert und gebaut worden.

Wir campierten alle zusammen, jung und alt, in Zelten. Etwa ein Dutzend Mitglieder hatten kommen können, und wir blieben zwölf Tage zusammen. Es war für mich auf dem Gebiet der philosophischen Spekulation die fruchtbarste Zeit meines Lebens. Mir gelang die Klärung der sechs Grundgesetze des Seins und der Art und Weise, wie sie beim Übergang von einer Ebene zur anderen Sekundärgesetze hervorbringen. Da die Resultate dieser Arbeit detailliert im zweiten Band von *The Dramatic Universe* wiedergegeben sind, muß ich hier nicht weiter darauf eingehen. Wie mir das alles zuteil wurde, ist jedoch wert, festgehalten zu werden.

Ich war mit der Absicht gekommen, an psychologischen Themen zu arbeiten, doch am ersten Morgen nach unserer Ankunft stand ich im Morgengrauen auf und machte einen Spaziergang durch die hufeisenförmig angeordneten Hügel östlich von Snowdon. Ich war allein. Außer dem gelegentlichen Blöken eines Schafs oder dem Gesang eines Vogels war nichts zu hören. Ich bestaunte einen majestätischen Sonnenaufgang, überwältigt vom Kontrast zwischen diesem Ort des Friedens und der Pracht und dem armen London, das sich unter dem Hagel deutscher Bomben wand.

Während ich so ging, wurden mir die Gesetze klar, die all diese Prozesse lenken. Ich sah Involution und Evolution: den Abstieg der Kraft aus den höheren Bereichen in die niederen und den Kampf des Seins um die Rückkehr zu seinem Ursprung. Ich sah, daß alles Existierende ewig und unzerstörbar das bleibt, was es ist, und sich doch ständig wandelt, mit allem anderen vermischt und das Universum mit nie endender Aktivität erfüllt. Ich sah die universelle Ordnung, und schließlich sah ich, wie alles von Liebe und Freiheit erlöst wird. Ich schrie auf vor Freude und dankte Gott dafür, daß mir solche Wunder gezeigt wurden.

Wieder im Lager, frühstückte ich und setzte mich dann zum Schreiben hin. Die anderen brachen zu einer Klettertour auf. Bis zum Abend hatte ich aufgeschrieben, was mir begegnet war, und eines der Mädchen, Hylda Field, schrieb es in die Maschine. Ich las es laut vor, und alle wurden von der gleichen freudigen Erregung ergriffen.

Am nächsten Morgen ging ich wieder hinaus, und diesmal gewahrte ich, daß jedes Gesetz eine reine und unreine Form hat. Da verstand ich, weshalb wir vor acht Jahren mit den Triaden nicht weitergekommen waren. Ouspensky hatte den wahren kosmischen Charakter einiger der Triaden nicht erkannt. Wieder schrieb ich und Hylda tippte.

Das ging Tag für Tag so weiter. Manchmal war das, was ich sah, so komplex, daß ich es nicht in Worte fassen konnte. Ich sah, wie sich aus den einfachen Triaden das kompliziert verflochtene Muster unserer Erfahrung zusammensetzt. Ich konnte nur einen kleinen Teil davon formulieren, aber es reichte aus, um eine Grundlage zu schaffen, auf der ich fünfzehn Jahre lang weiterbaute.

Diese Erfahrungen fanden ihren krönenden Abschluß, als ich zwischendurch einmal geschäftlich nach Glasgow mußte. Das mit Gas angetriebene Auto brachte mich nach Bangor, und ich erreichte Crewe vier Stunden vor der Abfahrt des Zuges London-Glasgow. Der Erfrischungsraum war schlecht beleuchtet und schmutzig, voller redender, schreiender und schlafender Soldaten, von denen viele betrunken waren. Mitten in diesem Tumult setzte ich mich hin und schlief ein. Ich erwachte mit den Worten: „Es gibt auch negative Triaden." Die Bedeutung dieses Satzes war mir sofort klar, und ich suchte mir ein paar Blätter Papier, um eine Beschreibung der sechs negatvien Triaden niederzuschreiben.

Damit war es geschafft. Die negativen Triaden waren in gewisser Weise die bedeutendste Entdeckung. Ich habe ihnen später folgende Namen gegeben: Imagination oder Negative Involution; Selbstanbetung oder Negative Evolution, Furcht oder negative Identität, Verschwendung oder Negative Interaktion, Subjektivismus oder Negative Ordnung, Identifikation oder negative Freiheit. Das sind die zentralen Defekte des Willens, und als ich ihre Bedeutung erkannte, hatte ich das Gefühl, ein Schleier sei weggezogen worden und dahinter würden die Geheimnisse menschlicher Sünde und menschlichen Leidens sichtbar.

Als ich am nächsten Tag aus Glasgow zurückkam, war unsere Zeit in Snowdon fast zu Ende. Ich las vor, was ich über die negativen Gesetze geschrieben hatte. Ich glaube, niemand von den Anwesenden wird diese zwölf Tage jemals vergessen. Wir hatten gemeinsam eine Erfahrung gemacht. Die Visionen unterschieden sich von allen, die ich bis dahin gehabt hatte. Diesmal wurden mir Wahrheiten gezeigt, die nicht für mich allein bestimmt waren.

Wieder in London, legte ich alles, was ich in Snowdon geschrieben hatte, beiseite. Ich fühlte mich noch nicht gerüstet, weiter daran zu arbeiten. All das muß sehr an mir gezehrt haben, denn ich erkrankte an Eiterflechte. Mein ganzer Körper war mit Pusteln und wunden Stellen übersät, und ich fühlte mich fast eine ganze Woche lang sehr elend. Am 17. September nahm ich meine Arbeit wieder auf. Ich glaube, daß es einen engen Zusammenhang zwischen dem Zustand unseres Körpers und unserer Psyche gibt. Wann immer ich vorübergehend in einen Zustand gebracht wurde, in dem ich großer Wahrheiten innewerden konnte, hatte mein grobstofflicher Körper, der meine innere Unreinheit widerspiegelte, die Folgen zu tragen.

Im Herbst 1941 befand ich mich, wie die Eintragungen in meinem Tagebuch zeigen, in einem sehr unausgeglichenen Zustand. Ich versuchte ein Kapitel über die Höheren Zentren im Menschen zu schreiben und sah mich zwischen der Überzeugung, daß ich mehrmals im Leben das Wirken höherer Kräfte an mir selbst erfahren hatte, und der Furcht, daß mich die Imagination in die Irre leiten könnte, hin und her gerissen. Ich nahm Zuflucht zu den Beschreibungen in der mystischen Literatur aus Ost und West, doch je mehr ich las, desto stärker wuchs in mir die Überzeugung, daß es eine verborgene Beziehung zwischen Sexualität und mystischer Erfahrung gab. Ouspensky war in Fragen der Sexualität immer sehr zurückhaltend gewesen, und doch hatte er in seinem Buch *Ein neues Modell des Universums* gesagt, die

Umwandlung der Sexualfunktionen sei ein notwendiges Element für die Erfüllung der individuellen Bestimmung.

Ich schrieb einen Abschnitt dieses Kapitels über Sexualität und las ihn meiner Frau vor. Sie hörte aufmerksam zu und sagte: „Das Wichtigste daran hast Du vielleicht noch gar nicht gesehen. In den sexuellen Kräften des Menschen könnte noch sehr viel mehr liegen, als wir vermuten. Ich bin schon lange überzeugt, daß der moderne Mensch nicht in der Lage ist, die wahre Bedeutung der Sexualität zu erkennen, und daß dies ein Teil seiner Tragödie ist. Die Leute halten Sexualität für etwas ganz Privates und von allem anderen Getrenntes, und dabei ist sie in Wirklichkeit vielleicht die Kraft, die die Menschheit vereinigen könnte. Lies dieses Kapitel lieber nicht der Gruppe vor, es könnte mißverstanden werden. Du hast eine negative Einstellung zur Sexualität, und die ist nicht echt; solange Du davon nicht frei bist, kannst Du Frauen nicht verstehen." Ich folgte ihrem Rat.

Wir wohnten zu dieser Zeit schon in Coombe Springs. Am 1. November 1941 wurden meine Frau und ich nach Lyne eingeladen, um eine Botschaft von Ouspensky zu hören. Er schrieb, ihm und seiner Frau sei von der amerikanischen Gruppe ein Hof mit vielen Hektar Land in New Jersey angeboten worden. Ihm fehlten zwar erfahrene Helfer, und so hatte er große Schwierigkeiten, Franklin Farms in Gang zu bringen, aber er hatte sich zu bleiben entschlossen, weil er hoffte, in den Vereinigten Staaten eine feste Gruppe aufbauen zu können. Er wünschte, daß die Arbeit in Lyne Place auf höchstmöglichem Niveau weiterging, so daß eine Gruppe der anderen helfen konnte. Dann wiederholte er noch einmal, die größte Gefahr für den Weltfrieden sei der Bolschewismus und Europas Zukunft sehe durchaus nicht rosig aus, selbst wenn die Alliierten den Krieg gewännen.

Die Aussicht auf Zusammenarbeit mit der amerikanischen Gruppe ließ eine Welle der Sympathie durch alle Zuhörer gehen. Mich persönlich betrübte Ouspenskys politische Haltung. Es war klar, daß ich mich in Zukunft mehr und mehr auf mich selbst würde verlassen müssen. Die Arbeit in Lyne „auf höchstmöglichem Niveau" fortzusetzen, schien mir unmöglich angesichts der Tatsache, daß uns kein Spielraum für Eigeninitiative eingeräumt wurde. Für mich war die Arbeit etwas Dynamisches, das nur lebendig war, wenn es wuchs. Die Geschichte der Religionen und spirituellen Bewegungen zeigt, daß immer dann das Todesgeläut einsetzt, wenn das Suchen und Weitergehen vom Bewahren des Erreichten verdrängt wird. Die erhebenden Gefühle bei der Zusammenkunft in Lyne waren nichts weiter als eine kurzlebige Erregung nach einer langen Zeit, in der gar nichts passiert war. Sie sollten bald einem langsamen, aber unaufhaltsamen Niedergang weichen, den man von Anfang an hätte voraussehen können.

Innerhalb weniger Monate entwickelte sich die ohnehin schlechte Beziehung zwischen Ouspensky und mir zu einem offenen Zerwürfnis. In seiner Gruppe war aus dem Prinzip „Vor dem Lehrer darf es keine Geheimnisse geben" die Gewohnheit entstanden, ihm über die wirklichen oder eingebildeten Missetaten anderer Mitglieder zu berichten. Das war kein ernstes

Problem, solange wir alle noch persönlichen Kontakt zu Ouspensky hatten und Mißverständnisse bereinigt werden konnten. Jetzt aber entstand großer Schaden durch boshafte Anschwärzungen. Ich war nur eins von zahlreichen Opfern. Ouspenskys natürliches und gerechtfertigtes Mißtrauen gegenüber meiner Impulsivität wurde noch geschürt durch Berichte, daß ich über das System ein Buch schrieb und Vorträge hielt. Der erste Hinweis darauf, daß er mir bei unserem letzten Gespräch nicht nur vom Schreiben abgeraten, sondern es verboten hatte, kam im Mai 1942 in Form einer Nachricht, in der von der Regel die Rede war, daß niemand ohne seine Erlaubnis irgend etwas schreiben dürfe. Ich legte meine Schreibarbeit versuchsweise für einige Wochen beiseite und las bei den Zusammenkünften nichts vor. Das überzeugte mich davon, daß meine schriftstellerische Arbeit notwendig und nützlich war. Ich erinnerte Ouspensky in einem Brief daran, daß ich die Sache vor seiner Abreise mit ihm durchgesprochen hätte, und setzte mich wieder an mein Manuskript. Ich begann auch mit Vorträgen, damals noch ausschließlich vor Leuten, die meine Schüler selbst eingeführt hatten. Einmal in vierzehn Tagen traf sich die Gruppe in Coombe Springs zur gemeinsamen Arbeit. Ich begann auch die rhythmischen Übungen zu lehren, die ich am Prieuré und in Lyne gelernt hatte; sie wurden jetzt „Gurdjieffs Bewegungen" genannt.

Die Gelegenheiten, Ouspenskys engste Schüler zu treffen, waren durch den Krieg eingeschränkt. Ich selbst war mit der Einrichtung der neuen Laboratorien in Coombe Springs beschäftigt, wo man mir für die Planung der Forschungsstation freie Hand gegeben hatte. Trotz kriegsbedingter Baubeschränkungen konnte ich einige Ideen verwirklichen, die ich in Fulham gesehen hatte, und die Labors wurden so ausgelegt, daß wir nicht nur kleine Experimente durchführen, sondern auch größere Versuchsanlagen als Prototypen für kommerzielle Geräte aufbauen konnten. Die Laboratorien wurden 1942 fertig und von Sir Edward Appleton eröffnet, der damals unter dem Lord President Sekretär für wissenschaftliche und industrielle Forschung war. Unser eigener Präsident war Sir Evan Williams, der kluge und erfahrene Vorsitzende des Verbands britischer Kohleproduzenten.

Ich war stolz auf den Mitarbeiterstab, den ich unter den erschwerten Bedingungen dieser Kriegszeit um mich versammelt hatte. Die Arbeit zog mich stark an, aber ich konnte mir doch nicht das Gefühl verheimlichen, daß sie für mich allenfalls von vorübergehendem Interesse und Wert sein würde, wohingegen die Arbeit meiner Gruppen — wenn auch bescheiden und unvollkommen — etwas Dauerhaftes für all jene leisten konnte, die nach spirituellen Werten suchten.

Nichtsdestotrotz machte die B.C.U.R.A. weiterhin sichtbare Fortschritte. Wir hatten beschlossen, unsere Anstrengungen jetzt mehr auf die Entwicklung effektiverer Kohlefeuerungsgeräte für den Haushalt zu konzentrieren. Außerdem kooperierten wir mit der Forschungsabteilung von Imperial Chemical Industries auf dem Gebiet der Reaktionssteigerung von Koks durch Alkali, was in Vergasungsanlagen für den Straßenverkehr eine viel bessere Ausnutzung des Brennstoffs bedeuten würde. Ich wurde bevollmächtigt, neue Mitarbeiter einzustellen und neue Versuchsanlagen zu schaffen.

Auch in diesen Monaten ärgerte ich mich ständig über meine Fehler, vor allem darüber, daß ich im Denken wie im Handeln zu viel Kraft vergeudete. In der Rückschau erscheint mir diese Verdrossenheit ziemlich töricht. Tatsächlich hatte ich mir wieder mal viel mehr vorgenommen, als ich leisten konnte, und setzte mich selbst zu sehr unter Druck.

Während äußerlich noch die Harmonie gewahrt zu sein schien, keimte bereits das Mißverständnis zwischen mir und dem Verband der Kohleproduzenten, jener allmächtigen Institution, von deren Wohlwollen die Zukunft der B.C.U.R.A. abhing. Ich selbst war innerlich schon ganz auf die Beendigung meiner Arbeit auf dem Kohlesektor eingestellt, um mich ganz der Schulung und dem Schreiben über das System widmen zu können. Doch mein Eintreten für einen raschen Ausbau der industriellen Forschung erschien anderen als der Versuch, einen eigenen Machtbereich zu schaffen — als wollte ich die Kohleproduzenten immer mehr unter Druck setzen, damit sie der B.C.U.R.A. immer mehr Geld für mein persönliches Vorankommen zur Verfügung stellten.

Einmal hielt ich im Brennstoffinstitut eine Ansprache und sagte, wir müßten der Tatsache ins Auge blicken, daß das Zeitalter der billigen Kohle ein für allemal vorbei sei; schwere Belastungen durch hohe Brennstoffkosten seien in Zukunft nur durch sehr viel bessere Ausnutzung zu umgehen. Das, so fügte ich hinzu, würde unweigerlich zu einem geringeren Kohleverbrauch führen. Diese Ansprache wurde zwar im Wirtschaftsteil der *Times* positiv beurteilt, brachte mir aber einen scharfen Rüffel der Bergbaugenossenschaft ein. Die Preispolitik der Kohleindustrie ginge mich gar nichts an, wurde mir gesagt.

Ich hätte die Sturmzeichen sehen müssen, doch mein Gewissen war rein. Ich wußte, daß ich nicht darauf hinarbeitete, nach dem Krieg ganz groß rauszukommen, aber wie immer hatte ich keinen Blick für die Empfindungen anderer und rechnete gar nicht damit, daß mein Handeln andere eifersüchtig und mißtrauisch machte.

Der Winter 1941-42 ging vorüber. Die Bombenangriffe auf London ließen langsam nach. Auf den Kriegsschauplätzen war die Lage nach wie vor ernst, doch wir bereiteten uns schon auf den Wiederaufbau vor, und jedermann glaubte fest daran, daß der Sieg der Alliierten schon so gut wie sicher sei. Meine Arbeit an der B.C.U.R.A. trug Früchte. 1942 wurde ich zum Vorsitzenden der Konferenz der Forschungsgemeinschaften gewählt, die dem Forschungsministerium unterstand. Diese Ehre kam überraschend, denn bei den fünfundzwanzig Forschungsgemeinschaften der wichtigsten Industriezweige war ich der einzige Direktor, der keine akademischen Qualifikationen und wenig Forschungserfahrung besaß. Ich wurde gewählt, weil ich die Zukunft der industriellen Forschung in Großbritannien in einem viel breiteren Rahmen sehen konnte als die Direktoren anderer Forschungsgemeinschaften, die sich schon viele Jahre lang mit schmalen Budgets durchschlugen und auch nur dementsprechend kleine Projekte durchführen konnten. Mir war klar, daß England finanziell derart geschwächt aus diesem Krieg hervorgehen würde, daß uns nur noch der wissenschaftliche und technische Genius unseres Volkes retten konnte. Die Forschung würde nicht länger das Aschenputtel der Industrie sein, sondern ihr Lieblingskind werden. Ich hatte John de Kays Lektion noch nicht vergessen, daß man für große Projekte leichter Zustimmung findet als für kleine. Immer wieder sprach ich von der Notwendigkeit, bei der industriellen Forschung in Millionen von Pfund zu denken, wo andere noch in zehntausenden dachten. Als ehrenamtlicher Schatzmeister des parlamentarischen Wissenschaftsausschusses hatte ich viele Gelegenheiten, die Notwendigkeit breit angelegter Forschung zu predigen.

Gegen Ende des Jahres wurde ich vom Vorsitzenden der mächtigsten britischen Kohlegesellschaft für ein paar Tage in sein Haus in Wales eingeladen. Er forderte mich auf, über meine eigenen Ideen zu Forschungspolitik der britischen Kohleindustrie zu sprechen. Ich kam zurück mit dem Gefühl, daß ich in der Gefahr schwebte, ganz in ein öffentliches Leben hineingezogen zu werden, das mein inneres Streben ersticken würde. Im Zug schrieb ich dieses Gebet: „O Schöpfer, und all ihr bewußten Kräfte, durch die der Göttliche Wille sich manifestiert, laß mich freiwerden von Schlaf, mechanischem Handeln und Sklaverei und Zuflucht finden im bewußten Handeln, aus dem kein Übel kommen kann. Laßt mich vom Teil zum Ganzen finden, vom Zeitlichen zum Ewigen, von mir zu Euch."

Dieses Gebet wurde erhört, doch bedurfte es dazu noch sehr bitterer Erfahrungen. Meine ganze Welt mußte einstürzen, bevor ich auf den Pfad zurückkehren konnte, den ich tief in mir als den richtigen erkannt hatte.

17. Einblicke in kosmische Gesetze

Nachdem wir etwa ein Jahr lang in Coombe Springs gelebt hatten, spielte sich ein Rhythmus ein, der meine verschiedenen Interessen und Aktivitäten ein wenig mehr miteinander in Einklang brachte. Erst da wurde mir bewußt, wie sehr mein Leben bislang in Schubladen eingeteilt gewesen war. Meine Arbeit in der Kohleindustrie hatte nichts mit meiner Arbeit mit Ouspensky und in den Gruppen gemein. Mein Interesse an der Geometrie höherer Dimensionen und meine Überzeugung, daß die Ewigkeit so real wie die Zeit ist, schienen in beidem keinen Platz zu haben. Ich korrespondierte nach wie vor sporadisch mit Freunden im Nahen Osten und hatte meinen Plan von einer langen, geheimen Reise durch Asien nie ganz aufgegeben — aber es war doch nicht mehr als ein Traum. Ich hielt meine Fremdsprachen in Übung, benutzte sie aber kaum. In meinem Privatleben war ich nicht weniger gespalten. Von meiner Frau ging eine und von meiner Tochter eine ganz andere Art von Impulsen aus und daneben gab es noch andere, die sich in kein Muster einfügen wollten. Ich war kurz gesagt nicht ein Mensch, sondern mehrere, die sich einen Körper teilten und doch getrennte Leben lebten.

Erst als diese verschiedenen Leben zu verschmelzen begannen, sah ich das Ausmaß der Konflikte, das sie bis dahin heraufbeschworen hatten. Äußerlich gesehen kam diese Verschmelzung durch mein Leben in Coombe zustande, wo ich mich die Woche über der Kohleforschung widmete und an den Wochenenden mit meinen Schülern arbeitete. Meine Frau war Bibliothekarin der B.C.U.R.A. geworden, und wir arbeiteten auf eine vorher nie gekannte Art zusammen. Noch bemerkenswerter ist die Tatsache, daß ich unter den Mitarbeitern der B.C.U.R.A. Mathematiker und Physiker fand, die sich nicht nur für meine Theorie der fünften Dimension interessierten, sondern sogar an ihr arbeiteten, und mit viel größerem analytischen Können, als ich selbst besaß.

Zwei der Wissenschaftler aus Cambridge, die Lord Rutherford mir empfohlen hatte, M.W. Thring und R.L. Brown, erforschten in ihrer kostbaren Freizeit die Geometrie, mit der man die Ewigkeit als fünfte Dimension darstellen kann. Dank ihrem Können kamen wir zu beachtlichen Ergebnissen, die wir gern gemeinsam veröffentlicht hätten. Allerdings scheuten wir auch davor zurück, mit einer Theorie an die Öffentlichkeit zu treten, die so radikal von anderen, mit dem Namen Albert Einsteins verbundenen Theorien abwich. Durch Professor Marcello Pirani, mit dem mich eine tiefe Freundschaft verband, lernte ich Professor Max Born kennen und bewundern; er war bereit, unser gemeinsames Papier zu lesen. Wir schickten es voller Beklommenheit am 14. August 1943 ab. Ich empfand große Hoffnung für unsere Arbeit. Ich schrieb: „Dieses Papier könnte den Gang der Geschichte ändern." Doch ich fügte hinzu: „Aber nur, wenn es aufgrund seines eigenen wissenschaftlichen Werts von anderen Wissenschaftlern anerkannt wird. Deshalb ist dieser Augenblick so verheißungsvoll und so seltsam."

Im Sommer fuhr ich mit einer Gruppe von fünundzwanzig Leuten in den Lake District. Wir fanden in Langdale eine schöne Unterkunft; hier waren von einer alten Pulverfabrik Dutzende von soliden Steinhütten übriggeblieben und dazu ein großes Gebäude, das man zu einem Hotel umgebaut hatte. Etliche Bäche durchzogen das Grundstück. Wir waren dort fast allein. Jeden Tag unternahmen wir eine Wanderung und kehrten dann zurück, um auf dem Squashfeld Gurdjieffs Übungen zu praktizieren. Nach dem Abendessen fand die Zusammenkunft statt. Zu der Zeit interessierte ich mich sehr für die Beziehung zwischen den verschiedenen Ordnungen des Seins.

Darwins *Ursprung der Arten* hatte die Aufmerksamkeit der Philosophen von der Stufenleiter des Seins abgelenkt, wie Biologen von Aristoteles bis Cuvier sie konzipiert hatten; ich hatte dagegen das Gefühl, daß wir in dieser natürlichen Hierarchie, deren Realität für jedermann offensichtlich ist, einen der Schlüssel zum Verständnis der menschlichen Bestimmung finden würden. Ich schrieb damals einen Essay, der später Kapitel 35 von *The Dramatic Universe* wurde.

Noch in Langdale erhielten wir einen Brief von Professor Born, in dem er schrieb: „Ich fand das Papier sehr interessant, brauche jedoch noch erheblich mehr Zeit, um einen definitiven Kommentar abgeben zu können." Er willigte ein, mich in Coombe Springs zu besuchen. Dort sagte er mir, er habe zwar in der Mathematik keinen Fehler gefunden, glaube aber, daß wir uns in der Grundannahme irrten, daß Raum und Zeit nur Bedingungen der Existenz sind. Für ihn waren sie der Natur der Materie immanent oder genauer: er glaubte, „Materie" sei nur der Name, den wir unseren Erfahrungen in Raum und Zeit geben. Sein Interesse ermutigte uns, aber wir sahen auch, daß wir unsere Grundannahmen noch vorsichtiger formulieren mußten. Keiner von uns hätte gedacht, daß noch fünf Jahre vergehen würden, bevor wir unsere Arbeit in den *Proceedings of the Royal Society* veröffentlichen konnten.

Als ich nach dem Seminar in Langdale wieder in London ankam, mußte ich feststellen, daß die Mächte, die die Geschicke der britischen Bergwerksgenossenschaft lenkten, es ratsam gefunden hatten, meine Aktions- und Redefreiheit zu beschneiden. Mein erster Impuls war, mich zu widersetzen und meine Position mit taktischen Winkelzügen wieder zu festigen. Ich erkannte wohl, daß es das beste für mich gewesen wäre, diese Knebelung einfach zuzulassen, denn ich war überarbeitet und hätte meine Geschäftigkeit reduzieren sollen. Statt dessen übernahm ich immer mehr Aufgaben. Zusätzlich zu unseren Wochenendzusammenkünften in Coombe plante ich nun auch noch eine Vortragsreihe mit dem Titel *Der Mensch und seine Welt.* Die Vorträge, die ich im Church House von Westminster hielt, liefen gut, und unsere Gruppe wurde von Monat zu Monat stärker. Doch in meiner Beziehung zur Bergbaugenossenschaft hatte ich schwere Fehler gemacht. Herman Lindars, der Vorsitzende der B.C.U.R.A., machte sich ernsthaft Sorgen. Er war überzeugt, daß ich überarbeitet war und daß mein Urteilsvermögen unter den Spannungen, die der Krieg mit sich brachte, gelitten hatte. In meiner Haltung ihm gegenüber ließ ich Dankbarkeit und Klugheit vermissen. Unsere siebenjährige Freundschaft und Zusammenarbeit war überschattet von meiner Unfähigkeit, irgendwelche Beschränkungen hinzunehmen.

Ich sah, wie unklug ich mich verhielt. Ich wollte nicht gebunden sein und kämpfte andererseits darum, alles selbst in der Hand zu behalten. Einmal zitierte ich meiner Frau aus *The Egoist:* „Es ist schwer, das preiszugeben, was man gern loswäre." Sie konnte nicht verstehen, weshalb ich nicht anders handelte, wenn ich meine Torheit doch einsah.

In dieser Zeit beunruhigte mich das Problem des Eigenwillens immer mehr. Ich sah, daß ich eigenwillig war. Ich wollte nicht eigenwillig sein und konnte doch nichts dagegen tun. Das ständige innere Wiederholen des Vaterunsers, das ich nun seit neun Jahren praktizierte, erinnerte mich stets daran. *Fiat Voluntas Tua* sagte ich Hunderte von Malen täglich, doch wenn ich innehielt, um mich zu fragen, ob es mir tatsächlich damit ernst war, daß Gottes Wille in allen Dingen geschehe, so entdeckte ich stets Vorbehalte. „Ja", sagte ich mir, „ich möchte wohl, daß Gottes Wille geschehe, nur hätte ich in dieser oder jener Situation gern, daß Sein Wille mit meinem übereinstimmt." Zwar konnte ich mich diesem „Dein Wille geschehe" sehr weit annähern, doch nie war ich darin bedingungslos. Und das war offenbar recht sinnlos. „Mit Gott kann man nicht feilschen", sagte ich mir — und feilschte weiter.

Das bedrängte mich so sehr, daß ich es nicht für mich behalten konnte. Bei einer der öffentlichen Zusammenkünfte stand ein Mann auf und fragte mich: „Welche Rolle spielt das Gebet in Ihrer Lehre?" Ich antwortete: „Beten ist eine große Sache, doch Sie müssen verstehen, wo es beginnt. Das erste Gebet, von dem alle anderen sich ableiten, besteht in den Worten „Dein Wille geschehe". Wenn ich diese Worte nicht mit ganzem Sein sagen kann, welches Recht habe ich dann, in irgendeiner anderen Weise zu beten? Was kann mein Beten für einen Sinn haben, solange ich noch mit mir selbst im Widerstreit bin und der eine Teil sagt „Dein Wille geschehe", und ein anderer sagt „Mein Wille geschehe"? Lassen Sie das Beten lieber, bis Sie sich und Ihre Widersprüche kennen. Vorerst ist das einzige unserem Zustand angemessene Gebet, daß uns die Fähigkeit gegeben werde, uns so zu sehen, wie wir wirklich sind."

Diese Antwort zeigt, wie wenig Toleranz und Kompromißbereitschaft ich menschlichen Problemen entgegenbrachte. Ich trieb mich ständig an und war nie zufrieden. Am 7. September 1943 hatte ich geschrieben: „Madame Ouspensky hat mir oft gesagt: „Sie gehen zu nachsichtig mit sich um." Ich weiß, daß das stimmt. Noch schlimmer ist aber, daß ich um das Wohl anderer so wenig bekümmert bin." Mit dieser Haltung war es kein Wunder, daß ich nichts als meinen Eigenwillen hatte, womit ich *Fiat Voluntas Tua* sagen konnte. Ich bemerkte nicht, wie absurd das war, und auch als meine Frau mich auf die offensichtliche Unstimmigkeit meiner Einstellung aufmerksam zu machen versuchte, verstand ich nicht. Ich liebte sie nicht nur, sondern bewunderte auch ihre Fähigkeit, Menschen zu verstehen. Ich erkannte, daß sie andere mit viel mehr Sensibilität erfaßte als ich, und doch traute ich ihren Einsichten nicht, wenn sie mich selbst betrafen. Äußerlich und innerlich war mein Leben voller Konflikte.

Meine Beziehungen zu den Kohleproduzenten verschlechterten sich zusehends, und zwischen mir und Ouspensky kam es zum offenen Bruch. Ich schickte ihm eine Kopie der Arbeit, die ich nach Borns Kritik zusammen mit Thring und Brown noch einmal neu abgefaßt hatte. Kurz vor Weihnachten erhielt ich Antwort — seinen letzten persönlichen Brief. Wenn ich ihn jetzt nach siebzehn Jahren noch einmal lese, erkenne ich darin eine viel tiefere Bedeutung als damals. Ouspensky verwarf dieses Papier über fünfdimensionale Physik rundweg mit den Worten: „Wenn diese Arbeit erfolgreich ist, so wird dabei nur eine neue Theorie der Thermodynamik herauskommen, sonst nichts." Allein durch intellektuelle Prozesse, so fuhr er fort, könne nichts Neues mehr gefunden werden, und unsere einzige Hoffnung liege darin, einen Weg zu finden, um mit dem höheren emotionalen Zentrum zu arbeiten. Daran schloß er die traurige Bemerkung an: „Und wir wissen nicht, wie das geschehen soll." Am Schluß verbot er kategorisch die Verwendung irgendwelcher Ideen aus dem System, ob sie in seinen Vorträgen vorkämen oder nicht. Wenn ich ihn zitieren wollte, könnte ich mich nur auf sein veröffentlichtes Buch *Ein neues Modell des Universums* beziehen.

Ouspensky machte sich Sorgen, das System könnte falsch dargestellt werden. Das ging aus einem Brief hervor, den er einem der engsten Vertrauten unter seinen Schülern und Freunden schrieb: „Alle in London sollen dafür sorgen, daß nicht im geringsten von dem abgewichen wird, was ich über das System schriftlich niedergelegt habe."

Dieser Brief rückte das Problem meines Eigenwillens und seines Aufgebens in eine neue Perspektive. Es war gleichgültig, ob Ouspensky recht oder unrecht hatte, wenn er von seinen Schülern den Verzicht auf jede persönliche Initiative forderte. Wichtig war allein, daß ich meine Unabhängigkeit nicht — wie manche andere — aufgegeben hatte und niemals aufgeben konnte. Ich schrieb: „Ich weiß aus mir selbst heraus nicht, was vollständige Unterwerfung und vollständiger Gehorsam wirklich bedeuten. Ich habe mich natürlich in meinem äußeren Handeln viele Jahre lang untergeordnet. Lange Zeit, vielleicht von 1933 bis 1938, habe ich mich nicht im geringsten aufgelehnt und bin der Arbeit gefolgt, ohne zu fragen weshalb und zu welchem Ende. Doch diese ganze äußere Konformität überdeckte nur ein trotziges Festhalten an innerer Selbstbestimmung."

Ich zweifelte nicht daran, daß es meine Pflicht war zu schreiben. Als ich Ouspensky kennenlernte, hatte er die Lehre von *Wachsen oder Sterben* gepredigt. Weshalb verwehrte er uns dann das Recht zu wachsen? „Sollen

John G. Bennett, Chef des britischen Geheimdienstes in der Türkei, 1919 (zweiter von rechts)

Winifred Alice Beaumont, spätere Mrs. Bennett

Prinz Sabaheddin

Gurdjieff mit seinem Hund Philos

Mr. Gurdjieff, 44 Jahre alt

Derwischtanz mit Olgivanna Lloyd Wright, Mme Galoumian und Mme de Salzmann

Das Prieuré

Peter Damien Ouspensky

Sophie Grigorevna Ouspensky

Jeanne de Salzmann

Mr. Gurdjieff auf einer Reise

Beerdigung von Mr. Gurdjieff, Paris 1949

Das Djamichunatra in Coombe Springs

Pak Subuh in Coombe Springs, 1959

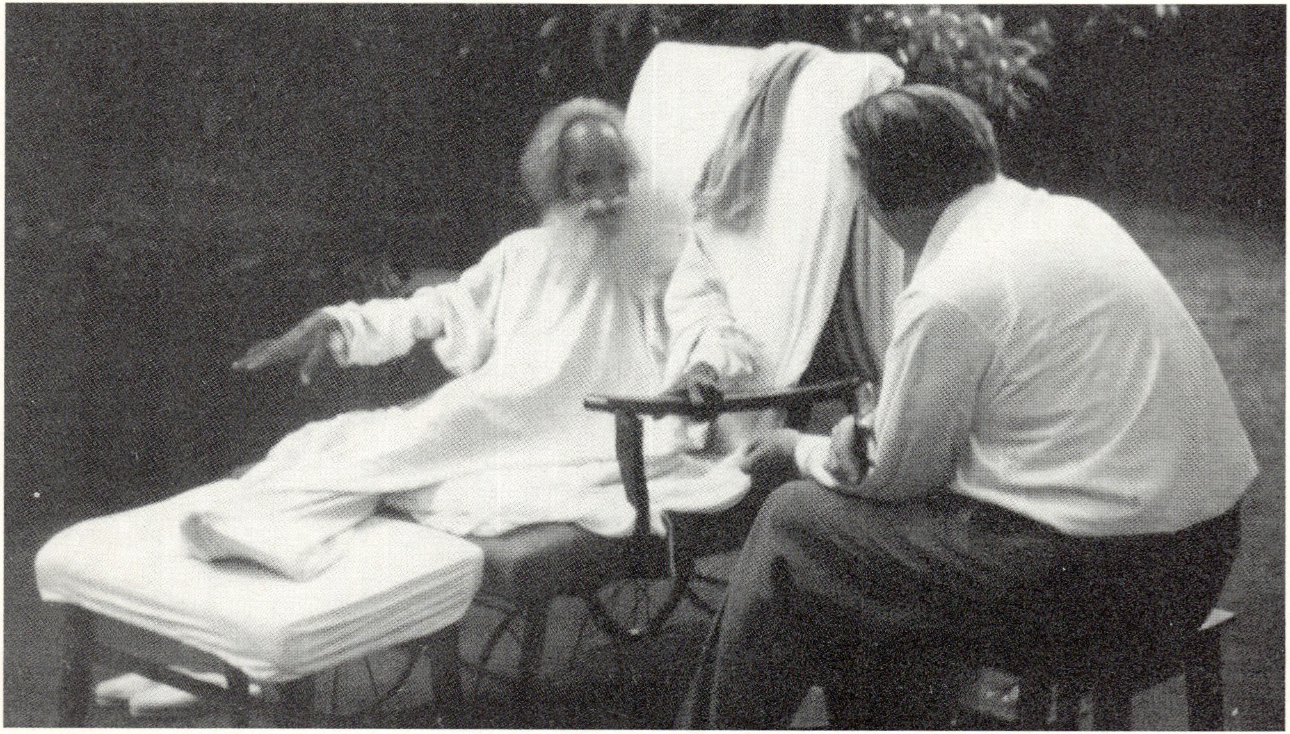

Shivapuri Baba mit dem Autor, Ostern 1962

Sherborne House

John und Elizabeth Bennett, zwei Tage vor seinem Tod (Foto: Avis Rappaport)

wir uns denn ewig darum mühen, einfach nur stillzustehen?" fragte ich mich.

Der Winter 1943 verging. Meine Frau wurde krank. Sie war jetzt neunundsechzig Jahre alt, und die Krankheit zeigte an, daß ihre aktiven Tage gezählt waren. Aus einem Buch tibetischer Weisheiten schrieb ich diese Stelle ab: „Von höchster Notwendigkeit ist es zu verstehen, daß die Zeit uns zugemessen wird wie die letzten fünf Minuten eines Mannes, der eine tödliche Wunde empfangen hat." Sie ließ das in einen blutroten Rahmen fassen und hatte es ständig vor sich stehen.

Eine Müdigkeit, die immer weiter zunahm, ließ mich bei der Arbeit Fehler machen. Herman Lindars redete mir in seiner liebenswürdigen Art zu, zwei Monate Urlaub zu nehmen und einmal ganz auszuspannen. „Und wenn Du das tust", sagte er, „dann flehe ich Dich an, nimm Dir keine Arbeit mit. Ruh Dich richtig aus." Es ging nicht. Ich quartierte mich zwar mit meiner Frau im Old Bell Inn in Hurley ein, aber ich nahm mein Manuskript mit und arbeitete den ganzen Tag. Ich hatte einfach nicht gelernt, wie man sich ausruht oder friedlich in den Tag hineinlebt, dennoch verlebten wir beide in Hurley eine sehr glückliche Zeit. Meine Frau wurde gesund, und ich fand meinen inneren Frieden wieder — aber ausruhen konnte und wollte ich immer noch nicht.

Wir führten lange Gespräche über unsere Zukunftspläne. Mir war klar, daß ich mich aus der Kohleforschung zurückziehen würde, sobald der Krieg endete. Ich war zuversichtlich, daß wir Coombe Springs kaufen konnten, wenn die B.C.U.R.A. wieder auszog. Meine Zukunft, daran zweifelte ich nicht, lag in der Suche nach spirituellen Werten und nicht in der Jagd nach materiellem Erfolg. In dieser Zeit fuhren wir auch nach Lyne Place und sprachen lange und ernsthaft mit den Schülern Ouspenskys, die ihm am nächsten gestanden hatten. Der Konflikt zwischen Bewahrung und Entwicklung, zwischen dem, was ich als statische oder kinetische Haltung gegenüber Ideen und Werten bezeichne, war unübersehbar. Unsere Wege würden sich trennen, soviel war klar. Ich empfand eine große Traurigkeit. Ich sah voraus, daß Ouspensky es in Zukunft ablehnen würde, in irgendeiner Weise mit mir in Verbindung gebracht zu werden, und ich mich wieder einmal allein durchkämpfen mußte.

Gleich nach Ostern kehrte ich nach Coombe Springs zurück und mußte feststellen, daß während meiner Abwesenheit Entscheidungen gefällt worden waren, die meine Autorität noch weiter einschränkten. Ich war tief verletzt durch diesen — wie ich es empfand — Dolchstoß in den Rücken. Dann entsetzte mich wieder, daß solche äußeren Dinge mich so sehr aus der Bahn warfen. Tagelang kämpfte ich mit Wogen des Hasses auf mich selbst und alles, was mich umgab.

Am Morgen des 14. April 1944 wachte ich früh auf und ging hinunter an die Quelle zu meinem gewohnten Tauchbad. Es tagte schon, aber die Sonne war noch nicht aufgegangen. Ich hatte schlecht geschlafen und wetterte innerlich gegen Ouspensky und seine Schüler, gegen Lindars und den Vorstand der B.C.U.R.A., ja selbst gegen meine eigene Gruppe, weil sie meine Schwierigkeiten nicht verstand. Als ich so den Waldpfad hinunterging, sagte ich mir: „Jetzt ist der Moment, all diese Selbstliebe und dieses Selbstmitleid zu opfern." Laut sagte ich die Worte *Fiat Voluntas Tua*, und zum ersten Mal in meinem Leben war mir bewußt, daß ich sie ohne Vorbehalt sprach. Mit der unfaßbaren Schnelligkeit bewußter Vision, die das lahmende Denken weit hinter sich läßt, sah ich die Zukunft, und nicht nur eine, sondern alle möglichen Formen der Zukunft. Ich sah mich meine Arbeit verlieren. Ich sah mich selbst in strahlendem Erfolg. Ich sah mich von Ouspensky verstoßen und von seinen Schülern gemieden. Ich sah mich gefolgt von Menschen, die mich liebten und mir vertrauten. All das und vieles mehr war mir im Bruchteil eines Augenblicks gegenwärtig. Und ich nahm es alles an. Welche Zukunft Gott auch schicken mochte, ich würde mich ohne Frage auf sie einlassen.

Als ich diese Entscheidung traf, wurde ich im gleichen Augenblick von Liebe überflutet. Ich sagte laut: „Jesus!" Jesus war überall. Jedes Blättchen aus den eben aufgesprungenen Weidenknospen war voll von ihm und auch die hohen Eichen, die noch kein Grün trugen. Die Tautropfen in den Spinnennetzen glitzerten im Morgenlicht. Der östliche Himmel erglühte in der aufgehenden Sonne. Jesus war überall und erfüllte alles mit Liebe. Ich wußte, daß Jesus Gottes Liebe ist.

Ich sah auch, daß jedes einzelne Teil nur so wenig von der Liebe Gottes enthalten konnte, weil es so klein war. Ich sagte mir: „Solange es keine Konzentration gibt, ist Er, als sei Er nicht da." Als ich die Worte sprach, waren sie voller Bedeutung, aber ich habe vergessen, was sie bedeuteten, bis auf dies: um in der Liebe Gottes, also in der Vereinigung mit Jesus, zu leben, müssen wir ohne Unterlaß beten. So wie ich dieser Praxis viele Jahre lang gewissenhaft gefolgt war, war sie null und nichtig, denn ohne Liebe ist das Gebet leer.

Ich ging ins Haus zurück und machte Tee. Ich brachte ihn meiner Frau, weckte sie und erzählte ihr, was ich gesehen hatte. Sie teilte meine Begeisterung. Als sie wie tot gewesen war, so sagte sie, hatte sie gewußt, daß Jesus die Liebe Gottes sei, und diese Vision war ihr nie wieder ganz verlorengegangen.

Ich blieb drei Tage in diesem ekstatischen Zustand. Es war anders als jemals zuvor, denn diesmal war der Zustand nicht aus einem Aufbieteh aller Kräfte zu äußerster Anstrengung hervorgegangen, sondern aus dem schlichten Akt der Aufgabe meine Eigenwillens. Während dieser Zustand mich umfangen hielt, konnte ich nicht gegen den manifesten Willen Gottes handeln. Zum Beispiel erhielt ich am folgenden Tag einen Brief, der nicht nur ungerecht, sondern sogar gefährlich war. Ich hätte scharf antworten und dem Absender nachweisen können, daß er die Fakten böswillig entstellt hatte. Ich war drauf und dran, einen Brief an jemanden zu schreiben, der die Sache richtigstellen konnte. Als ich den Füller in die Hand nahm, sagte eine Stimme in mir: „In diesem Füller ist Jesus. Wie kannst du ihn mißbrauchen?" Da kam Friede über mich und ich sah, daß ich mich nicht verteidigen sollte.

Hätte ich meine Erfahrungen damals nicht aufgeschrieben, ich würde meinem Gedächtnis jetzt nicht mehr trauen. Für kurze Zeit war ich fähig, diesen Bereich zu sehen, in dem die göttliche Liebe Realität ist, und sogar in ihn einzutreten. Aber als dieses Sehen wieder aufhörte, kehrte ich in mich selbst zurück, und viele Jahre mußten vergehen, bis ich dieser Wirklichkeit wieder direkt innewurde.

Selbst jetzt kann ich kaum glauben,was ich über das wirkliche Gegenwärtigsein in mein Tagebuch schrieb: „Wir sehen die buchstäbliche Wahrheit des ‚Nehmt, eßt, dies ist mein Leib...'" Ich war durchdrungen von der ewigen Schwingung der großen religiösen Wahrheiten. Ich schrieb an jenem Morgen: „Wir müssen Jesus, so wie ich es gesehen habe, buchstäblich als die höchstmögliche Verwirklichung persönlicher Existenz betrachten und doch sehen, daß er in keinem dem menschlichen Vorstellungsvermögen zugänglichen Sinn Person ist." Ich hatte den Schritt getan, der vom Verstehen von Symbolen zur Partizipation durch Gesten führt. Diese Erfahrung führte mich zu der Unterscheidung (*The Dramatic Universe,* Band I, Seite 71ff) zwischen Symbolik als Seins-Sprache und Gestik als Willens-Sprache.

Diese Apriltage des Jahres 1944 waren für mich eine ununterbrochene Folge von Ereignissen, die mich ganz in Anspruch nahmen. Ich war mit der J. Arthur Reavell Dozentur der Institution of Chemical Engineers ausgezeichnet worden. Diese Auszeichnung löste bei etlichen Angehörigen der Institution, die lieber einen Fellow der Royal Society an meiner Stelle gesehen hätten, beträchtliche Eifersucht und Kritik aus. Ich hatte meine Vorlesung über *Kohle und die chemische Industrie* in mühevoller Arbeit vorbereitet, und halten sollte ich sie am 18. April, vier Tage nach meinem Tag der Selbstaufgabe. Ich wußte, daß ich eine kritische und sogar feindselige Zuhörerschaft haben würde, doch das berührte mich überhaupt nicht.

Der Präsident, der mich vorstellen sollte, war für seinen Sarkasmus bekannt, und er machte aus seinem Mißvergnügen an meiner Ernennung keinen Hehl. Dennoch war ich so ruhig, daß ich meine Vorlesung ohne die Notizen halten konnte, und allmählich breitete sich ein Gefühl der Wärme im Saal aus. Die Vorlesung war ein Erfolg. Meine These war, daß die britische Kohleindustrie nicht als bloßer Lieferant billiger Energie überleben konnte. Es war vielmehr notwendig, das unerschöpfliche Potential der Kohle für die chemische Industrie (von dem ich ein farbiges, vielleicht etwas zu kühnes Bild zeichnete) in Betracht zu ziehen. Zu dieser Zeit wurde von diesen Ideen wenig Notiz genommen, außer in technischen Zeitschriften, von denen eine sie als „Planskizze eines neuen Zeitalters der Kohle" bezeichnete. Siebzehn Jahre sollten vergehen, bis die Regierung eine Kommission einsetzte, die das von mir umrissene Potential der Kohle untersuchen sollte.

Kurz nach dieser Vorlesung begann ich eine Reihe von öffentlichen Vorträgen über Gurdjieffs System. Ich nannte seinen Namen nicht, und einige der Zuhörer, die wohl glaubten, ich erläuterte dort meine eigenen Ideen, nannten mich den „Neuen Lehrer". Ich beeilte mich, derartige Rollen von mir zu weisen, und dementierte auch, daß die dargestellten Gedanken meine eigenen seien. Dennoch fanden die Vorträge viel Interesse, und viele fragten mich brieflich, ob sie weiter bei mir studieren dürften. Ich sah mich vor die Frage gestellt, was ich tun würde, wenn der Krieg vorbei war. Ich sprach mit meinen ältesten Schülern und Freuden darüber, und wir kamen überein, daß wir eine Art Institut oder Gesellschaft für die Erforschung des Bereichs, in dem das Leben sich mit dem Geist trifft, gründen mußten.

Überall fing man an, sich auf das Ende des Krieges vorzubereiten. Die B.C.U.R.A. konnte nicht in Coombe Springs bleiben, weil hier die Planungsmöglichkeiten eingeschränkt waren. Nach langem Suchen wurde ein großes Grundstück in Leatherhead gekauft, und dann begann die Planung neuer, imposanter Laboratorien. Mir wurde ein privates Direktorlabor angeboten, in dem ich Forschungsvorhaben anleiten konnte, die mich besonders interessierten. Als die Pläne schließlich genehmigt waren und die Bauarbeiten beginnen konnten, fuhr ich mit einer kleinen Gruppe nach Leatherhead, um beim ersten Spatenstich durch meinen lieben Freund Dr. Clarence Seyler, den Nestor der Kohleforschung in England, dabeizusein. Als er von den Hoffnungen sprach, die er in meine Führung der neuen Laboratorien setzte, hatte ich wie schon so oft die Erfahrung, mich von meinem Körper zu trennen und die Szene aus einer anderen Dimension zu betrachten. Ich sah deutlich, daß ich selbst nie nach Leatherhead gehen und daß auch kein Direktorlabor entstehen würde.

Das war freilich ohnedies unschwer vorauszusagen, denn mein Stand bei der B.C.U.R.A. wurde immer unsicherer. Mir wurde offen gesagt, daß ich das Projekt zwar geschickt aufgezogen hatte, aber zu unzuverlässig und dickköpfig sei, um ein guter Verwalter zu sein. Ich hatte mir Feinde geschaffen, und meist durch eigenes Verschulden. Es gab auch einen ernsthaften Konflikt der Überzeugungen bezüglich der Ziele der Kohlenutzungsforschung. Auf kurze Sicht ging es darum, den Markt für Kohle gegen die drohende Umstellung auf Ölfeuerung zu verteidigen. Dazu mußten die Verbrennungsanlagen in der Handhabung, im Wirkungsgrad und hinsichtlich der Rauch- und Geruchsbelastung noch verbessert werden. Auf diesem Gebiet kam unsere Arbeit gut voran, aber wir konnten damit keine neuen Märkte für Kohle schaffen. Im Gegenteil, wenn zwei Tonnen Kohle jetzt die Leistung von drei Tonnen erbrachten, mußte der Verbrauch zurückgehen. Die Erfahrungen nach dem Krieg haben diese Voraussagen voll bestätigt. Ich glaubte damals und glaube heute noch, daß es unerforschte Möglichkeiten gibt, die Kohle als Rohmaterial der chemischen Industrie zu verwenden. Die meisten Kohleproduzenten hielten das für einen unrealisierbaren Wissenschaftlertraum und sahen es nicht gern, wenn Geld dafür ausgegeben wurde.

Die Sache spitzte sich zu durch ein Forschungsvorhaben, das ich schon bald nach Kriegsbeginn eingeleitet hatte; ich wollte herausfinden, wie man sich die Tatsache zunutze machen kann, daß Kohle ein natürlich vorkommendes plastisches Material ist wie Harz. Zu Beginn des Krieges drohte eine Verknappung des Rohmaterials für plastische Erzeugnisse. Ich machte das

Versorgungsministerium darauf aufmerksam, daß wir in unserer Kokskohle einen unbeschränkten Vorrat an plastischem Material besaßen und daß man eine Methode entwickeln könnte, um es direkt zu elektrischen oder sonstigen Teilen zu verarbeiten.

Das Anwendungsverfahren, dem ich auf der Spur war, ist leicht zu beschreiben. Thermoplastische Materialien werden weich, wenn man sie erhitzt, und härten aus, wenn sie abkühlen. Gebrauchsgegenstände werden hergestellt, indem man das heiße Material in Formen preßt, doch bei zu großer Hitze wird der Kunststoff zerstört und härtet nicht mehr aus. Nun wird Kohle beim Erhitzen zwar weich, zerfällt aber gleichzeitig. So entsteht Koks — seine Poren werden durch die Gase gebildet, die beim Erhitzen und Weichwerden entweichen. Mir kam der Gedanke, daß man die Kohle sehr fein vermahlen und dann knapp unterhalb der Temperatur, bei der sie weich wird, in jede gewünschte Form pressen kann.

Ich wurde aufgefordert, Experimente zu machen. Sie erwiesen sich, wie so oft in der Forschung, als sehr vielversprechend, so daß der B.C.U.R.A. ein Entwicklungsauftrag angeboten wurde. Aus den Gründen, die ich schon genannt habe, war der Vorstand der B.C.U.R.A. von diesem Angebot nicht sehr angetan; es lag in seinen Augen zu sehr außerhalb des allgemeinen Programms zur Erforschung der Kohle als Brennstoff. Ich erhielt jedoch die Erlaubnis, mich nach einer unabhängigen Finanzierung des Projekts umzutun. Vier große Industrieunternehmen, angeführt von Imperial Chemical Industries, waren bereit, das Forschungsvorhaben zu unterstützen, das wir „Kohle-Disaggregation“ nannten, weil es dabei, um neue Formen herzustellen, zunächst um eine sehr feine Vermahlung der Kohle ging. Ich unterstellte das Projekt Professor Marcello Pirani, den ich bereits im Zusammenhang mit meiner ersten wissenschaftlichen Arbeit erwähnt habe. Vor dem Krieg war Pirani Chef der Forschungsabteilung der deutschen Osramwerke gewesen und hatte ein Verfahren zur Herstellung sehr widerstandsfähiger Glühfäden entwickelt. Er hatte originelle Ideen, wie man das gleiche Verfahren auf größere Formen anwenden könnte.

Bis Juni 1944 hatte diese Arbeit gute Fortschritte gemacht. Wir hatten einige Patente angemeldet, die aber wegen kriegsbedingter Verzögerungen noch nicht erteilt waren. Man sah diese Arbeit als mein Lieblingskind an, und der Vorstand der B.C.U.R.A. zeigte sich demonstrativ desinteressiert. Ich sah hier eine Möglichkeit, mich unabhängig zu machen.

Alles in meinem Leben befand sich im Fluß. Der Umzug der B.C.U.R.A. nach Leatherhead war beschlossen, und Coombe Springs würde damit freiwerden. Mrs. Hwfa Williams' Anwälte unterbreiteten mir das Angebot, sie mit einer verhältnismäßig geringen Summe abzufinden. Meine öffentlichen Vorträge über das System liefen gut, und sonntags kamen viele Leute nach Coombe Springs, um mit der ursprünglichen Gruppe, die ich zur Hilfe im Garten herangezogen hatte, zusammenzuarbeiten.

Immer noch versuchte ich mehr zu leisten, als ich konnte, und gegen Ende Mai fühlte ich mich sehr krank. Meine Frau und ich fuhren wieder nach

Hurley — diesmal wollten wir einen Monat bleiben. In mir tobte ein Kampf zwischen einem „Selbst", das es nicht ertrug, die Niederlage einzugestehen, das auf Autorität und einer wichtigen Position bestand, und einem anderen „Selbst", das sich an das Erlebnis an der Quelle erinnerte und wußte, daß meine wahre Bestimmung im Aufgeben des äußeren Erfolgs und des Verlangens nach Macht lag. Nach und nach gewann das zweite Selbst die Oberhand. Jedesmal wenn ich mich frei von Verlangen fühlte und bereit war zu sagen: „Dein Wille geschehe", kehrte mein innerer Frieden zurück — doch der Dämon des Eigenwillens war noch längst nicht ausgetrieben. Ich konnte meine Bestimmung annehmen und mußte doch immer wieder versuchen, sie zu ändern. Dieser Kampf machte mich krank.

In dieser Zeit hielt ich meine Zusammenkünfte die Woche über in Park Studios ab, dem Haus von Mrs. Primrose Codrington, die uns großzügig ihr Haus und den einzigartigen Garten für unsere Arbeit zur Verfügung stellte. Bei ihr praktizierten wir auch regelmäßig Gurdjieffs Übungen.

Am 8. Juni, meinem siebenundvierzigsten Geburtstag, wurde ich gewahr, daß sich etwas gewendet hatte. Ich konnte jetzt das Verlangen nach Macht aufgeben und wenigstens versuchen, geduldig zu sein. Das klingt ganz einfach, aber Geduld und Nichthandeln waren mir so fremd, daß ich mich wie in Stücke gerissen fühlte. Anfang Juni wurde mir mitgeteilt, wenn ich bereit wäre, als Direktor der B.C.U.R.A. zurückzutreten, würde ich eine großzügige Abfindung erhalten und könnte, falls ich es wollte, mein Forschungsvorhaben auf dem Gebiet des Kohleplastiks mitnehmen. Meine Frau und ich bereiteten den Auszug aus Coombe Springs vor; weniger als zwei Jahre hatten wir hier gewohnt, und doch empfanden wir es als unser Zuhause. Wir fuhren allein nach Langdale hinauf; die Gruppe sollte eine Woche später nachfolgen. Obgleich meine Frau in ihrem siebzigsten Jahr stand, war sie erstaunlich aktiv und unternahm mit mir lange Spaziergänge durch die Täler. Ich schrieb am letzten Kapitel meines Buches über das System. Das Thema war *Erlösung,* worunter ich die Befreiung des Menschen von den Mächten verstehe, die ihn an seine niedere Natur binden.

Während die Tage vergingen und wir das seltene Glück genossen, miteinander allein zu sein, fielen die Strapazen des vergangenen Jahres von mir ab. Ich war davor bewahrt worden, mich in ein Fahrwasser ziehen zu lassen, in dem ich weder Frieden noch spirituelle Erfüllung gefunden hätte.

Das Seminar in Langdale war für uns alle eine Freude. Wir empfanden es als eine Erlösung, einmal von London weg zu sein, und nicht nur von den Luftangriffen und der durch den Krieg eingeschränkten Bewegungsfreiheit, sondern auch von der gespannten Atmosphäre, von all den Streitereien und Mißverständnissen. Das Band zwischen meinem Bewußtsein und der Gegenwart der Liebe Gottes, das die vergangenen Monate so sehr geschwächt hatten, wurde erneuert. Ich sah einen Hoffnungsschimmer, daß ich weniger egozentrisch und eigenwillig werden könnte. Wie wenig wußte ich von dem, was in den nächsten zehn Jahren geschehen sollte.

Für die Welt schien es finster auszusehen. Stürme des Bösen fegten über sie hin, und die Suche nach spirituellen Werten schien im Leben der Menschen immer weniger eine Rolle zu spielen. Ich verstand meine Arbeit als den Bau einer Arche, in der man vor der unausweichlich erscheinenden Zerstörung Zuflucht suchen konnte.

Am 20. August kehrten wir nach Coombe Springs zurück. Meine Pläne standen fest: ich wollte mich so bald wie möglich von der B.C.U.R.A. trennen, das Institut für psychokinetische Forschung gründen und unsere Rückkehr nach Coombe Springs in die Wege leiten. Eine Überraschung erwartete mich. Ich war vom Direktor eines großen Industrieunternehmens eingeladen worden und erhielt das Angebot, wissenschaftlicher Berater des Aufsichtsrats zu werden — mit einem höheren Gehalt als ich je zuvor bekommen hatte. Ich würde für diese Aufgabe allerdings London verlassen und ihr meine gesamte Zeit und Kraft widmen müssen. Im übrigen sollte ich einen Vertrag für mindestens fünf Jahre unterschreiben. Man ließ durchblicken, daß ich bei erfolgreicher Arbeit Nachfolger des Generaldirektors werden könnte. Die Aussicht, ein „Industriekapitän" zu werden, war natürlich Balsam auf meinen verletzten Stolz. Solch ein Angebot gab mir die Bestätigung, daß ich die B.C.U.R.A. doch richtig geführt hatte.

Ich sprach die Sache mit meiner Frau durch. Sie hörte sich alles an und sagte dann: „Was zögerst Du noch? Was für ein Interesse hast Du an Geld und Position? Denn einen anderen Grund hinzugehen, gibt es doch nicht. Von dem, was Du für Dich selbst willst, erreichst Du da nichts." Ich hätte gar nicht fragen müssen, denn meine eigene Entscheidung war schon gefällt. Es war nicht mein Weg. Ich weiß noch, daß ich meine wirklichen Beweggründe zu finden versuchte. Es stimmte nicht, daß ich kein Interesse an Geld und Position hatte, ich schätzte sie als Beweise des Erfolgs. Ich mochte die Leute, die mir das Angebot gemacht hatten, und ich wußte, daß ich mit ihnen arbeiten konnte. Ich war erst siebenundvierzig, und in zehn Jahren würde ich vielleicht so weit sein, daß ich tun konnte, was ich wollte.

In Wahrheit gab es da gar kein Abwägen des Für und Wider. Ich wußte einfach, daß das nichts für mich war. Ich hatte das Angebot kaum abgelehnt, da kam schon ein neues. Diesmal ging es um die Fortsetzung der Arbeit an der Kohledisaggregation, bei der zwei starke Unternehmensgruppen im Hintergrund standen. Diese Arbeit konnte in London getan werden, und außerdem gelang es mir, einen Vertrag auf Teilzeitbasis auszuhandeln. Auch die übrigen Bedingungen wurden großzügig geregelt, und ich nahm an.

Im Oktober kam es zu einer Einigung mit Mrs. Hwfa Williams' Anwälten, und damit war unsere Rückkehr nach Coombe Springs nach dem Krieg gesichert. Mit der Hilfe einiger Gruppenmitglieder brachten wir die vereinbarte Anzahlung für das Anwesen zusammen. Meine Frau und ich zogen nach Park Studio, wo wir achtzehn Monate lang wohnten. Ein Kapitel war abgeschlossen. Die Erfahrungen der vergangenen zwölf Monate waren sehr unangenehm gewesen. Ich hatte schlimme Fehler gemacht und für sie bezahlt. Am 5. Oktober schrieb ich: „Ich bin jahrelang durch eine Phase der

Läuterung gegangen, und in dieser Zeit ist mir meine ganze Schwäche klargeworden und meine Unfähigkeit, mich selbst oder mein Leben mit eigener Hand zu lenken."

Das Kriegsglück begann sich zu wenden. Ich nahm mir vor, die nächsten eineinhalb Jahre als eine Zeit der Vorbereitung zu betrachten, und ich hoffte, daß es mir gelang, Verpflichtungen aus dem Weg zu gehen, die ich nicht einlösen konnte.

18. Zeichen und Omen

Am Neujahrstag 1945 faßte ich den Vorsatz, eine ehrliche Inventur meines Lebens und seiner Früchte zu machen. Ein Vierteljahrhundert war vergangen, seit Evelyn, meine erste Frau, aus der Türkei nach England heimgereist war, um unsere Tochter zur Welt zu bringen. Von der Zeit an hatte mein Leben eine neue Richtung genommen. Ich lernte die Leute kennen, die mich zu Prinz Sabaheddin, Ouspensky und Gurdjieff und in meine zweite Ehe führten. Die Idee, an mir selbst zu arbeiten, um eine höhere Seinsebene zu erreichen, war in den Jahren seither der rote Faden gewesen, der all die verschiedenartigen Ereignisse verband. Ich hatte nie daran gezweifelt, daß es möglich war, höhere Seinsebenen zu erreichen und daß Gurdjieffs System, wie es von Ouspensky gelehrt wurde, der Schlüssel war. Es war jetzt keine Theorie mehr, die nur meinen Verstand fesselte, sondern eine Überzeugung, die auf meiner eigenen Erfahrung beruhte. Wenn ich micht allerdings fragte, ob ich tatsächlich in Richtung auf mein Ziel des Höheren Seins vorangekommen war, konnte ich dafür keine Bestätigung finden. Sicherlich hatte ich mich in mancher Hinsicht geändert, aber gab es da irgend etwas, das man nicht einfach dem natürlichen Reifungsprozeß eines Mannes zuschreiben konnte, der ein ereignisreiches Leben geführt hatte? Ich schrieb meine Gedanken auf, und wenn ich sie heute lese, dann sehe ich, daß ich überhaupt kein Vertrauen in meine eigenen Fortschritte besaß, aber sicher war, daß meine Frau sich wirklich geändert hatte. In ihrem Fall mochte das auf die fast tödliche Krankheit vor sieben Jahren zurückzuführen sein, auf die Offenbarung der Geheimnisse von Leben und Tod, die ihr dabei zuteilgeworden war.

Der entscheidende Prüfstein für das Sein eines Menschen, davon hatte Ouspensky uns alle überzeugt, ist seine Fähigkeit, sich seiner selbst zu erinnern. Ein Mensch, der schläft, ist eine Maschine, hilfloser Sklave seiner Umgebung. Nur ein Mensch, dessen Bewußtsein von seinem äußeren Tun freibleibt, kann sich mit Recht ein verantwortliches Wesen nennen. An diesem Stein geprüft, war ich nirgendwo. Ich konnte mich meiner selbst noch genauso wenig erinnern wie damals bei meinen ersten Bemühungen in der Zeit, als Ouspensky seine ersten Vorträge in London hielt. Und ich war ebensowenig frei von meiner Umwelt wie die, als deren Lehrer ich mich ausgab.

Irgend etwas war da grundfalsch. Als ich darüber mit meiner Frau sprach, sagte sie: „Du hast Dich stärker verändert, als Du glaubst, aber Du machst immer noch den Fehler, daß Du zuviel von Dir verlangst. Du vertraust Dir nicht, und das ist nicht gut. Vielleicht ist es besser, als in Selbstgefälligkeit zu baden, aber eine Schwäche ist es doch. Warum folgst Du nicht stärker Dir selbst, anstatt Mr. Ouspensky zu imitieren? Du bist nicht wie er und wirst es nie sein, aber Du bist in Ordnung, so wie Du bist, und solltest Dir wegen der Selbsterinnerung nicht soviele Sorgen machen. Du tust gute und nützliche Arbeit, und damit solltest Du zufrieden sein."

Wie üblich wollte ich auf sie nicht hören, sondern mußte mir wieder selbst etwas Neues ausdenken. Ich sagte mir: „Wenn ich mit Gewalt nicht zur Selbsterinnerung komme, dann will ich es mal mit Sanftheit probieren." Ich nahm mir vor, jeden Morgen nach dem Aufwachen eine halbe Stunde in stiller Sammlung zu verbringen. Damit hoffte ich, Geduld zu bekommen.

Kurz nachdem ich damit begonnen hatte, erfuhr ich von einem alten Schüler Ouspenskys, daß Gurdjieff lebte und während des Krieges in Paris gewohnt hatte. Als Mensch war Gurdjieff so sehr aus meinen Gedanken entschwunden, daß mich diese Nachricht wie ein Schock traf. Wie sonderbar, daß ich gerade diesen Mann, dem ich die ganze Ausrichtung meines Lebens verdankte, fast vergessen hatte. Ich beschloß, sofort nach Kriegsende nach Paris zu reisen und ihn zu suchen. Solch ein Gedanke wäre mir vor einem oder zwei Jahren noch ganz fremd gewesen, denn damals war meine ganze Haltung noch von Ouspenskys Forderung bestimmt, keinerlei Kontakt zu Gurdjieff zu unterhalten. Doch seit dem letzten Sommer war die Entfremdung von Ouspensky und seinen Leuten immer deutlicher geworden. In diesem Jahr feierten meine Frau und ich Neujahr mit unserer ganzen Gruppe in Park Studio. Das war ein bedrückendes Zeichen, denn in früheren Jahren hatten wir diesen Tag stets in Lyne Place verbracht. Diesmal waren wir nach zwölf Jahren zum ersten Mal nicht eingeladen worden.

Meine Traurigkeit verging schnell, wie alle unsere Zustände, gute und schlechte, vergehen und vergessen werden. Meine Arbeit war interessant, und ich hatte mehr zu tun, als meine Zeit und Kraft mit zu leisten erlaubten. Aber ich wollte auch das Buch nicht ganz aufgeben, das gerade Gestalt anzunehmen begann. Im Februar verbrachten wir den ersten von mehrern Urlauben in Crowborough, Sussex. Es war eine Zeit wundervoller Harmonie, und wir waren selten so glücklich miteinander gewesen. Wenn ich vom Schreiben Pause machte, wanderten wir in der strahlenden Februarsonne durch den Wald von Ashdown. Meine pessimistische Stimmung war vergessen, und ich schrieb in mein Tagebuch: „Ich frage mich, ob ich jemals auch nur ein Zehntel von dem Glück zurückzahlen kann, das ich bekommen habe! Ich spüre oft eine große Schuld gegenüber der Welt. So viel Gutes ist mir geschehen, und ich habe so wenig damit angefangen. Ich bete darum, mich in Zukunft als würdiger zu erweisen."

Die ersten sechs Monate des Jahres 1945 waren eine Zeit stetiger Fortschritte in der Kohleforschung. Wir entdeckten, daß wir einen neuen Aggregatzustand von Kohlenstoff produzieren konnten, der viele wertvolle Eigenschaften besaß. Eine Zeitlang war ich Mitinhaber von über fünfzig britischen und ausländischen Patenten. Das neue Material erhielt den Namen *Delanium,* um anzudeuten, daß es sich in mancher Hinsicht wie Metall verhielt. Industrieunternehmen, die nicht im Ruf standen, besonders forschungsfreudig zu sein, hatten es damals schwer, erstklassige Wissenschaftler zu bekommen. Ich konnte mit unorthodoxen Methoden ein paar junge Männer von außergewöhnlicher Originalität gewinnen und baute ein Team auf, von dem ich mir Großes erwartete.

Mit ebenso großem Erfolg gewann ich Menschen für das Studium des Systems. Im Frühjahr hielt ich eine neue Reihe öffentlicher Vorträge über Gurdjieffs System, und die Zuhörerschaft war größer und interessanter als je zuvor. Mehrere Amerikaner schlossen sich unserer Gruppe an. Manche von ihnen gingen in die Vereinigten Staaten zurück, und ich gab ihnen Empfehlungsschreiben an Ouspensky mit. Sie müssen ihm sehr entstellende Berichte über das gegeben haben, was ich in London tat. Erst viel später erfuhr ich, daß sie angenommen hatten, ich hätte meine Vorträge von Ouspenskys Vorkriegsvorträgen abgeschrieben.

Was auch immer der unmittelbare Anlaß gewesen sein mag, jedenfalls lief das Faß von Ouspenskys Mißtrauen und Mißbilligung schließlich über. Das erste Anzeichen kam in der Form eines Briefes seines Londoner Anwalts, in dem ich zur „Rückgabe sämtlicher Materialien von Mr. Ouspensky, einschließlich der Vorträge“ aufgefordert wurde. Als nächstes hörte ich, daß er einen Brief nach Lyne geschickt hatte, in dem er alle seine Schüler aufforderte, jede Beziehung zu mir abzubrechen und unter keinen Umständen jemals wieder in Kontakt mit mir zu treten.

Damals lebten wir noch in Park Studio, und nebenan wohnten George Cornelius und seine Frau Mary. Er war ein Amerikaner aus dem Mittelwesten, der im Büro des Marineattachés arbeitete. Er hatte mehrere Marineoffiziere zu meinen Zusammenkünften gebracht, und er und seine Frau waren gute Freunde von uns geworden. Eines Tages zeigte er mir voller Entrüstung den Brief eines kürzlich in die USA zurückgekehrten Marinekommandeurs, der ihm darin schrieb, er sei das Opfer eines Scharlatans geworden. Er teilte Cornelius mit, ich habe Ouspenskys Vorträge gestohlen und gebe sie jetzt als meine eigenen aus. Er riet ihm, sich schnellstens von mir zu trennen, da er sonst nicht mehr hoffen könne, von Ouspensky als Schüler angenommen zu werden.

Das war für mich ein bitterer Tag. Ich hatte Gurdjieff und das Prieuré verlassen, um Ouspensky zu folgen, und so viele Jahre lang hatte ich mich bemüht, mich seiner Disziplin zu fügen. Ich wußte ganz gut, daß ich eigenwillig war und nicht gehorcht hatte, als er mir das Schreiben verbot. Aber beim Schreiben ging es mir ja gerade darum, eigene Ideen auszudrücken und keine geborgten. Ich hatte Ouspensky stets als einen Mann von großer Weisheit betrachtet und konnte mir kaum vorstellen, daß er auf dümmlichen Tratsch hörte. Ich suchte nach einem höheren Motiv für sein Handeln, konnte aber keines finden.

Ich war entschlossen, mich nicht zu rechtfertigen oder auch nur zu erklären, was ich getan hatte. Wenn Ouspensky so handelte, um mich auf die Probe zu stellen, war Rechtfertigung gegenstandslos, und wenn er nur argwöhnisch und verärgert war, dann wäre ein Versuch, die Sache brieflich richtigzustellen, reine Zeitverschwendung. Heute erkenne ich in dieser Argumentation auch ein starkes Element des Selbstmitleids, als hätte ich sagen wollen: „Sollen sich alle Freunde von mir abwenden, sollen sie mich nur alle mißverstehen und mißdeuten, ich werde es still erdulden."

Immerhin war das Leiden selbst durchaus echt. Es gefiel mir überhaupt nicht, jahrelangen Freunden zu begegnen und zu sehen, wie sie sich ostentativ oder verlegen abwendeten. Es machte mir auch keinen Spaß, meiner Gruppe einen Brief zu verlesen, in dem ich als Scharlatan und Dieb hingestellt wurde. Ich sagte, jeder müsse seine Entscheidung selber treffen. Sie konnten bei mir bleiben in dem Wissen, daß ich ganz allein, ohne Führer und Lehrer dastand, oder sie konnten sich Ouspenskys Gruppe anschließen und mich nie wiedersehen. Ihre Reaktion war sehr tröstlich, denn fast alle sprachen mir ihr Vertrauen aus.

Ich versuchte klarzumachen, daß sie ihre Entscheidung nicht auf Vertrauen in mich oder auf mangelndes Vertrauen in Ouspensky gründen sollten, sondern einzig und allein auf ihr eigenes Verständnis von den Prinzipien der Arbeit. Um sie nicht zu beeinflussen, nannte ich die Gründe meines Ungehorsams gegenüber Ouspensky nicht. Für mich waren sie ganz klar: Ich hatte mich zwischen einer statischen und einer dynamischen Haltung gegenüber dem spirituellen Leben, zwischen Konformität und Kreativität zu entscheiden. Und so sehr ich mir selbst und meinen Motiven auch mißtraute, war ich doch sicher, daß es besser war, alles zu riskieren, als nichts zu tun.

Ich erwartete einen großen Aufruhr und viel Gewissenserforschung. Die tatsächliche Reaktion fiel ganz anders aus. Sie konnten nicht verstehen, wie ernst und schmerzhaft für mich die Beendigung einer Schüler-Lehrer-Beziehung war, die dreiundzwanzig Jahre gedauert hatte. Wenige hatten Ouspensky überhaupt gesehen, und noch kleiner war die Zahl derer, die seinen Gruppen angehört hatten. Die plötzliche Einsicht, daß all diese Menschen in Zukunft von mir abhängig sein würden, war wie ein Schock. Ich unternahm es, das spirituelle Leben von über hundert Männern und Frauen zu lenken — und ich war meiner selbst so quälend ungewiß.

Trotz meiner vielen außergewöhnlichen Erfahrungen, fühlte ich mich in spirituellen Dingen noch wie ein Kind. Ich erinnerte mich, wie Ouspensky in Lyne in der Nacht meiner Selbst-Entdeckung gesagt hatte: „Sie sind wie Madame. Sie beide haben junge Seelen. Sie haben nicht die Erfahrung vieler Leben auf dieser Erde." Er sprach damit seine Theorie der Ewigen Wiederkehr an, die viele seiner Schüler als buchstäblich wahr annahmen. Ich war da nicht so sicher, obgleich auch ich glaubte, daß die Theorie ein wichtiges Wahrheitselement enthielt. Meine Frau akzeptierte sie als beste Möglichkeit, ihre Überzeugung zu erklären, daß sie sich in einer früheren Existenz selbst das Leben genommen hatte. Da Ouspensky von sich dasselbe glaubte, mußte wohl doch etwas dran sein an dieser so oft beschriebenen Erfahrung, „schon einmal hier gewesen" zu sein.

Eine große Stärke von Ouspenskys Theorie der Ewigen Wiederkehr besteht darin, daß sie viele der offenkundigen Absurditäten der populären Reinkarnationslehre vermeidet. Soweit ich es beurteilen konnte, bezieht die Erfahrung, „schon einmal hier gewesen" zu sein, sich nicht auf ein anderes Leben zu einer anderen Zeit und an einem anderen Ort. Zudem übersehen die Reinkarnationslehren gern den Einfluß der Vererbung auf die Bestimmung des einzelnen. Mir jedenfalls war klar, daß Eltern und Kinder durch ein Band miteinander verknüpft sind, das organisch und daher den Naturgesetzen unterworfen ist. Es ist unter dem Gesichtspunkt „früherer Leben" nicht zu erklären.

Ich selbst glaubte damals an eine Vertiefung und Reifung der Erfahrung, die sich außerhalb der Zeit, also außerhalb von „früher und später" vollzieht. Ein paar Jahre später kam ich durch meine geometrischen und physikalischen Studien darauf, meinen Begriff der höheren Dimensionen um eine dritte Art von Zeit zu erweitern, die ich *Hyparxis* nannte. Diese Dimension ist mit jener Tiefe und Qualität des Seins verbunden, die ich „Fähigkeit zu sein" genannt habe.

Reife ist eine Qualität, die man kaum mit Worten beschreiben kann. Wir werden uns ihrer in der griechischen Tragödie und bei den größten Dichtern bewußt. Shakespeare legt es Edgar in König Lear in den Mund:

> *Dulden muß der Mensch sein Scheiden aus der Welt wie seine Ankunft: Reif sein ist alles. Kommt!*
> Gloster: *Wohl ist dies wahr.*

Jetzt stand ich vor der Wirklichkeit. Keine Theorie konnte mir helfen die Verantwortung zu tragen, die ich auf mich genommen hatte. Mir war der Unterschied zwischen Erfahrung und Reife bewußt. Der von Bosheit, Blindheit und Wahnsinn umgebene Edgar ist trotz seiner Jugend die einzige reife Seele in dieser Tragödie, und er hat auch das letzte Wort. Gurdjieffs Worte wurden wieder laut, die er mir 1923 am Prieuré gesagt hatte: „Sie wissen schon zuviel, aber ohne Sein ist Ihr Wissen nutzlos." Ich war achtundvierzig, und nach der Vision auf dem Friedhof von Skutari würde ich meiner wahren Bestimmung erst mit sechzig begegnen, und dann wäre das erst der Anfang.

Wahre Bestimmung oder nicht, es gab kein Zurück mehr; während des Sommers 1945 erreichte die Arbeit in Park Studio ihre größte Intensität. Wir arbeiteten regelmäßig in Primrose Codringtons Garten. Um uns her überall die verwahrlosten Gärten zerbombter Häuser. Wir kauften Hühner und bauten Gemüse an. Häufige Zusammenkünfte und harte Arbeit erzeugten vor dem Hintergrund des Friedens, der mit dem Ende des deutschen Krieges über London kam, ein Gefühl von wiedererwachenden Kräften und die Hoffnung auf ein neues Leben, in dem die Arbeit wachsen und gedeihen konnte. Doch obwohl sich äußerlich alles gut entwickelte, war ich insgeheim ängstlich und unsicher und fragte mich, wohin ich wohl geführt wurde.

Ende Juli fuhr ich mit fünfunddreißig Leuten zum dritten und letzten Mal nach Langdale. Der Krieg mit Deutschland war zwar vorbei, aber die Japaner schienen entschlossen, bis zum bitteren Ende zu kämpfen. Ein Mitglied der Gruppe hatte der Potsdamer Konferenz beigewohnt und kam mit düsteren Voraussagen über Rußland zurück, die alles zu bestätigen schienen, was Ouspensky prophezeit hatte. Wir hatten alle Brücken zu Stalin abgebrochen, und die Hoffnung auf eine friedliche Zusammenarbeit nach dem Krieg löste sich in Luft auf.

An unserem vierten Tag in Langdale kam die Nachricht vom Atombombenabwurf auf Hiroshima. Ich war zutiefst erschüttert. Ich wußte wohl von den Versuchen, eine Atombombe zu bauen, hatte mich aber immer geweigert zu glauben, daß das praktisch möglich sei. Ich hatte in einem öffentlichen Vortrag über die Zukunft der Kohle sogar behauptet, die Kernspaltung sei so schwer dingfest zu machen wie eine Nadel in einer Million Heuhaufen. Vielleicht war ich unfähig, an die Möglichkeit zu glauben, weil ich einfach das Zukunftsbild nicht wahrhaben wollte, das sie implizierte.

Jetzt war diese Zukunft da. Die ungeheuren Konsequenzen waren mir sofort klar, als ich morgens im Radio den Bericht hörte. Es war das Totengeläut der Epoche, in der die Menschheit zweitausendfünfhundert Jahre gelebt hatte — der Epoche der Vernunft und des Vertrauens in die Weisheit des Menschen. Von nun an würde der Wahnsinn das Geschick der Menschheit lenken. Er war da, ich sah ihn, und ich konnte einfach nicht glauben, daß es kein Heilmittel, keinen Ausweg geben sollte.

Während ich über diese Dinge nachdenkend durch Farn und Heidekraut ging, begann ich die Bedeutung unserer Arbeit in neuem Licht zu sehen. Sie mußte Vorläufer eines Geschehens auf der Welt sein, das den entsetzlichen Konsequenzen der Atombombe entgegenwirkte. Ich sprach davon zu der versammelten Gruppe und führte sie Schritt für Schritt durch die Ereignisse des Jahrhunderts. Ich sagte, meiner Überzeugung nach werde sich in zehn oder zwölf Jahren — jedenfalls in den fünfziger Jahren — eine äußere Manifestation der Arbeit zeigen, von der wir bisher nur einen kleinen Ausschnitt gesehen hatten. Unsere Aufgabe war die Vorbereitung. Bisher war unsere Lehre im Verborgenen geblieben und nur wenigen bekannt. Die Zeit werde kommen, wo sie an die Öffentlichkeit getragen und eine große Gefolgschaft finden würde. Und wenn diese Zeit anbrach, würden vor allem Leute gebraucht, die andere unterweisen konnten. Unser unmittelbares Ziel sollte es sein, Erfahrung in der Leitung von Gruppenarbeit zu gewinnen, und ich äußerte die Hoffnung, daß sich viele diesem Ziel widmeten, wenn wir nach London zurückkehrten.

Die Zeit in Langdale war nicht so düster, wie man nach dieser Beschreibung vermuten könnte. Es war unser erster Landaufenthalt nach dem Krieg. Vieles war noch rationiert. Fleisch konnte man in den Städten fast nicht bekommen, aber auf abgelegenen Höfen war die Rationierung schon Gesetz von Gestern. George Cornelius, der seinen Ruf im Büro des Marineattachés hauptsächlich seiner unübertroffenen Geschicklichkeit verdankte, alles Nötige herbeizuschaffen, brachte es fertig, uns ein ganzes Lamm zu kaufen. An einem jener selten schönen Tage, mit denen das Seenland uns in seinen

Dunst zu locken versteht, feierten wir inmitten der Hügel ein ausgelassenes Grillfest. Es war das Ende des Krieges, das Ende des alten Regimes und wir alle sahen mit Zuversicht dem Ankauf von Coombe Springs und dem Beginn eines neuen Zeitalters entgegen.

So drehten sich unsere unmittelbaren Pläne zwar einerseits um Coombe Springs, doch spürte ich jetzt auch wieder den starken Zug, den der Osten auf mich ausübte. Ohne recht zu wissen, warum, ging ich zur School of Oriental Studies und erkundigte mich nach Tibetischunterricht. Ich lernte Mr. Wu, einen chinesischen Gelehrten kennen, der viele Jahre in Tibet gelebt hatte. Er interessierte sich für osmanisches Türkisch. Wir trafen ein denkwürdiges Abkommen. Ich würde einmal die Woche am Tibetischunterricht in der Schule teilnehmen und ihm dafür private Türkischlektionen erteilen. Ein Engländer, der einem Chinesen Türkisch beibrachte und dafür Tibetisch von ihm lernte, das war schon eine ungewöhnliche Kombination.

Meine Frau wollte mitmachen, und wir begannen am 9. Oktober mit der Arbeit. Ich weiß auch jetzt noch nicht, weshalb ich Tibetisch lernen wollte. Die gesprochene Sprache ist leicht zu lernen, aber die literarischen Formen sind sagenhaft kompliziert. Fünfzehn Jahre sind seitdem vergangen, und ich hatte erst zweimal Gelegenheit, meine Grundkenntnisse dieser Sprache anzuwenden.

Wir begannen das Neue Jahr voller Hoffnung und zu allem bereit. Im großen und ganzen hatten sich unsere Hoffnungen erfüllt. Ich bekam ein sehr gutes Gehalt als Direktor des Kohleplastikunternehmens. Die B.C.U.R.A. war nach Leatherhead umgezogen. Der Vertrag für Coombe Springs war unterzeichnet und das Geld beschafft. Wir waren mit dem Aufbau unseres neuen Instituts beschäftigt. Viele Namen wurden vorgeschlagen. Am Ende sprach ich mich für einen Namen aus, der möglichst nichtssagend sein sollte und zudem so kompliziert, daß ihn bald keiner mehr gebrauchte. Das Institut, daran wollte ich erinnern, war nur die äußere Form; womit wir sie füllten, würde einzig und allein von den Studiengruppen abhängen. Der Name, der schließlich beschlossen wurde, *The Institute for the Comparative Study of History, Philosophy and Sciences, Limited,* erfüllte unsere ungewöhnlichen Anforderungen voll und ganz.

Die Rückkehr nach Coombe Springs setzten wir auf den 6. Juni fest. Ich wollte an meinem neunundvierzigsten Geburtstag schon dort sein. Wir mußten die ersten Mitglieder auswählen, die fest dort wohnen sollten. Viele aus der Gruppe wären gern gekommen, aber meine Frau wollte möglichst Ehepaare haben. Außer uns wurden vier weitere Paare ausgewählt, vielmehr wählten sich selbst aus. Einer der Männer entschied sich noch anders, doch seine Frau entschloß sich im letzten Moment zu kommen. Die erste Gruppe, die in Coombe Springs leben würde, bestand aus zwölf Mitgliedern. Da etliche von uns in Park Studio oder in der Nähe wohnten, wurde der Auszug am 6. Juni ein wahrer Exodus. Miss Kate Woodward, die einer der Stützpfeiler von Coombe Springs werden sollte, kam mit Auto und einem Anhänger; wir beluden ihn mit Hühnerhaus samt Hühnern, die in der Obhut von

Elizabeth Mayall und George Cornelius standen. Die Hennen wollten während der Fahrt unbedingt weiterlegen, und so war der Anhänger bei der Ankunft voller gelber Farbklekse. Es war für uns alle ein elektrisierender Tag; zum ersten Mal hatten wir Platz für uns allein, der ausschließlich dazu dasein sollte, ein Zentrum für spirituelle Studien zu schaffen.

In Erinnerung an das Prieuré versuchte ich voller Eifer, die Gruppe zu immer größeren Anstrengungen — mentalen, physischen und emotionalen — anzufeuern. Am ersten Abend, wir waren alle müde vom Umzug, fing ich an, die Wände zu streichen, und alle machten mit bis Mitternacht. Das war an einem Donnerstag, und ich kündigte für Samstag, den 8., eine Geburtstagsfeier an. Wir luden die ganze alte Gruppe ein, und etwa vierzig kamen mit ihren Kindern. Mary Cornelius, die die Essenszubereitung übernommen hatte, zeigte sich überfordert, und da wir keine Bediensteten hatten, halfen alle bei der Arbeit mit. Wir schwelgten in dem erregenden Gefühl eines neuen Lebens. Bei den Mahlzeiten sollte fortan nicht mehr gesprochen werden. Der Tag begann mit einem Gang zum Quellenhaus und einem Sprung ins eisige Wasser.

Meine Mutter wohnte mit meiner einzigen Schwester, Mrs. Winifred Udale, ganz in der Nähe. Ihr ganzes Leben lang war sie aktiv gewesen, doch jetzt war sie bettlägerig, da sie im vergangenen Jahr einen Gehirnschlag erlitten hatte. In Coombe Springs konnte ich ihr ein Heim bieten, und sie blieb, abgesehen von kurzen Therapieaufenthalten in einem Pflegeheim und Besuchen bei ihrer Tochter, bis zum Ende ihres Lebens bei mir. Olga de Nottbeck, eines der ersten Mitglieder unserer Gruppe, pflegte sie während ihrer letzten Krankheit.

Im August hielten wir das erste Seminar im Coombe Springs ab. Als Thema der Studien hatte ich *Sein und Bewußtsein* gewählt. Etwa vierzig Leute kamen, und wir arbeiteten in der sengenden Hitze des Sommers 1946 vom Morgen bis in die Nacht. Wir rissen ein Laboratorium ab, das auf dem alten Tennisplatz gebaut worden war. Jeden Tag rackerten wir stundenlang in dichten Staubwolken, die einem schier den Atem nahmen. Das war für viele die erste Begegnung mit extremer körperlicher Anstrengung. Jeden Abend trafen wir uns zu langen Gesprächen über unser Thema *Sein und Bewußtsein.* Einige der Teilnehmer erlebten durch die extreme körperliche Verausgabung Anflüge eines Durchbruchs in einen anderen Bewußtseinszustand. Einige bekamen Angst und waren nicht bereit, bis zum Durchbruch weiterzukämpfen. Das Ganze wurde verstärkt durch zwei Tage Fasten, während derer die körperliche und geistige Arbeit mit unverminderter Intensität weiterging.

An alledem war nichts Neues, denn ich kopierte nur, was ich 1923 unter einem anderen sengenden Himmel am Prieuré gesehen hatte. Für die Schüler waren diese Erfahrungen so neu und erstaunlich, wie sie vor dreiundzwanzig Jahren für mich gewesen waren. Wäre ich nicht selbst schon hindurchgegangen, ich hätte nicht gewagt anderen solche Strapazen zuzumuten.

Das Seminar zeitigte eine unerwartete positive Wirkung dadurch, daß es eine enge Verbindung zwischen den Bewohnern von Coombe Springs und den anderen schmiedete, die nur zu den wöchentlichen Gruppentreffen kamen. Es bestand die Gefahr, daß unsere kleine Gemeinschaft den Kontakt zur Welt verlieren würde. Das Leben hier war so anspruchsvoll, daß es kaum mehr Raum für auswärtige Interessen gab. Von Juni bis September 1946 verließ keine der in Coombe Springs lebenden Frauen das Grundstück außer der einen, die zum Einkaufen ging. Der Tag begann um sechs — die Ziegen wurden gemolken, die Hühner gefüttert, und dann wurde Frühstück gemacht. Wir blieben oft bis Mitternacht auf und beendeten den Tag wie am Prieuré mit Gurdjieffs rhythmischen Übungen. Die harte körperliche Arbeit war nur ein Element in dieser Atmosphäre des äußersten Gefordertseins. Meine Frau und ich versuchten Umstände zu schaffen, die Selbsterinnerung und Selbsterforschung begünstigten. Dazu gehörte oft auch die Bloßstellung von Schwächen in einer Form, die unter anderen Umständen zu offenem Widerstand geführt hätte. Die ungeheuerlichsten Angriffe wurden als notwendige Voraussetzung der Selbsterforschung akzeptiert, und niemand beklagte sich. Wie ich später erfuhr, empfanden die inzwischen etwa zwanzig Mitglieder der Hausgemeinschaft ihre Mängel so stark, daß sie sich vor nichts so sehr fürchteten, als weggeschickt zu werden.

Ich selbst empfand, daß körperliche Anstrengung und emotionaler Streß nicht ausreichten. Ich suchte nach einer Methode, einen dauerhaften Zustand geistiger Wachheit zu erzeugen. So nahm ich mir im September 1946 vor, jeden Tag ein Thema zu stellen, auf das die innere Arbeit zu konzentrieren war. Wir erfanden dafür den Namen „Tagesthemen". Tausend Tage lang wollte ich nun jeden Tag ein neues Thema formulieren. Früh am Morgen wurde es ausgegeben, und dann riefen die übrigen Mitglieder von außerhalb an, um es zu erfahren. Es ging darum, die Aufmerksamkeit auf dieses Thema zu sammeln, um müßige Tagträume und das Abschweifen der Gedanken zu verhindern. Ich behielt diese Gepflogenheit durch all die niederschmetternden Erfahrungen, die uns erwarteten, bis zum Ende der tausend Tage am 16. Mai 1949 bei. Ich weiß nicht, ob diese Anstrengung sich gelohnt hat. Für mich bedeutete sie strenge Selbstdisziplin und für die anderen eine Stütze ihrer Zielstrebigkeit und Entschlossenheit. Solche Praktiken haben jedoch auch eine Kehrseite, die man nicht übersehen darf. Sie degenerieren leicht zu etwas, das Gurdjieff „arbeiten, um die Arbeit zu umgehen" nannte; man unterzieht sich relativ leichten Anstrengungen und verheimlicht damit vor sich selbst, daß man sich vor dem eigentlichen Opfer drückt. Das ist im religiösen Leben und bei der Suche nach spirituellen Werten eine schlimme Fallgrube. Schlimmstenfalls führt es zu einem Pharisäertum, das sagt: „Gottlob bin ich nicht wie andere Menschen", und bestenfalls ist es immer noch ein gefährlicher Selbstbetrug. Ich habe vielversprechende spirituelle Bewegungen abtreiben und schließlich stagnieren sehen, weil sie in regelmäßig geübten Praktiken wie Gebet, Meditation, Fasten und Selbstkritik oder in ihrer Wohltätigkeit erstarrten. All das kann leicht zu einer Nebelwand werden, die das eigentliche Ziel den Blicken entzieht: den tiefsitzenden Egoismus und die Eigenliebe, denen man mit keiner Anstrengung beikommt.

Deshalb zweifle ich daran, ob ich mir selbst oder anderen durch die verschiedenen spirituellen Übungen einen Gefallen getan habe. Sie sollen zwar der Hebel sein, mit dem unser Verlangen nach Selbstvervollkommnung seine Kraft wirksam werden läßt, doch können sie auch leicht zum Selbstzweck verkommen.

Das spirituelle Leben ist viel schwerer als das materielle, denn im letzteren kann Eigenliebe ein mächtiger Verbündeter sein. Das sah ich sehr deutlich bei meiner Kohleforschungsarbeit, wo der Wunsch, gut über mich selbst denken zu können, der Antrieb meines Strebens nach Erfolg war. Ich war nach wie vor mit vielen wissenschaftlichen Tätigkeiten befaßt und interessierte mich weiterhin für den parlamentarischen Wissenschaftsausschuß, dessen ehrenamtlicher Schatzmeister ich noch war. Im Dezember veröffentlichten wir einen Bericht mit dem Titel *Universitäten und der Zuwachs wissenschaftlicher Arbeitskraft.* Wenn ich diesen Bericht heute, nach vierzehn Jahren, wieder lese, bestätigt sich mir der Wert der Zusammenarbeit zwischen Wissenschaftlern und Parlamentariern, wie sie von unserem Ausschuß gefördert wurde. Unser Vorschlag, jährlich 10 Millionen Pfund zusätzlich für höhere wissenschaftliche Ausbildung auszugeben, wurde von vielen als Größenwahn erachtet. Heute werden über 43 Millionen Pfund als nicht ausreichend kritisiert. Wir leben in einer Zeit, wo es selten falsch ist, für die Probleme der Zukunft in großem Maßstab vorzusorgen.

Ich fühlte, daß ich dem Ausschuß nicht mehr lange von Nutzen sein würde, und ich wollte mich gern mehr der Arbeit unseres Instituts widmen. 1948 legte ich die Mitgliedschaft nieder.

Unser Leben in Coombe Springs war vielfältig und farbig. Ich schrieb ein Stück über den Brand der Kathedrale von Chartres im Jahr 1187 und den anschließenden Wiederaufbau durch einen ungeheuren Kraftakt der ganzen Gegend. Wir probten das Stück im Herbst und führten es am Neujahrstag in Coombe Springs auf. Ich versuchte darin die Kraft darzustellen, die über eine Gemeinschaft von Menschen kommt, wenn sie sich ohne alles persönliche Gewinnstreben unter einem gemeinsamen Ziel zusammenschließt. Während ich schrieb, kam mir die Überzeugung, daß die Jungfrau Maria mit Beginn des zweiten Jahrtausends christlicher Zeitrechnung begonnen hatte, das Geschick der Menschheit zu beeinflussen. Ich versuchte etwas von der Liebe zu vermitteln, die beim Wiederaufbau von Chartres zwischen den Menschen und der Heiligen Jungfrau gewachsen war.

Meine Mutter hatte sich das Stück von ihrem Rollstuhl aus angesehen und genoß ihren seit Monaten ersten Abend in Gesellschaft. In der folgenden Woche erlitt sie einen weiteren Schlag, nach dem sie vollkommen gelähmt blieb. Sie konnte kaum sprechen, machte uns aber klar, daß ihre Hilflosigkeit ihr zuwider war, und sie gern sterben wollte. Meine Frau verstand ihren inneren Zustand wohl besser als jeder andere und besuchte sie oft in ihrem

Zimmer, um sie zu trösten. Sie waren eher Schwestern als Mutter und Schwiegertochter. Mutter fragte sie: „Polly, dauert es noch lange?" und sie antwortete: „Nicht mehr sehr lange."

Als das Leben meiner Mutter sich dem Ende zuneigte, zeigte sie zum ersten Mal Interesse für meine spirituelle Suche. Ich hatte nie verstehen können, weshalb mein weltlicher Erfolg ihr so wichtig und mein inneres Leben ihr so unwichtig gewesen war. Ouspensky, dem sie in den zwanziger Jahren ein- oder zweimal begegnet war, hatte sie nicht gemocht, und sie nannte ihn immer „dein Koupensky". Ihr Hauptinteresse hatte neben ihren Kindern stets ihren historischen und biographischen Büchern gegolten, und sie besaß diese New-England-Intellektualität der 1890er Jahre, der in den 1940ern so seltsam deplaziert wirkte. Sie war eine Frau von unbeugsamem Mut und Engagement, aufrecht und unerbittlich gegenüber allem Unechten und Geheuchelten. Obgleich sie alles dem Wohl ihrer drei Kinder opferte und uns innig liebte, mied sie alle äußeren Liebesbezeigungen wie die Pest. Es war für mich schwer, die Barriere ihrer intellektuellen Pose zu durchbrechen.

Als sie mich das erste Mal bat zu erklären, was ich unter Ewigkeit verstand und was ich über den Tod und die Seele dachte, war ich erstaunt und tief bewegt. Ich gab mir Mühe, mich einfach auszudrücken und sie sehen zu machen, daß das Band zwischen ihr und meinem Vater und uns drei Kindern niemals zerreißen konnte. Wenn ihr Geist abirrte, hielt sie mich für meinen Vater, den sie nie zu lieben aufgehört hatte, obgleich er schon dreißig Jahre tot war.

Sie starb im Gartenhaus von Coombe Springs. Ich war eine halbe Stunde vorher noch bei ihr gewesen und dann zu einem Spaziergang aufgebrochen. Als ich zurückkam, atmete sie schon nicht mehr. Ich saß lange an ihrer Seite und wurde mir zum ersten Mal in meinem Leben einer Art mystischer Teilnahme an der Verfassung eines toten Menschen bewußt. Ich spürte ihre Bestürzung und Verwirrung, und da ergriff mich eine herzzerreißende Traurigkeit, die nichts mit mir selbst oder mit Vergangenheit und Zukunft zu tun hatte. Es war ihre eigene Traurigkeit angesichts der Erkenntnis, die sie jetzt überkam, daß sie ihr Vertrauen in die falschen Dinge gesetzt hatte und noch einmal ganz von vorn lernen mußte, gemäß ihrer wahren Bestimmung zu leben.

Plötzlich verflog diese Stimmung, und ich spürte, daß ich den Kontakt mir ihr verloren hatte. Die Traurigkeit verschwand und friedvolle Stille trat ein. Erst zwei Jahre danach kam ich dem Verstehen dieser Erfahrung einen Schritt näher.

Im Rückblick über die Jahre seitdem verbindet sich der Tod meiner Mutter für mich mit dem Beginn eines Wandels in mir selbst, der einige Monate später zu einer Erfahrung führte, die so überwältigend war, daß sie meinem ganzen Leben eine neue Richtung gab.

Anfang 1947 führte ich die Praxis der Morgenmeditation ein; Jeder Bewohner von Coombe und jeder Besucher durfte daran teilnehmen. Ich weihte auch einige Mitglieder der Gruppe in die Praxis des Wiederholens ein, wie ich sie von Ouspensky gelernt hatte. Wir arbeiteten auch regelmäßig an Gurdjieffs rhythmischen Bewegungen und rituellen Tänzen. Das Leben in Coombe bekam immer mehr Fülle und Formen, doch einige der ursprünglichen Mitglieder der Gemeinschaft begannen die Strapazen zu spüren. Unsere Gruppen fanden immer mehr Interesse, und zu den Treffen, die ich im Frühjahr 1947 regelmäßig in London abhielt, kamen Männer und Frauen, die die Ideen und Methoden von Gurdjieffs System sehr ernst zu nehmen begannen.

Inzwischen hatte ich mit meinem Verlag einen Vertrag für *The Foundations of Natural Philosophy* abgeschlossen, das später der erste Band von *The Dramatic Universe* wurde. Ich dachte, es sei jetzt reif für die Veröffentlichung, aber jeder Versuch einer endgültigen Überarbeitung offenbarte mir so schwerwiegende Mängel, daß ich es immer wieder umschreiben mußte. Ich zeigte den Leuten im Verlag die Abschriften meiner Vorträge über *The Crisis in Human Affairs,* und sie stimmten mir zu, daß man die zuerst veröffentlichen sollte. Miss Rina Hands, die die Abschriften besorgt hatte, übernahm auch die Redaktion. Als das Buch später wegen seiner Klarheit gerühmt wurde, sah ich darin eher Rina Hands' Verdienst alls mein eigenes. Es war ein Wagnis, der Publikation zuzustimmen, dann damit erschien zum ersten Mal eine Darstellung einiger der Hauptzüge von Gurdjieffs System. Es war auch die erste Publikation über meinen Begriff der Ewigkeit als Domäne der Potentialität für den materiellen und spirituellen Bereich. Noch treffender wäre es zu sagen, daß wir durch ein Verstehen der Ewigkeit erkennen können, daß Geist und Materie sich nur in ihrer Bewußtseinsform unterscheiden.

Ich selbst war während des Sommers 1947 in einer eigenartigen Lage. Delanium, das neue Kohlenstoffmaterial, das wir in unseren Forschungslabors entwickelten, war sehr vielversprechend. Der Aufsichtsrat unserer Muttergesellschaft beschloß die kommerzielle Produktion sehr bald aufzunehmen, und zu diesem Zweck wurde eine Fabrik in Hayes gekauft. Coombe Springs florierte. Zu meinen Vorträgen kamen mehr Menschen als je zuvor. Ich freute mich sehr, daß meine Frau in Coombe ein weites Betätigungsfeld für ihre Fähigkeiten gefunden hatte, Menschen zu erwecken und zu inspirieren. Sie hatte den jungen frankokanadischen Arzt Bernard Courtenay-Mayers unter ihre Fittiche genommen, der sich heldenhaft an der französischen Résistance beteiligt hatte, dann aber dem Grauen des Konzentrationslagers und anderen entsetzlichen Erlebnissen nur mit zerrütteten Nerven entkommen war. Er hatte im Royal Army Medical Corps unter einem angenommenen Namen als Offizier gedient und das Verdienstkreuz erhalten. Bernard wohnte in Coombe, und er und die anderen jungen Leute bildeten einen Kreis um meine Frau, in dem Elizabeth Mayall ihr besonders nahestand. Die kleine Gemeinschaft in Coombe Springs war alles in allem sehr ausgewogen. Alle Altersstufen von unter zwanzig bis über siebzig und mehrere Rassen waren vertreten. Wir hatten viele Besucher, die für kürzere

Zeitabschnitte blieben, um sich über unsere Arbeit zu informieren. Alles sah danach aus, daß das Unternehmen gedieh; die Mitgliederzahl wuchs, und unsere Forschungen und psychologischen Studien wurden mit großer Intensität betrieben.

Bei all den vielversprechenden äußeren Umständen beunruhigten mich böse Vorahnungen. Ich war allein, und ich wußte, daß meine Fähigkeit, Menschen zu helfen und sie zu führen, durch meinen Verständnishorizont und meine Fehler begrenzt war. Ich dachte wieder daran, Gurdjieff zu suchen. Als Cornelius einmal nach Paris reisen mußte, bat ich ihn, Nachforschungen anzustellen. Er kam zurück mit der Gewißheit, daß Gurdjieff nicht in Paris wohnte; er hatte sich über die Botschaft der Vereinigten Staaten bei der französischen Polizei erkundigt, und da Gurdjieff russischer Emigrant war, hätte man hier gewiß über ihn Bescheid gewußt. Weitere Erkundigungen durch Bernard Courtenay-Mayers erbrachten auch nicht mehr.

Der August 1947 rückte heran und mit ihm unser zweites Seminar in Coombe Springs. Etliche, denen die strenge Disziplin im vergangenen Jahr zuviel gewesen war, blieben weg. Dafür kamen Neue, angezogen von der Hoffnung, daß sie etwas über „Super-Anstrengungen" erfahren würden. Ich selbst ging mit unguten Gefühlen hinein; selten hatte ich meine Mängel so deutlich gespürt wie jetzt.

Als Thema hatte ich *Die ideale Gemeinschaft* gewählt. Wir dachten bereits darüber nach, ob wir England würden verlassen müssen, denn weiterer Krieg und Zerstörung schienen hier unausweichlich. Südafrika schien uns für die Emigration am besten geeignet, und jetzt wollten wir diskutieren, welche Form eine spirituelle Gemeinschaft annehmen könnte.

Das Seminar entwickelte sich jedoch für alle überraschend ganz anders. Wir strichen das Haus an und befreiten Teile des Gartens von Unkraut und Dornengestrüpp. Wir hatten wie im Vorjahr unsere Fastentage. Die Richtung des Gesprächs jedoch wurde mir aus der Hand genommen, als würde es von einer unsichtbaren Macht gelenkt. Von Tag zu Tag schälte sich ein Thema immer deutlicher heraus, und doch konnten wir es nie in eine Formel fassen. Es betraf den gesamten Lebensprozeß auf der Erde, die Biosphäre. Wir sahen, daß der Mensch darin eine besondere Stellung einnehmen sollte, sie aber ohne Hilfe von außerhalb der Erde nicht ausfüllen konnte.

Unsere Versammlungen fanden in diesem Jahr unter der großen Eiche statt, die in der Mitte des Grundstücks steht und alles beherrscht. Diese Eiche wurde wahrscheinlich zusammen mit anderen, die auch noch standen, gepflanzt, als Kardinal Wolsey 1513 das Quellenhaus errichten ließ. Ihre ausladenden Äste, die eine Schattenfläche von vielen Hundert Quadratmetern schaffen, machen sie zu einer der schönsten Eichen Englands. Besuchern in Coombe entgeht selten die Majestät ihrer Erscheinung.

Am vorletzten Tag des Seminars saßen wir zusammen und einer nach dem anderen leistete stockend einen verworrenen Beitrag zur Formulierung dessen, was wir erlebt hatten. Es war ein merkwürdiger Tag, denn obgleich sämtliche fünfzig Anwesenden die Gespräche hinterher als äußerst wichtig bezeichneten, konnte sich keiner mehr erinnern, was eigentlich gesagt worden war. So weit ich weiß, sahen wir das gesamte Leben auf der Erde als ein weibliches Wesen, das in seiner spirituellen Empfänglichkeit große Zyklen der Fruchtbarkeit und Unfruchtbarkeit durchläuft. Wenn sein fruchtbarer Moment kommt, steigt die kosmische männliche Kraft auf die Erde herunter, und alles Leben wird mit neuer spiritueller Kraft befruchtet. Das ist Zeugung einer neuen Epoche. Nicht nur der Mensch, sondern alles Lebendige nimmt an diesem kosmischen Ritual teil.

In dieser Form muß der Bericht den Eindruck eines Flugs der Fantasie erwecken. Für uns, die wir an der Erfahrung teilhatten, war sie für einen kurzen Sommernachmittag gegenwärtige Wirklichkeit. Nach diesem Tag konnte keiner von uns mehr darüber sprechen, und ich bin selbst jetzt nach dreizehn Jahren nicht in der Lage das Ganze niederzuschreiben. Noch etwas Seltsames geschah: Einer der Anwesenden, Gerald Day, wollte unsere Gespräche schriftlich fixieren. Sein Manuskript von fast zweihundert Seiten verschwand auf Nimmerwiedersehen, bevor es vervielfältigt werden konnte.

Als das Seminar endete, war uns allen, als kämen wir aus einer Welt voller Geheimnisse und Wunder. Coombe Springs war vierzehn Tage lang ein geheimer Ort gewesen, und wir fühlten uns wie Verschworene, die nicht preisgeben durften, was ihnen gezeigt worden war. Um mir den Tag im Gedächtnis zu halten, an dem ein Schleier für kurze Zeit gelüftet worden war, setzte ich eine Reihe von Farnstauden und gab mir selbst das Versprechen, sie nicht sterben zu lassen, so lange ich in Coombe lebte. Oft, wenn ich an den Pflanzen vorbeigehe, denke ich zurück und frage mich, ob es alles ein Traum war. Doch die seltsamen Ereignisse dieses Jahres waren noch nicht zu Ende.

Am 15. September sollte ich mit einer Vortragsreihe in Denison House beginnen, gleich neben Victoria Station. Die Hörer meiner Vorträge im Frühjahr waren gebeten worden, schriftlich zu erklären, weshalb sie die Studien fortsetzen wollten. Ich hatte achtig Antworten erhalten und wunderte mich darüber, daß meine Zweifel und meine Unsicherheit sich meinen Zuhörern nicht mitgeteilt hatten. Ich machte mich an die Ausarbeitung meines ersten Vortrags, doch was immer ich schrieb, grinste mir dann hohläugig vom Papier zurück.

Am Morgen des 15. September war ich noch keinen Schritt weiter. Bernard machte meiner Frau große Sorgen. Er litt an Schuldgefühlen wegen irgendeines Versagens im Krieg, das ich für pure Einbildung hielt. Ich sprach mit ihm, merkte aber, daß da mit Rat nicht zu helfen war. Ich war selbst ruhelos, fast fiebernd, und entschloß mich nach dem Essen zu einem Spaziergang durch Wimbledon Common. Dieser Park ist für mich voller Erinnerungen, denn ich wurde ganz in seiner Nähe geboren, war auf die King's College School gegangen, die an seiner Südwestecke steht, war hier als junger Mann mit meiner ersten Frau spazierengegangen und hatte ihn in letzter Zeit zu meinem Zufluchtsort vor dem manchmal allzu bewegten Leben in Coombe Springs gemacht.

Meist ging ich durch den Wald, doch diesmal zog mich etwas über das offene Heideland zur Schule hin. Ich war seit 1917, also seit genau dreißig Jahren, nicht mehr hier gewesen. Weshalb eigentlich, fragte ich mich. Ich ging an den Labors vorbei und über den Sportplatz, auf dem ich zwei Jahre lang bester Rugbyspieler gewesen war. Wenig hatte sich geändert. Halb träumend näherte ich mich einem Denkmal. Ganz beiläufig bemerkte ich seine Ähnlichkeit mit dem Lysikrates-Monument an der Böschung zur Akropolis, als mir bewußt wurde, daß es das Mahnmal des Ersten Weltkrieges war. Ich fing an, die Namen zu lesen. Ich sah, einen nach dem anderen, die Namen von Jungen, mit denen ich Rugby oder Cricket gespielt hatte. Kaum einer schien überlebt zu haben. Da wußte ich, weshalb ich nie wieder hierhergekommen war: Ich hatte nie den Verlust so vieler meiner besten Freunde verwinden können.

Ich war ganz allein auf dem großen Spielfeld, doch als ich da so stand, war ich nicht mehr allein. All die Jungen waren noch da, lebten noch mit ungebrochenen Kräften. Eine große Gegenwart umfing uns alle. Eine ungeheure Freude durchflutete mich. Jenseits von allem Wissen war es doch so, daß der vorzeitige Tod nicht unbedingt eine Katastrophe sein muß. *Potentialitäten werden vom Tod nicht zerstört.* Ich war überzeugt, daß mir ein Engel geschickt worden war, um mich diese Wahrheit sehen zu machen.

Auf dem Rückweg war ich ganz sicher, daß der Engel noch bei mir war. Ich begriff, daß ich am Abend vom Tod sprechen mußte, von dem, was er zerstören und was er nicht zerstören kann.

An der Tür von Coombe Springs wartete Elizabeth schon auf mich: „Sie sollen sofort zu Mrs. B. kommen." Meine Frau stand oben an der Treppe: „Bernard braucht Dich sofort." Ich ging in sein Zimmer. Er krümmte sich mit verzerrtem Gesicht auf seinem Bett und stieß mitleiderregende Seufzer und plötzliche Schreie aus. Ich blieb einen Augenblick am Kopfende stehen und sagte dann: „Bernard, Du mußt nicht leiden — es geht ihnen gut." Er lag still, seufzte tief auf und schlief ein. Ich hatte ihm gesagt, was notwendig war, und er hatte es geglaubt.

An jenem Tag wurde Coombe Springs von einem höheren Wesen besucht. Es konnte ein Engel oder etwas noch Größeres gewesen sein. Am Abend bei meinem Vortrag in Denison House, war es weder ich noch mein eigene Stimme, was da sprach. Ich war während des ganzen Tages vollkommen sicher, daß meine Schulkameraden, die im Krieg gefallen waren, genauso lebendig waren wie ich. Es war eine ganz andere Erfahrung als damals, als ich selbst fast gestorben war. Dies war keine persönliche Erfahrung und hatte auch nichts mit irgendeiner Form von direkter Kommunikation mit den Toten zu tun, denn ich hatte weder ein Bild noch eine Vorstellung davon, wo und wie sie jetzt lebten. Mir war nur bewußt, daß ihr Potential unverändert und unvermindert erhalten geblieben war.

Ich weiß nicht mehr, was ich an jenem Abend gesagt habe, und es wurden auch keine Aufzeichnungen gemacht, aber danach kamen etliche, die Söhne im Krieg verloren hatten, zu mir und sagten, aller Gram sei von ihnen genommen.

Am nächsten Tag herrschte eine sehr gedämpfte Atmosphäre, und viele waren von tiefer Ehrfurcht ergriffen. Mit der Zeit stellte sich ehraus, daß auch andere die Gegenwart des Höheren Wesens bemerkt und einen Segen gespürt hatten, der uns übermittelt worden war.

Ein paar Wochen später war ich einmal gerade zu meinem morgendlichen Tauchbad unten an der Quelle, als mein Neffe kam und mir berichtete, Ouspensky sei gestorben. Ich wußte, daß er sich wieder in England aufhielt und krank war. Ich hatte geschrieben und darum gebeten, ihn sehen zu dürfen, aber keine Antwort erhalten. Jetzt war er tot.

Eine Stunde später wurde ich zu einem Anruf aus New York ans Telefon gerufen. George Cornelius wollte mich von Ouspenskys Tod benachrichtigen und mir ausrichten, ich solle Janet Collin-Smith aufsuchen, die Frau des Schriftstellers Rodney Collin, eines der engsten Vertrauten von Ouspensky. Ich kannte sie nicht sehr gut und wußte nicht, wo sie wohnte, fand jedoch ihre Adresse schnell heraus und fuhr sofort nach London. Es überraschte sie genauso wie mich, daß ich eine solche Nachricht erhalten hatte, denn ihr war es wie den anderen verboten worden, mit mir zu sprechen. Sie nahm die Nachricht an und erzählte mir von Ouspenskys letzten Stunden. Den ganzen Tag über empfand ich eine große Liebe für ihn, wie ich sie nie gekannt hatte, solange er noch lebte. Mir war sehr deutlich der Unterschied zwischen einem Tod nach einem langen Leben und einem vorzeitgen Tod bewußt. Ouspenskys Potential hatte sich in der Zeit auswirken können und eine unumkehrbare Transformation erfahren. Es gab da etwas, das ich nicht verstand und auch nicht versuchen würde zu verstehen. Ein großer, fast siebenundzwanzig Jahre umfassender Zyklus meines Lebens hatte sich geschlossen. Ich empfand Liebe und Dankbarkeit für Ouspensky, wenn ich mich ihm auch nicht näher fühlte als zuvor.

19. Südafrika

Ich war in meinem fünfzigsten Jahr. Mehr als zweihundert Studenten nahmen inzwischen an meinen Kursen am Institut teil. Ich erhielt aus England und Frankreich Einladungen zu Vorträgen über die psychokinetische Philosophie. Meine Frau war glücklicher, als ich sie je erlebt hatte. Sie liebte Coombe Springs und fand, daß sie endlich eine richtige Arbeit für sich gefunden hatte. Mit ihren zweiundsiebzig Jahren hatte sie ein Alter erreicht, wo sie sich sagte, daß sie sich nicht länger darum kümmern müsse, was die Leute von ihr dachten: sie sagte und tat genaus das, was ihr paßte. Was dabei herauskam, war manchmal großartig, manchmal katastrophal, aber nie langweilig.

Es fiel mir nicht schwer, meine Wochenendaktivitäten wie Vorträge, Gruppentreffen und Arbeit auf dem Grundstück mit meinen Arbeitswochen in den Forschungslabors in Battersea in Einklang zu bringen. Wir waren im Begriff, Delanium im kommerziellen Maßstab zu produzieren, und ich hoffte, durch einen finanziellen Erfolg vergelten zu können, was mir der Vorsitzende und andere Direktoren der Gesellschaft an Vertrauen und persönlicher Freundlichkeit entgegengebracht hatten.

Bei all diesen guten Omen war ich zutiefst unzufrieden und meiner selbst ungewiß. Ein Dritter Weltkrieg schien mir unausweichlich. Noch nie in der Geschichte hatte eine Massierung von Waffen den Krieg verhindert, und die menschliche Natur hatte noch nie der Verführung durch Furcht, Neid und persönlichen Ehrgeiz widerstanden. Alle Voraussetzungen für einen neuen Krieg waren gegeben. Wozu da in der Gefahrenzone bleiben? Ouspensky war tot, Gurdjieff verschwunden. Nichts konnte uns mehr in Europa halten.

Unsere Gedanken und Diskussionen waren vom Symbol der Arche Noah beherrscht. Wir hatten viel gelernt und auch bewiesen, daß wir als Gemeinschaft zusammenhalten konnten. Wäre es nicht angebracht, uns an einen entlegenen Ort zurückzuziehen und unabhängig zu machen, um den kommenden Sturm abzuwarten und danach zurückzukommen und beim Aufbau einer neuen Zivilisation zu helfen?

Verschiedene Einflüsse kamen zusammen und lenkten unseren Blick nach Südafrika. Zwei Freunde, Cecil Lewis und seine Frau Olga, hatten sich entschlossen auszuwandern und boten uns an, die Möglichkeiten in Rhodesien und Südafrika zu erkunden und uns darüber zu berichten. Cecil war Flieger und Schriftsteller. Er wollte ein kleines Flugzeug kaufen, damit nach Afrika fliegen und es dort verkaufen. In der Woche nach Ouspenskys Tod kreiste seine kleine Maschine über Coombe Springs; dann sahen wir sie nach Süden abbiegen, als wollten sie eine neue Welt entdecken.

Bald darauf bot sich mir eine Gelegenheit, selbst nach Südafrika zu reisen. Powell Duffryn wollte einiges Firmenkapital in überseeischen Kohlegrubenunternehmen investieren, und als ich mich erbot, die Möglichkeiten vor Ort zu erkunden, wurde mir jede Unterstützung zugesagt. Noch ein Freund, Keith Thorburn, interessierte sich in seiner Eigenschaft als Direktor einer großen Finanzgruppe für Südafrika. Er wollte mit einem gecharterten Flugzeug hinunterfliegen und bot mir an, mich mitzunehmen. Wir richteten alles so ein, daß wir Anfang Januar 1948 losfliegen konnten.

Inzwischen hatte ich durch Bernard Courtenay-Mayers organisieren lassen, daß ich in Paris Vorträge halten konnte. Er hatte einen großen Freundeskreis, zum größten Teil aus der französischen Widerstandsbewegung unter General Leclerc. Ich benutzte das Wort „psychokinetisch", um die Thematik abzustecken. Ein Vortrag trug den Titel *Psychocinétisme et Psychanalyse.* Ich wollte am Tag des Vortrags morgens nach Paris fliegen, doch dichter Nebel, der sich den ganzen Tag nicht hob, machte den Start unmöglich. Ich mußte den ganzen Vortrag telefonisch an Dr. Godel durchgeben, der sich bereiterklärt hatte, mich zu vertreten, und ihn einem enttäuschten Publikum vorlas. Trotz dieses Rückschlags war mein zweiter Vortrag über *La Pratique du Psychocinétisme* gut besucht. Einer der Professoren der Ecole des Sciences Politiques hatte uns freundlicherweise erlaubt, die Vorträge dort zu halten.

In Paris erkundigte ich mich selbst nach Gurdjieff, doch keiner von denen, die ich traf, wußte etwas von ihm. Das ist nach wie vor unbegreiflich, denn er war in dieser Stadt, in der er fünfundzwanzig Jahre gewohnt hatte, sehr bekannt.

Die Vorträge lösten heftige Diskussionen aus, und ich wurde immer wieder gefragt, ob ich nicht einen französischen Zweig des Instituts eröffnen wolle. Dazu konnte ich vorläufig nichts unternehmen, da ich in wenigen Wochen nach Afrika aufbrechen wollte.

Wir flogen in einem umgebauten Lancaster-Bomber, sehr schnell für die damalige Zeit, aber auch sehr unbequem. Keith hatte geschäftlich im Sudan zu tun, und wir blieben ein paar Tage in Karthum. Das gab mir Gelegenheit, Omdurman und den Zusammenfluß des Weißen und Blauen Nils zu besichtigen. Omdurman war ein Erlebnis. Fünfundzwanzig Jahre lag die Zeit zurück, als ich bei den Mitternachtsgebeten in der Hagia Sophia dabeigewesen war. Ich hatte fast vergessen, welchen Eindruck der Islam auf mich gemacht hatte, doch hier in Omdurman war er stärker denn je. Es gab sicherlich einige Weiße in dieser Millionenstadt, doch ich sah nicht einen. Das Mittaggebet war ein dramatisches Erlebnis. Das gesamte Leben der Stadt kam zum Stillstand. Die meisten Männer gingen in die Moscheen, aber Tausende holten einfach ihre Matten heraus und machten am Nilufer, auf der Straße, einfach überall ihre siebenfache Niederwerfung. Am Abend war es das gleiche. Ich hatte noch nie erlebt, daß das tägliche Leben einer großen Stadt ganz unter der Herrschaft religiöser Bräuche stand.

Als ich auf der Brücke stand, die den Nil an der Stelle überquert, wo die Wasser aus Äthiopien und Uganda zusammenfließen, fühlte ich mich in die Vergangenheit zurückversetzt: in eine weiter zurückliegende Zeit als die griechische Antike. Die badarischen Einwanderer, die vor achttausend Jahren aus den Bergen nach Ägypten hinunterströmten, müssen an dieser Stelle vorbeigekommen sein. Zu dieser Zeit, lange vor jeder geschichtlichen Aufzeichnung, müssen beim Eintritt der Menschheit in das gelobte Land materieller Macht ähnliche Wanderungen auf der ganzen Welt eingesetzt haben. „Was", fragte ich mich, „haben wir in achttausend Jahren erreicht, das mehr wert ist als die aufrichtige Frömmigkeit dieser analphabetischen Sudanesen? Sie haben keine Autos und kein Radio und wissen wenig von den Errungenschaften der modernen Welt, und doch sind sie Gott näher als wir."

Ich kehrte nach Khartum zurück, in die kleine künstliche Welt, die von den britischen Herrschern des Sudan um Regierung und Geschäftsniederlassung geschaffen worden war. Hier gab es gute Leute, die ein Gefühl für Pflichterfüllung und Fairness besaßen. Die meisten liebten die Sudanesen, und ich glaube, diese Liebe wurde erwidert, wenn auch keiner die Wertvorstellungen des anderen verstehen konnte. Ich hatte Afrika schon lange einmal besuchen wollen, denn meine wenigen Begegnungen mit Afrikanern hatten mich davon überzeugt, daß auf dem afrikanischen Kontinent etwas erhaltengeblieben ist, was der Rest der Welt schon verloren hat. Ich erinnerte mich an Tracy Philipps, einen eigenartigen Mann, den ich in Istanbul gekannt hatte, und an seine Erzählungen über außersinnliche Wahrnehmung, die er in Zentralafrika persönlich gesehen hatte und verifizieren konnte. Ich hatte zu der Zeit die düstere Vermutung, daß die nördliche Hemisphäre unserer Welt dem Untergang geweiht war und im Süden eine neue Zivilisation entstehen würde. Es würde die erste Zivilisation des neuen Zeitalters sein mit einem ganz anderen Kräfteverhältnis der Rassen als in unserer heutigen Zeit. Ich muß allerdings sagen, daß ich diesem Gedanken mit der Zeit immer weniger Gewicht beimesse.

Wir flogen weiter nach Nairobi, wo Thorburn wieder einige Tage geschäftlich zu tun hatte und ich ganz frei über meine Zeit verfügen konnte. In Nairobi fühlte ich mich sehr unwohl. Wohin ich auch ging, war ich von Leuten umgeben, die vor irgend etwas weggelaufen waren — vor dem Krieg, vor sozialen Problemen, vor Eheskandalen. Ich kann mich nicht erinnern, je einen anderen Ort gesehen zu haben, der mich so traurig machte über die Schäbigkeit und Niedertracht, in die Menschen verfallen, die nur noch auf ihre eigene Sicherheit und ihr eigenes Wohlleben bedacht sind.

So bald wie möglich floh ich auch. Ich nahm mir einen Wagen und fuhr hinaus auf eine Farm, um einen alten Freund zu besuchen. Ein prächtiges Bild bietet sich, wenn man an das Great Rift kommt und dann in das sechshundert Meter tiefer liegende Tal fährt, in dem außer verschiedenen Kaktusarten kaum etwas wächst. Der Besuch richtete mich wieder auf, denn ich sah, daß es in Kenia auch noch anderes gab als die Dekadenz von Nairobi.

Es gab auch Engländer, die mit großem Einsatz daran arbeiteten, dem Land Leben und Fruchtbarkeit zu geben.

Als nächstes besuchte ich den Nationalpark und die Wildreservate. Der Anblick wilder Giraffen, großer Zebraherden, der Nilpferde in den Sümpfen und der Geier in den Baumwipfeln war eine neue und aufregende Erfahrung. Aber nichts kam dem Augenblick gleich, als wir auf ein halbes Dutzend Löwen stießen, die auf Felsen neben der Straße in der Sonne dösten. Der Fahrer sagte, daß sie niemals Autos angriffen und es völlig unbedenklich sei, sie durch die geöffneten Fenster zu betrachten; wir waren so nah, daß ich sie fast mit der Hand hätte berühren können. Ich sah mir die großen Tieren an, wie sie nach einer Nacht der Zebrajagd friedlich ausruhten und dabei manchmal ein Auge öffneten, um direkt und uninteressiert in meine zu blicken. Ich sagte mir: „Hätte ich nur Vertrauen, dann könnte ich mich unter diesen Tieren bewegen, ohne daß sie mich fürchten würden oder ich sie." Doch ich wußte, daß ich solchen Glauben nicht besaß und schlimmer noch, daß meine Motive, ihn mir zu wünschen, nicht rein waren.

Meine Besuche in den Wildreservaten von Kenia und in anderen Teilen Afrikas überzeugten mich von der Wahrheit dessen, was ich einmal, wenn auch ohne viel Gefühl, geschrieben hatte (vgl. *The Dramatic Universe,* Band II, S. 310 f), daß nämlich jede Tiergattung einen bestimmten Gefühlsmodus zum gesamten Lebensprozeß der Erde beiträgt. Wenn die Löwen von der Erdoberfläche verschwinden, so wird etwas fehlen, was die Biosphäre braucht, und wenn der Mensch für dieses Verschwinden verantwortlich ist, so wird er auch den Preis für seine Blutschuld bezahlen müssen. Viel gute und selbstlose Arbeit wird heute geleistet, um Tier- und Pflanzenarten vor der Ausrottung zu bewahren, aber selbst die Menschen, die diese Arbeit tun, sind sich selten darüber im Klaren, wie entscheidend sie für das Überleben der Menschheit sein könnte. „Wer durch das Schwert lebt, soll durch das Schwert sterben", ist eine Mahnung, die sich nicht nur auf Menschenleben bezieht.

Als ich nach einer Fahrt durch Kaffee- und Obstplantagen wieder nach Nairobi kam, spürte ich die ungesunde Atmosphäre der Stadt stärker denn je. Das war im Januar 1948, lange bevor die Probleme mit den Mau Mau begannen, und auch über die Kikuyus waren noch keine Klagen zu hören. Was mich so erschreckte, war nicht die Rassendiskriminierung und die Ausbeutung, sondern das Bewußtsein, daß ich mich unter Menschen befand, die sich dem Leben nicht so stellten, wie Menschen es tun sollten.

Ich zog mich in mein Hotelzimmer zurück und blieb fast vierundzwanzig Stunden für mich allein, innerlich zerrissen. Lief ich selbst denn nicht auch weg? War ich in irgendeiner Weise besser als einer von denen, die sich für schlau hielten, weil sie noch „weggekommen" waren, bevor die Schwierigkeiten in England begannen?

Ich konnte in jener Nacht nicht schlafen und betete darum, sehen zu können, was richtig war. Gegen zwei Uhr morgens hörte der Musik- und Tanzlärm unter mir auf. Dann wurde die Nacht langsam still. Ich bemerkte wieder die Gegenwart jener Erscheinung, die vor ein paar Monaten auf dem

Schulhof über den Tod zu mir gesprochen hatte. Diesmal war es eine persönliche Botschaft oder Anweisung: „Du sollst nicht in Afrika bleiben. Dein Platz ist in London. Schwere Zeiten werden kommen, aber nicht, wie du sie dir vorstellst, sondern anders, und du mußt mitten darin sein. Es braucht jetzt keine Arche, denn diesmal wird es keine Sintflut geben. Deine Aufgabe sieht ganz anders aus, als du glaubst."

Ich muß diese Botschaft hier in Worten wiedergeben, doch sie kam ohne Worte, und ihr Sinn war deshalb klarer, als es jede gesprochene Nachricht hätte sein können.

Ich schlief fast sofort ein und wachte ruhig und gefaßt auf. Ich wußte nicht, ob ich über das sprechen sollte, was ich empfangen hatte. Mir schien, daß die Botschaft für mich ganz persönlich war und daß ich anderen, die eine Kolonie in Afrika gründen wollten, eher helfen sollte, als mich ihnen in den Weg zu stellen.

Wir flogen am nächsten Tag nach Rhodesien ab, wo nichts Interessantes geschah, und dann weiter nach Johannisburg. Dank der Empfehlungsschreiben Thorburns und anderer in England erhielt ich die Erlaubnis, viele Kohlegruben zu besichtigen, mich über chemische Analysen, Kosten und Marktkapazitäten zu informieren — kurz, alles zu tun, was ich für meinen Bericht brauchte. Da die Abstimmung meines Programms eine oder zwei Wochen dauern würde, entschloß ich mich zu einem Abstecher nach Natal und Ost-Transvaal, um mir ein Bild von den Möglichkeiten zu machen, in einem abgelegenen Tal eine Kolonie zu gründen.

Wir waren zu fünft, die beiden Lewis', die beiden Thorburns und ich. Mrs. Thorburn hatte sich bei einem Sturz den Rücken verletzt und war zur Zeit bewegungsunfähig. Sie kam nicht mit auf unsere Expedition, die nach Süden in die Vorberge des großen Basutoland-Plateaus gehen sollte. Wir sahen eine gepflegte Farm, die zum Verkauf stand, doch das Land war zu teuer und lag zu nah an der Hauptstraße, als das man von einem abgelegenen Tal sprechen konnte.

Wir fuhren zurück nach Durban. Ich spürte, daß die Atmosphäre nicht gerade gut war. Die Gefühle liefen gegeneinander, und ich hatte die Situation durch meinen Sinneswandel nicht leichter gemacht. Wir wollten jetzt nach Ost-Transvaal aufbrechen, um uns die Gegend anzusehen, zu der es die Lewis' hinzog. Da wir in Durban noch einen freien Tag hatten, schlug ich vor, erst einmal alles zu vergessen, und zu einem Picknick hinauszufahren. Man hatte uns von der Schönheit des Umzimkulutals am Fuß der Drakensberge erzählt, und alle waren dafür, dort den Tag zu verbringen.

Wir machten uns in zwei Autos auf den Weg. Wenn ich das Wort Umzimkuluschlucht schreibe, möchte ich mich am liebsten zurücklegen und in der Erinnerung an diesen herrlichen Tag schwelgen. Die Straße von Durban hinauf in die Drakensberge muß eine der grandiosesten Routen auf der ganzen Welt sein. Wir fuhren durch das Tal der Tausend Hügel, das von Durban nach Pietermaritzburg führt, tauchten tief in die sengende Hitze des südafrikanischen Sommers ein und dann über neunhundert Meter hinauf in die Vorberge, Meile um Meile umgeben von blühenden Mimosen, deren Duft so stark war, daß er alles übertönte. An steilen Felsvorsprüngen vorbei bogen wir in die Umzimkuluschlucht ein, wo die Natur jede Art von Felsformation und Vegetationsform zusammengeworfen zu haben scheint.

Wir hielten zum Picknick an, und ich schlug vor, eine oder zwei Stunden in Meditation über die Seligpreisungen im Matthäusevangelium zu verbringen. Ich war schon lange überzeugt, daß die Aufzeichner der Passage, die als Bergpredigt bekannt ist, von sehr hoher Inspiration geleitet waren, und die Seligpreisungen waren für mich stets der höchste objektive Prüfstein für meinen eigenen Zustand. Wir trennten uns für jeweils zehn bis fünfzehn Minuten zur Meditation über eine Seligpreisung und trafen uns dann wieder, um unsere Eindrücke auszutauschen. Ich glaube, keiner von uns hat vergessen, wie unsere Verfassung sich allmählich änderte und aller Ärger und alle Reibung sich in Luft auflösten. Danach arbeiteten wir noch mehrere Wochen in Harmonie zusammen und einigten uns über die Schritte, die wegen des Tals unternommen werden mußten.

Wir fuhren über Johannisburg und Belfast, das mit gut zweitausend Metern über dem Meeresspiegel die höchstgelegene Stadt Südafrikas ist, nach Machadodorp, das nur dreihundert Meter tiefer liegt. Dort erfuhren wir von der Möglichkeit, im Crocodile Valley Tausende von Hektar Land ziemlich billig zu kaufen. Die anderen hatten sich inzwischen mit dem Gedanken abgefunden, daß ich nicht bleiben würde; damals hatte ich allerdings noch vor, regelmäßige Besuche zu machen, falls eine Gemeinschaft sich bildete.

Die Lewis' waren über ihren eigenen künftigen Wohnsitz schon so gut wie entschieden. Thorburn wollte auf eigene Faust ein großes Stück Land kaufen und einen Teil davon an Siedler weitergeben. Mit diesen Plänen fuhren wir hinaus, um uns das Tal anzusehen. Ich war überwältigt von seiner Schönheit. Tief versteckt liegt es im dichten tropischen Wald etwa sechs- und neunhundert Meter unter dem oberen Buschland von Belfast und Machadodorp, mit dem es durch die Crocodile Falls verbunden ist. Es schien mir durch seine Schönheit, seine Abgelegenheit, seine fruchtbare Erde und seinen Wasserreichtum der ideale Ort für eine Gemeinschaft von mehreren Hundert Familien zu sein. Ich riet zum Kauf.

Ich konnte nicht lange bleiben, denn ich hatte noch meinen großen Auftrag für Powell Duffryn zu erledigen, und ich wollte meine Arbeit gut machen. Ich hatte das große Glück, in zehn Tagen soviel Information sammeln und soviel vom Kohlebergbau und der chemischen Industrie sehen zu können, daß ich mir ein klares Bild von dem machen konnte, was zu tun war.

Vor meiner Abreise aus England hatte ich Feldmarschall Jan Smuts, dem Premierminister der Südafrikanischen Union geschrieben, den ich vor fast genau dreißig Jahren kennengelernt hatte, als ich mich in Cambridge von meiner Kriegsverwundung erholte. Er hatte mich zu einem Besuch eingeladen, und diese Chance wollte ich mir nicht entgehen lassen. Sobald ich das Gefühl hatte, ich könne ihm über die Aussichten der Kohleindustrie etwas sagen, flog ich nach Kapstadt. Ich suchte seine Sekretärin auf und bekam für den nächsten Vormittag einen Gesprächstermin. Ich ließ ein Exemplar meines Buches *The Crisis in Human Affairs* da, das mein Verlag mir zu diesem Zweck geschickt hatte.

Da Smuts, wie ich hörte, nicht viel von Leuten hielt, die den Tafelberg nicht erklommen hatten, machte ich mich auf den Weg — allerdings in der Annahme, es würde nicht schwieriger sein als der Pfad, der daheim nach Snowdon hinaufführt. Ich wählte eine Route auf der Sonnenseite, von wo aus ich über die Bucht blicken konnte. Es war ein glühendheißer Sommertag, und ich machte mir keine Vorstellung von der Trockenheit und Hitze, die mich erwarteten. Nach fünf Stunden kam ich abgekämpft oben an, schaute nach Süden in Richtung Antarktis und machte mich wieder an den Abstieg. Ich war erschöpft, aber die Kletterpartie hatte sich gelohnt.

Smuts gab mir das Buch zurück und sagte, er habe es in der Nacht gelesen. „Ich stimme Ihnen zu", sagte er, „daß die Menschheit in einer großen Krise steckt, und mit Vorbehalten stimme ich auch Ihrer Theorie der Epochen zu. Aber von Ihrer pessimistischen Haltung gegenüber der menschlichen Natur halte ich wenig; der Prozeß der Integration geht trotz des gegenteiligen Anscheins weiter. Aber jetzt erzählen Sie mal, weshalb Sie nach Südafrika gekommen sind."

Ich sagte, ich sei im Dienst der Kohleforschung da und Powell Duffryn habe mich geschickt, um die Investitionsmöglichkeiten er erkunden. Ich sagte, meine Nachforschungen hätten mich davon überzeugt, daß die Industriellen Südafrikas das Potential des Kohlefelds von Transvaal weit unterschätzten. „Die Goldgewinnung steht so im Vordergrund, daß sie überhaupt nicht merken, daß sie die billigste Energiequelle der Welt haben. Südafrika könnte die Kohle mindestens fünfzig Jahre lang billiger produzieren als jedes andere Land, weil die Kohle hier in großen Mengen dicht unter der Erdoberfläche liegt und sich für den maschinellen Abbau eignet. Alles was Kanada an den Niagarafällen machen kann, könnte Südafrika billiger erreichen. Wenn der Damm von Kariba fertig ist, werden die Kapitalzinsen so hoch sein, daß die Zambesi-Energie nicht mit der von Transvaal konkurrieren kann. Südafrika sollte die größte elektrochemische Industrie der Welt haben."

Smuts unterbrach mich und sagte: „Was Sie mir da sagen, ist interessant und wertvoll, teilweise sogar neu für mich. Ich möchte, daß Sie das alles Hofmayr sagen. Er ist mein Finanzminister. Ich werde bald zurücktreten, aber ich hoffe, er wird dann noch da sein, um all diese Pläne weiter zu verfolgen. Ich kann Ihnen nur meinen Segen geben."

Ich verstand das als Aufforderung, über die persönlichen Gründe meiner Reise zu sprechen, und sagte im Hinblick auf mein Buch: „Ich glaube, es besteht die große Gefahr, daß die europäische Zivilisation zusammenbricht. Ich habe zusammen mit einer Gruppe von zweihundert anderen Leuten überlegt, ob wir nicht auswandern und in einem abgelegen Tal in Afrika eine

Kolonie gründen sollen, wo wir bewahren können, was wir gefunden haben, um es nach dem Sturm nach Europa zurückzubringen."

Smuts stellte noch ein paar Fragen, lehnte sich dann zurück und sagte sehr ernst: „Es ist meine Pflicht, die Einwanderung, vor allem aus England, zu fördern. Aber Sie und Ihre Freunde sind keine gewöhnlichen Einwanderer. Meiner Meinung nach schätzen sie die Weltlage falsch ein. Sie glauben, wenn die europäische Zivilisation zerstört wird, dann gibt es immer noch etwas zu bewahren. Ich glaube das nicht. Europa ist nach wie vor die Hoffnung der Menschheit und wird es noch mindestens ein Jahrhundert bleiben. Europa, und ich rechne die britischen Inseln einmal dazu, besitzt eine sehr alte und stabile Kultur. In der übrigen Welt findet sich nichts Vergleichbares.

Kürzlich war ich zur Unterzeichnung der Charta der Vereinten Nationen in San Francisco. Diese Organisation hat einen guten Start gehabt und ist in vieler Hinsicht erfolgversprechender als der Völkerbund, aber sie wird die Welt nicht vor der Katastrophe bewahren. Nur Europa wird die Welt retten. Was hat es für einen Sinn, nach Südafrika zu gehen? Das hier ist ein neugeborenes Land. Wir haben nicht einmal angefangen erwachsen zu werden. Alle Schwierigkeiten liegen noch vor uns. Noch hundert Jahre lang wird es in Südafrika keine Kultur geben. Ich gehe noch weiter und behaupte das gleiche für die Vereinigten Staaten. Der tiefste und beunruhigendste Eindruck, den ich bei meinem Besuch in Amerika empfangen habe, war die Unreife dieses Landes. Es ist das mächtigste Land der Erde, und jetzt wird ihm die Rolle der Führungsmacht aufgezwungen. Aber es ist nicht reif für diese Aufgabe, und das ist eine große Gefahr. Die Krise der Menschheit besteht meines Erachtens darin, daß wir uns Machtmittel verschafft haben, mit denen wir noch nicht weise umgehen können. Aber diese Krise löst man nicht durch Weglaufen. Wenn Sie die Lage ein wenig besser verstanden haben als andere, dann ist Ihr Platz zu Hause. Gehen Sie zurück und predigen Sie die alles überragende Bedeutung Ihres europäischen Erbes."

In seiner praktischen Konsequenz stimmte dieser Rat mit dem überein, was mir in Nairobi gezeigt worden war, wenn auch dort vor allem innere und persönliche Gründe eine Rolle spielten, während Smuts politisch argumentierte. Ich erzählte ihm, wie ich Briand seinerzeit bei den Friedenskonferenzen ganz ähnlich hatte sprechen hören. Das lag achtundzwanzig Jahre zurück, und Briand war seiner eigenen Vision zum Opfer gefallen. Smuts sagte ziemlich traurig: „So wird es mir auch ergehen. Aber es gibt jetzt Leute in Europa, einflußreiche Leute, die wie ich sehen, daß wir alle Kräfte auf die Rettung der europäischen Kultur richten müssen. Und das ist nur möglich, wenn wir die politische Unabhängigkeit Europas erhalten können."

An diesem Punkt kam seine Sekretärin herein und sagte, er habe seinen nächsten Termin schon um eine halbe Stunde überschritten. Smuts sagte mit einem freundlichen Lächeln: „Da sehen Sie, wie sehr Sie mich interessiert haben. Gehen Sie zu Hofmayr und erzählen Sie ihm alles über die Kohle. Wenigstens da ist etwas, was wir tun können."

Hofmayr empfing mich sofort und ließ mich sehr ausführlich über die Kohle sprechen. Er stellte ein paar Fragen über Mengen und Preise, die mich erstaunten. Ich hatte den Gegenstand gründlich untersucht und war recht schnell im Kopfrechnen, aber Hofmayr war noch viel schneller. Ich rechne ihn zu den drei oder vier hellsten Köpfen, denen ich in meinem Leben begegnet bin. Überdies war er offenbar ein sehr guter und ehrlicher Mann.

Ich sagte, die Flöze seien fast ideal für den maschinellen Abbau und mein Eindruck von den Bantuarbeitern sei der, daß sie schnell lernen würden die Maschinen zu bedienen. Mich hatte überrascht, daß der Bergbau hier noch so wenig mechanisiert war. Hofmayr sagte: „Sie verstehen unsere Industriellen noch nicht. Der Reichtum von Transvaal ist auf der Grundlage von unbegrenzt verfügbarer billiger Arbeitskraft entstanden, und in anderen Begriffen können sie einfach nicht denken. Für die Zukunft dieses Landes ist es sehr wichtig, daß der Lebensstandard entscheidend verbessert wird. Jeder hätte den Nutzen davon. Aber nur sehr wenige können das sehen. Vielleicht werden sie es nicht sehen, bis es zu spät ist. Trotzdem, was Sie da sagen, interessiert mich sehr. Ich möchte, daß Sie mit Ernest Oppenheimer sprechen; er und sein Sohn sind die klügsten von unseren reichen Männern, und sie werden Ihnen zuhören." Er trug seiner Sekretärin auf, an Oppenheimer zu schreiben.

Nachdem ich gegangen war, tat es mir Leid, daß ich nicht über die spirituelle Seite meiner Mission mit ihm gesprochen hatte. Ich war ganz sicher, daß er mir nicht nur praktische Ratschläge gegeben, sondern sich auch für unsere tiefere Suche interessiert hätte.

Ich kehrte nach Johannesburg zurück und traf Oppenheimer und andere führende Industrielle Südafrikas. Sie hörten mir aufmerksam zu, meinten aber offensichtlich, daß ihre Betriebe mit den billigen Arbeitskräften gut genug liefen, und waren zu weiterer Expansion nicht bereit. Diese Männer machten einen guten Eindruck auf mich. Sie waren den Afrikanern von Herzen freundlich gesinnt und standen in den politischen Bestrebungen, die Afrikaner voranzubringen, ganz entschieden hinter Smuts und Hofmayr. Einige meinten mit Bedauern, diese Politik werde nach Smut's Rücktritt wohl kaum fortgesetzt werden. Sie bewunderten Hofmayrs Tüchtigkeit, fügten aber hinzu, er verstünde es leider nicht, sich in der breiten Öffentlichkeit genügend Rückhalt zu verschaffen.

Nachdem ich meine Arbeit getan hatte, fuhr ich ein zweites Mal nach Machadodorp. Die Lewis' hatten sich schon eingerichtet. Die Thorburns hatten über achthundert Hektar Land gekauft. Thorburn war in Johannesburg so gut aufgenommen worden, daß er seinen englischen Geschäftsfreunden riet, in großem Maßstab in Südafrika zu investieren. Dieser Rat wurde angenommen und, wie ich glaube, nie bereut.

Diesmal blieb ich in Crocodile Valley. Ich wollte es noch einmal ganz erleben. Es gab noch keine europäischen oder asiatischen Bewohner, nur einen Stamm von etwa zweitausend Basutos, die Natal vor sechzig Jahren verlassen hatten, um von den europäischen Siedlern wegzukommen —

angeführt von ihrem Häuptling, einer inzwischen über hundertjährigen, ehrfurchtgebietenden alten Dame. Sie führten in fünf oder sechs Kraals noch ihr traditionelles Stammesleben.

Ich brach eines Morgens ganz früh auf, um zu den Crocodile Falls zu wandern. Dazu verfügte ich nur über eine sehr zweifelhafte Karte. Meine Freunde hatten mir eingeschärft, mich vor den Schlangen zu hüten, vor allem vor der gefürchteten schwarzen Mamba, die ohne Grund angreift. Diese Geschichten dämpften ein wenig die Freude, die ich hätte haben können, als ich so in Hemd und kurzer Hose durch das dichte Gras stapfte. Alles, was ich sah, waren ein paar unglaubliche Schmetterlinge mit handtellergroßen Flügeln, und alles, was ich hörte, war das Geplapper unsichtbarer Affen.

Ich folgte einem leicht ausgetretenen Pfad und stieß auf ein Basutodorf. Alle Bewohner waren draußen um das Maisfeld zu hacken. Sie müssen zwischen sieben und siebzig Jahren alt gewesen sein, und sie sangen und hackten im Rhythmus ihrer eigenen Musik. Als sie mich sahen, hielten sie überrascht inne und standen alle kerzengerade da. Dann begannen sie alle gleichzeitig zu lachen. Ich habe nie wieder solch ein Lachen gehört. Es war reine Freude und Freundschaft, ohne eine Spur von Bosheit, ohne jeden Gedanken. Ich stimmte ein, und wir lachten zusammen minutenlang. Ich winkte ihnen und ging weiter, und sie nahmen mit dem früheren Ernst ihre Arbeit wieder auf.

Das ist einer der unvergeßlichen Augenblicke meines Lebens. Die Erfahrung eines ganzen Lebens hatte mich davon überzeugt, daß das Glück dort am größten ist, wo man am wenigsten materiellen Wohlstand findet. Ich hatte selten einen glücklichen Reichen gesehen, dafür aber viele glückliche Menschen in den ärmsten Dörfern von Kleinasien oder Griechenland. Ich hatte glückliche Menschen in Omdurman gesehen, aber dieses Glück hier vor meinen Augen übertraf alles. Es war ein Dorf, in dem selbst die einfachsten Errungenschaften der Zivilisation fehlten. Es gab nicht einmal Pflüge oder Karren. Und doch waren es die glücklichsten Menschen, die ich je gesehen hatte. Sie waren ohne Furcht und ohne Stolz.

Ich konnte nicht umhin, sie mit den entwurzelten Afrikanern in den Vorstädten von Johannesburg zu vergleichen oder mit den Grubenarbeitern von Transvaal, denen es längst nicht so schlecht ging. Und noch während ich diesen Vergleich anstellte, wußte ich, daß es kein Zurück gab. Keine Macht der Erde konnte diesen glücklichen Basutostamm vor der Zivilisation bewahren. Es war nur eine Frage von Jahren, bis eine wohlwollende Regierung Schulen und Geschäfte einrichten würde, um diese Menschen mit Werkzeugen und Traktoren zu versorgen.

Mit einem schmerzhaften Stich stellte sich mir plötzlich die Frage: „Habe ich das letzte glückliche Volk auf der Erde gesehen? Wird die ganze Menschheit unter das Joch des materiellen Erfolgs kommen? Was weiß denn Smuts? Europa mag glücklich sein im Vergleich zu Amerika. Europa ist reif und hat eine Tradition. Aber diese Afrikaner hier, sind sie nicht vielleicht reifer und fester in der Tradition verwurzelt als wir alle? Was haben die Amerikaner den Indianern angetan, den Trägern einer vielleicht zwanzigtausendjährigen Tradition? Was tun wir überhaupt alle? Wir verkaufen das Glück für den Fortschritt, unser Geburtsrecht als Menschen für Maschinen!"

Die Schönheit des Tals stellte meinen inneren Frieden wieder her. Ich tauchte in den Wald ein und arbeitete mich am Ufer des Crocodile River entlang aufwärts — hier, nahe an der Quelle, war er eher ein Flüßchen. Der Wasserfall wusch die letzten Reste von Schmerz fort. Es ist keiner der größten oder höchsten Wasserfälle der Welt, aber gewiß einer der schönsten und damals noch ganz unberührt. Im Donner dieser mächtigen Stimme betete ich darum, nie zu vergessen, daß der Mensch zwar Städte gebaut hat, die Natur aber immer noch Gottes Werk ist.

Ich verstand jetzt, warum es mich so stark in dieses Tal gezogen hatte, aber ich wußte auch, daß ich nie hier leben würde. Ich wurde wehmütig, denn ich hatte noch nirgends auf der Welt einen so schönen, so abgeschirmten, so glückseligen Ort gesehen.

Bald nach meiner Heimkehr schrieb ich meinen Bericht, aber ich bin nie wieder in Südafrika gewesen. Eine Gemeinschaft wurde gegründet, und ich half, die Mittel zu beschaffen. Die Leute, die sich schließlich aufmachten, besaßen jedoch zu wenig Erfahrung, und schon nach zwei oder drei Jahren wurde das Unternehmen verkauft. Ich glaube, das Gelände wurde als Angelgrund gekauft, denn der Crocodile River ist für seine Forellen berühmt; jetzt verbringen wahrscheinlich reiche Südafrikaner aus Johannesburg ihre Wochenenden dort.

Ich kam allein nach London zurück und stellte fest, daß allerlei vorbereitet worden war, um mich willkommen zu heißen. Meine Frau hatte ein Fest organisiert, zu dem auch eine Demonstration von Gurdjieffs Übungen und rituellen Tänzen vorgesehen war, die vierundzwanzig Schüler unter ihrer Leitung erarbeitet hatten. Kostüme waren geschneidert worden, wie es sie damals am Prieuré gegeben hatte. Ich war darauf nicht vorbereitet und reagierte völlig verständnislos. Ich hatte schon immer Angst davor gehabt, auf ein Piedestal gestellt und als höheres Wesen betrachtet zu werden. Aber ich scheute nicht nur selbst davor zurück, sondern fand es auch sehr schädlich, wenn andere bei mir anstatt bei sich selbst nach der nötigen Stärke suchten. Das war der eine Punkt, in dem meine Frau und ich stets geteilter Meinung waren. Sie fand, es sei für die anderen ganz gut, Respekt vor mir zu haben, und meine Selbstherabsetzung sah sie als eine Schwäche, die ich überwinden mußte.

Meist gelang es mir, unsere gegensätzlichen Ansichten über meine Rolle irgendwie im Gleichgewicht zu halten, doch diesmal sperrte ich mich gegen jede Vernunft. Statt anzuerkennen, daß sich alle wirklich große Mühe gegeben hatten, sagte ich kaum etwas und zog mich nach der Vorführung gleich auf mein Zimmer zurück. Meine Frau tat ihr Bestes, um die anderen zu trösten, und sie nahmen mein Verhalten dann sogar als eine bewußt auferlegte Prüfung, an der sich beweisen sollte, ob sie die Arbeit um ihrer selbst willen oder für Dank und Anerkennung getan hatten. Etliche von denen, die damals in Coombe Springs waren, haben mich immer wieder mal an diese erste Zeit erinnert und an die Grundeinstellung aller Schüler, die all mein Handeln als bewußtes Tun interpretierten, das auf irgendein höheres, wenn auch unsichtbares Ziel gerichtet war.

Ich kann mit gutem Gewissen sagen, daß ich selbst nicht bewußt zu dieser törichten Haltung beigetragen habe. Ich war im Gegenteil stets bemüht, meine eigenen — zahlreichen — Fehler und Schwächen nicht zu verstecken. Ich habe in diesem Buch ein paarmal meine Beziehung zu Frauen erwähnt. Ich habe immer allzugern angenommen, ich könne einer Frau in ihren Schwierigkeiten oder ihrer Einsamkeit helfen, indem ich ihr meine Zuneigung zeigte — und mehr als das. Zu meinen Gunsten kann ich nur anführen, daß ich mich niemals zwischen eine Frau und ihren Mann gedrängt und keinen Anträgen dieser Art nachgegeben habe. Ich war jedoch nie abgeneigt, Beziehungen zu alleinstehenden Frauen zu knüpfen. Zwei dieser Beziehungen dauerten viele Jahre und waren wichtige Faktoren in meinem Leben. Meine Frau mochte sie nicht, sagte aber, sie halte sie in Anbetracht meiner Natur und unseres Altersunterschieds für unvermeidlich. Unverzeihlich waren solche Beziehungen jedoch da, wo gleichzeitig auch ein Lehrer-Schüler-Verhältnis bestand, und ich rang ständig mit mir, um mich aus solchen Beziehungen zu befreien.

Ich erwähne diese Seite meines Lebens hier nur, um zu zeigen, daß mein Verhalten, das ich weder versteckte noch zur Schau stellte, alle Illusionen hätte zerstören müssen, daß ich ein höheres Wesen und besonderer Achtung würdig sei. Ein anderer offensichtlicher Fehler war meine besonders irritierende Neigung zu lügen — um andere zufriedenzustellen oder um peinlichen Situationen aus dem Weg zu gehen. Alle wußten davon, und doch nahmen sie mein Handeln so auf, als sei es von einer höheren Intelligenz geleitet.

Alle, die mit mir zu tun hatten, bekamen immer wieder Grund, sich darüber zu ärgern, daß ich fast jedem, der irgend etwas von mir wollte, zunächst einmal nachgab, dann aber noch einmal darüber nachdachte, zu einem anderen Schluß kam und letztlich ohne Warnung oder Erklärungen etwas ganz anderes tat. Ich sah diesen Fehler und viele andere und machte mir wenig Illusionen über mich selbst.

Als ich einige Wochen wieder in England war, fiel mir auf, daß meine Frau nicht nur müde war, sondern irgend etwas mit ihrer Gesundheit ganz und gar nicht stimmte. Zwei Jahre, und ohne einen Urlaub, hatte sie Coombe Springs in Gang gehalten; ich schlug ihr eine Autoreise durch Frankreich vor.

Ich hatte von der Entdeckung der altsteinzeitlichen Höhlenmalereien von Lascaux erfahren, und da mich alles Vorgeschichtliche schon immer interessierte, wollte ich sie gern selber besichtigen. Wir hatten das Glück, die Höhlen schon kurz nach ihrer Entdeckung sehen zu können; wir krochen unter überhängenden Felsen durch und sahen die Bilder im Licht von Taschenlampen. Sie waren überwältigend. Mit eigenen Augen sahen wir den Beweis, daß schon vor mindestens zwanzigtausend Jahren Menschen von höchster Kultur und beachtlichem technischen Können auf der Erde gelebt hatten. Die Malereien sind so oft beschrieben worden, daß ich dem kaum etwas hinzufügen muß, außer daß ich zu der Überzeugung kam, daß es zwei ganz verschiedene Ebenen der Kultur gegeben haben muß. Die eine war die Kultur der esoterischen Gesellschaft, die den Sinn dieser unterirdischen Heiligtümer kannte und über technische Möglichkeiten verfügte, die ihrer Zeit weit voraus waren. Die andere Ebene zeigte sich in den Höhlenbehausungen um Les Eyzies, wo alles den primitiven Charakter hatte, der den gängigen Vorstellungen vom Steinzeitmenschen entspricht. Der einwöchige Aufenthalt in der Dordogne und ein Besuch im Museé de l'Homme in Paris überzeugten mich davon, daß es in der Frühzeit esoterische Gesellschaften gegeben hatte, die aber ganz anders waren, als die Beschreibungen in der von Prinz Sabaheddin so heißgeliebten theosophischen und okkulten Literatur. Ich konnte mir die großen Hirsch- und Bisonherden vorstellen, die Jägerstämme, die den zurückweichenden Gletschern nachfolgten — und im Hintergrund die weisen Männer, die eine Zukunft vorbereiteten, die unser Erbe geworden ist.

Meine Frau kehrte viel fröhlicher heim, doch sie litt nach wie vor an unerklärlichen Schmerzen. Ich brachte sie zu verschiedenen Ärzten, aber keiner kam zu einer klaren Diagnose. Im Mai hörte ich, daß Powell Duffryn an Untersuchungen interessiert war, die in den USA zur Gewinnung von Öl aus Kohle angestellt wurden. Ich bot mich an hinüberzufahren und Bericht zu erstatten. Nachdem die Firma diesem Plan zugestimmt hatte, schrieb ich an Madame Ouspensky und bat, sie sehen zu dürfen — ohne mir viel Hoffnung auf ihr Einverständnis zu machen. Zu meiner Freude erhielt ich eine sehr herzliche Einladung nach Mendham.

Ich kam am 7. Juni an, dem Tag vor meinem einundfünfzigsten Geburtstag. Madame Ouspenskys Enkel Leonid hatte am selben Tag Geburtstag, und ich wurde eingeladen, an der Feier teilzunehmen. Zu meiner Überraschung traf ich zwei alte Schüler Ouspenskys an, von denen ich gehört hatte, daß sie nicht mehr aktiv an den Gruppen teilnahmen. Madame Ouspensky konnte zu der Zeit ihr Zimmer schon nicht mehr verlassen und empfing nur noch sehr wenige Leute.

Ich wurde auf ihr Zimmer gebeten, und nachdem sie sich über die Gesundheit meiner Frau erkundigt hatte, fragte sie plötzlich: „Was werden Sie tun, jetzt, wo Mr. Ouspensky nicht mehr da ist?" Später erfuhr ich, daß sie auch etlichen anderen diese Frage gestellt hatte. Ich sagte, ich hoffte, Gurdjieff wiederzufinden, habe aber noch keine Spur von ihm. Ich nahm damals an, daß er entweder gestorben oder, wie ich einmal gehört hatte, wahnsinnig geworden sei. Sie sagte: „Er ist nicht wahnsinnig. Er ist nie wahnsinnig gewesen. Er lebt jetzt in Paris. Warum gehen Sie nicht zu ihm?"

Nichts kann beschreiben, wie sehr mich diese Worte trafen. Blitzartig wurde mir klar, wie dumm ich gewesen war, daß ich nicht systematischer gesucht hatte. Ich erinnerte mich an mein letztes Gespräch mit ihm, seit dem fast fünfundzwanzig Jahre vergangen waren. Ich empfand tiefes Bedauern.

Jetzt war ich kein junger Mann mehr. Würde ich Gurdjieffs Methoden überhaupt gewachsen sein? Was würde er jetzt wohl von mir verlangen? Doch bei all diesen bangen Fragen spürte ich eine ungeheure Erleichterung. Ich war nicht mehr allein. Von allen Menschen, die ich kannte, war er der einzige, bei dem ich genau wußte, daß er unvergleichlich viel mehr Einblick besaß als ich — und jetzt war er wieder da und konnte weiterhelfen.

Ich sage zu Madame Ouspensky: „Ich habe hier in Amerika noch etwas zu erledigen. Wenn ich damit fertig bin, werde ich gehen, wenn Sie mir sagen, was ich tun soll."

Sie sagte: „Das ist nicht so einfach. Sie sind nicht der einzige, und Sie kennen Mr. Gurdjieffs Situation nicht." Sie bat ihre Freundin, Miss Darlington, mir einen Brief vorzulesen, den sie nach Lyne geschickt hatte. Darin stellte sie der Gruppe die gleiche Frage, die sie mir gestellt hatte, und forderte sie auf, die Rückkehr zu Gurdjieff zu erwägen. Dieser Brief hatte einen Sturm entfesselt. Manche betrachteten sich durch ihr Wort an Ouspensky gebunden, nie wieder etwas mit Gurdjieff zu tun zu haben. Andere wollten mehr Information. Nur zwei, die beiden, die jetzt in Amerika waren, wollten versuchen, wieder mit Gurdjieff zu arbeiten. Es wurde auch deutlich, daß Madame Ouspensky die Sektion der Fanatiker verärgert hatte, indem sie mich einlud; dort galt jedes Wort Ouspenskys als unverbrüchliches Gesetz, und wer es brach, der verriet das heilige Vertrauen. „Niemand darf mit Bennett in Kontakt treten", hatte Ouspensky gesagt, und das galt, ob er nun lebte oder tot war, ob er damals richtig informiert worden war oder nicht.

All das konnte mich nicht überraschen, denn die Geschichte zeigt, daß sich nach dem Tod eines spirituellen Führers, mag er groß oder klein gewesen sein, stets Fraktionen in seiner Gefolgschaft bilden. Jede behauptet, das zu bewahren und weiterzugeben, was der Lehrer hinterlassen hat, aber eine Fraktion nimmt diese Pflicht ganz wörtlich und bewahrt jedes Wort und jede Anordnung, als seien sie kristallisiert und stünden für alle Zeit fest. Eine andere Fraktion ist offen oder heimlich heilfroh darüber, von der einengenden Gegenwart des Lehrers befreit zu sein, und überläßt sich fortan ganz ihren eigenen Impulsen. Eine dritte Gruppe versucht den Geist der Lehre lebendigzuhalten und ist bereit, die äußere Form sich verändern oder gar unkenntlich werden zu lassen, wenn nur etwas Neues wachsen kann.

In dieser Beschreibung würde wohl jeder der dritten Gruppe beipflichten. Dieser Weg stimmt mit der Aussage der Parabel von den Talenten überein, wo der Diener verdammt wird, der das Geld seines Herrn in ein Tuch wickelte und vergrub. Aber die Wirklichkeit ist nie so einfach. Viele glauben dem Weg des Lebens zu folgen, wenn sie tatsächlich nur von Eigensinn oder Sturheit geleitet sind. Die dem ersten Weg folgen, würden empört zurückweisen, daß sie die Talente vergraben, die ihnen anvertraut wurden.

Befragen wir noch einmal die Vergangenheit, so sehen wir, daß alle Nachfolger eines großen Menschen überzeugt sind, seinem Andenken gerecht zu werden. Nur in der historischen Perspektive erkennen wir deutlich, wie die Fraktionen sich abspalten. Auf lange Sicht sterben die passiven

Bewahrer aus wie die jüdisch-christliche Gemeinschaft in Jerusalem oder die Ehl-i-Beit, die „Leute vom Haus“ in Mekka. Es sind die Fast-Häretiker wie der Heilige Paulus oder Mu'awiya (der fünfte Kalif), die hinter der äußeren Form die innere Größe einer Botschaft sehen und sie für das Leben der Menschen lebendig und fruchtbar machen. Die buddhistischen Schriften beschreiben die gegensätzlichen Gestalten Ananda, den engen Schüler, der sich jedes Wort des Meisters einprägte, und Sariputta, den Sucher, den Vertreter gefährlicher Ansichten. Ananda und seinesgleichen geraten nach dem Tod des Buddha in Vergessenheit. Die aktiven Sucher, die Fast-Häretiker, erhalten das Dharma lebendig.

Wenn also Madame Ouspensky vielen aus der Gefolgschaft ihres Mannes schon fast als Ketzerin erschien, so lag das daran, daß sie auf den lebendigen Inhalt und weniger auf die Form seiner Lehre schaute. Sie wußte, daß eine Lehre niemals eine lebendige Kraft sein kann, wenn sie in einem Menschen beginnt und endet. Sie sah über Ouspensky hinaus auf Gurdjieff und über Gurdjieff hinaus auf den Großen Ursprung, aus dem alles Gute und Vollkommene kommt.

Ich zögerte keinen Augenblick. Sobald ich erfahren hatte, daß Gurdjieff lebte und im Vollbesitz seiner Kräfte war, wußte ich, daß ich zu ihm wollte. Aber ich hatte erst noch meine Arbeit zu tun. Ich brach zu einer Rundreise durch die Kohleforschungslaboratorien der USA auf. Obgleich meine Mutter in der vierten Generation beider Familienzweige Amerikanerin war, hatte ich das Land noch nie gesehen und fand alles sehr aufregend. Zwei Erlebnisse illustrieren die Gegensätze dieses großen Landes.

Ich mußte nach Golden, Colorado, um die Forschungsstation des Bureau of Mines zu besuchen, das damals an der Verkohlung der Braunkohle arbeitete. Golden ist eine Grubenstadt, die auf die Zeit der Prospektoren zurückgeht, als Colorado noch ein Frontier-Staat war. Sie liegt etwa 2400 Meter über dem Meer hinter Denver in den Vorbergen der Rocky Mountains. Ich hatte von einem Steakhaus gehört, das in der ganzen Gegend für sein Rindfleisch berühmt war. Der Inhaber war ein Enkel des Gründers, der es eröffnet hatte, als die Viehzucht in Colorado begann. Ich fand es ohne Schwierigkeiten, setzte mich an einen Tisch und bestellte Rindfleisch. Man sagte mir, es werde eine Dreiviertelstunde dauern, bis es zubereitet sei. Ich ging in der Zwischenzeit noch ein wenig durch die Stadt und kam zwanzig Minuten zu früh wieder zurück. Auf der Speisekarte waren Rocky-Mountain-Forellen aufgeführt, und ich bestellte eine, um mir die Zeit zu vertreiben. Kurz darauf stand ein enormer Fisch, sicherlich ein Anderthalbpfünder, vor mir — eine völlig ausreichende Mahlzeit. Der Fisch war köstlich, und ich aß ihn auf. Ich merkte, daß die Stammgäste mich neugierig zu beobachten anfingen. Das Rindfleisch wurde auf einem großen ovalen Teller gebracht. Es war ein ganzes Rippenstück von zweieinhalb Pfund — in England eine Fünfwochenration. Ich hatte noch nie so zartes Rindfleisch gegesssen und tat mein Bestes, ihm gerecht zu werden, aber zwischendurch schweiften meine

Gedanken doch zu den Millionen ab, die in den Arbeitslagern Europas und Asiens hungerten.

Am nächsten Tag fuhr Dr. Perry, der Leiter der Forschungsstation, mit mir über die Rockies nach Rifle, das zweihundert Meilen westlich lag. Es war Mitte Juni, eine Zeit, in der Denver wie ein Backofen ist. In den Bergen wurde die Luft immer kühler, aber ich war nicht gefaßt auf den Anblick, der sich uns dann bot: ein ungeheures Panorama schneebedeckter Berge und ein großer Gletscher, an dessen Fuß eine Herde wilder Büffel graste. Sie sahen den Bisons in den Höhlen von Lasaux so ähnlich, daß mein Herz einen Schlag aussetzte. In diesem Augenblick kam ich zu der Überzeugung, daß die Indianer ein Bindeglied zur fernen Vorzeit sind — vielleicht sogar zur Eiszeit — und daß wir ein entsetzliches Verbrechen begangen hatten, als wir ihre Kultur zerstörten, anstatt aus ihr zu lernen.

Rifle ist eine Grubenstadt im unwirtlichsten Teil von Colorado, wo sich die hohe Mesa über Hunderte von Kilometern erstreckt. Ich wollte hier eines der größten Ölschiefervorkommen der Welt besuchen und mir die Abbaumethoden ansehen. Das war nur eine meiner Besichtigungen, und ich sah viele Gegenden des Landes.

Schriebe ich hier für Wissenschaftler, so würde ich dieser Reise ein ganzes Kapitel widmen. Ich gewann viele Freunde und bekam einen Eindruck von den Stärken und Schwächen amerikanischer Forschung und Technologie. Die Tendenz, sich zu sehr auf Apparate zu verlassen, raubt ihnen die Flexibilität und hemmt die Initiative. Andererseits können amerikanische Forschungseinrichtungen viel besser mit den ernsten Problemen umgehen, die entstehen, wenn der Operationsmaßstab für die industrielle Produktion verzehnfacht oder verhundertfacht wird. Wir in England erleiden oft Schiffbruch, weil wir es zu eilig haben, von der Forschungsarbeit im Labor zur Produktion im großen Maßstab überzugehen.

Bei Powell Duffryn machten wir auch wieder diesen Fehler, und es war größtenteils meine Schuld. Delanium war eine wirklich gute Erfindung und hätte ohne große Kapitalrisiken ein finanzieller Erfolg werden können, aber wir gingen zu hastig vor, und der Produktionsbetrieb hatte schlimme Kinderkrankheiten. Ich hätte es voraussehen müssen, scheute mich aber, die Begeisterung der Direktoren zu dämpfen. Wie in den meisten Fällen, wo genügend Kapital im Hintergrund steht, klappte die Produktion schließlich doch, aber ich mußte den Preis für meine mangelnde Umsicht zahlen.

All das geschah später, und ich erwähne es hier nur, um zu zeigen, wie verschieden Briten und Amerikaner an technische Probleme herangehen. Für uns ist die richtige Idee entscheidend. Für die Amerikaner die richtige Maschine. Die Russen sind beiden insoweit überlegen, als sie mehr auf das Gleichgewicht von Denken und Mechanik achten.

Auf dem Rückweg nach England fuhr ich noch einmal nach Mendham und erfuhr, daß meine besten Freunde schon abgereist waren, um Gurdjieff aufzusuchen. Ich schreib jeden Tag an meine Frau. In meinem letzten Brief vor der Abfahrt des Schiffes schrieb ich: „Dies scheint unsere letzte Karte zu sein. Ich kann und will in Coombe nicht allein weitermachen. Madame Ouspensky sagt, sie hat nie zugelassen und wird nie zulassen, daß man sie als Lehrerin betrachtet. Sie hat mich gewarnt, daß Gurdjieff extreme Anforderungen stellen könnte. Sie hat von allen hier in Mendham verlangt, sich die Frage zu beantworten: ‚Was würdest Du tun, wenn ein Höherer Lehrer käme?' Die Anwort kann wohl nur sein, daß man sich vorbehaltlos in seine Hände begibt. Was ist, wenn das wirklich stimmt, was er in *Herald of Coming Good* geschrieben hat und wenn er wirklich eine geheime Schule in Persien hat, wo er Leute hinschickt? Und was ist, wenn er sagt, ich soll England und Coombe und Dich verlassen und dahin gehen? Was soll ich tun?"

Ich fuhr mit der Mauretania und nutzte die sechs Tage an Bord, um meinen Bericht für Powell Duffryn zu schreiben. Am vierten Tag erhielt ich ein Telegramm von meiner Frau: „Du mußt tun, was er sagt, auch wenn es heißt, daß Du für immer weggehen mußt." Das war eine heroische Antwort, denn ich wußte ganz gut, daß sie das nicht überleben würde.

Es war Ende Juli, als ich wieder nach Hause kam, und ich sah gleich, daß sich ihr Zustand in besorgniserregender Weise verschlechtert hatte. Sie hatte jetzt ständig Schmerzen, und Bernard war in größter Sorge. Er ging mit ihr zu einem Spezialisten nach dem anderen. Einer sagte, es seien die Nieren, ein anderer sprach von einer Wirbelsäulenverletzung, und ein dritter machte düstere Anspielungen auf Krebs. Sie konnte bis vier oder fünf Uhr morgens nicht einschlafen; dann mußte man sie in ein sehr heißes Bad legen, was ihr ein wenig Erleichterung verschaffte, so daß sie ein paar Stunden schlafen konnte. Trotz all ihrer wachsenden Schwäche bestand sie darauf, mit mir nach Paris zu fahren.

Wir reisten am 6. August 1948. Bernard fürchtete, sie würde die Reise nicht überstehen. Er rief einen befreundeten Arzt an, der uns mit einem Krankenwagen am Gare du Nord abholte. Sie war von einer unglaublichen Tapferkeit. Sie wollte nichts davon hören, daß man sie trug, sondern ging zu einem Taxi. Ich brachte sie in ein Hotel am linken Seineufer, da wir am nächsten Tag in die Rue du Bac (nahe dem Boulevard St. Germain) wollten, um Madame de Salzmann zu besuchen, die ich nicht mehr gesehen hatte, seit sie uns vor siebzehn Jahren einmal in Gadsden besucht hatte. Wir stellten fest, daß sie im fünften Stock wohnte und es keinen Lift gab. Ich wollte meine Frau unten warten lassen, aber sie ließ sich durch nichts abschrecken. Langsam und unter Schmerzen stieg sie die Treppen hoch.

Madame de Salzmann trafen wir als eine kleine, sehr aufrechte Frau mit schneeweißem Haar an, sehr verändert seit der Zeit damals am Prieuré, als sie unter den jungen Frauen eine von denen war, die Gurdjieffs Übungen am besten beherrschten. Sie fragte uns gleich, ob wir mit Mr. Gurdjieff essen wollten. Ganz verblüfft, daß es so einfach sein sollte, stimmten wir sofort zu. Wir hatten damit gerechnet, tagelang warten und allerlei Anforderungen erfüllen zu müssen, bevor wir ihn sehen durften.

20. Die Rückkehr zu Gurdjieff

Langsam und mühevoll stieg meine Frau die steilen Treppen in den alten Hof des Hauses Nummer 44 in der Rue du Bac hinunter. Ganz langsam stieg sie in das Taxi ein, und dann fuhren wir über die Pont de l'Alma, um den Etoile und zwischen blühenden Trompetenbäumen die Avenue Carnot hinunter. Der heiße Sommertag konnte nicht das Frösteln aus meinem Herzen vertreiben. Die Standhaftigkeit meiner Frau erschien mir fast unnatürlich, so als sei diese rätselhafte Kraft der Sterbenden über sie gekommen.

Gurdjieffs Wohnung in der Rue des Colonels Renard Nummer 6 lag im ersten Stock rechts. Beim Eintreten schienen uns die Gerüche Asiens — Saffran und Estragon und ein Gemisch aus weniger definierbaren Düften — in eine andere Welt zu versetzen. Die Wohnung bildete einen befremdlichen Gegensatz zum Prieuré. Hier war alles klein und dunkel und schäbig und vermittelte den Eindruck einer Armut, die weder europäisch noch asiatisch war. Wenn ich an die prächtigen Salons und Gärten des Prieuré dachte, an das große Studienhaus und seine schmuckvolle Gestaltung, an den strahlenden Sonnenschein des Jahres 1923, dann kam es mir so vor, als hätte Gurdjieff nicht nur dem Glanz, sondern der Sonne selbst den Rücken gekehrt. Es war früher Nachmittag, aber die Fensterläden waren geschlossen und das Licht brannte.

Madame de Salzmann führte meine Frau nach rechts in ein kleines Wohnzimmer und ging dann nach links einen Flur hinunter, um kurz darauf mit Gurdjieff zurückzukehren. Ich drehe mich um und sah ihn auf dem abgetretenen Teppich stehen, noch stärker verändert als seine Umgebung. Der dunkle, ausladende Schnauzbart war weiß geworden, und das strahlende, spöttische Gesicht hatte seine festen Konturen verloren. Er war alt und traurig, aber seine Haut war glatt, und er hielt sich so aufrecht wie immer. Ich empfand eine plötzliche Wärme für ihn, etwas ganz anderes als die jugendliche Ehrfurcht und Schüchternheit, mit der ich ihm am Prieuré begegnet war.

Auf dem Kopf trug er einen roten Fes, wie er eher bei den ottomanischen Türken als bei den Ägyptern oder Marokkanern üblich war. Sein offenes Hemd und die nicht gerade saubere Hose paßten besser zu seiner ganzen Erscheinung als die schicken französischen Anzüge, die er 1923 getragen hatte. Er bewegte sich wie immer mit einer Anmut und Sparsamkeit, die allein schon ausreichten, um allen in seiner Nähe ein Gefühl von Entspannung und Behagen zu vermitteln.

Madame de Salzmann stellte mich als jemanden vor, dessen er sich aus der Zeit am Prieuré noch erinnern würde. Er sagte: „Nein, ich erinnere mich nicht." Er sah mich einen Augenblick stumm an und fügte hinzu: „Sie sind

Nummer Achtzehn. Nicht große Nummer Achtzehn, sondern kleine Nummer Achtzehn." Ich hatte zwar keine Ahnung, was er damit meinte, aber seine Bemerkung machte mich trotzdem froh und gab mir das Gefühl, aufgenommen zu sein, auch wenn er sich nicht an mich erinnerte. Es war auf den Monat genau fünfundzwanzig Jahre her, daß ich das Prieuré verlassen hatte, aber jetzt schien alle Zeit plötzlich ausgelöscht, und es war, als hätte ich ihn nie verlassen.

Es waren nur wenige Leute in der Wohnung. Das Essen hatte noch nicht begonnen, obgleich es schon nach zwei Uhr war. Wir gingen in die kleine Stube, die kaum zehn Quadratmeter maß. An den Wänden hingen grauenhafte Öldrucke und sonstige Klecksereien in Öl. Außerdem standen da noch zwei Glasvitrinen mit wertlosem Kleinkram: kostümierte Puppen und Andenken ungewisser Herkunft. Und über allem lag der Küchengeruch.

Ein Amerikaner las laut auf Englisch aus einem maschinengeschriebenen Manuskript vor. Er sprach jedes Wort deutlich aus, aber ich konnte mir keinen Reim darauf machen. Nach kurzer Zeit steckte eine junge Frau den Kopf durch die Tür und sagte: „Kette". Gurdjieff wiederholte „Kette!" Wortlos standen die meisten im Zimmer mit ihren Tellern auf und nahmen mit etwa einem Meter Zwischenraum in einer Reihe von der Küche zum Eßzimmer Aufstellung. Madame de Salzmann setzte sich mit meiner Frau an den Tisch und stellte ihr leise einige Fragen. Ich schloß mich den anderen an, ohne zu wissen, worum es ging.

Gurdjieff ging in die Küche, wo ich ihn aus mehreren großen Pfannen in Teller füllen sah. Dann wurden die Teller gefüllt, mit einem weiteren Teller bedeckt, aufeinandergestellt — Eintopf unten, Suppe oben — und dann von Hand zu Hand bis zum Tisch weitergereicht. Die Vorteile dieser Methode wurden mir erst einige Wochen später richtig klar, als sich vierzig Leute in einem für sechs Personen gedachten Eßzimmer drängten und so eingekeilt waren, daß niemand hätte ein- und ausgehen können, um aufzutragen.

Ich saß zu Gurdjieffs Rechten und meine Frau ihm gegenüber links neben Madame de Salzmann. Die Mahlzeit ging mit jenem ausgefeilten Ritual von Trinksprüchen und dem Teilen von kleinen Leckerbissen vonstatten, das in Büchern über Gurdjieff so oft beschrieben worden ist. Nach einer Weile hörte er auf zu essen und fragte meine Frau auf Englisch: „Sie haben Schmerzen?" „Ja." „Schlimme Schmerzen?" „Ja." Er stand auf und holte eine kleine Flasche. Er nahm zwei Pillen heraus und sagte: „Schlucken Sie. Wenn Schmerz geht, weiß ich, was ich für Sie tun kann. Wenn nicht, dann sagen Sie es mir." Er wandte sich wieder dem Essen zu und beachtete sie nicht weiter.

Unsere ganze Aufmerksamkeit galt den Trinksprüchen. Ich erinnerte mich an Gurdjieffs Trinksprüche auf die verschiedenen Arten von Idioten beim samstäglichen Festmahl am Prieuré. Inzwischen schien das Ritual komplexer geworden zu sein und hatte offenbar eine feste Form angenommen. Derselbe Amerikaner, der vor dem Essen vorgelesen hatte, sprach auch die Trinksprüche. Er saß links neben Gurdjieff und wurde mit „Direktor" angesprochen. Gurdjieff sagte, das sei ein uralter, in Zentralasien wohlbekannter Brauch, der sogar im Bericht von der Hochzeit zu Kana zu erkennen sei, wo der Leiter des Festmahls, der Chamodar, die gleiche Funktion hatte wie dieser Direktor.

Er brach diese Erläuterungen unvermittelt ab und fragte meine Frau: „Wo ist Ihr Schmerz jetzt?" Sie antwortete: „Er ist weg." „Ich frage, wo *ist* er jetzt?" beharrte Gurdjieff. Tränen traten ihr in die Augen, und sie sagte: „Sie haben ihn genommen." Er erwiderte: „Ich bin froh. Jetzt kann ich Ihnen helfen. Nach dem Kaffee wird Madame Salzmann Ihnen eine Übung zeigen."

Das Essen dauerte bis gegen fünf Uhr. Als wir uns erhoben, lud er mich ein, in einem noch kleineren Zimmer mit ihm Kaffee zu trinken. Es war sein Büro und seine Vorratskammer; vom Boden bis zur Decke hing alles voll mit getrockneten Kräutern, getrockneten Fischen und Würsten, entlang der Wände bogen sich die Regale unter Konservendosen und Einmachgläsern. In England waren Nahrungsmittel immer noch streng rationiert, und dieses Proviantlager war für mich ein sehr ungewohnter Anblick. Gurdjieff fesselte jedoch sofort meine Aufmerksamkeit mit der Frage: „Sie wissen, was erstes Gebot von Gott für Mensch ist?" Während ich mir noch eine Antwort zurechtklaubte, gab er sie selbst: „Hand wäscht Hand." Er wartete, damit ich das aufnehmen konnte, und fuhr dann fort: „Sie brauchen Hilfe, und ich brauche Hilfe. Ich helfe Ihnen, und Sie müssen mir helfen." Ich sagte, ich sei bereit, alles zu tun, was er wollte.

Er sprach über seine Probleme in Paris; daß er nicht genügend Geld für eine Reise nach Cannes habe, die sehr wichtig für ihn sei. Das konnte mich nicht in Verlegenheit bringen, denn ich war darauf eingestellt, ihm soviel Geld zu geben, wie ich erübrigen konnte. Dann sagte er: „Und was wollen Sie von mir?" Ich erwiderte: „Werden Sie mir zeigen, wie ich für mein Sein arbeiten kann?" Das fand seine Anerkennung. „Ganz recht. Jetzt haben Sie viel Wissen, aber im Sein sind Sie eine Null. Wenn Sie wollen, zeige ich Ihnen, wie man arbeitet, aber Sie müssen machen, wie ich sage."

Dieses Gespräch hatte etwas fast Unheimliches. Es war die nahtlose Fortsetzung dessen, was er mir am Prieure' gesagt hatte, und das wiederum hatte an das Gespräch angeschlossen, das wir siebenundzwanzig Jahre zuvor bei Prinz Sabaheddin in Kuru Chesme geführt hatten. Ich sagte: „Ich weiß, daß meine Lage hoffnungslos ist, wenn ich so bleibe, wie ich bin. Deshalb bin ich zu Ihnen gekommen." „Wenn Sie tun, wie ich sage", antwortete er, „werde ich Ihnen zeigen, wie Sie sich ändern können. Nur Sie müssen aufhören zu denken. Sie denken zuviel. Sie müssen anfangen zu spüren. Verstehen Sie den Unterschied zwischen Spüren und Fühlen?" Ich sagte, daß eine sei körperlich und das andere emotional. „Mehr oder weniger", antwortete er, „aber Sie wissen das nur mit dem Kopf. Sie verstehen nicht mit Ihrem ganzen Sein. Das müssen Sie lernen. Sagen Sie Madame Salzmann, sie soll Ihnen und Mrs. Bennett die Übung von Spüren und Fühlen zeigen".

Als ich das Zimmer verlies, rief er mich noch einmal zurück und fragte: „ Haben Sie *Beelzebub* gelesen?“ Ich dachte mir, es handele sich wohl um das Buch, aus dem vor dem Essen vorgelesen worden war, und sagte, ich hätte es noch nie gesehen. Er sagte: „Müssen Sie viele Male lesen. Nehmen Sie jetzt Kapitel über Asiatah Shiemash, und lesen Sie dreimal, bevor Sie heute abend zum Essen kommen.“

Meine Frau saß noch bei Madame de Salzmann und erzählte ihr von Coombe Springs. Als ich sagte, daß wir die Übung des Spürens und Fühlens lernen sollten, fragte Madame de Salzmann, ob ich auch wirklich richtig gehört hätte, denn diese Übung erfordere Vorbereitung. Es stellte sich heraus, daß ich richtig gehört hatte, und sie erklärte uns ganz einfach und klar, worin die Übung bestand und wie oft und wie lange sie auszuführen war.

Sie gab mir auch das Manuskript der Kapitel, die Gurdjieff mir genannt hatte. Ich ging in unsere Wohnung in der Avenue d'Eylau und las sie immer wieder. Die Beschreibung des mythischen Propheten Ashiata Shiemash und seiner „Organisation für die Existenz des Menschen“ machte einen tiefen Eindruck auf mich. Ich sah darin eine Prophezeiung künftiger Ereignisse. Gurdjieff bestätigte später diese Interpretation.

Meine Frau war wirklich elektrisiert von dem, was sie erlebte. Ich selbst hatte schon gesehen, daß sie — zumindest zeitweilig — von ihren Schmerzen befreit war, denn sie war so kraftvoll wie früher vom Tisch aufgestanden und nicht so langsam und unter Schmerzen wie in den letzten Monaten. Am nächsten Tag hatte sie allein ein Gespräch mit Gurdjieff, von dem sie mir aber nie etwas erzählte, außer daß es sich mehr um mich als um sie gedreht und ihr das Vertrauen gegeben hatte, daß er mir helfen konnte.

Bernard hatte uns in der Wohnung zweier guter Freunde untergebracht, eines jungen Ehepaares, das heldenhaft in der Résistance gekämpft hatte. Er machte sich wenig oder keine Hoffnung, Gurdjieff sehen zu können. Auch Elizabeth Mayall war mitgekommen, aber sie reiste weiter in die Dordogne, um die Höhlenmalereien von Lascaux zu sehen, die uns so beeindruckt hatten.

Bernard war außer sich vor Freude über den Zustand meiner Frau. Sie wurde nicht sofort gesund, aber schon nach wenigen Tagen schlief sie schmerzfrei, und die mysteriöse Krankheit war verschwunden. Bis zum Ende ihres Lebens trat dieser besondere Schmerz nicht mehr auf, und sie war fest überzeugt, daß Gurdjieff sie geheilt hatte.

Beim Abendessen kündigte Gurdjieff an, er werde am nächsten Tag nach Cannes aufbrechen. Ich hatte ihm ziemlich viel Geld gegeben und hoffte, daß ihm die Reise deshalb jetzt möglich war. Er lud mich ein mitzukommen, aber ich hatte meinen Wagen in England gelassen. Er sagte: „Lassen Sie ihren Wagen herbringen, und kommen Sie nach.“ Ich rief Pierre Elliot, den Neffen meiner Frau an, und er versprach, am nächsten Tag zu kommen.

Gurdjieff fuhr mit dem Amerikaner, der am ersten Tag vorgelesen hatte, George, seinem russischen Chauffeur, und einem Mädchen namens Lise Tracol in einem geliehenen Wagen los. Meine Frau und ich wollten am nächsten Tag nachkommen. Wir verbrachten diesen Tag mit Bernard ganz still. Wir fühlten uns ihm sehr nahe und wünschten ihm, daß er an unseren Erfahrungen direkt teilhaben konnte. Das aber schien für die nächste Zeit unwahrscheinlich, denn Madame Ouspensky hatte mir gesagt, daß meine Frau und ich zwar zu Gurdjieff gehen durften, aber nicht um die Erlaubnis bitten sollten, einen meiner Schüler mitzubringen.

Am nächsten Morgen rief ich wie verabredet in Cannes an, um Bescheid zu sagen, daß mein Wagen unterwegs war, und um zu fragen, ob ich noch irgend jemanden mitnehmen sollte. Ich erfuhr, daß Gurdjieff in der Nacht einen schweren Unfall gehabt hatte und Madame de Salzmann losgefahren sei, um ihn zu suchen und nach Hause zu bringen. Ich gab diese Nachricht an die anderen weiter. Wir waren alle wie vor den Kopf geschlagen. Was, wenn er jetzt stirbt, wo wir ihn gerade erst wiedergefunden haben?

Die Sonne ging schon unter, als Pierre Elliot in meinem Wagen ankam, den er mit Höchstgeschwindigkeit von Dieppe nach Paris gesteuert hatte. Ich fuhr in die Rue des Colonels Renard, um meine Hilfe anzubieten. Im gleichen Augenblick fuhren vor der Tür von Gurdjieffs Haus zwei große Autos vor: sie waren gerade erst angekommen. Mein erster Impuls war, wieder wegzufahren, um nicht im Weg zu stehen, aber dann dachte ich mir, daß sie alle todmüde sein mußten und ich ihnen vielleicht mit dem Gepäck helfen konnte. Ich parkte meinen Wagen und stieg aus. Es dämmerte schon, aber irgendwie erschien mir alles noch dunkler als sonst. Keine Passanten waren auf der Straße. Ich stand nur da und schaute und wartete. Eine der Wagentüren öffnete sich, und Gurdjieff stieg langsam aus. Seine Kleidung war blutüberströmt, sein Gesicht zerschlagen und schwarz. Aber da war noch etwas, das mir das Gefühl gab, einen Sterbenden zu sehen. Nein, es war ein Toter, eine Leiche, die da aus dem Auto stieg — und sie konnte gehen!

Ich erschauerte wie jemand, der ein Gespenst sieht. Unmöglich, daß er sich auf den Beinen halten konnte. Doch er erreichte die Tür und den Lift und ging in seine Wohnung im ersten Stock links. Ich folgte ihm wie ein Hypnotisierter.

Er ging in sein Zimmer und setzte sich. Er sagte: „Jetzt sind alle Organe kaputt. Muß neue machen." Er sah mich und lächelte. „Sie kommen heute abend zum Essen. Muß Körper arbeiten machen." Ein Schmerzkrampf durchzuckte ihn, und ich sah Blut aus seinem Ohr fließen. Ich dachte: „Er hat eine Gehirnblutung. Er wird sich umbringen, wenn er seinen Körper weiter zwingt, sich zu bewegen." Er fragte Madame de Salzmann: „Was ist mit X?" Ich verstand den Namen nicht. Sie antwortete, er sei im amerikanischen Hospital. Er sagte: „Gehen Sie hin und sehen Sie nach, wie es ihm geht." Dann sagte er: „Ich brauche Wassermelonen. Kaufen Sie auf dem Rückweg Wassermelonen."

Ich sagte mir: „Er muß all das tun. Wenn er seinem Körper erlaubt stillzustehen, dann stirbt er. Er hat Macht über seinen Körper." Laut sagte ich, daß ich Madame de Salzmann fahren könnte. In diesem Augenblick erfaßte ich etwas von ihrem heroischen Mut. Sie war grau vor Erschöpfung und konnte es kaum ertragen ihn alleinzulassen, aber sie gehorchte wortlos.

„Fahren Sie vorsichtig", sagte sie zu mir, „ich kann nicht mehr viel vertragen." Mein Fahrstil ist selbst in guten Momenten keine Freude für meine Mitfahrer, und an diesem Tag waren die Voraussetzungen natürlich besonders schlecht. Irgendwie schafften wir es aber doch. Auf dem Rückweg hielten wir am Place Saint Ferdinand an, um Wassermelonen zu kaufen, aber alle Läden waren geschlossen.

Pierre tauchte von irgendwoher auf und wartete bangend an der Tür auf Neuigkeiten. Gurdjieff fragte, wer da sei, und sagte: „Sagt ihm, soll Wassermelonen holen. Wenn bringt, hat er Recht, immer in mein Haus zu kommen." Pierre, der in allen Krisen stets über sich selbst hinauswuchs, machte sich sofort auf den Weg zu den Hallen und kam mit einem Armvoll Melonen zurück. Ich fuhr los, um meine Frau zu holen und Bernard zu sagen, daß Gurdjieff eine Morphiumspritze gegen die Schmerzen haben wollte.

Das Abendessen war an diesem Tag unbeschreiblich qualvoll. Der Arzt war dagewesen und hatte gesagt, Gurdjieff müsse absolut stilliegen, und wenn er nicht an seinen Verletzungen stürbe, dann möglicherweise an einer Lungenentzündung. Gurdjieff schlug alle Mahnungen in den Wind und erschien zum Essen. Er aß ein paar Bissen und hörte sich vier Trinksprüche an. Dann ging er endlich zu Bett. Bernard kam mit dem Morphium; er war von einem seiner Arztfreunde zum nächsten gelaufen, bis er schließlich einen angetroffen hatte. Gurdjieff sagte, er brauche es nicht mehr, da er herausgefunden habe, „wie man mit dem Schmerz lebt."

Am nächsten Tag ging es ihm sehr schlecht. Ein Schädelknochen war gebrochen. Das allein wäre noch nicht so schlimm gewesen, aber er hatte auch mehrere Rippenbrüche, und die Lunge war voller Blut. Bei der Fahrt durch Montargis war ein kleiner Lastwagen mit einem betrunkenen Fahrer aus einer Seitenstraße geschossen und hatte ihn seitlich gerammt. Der Fahrer des Lastwagens und sein Beifahrer waren augenblicklich tot. Gurdjieffs Wagen hatte sich überschlagen und ihn zwischen Steuerrad und Sitz geklemmt. Es dauerte eine Stunde, bis man ihn befreit hatte. Er war bei vollem Bewußtsein geblieben und dirigierte jede Bewegung, um einen tödlichen Blutverlust zu vermeiden. Die drei anderen kamen mit leichten Verletzungen davon.

Zu der Zeit waren fast alle französischen Schüler Gurdjieffs in Urlaub. Alle, die nur ein paar Tage erübrigen konnten, nutzten seine Reise nach Cannes, um Freunde auf dem Lande zu besuchen. Am zweiten Tag wurden Elizabeth (die inzwischen nach Paris zurückgekehrt war) und Bernard zu ihrer großen Überraschung und Freude eingeladen. So lange Gurdjieff lebte, ließen sie keine Gelegenheit aus, in seiner Nähe zu sein. Außer Elizabeth, meiner Frau, Bernard, Pierre und mir kamen nur wenige in Gurdjieffs Wohnung. Er sagte uns, wir sollten zu den Mahlzeiten kommen. Am Mittwoch nach dem Unfall kam Gurdjieff herein und sagte mit großem Ernst: „Laßt euch niemals Penizillin geben. Es ist Gift für die Psyche des Menschen." Als es ihm ganz schlecht ging, hatte er eine Injektion gegen die

Lungenentzündung bekommen, aber nach diesem ersten Tag ließ er keinen Arzt mehr an sich heran. Eine französische Krankenschwester kam, um ihn zu versorgen. Anfangs war sie ganz verzweifelt und sagte: „*Veut-il donc mourir? Il se tue.*“ Er bestand darauf, bei jeder Mahlzeit dabeizusein.

Meine Frau und ich bemerkten eine gewaltige Veränderung. Vor dem Unfall war er der rätselhafte Gurdjieff gewesen, wie er uns stets begegnet und in so manchen Geschichten beschrieben worden war. In den ersten vier oder fünf Tagen nach dem Unfall konnte oder wollte er keine Rolle spielen, sich hinter keiner Maske verstecken. In dieser Zeit spürten wir seine ungeheure Güte und Menschenliebe. Trotz seines entstellten Gesichts — er war buchstäblich von Kopf bis Fuß schwarz und blau — und seiner schrecklichen körperlichen Schwäche, war er von einer Schönheit, die ihn als ein Wesen aus einer anderen und besseren Welt erscheinen ließ. Bernard und Elizabeth, die ihn vorher noch nie gesehen hatten, konnten ihre Eindrücke nicht mit all dem in Einklang bringen, was sie über ihn gehört und gelesen hatten.

Ich glaube, daß wir damals für ein paar Tage den wirklichen Gurdjieff zu sehen bekamen, daß sein sonderbares und oft abstoßendes Verhalten nur Abschirmung war gegen die Leute, die sonst einen Götzen aus ihm gemacht hätten, anstatt an sich selbst zu arbeiten. In der nächsten Woche konnte er sich schon wieder selbständig in der Wohnung bewegen, und am zweiten Mittwoch nahm er, wie er selbst vorausgesagt hatte, seinen gewohnten Tagesablauf wieder auf. Er ging morgens in sein Café, kaufte für den Haushalt ein, empfing zahlreiche Besucher und zu den Mahlzeiten immer mehr Gäste. Jetzt wurde er allmählich wieder der Gurdjieff, den wir früher gekannt hatten, so undurchschaubar wie immer. Am dritten und vierten Tag nach dem Unfall sagte er zu mir: „Sie haben wie viele Leute in England?“ Ich sagte, es seien über zweihundert, von denen achtzig zur Zeit für ein Seminar in Coombe Springs versammelt seien. Ich hatte ihnen ein Arbeitsprogramm für drei bis vier Tage gegeben, da ich erwartete, sehr bald wieder zurück zu sein. Als Gurdjieff hörte, daß viele Zeit hätten, nach Paris zu kommen, sagte er: „Lassen Sie alle kommen. Meine französische Gruppe macht Ferien. Notwendig, keine Zeit zu verlieren. Fahren Sie nach Hause, und bringen Sie mit, wer kommen möchte.“

Ich fuhr mit meiner Frau im Auto nach England zurück, rief alle Seminarteilnehmer und einige andere, die telefonisch erreichbar waren, zusammen und sagte ihnen: „Einige von Ihnen wissen, daß Mrs. Bennett und ich in Paris bei Mr. Gurdjieff gewesen sind. Wir wurden empfangen und wollten mit ihm nach Cannes fahren. Ein fürchterlicher Unfall, der ihm fast den Tod gebracht hätte, hat unsere Pläne umgestürzt, zugleich aber für Sie die Möglichkeit geschaffen, hinüberzufahren und ihn selbst kennenzulernen. Wie Sie wissen, habe ich Mr. Gurdjieff immer als den Großen Lehrer betrachtet, von dem unser System stammt. Wenn wir uns direkt seiner Führung anvertrauen, können wir hoffen Fortschritte zu machen, die ohne ihn schier unmöglich sind. Ich muß aber die Warnung aussprechen, daß es viele Schwierigkeiten geben wird."

Dann berichtete ich von unserer Ankunft und dem Unfall und von Gurdjieffs Versprechen, uns zu zeigen, wie man an seinem Sein arbeitet. Ich fuhr fort: „Ich kann sagen, daß in den zehn Tagen, seit ich England verlassen habe, ein Wunder geschehen ist. Ich habe jetzt Hoffnung: keine blinde Hoffnung, sondern das, was ich *objektive Hoffnung* nenne, daß ich die Umwandlung des Seins erreichen kann, die seit fast dreißig Jahren mein Ziel ist. Ich glaube, daß diese objektive Hoffnung für Sie alle besteht. Ich muß Sie aber warnen: Gurdjieff ist noch weit rätselhafter, als Sie sich vorstellen können. Ich bin gewiß, daß er ein zutiefst guter Mann ist und für das Wohl der Menschheit arbeitet. Aber seine Methoden sind oft unbegreiflich. Zum Beispiel spricht er manchmal die übelste Gossensprache, vor allem mit Damen, die in diesen Dingen etwas etepetete sind. Er hat in Geldangelegenheiten und in seinem Verhältnis zu Frauen den Ruf der Schamlosigkeit. An seinem Tisch muß man Schnaps trinken, oft bis zur Betrunkenheit. Manche Leute sagen, er sei ein Magier und benutze seine Macht für seine eigenen Ziele.

Ich gebe nicht vor zu wissen, was an diesen Gerüchten wahr oder falsch ist. Ich weiß aber, daß er uns zeigen kann, wie man effektiv arbeitet und gute Resultate erzielt. Er hat mir eine Übung gezeigt, die mein Verständnis der Selbsterinnerung vollkommen umgekrempelt hat. Als ich nach Paris fuhr, dachte ich noch, Selbsterinnerung sei ebenso unabdingbar wie unerreichbar, aber jetzt weiß ich, daß man sie verwirklichen kann, und zwar auf ganz einfache Weise, indem man die latenten Kräfte des Körpers wachruft.

Meiner Meinung nach lohnt sich jeder Einsatz, wie groß das Risiko oder der Preis auch sein mag. Ich möchte aber nicht, daß auch nur einer von Ihnen mir blind folgt. Denken Sie an das, was über der Tür des Studienhauses am Prieuré geschrieben stand: „Wenn du keinen wohlentwickelten, kritischen Verstand hast, ist es sinnlos, hierher zu kommen". Wenn Sie gehen, müssen Sie mit offenen Augen gehen. Ich glaube nicht, daß die Skandalgeschichten über Gurdjieff wahr sind, aber halten Sie sich vor Augen, daß sie wahr sein könnten, und handeln Sie entsprechend."

Einige äußerten sich dazu und sagten, sie seien beeindruckt, aber nicht so sehr von dem, was ich gesagt hatte, sondern durch die offenkundigen Veränderungen an mir selbst. Noch bevor wir an diesem Abend wieder auseinandergingen baten mich die meisten der Anwesenden, sie mit nach Paris zu nehmen.

Im August 1949 kamen etwa sechzig von meinen Schülern in Gurdjieffs Wohnung. Noch viele andere rissen sich darum, auch kommen zu dürfen, aber die Wohnung faßte — selbst wenn man fast darin erstickte — einfach nicht mehr als sechzig Leute, und zudem kamen in dieser Zeit auch noch Gurdjieffs französische Schüler nach und nach aus aller Welt zurück. Wir hatten unwahrscheinliches Glück, eine ruhige Zeit erwischt zu haben und die Tage nach Gurdjieffs Unfall miterleben zu dürfen.

Als die französische Gruppe sich allmählich wieder einfand, kamen wir so oft wie möglich zu den Wochenenden nach Paris. Einige meiner Schüler boten sich an, mir bei meiner Arbeit in Paris zu helfen, vor allem bei der Verfielfältigung des Manuskripts von *Beelzebub,* nach dem eine große Nachfrage bestand. Wir von der englischen Gruppe empfanden tiefe Dankbarkeit für die französischen Schüler, die sich zurückhielten, um uns freien Zugang zu Gurdjieff zu geben. Sieben Jahre lang hatten sie ihn fast für sich allein gehabt und eine längere zusammenhängende Schulung erfahren als je ein Schüler zuvor. Sie empfanden tiefen Respekt für Madame de Salzmann, die ihnen in allen schweren Prüfungen und aller Verlorenheit, die jeder erfahren mußte, der von Gurdjieff lernen wollte, zur Seite gestanden hatte.

Bald nachdem der Strom aus Coombe Springs eingesetzt hatte, kam Kenneth Walker mit den beiden Männern, die ich in Mendham gesehen hatte, um Gurdjieff aufzusuchen. Er kam als trauriger, verwirrter alter Mann an. Gurdjieff nahm ihn mit echtem Mitgefühl auf und erneuerte seine Hoffnung und sein Vertrauen eher durch dieses Fühlen als durch Mittel des Bewußtseins. Es war eine Freude, dieser Verwandlung zuzusehen. Innerhalb weniger Tage wuchsen Walker frische Kräfte und neue Hoffnung zu. Er kehrte nach England zurück und sprach mit all jenen Schülern Ouspenskys, die bereit waren, ihm zuzuhören. Danach kamen viele nach Paris, die sich aber keineswegs harmonisch vermischten. Den dritten Strom führte Jane Heap, eine bemerkenswerte Frau, Mitbegründerin des *Little Review* und vierzig Jahre zuvor eine bekannte Größe in amerikanischen Avantgardekreisen. Zwanzig Jahre lang hatte sie Gurdjieffs Fahne in London hochgehalten und jeden Kontakt zu Ouspensky und seinen Schülern, die sie in ihrer kompromißlosen Art als Abtrünnige betrachtete, abgelehnt. Jede Gruppe erreichte Gurdjieffs Tafel aus einer anderen Richtung und jede mit einer anderen Vorstellung von der Bedeutung des Wortes „Gurdjieff".

An Gurdjieffs Tafel waren all diese Differenzen vergessen. Wir erfuhren etwas vollkommen Neues und überaus Erstaunliches: nämlich die Bedeutung des physischen Körpers und seiner latenten Kräfte. Gurdjieff zeigte uns Übungen, die so neu und in ihrer Wirkung so überraschend waren, daß es uns allen so vorkam, als eröffnete sich uns eine ganz neue Welt. Er vermittelte auch denen, die den aufrichtigen Wunsch hatten, den Weg gezeigt zu bekommen, das Gefühl, daß es sehr wichtig und dringend sei, an sich selbst zu arbeiten, um das Selbst aus seinen Illusionen und Abhängigkeiten zu befreien. Bei jeder Mahlzeit wurde der Direktor aufgerufen, den Trinkspruch auf alle Hoffnungslosen Idioten auszubringen und zu erklären, worin der Unterschied bestand zwischen denen, die subjektiv hoffnungslos sind, weil sie um ihre eigene Nichtigkeit wissen, und denen, die objektiv hoffnungslos sind, weil sie von ihren Sünden nicht lassen können und deshalb dazu verdammt sind, wie Hunde zu krepieren.

Keine Beschreibung kann wiedergeben, was für eine erschreckende Wirklichkeit diese Unterscheidung gewann, wenn Gurdjieff sie uns mit glühendem Blick und in der feurigen Sprache eines Jeremias darlegte. Ich sah alte

Männer schluchzend zusammenbrechen, die vielleicht seit ihrer Kindheit nicht mehr so erschüttert worden waren. Etliche Männer und Frauen verließen Paris nach einem Wochenende bei Gurdjieff so zerrüttet, daß sie psychiatrische Behandlung brauchten. Er selbst gönnte sich niemals Ruhe: jeden Tag war er von morgens bis abends auf den Beinen, führte Gespräche mit einzelnen, hörte Lesungen zu, leitete das Mittag- und Abendessen, gab Kurse in seinen rhythmischen Übungen und beendete den Tag oft mit überirdischen Improvisationen auf einer Portativorgel.

Die Abendmahlzeiten, das Kaffeetrinken und die Musik dauerten oft bis spät in die Nacht. Oft verließen wir die Wohnung erst um zwei oder drei Uhr in der Frühe. Wir waren dann noch so aufgerüttelt von dem, was Gurdjieff gesagt hatte, daß an Schlaf nicht zu denken war. Kleine Gruppen von drei, vier oder auch einem Dutzend Leuten gingen dann in ein nahegelegenes Cafe, um zu rekonstruieren, was Gurdjieff gesagt hatte. Dabei machten wir immer wieder eine sonderbare Beobachtung: Einer erinnerte sich klar und genau an etwas, das Gurdjieff zu einem bestimmten Thema gesagt hatte, und ein anderer behauptete, der Bericht sei vollkommen falsch, und etwas ganz anderes sei gesagt worden. Manchmal behaupteten gleich mehrere, Gurdjieff habe ausschließlich und privat mit ihnen gesprochen und ihnen eine ungeheuer wichtige Botschaft übermittelt. Andere, dicht daneben sitzende Teilnehmer, hatten davon kein einziges Wort gehört.

Nach einiger Zeit kamen wir zu dem Schluß, daß Gurdjieff über eine besondere Art von Maya verfügte, die ihn verschiedenen Leuten zur selben Zeit verschieden erscheinen ließ. Er war tatsächlich, wie Madame Ouspensky es ausgedrückt hatte, X - die unbekannte Größe. Er war so vielschichtig in seiner Erscheinungsweise, daß vierzig Leute, die während seiner verschiedenen Lebensphasen in seiner Nähe waren, vierzig verschiedene Bücher geschrieben hätten. Leider sind die meisten, die über ihn hätten schreiben können, gestorben und haben wenig oder nichts über ihre Erfahrungen hinterlassen.

Etwas in mir sträubt sich, über Gurdjieffs spirituelle Übungen zu schreiben, denn ich bin sicher, daß man sich nur unter der Führung eines erfahrenen Lehrers mit ihnen befassen sollte. Darin liegt in der Tat das Haupthindernis für die Verbreitung von Gurdjieffs Methode. Unter seinen Schülern herrscht Einmütigkeit darüber, daß es mindestens sieben Jahre intensiver Schulung bedarf, bis man eine Gruppe führen kann. Die meisten, die sich dieser Schulung unterziehen, geben unterwegs auf oder werden sich ihrer eigenen Mängel so deutlich bewußt, daß sie sich weigern, Verantwortung für andere zu übernehmen. Unter diesen Voraussetzungen sind natürlich die wenigen, die es auf sich nehmen, andere zu führen, ständig überfordert. Die Abhängigkeit der Methode von so intensiv geschulten Lehrern ist ein schwerer Nachteil, dem man kaum abhelfen kann.

Eine Übung, die mir einen ganz neuen Bereich des Verstehens erschloß, glaube ich jedoch beschreiben zu können, da sie wohl kein noch so experimentierfreudiger Leser unbesonnen nachahmen kann. Einmal rief Gurdjieff mich in sein Zimmer und befragte mich über meine Mutter; wann sie gestorben sei und was ich für ein Gefühl zu ihr habe. Dann sagte er: „Sie braucht Hilfe, weil sie ihren Weg nicht allein finden kann. Meine Mutter ist schon frei, und kann ihr helfen. Durch sie kann auch Ihrer Mutter geholfen werden, aber Sie müssen die beiden zusammenbringen." Er gab mir ein Foto von seiner Mutter, die vor vierundzwanzig Jahren am Prieuré gestorben war, und sagte: „Jeden Tag müssen Sie eine halbe Stunde lang praktizieren, was ich Ihnen sage. Zuerst sehen Sie sich dieses Bild an, bis Sie meine Mutter mit geschlossenen Augen sehen können. Dann stellen Sie zwei Stühle nebeneinander und stellen sich auf dem rechten meine Mutter und auf dem linken Ihre Mutter vor. Stellen Sie sich vor sie hin, und bleiben Sie mit Ihrer Aufmerksamkeit ganz bei dem Wunsch, daß sie zueinanderfinden mögen und Ihre Mutter Hilfe bekommen kann. Das ist eine sehr schwere Übung, und Ihr Wunsch, Ihrer Mutter zu helfen, muß sehr stark sein. Sie selbst können Ihr nicht helfen, aber ich kann ihr durch meine Mutter helfen."

Ich nahm diese Übung noch ernster als andere, die er mir aufgegeben hatte. Nach dem Tod meiner Mutter hatte ich sehr deutlich wahrgenommen, daß sie Hilfe brauchte, aber ich hatte keine Ahnung, was man tun konnte. Die Aufgabe, die ich jetzt bekommen hatte, erwies sich als unerwartet schmerzhaft. Nach einigen Wochen wurde es mir fast unerträglich, täglich eine halbe Stunde lang vor den beiden leeren Stühlen zu stehen. Ich war dabei zu meiner Überraschung in Schweiß gebadet wie bei schwerer körperlicher Arbeit. Einmal brach ich in Tränen aus und schluchzte die ganze halbe Stunde. Doch es schien überhaupt nichts zu passieren. Zweifel kamen mir, ob die ganze Geschichte nicht ein grausamer Scherz sei, den Gurdjieff sich mit mir machte. Dann setzte ein Wandel ein. Nachdem ich einen Monat lang mit dieser Übung gearbeitet hatte, begann ich Erscheinungen wahrzunehmen. Sie waren anfangs flüchtig und nebelhaft, nahmen dann aber immer mehr die Gestalt von meiner Mutter und Madame Gurdjieff an. Ich spürte deutlich, daß meine Mutter sich sträubte und ihren Kopf nicht nach links wenden wollte. Doch dann, eines Tages, wurde der Kontakt doch unzweifelhaft geschlossen. Eine Welle der Erleichterung und Dankbarkeit durchflutete mich. Ich hatte das Gefühl, daß Gurdjieff selbst in diesem Augenblick bei mir in meinem Schlafzimmer in Coombe Springs war.

Ein paar Tage später fuhr ich nach Paris und erzählte ihm, was geschehen war. Er sagte: „Ich bin sehr froh. Jetzt gehören Sie zu meiner Familie, und nichts wird uns trennen."

Ich fühlte mich wie sein Sohn und nahm seine Hand, um sie zu küssen. Er zog sie heftig weg und sagte: „Nicht Sie müssen meine Hand küssen, sondern ich Ihre." Ich habe keine Ahnung, was er damit meinte, und er brachte das Gespräch anschließend sofort auf irgendwelche praktischen Dinge, die ich inzwischen vergessen habe. Von dem Tag an war ich nicht mehr in der Lage, die Übung zu wiederholen — allerdings wurde ich oft eines sehr feinen, kaum spürbaren Kontakts mit meiner Mutter gewahr.

21. Gurdjieffs letzte Tage

Inzwischen plante Gurdjieff selbst eine Reise in die Vereinigten Staaten. Haupthindernis war dabei sein Paß. Er hatte noch in keinem Land in der besonderen Gunst der Behörden gestanden. Nur die Interventionen sehr einflußreicher Freunde in Washington hatten ihn vor dem Krieg in Amerika vor einer Deportation bewahrt. Bei der französischen Polizei galt er als gefährlicher Verdächtiger. Nach dem Krieg war er wegen illegalen Besitzes ausländischer Zahlungsmittel verhaftet worden, und seine Dossiers bei der Sûreté Publique und der Präfektur von Paris quollen über mit Berichten über ungesetzliche Aktivitäten aller Art. Gurdjieff selbst schien es ganz gleichgültig zu sein, welchen Eindruck man von ihm gewann; er schien es geradezu darauf anzulegen, in einem schlechten Licht zu erscheinen.

Die französische Gruppe erzählte uns die Geschichte von seiner Verhaftung. Ein Freund, der Verbindung zur Polizei besaß, hatte ihn davor gewarnt, ausländisches Geld in seiner Wohnung zu verstecken. Ausländische Schüler, vor allem Amerikaner, die nach dem Krieg zu ihm herüberkamen, brachten oft Geldgeschenke mit, manchmal tausend Dollar oder mehr. Das Gesetz schrieb vor, solches Geld sofort in Franc umzutauschen. Aber Gurdjieff behielt die ausländischen Banknoten gern. Einmal wurde er gewarnt, daß die Polizei Haussuchung bei ihm machen wolle, und man bekniete ihn, alles Verdächtige vorher zu entfernen. Er hatte gesagt: „In meiner Wohnung finden sie nie etwas." Am gleichen Tag kamen die Polizisten, schauten unter seine Matratze und fanden ausländische Banknoten aus den verschiedensten Ländern. Er wurde auf die Wache gebracht und zusammen mit einigen Ganoven eingesperrt. Er erzählte später, daß einer von ihnen auf ihn zugekommen sei und gesagt habe: „Na, Alterchen, wie oft hast du denn schon gesessen?" Er sagte, es sei das erste Mal, und begriff sofort, daß er damit sein Gesicht verloren hatte. Als er das nächste Mal gefragt wurde, sagte er: „Achtzehnmal", und wurde von allen bewundert. Den Clou dieser Geschichte kann ich dem Leser leider nicht vermitteln: den großartigen Tonfall, mit dem Gurdjieff „Dix-huit!" ausrief. Diese Zahl hatte eine geheime Bedeutung, denn in Gurdjieffs Idiotenreihe repräsentierte sie die höchste Form von Idiotie, die ein einzelner aus eigener Kraft verwirklichen kann.

Als man ihn vor den Untersuchungsrichter brachte, spielte er die Rolle des armen alten Mannes, der nichts von ausländischem Geld verstand und kaum Französisch konnte, so perfekt, daß man ihn laufen ließ. Zu Hause erzählte er die Geschichte dann reich ausgeschmückt seinen Freunden und Schülern. Als er gefragt wurde, weshalb er die Warnung ignoriert habe, sagte er: „Ich war noch nie im Gefängnis. Man muß jede Art von Erfahrung machen." Diese Geschichte und viele andere, bei denen er schlecht wegkam, erzählte er immer wieder gern. Immer wenn er an die Stelle kam, wo das Geld unter der Matratze versteckt war, hielt er einen Moment inne, sah sich mit kindlich unschuldigem Lächeln im Raum um und sage: „Guter Platz, *hein?*"

Mit solchen Geschichten, mochten sie für seine Schüler auch amüsant und lehrreich sein, hätte er die Polizei gewiß nicht für sich gewinnen können. Es war ihm nie gelungen die französische Staatsbürgerschaft zu bekommen, und er reiste mit einem Paß, der nur weißrussischen Emigranten ausgestellt wurde. Die Inhaber solcher Pässe konnten nur dann in irgendein Land einreisen, wenn sie vorher nachwiesen, daß ein anderes Land sie nach Ablauf ihrer Aufenthaltserlaubnis aufnehmen würde. Als Gurdjieff sich bei der Vorbereitung seiner Amerikareise an die französische Polizei wandte, wurde ihm eine Wiedereinreisegenehmigung hartnäckig verweigert. Ohne sie hatte er aber kaum Aussicht auf ein amerikanisches Visum, es sei denn, ein anderes Land fände sich bereit, ihn aufzunehmen. Er bestand jedoch darauf, daß seine Rückkehr nach Frankreich gesichert sein müsse.

Niemand wußte einen Ausweg. Ich wurde um Hilfe gebeten. Zufällig standen zwei meiner Schüler auf sehr freundschaftlichem Fuß mit einem einflußreichen französischen Minister, der ihnen auf ihre Anfrage versicherte, es sei für ihn ein Leichtes, die Erlaubnis zu beschaffen. Tatsächlich mußte sogar ein früherer Premierminister Frankreichs persönlich für Gurdjieff bürgen, bevor die französische Polizei die Wiedereinreisegenehmigung widerwillig erteilte. Das Visum für die USA beschaffte ich zusammen mit einem anderen Engländer — wiederum durch zufällig vorhandene Verbindungen.

Das Schiff, mit dem Gurdjieff und Madame de Salzmann von Le Havre aus in die Vereinigten Staaten reisten, sollte am 30. Oktober 1948 abfahren. Ich wurde gebeten, sie auf der Zugfahrt zu begleiten, falls es in letzter Minute noch Schwierigkeiten geben sollte. An jenem Tag war eine große Gesellschaft zum Essen versammelt. Ich war Direktor und durchbrach das alte Trinkspruchritual, indem ich das Glas auf seine eigene Gesundheit erhob. Er sagte: „Nein, ich selbst trinke auf das Wohl der Engländer. Dank der Engländer kann ich frei von Schulden in die USA fahren. *Pure comme bébé.*". In der Tat hatten die englischen Gruppen große Summen für ihn gesammelt. Am Bahnhof St. Lazare hatte sich eine große Menge seiner französischen Schüler eingefunden. Er beugte sich aus dem Abteilfenster, verteilte wie immer Süßigkeiten und Nüsse und verkündete seine Abschiedsbotschaft: „Ich hoffe von ganzem Herzen, daß jeder hier, bis ich wiederkomme, den Unterschied zwischen Spüren und Fühlen gelernt hat."

Auf dem Weg nach Le Havre war Madame de Salzmann ungewöhnlich nervös und fühlte sich sichtlich unwohl. Es ist nicht leicht, sich die Polizeiangst der Menschen vorzustellen, die während der deutschen Besetzung in Paris gelebt hatten. Als wir endlich ohne Zwischenfälle an Bord des Schiffes waren, ließ Gurdjieff Dampf ab. Er machte eine große Szene wegen seiner

Kabine, die nach innen hin lag. Er hatte auf einer Einzelkabine bestanden, und der verantwortliche Offizier machte ihm klar, daß alle Einzelkabinen innen lagen. Dann, sagte er, werde er nicht nach Amerika reisen, sondern in Southampton von Bord gehen; ich sollte ihn dort am nächsten Morgen treffen. Schließlich marschierte er nach oben in den leeren Grillroom und trug mir auf, Armagnac, einige Gläser Kaviar und verschiedene Sorten *zakuskas* (russische Vorspeisen) hinaufzubringen, die er in einem Korb aus Paris mitgebracht hatte. Die Stewards waren wütend, doch er besänftigte sie mit einem großzügigen Trinkgeld. Er ernannte mich zum Direktor. Wir saßen und tranken, bis ich unmittelbar vor dem Ablegen von Bord gehen mußte.

Inzwischen war es Mitternacht. Der Zug nach Paris war weg, und es goß in Strömen. Ich ging die Quais entlang, fand aber kein geöffnetes Hotel und richtete mich schließlich unter einer Eisenbahnbrücke zum Schlafen ein. Eine Prostituierte kam vorbei und bot mir an, ihr Bett mit mir zu teilen. Ich lehnte so freundlich wie ich konnte ab. Sie war sehr dick und sehr nett. Als sie wegging, fragte ich mich: „Ich weiß so erbärmlich wenig vom Leben — ist sie gut, oder bin ich gut?"

Dann kam der nächste Tag, und ich fuhr zurück nach London, um die Fäden meines komplizierten Lebens wieder aufzunehmen. Es war wirklich sehr kompliziert, denn ich wurde durch Gurdjieffs Angelegenheiten immer mehr in Anspruch genommen und konnte meine Pflichten gegenüber meinen Angestellten nicht mehr richtig erfüllen. Auch unter meinen Schülern in Coombe Springs war einige Verwirrung entstanden. Für einige war die Begegnung mit Gurdjieff und die Möglichkeit, von ihm zu lernen, ein krönender Höhepunkt gewesen, und ihr einziges Problem bestand darin, daß es so schwer war, in Kontakt mit ihm zu bleiben, solange er in Paris lebte. Andere nahmen Anstoß an seinem Verhalten. Sie konnten sich nicht mit seiner obszönen Sprache und mit dem Trinken an seinem Tisch abfinden. Einige waren ganz entrüstet über Dinge, die man sich in Paris über sein Privatleben — insbesondere seinen Umgang mit Frauen — erzählte. Wenn er mit seinen vielen Söhnen und Töchtern und mit seiner Unwiderstehlichkeit für Frauen prahlte, nahmen sie ihn wörtlich.

Irgendwie mußte ich die Dinge zusammenhalten. Was mich betraf, so war Gurdjieffs Privatleben allein seine Sache, und es kam einzig darauf an, daß er mir und allen anderen die zu ihm kamen, ganz gewiß helfen konnte und half. Ich erinnerte diejenigen, die sich wortreich entrüsteten, an die Warnung, die ich ausgesprochen hatte. Mich selbst störte alles, was ich sah oder hörte, nicht im geringsten. Vielleicht war ich zu unkritisch. Die neue Hoffnung, die Gurdjieff so fest in mir verankert hatte, ließ alle Zweifel als kleinlich erscheinen. Zudem hatte ich ihn ja auch nach seinem Unfall erlebt. Ich war mir ganz sicher, daß dieser liebevolle, gottesfürchtige und sanftmütige Mann, den wir in diesen furchtbaren Tagen gesehen hatten, viel eher der wahre Gurdjieff war als der andere, der allen, die ohne klare Vorstellung von ihren Absichten zu ihm kamen, Anlaß zu Entrüstung oder gar Entsetzen gab.

Für mich war offenkundig, daß er nicht nur ein höchst ungewöhnlicher Mensch war — und jetzt offenbar noch weit mehr als 1923 am Prieuré —, sondern auch ein guter Mensch, der eine ungeheure Aufgabe auf sich genommen hatte und sie jetzt ausführte, was auch immer es ihn selbst kosten mochte.

Bald nachdem das normale Leben um Gurdjieff herum sich wieder eingespielt hatte, fing er an von einem großen Gebäude zu reden, das er brauchte, um die am Prieuré begonnene Arbeit fortzusetzen. Bald darauf wurde ihm das Château de Voisins in Rambouillet angeboten, ein herrliches Schloß, von den in unserem Jahrhundert erbauten vielleicht das schönste. Der Besitzer, ein ungeheuer reicher Zuckerbaron, wollte es aus Steuergründen für etliche Jahre billig verpachten, und ich wurde losgeschickt, um die Verhandlungen zu führen. Gurdjieff besuchte es selbst mehrmals und befand es für sehr geeignet. Da Madame de Salzmann und die anderen französischen Schüler den Plan sehr ernst nahmen, tat ich es auch und arbeitete einen Finanzierungsplan für die Pacht und die laufenden Kosten aus, der sich auf die vielen Besucher aus Amerika und England stützte, die kommen würden, um Hilfe und Führung zu suchen. Als Gurdjieff nach Amerika abreiste, konnte er bereits konkrete Pläne mitnehmen und schien ganz zuversichtlich, daß er die notwendige Unterstützung bekommen würde. Ich muß gestehen, daß ich nie unterscheiden konnte, wann er etwas ernst meinte und wann er nur ein Spielchen trieb.

Kurz darauf ergab sich für mich die Gelegenheit zu einer kurzen Geschäftsreise nach Amerika. Ich kam einige Wochen nach Gurdjieff in New York an, zu Neujahr 1949. Er wohnte im Wellington Hotel, wo auch ich ein Zimmer fand. Ich mußte nach Washington, um an einer Anhörung beim US-Patentamt teilzunehmen, bei der es um unsere Ansprüche aus der Erfindung von Delanium ging. Dennoch konnte ich einige Tage in New York verbringen, auch den 13. Januar, den Gurdjieff als seinen achtzigsten Geburtstag ausgab. Er war tatsächlich um einiges jünger und man muß bezweifeln, daß „Mitternacht am 1. Januar — nach dem alten Kalender" mehr als nur ein symbolisches Geburtsdatum war. Nichtsdestotrotz wurde er von allen Anhängern Gurdjieffs gefeiert, und sie kamen aus allen Teilen des Landes zu einem Festmahl in Gurdjieffs Appartement im Wellington.

Er hatte sich gerade entgültig entschlossen, den ersten Band von *All und Alles – Beelzebubs Erzählungen für seine Enkel* zu veröffentlichen und war von Madame Ouspensky gebeten worden zu entscheiden, ob auch Ouspenskys *Fragments of an Unknown Teaching* veröffentlicht werden sollten. Darüber kam er eine Zeitlang zu keinem Entschluß, und als daraus vorgelesen wurde, wies er darauf hin, daß bestimmte Ideen in *Beelzebub* viel klarer und kraftvoller dargestellt seien. Schließlich willigte er ein unter der Bedingung, daß es nicht vor seinem eigenen Buch herauskommen solle.

Ich weiß nicht, was für eine Meinung Gurdjieff wirklich über Ouspensky hatte, aber wann immer er über ihn sprach, kam es einer vernichtenden Kritik gleich: er habe seine (Gurdjieffs) Ideen ausgebeutet, viele seiner

Schüler ins Unglück gestürzt, im Falle von Ferapontoff und Ivanoff sogar deren Tod verschuldet, und hätte er Gurdjieff nicht verlassen, um sich selbständig zu machen, dann hätte er nicht „wie ein Hund krepieren" müssen. Diese letzte Äußerung vor fünfzig oder sechzig Freunden und Schülern in New York verursachte einen Tumult, aber das wollte er vermutlich gerade. Ein junger Mann hielt ihm mutig entgegen: „Wäre Mr. Ouspensky nicht gewesen, dann wären wir jetzt nicht hier!" Worauf Gurdjieff erwiderte: „Was nützt es, daß Sie hier sind? Sie sind auch Kandidat für diesen Tod." Gurdjieff beklagte sich häufig, Ouspensky habe ihm mit seinem fast ausschließlich intellektuellen Ansatz die Schüler verdorben und er käme besser mit Leuten zurecht, die gar keine Vorerfahrungen besäßen. Auf der anderen Seite rühmte er ihn für die Genauigkeit seiner Berichterstattung. Einmal las ich ihm eines der frühen Kapitel von *Auf der Suche nach dem Wunderbaren* vor. Er hörte mit sichtlichem Genuß zu und sagte am Schluß: „Bis jetzt habe ich Ouspensky gehaßt; jetzt liebe ich ihn. Das ist sehr exakt; er gibt wieder, was ich sage."

Als wir einmal allein waren und er sich über Ouspenskys Schüler beklagte, fragte ich ihn, ob meine auch so verdorben seien. Er sagte: „Nein, Ihre Schüler sind nicht verdorben, sondern irre. Mit Irren kann ich was anfangen, mit Verdorbenen nicht." Desungeachtet bestand seine Methode von Anfang an darin, meine Schüler nach Kräften gegen mich einzunehmen und meine Arbeit in Coombe zu torpedieren. Als ich hörte, daß er Leuten, die mir nahestanden, erzählte, ich sei unreif, unwissend und als Lehrer für sie untauglich, oder wenn er sagte, er könne mir nicht helfen, und sie sollten sich lieber nach einem anderen Lehrer umsehen, dann beirrte mich das nicht im geringsten. Denn einerseits war ich überzeugt, daß das stimmte, was er über mich sagte, und zum anderen begriff ich sehr gut, daß er sich vorgenommen hatte, alle persönlichen Bindungen — an ihn und an andere — zu zerreißen.

Kaum mit Worten zu beschreiben ist, was für eine Atmosphäre von Verzauberung, von Spannung, Argwohn, Verärgerung, Hoffnung, reinster Freude und tiefster Niedergeschlagenheit er um sich zu verbreiten wußte. Bei meiner Rückkehr aus Washington stolperte ich mitten in solche eine Situation hinein. Gurdjieff hatte am Tag vor seinem Geburtstag angekündigt, er wolle einen Rundbrief an alle seine früheren und jetzigen Schüler schicken, um sie von seiner Entscheidung zur Veröffentlichung von *Beelzebub* zu unterrichten und von seinem Wunsch, eine unbeschränkte Anzahl von Freiexemplaren bereitzustellen, so daß jeder es lesen konnte. Er wollte auch, daß es in mindestens vier Sprachen erschien und über die ganze Welt — auch nach Rußland — verbreitet wurde. Beim Mittagessen wurde angeregt über die Formulierung des Briefs diskutiert, doch Gurdjieff fegte alle Vorschläge vom Tisch. Mich sprach er mit dick aufgetragener Ehrerbietung als seinen „werten Repräsentanten für England" an. Ich wußte, daß das nichts Gutes bedeutete, konnte aber nicht ausmachen, was dahintersteckte. Gurdjieff zeigte in New York Bilder vom Château de Voisins herum, behauptete einmal, er habe es gekauft, dann wieder, er habe kein Geld dazu.

Er bot jedem, der 5000 Dollar zu den Kosten beitrug, eine dauernde Unterkunft im Schloß an. Beim letzten Abendessen vor seinem Geburtstag stellte er eine Verbindung zwischen *Beelzebub* und dem Schloß her; nach der Veröffentlichung, so sagte er, würden viele Leute zu ihm kommen, und dann brauchte er ein großes Haus. Er sprach sogar davon, sein Institut für die Harmonische Entwicklung des Menschen wieder aufleben zu lassen und das Château zum Welt-Hauptquartier zu machen.

Am nächsten Morgen ging ich ins Child's Cafe auf der Fifth Avenue, Ecke 56. Straße, denn das war sein „New Yorker Büro". Ich weiß nicht mehr, ob er mich hingebeten hatte oder ob ich aus eigenem Antrieb ging. Er saß allein an einem Tisch und bot mir Tee an, den wir schweigend tranken. Dann sagte er: „Und jetzt schreiben Sie den Brief." Ich ließ mir ein Blatt Papier bringen und schrieb, ohne zu wissen, was oder wie ich schreiben sollte. In zwei oder drei Minuten war der Brief fertig. Die Art zu schreiben war mir vollkommen fremd. Ich benutzte das Wort „Adept" anstatt Schüler. Das überraschte mich nicht nur, sondern störte mich auch, denn das Wort „Adept" klang fast aufdringlich okkultistisch in meinem Ohr. Er sagte: „Vorlesen", und ich las:

6, Rue des Colonels Renard,
Paris 17
13. Januar 1949

Dieser Rundbrief wendet sich an alle meine gegenwärtigen und früheren Adepten und an alle, die durch meine Ideen direkt oder indirekt beeinflußt worden sind und gespürt oder verstanden haben, daß sie etwas enthalten, was für das Wohl der Menschheit notwendig ist. Nach fünfzig Jahren der Vorbereitung und nach Überwindung größter Schwierigkeiten und Hindernisse, ist jetzt der Moment gekommen, wo ich mich entschieden habe, die erste Serie meiner Schriften in drei Büchern unter dem Titel *Eine objektiv unparteiische Kritik des Menschenlebens* oder *Beelzebubs Erzählungen für seinen Enkel* erscheinen zu lassen. Durch diese Veröffentlichung werde ich in die Tat umzusetzen beginnen, was ich für die Übermittlung meiner Ideen an die gesamte gegenwärtige und zukünftige Menschheit geplant habe.

Um dieses Ziel zu erreichen, werde ich die Hilfe all jener brauchen, die etwas vom Wert meiner Ideen begriffen haben, vor allem aber die Hilfe derer, die aus ihrem Studium persönlichen Nutzen gezogen und Hilfe erhalten haben. Ich habe vor, die erste Serie meiner Schriften all denen unentgeltlich zugänglich zu machen, die ihrer Hilfe bedürfen. Die erste Auflage der ersten Serie wird jetzt in einer einbändigen Ausgabe von annähernd tausend Seiten vorbereitet und soll in vier Sprachen gedruckt werden. Die Verbreitung eines so umfangreichen Werkes wird sehr viel Geld kosten, und daher bitte ich alle meine Schüler, ein Exemplar der ersten Auflage für 100 Pfund zu kaufen. Wer mehr als ein Exemplar kaufen kann, bringt damit natürlich mehr Menschen in den Genuß eines Freiexemplars. Wer sich allein kein Exemplar leisten kann, mag sich mit einem oder zwei anderen zusammentun.

Durch diese Aktion erhält jeder, dem der persönliche Kontakt mit meinen Ideen geholfen hat, die Möglichkeit, etwas zurückzuzahlen und bei der Ernte dessen, was ich gesät habe, zu helfen.

G. Gurdjieff

Er nahm das Papier ohne ein Wort an sich. Beim Mittagessen zog er den Brief aus der Tasche. Ich saß neben ihm, und er gab ihn mir (als hätte ich ihn nie gesehen) und ließ mich laut vorlesen. Alle Anwesenden bekundeten lautstark ihren Beifall und sagten, so sei es genau richtig und nur Mr. Gurdjieff hätte es so schreiben können und so weiter. Ich schwieg in dem Wissen, daß ich das Opfer eines jener Gedankenübertragungstricks geworden war, die Gurdjieff so liebte.

Dann sagte er: „Ich brauche drei Repräsentanten für Frankreich, England und Amerika." Er nannte mich für England, Lord Pentland für Amerika und M. René Zuber für Frankreich. Der Brief sollte in jedem Land unabhängig verschickt und jeder Adressat gebeten werden, 100 Pfund oder den Gegenwert in Dollar oder Francs zu geben.

Am Nachmittag gab es ein Kinderfest. Mit Kindern war Gurdjieff immer ganz in seinem Element. Er betrachtete sie als unverdorbenes Material und behandelte sie mit äußerster Feinfühligkeit. Jemand fragte ihn, wie man Kindern seine Ideen nahebringen könne. Er sagte: „Niemals direkt. Mit Kindern immer ganz von außen her anfangen. Kinder müssen die Dinge selber herausfinden, sonst wachsen sie zu Sklaven heran." Er meinte damit nicht, man solle die Kinder einfach tun lassen, was sie wollten. Er glaubte im Gegenteil an strenge Disziplin und schärfte den Kindern ein, sie müßten mit der Gesellschaft übereinstimmen, in der sie zufällig lebten — sollten aber ihm gegenüber keine künstlichen Manieren an den Tag legen. Man könnte ein ganzes Buch über die zahllosen wertvollen Hinweise schreiben, die Gurdjieff Eltern für den Umgang mit ihren Kindern gab. Wenn man ihm Kinder brachte, dann sagte er: „Liebt Eure Eltern. Sie müssen für Euch wie Gott sein. Wer seine Eltern nicht liebt, der kann auch Gott niemals lieben."

Als das Kinderfest zu Ende war, verließen die Erwachsenen die Wohnung oder machten sich an die Vorbereitung des Abendessens. Ich blieb mit ihm allein. Er saß auf einem niedrigen Divan am Ende des langen Salons. Ich kniete neben ihm und dankte ihm. Er sagte: „Was ich bis jetzt für Sie getan habe, ist nichts. Bald kehre ich nach Europa zurück. Kommen Sie zu mir, und ich zeige Ihnen, wie man arbeitet. Wenn Sie tun, was ich sage, werde ich Ihnen zeigen, wie man unsterblich wird. Jetzt haben Sie nichts, aber wenn Sie arbeiten, können Sie bald Seele haben." Das war für mich ein feierlicher Augenblick, denn ich wußte, daß er zum ersten Mal seit 1923 ernsthaft mit mir sprach und mir ein Versprechen gab, das er gewiß halten würde.

Die außerordentlichen Ereignisse an seinem letzten Geburtstag — zehn Monate vor seinem Tod — werde ich hier nicht beschreiben. Zwei Tage danach kehrte ich nach London zurück und stürzte mich wieder in meine Arbeit in den Laboratorien. Ich war entschlossen, die Vernachlässigung meiner Geschäfte während des letzten Sommers wieder wettzumachen. Die Forschungslaboratorien von Powell Duffryn leisteten zu dieser Zeit ihre beste Arbeit, und ich genoß diese Arbeit um ihrer selbst willen. Wir besaßen die volle, ja sogar begeisterte Unterstützung unserer Direktoren und genossen das Gefühl, die Früchte vieler Jahre der Laborarbeit zu kommerziellen Produkten heranreifen zu sehen. Als ich die große Fabrik besuchte, in der die Massenproduktion von Delanium gerade anlief, staunte ich nicht schlecht, zu was sich die zaghafte Ausgeburt meines Gehirns innerhalb von sieben Jahren entwickelt hatte.

Ich war bereit, alles stehen- und liegenzulassen und dorthin zu gehen, wohin Gurdjieff mich schicken mochte. Als ich ihn fragte, was ich tun solle, antwortet er: „Was Sie schon tun. Ändern Sie nichts. Sie sind für meine Arbeit durch das am nützlichsten, was sie jetzt in England tun." Mit der Überzeugung, daß ich Gurdjieff am besten diente, wenn ich meine geschäftlichen Aufgaben zum Erfolg führte, entwickelte ich einen Schlachtplan, der mir erlauben würde, fast meine ganze Kraft den Forschungslaboratorien von Powell Duffryn zu widmen. Dann holte ich jedoch Gurdjieff bei seiner Rückkehr in Cherbourgh ab, und er war kaum vom Schiff herunter, als er mich auch schon aufforderte, mich zu ihm in den Speisewagen zu setzen. Er gab mir zwei Pillen, die ich nehmen mußte, und fügte hinzu, nach einer halben Stunde solle ich eine Übung machen, die er mir zeigen würde. Es war ein sonderbares Gefühl, so mitten im Getümmel und Geschrei zu sitzen, das die Ankunft eines Schiffes begleitet, und doch ganz davon abgelöst zu sein.

So begann ein Zeitabschnitt von acht Monaten, der zum schwersten und schmerzhaftesten meines Lebens wurde. Es ist ganz unmöglich, über die wichtigsten Ereignisse zu schreiben, denn sie waren von so intimer Natur, daß eine Beschreibung einer öffentlichen Beichte gleichkäme.

Einerseits zeigte Gurdjieff mir eine Sequenz von Übungen für die Kontrolle und Transformation der psychischen Energien. Zum anderen machte er sich daran, meine engsten und kostbarsten Beziehungen zu zerstören. Während er meine Frau und mich im Vorjahr noch als eine Person behandelt hatte, drängte er sich jetzt zwischen uns und schaffte eine äußerst schwierige Situation. Er sagte meiner Frau, ich müsse lernen, ohne sie auszukommen, und mir, ich müsse mich von jeder Bindung an eine Frau — auch an meine Frau — befreien. Diese Forderung war fast unmöglich zu erfüllen, da zwischen Elizabeth Mayall und mir seit unserem Zusammensein in jener schrecklichen Woche des 9. August eine tiefe Bindung entstanden war. Sie selbst setzte alle ihre Hoffnungen auf Gurdjieff. Im Vorjahr hatte sie eine lange Zeit der Verzweiflung über ihr inneres Leben durchlitten. Ich riet ihr damals, Coombe Springs zu verlassen und nach Paris zu gehen, um dort vielleicht von Gurdjieff als Schülerin angenommen zu werden. Sie nahm diesen Rat an und war deshalb in den letzten acht Monaten Gurdjieffs sehr viel mehr in seiner Nähe als ich. Während dieser Zeit begleitete sie ihn auf mehreren Reisen nach Vichy und in andere französische Städte. Aus Amerika hatte er die Töchter einiger seiner Schüler mitgebracht; sie sollten sich in Paris einer besonderen Schulung in den rhythmischen Bewegungen unterziehen, um sie später selbst lehren zu können. Eine von ihnen, Iovanna, Tochter des großen Architekten Frank Lloyd Wright, brachte es zu besonderem Können und unterrichtete später in Taliesin junge Architekten in Gurdjieffs Bewegungen. Die Mädchen waren die „Kälber", und Elizabeth, wenn auch älter, wurde meist zu ihnen gerechnet. Gurdjieff übertrug ihr besondere Verantwortung, und ich glaube, daß nur Lise Tracol, die sich viele Stunden täglich in Gurdjieffs Wohnung aufhielt, mehr in seiner Nähe war als Elizabeth. Er schenkte ihr ungewöhnlich viel Vertrauen und beauftragte sie mit vielen diffizilen Aufgaben.

Ich hatte nicht damit gerechnet, daß Gurdjieff meine engsten persönlichen Beziehungen dazu benutzen würde, eine fast unerträgliche Spannung zwischen mir und allen Menschen in meiner Umgebung zu erzeugen. Zudem verlangte er ständig irgendwelche Dienste von mir, bei denen ich nicht nur meinen guten Ruf aufs Spiel setzen mußte, sondern auch die Position, die ich mir durch fünfzehnjährige Arbeit in der Kohleforschung aufgebaut hatte. Dann mußte ich im ersten Halbjahr 1949 noch die schwierige Umstellung von den Arbeitsbedingungen in Coombe Springs, die von mir als Lehrer abhingen — seit meiner Trennung von Ouspensky so mühevoll geschaffen —, zu einem ganz anderen Zustand bewältigen, wo ich ein Schüler unter anderen war und alles wieder von Anfang an neu lernen mußte. Ich machte in dieser Zeit viele Fehler, und Gurdjieff versäumte nie, an ihnen sein Messer zu wetzen.

Eine der wenigen Tröstungen dieses schmerzvollen Jahres war die erhebliche Besserung im Gesundheitszustand meiner Frau. Sie fuhr etliche Male zu Gurdjieff, und er hat ihr wohl etwas über die Gründe erzählt, weshalb er mich so behandelte, denn nachdem sie sich anfangs heftig aufgelehnt hatte, erzählte sie mir später, es sei notwendig, und ihre einzige Hoffnung bestünde darin, daß ich es schaffte zu tun, was er verlangte. Hätte ich genau gewußt, was das war, dann wäre es vielleicht einfacher gewesen; ich mußte aber zwischen den Zeilen lesen und seine Absichten erraten.

Fast jedes Wochenende flog ich nach Paris, oder ich fuhr mit dem Auto und nahm noch zwei oder drei Schüler mit. Jedesmal, wenn ich ankam, wartete eine neue Aufgabe, ein neuer Plan auf mich. Damals erhielt er aus ganz Europa Bitten um Hilfe, und häufig beauftragte er mich damit, irgendwo eine neue Gruppe zu gründen oder mit irgendwelchen wichtigen Personen zu sprechen. Ich lernte abzulehnen, was gänzlich über meine Kräfte ging, nahm aber trotzdem viel zuviel auf mich. Doch hätte ich damals weniger getan, so hätte ich Möglichkeiten versäumt, die unwiederbringlich waren.

An einem Samstag im Mai kam ich gerade rechtzeitig zum Mittagessen. Gurdjieff fragte mich, ob ich in Holland eine Gruppe hätte. Ich sagte, ich hätte zu niemandem in Holland Kontakt. „Warum nicht?" fragte er. „Ich brauche eine Gruppe in Holland; kümmern Sie sich darum." Elizabeth, die wie gewöhnlich in der Ecke beim Klavier saß, sagte, sie habe eine holländische Schulfreundin, die jetzt in Den Haag lebte. Er sagte: „Die kann uns helfen. Schreiben Sie ihr."

Da wir schon sehr viel damit zu tun hatten, in London Kurse für die rhythmischen Übungen oder Bewegungen zu organisieren, befand ich, daß man dieses Gruppenprojekt erst mal nicht so wichtig nehmen müsse. Gurdjieff kam oft mit irgendwelchen Dingen, die er erst als ganz ungeheuer wichtig darstellte und dann nie wieder erwähnte. Das Château de Voisins war solch ein Projekt, das einfach wieder fallengelassen wurde; er verhandelte jetzt wegen eines viel kleineren Gebäudes.

Am folgenden Wochenende fuhr ich wieder nach Paris und war ziemlich überrascht, als Gurdjieff mich noch vor dem Essen fragte, ob ich wegen Holland etwas unternommen hätte. Als ich sagte, daß ich noch keine Zeit gehabt hatte, schrie er mich an: „Ich habe auch keine Zeit. Glauben Sie, daß ich ewig lebe? Ich brauche Kontakt zu den Holländern wegen Indien. Nicht euer englisches Indien, das sich nicht für mich interessiert. Ich brauche die holländische Gruppe, um mit dem holländischen Indien in Kontakt zu kommen." Ich begriff nicht, worauf er hinauswollte, aber offenbar war es ihm ernst. Elizabeth schrieb sofort an ihre Freundin, die damals zufällig Sekretärin der International Grass Association war und viele nützliche Kontakte hatte. Bald wurde ich eingeladen, in Den Haag einen öffentlichen Vortrag über Gurdjieffs System zu halten, und dann entstand eine holländische Gruppe. Erst neun Jahre später fand ich in meiner Begegnung mit Subud eine Erklärung für Gurdjieffs Beharren auf einem Kontakt zu Niederländisch Ostindien.

Zu meinem Geburtstag am 8. Juni war ich in Paris. Gurdjieff sagte, er werde für mich ein besonderes Stück auf seiner Orgel spielen. Während ich zuhörte, wurde mir bewußt, daß ich etwas zurückhielt, daß ich eine neue Beziehung zu ihm finden mußte und daß er mir eine Tür öffnete, die ich nicht durchschreiten konnte, weil meine Wahrnehmung nicht fein genug war. Damals ließ er mich an einer spirituellen Übung arbeiten, die mich total ins Schwimmen brachte, denn sie erforderte ein regungsloses Gleichgewicht aller psychischen Funktionen, das ohne jede Anspannung oder Bemühen um Konzentration zu halten sei. Als er mir die Übung erklärte, kam sie mir im Vergleich zu den bisherigen, sehr schwierigen und komplizierten Übungen, bei denen es um Kontrolle über die Energien des Spürens, Fühlens und Denkens ging, recht einfach vor. Doch gerade dieses Einfache machte sie so über die Maßen schwierig. Ich hatte das Gefühl zu versagen und dachte, ich müßte es irgendwie so einrichten, daß ich in Paris bleiben und mich ganz unter seine Führung stellen konnte. Ich sagte ein geplantes Seminar in Coombe Springs ab — das einzige Mal in fünfzehn Jahren, daß die gemeinsame Arbeit im August ausfiel — und nahm vier Wochen Urlaub. Am 21. Juli 1949 fing ich wieder an, ein Tagebuch zu führen, und schrieb zwei Jahre lang daran weiter. Dabei ging es mir weniger um äußere Ereignisse als um die Dokumentation meiner inneren Erfahrung. Jede Seite bezeugt, wie wenig ich verstand, was von mir verlangt wurde. Ich war überzeugt, ich müsse alle meine körperlichen und psychischen Funktionen beherrschen und könne die Kraft dazu nur durch langes und schmerzhaftes Üben bekommen. Besonders entsetzt und sogar erzürnt war ich über alles, was Gurdjieff öffentlich oder unter vier Augen über Sexualität sagte. Über Frauen sprach er auf eine Weise, die allenfalls zu einem fanatischen moslemischen Polygamisten gepaßt hätte: er brüstete sich mit seinen vielen Kindern von verschiedenen Frauen und sagte, Frauen seien für ihn nur Mittel zum Zweck. Solche Äußerungen schockierten all jene, die gewohnt waren, sexuelle Beziehungen als heilig zu betrachten — mochte ihr Privatleben auch alle Heiligkeit vermissen lassen. Gurdjieff zeigte sich außen stets von seiner schlechtesten Seite und hielt das Beste in sich verborgen.

Manchmal kamen junge Frauen nach Paris, um ihn zu besuchen. Er flirtete dann mit ihnen, was das Zeug hielt, und lud sie ein, spät am Abend wiederzukommen, wenn alle anderen gegangen waren. Manche hielten das für eine geheimnisvolle Prüfung oder waren einfach neugierig und gingen hin. In allen Fällen, von denen ich gehört habe, öffnete Gurdjieff die Tür, machte ein erstauntes Gesicht und fragte: „Was wollen Sie denn jetzt hier?" Dann gab er der jungen Frau eine Handvoll Süßigkeiten und schickte sie weg. Aber es blieb natürlich nicht aus, daß seinem Handeln die schlimmsten Motive unterschoben wurde. Besorgte Eltern fragten mich, ob es erwartet würde, daß ihre Töchter mit Gurdjieff schliefen. Ich antwortete dann immer: „Ganz gewiß nicht; mit dem, was er tut, will er nur herausfinden, ob sie genug gesunden Menschenverstand und Charakterstärke haben, um einfach bei dem zu bleiben, was richtig ist." Immerhin muß ich einräumen, daß er den Älteren manchmal Ratschläge gab, die zu vielen außerehelichen Beziehungen führten. Die ganze Atmosphäre war von einer fiebrigen Erregung durchtränkt, in der niemand mehr so recht wußte, was richtig und was falsch war.

Ich glaube, daß Gurdjieffs Handeln durchweg an einer tiefen und direkten Erfahrung von der Einheit allen Lebens und von unserer Abhängigkeit von der Gnade Gottes orientiert war. Einmal erzählte ein Neuling eine boshafte Geschichte über einen Anwesenden. Gurdjieff, der eben noch harmlose und scheinbar belanglose Witze erzählt hatte, brach plötzlich ab und sagte sehr ernst: „Jedes atmende Wesen hat Selbstliebe, und die dürfen wir nicht verletzen." Zweifellos war sein tiefster Wunsch, mit seiner Arbeit zur Befreiung des Menschen aus der Sklaverei und aus der Abhängigkeit von der Meinung anderer beizutragen. Das setzte aber voraus, daß auch niemand von ihm abhängig war, und das machte ihn zu einem so strengen Lehrmeister. Obgleich ich Gurdjieff vertraute und vollkommen daran glaubte, daß er das Gute wollte, sah ich meinem Aufenthalt in Paris sehr zwiespältig entgegen, da ich gar nicht sicher war, ob ich mir zutrauen konnte, meinen eigenen Weg zu finden. Doch der Entschluß war gefaßt. Bevor ich diese dramatischen Wochen beschreibe, will ich noch von drei Ereignissen diesen Sommers 1949 berichten.

Das erste bestand darin, daß die Royal Society die Arbeit über *Einheitliche Feldtheorie* veröffentlichte, an der Thring, Brown und ich so viele Jahre gearbeitet hatten. Wir hatten sie fast vor einem Jahr, kurz vor meiner Abreise nach Amerika, eingereicht, und sie war von den Gutachtern stark bearbeitet worden. In ihrer endgültigen Form verdankt sie viel einem vorzüglichen Mathematiker, der inzwischen Fellow der Royal Society geworden ist und ungenannt bleiben möchte. Unsere Arbeit fand sehr wenig Interesse, und ich sah, daß Ouspensky gar nicht so unrecht gehabt hatte mit den Worten, sie werde „eine weitere physikalische Theorie sein und sonst nichts". Immerhin war es für drei Wissenschaftler, die außerhalb der akademischen Welt standen, recht ehrenvoll, daß eine so abstrakte Arbeit von der anspruchsvollsten wissenschaftlichen Gesellschaft der Welt angenommen wurde.

Das zweite Ereignis war eine Einladung von Maria Montessori, bei einem großen Pädagogenkongreß in San Remo eine Ansprache zu halten. In Coombe Springs hatten wir neben vielem anderen eine experimentelle Montessorischule eingerichtet, die wir sieben Jahre lang unterhielten. Die Freundschaft, die zwischen mir und der Dottoressa entstand, hatte jedoch wenig mit ihren Schulen zu tun, sondern mit unserem gemeinsamen starken Gefühl für die Einheit der Menschheit.

Das dritte Ereignis war ein Angebot der ceylonesischen Regierung, Berater für die industrielle Entwicklung zu werden. Ich erfuhr, daß die Royal Society um eine Empfehlung gebeten worden war, und Sir Alfred Egerton, der physikalische Sekretär, der um meine Vorliebe für den Osten wußte, meinen Namen genannt hatte. Die ceylonesische Regierung machte zur Bedingung, daß ich einen Fünfjahresvertrag unterschrieb. Die Arbeit reizte mich sehr, und ich wollte schon seit langem einmal nach Ceylon, aber ich konnte Gurdjieff nicht für so lange verlassen, wenn er es nicht wirklich für sinnvoll befand. Ich besprach mich mit den Direktoren von Powell Duffryn. Sie verstanden meine Anfrage offenbar als zarten Hinweis, daß ich mit meiner Position nicht zufrieden war, und boten mir ebenfalls einen Fünfjahresvertrag als Leiter ihrer Forschungslabors und Direktor von drei Subunternehmen. Da ich im Herzen schon wußte, daß ich das Geschäftsleben in nicht allzu langer Zeit aufgeben mußte, lehnte ich ab. Als ich mit Gurdjieff darüber sprach, sagte er: „Für ein Jahr, gut, aber nicht für fünf. Ich werde Sie nach einem Jahr in Europa und Amerika brauchen."

Wenn ich auf die Zeit zurückschaue, fällt es mir schwer zu glauben, daß er mich wirklich gebraucht hätte. Meine Vorstellung von Arbeit an mir selbst bestand lediglich darin, mir das Leben so sauer und kräftezehrend als möglich zu machen. Nach so vielen Jahren verstand ich immer noch jammervoll wenig. Ich will mit einem Beispiel verdeutlichen, was für hirnlose Versuche ich damals unternahm, mit Brachialgewalt einen anderen Bewußtseinszustand zu erreichen. Da wir keine regelmäßigen Seminare abhielten, lud ich im August etwa vierzig Schüler zu einem verlängerten Wochenende in Coombe Springs ein und setzte mir das Ziel, *Beelzebub* von Anfang bis

Ende vorzulesen. Das Buch umfaßte im Manuskript 2100 Seiten — über eine halbe Million Wörter. Ich las immer vier Stunden vor, dann folgten zwei Stunden zum Essen und ausruhen — und das ununterbrochen Tag und Nacht. Gegen Ende war meine Zunge so geschwollen, daß ich ständig Eiswasser trinken mußte, um sie beim Lesen nicht zu zerbeißen. Auch für die anderen war es eine schwere Prüfung, sechzig Stunden lang einem so schwierigen Text zuzuhören. Den Abschluß bildete am Montagabend ein Festmahl mit persischem Pilaf und gegrillten Steaks. Das Pilaf war aus persischem Reis gemacht, den Gurdjieff mir gegeben hatte. wir kochten ihn mit zweieinhalb Pfund Butter und eineinhalb Litern Milch. Dann kamen vierundfünfzig geschlagene Eier dazu. Das Ganze wurde gerührt, bis es stockte. Das war zu einer Zeit, als Nahrungsmittel in England immer noch rationiert waren. Jeder Teilnehmer hatte ein oder zwei Eier mitgebracht.

Ich frage mich heute, ob solche Anstrengungen irgendeinen Wert hatten oder überhaupt haben konnten. Damals war ich jedenfalls von ihrer Notwendigkeit überzeugt. Neben solchen Anstrengungen stand noch die regelmäßige tägliche Praxis der Übungen, die Gurdjieff mir aufgegeben hatte. Mir scheint heute, daß ich besser gefahren wäre, wenn ich mich und andere weniger vorangetrieben und mich dafür mehr auf die spirituellen Übungen verlassen hätte, deren wahren Sinn ich erst viele Jahre später zu erfassen begann.

Am 5. August fuhren meine Frau und ich nach Paris. Es begann ein Ritual von Lesungen und gemeinsamen Mahlzeiten, das zweimal am Tag stattfand. Aus irgendeinem Grund ließ Gurdjieff mich drei- oder viermal ein Kapitel aus der dritten Serie von *All und Alles, Das Leben ist nur dann wirklich, wenn ICH BIN,* vorlesen. Wir nannten es das „ICH BIN-Kapitel"; es berichtet davon, wie Gurdjieff es sich als junger Mann zur Pflicht gemacht hatte, auf den Gebrauch seiner übernatürlichen Kräfte zu verzichten — außer um Krankheiten zu heilen und anderen zu helfen. Das Kapitel zeichnet ein lebhaftes Bild von den außerordentlichen Anforderungen, die Gurdjieff sein Leben lang an sich selbst gestellt hat. Wollte er mir damit andeuten, daß ich höhere Anforderungen an mich selbst stellen mußte? Wahrscheinlich verstand ich ihn falsch, und er wollte mir in Wirklichkeit nur zeigen, daß es wenig oder keinen Wert hatte, sich selbst physisch oder seelisch zu foltern, und daß wir eine „Erinnerungsstütze" brauchen, die uns vom Schlafen abhält. Das muß nichts Selbstquälerisches sein, kein härenes Hemd, das man doch wieder vergißt, wenn die Haut sich an das Kratzen gewöhnt hat.

Endlich fing ich doch an zu begreifen. Gurdjieff verlangte immer mehr von mir. Einige seiner Forderungen waren absurd oder gar unmöglich zu erfüllen. Allmählich dämmerte mir, daß ich lernen konnte und mußte, „Nein" zu sagen. Das war wie blendendes Licht. Die Unfähigkeit, „Nein" zu sagen, war meine größte Schwäche. Er hatte diese Schwäche bis zum Zerreißen belastet, ohne zu erklären, was er tat und weshalb. Natürlich hätte jede Erklärung das ganze Unternehmen sinnlos gemacht.

Als ich das meiner Frau erzählte, sah sie mich mitleidig an und sagte: „Hast Du so lange gebraucht, um das zu sehen? Ich sehe es schon seit Jahren, aber auf mich hast Du wie immer nicht hören wollen." Ich wollte auf niemanden hören, aber ich hatte höchstes Vertrauen zu Gurdjieff. Meine Frau mußte nach England zurück. Beim Abschied sagte sie: „Du mußt die Aufgabe erfüllen, die er Dir gestellt hat, was es auch kosten mag. Es ist für mich so schwer wie für Dich — aber ich nehme es an. Nur kann ich Dir nicht mehr helfen, bis es getan ist."

Bis dahin hatte sich Gurdjieff jedem meiner Versuche, über meine Probleme zu sprechen, entzogen. Endlich ließ er mich sprechen, und als ich ihm von dem berichtete, was ich tat, sagte er: „Körperliche Anstrengungen sind nicht notwendig." Ich erzählte ihm von meiner Arbeit, die von der Royal Society angenommen worden war. Sein Kommentar lautete: „Mathematik ist nutzlos. Sie können die Gesetze der Schöpfung und der Existenz nicht mit Mathematik ergründen. Sie müssen nur nach Sein suchen. Wenn Sie Sein haben, werden Sie all diese Dinge erkennen ohne Mathematik." Ich wollte schon ansetzen, meine Absicht zu erklären, hielt aber zum Glück den Mund, denn er fuhr fort und gab mir Erklärungen zum inneren Leben des Menschen, die durch nichts aufzuwiegen waren.

Zwei oder drei Tage später hatte ich wieder einmal die Erfahrung, meinen Körper zu verlassen, diesmal aber ohne daß besondere Umstände dazu geführt hätten. Ich las vor dem Abendessen vor. Plötzlich fand ich mich ohne Vorwarnung ein ganzes Stück von meinem Körper entfernt wieder. Meine Stimme sprach noch, aber es war nicht mehr „meine" Stimme, sondern die eines Fremden. Ich fragte mich: „Wie kann *er* lesen?" Er kann doch unmöglich die richtige Intonation finden!" Ich konnte die anderen aus einer ganz anderen Perspektive sehen und fragte mich, ob irgendwer wußte, daß da eine leere Schale las. Ich fragte mich, ob Gurdjieff es wußte, und im gleichen Moment blickten die Augen des Körpers vom Papier hoch und sahen ihn an — und ohne zu wissen wie, war ich wieder in meinem Körper und las weiter. Ich blieb zwar in meinem Körper, doch das Gefühl, von ihm getrennt zu sein, hielt mehrere Stunden an.

Das war nur der Anfang einer Lawine unbegreiflicher Erfahrungen, die vier Wochen lang anhielten. Ich wurde mir innerer Organe und ihrer Funktionen bewußt. Der Zustand der vollkommenen Kontrolle über meine inneren Zustände, der sich damals am Prieuré für kurze Zeit eingestellt hatte, kehrte eines Morgens plötzlich zurück. Ich merkte, daß ich sogar Ereignisse wahrnehmen konnte, die ganz woanders stattfanden. Ich rief meine Frau in London an und ließ mir bestätigen, was ich wahrgenommen hatte: daß sie sich mit den anderen Frauen des Hauses getroffen hatte und sogar den Inhalt des Gesprächs. Bei den Mahlzeiten führte ich viele äußerst interessante Gespräche mit Gurdjieff. Einmal sprach er vom Abendmahl und von der Rolle, die Judas spielte. Er sprach ziemlich leise mit mir.

Er sagte, Judas sei der beste Freund Jesu gewesen und habe ihm am nächsten gestanden. Nur Judas verstand, weshalb Jesus auf der Erde war.

Judas hatte verhindert, daß das Werk Jesu zerstört wurde, und durch sein Handeln hatte er das Leben der Menschen für zweitausend Jahre mehr oder weniger erträglich gemacht. Dann sah er mich durchdringend an und sagte: „Jetzt wissen Sie, was ich über Judas sage, und daß die Kirche etwas ganz anderes lehrt. Welches von beiden, glauben Sie, ist die Wahrheit?" Was sollte ich da sagen? Ich merkte, daß ich ohne Selbsterforschung akzeptiert hatte, was Gurdjieff in Kapitel 38 von *All und Alles* über Religion schrieb. Jetzt war ich aufgerufen, mein eigenes Urteil zu formulieren.

Das überfüllte Eßzimmer verschwand, und es schien, als führte Gurdjieff mich durch die Jahrhunderte zurück ins Jerusalem des Jahres 33. Mir kam es so vor, als wäre ich schon einmal dagewesen, aber das war völlig unwichtig. Mir war sehr deutlich bewußt, was für gewaltige Kräfte — böse und gute — da am Werk waren. Und Judas stand unzweifelhaft auf der Seite der guten Kräfte. Das war alles, was ich wissen mußte. Im nächsten Augenblick waren wir wieder in der Wohnung, und ich sagte Gurdjieff: „Sie haben recht. Judas war der Freund Jesu, und er stand auf der Seite des Guten." Leise sagte Gurdjieff: „Ich freue mich, daß Sie verstehen." Er sprach so leise, daß jemand vom anderen Ende des Tisches fragte, ob er wiederholen könne, was er gesagt hatte. Er sagte: „Ich spreche nur für ihn. Eines Tages wird Mr. Bennett eine Konferenz über das Abendmahl abhalten, und viele Menschen werden ihm dankbar sein." Das war nur eine von vielen rätselhaften Prophezeiungen über meine Zukunft.

Bei mehreren Gelegenheiten sagte er, meine Beziehung zu ihm sei wie die Beziehung zwischen Judas und Jesus. Einmal deutete er auf mich und einen alten Freund von mir, der neben mir saß, und sagte: „Mr. Bennett ist wie Judas; er ist dafür verantwortlich, daß mein Werk nicht zerstört wird. Sie sind wie Paulus; Sie müssen meine Ideen verbreiten." Zumindest der zweite Teil dieser Prophezeiung hat sich erfüllt, denn mein Freund übernahm die Führung bei der Organisation der Veröffentlichung von *All und Alles*. Meine eigene Rolle hat sich weniger klar gezeigt. Einmal sagte Gurdjieff: „Judas ist ein universeller Typus: er findet sich in jeder Situation zurecht — besitzt aber keinen eigenen Typus." Das zumindest schien mit meiner Selbsteinschätzung übereinzustimmen.

Alles in allem erweckte das, was Gurdjieff im Sommer 1949 hier und da über mich sagte, den Eindruck, daß ich irgendwann in der Zukunft eine besondere Rolle zu spielen hatte. In dieser Zeit fing Gurdjieff auch an, dunkle Anspielungen auf seinen eigenen Abschied zu machen. Er sprach nie vom Sterben, sondern nannte es stets „weit fortgehen". Ich hatte damals keine Ahnung, wie ernsthaft er uns darauf hinwies, daß er bald sterben würde. Einmal fragte ihn ein Besucher aus Amerika: „Mr. Gurdjieff, was sollen wir tun, wenn Sie sterben?" Er antwortete in wütendem Tonfall: „Ich bin Gurdjieff. Ich *nicht* werde sterben."

Der Strom der Besucher aus aller Welt schwoll ständig weiter an, ebenso wie die Nachfrage nach Privatgesprächen mit Gurdjieff. Er lehnte niemals ab. Die Atmosphäre unerträglicher Spannung blieb nicht auf die Wohnung beschränkt, sondern dehnte sich auch auf die Hotels aus, in denen die Besucher untergebracht waren, auf die Cafes, in denen wir uns mitten in der Nacht trafen, und auf die Studios des Salle Pleyel, wo mehrmals in der Woche Unterricht in den Bewegungen stattfand, bei dem Gurdjieff fast immer dabei war.

Im August war ich nur zwei Tage lang nicht in Paris, als ich nach San Remo fuhr, um bei der Montessorikonferenz meine Ansprache zu halten. Ich sprach darüber, wie notwendig es für Lehrer sei, an sich selbst zu arbeiten. Zum Entzücken der Dottoressa, die selbst den Vorsitz führte, hielt ich den Vortrag auf Italienisch. Der Vortrag wurde im italienischen Rundfunk mit Hinweis auf Gurdjieff und seine Ideen über die Rolle des Lehrers besprochen. Er freute sich später über meinen Bericht und sagte: „Vielleicht hat es der Papst in Rom gehört. Eines Tages wird man *Beelzebub* im Papstpalast lesen. Vielleicht bin ich dann dabei."

Im Sommer, bevor ich kam, hatte Gurdjieff in Begleitung der „Kälber" mehrere lange Reisen nach Genf, Dieppe, Cannes und Vichy unternommen. Ich hörte oft von diesen ungewöhnlichen Ausflügen und hoffte auch einmal dabeisein zu können. Gurdjieff fing an, sehr müde zu werden; er sah viel älter aus und bewegte sich unter größeren Schwierigkeiten als vor einem Jahr bei unserem Wiedersehen. Dennoch war er entschlossen, noch eine Reise zu machen. Er wollte die prähistorischen Höhlenmalereien von Lascaux sehen von denen ich ihm begeistert, wenn auch nicht sehr kenntnisreich, erzählt hatte.

Die letzte Reise vor seinem Tod ging nach Vichy und Lascaux. Wir brachen mit drei Autos auf, und andere fuhren mit dem Zug, um sich uns in Vichy anzuschließen. Eines von Gurdjieffs Überraschungsmanövern bestand darin, vor der verabredeten Zeit loszufahren. Wer das nicht wußte, der mochte zwar pünktlich zur Stelle sein, mußte dann aber feststellen, daß die anderen schon vor einer halben Stunde aufgebrochen waren. Daher versammelten sich alle, die zum Mitfahren eingeladen waren, schon eine Stunde vorher. Lise Tracol, Gurdjieffs Schwägerin, seine Nichte Luba und andere, die ihm nahestanden, traten von Zeit zu Zeit ans Fenster, um auf die Autos hinunterzusehen. Dann fing das Packen an. Er reiste stets mit vollen Körben; etliche Wassermelonen, wenn gerade ihre Saison war, füllten den Kofferraum. Das voluminöse Gepäck der Kälber wurde auf den Dächern verzurrt, während sie selbst ziellos die Straße auf und ab gingen, als langweilte sie die ganze Prozedur — was in der Tat auf die meisten von ihnen zutraf. Schließlich erschien Gurdjieff selbst, eine Zigarette in einer schwarzen Spitze rauchend, den roten Fes kess über den Hinterkopf gestülpt und mit einer dicken Brieftasche voller Tausendfrancscheine.

Diesmal verloren wir Gurdjieff irgendwo in den Randbezirken von Paris aus den Augen, trafen ihn aber durch eine seltsame Laune des Schicksals mitten in der Nacht wieder. Obgleich es schon fast Mitternacht war, setzte sich das Hotelpersonal noch einmal in Bewegung und tischte uns ein kaltes Abendbrot auf, das wir selbst durch Kaviar, Salat und andere Delikatessen aus Paris anreicherten. Wo immer er war, selbst wenn er zum Mittagessen bei einem Hotel haltmachte, wurde das Ritual der Trinksprüche eingehalten. Man merkte, daß er überall bekannt und gern gesehen war.

In Vichy kam es zu mehreren Gesprächen, die uns neue und wunderbare Ausblicke eröffneten — so weit wir sie verstehen konnten. Einmal sprach er vom „Inneren Gott", der lenkende Kraft in all unserem Handeln sein kann. Er sagte: „Wenn Sie dem Inneren Gott gehorchen, dann ist das tausendmal besser als die Zehn Gebote, die uns nur sagen, wie wir leben sollen, aber einem Menschen nicht helfen können zu arbeiten." Am selben Abend sprach er über Unsterblichkeit und sagte: „Unsterblichkeit ist eine sehr große Sache, aber sie ist nicht alles. Wenn ein Mensch arbeitet, kann er selbst für Gott von Nutzen sein." Er zeigte auf mich und fügte hinzu: „Es gibt zwei Arten Unsterblichkeit. Er hat schon den Kesdjan-Körper. Der ist unsterblich, aber noch nicht wirklich unsterblich. Wirkliche Unsterblichkeit kommt erst mit dem höheren Körper. Er hat einen Körper für die Seele, aber er braucht noch einen Körper für das ‚Ich'."

Dann sprach er über den Unterschied zwischen dem Paradies und dem, was er die Sonne Absolut nannte. „Mit dem Kesdjankörper können Sie ins Paradies kommen. Aber das Paradies ist nur für zwei, drei Tage schön. Stellen Sie sich vor, wie es nach einem Jahr, nach hundert Jahren sein wird. Geben Sie sich nicht mit dem Paradies zufrieden — finden Sie den Weg zur Sonne Absolut."

Wer mit Gurdjieffs Sprache und Methoden nicht vertraut ist, kann mit diesem Gespräch vielleicht wenig anfangen. Für mich bedeutet es, daß die Erfüllung des Versprechens, das Gurdjieff mir vor acht Monaten in New York gegeben hatte, einen großen Schritt nähergerückt war. In dieser Nacht konnte ich vor lauter Staunen nicht schlafen.

Weiter ging es zu den Höhlen von Lascaux. Die langen Autofahrten ermüdeten ihn sehr, und seine Beine begannen unheilverkündend anzuschwellen. Er bestand jedoch darauf, in die Höhlen abzusteigen. Als er so dastand und sich die Bilder anschaute, schien er ganz dorthin zu gehören. Er erklärte verschiedene Symbole, vor allem ein seltsames zusammengesetztes Tier, das, wie er sagte, ähnlich der Sphinx das „Emblem" einer esoterischen Gesellschaft gewesen sei. Ich sagte: „Symbol?" Doch er wies die Korrektur zurück: „Nein. Emblem. Es gab damals Gesellschaften mit einem besonderen Wissen, und jede Gesellschaft hatte ein Emblem, an dem die Mitglieder einander erkannten. So wie wir das Enneagramm haben." Er sagte, die Hirsche seien die Totems einzelner Individuen. An der Zahl der Geweihsprossen konnte man erkennen, welchen Rang dieser betreffende Mensch erreicht hatte. Er kaufte für jeden von uns Fotos. Iovanna Lloyd Wright bekam ein besonderes Album mit dem Zusatz, sie solle ihrem Vater ausrichten, „daß es solchen Ort gibt."

Wir wandten uns mit einem Konvoi von drei Autos wieder in Richtung Paris; ein Wagen wurde auf direktem Wege vorausgeschickt. Gurdjieff nahm vier Leute in seinem Wagen mit, und ich fuhr hinterher in der Erwartung, bei ihm bleiben zu können, wie ich es Madame de Salzmann vor unserer Reise versprochen hatte. Er machte mir jedoch klar, daß er mich nicht mehr wollte. In Tulle sagte er schließlich ganz unzeremoniell: „Ich fahre nach rechts, Sie nach links.“ Ich versuchte mir noch eine Tür offenzuhalten und fragte: „Muß ich dann Wiedersehen sagen?“ Doch er erwiderte nur kurz: „Ja, auf Wiedersehen.“ Dann trank er noch ein Glas eiskaltes Vitel und brauste in Richtung Clermont Ferrand los. Wir wandten uns nach Norden und machten auf dem Weg nach Paris in Fontainebleau halt, um das Prieuré zu besuchen, das zwei von meinen Mitfahrern noch nicht gesehen hatten. Dann sahen wir uns noch das Bahnhotel in La Grande Paroisse an der Seine an, um dessen Kauf Gurdjieff verhandelte. Er hatte den Gedanken ein großes Schloß zu pachten, längst aufgegeben. Er erzählte uns wundervolle Geschichten von seinen Plänen, in dem steil aufsteigenden Gelände hinter dem Hotel zu bauen und diesen Ort für die Zukunft zum Zentrum seiner Arbeit zu machen. Er sagte, ohne einen Ort, an dem die Menschen miteinander wohnen und arbeiten könnten, könne seine Methode nicht optimal genutzt werden. Seine Beschreibung illustriert sehr gut, wie er mit improvisierter Symbolik die tiefere Bedeutung der Dinge zu vermitteln wußte. Er sagte: „Oben auf dem Hügel wird ein Haus sein, wo ich mich von meiner schweren Arbeit ausruhe, und dahin werden nur die kommen, die mir am nächsten sind. Darunter wird eine Halle sein wie das Studienhaus — für die Übungen, Kurse und Vorträge; und darunter die Räume, wo die Besucher wohnen. Zu beiden Seiten des Hotels wird von der Straße her ein Pfad heraufkommen. Dieser doppelte Pfad wird mit einem Mosaik gepflastert. Ich werden einen besonderen Architekt holen für diesen Pfad, der aus vielen Tausend Steinen unterschiedlicher Farbe bestehen wird.“ Das sagte er einmal beim Mittagessen, und ein junger englischer Architekt mit Spitzbart (Gurdjieff hatte ihn Mefistofel getauft) unterbrach ihn und sagte: „Ich finde Ihnen hier in Paris bestimmt einen guten Mosaikkünstler.“ Gurdjieff schnaubte ihn verächtlich an: „Idiot! So ein Mosaik, wie ich brauche, kann kein Künstler machen!“ Alle, denen seine Ausdrucksweise geläufig war, wußten, daß er mit dem Mosaik seine vielen Schüler aus allen Ländern und Rassen meinte und mit den drei Häusern die drei Körper des Menschen.

An dem Morgen, an dem Gurdjieff nach Paris zurückkehrte, hatte ich eine Art Vision vom Grauen der Reinkarnation. Wieder kam dieser Zustand über mich, wo ich außerhalb meines Körpers und von meinem eigenen psychischen Apparat getrennt war, doch diesmal sah ich etwas Neues: wenn ich starb, ohne meine Bestimmung erfüllt zu haben, dann mußte ich vielleicht „dies alles“ verlassen und noch einmal im Körper einer anderen Person leben, mit ihrem Gehirn denken und mit ihren Emotionen fühlen. Ich sah das Entsetzliche dieser Möglichkeit und daß sie wirklich werden könnte, wenn es mir nicht gelang, den höheren Körper zu erlangen, von dem Gurdjieff in Vichy gesprochen hatte. Mir kam es so vor, als sei mir derartiges noch nicht passiert und als könnte ich diesem Schicksal entrinnen. Doch dann löste sich alles in vage Bilder auf, und ich behielt von dieser Erfahrung nichts Definitives zurück und nichts, dessen ich gewiß sein konnte.

Bei unserer ersten Begegnung nach seiner Rückkehr behandelte Gurdjieff mich wie einen Aussätzigen. Als er sich beim Mittagessen beklagte, er habe unterwegs aus Mangel an Gesellschaft nicht essen können, sagte ich: „Aber sie haben mich doch weggeschickt." Er schrie mich an: „Aber Sie sagen, Sie müssen Frau holen — aber Sie hier die ganze Zeit. Sie nicht ehrlich. Ihre Manifestationen ekelhaft." Er nutzte jede Gelegenheit, um mir zu sagen, was für eine Enttäuschung ich für ihn war. Ich geriet in tiefe Verzweiflung und wünschte mir zu sterben. Meine Frau, die tatsächlich inzwischen in Paris angekommen war, zeigte sich auch bestürzt. Es kam uns beiden so vor, als hätte ich meine Zeit nur verschwendet — und doch hatte ich getan was ich konnte, um ihm zu folgen und seinen Anordnungen gerecht zu werden. Ich hatte nicht verstanden, was verlangt war, und das war in Gurdjieffs Methode die schlimmste aller Sünden. Jeder mag tun, was er begreift, aber nicht zu begreifen, ist wie die Sünde wider den Heiligen Geist, die weder in dieser noch in der nächsten Welt vergeben werden kann.

Am Sonntag, dem 4. September, war mein Monat in Paris um. Die Nacht davor hatte ich unter inneren Qualen zugebracht. Am Morgen sah ich Gurdjieff an meinem Hotel vorbei zu seinem Cafe in der Rue des Acacias gehen und suchte ihn dort auf. Er ließ mich nicht an seinem Tisch sitzen und sagte ärgerlich: „Die Leute kommen, sitzen hier und stehlen meine Zeit, und dann verliere ich meine Klienten. Sie nicht kommen, weil sie glauben, ich bin beschäftigt." Ich setzte mich ein paar Tische weiter, und er hielt fast eine halbe Stunde lang diese Barriere der Abweisung zwischen uns aufrecht. Dann fragte ich ihn etwas wegen irgendwelchen Geldangelegenheiten, die er mich zu erledigen gebeten hatte, und er gab eine kurze Antwort. Dann löste sich die Spannung etwas, und er erzählte davon, daß er einen jungen Mann geheilt und „wieder auf die Beine gebracht" hatte und daß seine Mutter viel dafür zahlen mußte. Ich kannte den Fall, den er meinte, und wußte, daß er beinahe ein Wunder vollbracht hatte, das die Familie des jungen Mannes nicht recht zu würdigen wußte.

Ich war vor allem gekommen, um ihn zu fragen, ob meine Frau noch einmal zu ihm kommen könne, bevor wir am Abend nach England zurückfuhren. Er hatte ihr gesagt, sie brauche besondere Hilfe für ihre Gesundheit und solle vor meiner Abreise noch einmal von England herüberkommen. Obgleich der Augenblick alles andere als günstig schien, fragte ich ihn, und er antwortete mit ungewöhnlich sanfter Stimme: „Sagen Sie ihr, sie kann um Viertel nach eins kommen." Ich sagte, ich sei sehr dankbar für das, was er für sie tat, und fügte hinzu: „Ich kann Ihnen nicht danken für das, was Sie für mich getan haben. Das kann ich niemals zurückzahlen." Er sagte nichts, sondern trank weiter seinen Tee, als hätte er nichts gehört.

Eine lange Zeit verging; etliche Leute kamen und sprachen mit ihm. Als wir wieder allein waren, wandte er sich mir zu und sagte: „Was Sie über nie zurückzahlen sagen — das ist Dummheit. *Nur* Sie können zurückzahlen. Nur *Sie* können für all meine Arbeit zurückzahlen. Was, glauben Sie, ist

Geld? Ich kann Ihr ganzes England kaufen. Nur *Sie*" — mit großem Nachdruck — „können durch Ihre Arbeit zurückzahlen. Aber was tun Sie? Vor Reise ich gebe Ihnen Aufgabe. Sie erfüllen? Nein, Sie tun genau Gegenteil. Nicht einmal sehe ich Sie mit *sich selbst* kämpfen. Die ganze Zeit sind Sie mit ihrem billigen Tier beschäftigt."

Er sprach sehr einfach und leise und wollte noch mehr sagen, als einer seiner Patienten hereinkam. Ich stand auf, um zu gehen, und er sagte: „Machen Sie einen Spaziergang, und kommen Sie dann zurück." Ich ging zum Hotel, sagte meiner Frau, daß er sie um Viertel nach eins erwartete, und kehrte ins Cafe zurück.

Er erzählte, der Mann, der eben gekommen war, sei Paralytiker gewesen, und er habe ihn geheilt und „wieder auf die Beine gestellt". Er hatte eben 50000 Franc gebracht. „Woher er die hat, weiß ich nicht. Sehr schwierig für einen Russen. Aber er hat sie beschafft." Dann fügte er mit einem freundlichen Lächeln hinzu: „Ich glaube, das hat irgendwie mit unserem Gespräch zu tun. Ich habe wegen Ihnen zwei Nächte nicht geschlafen. Jetzt müssen Sie zurückzahlen — durch Ihre Arbeit."

Ich wollte ihn fragen, wo ich in die Irre gegangen war, aber er war nicht mehr für mich zu sprechen. Bald stand er auf, um mit seinem Wagen wegzufahren, und sagte nur noch: „Lassen Sie Ihre Frau um Viertel nach eins kommen."

Nach der Begegnung mit meiner Frau sagte er beim Mittagessen: „Gewissen haben alle. Aber sie kommen nicht dran. Es kann nur durch intensiven inneren Kampf zu Bewußtsein gebracht werden. Wenn Gewissen und Bewußtsein zusammen sind, werden Sie nicht solche Fehler machen."

Nach dem Essen fuhr ich Madame de Salzmann nach Hause und erzählte ihr von meinem Gefühl des Versagens. Sie sagte: „Die Arbeit ist immer anders. Bis zu einem bestimmten Punkt wird man ziemlich klar geführt. Dann kommt eine Zeit, wo sie so verwirrend wird, daß man in der Überzeugung, genau das Richtige zu tun, gerade das Falsche tut." Ich habe nicht viel über die Rolle geschrieben, die Madame de Salzmann spielte, denn sie wollte nicht, daß ihre guten Werke von den Leuten gesehen werden. Doch sie war für mich und viele andere eine weise Beraterin und Freundin in unseren täppischen Bemühungen, herauszufinden, was Gurdjieff von uns wollte.

Ich kehrte nach London zurück mit dem Gedanken: „Es ist besser, mit Gewissensreue über mein Versagen zu gehen als mit dem Stolz auf Erfolge." In England stand mir eine schwierige Aufgabe bevor. Ich hatte den Fehler begangen, denjenigen meiner Schüler, die nicht nach Paris reisen konnten, einige der einfacheren Übungen zu zeigen, die wir dort gelernt hatten. Als ich Gurdjieff davon berichtete, sagte er: „Das ist sehr schlecht. Sie machen es mir schwer, mit ihnen zu arbeiten." Jetzt konnte ich zusehen, wie ich diese verfahrene Situation wieder ins Lot brachte.

Ich rang weiterhin mit dem Gefühl, versagt zu haben. Anscheinend konnte ich jede Anstrengung machen und jedes Opfer bringen außer dem einen, das notwendig war. Dann kam George Cornelius aus Paris zurück und berichtete zu meiner Überraschung, Gurdjieff werde nach Amerika reisen und habe beim Essen gesagt: „Bennett ist mein bester Schüler, ich brauche ihn in Amerika. Aber jedermann beansprucht seine Kraft!" Als meine Frau zurückkam, erzählte sie, in ihrem letzten Gespräch mit ihm habe er gesagt, er könne mir mit dem helfen, was mir jetzt nottat, doch das würde Zeit brauchen. Inzwischen sollte ich mich ausruhen. Ihr hatte er eine besondere Medizin versprochen, doch bisher hatte sich noch nichts davon gezeigt. Immerhin, sie fühlte sich besser, und die gefährliche Krankheit, vor der er sie gewarnt hatte, schien nicht unmittelbar bevorzustehen. Sie sagte auch, er sei sehr müde, und man könne kaum mitansehen, wie jeder ihm seine Kraft raubte. Er gab jedem, der bat, und achtete nicht auf seine wachsende Schwäche.

Ich mußte so schnell wie möglich mein normales Leben wieder aufnehmen. Die Schwierigkeiten, die ich im Zusammenhang mit meiner Arbeit für Powell Duffryn hatte kommen sehen, nahmen allmählich Gestalt an. Einmal sprach der Aufsichtsratsvorsitzende, ein entschiedener Befürworter der Forschungslabors (die von manchen Direktoren als Luxus betrachtet wurden), mit mir über „den großen Schaden, der uns allen zugefügt wird durch Gerüchte, daß Leute in der Fabrik unter Druck gesetzt werden, sich Ihrem Institut anzuschließen". Die Unterstellung der Parteilichkeit war nicht gerechtfertigt, denn ich hatte ganz strikt darauf geachtet, niemanden zu bevorzugen, der nach Coombe Springs kam. Ich sah aber auch, daß Neid und Argwohn unweigerlich entstehen mußten. Ich schärfte allen Mitarbeitern, die auch dem Institut angehörten, ein, doppelt aufmerksam zu sein und die beiden Interessen strikt zu trennen, um keinerlei Anstoß zu erregen. Ich wußte aber auch, daß ich mich früher oder später würde entscheiden müssen. Die Arbeit, die ich in Coombe tat, war mit einer verantwortungsvollen Position in der Industrie nicht zu vereinbaren. Ich wollte gern zurücktreten, hatte aber das Gefühl, daß die Zeit noch nicht reif war. Ich hatte zwar genug Geld zum Leben, fühlte mich aber auch verpflichtet, die Forschungsarbeit so lange zu leiten, bis Delanium ein kommerzieller Erfolg wurde und ich das mir geschenkte Vertrauen gerechtfertigt hatte.

Ich wußte recht gut, daß ich keine stabile Grundhaltung besaß. Ich verglich mich oft mit einem Chamäleon, das stets die Farbe seiner Umgebung annimmt. Ich war ein Mensch in Paris, ein anderer in Coombe und ein dritter in den Laboratorien; einer bei den Direktoren, ein anderer gegenüber dem Personal. Ich sagte zu jedem „ja", und das Resultat war Chaos. Es war erstaunlich, daß ich überhaupt etwas erreichte. Gegen Ende September fuhr ich für ein Wochenende nach Paris. Ich traf Gurdjieff in seinem Cafe und sagte, daß ich mich darum mühte zu verstehen, was er mit dem „wirklichen unwandelbaren Ich" meinte; alles was ich finden könne, sei eine Abfolge verschiedener „Ichs". Er winkte mit der Hand zur Straße hin. Wir saßen am offenen Fenster, schauten auf die Avenue des Ternes hinaus, und eine strahlende, heiße Sonne schien auf uns herunter. Er sagte: „Diese Leute schauen alle nach Taxi. Jeder kann in Ihr Taxi einsteigen. Aber Sie haben allmählich eigenes Auto. Lassen Sie niemand in Ihr Taxi. Das ist wirkliches unwandelbares „Ich“: eigenes Auto haben. Jetzt haben Sie nur Vorgeschmack, aber eines Tages werden Sie solch ein „Ich“ haben, und wenn Sie wissen, daß es gekommen ist, werden Sie unvorstellbare Freude erleben.“

Ich habe noch kein Beispiel für Gurdjieffs außerordentliche Güte gegenüber Menschen gegeben, die wirklich in Not waren. Das Folgende trug sich vier Wochen vor seinem Tod zu. Ich brachte eine russische Dame mit, die ihn sehen wollte. Sie hatte während der Revolution Schreckliches erdulden müssen, als sie im Alter von dreizehn Jahren von Soldaten vergewaltigt wurde. Nie hatte sie das Grauen dieses Erlebnisses vergessen können, und sie betrachtete das Leben als von Grund auf schmutzig. Da sie in Gurdjieffs Lehre keine Spur jenes sentimentalen Optimismus fand, den sie so sehr haßte, stürzte sie sich mit dem ganzen fanatischen Eifer hinein, dessen Russen fähig sind. Als es endlich so weit war, daß ich sie nach Paris holen konnte, war Gurdjieff schon ein sehr kranker Mann. Doch er nahm sie an, behandelte sie wie seine Tochter und gab sich unendliche Mühe, ihr Vertrauen zu gewinnen. Dann machte er sich daran, sie zu überzeugen, daß ihr Leben einen großen Sinn hatte — wenn sie ihn nur Gestalt annehmen ließe. Ihre Verbitterung über die Ungerechtigkeit des Lebens hielt sie davon ab, an die Liebe Gottes zu glauben. Gurdjieff machte ihr eindringlich klar, daß wir in unserer Individualität nicht Gottes Werk sind, sondern Produkte der Vererbung und der Umstände bei der Zeugung. Ich hatte ihn noch nie über die Bedeutung des Augenblicks der Empfängnis sprechen hören. Er beschrieb den Zustand, in dem Vater und Mutter sein können: Wie sie zusammen im Bett liegen, die Laute und Düfte aus dem Garten wahrnehmen und glücklich sind; und so wird ein menschlicher Same gesät, der auch dazu bestimmt ist, glücklich zu sein. Wenn sie aber voller Leidenschaften und Zorn sind, oder wenn der Vater nur an seine Brieftasche und die Kosten eines Kindes denkt, dann gelangen auch diese Einflüsse in den Samen, und ein Wesen bildet sich, das zu Haß und Habgier neigen wird. Gott ist dafür nicht verantwortlich. Er erschuf den Menschen sauber — wenn er jetzt schmutzig ist, so trägt er daran selbst die Schuld.

Ich sah staunend, wie diese harte Abrechnung mit unseren menschlichen Schwächen ihr Frieden und Trost gab. Von dieser Zeit an war sie vollkommen verändert, als sei das Grauen der Vergangenheit restlos abgewaschen. Ich erinnere mich vieler Gelegenheiten, bei denen sich Gurdjieffs gänzlich selbstlose Güte gegenüber Menschen zeigte, die in wirklichen Leiden zu ihm kamen. Kam aber jemand mit falschen Motiven und versuchte irgendwelche Vorteile für sich herauszuschlagen, dann konnte Gurdjieff erbarmumgslos sein. Ich sah harte Geschäftsleute so am Boden zerstört, daß sie den ganzen Tag vor lauter Weinen nicht sprechen konnten. Bei denen, die nur aus Neugier kamen, fand Gurdjieff schnell den wunden Punkt heraus, und stocherte dann darin herum, indem er sich mit schmutzigsten oder blasphemischen Ausdrücken über die Rasse der Nation des Betroffenen äußerte oder sonst etwas, das ihm besonders heilig war.

Dann kam der Oktober 1949. Ich begann in London eine Vortragsreihe mit dem Titel: *Gurdjieff – the Making of a New World.* Nach dem ersten kam Madame de Salzmann mit dem Flugzeug zu einem Besuch herüber. In einem Studio in West-London trat sie einhundertdreiundachtzig Menschen gegenüber und gab eine Unterrichtsstunde in Gurdjieffs rhythmischen Übungen, an der jung und alt, Starke und Schwache teilnehmen konnten. Ich las das „Ich Bin“-Kapitel vor. Auch das machte einen tiefen Eindruck auf die Anwesenden.

Am 21. Oktober kehrte ich mit Madame de Salzmann nach Paris zurück, überzeugt, daß wir in England ein starkes Zentrum für Gurdjieffs Arbeit einrichten würden. Wir hatten gehört, daß es Gurdjieff viel schlechter ging und daß er jetzt zu krank sei, um die Wohnung zu verlassen, aber als ich die Rue des Acacias heraufkam, sah ich ihn in Begleitung Bernards riesige Mengen von Bananen *„pour les Anglais“* einkaufen. Schon ein Jahr lang behauptete er immer wieder scherzhaft, die armen Engländer müßten hungern und könnten keine Bananen kaufen. Er wirkte so gebrechlich, daß ich sofort meine Frau anrief und sie drängte herüberzukommen. Sie hatte wegen ihres eigenen Gesundheitszustands eigentlich in England bleiben sollen. Erst vor zehn Tagen hatte Gurdjieffs Arzt mir versichert, er sei nicht ernsthaft krank, und die Seereise nach Amerika werde ihn schon wieder auf die Beine stellen. Die Reise war schon gebucht. Elizabeth Mayall war eine von denen, die Gurdjieff begleiten sollten. Für mich war es in dieser Zeit unmöglich, aus London wegzukommen. Dann brach seine physische Konstitution plötzlich zusammen. Am Samstag, den 22. Oktober, verließ er seine Wohnung zum letzten Mal aus eigener Kraft. Ich traf ihn allein im Cafe an. Er war zwei Wochen lang nicht mehr dagewesen, und immer wieder kamen Menschen aus dem Quartier des Ternes herein, um ihn zu grüßen. Niemand schien zu bemerken, daß er krank war. Er sprach über die Zukunft und sagte: „Die nächsten fünf Jahre werden entscheiden. Entweder macht die Welt mich „tschick“ (Handbewegung wie beim Zerdrücken einer Laus), oder ich mache die Welt „tschick“. Dann kann eine neue Welt anfangen.“ Er sprach nicht viel, und als er aufstand, sah ich, daß er kaum gehen konnte. Ich mußte seine Beine ins Auto heben und konnte dabei nur mit Mühe die Tränen zurückhalten. Trotz seiner Schwäche wollte er unbedingt selbst fahren, obgleich seine Beine so geschwollen waren, daß er nicht einmal bremsen konnte. Das war die schrecklichste Autofahrt meines Lebens. Beim Überqueren der Avenue Carnot schoß ein Lastwagen auf uns zu, und Gurdjieff konnte unseren Wagen nicht einmal verlangsamen. Wie durch ein Wunder kamen wir heil hinüber, und irgendwie kam der Wagen zum Stehen. Ich mußte ihn fast zum Lift tragen. Er verließ die Wohnung nicht mehr, bis man ihn vier Tage später sterbend auf einer Bahre hinaustrug.

Es war fast unerträglich, den Unterschied zwischen seinem jetzigen Zustand und der Zeit nach dem Unfall vor fünfzehn Monaten zu beobachten. Damals blieben seine Vitalität und sein Interesse an der Zukunft ungebrochen. Jetzt war er teilnahmslos. Man bekam den Eindruck, er wolle so schnell wie möglich sterben. Am Abend zuvor hatte er die Korrekturabzüge der amerikanischen Ausgabe von *Beelzebub* gesehen. Vielleicht fand er das als Zeichen, daß seine Arbeit auf Erden getan war. Ich bin sicher, daß er noch Gewißheit hatte haben wollen, daß in England alles gut lief. Und gewiß hätte er gern sein Versprechen gehalten, nach Amerika zurückzukehren — doch das stand nicht mehr in seiner Macht.

Es entstand große Verwirrung zwischen seinen eigenen Ärzten und verschiedenen Spezialisten, die von Freunden geschickt wurden. Wir warteten den ganzen Sonntag voller Angst und Sorge und bekamen ein halbes Dutzend einander widersprechender Berichte. Sonntag abend ließ er mich rufen. Ich blieb nur zwanzig Minuten bei ihm. Er lag im Bett. Er sprach von seinen Zukunftsplänen: von seinem Wunsch, ein großes Gebäude außerhalb von Paris zu bekommen, und daß er nicht nach Amerika reisen würde, wenn er in England die nötige Unterstützung fände. Er sagte, wenn *Beelzebub* erschienen sei, sollten alle seine Schüler es sich zur Aufgabe machen, das Buch auf der ganzen Welt zu verbreiten. Mir fiel nichts ein, was ich hätte sagen könne. Spontan kamen die Worte: „In der Zukunft wird man das nächste Jahr als das Jahr Eins bezeichnen, weil mit ihm ein neues Zeitalter beginnt." Er warf mir einen unergründlichen Blick zu und sagte in seinem gebrochenen Englisch: „Sehr vielleicht!" was heißen sollte, daß dies durchaus möglich sei. Er war so schwach, da ich ihm beim Gang zum Stuhl helfen mußte. Er sagte: „Das noch nie in meinem Leben passiert." Ich ließ mich durch sein Verhalten und alles, was er sagte, vollkommen täuschen. Ich war sicher, er würde noch einmal seine unglaubliche Macht über seinen Körper aufbieten und gesund werden. An diesem Tag schrieb ich in mein Tagebuch: „Alles in allem bin ich sehr zuversichtlich." Meine Frau und ich kehrten nach London zurück, damit ich meinen vierten Vortrag in der Reihe *„Gurdjieff – das Schaffen einer neuen Welt* halten konnte. Über dreihundertfünfzig Leute waren im Saal, und nach ihren Fragen zu urteilen, war in ihnen ein tiefes Interesse an Gurdjieff und seiner Arbeit geweckt worden.

Jeden Morgen rief ich in Paris an. Gurdjieff hatte es abgelehnt, sich von einer Krankenschwester pflegen zu lassen. Sein amerikanischer Arzt war angekommen, konnte aber das mitgebrachte Serum nicht verabreichen, weil Gurdjieffs Blutdruck zu hoch war. Niemand war bevollmächtigt, irgend etwas zu tun. Bis hierher hatte er alle Entscheidungen gefällt, und Madame de Salzmann hatte alle Anordnungen befolgt, ohne Fragen zu stellen. Sie wollte sich auch jetzt nicht über seinen Wunsch hinwegsetzen, daß man ihn in Ruhe ließ.

Der Arzt nahm die Sache in die Hand und brachte ihn ins amerikanische Hospital. Er punktierte seine Ödeme. Gurdjieff sah rauchend und Witze reißend zu und sage: „Bravo, Amerika." Dann legte er sich hin und stand nicht mehr auf. Er fiel in einen friedlichen Schlaf, und sein Atem versiegte langsam. Am Sonntag, dem 29. Oktober um elf Uhr vormittags, war er tot. Die Autopsie ergab, daß die meisten inneren Organe derart degeneriert waren, daß die Ärzte sich fragten, wie er so lange hatte leben können.

Um zehn Uhr vormittags rief Elizabeth mich an, um mitzuteilen, daß der Arzt gesagt habe: „Nach menschlichem Ermessen hat er nur noch wenige Stunden zu leben." Meine Frau und ich nahmen das erste Flugzeug. Elizabeth holte uns vom Flughafen ab, und ein Blick in ihr Gesicht sagte mir, daß er tot war. Wir fuhren direkt in die Klinik. Madame de Salzmann wartete mit Thomas und Madame de Hartmann darauf, daß der Leichnam einbalsamiert wurde.

Wir gingen in die Kapelle, wo ich zusammenbrach und an der Steinmauer bitter weinte. Er sah so unaussprechlich schön aus, ein glückliches Lächeln im Gesicht. Ich kehrte später noch einmal mit meiner Frau zurück, und wir saßen lange Zeit bei ihm. Alle Traurigkeit verflog, und ich fühlte mich zuerst ganz ruhig und dann so voller Freude, daß ich hätte aufschreien mögen.

Ich war sicher, daß seine Kraft bei uns bleiben, und daß seine Arbeit weitergehen würde. Ich bemerkte ein Phänomen, das ich seither mindestens dreimal beobachtet habe. Ich war überzeugt, daß er atmete. Wenn ich die Augen schloß und den Atem anhielt, hörte ich deutlich ein regelmäßiges Atmen — obgleich sonst niemand in der Kapelle war.

Später kam ich noch einmal, um zuzusehen, wie man ihm die Totenmaske abnahm. Das zerriß die letzte Verbindung zu seinem Körper. Ich sah nicht den geringsten Wert darin, weder für mich noch für Gurdjieff, diesen Körper noch einmal zu sehen oder noch einmal an ihn zu denken. Der beste Tod ist der, bei dem die sterblichen und unsterblichen Teile des Menschen vollkommen getrennt werden. Alles sagte mir, daß Gurdjieff ganz und endgültig gegangen war — um niemals wiederzukommen.

22. Schmerzhafte Erfahrungen

Eine Woche lang blieb Gurdjieffs Körper in der Kapelle des Amerikanischen Hospitals aufgebahrt. Tag und Nacht hielten seine Schüler bei ihm die Totenwache. Überall waren Blumen, und eine tiefe, friedliche Heiterkeit erfüllte den Raum. Ich verbrachte auch manchmal eine Stunde dort, meist nach Mitternacht, wenn nur noch wenige Leute ein und aus gingen. Was wir jetzt taten, war keine Kommunion mit der Seele des Verstorbenen mehr, sondern einfach Zeugnis unserer Achtung. Schon wenige Stunden nach seinem Tod hatte Gurdjieff Raum und Zeit verlassen. Ich war überzeugt, daß er im Sterben demonstriert hatte, was er im Leben gelehrt hatte: daß der Tod die sukzessive Trennung — *Rascuarno* — der verschiedenen Komponenten eines lebenden Menschen ist und jede dieser Komponenten in die Sphäre eintritt, die ihrer Natur entspricht. Im Lauf der Jahre war ich zu der Überzeugung gelangt, daß das Sterben sehr viel mehr Aspekte hat, als die Leute meinen. Es ist schwer zu beschreiben, was Gurdjieff durch die Art seines Sterbens dieser Überzeugung noch hinzugefügt hatte. Es war ein geradliniger, entschlossener Tod, in den er sich bereitwillig fügte und auf den er bestens vorbereitet war. Es gab keine losen Enden, nicht das Gefühl, daß irgendein Teil von ihm noch an einer nicht vollendeten Erfahrung haftete. Jedes Element war an den ihm bestimmten Ort gelangt. Hätte man mich gefragt, was ich damit meinte, so hätte ich keine Antwort gewußt. Erst viel später verstand ich es selbst besser.

Ich selbst war in einer schmerzhaften Lage. Ich hatte meinen besten Freund und meinen Lehrer verloren — und ausgerechnet in dem Augenblick, da ich seine Hilfe am meisten brauchte, um den nächsten Schritt zu tun. In dieser Woche vor dem Begräbnis, in der es wenig zu tun gab, hätte ich Zeit gehabt, mir meine Lage zu vergegenwärtigen und Pläne zu machen. Ich konnte keins von beiden tun. Ich unternahm mit meiner Frau und Elizabeth Autoausflüge in die Umgebung von Paris und war dabei in einem Augenblick fröhlich und zuversichtlich und im nächsten reizbar und ungerecht. Wir alle hatten an jenem lichtvollen Augenblick teil, als wir gewahr wurden, daß der Kern unserer Beziehung zu Gurdjieff immer bestehenbleiben würde. Doch jetzt war dieser Augenblick vorbei, und wir begannen unsere Hilflosigkeit zu spüren. Durch Streitereien, die in der französischen Gruppe aufflammten, wurde die Sache nicht leichter. Ich wurde von Rebellen gegen die Autorität von Madame de Salzmann aufgefordert, gegen sie Stellung zu beziehen oder irgendwelche Aktionspläne für die Zukunft zu unterstützen. Mein eigener innerer Zustand war ein Abbild dieses Widerspruchs zwischen der stillen Heiterkeit in Gurdjieffs Kapelle und dem heftigen Gärungsprozeß in den Gruppen.

Dann kam der Tag der Beisetzung. Mir war ein wenig bange davor gewesen, weil ich eine Zurschaustellung persönlicher Gefühle befürchtete. Tatsächlich war die Atmosphäre in der russischen Kathedrale in der Rue Daru mit emotionaler Energie aufgeladen, doch es gab wenige persönliche Gefühlsäußerungen außer von denen, die ihn nur als einen netten alten Mann kannten, der Kindern Süßigkeiten gab. Das Requiem der orthodoxen Kirche ist in seiner Schönheit und der Tiefe seiner Symbolik sehr beeindruckend. Die Menschen drängten sich in der Kirche. Aus Amerika und England waren Schüler mit dem Flugzeug gekommen. Viele einfache Leute aus dem Quartier des Ternes waren als lebendiges Zeugnis seiner Freundlichkeit da. Wir hatten geglaubt, daß unsere Fähigkeit zu fühlen durch seinen Tod schon erschöpft sei, aber an diesem Tag war es anders — er war wie ein Vorgeschmack auf all das Gute, das so vielen Menschen aus diesem dem Wohl der Menschheit gewidmeten Leben erwachsen sollte.

An diesem Abend sprach Madame de Salzmann mit vierzig oder fünfzig ihrer französischen Schüler. Auch ein oder zwei Englänger waren anwesend. Sie sagte: „Wenn ein Lehrer wie Mr. Gurdjieff stirbt, ist er nicht zu ersetzen. Die Zurückbleibenden können nicht die gleichen Voraussetzungen schaffen. Wir haben nur eine Hoffnung: gemeinsam etwas zu tun. Was kein einzelner von uns kann, schafft vielleicht eine Gruppe. Wir haben keinen Lehrer mehr, aber wir haben die Möglichkeiten der Gruppe. Laßt uns das in der Zukunft zu unserem Hauptziel machen." Angesichts der Spannungen zwischen denen, die Gurdjieff besonders nahe gewesen waren, konnte ich über ihren Optimismus nur staunen; immerhin mußte ich ihr aber zustimmen, daß unsere einzige Hoffnung in der Einigkeit lag.

Auch in England war die Lage nicht leicht. Aus verschiedenen Gruppen, die sich verschlossen oder gar feindselig gegenüberstanden, waren Leute zu Gurdjieff gegangen. Es gab hier weite Auffassungsunterschiede und scharfe Gegensätze der Loyalität. Gurdjieff hatte nichts unternommen, um diese Differenzen auszugleichen. Seine Arbeitsmethode erforderte im Gegenteil häufig, daß zwischen den einzelnen sinnlose Konflikte entstanden. Immer wieder kam es vor, daß er mehreren Schülern den gleichen Auftrag erteilte, ohne sie davon zu unterrichten, daß sie nicht allein waren. Sie machten sich dann alle an die Arbeit und kamen einander bald in die Quere. Jeder war fest überzeugt, er allein sei derjenige, der von Gurdjieff den Auftrag habe. Das führte zu endlosen Reibungen und Mißverständnissen, die wir als Anreiz akzeptierten, in uns selbst nach einem tieferen Verstehen zu forschen. Zu einfache äußere Bedinungen hätten uns zu der Illusion verleiten können, daß wir schon verstanden und einander akzeptierten. Eine der aphoristischen Erinnerungshilfen im Studienhaus von Fontainebleau lautete: „Je schlechter die Umstände, desto produktiver die Arbeit — vorausgesetzt du arbeitest bewußt." Gurdjieff gab sich nie mit dem Anschein der Harmonie zufrieden, wenn die Substanz fehlte.

Obgleich er mich in seinem Rundbrief als Repräsentanten für England genannt hatte, wußte ich, daß ich für viele nicht akzeptabel war. Meine innere Welt war in Verwirrung. Ich hing in der Luft, wohl wissend, daß ich von Gurdjieff nicht die letzte Unterweisung erhalten hatte, die er mir versprochen hatte. Ich konnte die Übungen weitermachen, die er mir gezeigt hatte, und ich konnte weitere von Madame de Salzmann lernen, doch ich wußte, daß spirituelle Übungen allein nicht ausreichen würden. Mir war sogar klar, was noch hinzukommen mußte: etwas so tiefgreifendes, das es mir erlauben würde, den alten Menschen sterben zu lassen und wiedergeboren zu werden. Gurdjieff hatte einmal gesagt: „Um geboren zu werden, muß man erst sterben, aber um wach geboren zu werden, muß man auch wach sterben." Was ich bisher gelernt hatte, mochte mich befähigen, wach zu sterben, aber es gab mir nicht das Geheimnis von Sterben und Auferstehung in die Hand. Und solange ich dieses Geheimnis nicht kannte, so schien mir, konnte ich nicht wahrhaft Lehrer sein; deshalb konnte ich mich auch nicht mit dem Gedanken anfreunden, als Führer der englischen Anhänger Gurdjieffs aufzutreten. Ich weiß noch, wie ich mir sagte: „Wenn es Gottes Wille ist, wird das Geheimnis sich dir erschließen — aber zu der Zeit, die Er für richtig hält. Bis dahin kannst du nichts tun, als dich selbst vorzubereiten, und dazu hast du auch die Mittel zur Hand."

Anfang 1950 mußte ich für Powell Duffryn nach Washington reisen. Madame de Salzmann war in New York. Damals neigte ich dazu, ihr Geheiß, das Heil in der Gruppe zu suchen, ganz wörtlich zu nehmen. Doch wo immer ich hinkam, sah ich Zwietracht, und Gruppen gab es nur dem Namen nach. In Amerika gab es zwei Fraktionen: die Gruppe, die A.R. Orage vor zwanzig Jahren gegründet hatte und die sich ausschließlich auf Gurdjieff berief, und Ouspenskys später gegründete Gruppe, die sich überwiegend an Madame Ouspensky orientierte. Ich wollte, daß die Mauern so schnell wie möglich eingerissen und die Bruchstücke wieder vereinigt würden. Als ich darüber mit Madame Ouspensky sprach, lachte sie und sagte: „Immer will Mr. Bennett der Menschheit dienen. Er will Einheit und sieht nicht, daß sie erst mit dem Verstehen kommen kann." Nach Gesprächen mit einigen der führenden Mitglieder beider Fraktionen sah ich ein, daß ich hier kaum von Nutzen sein konnte und kehrte mit dem erneuerten Bewußtsein, daß ich meine wahre Aufgabe im Coombe Springs hatte, nach England zurück. Hier konnte ich meinen Beitrag leisten, ohne meine Grenzen zu überschreiten.

Bald darauf kam Madame de Salzmann nach London und ließ sich überreden, die dortige Arbeit zu führen. Ich war dafür dankbar, denn es gab keinen Zweifel daran, daß sie die Achtung und das Vertrauen fast aller Fraktionen genoß und ihre Führerschaft am ehesten zur Hoffnung auf Einheit berechtigte. Ich riet den Mitgliedern meiner eigenen Gruppe, in die neuen Gruppen einzutreten, die sie in London bildete, und empfahl allen Schülern in Coombe Springs, soweit sie die Möglichkeit hatten, an den Kursen für Gurdjieffs Bewegungsübungen teilzunehmen, die von einigen seiner französischen Schüler geleitet wurden.

In diesem Jahr fuhr ich oft nach Paris, um Rat und Hilfe von Madame de Salzmann zu erbitten. Auf einer dieser Reisen machte ich eine Erfahrung, die in meinem ganzen bisherigen Leben die kürzeste, aber auch die inhaltsschwerste war. Diese Erfahrung ist seither stets bei mir geblieben; die Erinnerung ist gleichgeblieben, aber ich habe im Lauf der Jahre einen immer größeren Reichtum an Sinn in ihr entdeckt.

Ich war im Zug — etwa eine Stunde hinter Calais — gerade mit dem Essen fertig und trank meinen Kaffee. Als ich die Tasse absetzte, wurde ich plötzlich auf meinen Atem aufmerksam, und in dem Augenblick, wo der Strom des Atems sich vom Einatmen zum Ausatmen umkehrt, wurde ich der Ewigkeit inne. Zum ersten Mal in meinem Leben erlebte ich einen zeitlosen Moment — ganz anders als jene Zustände zwischen Schlafen und Wachen, wo man lebhafte Träume haben kann, die Stunden zu dauern scheinen und doch nur Sekunden dauern. Das hier war absolut nicht traumhaft: keine Visionen, keine Bilder, nichts rührte sich, nicht einmal ein Gedanke. Es war ein Augenblick reinen Erkennens, eine leuchtende Gewißheit. Im Mittelpunkt stand die Wahrheit, daß der Wille unvergänglich ist. Der Körper vergeht, und alle Funktionen, die von ihm abhängen, werden zu Träumen und verfliegen endlich. Sogar mein Selbst, meine ganze Existenz und das „Ich"-Gefühl, das sie begleitet, waren zeitlich. Mein Wille jedoch stand außerhalb von Zeit und Raum, und nichts konnte ihn zerstören. Solange aber mein Wille Gefangener meiner Funktionen war, also des Empfindens, Denkens, Fühlens und Wünschens, teilte er auch ihr Schicksal. Wenn sie vergingen, mußte auch er vergehen. War mein Wille aber frei von alledem, vor allem davon, überhaupt irgend etwas zu „sein", dann wäre er wahrhaft unvergänglich und in der Lage, sich das Fahrzeug jeweils selbst zu schaffen, das er brauchte, um existieren und arbeiten zu können. Diese Freiheit ist der Wille, sich Gottes Willen zu fügen, und ich verstand ein für allemal, daß dies das Geheimnis des ewigen Lebens ist. Alle Mysterien des christlichen Glaubens und aller anderen Offenbarungen, die dem Menschen über die Jahrtausende zuteil wurden, fügten sich zu einer einzigen, klaren, bruchlosen Wahrheit. All das und vieles mehr wurde mir in weniger als der Dauer eines einzigen Herzschlags offenbart.

Seitdem bin ich überzeugt, daß das Bewußtsein der Ewigkeit für den Menschen erreichbar ist, und daß es einen Kontakt zu der Wirklichkeit hinter den Erscheinungen gibt, der sehr viel direkter und umfassender ist als unser gewöhnliches Bewußtsein von Ereignissen in Raum und Zeit. Und gerade die Tatsache, daß solche Erfahrungen sich nicht mitteilen lassen, ist der überzeugendste Beweis dafür, daß Fakten nicht alles sind. Zweifellos hat Wittgenstein recht, wenn er behauptet: Tatsachen lassen sich klar und unzweideutig beschreiben, und was man überhaupt sagen kann, kann man klar sagen. Den faktischen Inhalt meiner Erfahrung könnte ich so detailliert beschreiben, wie man es nur wünschen mag, aber es gibt einfach keine Worte, mit denen ich meine Gewißheit vermitteln könnte, daß ich für einen Moment Raum und Zeit verlassen hatte und in das ewige Bewußtsein eingetreten war. Es liegt in der Natur der Zeit, daß die Ereignisse einander folgen, und das gilt gleichermaßen für die Zeit unserer alltäglichen Sinneserfahrung wie für die verfeinerten Zeitvorstellungen, die in der Physik entwickelt wurden. Unsere Sprache ist so an Zeit gebunden, daß wir auch zeitlose Situationen nur mit Begriffen der Zeit umschreiben können. Doch in der Ewigkeit gibt es keine Abfolge, kein Vorher und Nachher.

Ich glaube, es gibt nur eine bekannte Ausdrucksform für die Ewigkeit, und das ist die Kunst des Malers. Der Künstler tut mehr, als den Moment einzufangen und auf der Leinwand festzuhalten: er erschließt eine Bedeutungstiefe, die über das bloß Faktische hinausgeht. So gibt es zum Beispiel in den Kunstsammlungen der Welt Dutzende von Selbstprotraits Rembrandts. Es wäre unsinnig, sie in eine zeitliche Abfolge zu bringen und von Rembrandts „Entwicklung" zu sprechen. Alle diese Bilder stellen seine Seele dar, in Betrachtung ihrer äußeren Form. Zeit bedeutet wenig, vielleicht gar nichts für dieses kontemplative Bewußtsein. Wenn der Künstler uns die Stadien seiner kreativen Arbeit sehen läßt, wie es Picasso in der Serie von Zeichnungen über David und Bethseba getan hat, so wird deutlich, daß hier die Zeit eliminiert wird, um den ewigen Augenblick von jeder Spur des Vorher und Nachher freizuhalten.

Ich glaube deshalb, daß das Bewußtsein der Ewigkeit durchaus keine seltene Erfahrung für den Menschen ist. Meine eigene Erweckung im Zug nach Paris empfand ich als so außerordentlich, weil die Vision so gewaltig war; und ihre verschwindende Kürze unterstrich nur ihren zeitlosen Charakter. Seither habe ich mehrere Erfahrungen dieser Art gehabt, und mein Eindruck, daß die Ewigkeit immer hier und jetzt ist, verstärkte sich dabei.

Während des ganzen Jahres 1950 zerrten gegensätzliche Kräfte an mir. Ich warf mich mit ganzer Kraft in die Aufgabe, meine Persönlichkeit in einer Gruppe aufgehen zu lassen, aber die sieben Männer und Frauen, die an dem Unternehmen teilnahmen, unterschieden sich so sehr im Verständnis dessen, was dazu erforderlich war, daß wir gar nichts erreichten — und keiner wagte es zuzugeben. Wieder einmal hatte ich Gelegenheit, den tapferen Optimismus von Madame de Salzmann zu bewundern, die Fortschritte sah, wo wir keine finden konnten, und die uns durch ihr Beispiel immer wieder anspornte.

In diesem Jahr erreichten auch die Aktivitäten der Forschungslabors von Powell Duffryn ihren Höhepunkt. Wir untersuchten Kohleproben aus aller Welt. Wir mußten sowohl unsere Laboreinrichtung als auch unseren Mitarbeiterstab erweitern. Es war eine Zeit, in der erfahrene Mitarbeiter für die Forschung überall gesucht wurden. Die großen Firmen suchten sich ihre Leute an den Hochschulen schon aus, bevor diese ihren Wert durch einen entsprechenden akademischen Titel unter Beweis gestellt hatten. Ich mußte mir einen Stab aufbauen, ohne auf das Prestige einer berühmten Forschungsorganisation zurückgreifen zu können. Im großen und ganzen gelang mir das auch, aber ich mußte mir Leute suchen, die selbständig arbeiten konnten und Ideen hatten, und mit denen war es meist schwierig umzugehen. Leute, die zwar von makellosem Charakter waren, dafür aber einfallslos in ihrer Arbeit, konnte ich nicht gebrauchen. Die wirklichen Asse kamen überall unter und verdienten, was sie verlangten. Ich riskierte bedenkenlos Ärger, indem ich Leute mit originellen Ideen nahm, ob sie nun als gute Teamarbeiter galten oder nicht. Der Vorsitzende der Forschungslabors unterstützte diese Strategie.

Ich interessierte mich sehr für die Psychologie wissenschaftlicher Entdeckungen. Es ist bekannt, daß in manchen Gebieten wie der Mathematik die größten Entdeckungen von Leuten gemacht werden, die Anfang zwanzig sind, etwa Newton und Einstein. Chemiker haben ihre beste Phase bis zum Alter von dreißig Jahren, und so scheint jeder Wissenschaftszweig sein eigenes Alter höchster Fruchtbarkeit zu haben. Es ist oft schwer, den jüngeren Männern genügend Bewegungsfreiheit zu geben, ohne die älteren zu benachteiligen. Ich suchte nach einer Lösung für dieses Problem, mit dem sich jedes industrielle Forschungslabor auseinandersetzen muß. Die Universitäten mit ihrem ständigen Strom von graduierten Wissenschaftlern haben dieses Problem nicht.

Die übliche Lösung besteht darin, eine Anzahl kleiner Teams zu bilden, jedes unter einem guten Leiter, und ihnen bei der Arbeit an einem bestimmten Projekt ganz freie Hand zu lassen. Diese Methode funktioniert zwar, ist aber nicht die beste Ausnutzung des Potentials, weil jüngere Mitglieder, oft die originelleren Köpfe, lange warten müssen, bis sie Teamleiter werden, und dann kann ihre kreativste Phase schon vorbei sein. Meine Methode bestand darin, den einzelnen weitgehend freie Hand zu lassen und sich ihre Helfer selbst suchen zu lassen. Das lief meist darauf hinaus, daß die besonders originellen Köpfe ganz für sich allein arbeiteten, während die anderen größere oder kleinere Teams bildeten.

Diese Methode führt zu einem großen Ausstoß von Ideen. Man muß dann entscheiden, welche man weiter verfolgt und welche beiseitegelegt werden. Das nennen wir „Babies schlachten“, und es ist oft wirklich so schmerzhaft wie Kindermord. Hier muß der Forschungsleiter seine Urteilskraft mit größtem Nachdruck einsetzen, damit nicht zuviel Energie wirkungslos verpufft.

Den ganzen Sommer über arbeitete ich mit vollem Einsatz und fand, daß unsere Forschungsaktivität insgesamt bemerkenswert produktiv und erfolgreich war. Unter meinen Mitarbeitern waren ein oder zwei brillante junge Männer, von denen einer unseligerweise eingeschworener Kommunist war. Ich war mir so sicher, daß keiner der leitenden Angestellten irgendwelche politischen Interesssen oder Verbindungen hatte, daß ich nur lachte, als mich jemand warnte, daß „Mr. Soundso mich noch in Schwierigkeiten bringen wird.“ Bis zum Herbst hatte sich die Arbeit in den Forschungslabors in Battersea eingespielt, und mir machte die Arbeit großen Spaß. In Coombe war es relativ still, und meine ständigen Reisen nach Paris hatten aufgehört, so daß ich fast meine gesamte Zeit und Energie den Laboratorien widmen konnte. Die kommerzielle Produktion von Delanium lief noch nicht gut. Wir hatten etliche Fehler gemacht, vor allem bei der Einschätzung des Marktes, auf dem es seine größte Nutzanwendung finden würde. Dennoch war ich sicher, daß sich mit etwas Geduld und Mut schon alles finden würde und die Entwicklungskosten wieder hereinkämen.

Ich rechnete nicht mit den Veränderungen in der Unternehmensleitung. Auch merkte ich nicht, wie sehr die Gerüchte über meine Verbindung zu einer höchst merkwürdigen Geheimgesellschaft meinen Stand gegenüber den Direktoren untergruben. Und ganz gewiß rechente ich keinen Augenblick lang damit, daß man mich einer Verbindung zum Kommunismus verdächtigen würde. Wie sich später herausstellte, war Gurdjieffs Name im Zusammenhang mit Spionage gefallen, und man nahm an, daß er Kommunist war. So bewegte ich mich, ohne es zu wissen, auf sehr dünnem Eis — um so mehr, als einiges von unserer Arbeit auch eine Verbindung zur Produktion von Atomenergie hatte, womit damals in den Köpfen der Menschen gleich eine Verbindung zur Atombombe hergestellt war.

Das Eis brach überraschend und unnötig dramatisch. Eines Abends arbeitete ich noch spät, um einen Bericht fertigzumachen. Als ich am nächsten Morgen wiederkam, hieß es, das Labor sei versiegelt, und niemand dürfe hinein. Die Zeitungen bekamen Wind davon, und die Nachmittagsausgaben erschienen schon mit der Schlagzeile: *Atomenergieforschungslabor als kommunistisches Spionagezentrum enttarnt.* Ich wurde von Reportern umlagert, die erfahren hatten, daß die Story auch noch eine andere Seite hatte. Jetzt war es zweifellos notwendig, kein Wort mehr verlauten zu lassen, und mein Name erschien nicht einmal in den Zeitungen.

Ich bot sofort meinen Rücktritt an und verlangte nichts weiter, als daß unmißverständlich deutlich gemacht wurde, daß kein Verdacht des Kommunismus oder der Spionage bestand. Es stellte sich heraus, daß Gerüchte sich zu Verdacht verdichtet und Verdacht neue Gerüchte ausgebrütet hatte, bis es schließlich als sicher galt, daß in den Labors inkriminierende Schriftstücke versteckt wurden.

Natürlich wußten alle meine Freunde und Geschäftspartner von dem Drama. Wie immer in solchen Fällen glaubten die meisten Leute, daß da, wo Rauch ist, auch Feuer sein muß und daß wirklich irgend etwas faul war. Ich hatte genug Weisheit gewonnen, um gar nicht erst den Versuch einer Rechtfertigung zu machen, sondern wartete still ab, bis die Wogen sich geglättet hatten.

Wenn ich die Geschichte so erzähle, mag sie recht harmlos klingen, aber für mich hatte sie schmerzhafte Folgen. Ich war Mitglied zahlreicher Ausschüsse. Ich konnte noch einiges leisten auf diesem Gebiet, auf dem ich gerade zwanzig Jahre lang gearbeitet hatte. Ich hatte damit gerechnet, irgendwann auszusteigen und eine Beraterposition zu behalten, die mir erlauben würde, jenes Gleichgewicht spiritueller und weltlicher Interessen zu wahren, das ich für die Menschen in unserer modernen Welt für richtig halte. All das löste sich über Nacht in Luft auf. Überdies hätte die Katastrophe für mich persönlich zu keiner unpassenderen Zeit kommen können. Kaum drei Wochen zuvor war meine Frau beinah an einer Koronarthrombose gestorben. In dem Bemühen, Coombe Springs in dieser Zeit des schwindenden Interesses in Gang zu halten, hatte sie sich überanstrengt. Eines Morgens stellte sie fest, daß die Frau, die für die Waschküche eingeteilt war, die Wäsche einer ganzen Woche liegengelassen hatte. Überarbeitet wie sie war, ging sie in die Waschküche, machte alles selbst und ließ sich von niemandem helfen. Als ich abends nach Hause kam, war sie fix und fertig, strahlte aber triumphierend. In der Nacht hatte sie einen Herzanfall und wurde ins Westminster Hospital eingeliefert. Ihr Zustand blieb tagelang kritisch, und sie war halbseitig gelähmt. Es tat weh, ihr verzerrtes Gesicht zu sehen — doch diesen Schmerz erleben viele Menschen. Ich durfte sie zweimal am Tag besuchen. Als bei Powell Duffryn die Bombe platzte, empfand ich wieder diese seltsame Abgehobenheit, dieses Gefühl, nicht selbst beteiligt zu sein, das ich in den meisten kritischen Momenten meines Lebens bemerkt hatte. Ein Teil von mir erlitt den Schmerz und ein anderer schaute unbeteiligt zu.

Es war äußerst unangenehm, mit meiner Sekretärin noch einmal ins Büro zu gehen, um unter den argwöhnischen Blicken irgendeines Büroangestellten meine persönliche Habe abzuholen. Ich erfuhr, daß auch meinen besten Freunden in den Laboratorien gekündigt worden war. Vielversprechende Forschungsvorhaben wurden abgebrochen, und mir blieb es verwehrt, beweisen zu können, daß meine Methode, ein Forschungslabor zu leiten, sehr viel Kreativität freisetzte. In keinem Augenblick hatte ich das Bedürfnis, irgend jemandem außer mir selbst die Schuld zu geben; doch auch das ist nicht sehr angenehm. Die Direktoren der Firma, offenbar ziemlich verlegen wegen ihres vorschnellen Handelns, behandelten mich sehr freundlich und boten mir eine faire Abfindung. Ich wußte, daß die Lage, in der ich mich befand, genau die richtige für mich war, denn jetzt konnte ich meine ganze Zeit Coombe Springs und meinen eigenen Studien widmen — nur war ich auf die denkbar schmerzhafteste Art in diese Lage gekommen.

Einen Trost hatte ich: ich konnte jetzt den ganzen Tag bei meiner Frau verbringen. Ihr Zustand machte den Ärzten große Sorge. Sie konnte bald wieder sprechen, aber die Lähmung der linken Körperhälfte blieb, und sie wurde immer schwächer. Sie flehte mich an, sie wieder nach Hause zu holen, weil sie die einsamen Nächte nicht ertrug. Der Arzt sagte, es sei ausgeschlossen, sie zu verlegen, und sie brauche Pflege, wie sie nur im Krankenhaus möglich sei.

Sie entschied diesen Disput auf ihre Weise, indem sie einfach aufstand und sagte, sie werde nach Hause gehen. Der Chirurg, ein berühmter Herzspezialist, der sich sehr für ihren Fall interessierte, sagte mir, ihr Herz sei restlos erschöpft, und es habe keinen Sinn mehr, sie weiter zu behandeln. Sie war über fünfundsiebzig Jahre alt, und in diesem Alter konnte man keine Wunder mehr erwarten. Er sagte, ich könne sie nach Hause mitnehmen, wenn ich wollte, aber sie werde dort sterben. Er bezweifelte, daß sie die Fahrt überleben würde.

Inzwischen hatte Madame de Salzmann mir von einem russischen Arzt namens Professor Salmanov erzählt. Er hatte an Mitgliedern der französischen Gruppe wahre Wunder gewirkt und sagte, er könne meine Frau durch Bernard Courtenay-Mayers behandeln, vorausgesetzt, sie sei zu Hause und in der Pflege guter Krankenschwestern.

Am nächsten Tag fuhr sie ein Krankenwagen vorsichtig nach Coombe. Salmanov dirigierte ihre Behandlung telefonisch von Paris aus. Für eine Frau, die dem Tod so nahe schien, waren es sehr rauhe Methoden, bei denen es einem schauderte. Einläufe, Injektionen, und vor allem mußten Blutegel angesetzt werden. Unsere Suche nach Blutegeln war eine ganze Tragikomödie für sich, doch wir fanden sie, und als man sie ansetzte, brachten sie ihr augenblicklich Erleichterung. Sie war nicht bei klarem Bewußtsein, aber als die Egel Blut zu saugen begannen, rief sie: „Ah. Der Beißer beißt!" Der Ausdruck „Beißer-Biß" wurde bei uns zur stehenden Redewendung. Es ist schwer zu sagen, was sie schließlich rettete — ihr eigener Mut oder Salmanovs Behandlung oder die liebevolle Pflege, die ihr alle in ihrer Umgebung angedeihen ließen. Vermutlich war es aber einfach so, daß die Stunde ihres Todes noch nicht gekommen war. Ihr Gesundheitszustand besserte sich mit verblüffender Schnelligkeit.

Im Frühjahr machten wir eine Autoreise durch Frankreich. Es wurde eine der glücklichsten Zeiten meines Lebens. Wir fuhren nach Chamonix und dann die Hochalpenstraßen entlang, eine der prachtvollsten Reiserouten Europas. In Cannes verbrachten wir eine Woche bei Dorothy Caruso und Margaret Anderson in einer herrlichen gemieteten Villa. Dann fuhren wir durch die Provence zurück. Ihre Krankheit hatte sie ein wenig von ihrem quälenden inneren Druck befreit, der sie zu immer größeren Anstrengungen trieb und es ihren Freunden schwermachte, mit ihr Schritt zu halten. Wir waren beide überzeugt, daß Gurdjieff ihre Krankheit vorausgesehen hatte und ihr eigentlich noch zeigen wollte, wie sie sich schützen konnte. Vielleicht hatte er das sogar getan, und sie hatte es nicht verstanden. Sie erzählte mir, in ihrem letzten Gespräch mit ihr habe er gesagt: „Sie dürfen nicht mehr arbeiten. Lassen Sie andere arbeiten. Sie müssen sich jetzt auf das Sterben vorbereiten. Das wird vielleicht erst in vielen Jahren sein, aber Sie müssen sich vorbereiten." Sie war nicht bereit gewesen, diese Mahnung wörtlich zu nehmen. Konnte ich ihr Vorwürfe machen, wo ich es doch selbst nicht besser gemacht hatte?

Ich arbeitete damals mit ganzer Kraft an meinem Buch *The Dramatic Universe,* und wie üblich hatte ich mir ein viel zu hohes Ziel gesteckt. Ich wollte alles, was ich aus eigener Erfahrung oder aus meinen Studien über das spirituelle Leben des Menschen wußte, mit dem in Einklang bringen, was in Geschichte und Naturwissenschaft über die Welt der Sinne und des Verstandes bekannt war. Je weiter ich kam, desto umfangreicher wurde das Unternehmen. Stunde um Stunde verbrachte ich mit Lesen und Verdauen, mit Schreiben und Umschreiben. Was ich schrieb, kam mir zunächst immer ganz gut vor, aber wenn ich es nach drei Monaten wieder las, schien es nur noch dummes Zeug zu sein.

Ende 1951 hatte meine Frau einen weiteren Anfall. Diesmal wäre sie um ein Haar gestorben, obgleich wir Salmanovs Behandlung sofort anwenden konnten. Einmal saß ich in der Nacht bei ihr, als ich bemerkte, daß sie zur sogenannten Cheyne-Stokes-Atmung überging, die den nahen Tod ankündigt — tiefes keuchendes Atmen wechselt mit Perioden, in denen der Atem kaum noch wahrzunehmen ist. Immer wieder dachte ich, es sei zu Ende. Ich durchlebte noch einmal ihren ganzen Todeskampf vor vierzehn Jahren im St. Mary's Hospital. Doch diesmal war ich sicher, sie wußte, daß ich da war, und hörte, was ich sagte, wie tief ihr Koma auch sein mochte.

Vierundzwanzig Stunden schwebte sie so zwischen Leben und Tod, dann kam sie zurück. Diesmal war sie stark verändert. Die Ärzte vermuteten eine Gehirnblutung. Jedenfalls war ihr Gehirn in Mitleidenschaft gezogen, und sie blieb wochenlang umnachtet. Doch noch einmal schaffte sie eine ans Wunderbare grenzende Genesung und war im Frühjahr schon wieder im Vollbesitz ihrer Fähigkeiten, wenn auch geschwächt. Sie konnte sich an ihre Erfahrungen im Koma nicht erinnern, außer daß sie sich sehr glücklich und stark gefühlt hatte in dem Wissen, daß alles gut war.

1952 gewann das Leben in Coombe Springs etwas von seiner früheren Vitalität zurück. Ich hielt öffentliche Vorträge, und viele neue Studenten kamen ans Institut. Wir unterhielten enge freundschaftliche Beziehungen zu den Gruppen, die unter Madame de Salzmanns Leitung standen, und arbeiteten gemeinsam an Gurdjieffs rhythmischen Übungen und Tempeltänzen. Am 17. Mai fand im Fortune Theatre eine öffentliche Demonstration statt. Ich lernte viel bei der Vorbereitung dieser Darbietung. Ich hatte seit 1948 regelmäßig an den Übungen gearbeitet und beherrschte sie recht gut, obgleich ich durch meine Größe behindert war. Ich sollte an mindestens einem der rituellen Tänze, dem Großen Gebet, teilnehmen. Dieser Tanz hat mich stets tief bewegt, seit ich ihn vor vierzig Jahren in Konstantinopel zum ersten Mal gesehen hatte. Er ist eine von Gurdjieffs tiefsten Schöpfungen und trägt eine sich vertiefende symbolische Bedeutung, die sich einem allmählich erschließt, wenn man Monat für Monat daran arbeitet. Besondere Kostüme werden dazu getragen, und die Musik ist zutiefst religiös — ein tief anrührendes Erlebnis für Teilnehmer und Zuschauer. Während der letzten Proben fing ich an, mich sehr krank zu fühlen und Fehler zu machen, weshalb ich mit Recht gebeten wurde, an der öffentlichen Aufführung nicht teilzunehmen. Ich war bei der Generalprobe dabei, wohl wissend, daß ich zum letzten Mal in meinem Leben an dieser Erfahrung teilhaben würde. Dieses Wissen drang in mein tiefstes Bewußtsein. Ich durchlebte jeden Augenblick, als sei es mein letzter.

Als die Probe vorbei war, kamen mehrere Freunde auf mich zu, um mich zu bedauern, weil ich an der Aufführung nicht teilnehmen durfte. Ich sagte: „Ich bin der glücklichste Mensch, den es geben kann, denn ich habe es im vollen Bewußtsein der Endgültigkeit zum letzten Mal getan." Ich wußte, daß ich in eines der Geheimnisse des Lebens eingedrungen war. Ich hatte oft gehört (und es selbst anderen gesagt), daß man alles tun solle, als sei es das erste und letzte Mal, doch ich hatte die Erfahrung noch nie selbst mit solcher Klarheit des Bewußtseins durchlebt. Die Erinnerung an diesen Tag hat mir seither oft geholfen.

Dennoch waren die Anzeichen einer ernsthaften Erkrankung unverkennbar. Ich wurde merkwürdig schwach, und das Atmen machte mir Beschwerden. Eine Röntgenuntersuchung ergab, daß meine Tuberkulose anscheinend wieder aktiv geworden war. Meine Frau bestand darauf, daß ich nach Paris reisen und Dr. Salmanov konsultieren sollte. Er kam zwar zu einer ganz anderen Diagnose, sagte aber, mein Leben sei in Gefahr, wenn ich mir jetzt nicht vollkommene Ruhe gönnte. Er ließ mich nicht einmal heimfahren, sondern schickte mich nach Fontainebleau, wo ich einen Monat lang im Wald liegen mußte. Meine Tochter Ann kam herüber und versorgte mich.

Allmählich kehrte meine Kraft zurück, aber als ich wieder in England war, setzte ich mich über Salmanovs Warnung hinweg und nahm zu früh meine Arbeit wieder auf. Beim Beschneiden eines Apfelbaums im Garten stürzte ich von der Leiter und fügte mir eine schlimme Schnittverletzung an der Hand zu. Der Schock brachte etwas in mir in Bewegung, was dazu führte, daß mein ganzer Körper sich mit Pusteln überzog. Es brannte furchtbar, und ich konnte kaum auf einem mehlbestäubten Laken liegen, das Salmanov empfohlen hatte. Niemand konnte etwas für mich tun, und immer neue Pusteln und wunde Stellen bildeten sich. In der Erinnerung an Gurdjieffs Worte lehnte ich Penizillin und andere Antibiotika ab. Im Übrigen war ich überzeugt, daß es keine Infektion und ohnehin keine normale Erkrankung war. Sie war so plötzlich gekommen, und die Schmerzen waren so unerträglich, daß ich nicht daran zweifelte, sterben zu müssen. Der Zustand hielt drei Tage an.

Ich lag so still, wie ich konnte, denn das war die einzige Möglichkeit, die Schmerzen in Grenzen zu halten. Und dann merkte ich plötzlich wieder, daß ich meinen Körper verließ. Ich empfand keinen Schmerz und überhaupt kein körperliches Gefühl mehr. Ich verließ meinen Körper sehr sanft und erinnere mich deutlich an eine Art wortlose Erkenntnis, die man etwa so ausdrücken könnte: „Das ist also der Tod, und ich hatte keine Ahnung, daß er so friedlich ist." Ich war mir bewußt, daß mein Körper auf dem Bett lag, und nahm an, daß er zu atmen aufgehört hatte. Ich fragte mich nach meinem eigenen Atem, und er war da — aber nicht als physischer Atem. Ich konnte nicht denken, sondern nur meiner Erfahrung bewußt sein. Das ist schwer zu beschreiben. Es war fast so, als würden meine Erfahrungen mir dargeboten, als sähe, hörte, dächte oder atmete ich nicht selbst. Ich wußte zwar, daß ich in irgendeinem Körper war, aber es war gewiß nicht der Körper, den ich gerade verlassen hatte.

Ich weiß nicht, wie lange dieser Zustand andauerte, doch dann hörte ich meine Frau meinen Namen rufen. Ich spürte einen schmerzhaften Stich und war wieder in meinem Körper. Nichts hatte sich verändert, doch innerhalb weniger Stunden begannen die Pusteln einzutrocknen und nach einer Woche war ich wieder gesund. Ich habe nie verstanden, was diese Krankheit bedeutete, aber die Erfahrung, den Körper zu verlassen, hatte, glaube ich, mit dem zu tun, was Gurdjieff den zweiten Kesdjankörper nannte. Jetzt wurde mir etwas klarer, was er meinte, wenn er sagte, es sei notwendig, einen neuen Körper für das „wirkliche unwandelbare Ich" zu schaffen. Während ich außerhalb meines Körpers war, hatte ich kein „Ich", nur eine Bewußtheit, die voller Frieden und Seligkeit war — aber ohne jede Kraft zu handeln.

Einige Zeit später reiste ich auf Einladung von Madame Ouspensky und Madame de Salzmann nach Amerika, um Vorträge über Gurdjieffs System zu halten. Vier Vorträge hielt ich in der Carnegie Hall in New York. Ich war froh, einen Dienst erweisen zu können, fühlte mich aber nicht mehr zugehörig. Ich wollte rückhaltlos mit denen vereint sein, die Gurdjieffs Arbeit weiterführten und seine Ideen verbreiteten. Ich war so überzeugt wie eh und je, daß Gurdjieff der Welt das machtvollste Instrument der Selbstvervollkommnung gegeben hatte, das je existiert hat. Er war im besten Sinne ein Meister.

Nachdem er uns verlassen hatte, war alles anders geworden. Es wäre jedoch falsch zu sagen, daß Gurdjieff für uns nicht mehr existierte. Wir spürten seine Gegenwart. Jedes Jahr werden an seinem Todestag in den russischen Kirchen vieler Länder Requiemgottesdienste zu seinem Gedächtnis abgehalten. Bei diesen feierlichen Anlässen wird das Band zwischen all denen erneuert, die von ihm gelernt haben.

Dennoch konnte ich nicht vergessen, was Gurdjieff in einem sehr ernsten Augenblick kurz vor seinem Tod gesagt hatte: „Wenn ich gegangen bin, wird ein anderer kommen. Sie werden nicht allein bleiben." Ich dachte auch an Ouspenskys Versicherung, es werde noch mehr aus der Quelle kommen, aus der Gurdjieff seine Inspiration empfangen habe. Gurdjieff hatte seine eigene Rolle in dem großartigen „Ich Bin"-Kapitel definiert, das er mich so oft vorlesen ließ. 1924 hatte er gesehen, daß seine Ideen noch während seiner Lebensphase zu einer *praktischen* Hilfe für die Menschheit gemacht werden konnten, und deshalb hatte er sich zur Aufgabe gemacht, dafür zu sorgen, daß sie nach seinem Tod als *Theorie* zugänglich waren. Da er auch gesagt hatte, Theorie habe nur dann einen Wert, wenn sie den Zugang zur Praxis eröffne, war seine Arbeit also die Vorbereitung eines neuen Stadiums der Manifestation jener Vorsehung, die die Menschheit von Epoche zu Epoche leitet.

Wenn die Vorbereitung unsere Aufgabe war, dann erhielt sogar unsere Uneinigkeit einen Sinn. Wir sollten lebendig erhalten, was wir bekommen hatten, und gleichzeitig bereit sein für alles, was kommen mochte.

Nicht alle sahen die Situation auf diese Weise, und selbst die es taten, waren uneins in der Frage, wie man die Aufgabe am besten bewältigte. Wie nach dem Tod Ouspenskys, so begann auch jetzt die typische Fraktionsbildung. Einige befürworteten ein sklavisches Festhalten an allem, was Gurdjieff gesagt oder getan hatte. Andere behaupteten persönliche Weisungen erhalten zu haben, die ihnen erlaubten, unabhängig von den anderen zu arbeiten. Wieder andere waren bereit, alles für die Einheit aufzuopfern. Viele überließen diese Probleme natürlich nur allzu gern anderen und waren froh, wenn sie von den Erfahreneren persönliche Hilfe bekommen konnten. Ich selbst hielt die Einheit für das Wichtigste und war bereit, mich in jedes Ganze einzufügen, das sich bilden mochte; doch ich wußte auch recht gut, daß Uniformität noch nicht Einheit bedeutet. Offenbar konnte ich meiner Rolle am ehesten gerecht werden, wenn ich das Leben in Coombe Springs so stark wie möglich machte. Ich erinnerte mich, wie Gurdjieff gesagte hatte, es müsse einen Ort geben, wo die Menschen zusammen leben und arbeiten konnten und dabei Erfahrungen machen, die ihnen später nützen würden, wenn sie hinausgehen mußten, um mit anderen zu arbeiten.

Ich stellte mir die schwierige Aufgabe, mich dem Ganzen unterzuordnen und doch die Integrität meines eigenen Parts zu wahren. Ich fragte mich, ob ich in mir selbst oder in der Gruppe, mit der ich damals arbeitete, die Fähigkeiten und Mittel finden konnte, die erforderlich waren, um den dreihundert Schülern, die an den einzelnen Gruppen teilnahmen, wirklich zu helfen. Ich konnte sie ein Stückweit voranbringen. Zwei oder drei Jahre lang profitierten die meisten sehr viel aus der Schulung, aus den Übungen und vor allem aus unserer gemeinsamen Arbeit in Coombe Springs. Ich sah aber bei denjenigen, die schon viele Jahre so arbeiteten, daß sie sich ein gleichmäßiges Tempo angeeignet hatten. Ich drücke es so aus, weil ich nicht das Gefühl hatte, die Intensität habe nachgelassen. Gurdjieff hatte uns einen solchen Reichtum an Ideen und Methoden hinterlassen, daß wir ständig neue Übungen erfinden und neue Umstände schaffen konnten, die alles lebendig hielten. Es lag auch nicht in meiner Natur, mich an den Buchstaben der Lehre zu klammern. Ich war bereit, mit neuen Ideen und Methoden zu experimentieren, solange sie mit den Grundprinzipien von Gurdjieffs Arbeit übereinstimmten.

Ich verstand diese Prinzipien so, daß der menschliche Organismus mit seinen psychischen Funktionen des Empfindens, Fühlens, Denkens und Wünschens nichts weiter als eine sehr komplizierte Maschine ist und zu keiner selbständigen Aktion fähig. Der wahre Mensch, das „wirkliche, unwandelbare Ich" sollte Herr und Meister der Maschine sein, aber in fast allen Menschen schläft oder döst dieser innere Meister. So mögen sie zwar äußerlich wie Menschen erscheinen, sind aber tatsächlich nur Automaten, deren sogenanntes Handeln in der Reaktion auf Sinnesreize besteht. Die Illusion, ein „Ich" zu haben, rührt von der Natur des Bewußtseins her, das allem, was es berührt, den Geschmack der Wirklichkeit verleiht. Was man „Ich" nennt, ist nichts als der endlose Strom des Bewußtseins. Darin war Gurdjieff vollkommen einig mit den skeptischen Philosophen, vor allem mit David Hume. Es war dem Menschen jedoch möglich, ein „wirkliches, und unwandelbares Ich" zu erlangen, wenn er bereit war, den Preis dafür zu zahlen. Niemand kann diesen Preis für einen anderen bezahlen. Jeder muß selbst für sich arbeiten, aber nur sehr wenige können das allein. Gruppen und Lehrer sind eine praktische Notwendigkeit, um die richtigen Bedingungen herzustellen — nicht um die Hilfe zu geben, die jeder in seinem Inneren finden muß.

Die Herstellung der richtigen Bedingungen hängt von der Stärke und Weisheit dessen ab, der Lehrer genannt wird. Ich wurde mir der Grenzen meiner Kraft und vor allem meiner Weisheit immer deutlicher bewußt. Ich konnte nicht die Risiken für die innere Welt anderer tragen, die Gurdjieff auf sich zu nehmen bereit war. Ich erinnere mich eines Falles, wo er sich besonders haarsträubend gegenüber einer würdevollen Dame an seinem Tisch verhielt und mich dann fragte: „Sind Sie nicht erstaunt, daß ich mir solche Unverschämtheiten leiste?" Ich sagte: „Nein, keineswegs. Sie wissen, was Sie tun." Er sagte: „Ja. Das ist *Wissenschaft.* Ich habe Wissenschaft vom Menschen und seiner Psyche. Deshalb kann ich tun, was andere nicht tun können. Wenn andere tun, was ich tue, könnten sie töten. Selbst ich mache manchmal Fehler, aber dann kann ich reparieren."

Das Seminar im Jahr 1953 ging durch gefährliche Phasen. Die Intensität wurde viel größer, als ich vorausgesehen hatte. Einige Teilnehmer durchlitten heftige emotionale Krisen, die tagelang anhielten. Die Situation spitzte sich alarmierend zu, aber dann, wie durch ein Wunder, fand plötzlich doch alles seinen rechten Gang, und viele gingen in der Überzeugung, daß noch strengere Arbeitsbedingungen notwendig waren. Andere hatten Angst bekommen und wollten so ein Experiment nicht wiederholen.

In diesen vierzehn Tagen erhielt ich während einer Zeit der Meditation eine deutliche Weisung. Ich wurde eine Stimme in meiner Brust gewahr, die mehrmals sagte: „Geh in den Osten." Ich erzählte meiner Frau und meinen engsten Freunden davon, und sie waren alle der Ansicht, ich solle diesem Hinweis nachgehen.

23. Südwestasien

Der Osten ist groß. Er reicht vom Mittelmeer bis zum Pazifik und beherbergt doppelt soviele Menschen wie der Rest der Erdoberfläche. Wohin sollte ich mich also wenden? Ich überlegte mir, daß es keinen Sinn hätte, in ein Land zu gehen, dessen Sprache ich nicht verstand. Die einzige östliche Sprache, die ich wirklich beherrschte, war Türkisch, und zwar nicht nur ottomanisches und modernes Türkisch, sondern auch mehrere zentralasiatische Dialekte. Die türkische Sprache ist wahrhaft eine *lingua franca,* mit der man früher vom Balkan bis ins chinesische Turkestan, von der Wolga bis an den Nil reisen konnte und immer jemanden fand, der sie verstand.

Seit dem Krieg hatte sich zwar vieles verändert, doch die Leute, die ich sehen wollte, gehörten ohnehin der älteren Generation an. Wenn ich in türkischsprachigen Ländern reiste, würde ich mich wie zu Hause fühlen. Ich beschloß, erst einmal drei oder vier Monate in der Türkei, in Syrien, im Irak und Jordanien zu verbringen und dann zu entscheiden, was danach kommen sollte. Ich hatte keine Bedenken, England zu verlassen; meine Frau mußte sich jetzt zwar meistens in ihrem Zimmer aufhalten, war aber von liebevollen Freunden umgeben und zudem überzeugt, daß ich die Reise machen mußte. Ich wollte auch vermeiden, daß ich allmählich in die Rolle des unentbehrlichen Führers rutschte. Solch einer Gefahr würde ich mich um jeden Preis entziehen, auch wenn ich dafür alles und jeden verlassen mußte.

Ich hatte einen Anhaltspunkt für meine Reise. Als ich vor dreiunddreißig Jahren in Konstantinopel gewesen war, hatte ich Ali Haidar kennengelernt, den letzten Sherif oder Wächter der Heiligen Stadt Mekka, ein direkter Nachkomme des Propheten Mohammed. Er hatte fünf Söhne, die etwa in meinem Alter waren, und einer von ihnen war mein alter Freund Prinz Abd Al Madschid. Die Frömmigkeit und schlichte Güte dieser Menschen einer uralten Rasse hatten mich beeindruckt, und ich bedauerte zutiefst den meines Erachtens unheilvollen Einfluß Lawrence von Arabiens, der nur den jüngeren Zweig der Familie unterstützte und dem legitimen Sherif nach dem Ersten Weltkrieg die Rückkehr verwehrte. Die Geschichte unserer Beziehungen zu den arabischen Völkern hätte einen sehr viel günstigeren Verlauf nehmen können, wenn wir den Sherif Ali Haidar unterstützt hätten, der mit den Wahhabiten umzugehen verstand. Nun, das war jetzt alles Geschichte; Ali Haidar war tot, und sein Sohn hatte sich auf die Seite seines Cousins, des Haschemitenkönigs von Jordanien geschlagen. Er war Jordaniens Gesandter in London gewesen, dann aber 1953 nach Paris gegangen.

Ich besuchte ihn und erzählte ihm von meinen Reiseplänen und wie es dazu gekommen war. Er war ein frommer Moslem und sagte: „Es ist zweifellos Gottes Wille, denn es wurde Ihnen gezeigt, ohne daß Sie danach suchten. Sie wissen, daß ich im Herzen ein Sufi und ein Derwisch bin. Während des Krieges, als mich das Glück ganz verlassen zu haben schien, traf ich in Damaskus einen Scheich von außerordentlicher Frömmigkeit und Weisheit. Ich gebe Ihnen den Rat, ihn aufzusuchen. Für einen Freund von mir wird er sicher alles tun, was er kann. Sein Name ist Emin Chikhou." Dann erzählte er mir vom Naqshbandi-Derwischorden mit seinen Scheichs und Gruppen von *murids,* der damals in der ganzen islamischen Welt von Marokko bis Indonesien am aktivsten war. Er wußte, daß ich ein Anhänger von Gurdjieffs Ideen war; im Vorjahr war er auf meine Einladung hin bei der Demonstration der Bewegungen im Fortune Theatre dabeigewesen. Er sagte, der Naqshbandiorden werde mich interessieren, weil er sich nicht in Tekkes zurückziehe und auch nicht wie die Rufai oder Mevlevi Übungen einer bestimmten äußeren Form kenne, sondern nur die Erfüllung aller weltlichen Pflichten, ohne im Herzen je mit der Anbetung Gottes innezuhalten.

Die Freundlichkeit des Prinzen berührte mich tief, doch ich konnte mir nicht vorstellen, daß es so einfach sein würde, mit einer authentischen Quelle der esoterischen Traditionen des Islam in Berührung zu kommen. Ich beschloß, meine Reise in der Türkei zu beginnen und mir einen alten Wunsch zu erfülllen: Ich wollte Konya besuchen, die Heimat von Dschela-leddin Rumi, dem größten mystischen Dichter des Islam und Begründer des Mevleviordens, unter dessen Mitgliedern ich in den frühen Zwanzigerjahren viele Freunde gefunden hatte.

Ich hatte keine geplante Reiseroute, steckte mir jedoch drei Ziele. Ich nahm eine Filmkamera mit, damit ich den Daheimgebliebenen später einige der Eindrücke vermitteln konnte. Außerdem nahm ich mir vor, ein sehr ausführliches Tagebuch zu schreiben. Und drittens wollte ich alte und neue Gebäude untersuchen, die von Christen, Moslems und anderen religiösen Gemeinschaften Südwestasiens für Rituale und spirituelle Übungen benutzt worden waren. Ich wollte gern herausfinden, auf welche Weise umbaute Räume höhere Energien sammeln und konzentrieren können. Meine theoretischen Studien hatten mich zu der Überzeugung geführt, daß Form und Größe eines Gebäudes und die Verteilung seiner Massen einen Einfluß auf den inneren Zustand von Menschen ausüben, die sich zu einer gemeinsamen Erfahrung in ihm aufhalten.

Ich brach am 15. September 1953 auf und blieb unterwegs für zwei Tage in Rom. In Istanbul besuchte ich Prinz Muhiddin Haidari, den ich früher im Palast seines Vaters als Jungen gekannt hatte. Seine Frau ist heute wahrscheinlich die beste Interpretin alter türkischer Lieder. Wenn ich ihr zuhörte, wurde mir das starke Band bewußt, das mich mit den asiatischen Völkern verbindet. Ich fühlte mich wie zu Hause und war doch irgendwie befangen — wie ein Junge, der heimkehrt und nicht recht weiß, was er seiner Familie sagen soll.

Jeden Tag spazierte ich durch das alte Istanbul. Neben der Mauer des alten Marktes im Schatten der Sultan Bayazid Moschee fand ich die *lokanta* von Kebabji Kiamil wieder, wo ich im April 1919, als ich für das türkische Kriegsministerium arbeitete, meinen Kebab zu essen pflegte. Der alte Kiamil und sein Sohn waren gestorben, aber seine beiden Enkel hießen mich willkommen. Ich verließ die Altstadt durch das Adrianopeltor und fand das Tekke der Mevleviderwische, das ich 1920 mehrmals besucht hatte. Nichts hatte sich verändert, obgleich die Derwische vor fünfunddreißig Jahren vertrieben worden waren. Ein Wärter öffnete mir das Sema Hané, und die alten Erinnerungen stürmten auf mich ein. Ich staunte, wie blind ich damals gewesen war. Während ich so auf dem staubbedeckten Boden stand und mir die morschen Holzarbeiten anschaute, begriff ich, was die Lebenshaltung der Derwische den Türken mehr als siebenhundert Jahre lang bedeutet hatte. Sie waren der Sauerteig gelebter Mystik gewesen, der das religiöse Leben der Türkei vor der Degenerierung zum Formalismus bewahrt hatte. Ich fragte mich, ob dreißig Jahre weltlicher Herrschaft unter Kemal Atatürk das tiefe religiöse Empfinden dieses Volkes zerstört haben konnten.

Bevor ich das Tekke wieder verließ, vermaß ich das Sema Hané und machte mir Skizzen. Später tat ich dasselbe im Mevlevi-Hané von Péra (das jetzt Polizeiwache ist) und fand, daß die Maßverhältnisse identisch sind. In der Abenddämmerung ging ich zur großen Moschee von Suleimaniye, dem ewig jungen Meisterwerk von Sinan Mi'mar von Kayseri, einem der größten Architekten und Mathematiker der Welt, der im Westen kaum dem Namen nach bekannt ist. Mein Blick war mit den Jahren sensibler geworden, und ich stand auf der Umfassungsmauer, hingerissen von den Wundern dieser feinfühligen Architektur von Kuppeln und Türmchen, die sich herunter zu ergießen schien in einer Harmonie, die Himmel und Erde vereinte. Wie leblos wirkt neben diesem großartigen Bauwerk unsere St. Paul's Cathedral oder der massige, ausdruckslose Petersdom in Rom. In diesem vollendeten Kunstwerk löste Sinan Mi'mar sein Versprechen an Suleiman den Herrlichen ein, daß er die byzantinischen Architekten der Hagia Sophia übertreffen würde. Ich ging hinein und hörte die Stimme des Muezzins Verse aus dem Koran singen. Wieder ließ die Reinheit der Akustik mir die Tränen in die Augen treten, doch diesmal gewahrte ich einen Klang im Klang, und mir ging auf, daß der Architekt einen spirituellen Tempel im weltlichen Tempel erbaut hatte.

Am 22. September fuhr ich mit dem Zug nach Konya. Ich hatte mir vorgenommen, mit wenig Geld wie ein Türke zu reisen und zu leben. Es war nicht leicht, ein Hotel zu finden, aber im Rathaus half man mir. Das Hotel, das ich fand, war sichtlich nicht für Ausländer gedacht. Früher, als es noch keine Hotels gab, nannte man die Herbergen und Karawansereien *Konak* oder „Absteige". Die Türken, von Natur ein Nomadenvolk, schlafen immer noch gern in großen Räumen zusammen, als lebten sie noch in Zelten. Es bestand kein Bedarf an Einzelzimmern. Ich war da anspruchsvoller und bestand auf einem Raum für mich allein; ich bezahlte einen lächerlichen

Preis für ein Zimmer, das außer drei Betten kein weiteres Mobiliar enthielt. Die Türken sind wie alle guten Moslems peinlich sauber, und der Boden wird täglich gewischt. Reinlichkeit verträgt sich jedoch durchaus mit einer lebhaften Fauna — vor allem Flöhe und Wanzen, die sich in Matratzen und Teppichen heimisch fühlen. Die Türken betrachten uns als schmutzig, weil wir uns nicht mehrmals täglich den Unterleib waschen. Sie haben da ihre ganz eigenen Vorstellungen, die uns gar nicht erst in den Sinn kommen, und wir finden sie wiederum schmutzig, weil ihre sanitären Gepflogenheiten anders sind als unsere.

Als ich mich im Hotel eingerichtet hatte, erscholl gerade der Ruf zum Mittagsgebet von allen Minaretten, und ich ging zur Selimiyemoschee, um dem Gebet zu folgen. Die Stadt hat nie das tiefe religiöse Empfinden aus der Zeit der Seldschukensultane verloren. Fast alle Läden schließen Mittags, damit der Besitzer zum Gebet in die Moschee gehen kann. Mich bewegt die Aufrichtigkeit ihrer Andacht, und ich schrieb in mein Tagebuch: „Als ich dem wiederholten Ruf ‚Gott ist allmächtig' zuhörte, wurde mir klar, wie echt diese Unterwerfung unter Gottes Willen ist. Auch mich ergriff der Wunsch nach diesem ständigen inneren Akt der Unterwerfung und dem Ablassen vom Eigenwillen, und ich sah, daß ich zumindest das hier lernen konnte."

Solange ich in Konya war, besuchte ich täglich das große Mevlevi-Tekke, das Haus des Dichters Dschelaleddin Rumi, der auch den Orden der Mevlevi-derwische gegründet hatte. Das Sema Hané war im 12. Jahrhundert unter der Leitung seines Sohnes, Sultan Veled, von den Seldschukenkönigen Konyas erbaut worden. Es ist Vorbild für dreihundertfünfundsechzig ähnliche Gebäude, die über ganz Südwestasien verstreut sind. Als ich es untersuchte, kam ich zu der Überzeugung, daß seine Größe und Proportionen einer verlorenen Kunst entsprungen waren, der Kunst, höhere Energien zu konzentrieren, die den inneren Zustand all derer beeinflußten, die sich hier zum Gottesdienst versammelten.

Als ich dasaß und mir Notizen machte, kam der Wärter des Grabmals zu mir und deutete, als ich auf ihn aufmerksam wurde, auf einen älteren Türken, der mit mir sprechen wollte. Ich hatte ihn schon am Vortag bemerkt und wurde das Gefühl nicht los, daß er mich beobachtete. Seit den Tagen Abd Al Hamids überschatten Polizisten in Zivil das Leben in der Türkei — dem Spionieren hat noch keine Revolution Einhalt geboten. Ich hatte angenommen, daß man mich überwachte, wie es bei einem Ausländer, der ein sonderbares Verhalten zeigte, eigentlich selbstverständlich war. Wie froh war ich, als ich meinen Irrtum erkannte. Er war ein Derwisch und frommer Moslem. Wir gingen in ein *tchai hané* und tranken Tee. Nach einigen tastenden Erkundigungen sagte er: „Ein Land ohne Derwische kann nicht existieren. Ein wahrer Derwisch kann die Sünden von tausend Menschen sühnen." Ich fragte nach dem Unterschied zwischen einem Derwisch und einem wahren Gläubigen, der kein Derwisch ist. Er antwortete: „Der letztere lebt in *einer* Welt, doch der Derwisch in zweien. Es gibt ein sichtbares Gebet, daß man in der Moschee sieht, aber es gibt auch das unsichtbare Gebet des Herzens. Der Derwisch hat beide." Ich sagte, man müsse aber, um das Herzensgebet zu praktizieren, einen *Murschid* haben, einen, der den Weg zeigt. Auf diese Wendung hatte er offensichtlich gewartet, denn er sah mich scharf an und sagte: „Natürlich kann man ohne einen Murschid nichts machen, aber Lehrer gibt es überall." Nachdem wir eine Weile über Lehrer in der Türkei gesprochen hatten, sagte er (und man merkte ihm an, daß er nicht zuviel verraten wollte): „In Adana gibt es einen großen Lehrer, aber ich kenne ihn nicht." Da er nichts weiter sagte, erzählte ich ihm, ich wolle nach Adana fahren, und einer der Gründe für meine Reise sei es, herauszufinden, ob die alte sufische Tradition in der Türkei und Syrien noch lebendig war. Er sagte, er kenne einen Schüler des großen Lehrers und wolle versuchen, ein Treffen zu arrangieren.

Später kam er noch einmal und sagte, der Mann, den er meinte, sei nicht in Konya, werde aber in ein paar Tagen zurückkommen. Ich sah ihn nicht wieder, obgleich ich noch einmal zum Grabmal und zum Teehaus ging und nach ihm fragte.

Ich würde ein ganzes langes Kapitel brauchen, um alles zu beschreiben, was ich in Konya erlebte. Es war wie eine Häutung; als ich Konya verließ, fühlte ich mich eher wie ein Türke und Mohammedaner als wie ein Engländer und Christ. Als ich einmal ausruhte, kam mir die Vision von einem Sema Hané in Coombe Springs — mit unseren eigenen Händen erbaut. Ich schrieb: „Es dauert vielleicht zwei oder drei Jahre, aber das Bauen selbst wird unsere große Arbeit sein. Ich darf nichts fürchten, sondern muß mit einem guten Entwurf an die Arbeit gehen, und dann werden wir Schritt für Schritt sehen, wie es weitergeht."

Von Konya fuhr ich mit einem Bummelzug nach Adana. Beim Überqueren des wilden Taurusgebirges sah ich einen Steinadler. Durch die kilikische Pforte — zwei hohe Felsen im Abstand von wenigen Hundert Metern — gelangt man aus der eisigen Steppe plötzlich in die Küstenebene, wo die Baumwolle blüht und Bananen reifen.

Es war September, und über Adana lag eine Bruthitze. Nach Konya war diese blühende Stadt von 130000 Einwohnern, das Zentrum der türkischen Baumwollindustrie, zuerst eine Enttäuschung. Meinem Plan getreu, ging ich zum Baghdad Hotel, das in den Reiseführern nicht einmal erwähnt ist, aber um etliche Klassen besser war als mein Konak in Konya. Zur Mittagszeit ging ich in die nächstgelegene Moschee. Ich stand im rückwärtigen Teil hinter den Gläubigen und sah einen Nachzügler, der hastig die rituellen Waschungen vollzog und sich dem Gebet anschloß. Seine offenkundige tiefe Frömmigkeit zog mich an. Als die Gläubigen nach dem Gebet wieder ihrer Wege gingen, kam dieser junge Mann hinter mir her und lud mich zum Tee ein. Als wir uns gesetzt hatten, sagte er: „Ich habe gesehen, daß Sie ein Fremder sind, und wußte nicht einmal, ob Sie Türkisch sprechen, aber ich mußte Sie einfach ansprechen, wei Sie unserem Gebet mit so aufrichtiger Anteilnahme folgten. Ich muß Ihnen sagen, daß ich Ihnen mein Gebet geweiht habe und Gott bat, Ihr Herz für den moslemischen Glauben zu öffnen."

Ohne die einleitenden Floskeln, die solchen Gesprächen normalerweise vorausgehen, begannen wir uns über den Glauben zu unterhalten. Er sagte: „Ich bin ein einfacher Mann und kann Ihnen unseren Weg nicht erklären, aber wenn Sie mit mir kommen wollen, kann ich Sie vielleicht mit jemandem bekanntmachen, der dazu in der Lage ist." In diesem Augenblick schaute er auf und sah einen hochgewachsenen älteren Türken mit Bart und ländlicher Kleidung, der gerade vorbeiging; er rief ihm einen Gruß zu und bat ihn, sich zu uns zu setzen. Der alte Mann in seinem uralten zerlumpten Gewand hatte feine, sehnige Hände, einen sehr aufrechten Gang und herrliche Augen, die mit festem Blick unter buschigen Augenbrauen hervorschauten. Sein grauer Bart war lang, aber sorgsam gepflegt. Besonders beeindruckte mich, daß er keine Spur von Verlegenheit zeigte; jedes seiner Worte und jede Geste strahlte einen tiefen Frieden aus. Es stellte sich heraus, daß Hassan Effendi, so hieß er, ein Schüler des Großen Lehrers war, von dem ich in Konya gehört hatte. Er lud mich ein, den nächsten Tag in einem Obstgarten unweit der Stadt mit ihm zu verbringen. Wir blieben für drei Tage zusammen, und in dieser Zeit lernte ich so viel von ihm, daß die Beschreibung all dessen ein eigenes Buch füllen würde. Er war ein wahrer Heiliger und dabei ein ganz einfacher Mann, der sich vom Verkauf gebrauchter Kleidung ernährte.

Nach diesen drei Tagen fuhr ich nach Damaskus weiter, wo ich einige Wochen blieb. Ich suchte mir ein Hotel, in dem nur Türken und Syrer wohnten. Vor fünfzig Jahren war es das erste Hotel in Damaskus gewesen, doch jetzt lag es in einem aus der Mode gekommenen und längst nicht mehr glanzvollen Stadtviertel. Damaskus begeisterte mich maßlos. Fast jeden Morgen stand ich sehr früh auf und ging hinaus, um den Handwerkern bei der Arbeit zuzusehen: Weber, Metallhandwerker, Zimmerleute, Korbflechter, Sattler. Ihre Lebensweise schien mir so nahe am Vollkommenen zu liegen wie nur möglich. Die Väter lehrten die Söhne, ganze Familien arbeiteten, sangen, lachten und lebten zusammen. Doch die gebildeten Syrer schämten sich ihres alten Stadtviertels. Studenten wollten mich daran hindern zu filmen oder auch nur durch die Seitengassen zu schlendern. Damaskus hatte damals (und hat wohl noch) zwei ungleiche Teile: das mondäne neue Damaskus, in dem sklavisch imitiert wurde, was man angeblich verachtete, nämlich die französische und englische Lebensart, und das einfache alte Viertel, das sich selber treu blieb und niemanden nachahmte. Niemand, der ein wenig empfänglich für solche atmosphärische Unterschiede ist, kann übersehen, wie gedrückt, argwöhnisch und unglücklich die modernen Bewohner von Damaskus sind und wie fröhlich und doch ernst, wie offen und natürlich die Bewohner der Altstadt. Mit jedem Tag vertiefte sich meine Liebe zu dieser Stadt.

Gleich nach meiner Ankunft machte ich mich auf die Suche nach dem Derwisch Emin Chikhou. Ich hatte keine Adresse und wußte nur, daß er in der Muhagirine lebte, das ist das Viertel der moslemischen Einwanderer aus Ländern, die die Türkei im Kaukasus und auf dem Balkan verloren hatte. Hier hatte die ottomanische Regierung im 19. und zu Beginn des 20.

Jahrhunderts Tausende von Flüchtlingen angesiedelt, ohne sich dann noch weiter um ihr Wohl zu kümmern. Muhagirine erstreckt sich drei oder vier Kilometer weit über die Hügel im Norden der Stadt. Nach drei Tagen der Suche und vielen Abenteuern fand ich Emin Chikhou, und verbrachte von da an jeden Tag mehrere Stunden im Kreis seiner Schüler bei ihm. Emin Chikkou ist der Scheich oder Führer eines unorthodoxen Zweigs des großen Naqshbandiordens. Als Kurde und ehemaliger türkischer Offizier beherrschte er die türkische Sprache perfekt, hatte sie aber wie ich viele Jahre nicht mehr gesprochen. Wir verstanden einander jedoch ohne Schwierigkeiten. Er hatte damals allein in Damaskus etwa zweihundert meist junge männliche Schüler und viele andere, die über ganz Südwestasien verstreut lebten. Er erzählte mir in allen Einzelheiten die Geschichte seines höchst ungewöhnlichen Lebens und betonte immer wieder, daß ihn stets die Göttliche Weisheit geleitet habe. Er lehrte mich das Wesen und die Methode der spirituellen Übungen der Naqshbandi-Derwische. Ich bezweifelte nicht, daß diese Übungen, ernsthaft und gläubig praktiziert, die Natur des Schülers läutern und sein tieferes Bewußtsein erwecken würden. Eine Übung, die er mir empfahl, praktizierte ich täglich eine halbe Stunde lang; sie führte allerdings nicht so schnell zu Resultaten, wie er zu erwarten schien.

Das Zentralthema seiner Lehre und aller seiner Gespräche mit mir war die neue göttliche Weltordnung, die für ihn mit der Wiederkunft Christi identisch war. Stunde um Stunde zeigte er mir die Prophezeiungen, die in den Aussagen Mohammeds und der islamischen Heiligen enthalten waren und darauf hinausliefen, daß das Ende des Zeitalters nahe sei, wenn der Mensch sich die Energien der Natur unterworfen hatte. Ich sagte, auch ich sei überzeugt, daß eine neue Epoche der Geschichte bevorstand, nehme aber die Prophezeiungen von der Wiederkunft Christi, von Harmaggedon und vom Tausendjährigen Reich nicht wörtlich. So konnte ich zwar seiner buchstabengetreuen Eschatologie nicht beipflichten, doch als Mensch beeindruckte er mich tief. Ich konnte mit ihm sprechen wie noch nie zuvor mit einem anderen Menschen — nicht einmal mit Gurdjieff. Er bat mich, ihm aus meinem Leben zu erzählen, und ich berichtete von vielen Ereignissen, die in diesem Buch beschrieben sind, aber auch von anderen, die zu persönlich sind, um sie hier mitzuteilen. Seine Kommentare warfen ein neues Licht auf so manches und überraschten mich häufig. Oftmals machte er mich auf merkwürdige Parallelen unserer beiden Leben aufmerksam, und mehr als einmal rief er seine Schüler, um ihnen ins Arabische zu übersetzten, was wir gesprochen hatten.

Zu einigen Ereignissen in meinem Leben sagte er: „Seien Sie ganz sicher, daß solche Dinge nicht jedem geschehen. Es gibt Menschen, in denen Gott die Fähigkeit zu antworten entdeckt, und die lehrt Er auf besondere Weise. Andere mögen so leben, wie sie wollen, und sie sehen die Folgen ihres Handelns nicht, bis es zu spät ist. Sie aber sind von Gott auserwählt, einem großen Zweck zu dienen, und deshalb hat Er Ihre Schulung selbst in die Hand genommen.“ Er versicherte, er habe den Propheten Mohammed in einer

Vision gesehen, und dabei sei ihm gesagt worden, er werde das Ende dieses Zeitalters noch erleben. Auch ich, sagte er, werde erleben, wie die Macht des Herrn sich aufs Neue zeigte, und dann würde meine besondere Rolle darin bestehen, die westlichen Völker darauf vorzubereiten, diese Kraft zu empfangen. Ich konnte diese Prophezeiungen einfach nicht wörtlich nehmen, war aber von Emin Chikhou selbst immer wieder tief beeindruckt. Ich durfte an mehreren Zusammenkünften mit seinen Schülern teilnehmen. Die Verehrung, die sie ihm entgegenbrachten, überraschte mich nicht, denn bei den Sufis ist es üblich, daß die Schüler den Scheich oder Murshid als Stellvertreter Gottes betrachten. Eher beeindruckte mich die vollkommene Harmonie unter diesen Menschen und die Hingabe aller Schüler an das Ideal des Dienstes an ihren Mitmenschen. Ich sah, wie sie sich der Kranken und Alleingelassenen annahmen, wie die wenigen Wohlhabenden unter ihnen ihren Besitz mit den Bedürftigen teilten. Als ich später einige von Emin Beys Schülern im fernen Mosul am Tigris traf, sah ich, wie dieses Gefühl der Brüderlichkeit mühelos Raum und Zeit überwand.

Nach den Früchten seiner Arbeit zu urteilen, muß ich Emin Chikhou zu den großen spirituellen Führern rechnen. Zudem ist er ein Mann von scharfer Intelligenz. Ich konnte seinen tiefen Glauben an eine neue Weltordnung nicht ohne weiteres von der Hand weisen und mußte daher auch seine Versicherung ernst nehmen, daß ich eine besondere Rolle zu spielen haben würde.

Einmal besuchte ich einen Friedhof, auf dem ein Heiliger begraben liegt, der seinen rechten Arm gab, um das Leben eines Schülers zu retten. Während ich so zwischen den Gräbern spazierenging, fühlte ich mich plötzlich um dreiunddreißig Jahre zurückversetzt an jenen Abend auf dem Friedhof von Skutari, wo ich in einer Vision gesehen hatte, daß der große Moment meines Lebens erst kommen würde, wenn ich sechzig Jahre alt war. Jetzt war ich siebenundfünfzig, und Emin Chikhou versicherte mir immer wieder, daß innerhalb der nächsten vier Jahre ein großes Ereignis stattfinden werde und ich darin eine große Rolle spielen sollte. Er jedoch glaubte, daß Damaskus der Schauplatz sein werde und zitierte die viele Jahrhunderte alte Überlieferung, daß Jesus in Damaskus erscheinen und der Mahdi ihn vom Minarett der großen Umayyad Moschee herunter ankündigen werde.

Alles was er mir sagte, war eine verwirrende Mischung aus Inspiration und gesundem Menschenverstand, aus einer weiten und sogar modernen Perspektive und unerschöpflicher Toleranz gegenüber anderen Meinungen, aus archaischen Vorstellungen und uralten Überlieferungen, die er zitierte, als besäßen sie die Gültigkeit göttlicher Offenbarungen, aus Scharfsinn und Naivität, aus schlichter Frömmigkeit und einer etwas überzogenen Vorstellung von seiner eigenen Mission. Was er mir sagte, konnte ich weder akzeptieren noch verwerfen, doch nach drei Wochen kam ich zu der Überzeugung, daß ihm das tiefe Verständnis mangelte, das Gurdjieff vor allen anderen Lehrern auszeichnete, die ich kannte. Hätte ich Zeit und Geduld genug gehabt, so hätte ich wahrscheinlich viel von Emin Chikhou lernen können, doch mir war klar, daß ich durch ihn allein nicht die alte sufische Tradition finden konnte, die gewiß irgendwo in Südwest- oder Zentralasien noch lebte. Durch die Zitate seiner Äußerungen über mich habe ich hoffentlich nicht den Eindruck erweckt, daß ich mich fortan als „Auserwählter" fühlte. Mir waren seine Äußerungen im Gegenteil eher peinlich, denn ich war mir nicht nur meiner moralischen Defekte, sondern auch meiner mangelnden spirituellen Sensibilität nur allzu bewußt.

Während meines Aufenthalts in Damaskus besuchte ich auch den Dschebel Druse und hatte das Glück, einige der Älteren zu treffen, die Türkisch sprechen konnten. Sie erzählten mir von ihrer Überzeugung, daß es in China Millionen von Drusen gibt, die zur festgesetzten Stunde über die Steppen Zentralasiens herunterkommen würden, um ihre Glaubensgenossen in Syrien und Ägypten zu befreien. Die Völker Südwestasiens haben vielfältige eschatologische Glaubensvorstellungen. Ich traf im Libanon marionitische Christen, die glaubten, die Parusie werde noch zu ihren Lebzeiten stattfinden. Seltsamerweise scheinen nur die Juden alles Interesse am Messias verloren zu haben.

Bevor ich Syrien wieder verließ, fuhr ich für ein paar Tage nach Jerusalem, wo ich meinen stärksten Eindruck durch den Kontrast der menschlichen, übermenschlichen und untermenschlichen Kräfte empfing, die hier in der Heiligen Stadt am Werk sind. Ich war hin und her gerissen von Gefühlen der Bewunderung und Ehrfurcht und andererseits des Abscheus und Entsetzens darüber, daß ein so heiliger Ort derart entweiht wurde von denen, die dort ihre Andacht zu verrichten vorgaben. Besonders qualvoll war daran, daß ich den gleichen Gegensatz der Kräfte in mir selbst spürte und recht gut wußte, daß mir kein Urteil zustand.

Von Jerusalem kehrte ich nach Damaskus zurück und reiste ein paar Tage später mit einem der großen Busse des Nairn Transport nach Baghdad weiter. Die Abfahrt mit der Abenddämmerung über dem Libanon im Rücken und dann nach einer langen Nachtfahrt die rot über dem Euphrat aufgehende Sonne — das ist ein Erlebnis, das ich jedem empfehlen kann. Als ich später die gleiche Reise noch einmal mit dem Flugzeug machte, empfand ich voller Traurigkeit, wie sehr wir uns durch die Vorliebe für Schnelligkeit und Bequemlichkeit von lebenserneuernden Erfahrungen abschneiden.

Ich sah Babylon und Ur, Mosul und Niniveh. Und überall lernte ich etwas Neues, vor allem wenn ich ohne Begleitung ging und ganz in das Leben der Menschen eintauchte, die hier wohnten. Ich will nur zwei von vielen Erlebnissen beschreiben. Während ich mich in Mosul aufhielt, nahm mich Ross-Thomas vom Britisch Council einmal nach Sheikh Adi, dem Zentralheiligtum der Yesidis mit. Die Sekte hatte mich schon immer interessiert, weil sie gemeinhin „Teufelsanbeter" genannt werden und andererseits als eine Sekte von hoher Moralität und festem Glauben bekannt sind. Eineinhalb Jahrtausende lang sind sie verfolgt und oft zu Tausenden ermordet worden, und trotzdem sind sie nicht von ihren Überzeugungen und Praktiken abgewichen. Als ich Kemal, den Scheich oder Hüter des Heiligtums, traf, spürte ich sofort, daß ich einem spirituell erweckten Mann gegenüberstand. Er ist einer der wenigen Yesidischeiche, die wegen der besonderen Bedeutung des Heiligtums, das sie hüten, lebenslange Keuschheit und Armut geloben müssen. Unter großen Schwierigkeiten und mit Hilfe eines kurdischen Dolmetschers konnte ich die Fragen stellen, die mich interessierten.

So wurde mir klar, daß in der Yesidireligion der echte Mithraskult überlebt hat, der somit fünfzehnhundert Jahre lang, seit dem Niedergang des Sassanidenreichs, lebendig ist. Die Yesidis werden zu Unrecht Teufelsanbeter genannt, weil sie glauben, daß Gott das irdische Leben des Menschen unter die Herrschaft von Ahriman, dem Widersacher, gestellt hat, den die Yesidis Großer Engel nennen. Sie haben zwei Embleme, die Schwarze Schlange und den Silbernen Pfau. Ich sah die Schlange, die in den Fels neben dem dritten Portal des Heiligtums gehauen ist. Den heiligen Pfau darf niemand außer dem Scheich sehen, und auch er nur nach einem besonderen Reinigungsritual. Dem, was Scheich Kemal sagte, entnahm ich, daß ein streng moralisches Leben als einiziger Schutz gegen die Schlange betrachtet wird, während rituelle Reinigung und Anbetung zum Pfau führen, dem Symbol des Himmels. Bei diesen Gesprächen erinnerte ich mich an Gurdjieffs Erzählungen von den Yesidis und begriff, daß sie ein lebendiges Bindeglied zu einer längst vergangenen Zeit sind. Ich sah auch, daß Fremde, die ihr Geheimnis ergründen wollten, nie sehr weit kommen können, denn bei ihnen spielen nicht die Lehre oder die religiösen Praktiken die entscheidende Rolle, sondern die innere Erfahrung, die sie selbst im Angesicht von Verfolgung und Märtyrertum standhaft bleiben läßt.

Das zweite Erlebnis war meine erste Begegnung mit den Ruinen von Babylon. Jeder, mit dem ich vorher sprach, Engländer oder Landesbewohner, sagte mir, ich werde enttäuscht sein. „In Babylon gibt es nichts zu sehen, außer einer obszönen Statue von einem Löwen, der mit einer Frau kopuliert." „Sehen Sie sich das Ishtar-Tor an — den Rest können Sie vergessen." Das waren die typischen Kommentare meiner Freunde.

Ich nahm mir einen Mietwagen, und der Fahrer bot mir eine Rundreise nach Babylon, Kerbela und zum Hindya-Staudamm am Euphrat an. Wir fuhren vor Tagesanbruch los, um nicht in die größte Hitze zu geraten — zu der Zeit fast 50 Grad im Schatten. Ich erfüllte mir einen Lebenswunsch und war bereit, auch eine Enttäuschung hinzunehmen. Statt dessen war ich überwältigt. Den ganzen Tag stieg ich in den deutschen Ausgrabungen herum, die kurz vor meiner Geburt gemacht worden waren. Die Stadt wurde lebendig und ebenso die Menschen mit ihren unglaublichen Leistungen in Kunst und Wissenschaft, mit ihren religiösen Überzeugungen und in ihrer spirituellen Suche. Ich sah, wie groß Babylon gewesen war, und daß seine Größe noch lebte, mochten seine Menschen auch verschwunden sein und seine Bauwerke in Schutt und Asche liegen. Jetzt verstand ich, weshalb Gurdjieff sich in seiner Jugend so oft in den Ruinen von Babylon aufgehalten hatte und einige der dramatischsten Abschnitte seiner Schriften in der Glanzepoche Babylons spielen. Seit damals habe ich Babylon mehrmals besucht, und jedesmal empfing ich den gleichen Eindruck einer lebendigen Kraft, die in den Ruinen dieser Stadt wirkt.

Während der ganzen Reise blieb ich so gut es ging meinem Entschluß treu, so billig wie möglich zu leben und den Kontakt mit Europäern zu meiden. Manchmal kam ich in Schwierigkeiten, doch im Lauf der Wochen kam es mir so vor, als häutete ich mich noch einmal und sei ganz erneuert worden. Fast jeden Tag schrieb ich einen langen Brief an meine Frau und schickte ihr auch meine Tagebücher, die sie den anderen vorlesen ließ, die mit ihr in Coombe Springs lebten. In hundert Tagen schrieb ich über tausend Seiten. Wenn ich sie heute nach fünf Jahren lese, erscheinen meine Abenteuer mir noch bedeutungsvoller und fantastischer als damals. Insgesamt war dieses Erlebnis eine Vorbereitung auf das neue Leben, das drei Jahre später für mich beginnen sollte.

Der Höhepunkt der Selbstoffenbarung kam am 3. November, als ich mit dem Zug auf der Strecke der alten Baghdadbahn von Mosul nach Aleppo fuhr. Fern im Osten sah ich den Rauch über den Ölfeldern von Kirkuk aufsteigen. Ich erinnerte mich des Gesprächs, das ich 1924 mit Walter Teagle im Ritz Hotel in Paris geführt hatte; damals wurde mir ein Anteil von zweieinhalb Prozent an den Ölfeldern von Mosul angeboten, auf denen inzwischen jeden Tag Öl im Wert von einer halben Million Pfund gefördert wurde. Der schwarze Rauchstreifen erinnerte mich jetzt an die schwarze Schlange, die das dritte Tor zum Yesidiheiligtum in Sheikh Adi bewacht. Im Norden sah man den Schnee auf den hohen Bergen des kurdischen Hochlands. Im Süden lag die Wüste — tausend Meilen weit bis nach Mekka und ans Rote Meer. Streckenweise fährt der Zug mitten durch die trockene, staubige Einöde der syrischen Wüste. Rumpelnd zuckelte er über die eingleisige Trasse, und ich saß da und sann über all das nach, was ich gehört und gesehen hatte. Dann machte ich Pläne für Aleppo und Anatolien.

Wir erreichten Tel Kotchek, den syrischen Grenzposten, nach vier Stunden. Es war November, aber die Mittagssonne stach vom Himmel herunter, und es gab keinen Schatten. Der Syrische Grenzoffizier verweigerte mir ein Transitvisum, gewährte es aber drei türkischen Mitreisenden. Der Schaffner sagte mir, es sei üblich, zwanzig syrische Pfund für das Visum zu „schenken". Ich wurde plötzlich wieder starrköpfig und weigerte mich. Ich sah wohl, daß ich mich verhielt wie schon Dutzende Mal zuvor. Zwanzig syrische Pfund — das vierfache der Visumgebühr — waren eigentlich keine besonders hohe Bestechungssumme. Schließlich bekleidete der Mann einen ganz armseligen Posten und war sicher unterbezahlt. All das sagte ich mir und blieb doch störrisch wie ein Maulesel, der etwas tun soll, was ihm einfach nicht paßt.

Natürlich fuhr der Zug ohne mich weiter, und ich konnte mir aussuchen, ob ich zwei Tage auf den nächsten Zug nach Osten warten oder gleich in einem Güterzug zurückfahren wollte, und zwar in einem Waggon voller lebendem Geflügel und einem halben Dutzend irakischer Soldaten. Ich wählte das letztere und machte eine höchst interessante Reise. In Tel-el-Hugnah mußten wir mehrere Stunden warten, und ich erklomm eine kleine

Anhöhe, um den Sonnenuntergang zu sehen. Innerhalb weniger Augenblicke überzog sich der klare, blaue Himmel mit Wolken, die in den Strahlen der Sonne aufglühten. Die fernen Berge Kurdistans waren blaßblau wie aus klarstem Wasser.

Ich war in dieser vollkommenen Stille ganz allein. Ich erlebte ein ungeheures Glücksgefühl, als ich gewahr wurde, daß mein tiefes inneres Bewußtsein selbst angesichts dieser Manifestation meiner Dummheit von keiner Welle gekräuselt wurde. Die kalte Nacht senkte sich über die Wüste, und der Lokführer pfiff nach mir.

Ein paar Stunden später war ich in Mosul und erreichte gerade noch den Nachtzug nach Baghdad. Von dort aus ging es wie vor wenigen Wochen mit dem Nairnbus durch die Wüste nach Damaskus zurück. Wir gerieten in einen Sandsturm, der uns fünf Stunden bei einer Semi-Oase festhielt, wo um die Hundert Bedawi mit ihren Schafen und Kamelen in der Nähe der Quelle ihr Lager aufgeschlagen hatten. Markiert war die Stelle mit einem verdorrten Baum — dem einzigen im Umkreis von dreihundert Kilometern. Um die Mittagszeit des 5. November kam ich zum fünften Mal in vier Wochen in Damakus an.

Mein unfreiwilliger Umweg über Damaskus ermöglichte mir eine Fahrt nach Amman, der Hauptstadt Jordaniens, wo ich für einen Freund etwas Geschäftliches erledigen und mir so einen Teil meiner Reisekosten verdienen konnte. Ich traf Emin Bey zum letzten Mal. Ich widersprach seiner These, daß die Propheten und heiligen Schriften unfehlbar seien. Er hingegen betonte immer wieder, daß wir völlig einer Meinung seien. Vor seinen versammelten Schülern sagte er: „Wenige Moslems sind Gott so nah wie Mr. Bennett. Das ist, weil er sich dem Willen Gottes unterwirft. Er hat es nicht nötig, unsere Religion äußerlich zu praktizieren." Ich war darüber nicht sehr glücklich, denn ich konnte seine zentrale These nicht akzeptieren, daß er selbst ein Vorbote der Wiederkunft Christi sei. Ich konnte nicht an seinem Glauben und an seiner Gottesliebe zweifeln, und das machte es mir schwer, ihm zu widersprechen, selbst wenn ich anderer Ansicht war. Seine weitherzige Einstellung gegenüber Glaubensbekenntnissen bildete einen merkwürdigen Gegensatz zu seinem Beharren auf buchstabengetreuer Interpretation. Er erzählte mir von einem christlichen Priester, den er zum islamischen Glauben bekehrt hatte. Als der Priester seine Bekehrung öffentlich bekanntmachen wollte, riet er ihm davon ab und sagte: „Der Islam ist heruntergekommen, genau wie das Christentum. Niemand wird durch Ihr Opfer für die Religion zurückgewonnen; man wird es allenfalls als Möchtegernheldentum ansehen. Nein, ich rate Ihnen zu bleiben, wo Sie sind. Leben Sie nach den Vorschriften des Koran, die mit denen der Evangelien identisch sind. Beten Sie für sich allein, aber gehen Sie unter die Menschen, um ihnen Gutes zu tun. Wer Ihre guten Werke sieht, kommt vielleicht um Rat zu Ihnen, und dann können sie ihm vielleicht richtiges Denken zeigen. So werden Sie viel mehr Gutes wirken als durch ein öffentliches Bekenntnis."

Seine letzten Worte an mich waren: „Vergessen Sie nie, daß der Kern aller Religion in dem einen Wort MENSCH ausgedrückt ist. Unsere Aufgabe auf Erden ist es, MENSCHEN zu werden — Wesen, deren inneres Bewußtsein dazu erweckt wird, Gottes Willen zu erkennen und zu tun. Ein Mensch werden — nur darauf kommt es an; äußere Formen bedeuten nichts."

Am nächsten Morgen reiste ich nach Aleppo weiter, wo ich den Enkel des letzten hereditären Oberhaupts des Mevleviordens traf und außerdem einen ehrwürdigen Derwisch, Farhad Dede, Angehöriger eines der wenigen islamischen Orden, die Armuts- und Keuschheitsgelübde kennen und sich ganz dem kontemplativen Leben verschreiben. Ich habe nie einen Menschen getroffen, der in jeder Minute seines Lebens ein vollkommeneres Beispiel für die Unterwerfung unter den Willen Gottes abgegeben hätte. Mit unendlicher Geduld berichtete er mir in allen Einzelheiten über die Methoden der spirituellen Schulung, die seit Jahrhunderten von den Mevleviderwischen praktiziert werden. Der damalige Scheich der kleinen Gemeinschaft war ein übler Bursche, ein Handlanger der syrischen Regierung, der sich mit den Ländereien des Klosters selbst bereicherte und seine kleine Schar von Derwischen, jetzt nur noch drei alte Männer, am Rand des Hungertodes darben ließ. Farhad Dede beklagte sich nie und ertrug die ungeheuerliche Behandlung, die ihm der Scheich in meiner Gegenwart angedeihen ließ, ohne mit der Wimper zu zucken. Als wir einmal allein waren, sager er: „Ich bin seit fast sechzig Jahren Derwisch. Mein erster Scheich war ein großer Lehrer — er war es in einer Zeit geworden, als die Disziplin in unserem Mutter-Tekke in Konya noch nichts von ihrer traditionellen Strenge verloren hatte. Seitdem habe ich viele kennengelernt. Ich war in Tekkes in Istanbul, Kairo, Zypern, Jerusalem, Afyun Kara Hissar, Aleppo und natürlich Konya. Die Scheiche dort legen nicht — wie die Angehörigen meines Ordens — die Gelübde der Armut und Keuschheit ab. Sie müssen weltliche Männer sein, und alles hängt von ihrer Schulung ab. Eines ist gewiß: niemand ist imstande zu lehren, der nicht selbst unter einem Lehrer gearbeitet hat. Nur ein echter spiritueller Führer, ein Murschid, kann einen Murschid heranbilden. Wirkliche Scheichs sind immer selten gewesen, und jetzt ist keiner mehr da, und unser Orden wird bald aussterben. Alles ist zu Ende.

Ich selbst bin zufrieden, denn meine Seele ist Gott überantwortet, und was immer er will, ist mir eine Freude. Könnte ich nach England gehen und würde von Ihnen angenommen, so würde ich Sie als meinen Scheich akzeptieren, denn ich sehe, daß Sie Ihren Willen Gott unterworfen haben. Mir genügt es, meinen zerlumpten Mantel und zu essen zu haben; mehr wünsche ich mir in diesem Leben nicht." Er bereitete mir eine Tasse Tee mit jener äußersten Sorgfalt, die ein Mevleviderwisch für jede große oder kleine Handlung aufbietet. Als ich ihn verließ, war ich wie erneuert und in meinem Wissen über sufische Traditionen um einiges reicher.

Von Aleppo fuhr ich über Iskenderun nach Adana. Bei der Ausreise aus Syrien fuhren wir unter einem römischen Triumphbogen hindurch. Diese Fahrt nach Norden kann ich jedem empfehlen, der die Schönheit der Natur liebt. Die schmale Küstenebene ist von einer Hügelkette flankiert. Alle zehn bis dreißig Kilometer sieht man die stolzen Ruinen einer Kreuzritterburg. Weit im Norden erhebt sich majestätisch das Taurusgebirge. Es war die Zeit der Herbstfarben — Platanen und Eichen, gelb, rot und golden. Von der Paßhöhe des Belan schaut man herunter auf das zwölfhundert Meter tiefer liegende blaue Wasser von Zakie Asnuk.

In Adana wartete ein Brief von der UNO auf mich, in dem mir mitgeteilt wurde, man habe mich der türkischen Regierung als Berater für die Entwicklung der Kohleindustrie empfohlen. Das Gehaltsangebot verschlug mir den Atem, und ich fühlte mich verpflichtet, mir das Angebot ernsthaft zu überlegen.

Am nächsten Tag fuhr ich wieder nach Osten in eine kleine Stadt unweit der Stelle, wo der Euphrat aus der Steppe von Anatolien herunterkommt, um die mesopotamische Ebene zu bewässern. Hier lebte ich für einige Tage — und unter Umständen, wie ich sie nie zuvor und nie wieder erlebte — in einer kleinen Gemeinschaft von Derwischen. Ich wohnte im Haus eines Sterbenden, des Schwiegervaters jenes jungen Mannes, der mich sechs Wochen zuvor in Adama angesprochen hatte. Wir schliefen in einer Hütte auf der Erde. Er atmete sehr schwer im Schlaf, und er stöhnte dabei ständig und wand sich am Boden. Jeden Morgen, eine Stunde vor Tagesanbruch, stand er auf, um zu beten. Unendlich mühevoll schleppete er sich zum ersten Gebet des Tages in die nahegelegene Moschee. Sein inneres Gebet, den Dhikr, unterbrach er nie.

Ich beschloß, mich so tief ich konnte auf das Leben dieser Menschen einzulassen. Seit meiner Abreise aus London hatte ich meinen Bart wachsen lassen und bot jetzt mit dem inzwischen gewachsenen grauen Bart eine ehrwüdige Erscheinung, die mir auf den Basaren und im Tchai Hané den Titel Baba, Vater, eintrug. Fünfmal täglich ging ich zu den rituellen Gebeten in die Moschee, und ansonsten gesellte ich mich zu den Derwischen, die ihren verschiedenen Beschäftigungen nachgingen, lernte Kapitel des Koran auswendig oder praktizierte den Dhikr, den Emin Bey mir gezeigt hatte. Am Abend trafen wir uns in der Hütte, in der wir schliefen. Eine kleine Gruppe von Derwischen fand sich zu gemeinsamen Gebeten und Gesprächen ein. Ich muß gestehen, daß ich mit den Nächten die ganze Zeit über Schwierigkeiten hatte, vor allem, weil ich mich nicht an die unter meiner Decke herumkrabbelnden Kakerlaken gewöhnen konnte.

Am dritten Abend gesellte sich ein bärtiger Mann von um die dreißig zu uns, der Hadschi Hassan von Kayseri hieß. Ich erfuhr, daß er in den abgelegenen türkischen Provinzen wegen seiner leidenschaftlichen Predigten und seiner schönen Stimme berühmt war, die die Versammlung der Gläubigen zu Tränen rührte, wenn er den Koran rezitierte oder zum Gebet rief. Hassan Efendi, mein Freund aus Adana, sagte, der junge Hadschi sei nur zur Tarnung ein Prediger, in Wahrheit aber einer der wenigen Eingeweihten des Großen Lehrers.

Wir saßen mit untergeschlagenen Beinen auf dem Boden und aßen mit den Fingern oder mit Stücken der in den Dörfern gebräuchlichen dünnen Brotfladen. Nach dem Essen ging Hadschi Hassan hinaus, um die rituellen Waschungen vorzunehmen. Als er zurückkam, setzte er sich nicht mehr neben mich wie zuvor, sondern an die gegenüberliegende Wand des Raumes. Ich wußte nicht weshalb, bis er — improvisierend — einen sprachlich wie musikalisch höchst künstlerischen Willkommensgruß für mich zu singen begann. Seine Stimme war von einer für Türken ungewöhnlichen Reinheit, und auch die übliche näselnde Intonation hörte ich bei ihm nicht. Er sang gewiß zehn Minuten lang, wobei er Rhythmus, Versmaß und Tonart mehrmals wechselte. Er sang von der Freude über mein Kommen und von dem, was ich mit heimnehmen würde; er betete um Segen für meine Schüler, um die Erfüllung meines Herzenswunsches, einen *Murschid-i-Kiamil* (einen vollendeten Lehrer) zu finden, und darum, daß ich auf dem Weg zur Vollkommenheit weit vorankommen möge. Er sang von der Freude aller Derwische, mich als Bruder zu haben, und von ihrer Hoffnung, daß ich entweder bleiben oder oft wiederkommen würde.

Es war wunderschön, ohne persönliches Sentiment, aber mit tiefem Gefühl. Als er fertig war, stand er bald wieder auf und setzte sich neben mich. Keine der Anwesenden kam an jenem Tag oder später auf diesen Gesang zu sprechen. Sie baten mich zu erzählen, in welchem Zustand ich das religiöse Leben in den verschiedenen Ländern angetroffen hatte. Wir saßen stundenlang beisammen und sie lauschten hingerissen der Geschichte meiner Abenteuer.

Ich erzählte ihnen auch, daß mir angeboten worden war, die türkische Regierung in Fragen der Kohle zu beraten. Darin sahen sie ein Zeichen des Himmels, daß ich England verlassen und mich ganz dem Leben der Derwische widmen sollte. Sie erzählten mir von einem großen spirituellen Lehrer, von dem die Welt nichts wisse und der in einem abgelegenen Teil Kurdistans lebe. Sie nannten ihn den *Mutessarif-uz-Zeman* — Statthalter Gottes auf Erden — und versicherten mir, wenn ich geduldig sei, könne ich ihm begegnen und als erster Europäer in den Kreis seiner Eingeweihten aufgenommen werden.

Diese zutiefst gläubigen und frommen Männer und die unaufhörliche Praxis von Gebet und Meditation übten einen so starken Einfluß auf mich aus, daß England, meine Frau und meine Freunde und meine Verantwortung in Coombe Springs immer weiter in die Ferne rückten und schattenhaft wurden. Ich fühlte mich so wohl und voller Frieden wie selten zuvor, und das schien an meiner Umgebung zu liegen, denn ich selbst war unverändert. Während ich über das, was ich gehört hatte, nachsann, nahm Hadschi Hassan meine linke Hand und seine rechte und saß eine Weile still bei mir, wobei er seinen Körper ganz leicht hin und her wiegte — ein Zeichen dafür, daß er innerlich immer wieder ein Gebet sprach. Ich merkte, daß er meinen inneren Zustand sehr genau erspürte, und sammelte meine Aufmerksamkeit auf die Frage: „Soll ich das türkische Angebot annehmen?“ Als er aus seiner

Versenkung auftauchte, sagte er: „Ich geben Ihnen den Rat, sich vor dem Zubettgeben von Kopf bis Fuß zu waschen, dreizehn Niederwerfungen und Gebete zu verrichten und Ihre Frage Gott zu überantworten. Er wird sie in der Nacht beantworten."

Ich wachte um halb fünf morgens ohne besonderen Grund auf. In der Hütte war es vollkommen dunkel. Alle anderen schliefen. Ich war sofort hellwach, erhob mich, setzte mich auf die Fersen und begann still den Namen Gottes zu wiederholen. Vor mir sah ich einen schwachen Lichtschimmer, der zu einem Brunnen wurde. Ein durstiger Mann beugte sich über den Rand, aber es gab keinen Eimer. Ich hatte einen Eimer in der Hand, und eine Stimme sagte zu mir auf Türkisch: *„Evvela vasifa yap sonra kendine bak"* — „Tu zuerst deine Pflicht und dann sorge für dich." Die Vision verblaßte, und ich fand mich daheim in Coombe Springs. Es war früher Morgen, und ich war allein im Garten und wartete darauf, daß die Morgenarbeit begann. Auch das verflog, und ich hörte wieder den röchelnden Atem des Sterbenden.

Als ich am folgenden Abend von meiner Erfahrung berichtete, fanden alle, daß es bedeutete, ich solle für eine Zeit nach England zurückkehren. Ebenso überzeugt waren sie aber auch davon, daß in Coombe eine neue Morgenröte bevorstand und daß ich auf große Veränderungen gefaßt sein solle.

Diese Tage bei den Derwischen waren bei weitem die härteste Prüfung meiner ganzen Reise. Ich lebte unter Umständen, die für mich völlig ungewohnt waren. Und ich wurde wie ein praktizierender Moslem behandelt. Nach ein paar Tagen wurde es mir peinlich, in die Moschee zu gehen, denn Jung und Alt drängten sich um mich, um meine Kleidung zu berühren. Ich fand heraus, daß die Derwische die Geschichte verbreitet hatten, daß ich ein zum Islam übergetretener Engländer sei, ein Mann von außerordentlicher Frömmigkeit, an dem Zeichen und Wunder geschähen. Die alte Vorstellung, daß das Berühren eines Heiligen die Seele läutert ist in den Dörfern und Städten Asiens noch lebendig. Das Ganze war mit sehr unangenehm, denn ich fühlte mich alles andere als heilig. Die seltsame Situation schien alle meine Fehler mit grotesker Lebendigkeit wie auf einer Leinwand abzubilden. Als meine Abreise heranrückte, begann ich die Stunden bis zu meiner Befreiung zu zählen — und doch hätte ich diese Gelegenheit um nichts in der Welt versäumen mögen. Wenn die Intensität des Erlebens jede Stunde zu einem Tag und jeden Tag zu einem Monat machte, konnte ich mich nicht beklagen: Ich war in den Osten gekommen, um neue Eindrücke zu empfangen, und ich bekam sie, daß sie mich schier überschwemmten und erdrückten.

Nach meinem Besuch bei den Derwischen fuhr ich weiter nach Ankara und wandte mich von dort aus nach Kars, wo Gurdjieff seine Jugend verbracht hatte. In Kayseri, dem antiken Caesarea, Heimat des heiligen Basilius und Zentrum des kappadokischen Christentums, wurde ich durch unzeitige Schneefälle und grimmige Kälte aufgehalten. Als ich den Vulkan Erciyas bestieg, der weithin die kappadokische Steppe beherrscht, fror mein Bart steinhart. Schließlich erreichte ich Erzerum — bei vierzig Grad unter Null.

Nur ein paar Wochen vorher hatte ich unter der sengenden Sonne Babylons gestanden. Hier war das Schneetreiben so dicht, daß ich bei Sari Kamish umkehren mußte, wo, wie Gurdjieff sagte, „die höchsten Pinien wachsen".

24. Nordpersien

Nach England kehrte ich wie in eine andere Welt zurück. Meine Frau überredete mich bald, mich von meinem Bart zu trennen. Dann drangen die Probleme von Coombe Springs wieder auf mich ein. Ich sah mich vor einer schwerwiegenden Entscheidung. Die Arbeit mußte entweder ausgeweitet werden und mehr Leute anziehen, oder sie würde aus mangelnder Unterstützung in sich zusammenbrechen. Ich hatte einen Entschluß so lange wie möglich hinausgezögert, um vielleicht doch noch mit den anderen Gruppen, die Gurdjieffs Ideen folgten, zu einer Einheit der Ziele und des Vorgehens zu kommen. Es zeigte sich aber deutlich, daß die Zeit der Einheit noch nicht gekommen war. Unterordnung schafft keine Einheit, wenn sie nicht spontan und freiwillig zustandekommt. Ich konnte mich dazu zwingen, Entwicklungen zu akzeptieren, die nur zur Sterilisation all dessen führen konnten, wofür Gurdjieffs Name stand, aber ich konnte ihnen nicht innerlich zustimmen.

Das Jahr 1954 war für mich eine Zeit großer Leiden. Meine Frau, jetzt achtzig Jahre alt, erlitt eine Hirnblutung, an der sie beinah gestorben wäre. Wieder schwebte sie tagelang zwischen Leben und Tod, und als sie zurückkehrte, war ihr Geist verwirrt. Es war schwer, die Frau in ihr wiederzuerkennen, die ihre ganze Liebe und Fürsorge an Coombe Springs gewendet hatte; jetzt schien dieser Ort ihr zuwider zu sein. Ich versuchte sie auf Autoausflügen mitzunehmen, aber sie wollte ständig aus dem Wagen springen, oder wandte sich gegen mich und riß an meinen Haaren, so daß ich unmöglich den Wagen steuern konnte. Manchmal schrie sie stundenlang wie ein Tier in höchster Not, und kein Sedativ konnte sie beruhigen. Nur dank der Liebe und Hingabe ihrer Freunde in Coombe konnten wir sie bei uns behalten, allerdings durfte man sie Tag und Nacht keinen Augenblick alleinlassen.

Nur wer einmal selbst erlebt hat, wie eine edle Seele scheinbar zerfällt — und aus Gründen, die ganz im körperlichen Organismus zu liegen schienen —, kann unsere Qual ermessen.

Das ganze Jahr über gingen meine Gruppentreffen weiter, und an den Sonntagen kamen regelmäßig viele Schüler. Das Verhalten meiner Frau war ganz unberechenbar, und wir konnten und wollten sie nicht in ihrer Bewegungsfreiheit einschränken. Es war eine schwere Prüfung für uns alle, aber für mich, glaube ich, war es am schwersten. Seit über dreißig Jahren waren wir Mann und Frau. Wir hatten Leid und Katastrophen ertragen und zusammen ein fast vollkommenes Glück erlebt — und jetzt konnte ich nichts für sie tun.

Nach ein paar Monaten wurde sie stiller, doch äußerlich war sie nicht mehr die Frau, die ich kannte. Seltsame vergrabene Ängste und Abneigungen, die ich nie vermutet hatte, kamen an die Oberfläche. Das Gefühl, unerwünscht zu sein, wechselte mit Perioden, in denen sie unaufhörliche Zuwendung forderte. Ich hatte gedacht, ich wüßte, was Leiden ist, doch dies war schlimmer als alles, was ich erlebt hatte. Tief in mir empfand ich, daß es meine Schuld war, daß ich sie besser hätte verstehen müssen.

Es würde über meine Kräfte gehen, das Leben in der Gegenwart eines solchen geistigen Zerfalls zu beschreiben, und es wäre wohl auch nicht richtig, selbst wenn ich es könnte. In all den schrecklichen Monaten verlor ich nie das Vertrauen, daß sie sich wieder erholen würde. Ich war überzeugt, daß ihr wahres Selbst von den Veränderungen nicht berührt war; der scheinbare Zerfall des Selbst war nur ein Versagen des Kommunikationsapparates.

Ihre beste Freundin, Edith Wichmann, die seit 1947 bei uns in Coombe Springs lebte, trug die Hauptlast, doch alles in allem trugen nicht nur zwei oder drei, sondern sehr viele ihrer Freunde zur notwendigen Pflege bei. Immer wieder wurde mir auch geraten, sie in eine Klinik zu bringen. Ärzte sagten mir, es gäbe keine Heilung von Dementia senilis. Freunde, die nicht in Coombe Springs wohnten, hielten mir vor, ich könne doch nicht dem ganzen Haus eine so schwere Bürde auferlegen. Doch niemand entzog sich dieser Prüfung, und keiner von denen, die sich in ihrer Nähe befanden, zweifelte einen Moment daran, daß es richtig war, sie bei uns zu halten.

In dieser schwierigen Zeit fing ich wieder an zu schreiben. Schon jahrelang rang ich mit *The Dramatic Universe.* Viermal hatte ich es bereits umgeschrieben, und war von einer befriedigenden Version so weit entfernt wie vor zehn Jahren. In diesem Jahr gab mir Dr. Maurice Vernet den Rat, es in zwei Teile zu teilen, das Materielle vom Spirituellen zu sondern und die Systematisierung alles Faktischen von dem Versuch, alle Werte zu einem neuen Prinzip zu verbinden. Dr. Vernet ist einer der wenigen guten Freunde, die ich im Leben gefunden habe. Ich lernte ihn kennen, als er 1952 am französischen Institut Vorträge hielt, und obgleich wir uns im Lauf der Jahre nicht oft begegnet sind, wußte ich immer, daß wir einander verstanden und mochten. Besonderen Dank schulde ich ihm, weil er eine Behandlungsmethode für meine Frau empfahl, die unsere englischen Ärzte noch nicht ausprobiert hatten. Sie reagierte gut darauf, und ein Jahr nach ihrer Gehirnblutung war sie von den entsetzlichen Zuständen befreit, in denen sie nur noch schreien und alles verfluchen konnte, was ihr lieb und heilig gewesen war.

In diesem schönen Sommer richteten wir ihr draußen im Garten sonnige Plätze ein, wo sie liegen konnte. Leider gingen oft Leute zu ihr hin und redeten irgendwelche Phrasen daher wie „Sind die Rosen nicht wunderschön?" Jede Unaufrichtigkeit tat ihr weh, und sie schrie dann: „Ich kann Rosen nicht ausstehen, erzähl mir bloß nichts von Rosen!" Allen, die ihr wirklich nahe waren, wurde allmählich klar, daß sie von allen Hemmungsmechanismen befreit war, die für „manierliches" und „zivilisiertes" Verhalten sorgen. Sie sprach genau das aus, was sie im Augenblick empfand.

Das konnte manchmal sehr schmerzhaft sein, doch mit der Zeit lernten wir diese „Augenblicke der Wahrheit" zu schätzen, wenn sie mit brutaler Offenheit genau das sagte, was sie von einer Person, die ihr gegenüberstand, hielt. Einmal kam eine alte Freundin nach langer Zeit zu Besuch. Heimlich hatte sie immer ein wenig Angst vor meiner Frau gehabt, die auch früher, als sie noch gesund war, schon kein Blatt vor den Mund genommen hatte. Als diese Frau das Haus wieder verließ, sah sie meine Frau draußen dösend in ihrem Rollstuhl sitzen. Sie ging zu ihr hin, beugte sich über sie und sagte: „Tschüs, Polly, meine Liebe, ich habe dich ja so lieb!" Meine Frau öffnete die Augen, schubste sie weg und sagte mit durchdringender Stimme: „Lügnerin!", schloß die Augen und schlief ein. Diese Dame ließ sich nie wieder blicken. Alle, die die Szene verfolgt und den unehrlichen Unterton mitbekommen hatten, wunderten sich nicht über die Reaktion. Aber manche Besucher verstanden so etwas überhaupt nicht und gingen empört und wütend weg.

Für mich war das Ganze wie eine Umerziehung. Meine Fehler und Schwächen wurden von eben jener Stimme entblößt, die sich so viele Jahre lang bemüht hatte, sie vor mir und anderen zu verbergen. Was die Psychiater Altersschwachsinn nennen, soviel wurde mir klar, ist vielleicht die Entschleierung eines verborgenen Wissens, das der Mensch normalerweise fürchtet und gar nicht wahrhaben möchte. Darin war ich nicht allein. Etliche andere wußten, daß es einem Purgatorium gleichkam, in der Nähe meiner Frau zu sein — und da sie geläutert werden wollten, waren sie zutiefst dankbar für alles, was sie sagte und tat.

Die Krankheit meiner Frau war nicht meine einzige Sorge in dieser Zeit. Überall gab es Disharmonie. Während des Sommers 1954 wurde immer deutlicher, daß mit den Gruppen, die unter Madame de Salzmann arbeiteten, keine Einigkeit zustandekommen würde. Die Krankheit meiner Frau wirkte sich spürbar auf alle unsere Beziehungen aus. Ich war ganz sicher, daß das, was mit ihr geschah, nicht nur für sie selbst eine Reinigung war, sondern für alle in ihrer Nähe eine strenge und tiefe Schulung. Alle, die in ihr nur eine alte Frau sahen, deren Gehirn durch eine Blutung zerstört worden war und die in einer Anstalt besser aufgehoben wäre, stellten sich in unseren Augen damit nur selbst das Zeugnis aus, daß sie für tiefere Wirklichkeiten blind waren. Eine so erschütternde Erfahrung muß weder eine Tragödie noch eine Katastrophe sein. Sie kann den Glauben stärken, ihn aber auch erschüttern oder zerstören.

Es bestand eine tiefe Kluft zwischen denen, die die Krankheit meiner Frau als eine zwar erschreckende, aber ungeheuer wertvolle Lektion betrachteten, und den anderen, für die sie nur eine Katastrophe oder ein trauriges Mißgeschick war, von dem befreit zu werden wir nur hoffen konnten.

Eindeutige Unterscheidungen sind im Leben kaum zu treffen, und es wäre ganz falsch, nun zu vermuten, daß der ganze Bekanntenkreis meiner Frau in zwei Lager gespalten war, doch es gab einen deutlichen Unterschied. Nur die, deren Mut und Liebe ausreichten, um in ihrer Nähe zu bleiben, konnten sehen, wieviel mehr sie uns in ihrem jetzigen Zustand gab als früher, wo sie ihren wirklichen Gefühlen Zügel angelegt hatte. Von den anderen, die sich fernhielten, konnte man nicht erwarten, daß sie sahen, was wir sahen.

Unsere Einstellung zu Coombe Springs entfernte uns noch weiter von Madame de Salzmann. Wir glaubten an seinen Wert. Aus vielen Ländern kamen Besucher, und so gelangte Coombe in den Ruf, ein Brennpunkt spiritueller Aktivität zu sein. Solange ich gut verdiente, konnte ich zum Unterhalt beitragen, aber das war jetzt nicht mehr möglich. Um Coombe Springs ohne unzumutbare Belastung halten zu können, brauchten wir die Hilfe von dreihundert Mitgliedern und Studenten. Um die zu bekommen, mußte ich öffentliche Vorträge halten, aber gerade darüber und überhaupt über jede Aktion, die ein breites Interesse an Gurdjieffs Lehre wecken konnte, bestanden große Meinungsverschiedenheiten. Ich konnte das nicht verstehen, denn er selbst hatte immer wieder betont, *All und Alles* solle nach seiner Veröffentlichung mit allen Mitteln auf der ganzen Welt bekanntgemacht werden. Er wünschte, daß seine Schüler stets einige Exemplare des Buches bei sich hätten und sogar in der Öffentlichkeit daraus vorläsen.

Ich empfand es als Verrat an Gurdjieff, daß man inzwischen beschlossen hatte, das Buch über den normalen Handelsweg zu vertreiben. Mein gesunder Menschenverstand sagte mir zwar, daß niemand ein geschenktes Buch lesen würde (und Gurdjieffs Rundbrief, den ich 1949 in New York geschrieben hatte, brachte tatsächlich soviel Geld herein, daß es durchaus möglich gewesen wäre, tausende von Exemplaren zu verschenken), aber ich wurde doch das Gefühl nicht los, daß man mehr zu seiner Verbreitung tun sollte. Mir schien, daß man *Beelzebub* im Gegenteil eher als einen etwas verrufenen älteren Verwandten behandelte, den man lieber nicht so in den Vordergrund spielte. Das entfremdete mich denen, die solche Gefühle nicht teilten.

Die Gründe für solche Spaltungen lagen natürlich nicht nur bei der Gegenseite. Ich bin immer jemand gewesen, mit dem andere sehr schwer zusammenarbeiten können. Meine für andere aufreibende Angewohnheit, einem Aktionsplan zuzustimmen und dann etwas ganz anderes zu tun, ist nur für die zu ertragen, die in der Lage sind, das bißchen Gold in all der Schlacke zu sehen. Ich konnte um der Einheit willen wirkliche Opfer bringen und mir dann alles damit errungene Wohlwollen wieder verscherzen, indem ich genau den Weg einschlug, dem ich gerade abgeschworen hatte. Schon in der Schule hatte mein Lehrer mir kopfschüttelnd gepredigt, Gehorsam sei besser als Opfer, und nach über vierzig Jahren hatte ich diese Lektion immer noch nicht gelernt.

Hier muß ich Elizabeth Mayall, inzwischen Elizabeth Howard, mit ihren beiden Söhnen George und William wieder in die Geschichte einbeziehen. Nach Gurdjieffs Tod war sie in Frankreich geblieben, und erst drei Jahre später entschloß sie sich, mit ihren beiden Kindern nach Coombe Springs zu kommen. Diese Jahre hatten an dem gegenseitigen Verstehen, das in Paris zwischen uns gewachsen war, nichts geändert. Seit sie damals nach dem Krieg zum ersten Mal zu meinen Vorträgen gekommen war, hatte ich die Überzeugung, daß unsere Schicksale miteinander verflochten waren. Ich hatte noch nie jemanden getroffen, dem ich aufgrund eines gemeinsamen Gefühls für das, was im Leben wirklich zählt, so vollkommen vertrauen konnte wie ihr.

Elizabeth strahlte damals eine Reserviertheit aus, die auf andere, die ihre Schüchternheit nicht erkannten, leicht verletzend wirken konnte. Ihr manchmal etwas boshafter Humor machte andere unsicher oder gar ärgerlich, wenn sie die tiefe Demut nicht sahen, die hinter allem stand. Meine Frau hatte sie von Anfang an gern in ihrer Nähe, und wir unternahmen zu dritt viele Ausflüge. Ich empfand keinen Widerspruch zwischen der tiefen Liebe zu meiner Frau und dem Band, das zwischen Elizabeth und mir bestand. Als Mann konnte ich keine von beiden ganz verstehen und hatte keine Ahnung, ob ich unwissentlich Leid verursachte.

Im akuten Stadium der Krankheit meiner Frau, als keine Kommunikation im üblichen Sinn mehr möglich war, versagte uns Elizabeth keinen Augenblick lang ihre Hilfe und ihren Trost. Wir beobachteten zusammen, wie unter dem Schutt des Alltagsbewußtseins allmählich ein tiefers Bewußtsein zum Vorschein kam. Elizabeth beurteilte den Wandel genau wie ich als eine Ablösung des falschen Selbst durch das wahre Selbst. Was wir sahen, war ein Wunder, aber es hatte nichts Übernatürliches an sich. Ich glaube, daß viele Menschen, die als wahnsinnig abgestempelt und destruktiven Behandlungsmethoden unterworfen werden, zeitweilig Kanäle zur tiefsten unterbewußten Weisheit der menschlichen Seele sind. Wann immer ich von solch einem Menschen sagen höre, er sei „unkooperativ", denke ich an meine Frau. Einmal war eine psychiatrische Sozialarbeiterin bei ihr, als es darum ging, ob sie aus öffentlichen Mitteln einen Rollstuhl bekommen würde. Nach einem ziemlich rauhen Empfang trat sie hastig den Rückzug an und sagte: „Ich habe selten jemanden gesehen, der so unkooperativ ist. Sind Sie sicher, daß es klug ist, sie hierzubehalten?" Damit man aber nicht meint, ich wolle unser bewundernswertes Gesundheitswesen kritisieren, will ich hinzufügen, daß wir meine Frau unmöglich ohne die Hilfe bestens ausgebildeter Krankenschwestern und der vierzig bis fünfzig Menschen in Coombe Springs bei uns hätte behalten können. Ich darf gar nicht daran denken, was vielleicht geschehen wäre, wenn wir in einem kleineren Haus oder unter weniger wohlgesonnenen Menschen gelebt hätten. Es gilt leider immer noch, daß nicht für alle möglich ist, was für einen möglich ist.

Im März 1955 erhielt ich von Paul Beidler, einem amerikanischen Architekten und früheren Schüler Gurdjieffs, eine Einladung, ihn und seine Frau Margaret in Baghdad zu besuchen, wo er damals aus dienstlichen Gründen lebte. Inzwischen hatte meine Frau sich so weit erholt, daß ich unbesorgt eine kurze Reise in den Osten wagen konnte. Ich machte einen Billigflug über Zypern ausfindig und entschloß mich zu einer vierzehntägigen Reise mit Elizabeth Howard.

Wir flogen am 11. Mai abends ab und sollten am nächsten Morgen in Zypern landen, wurden aber nach Bengasi umgeleitet, wo wir ein paar Stunden lang die Eindrücke Afrikas in uns aufnehmen konnten. Wir erreichten Zypern erst am Abend und hatten kaum Zeit, in ein Flugzeug nach Beirut umzusteigen. Zwei Freunde erwarteten uns, Ronimund von Bissing und seine Frau. Sie erzählten mir, ein türkischer Derwisch warte schon den ganzen Tag auf mich, um mir eine Botschaft zu übermitteln. Ich sprach mit dem jungen Mann, der mich bat, seinen Murschid, Scheich Abdullah Daghestani, zu besuchen, der im kurdischen Viertel von Damaskus wohnte. Ich sagte, das werde kaum möglich sein, da wir früh am Morgen nach Baghdad aufbrechen mußten. Er beharrte nicht auf seiner Bitte, sondern sagte nur, der Scheich erwarte mich.

Wir fuhren vom Flughafen aus mit dem Taxi nach Damaskus; die Strecke war ich bei meinem letzten Aufenthalt in Syrien mehrmals gefahren. In Damaskus stellten wir fest, daß der Nairn-Bus erst am nächsten Tag abfuhr. Ich entschloß mich daher zu einem Besuch bei Scheich Abdullah.

Elizabeth kam bis zum Grabmal des Muhiddin Ibn Arabi mit. Da Emin Chikhou sich strikt geweigert hatte, mit Frauen zu sprechen, erwartete ich das gleiche von Abdullah und schickte Elizabeth zurück ins Hotel. Man hatte mir nicht gesagt, wo der Scheich wohnte, aber ich sollte mich gegenüber der Ibn Arabi Moschee bei einem Barbier namens Türkisch Ali erkundigen. Ali war aber inzwischen krank geworden und lag — niemand wußte wo — im Krankenhaus. Die ganze Aktion schien ein Fehlschlag zu sein, doch als ich das Grabmal des Heiligen verließ, stand ich plötzlich dem alten Hadschi gegenüber, der mich achtzehn Monate zuvor zu einem Heiligtum namens Arbaein geführt hatte. Er erwartete mich offensichtlich, und als ich ihn fragte, ob er wisse, wo Scheich Abdullah wohnte, sagte er nur: „Nahe bei dem Weg, den wir das letzte Mal gegangen sind." Unterwegs sagte er mir, der Scheich sei als ein sehr heiliger Mann bekannt. Er war in Daghestan in der Nähe des Kaspischen Meeres geboren und wird deshalb Abdullah Daghestani genannt. Er hatte viele Jahre in der Türkei gelebt und beherrschte die Sprache perfekt. Er war weit herumgekommen und empfing Besucher aus vielen Ländern. Wir würden ihn gewiß in der kleinen Moschee finden, die seine Schüler für ihn gebaut hatten.

Der Scheich wartete auf dem Dach seines Hauses auf mich. Es lag hoch über der Stadt und gewährte einen prächtigen Rundblick. Abdullah Daghestani war mittelgroß und trug einen weißen Bart; der Hadschi hatte gesagt, er sei fünfundsiebzig Jahre alt, doch er wirkte viel jünger. Ich fühlte mich von Anfang an sehr wohl in seiner Nähe und empfand bald das große Glück, das diesen ganzen Ort zu erfüllen schien. Ich wußte, daß ich einen wirklich guten Menschen vor mir hatte.

Nach den üblichen Begrüßungen und Komplimenten über mein vorzügliches Türkisch überraschte er mich mit der Frage: „Warum haben Sie die Schwester nicht mitgebracht, die bei Ihnen ist? Ich habe auch an sie eine Botschaft." Es konnte kaum sein, daß jemand ihm von Elizabeth erzählt hatte. Wir waren direkt zu seinem Haus gegangen, und der Hadschi war an der Tür umgekehrt, ohne mit irgend jemandem gesprochen zu haben. Ich antwortete, da er ein Moslem sei, hätte ich nicht damit gerechnet, daß er mit einer Frau sprechen würde. Er sagte nur: „Warum denn nicht? Regeln und Bräuche sind nur zum Schutz der Dummen; ich habe mit ihnen nichts zu schaffen. Wenn Sie das nächste Mal durch Damaskus kommen, bringen Sie sie dann mit?“

Ich versprach es zu tun, falls sich eine Gelegenheit ergäbe. Wir saßen lange schweigend da und schauten auf die Altstadt herunter. Als er zu sprechen anfing, gelang es mir kaum, aus meiner tiefen Versunkenheit aufzutauchen. Er sagte: „Ich habe heute jemanden erwartet, wußte aber nicht, daß Sie es sein würden. Vor ein paar Nächten kam ein Engel in mein Zimmer und sagte mir, daß Sie kommen würden und ich ihnen drei Botschaften ausrichten solle. Sie haben Gott um Rat wegen Ihrer Frau gebeten. Sie steht unter Seiner Obhut. Sie haben versucht, ihr zu helfen, doch das ist falsch. Sie stören das Werk, das Gott an ihrer Seele tut. Es gibt keinen Grund zur Beunruhigung, aber es ist für Sie auch sinnlos, verstehen zu wollen. Die zweite Botschaft betrifft Ihr Haus. Sie haben Gott um Rat gebeten in der Frage, ob Sie Ihren Weg gehen oder anderen folgen sollen. Sie müssen sich selbst vertrauen. Die Armenier werden Sie bedrohen, aber sie dürfen keine Angst haben. Sie müssen viele Menschen um sich versammeln, und Sie dürfen nicht zögern, selbst wenn Sie damit den Zorn anderer erregen.“

Er schwieg. Ich war erstaunt über diese beiden Botschaften, denn es stimmte vollkommen, daß ich genau in diesen beiden Fragen um Rat gebeten hatte. Wenn das stimmte, was er sagte, dann lag der Weg klar vor mir. Ich war schon dabei, eine Reihe öffentlicher Vorträge für den Herbst zu planen, als er meine Gedanken wieder unterbrach: „Die wichtigste Botschaft ist die letzte. Sie müssen wissen, daß das Böse sehr stark geworden ist in der Welt. Die Menschen haben sich der Anbetung materieller Dinge ergeben, und sie besitzen nicht mehr den Willen und die Kraft, zu Gott zu beten. Gott hat schon immer Botschafter geschickt, um den Ausweg aus solchen Situationen zu zeigen, und das hat Er auch in unserem Zeitalter wieder getan. Der Botschafter ist schon auf der Erde, und viele wissen, wer er ist. Nicht mehr lange, und er wird in den Westen kommen. Einige Menschen sind auserwählt, ihm den Weg zu bereiten.“ Bis hierher hatte er ganz ruhig und nüchtern gesprochen. Jetzt sprach er sehr langsam und eindringlich weiter: „Es ist mir gezeigt worden, daß Sie einer von denen sind, die den Weg bereiten. Sie haben im Westen eine Pflicht zu erfüllen. Sie werden wissen, wann Sie zu sprechen haben, und die Menschen werden auf Sie hören. Der Botschafter wird in Ihr Land und sogar in Ihr Haus kommen. Sie müssen jetzt in Ihr Land zurückkehren und Ihr Haus für den Empfang vorbereiten. Sie dürfen mit niemandem über das sprechen, was ich Ihnen gesagte habe, denn man wird Ihnen nicht glauben, bis die Zeit reif ist. Die Anhänger des Armeniers werden Sie verfolgen, wenn sie erfahren, was Sie tun. Behalten Sie deshalb alles für sich.“

Ich verstand nicht, worauf er anspielte, und sagte es. Er erwiderte, es komme nicht darauf an zu verstehen, sondern vorbereitet zu sein. Er sagte: „Hören Sie nie auf, Gott anzubeten, aber zeigen sie es nicht. Verhalten Sie sich äußerlich wie die anderen. Gott hat Ihnen zwei Engel zugeteilt, die sich um Sie kümmern werden. Einer wird Sie führen und lenken, so daß Sie die alten Fehler nicht mehr machen. Der andere wird die religiösen Pflichten erfüllen, für die Sie nicht selbst sorgen können."

Er sagte, daß die Botschaften damit zu Ende seien, daß er mir aber noch der persönlichen Rat geben wolle, unaufhörlich den Akt der Unterwerfung unter den Willen Gottes zu praktizieren. „Ich rate Ihnen, in Ihrem Herzen oft die Worte *la ilahe il Allah* zu wiederholen — sie bedeuten, daß Sie sich Gott allein unterwerfen." Als ich sagte, das sei das islamische Glaubensbekenntnis, erwiderte er, es sei ebenso christlich wie islamisch, denn das Fundament aller Religion sei, daß der Mensch nicht seinem eigenen Willen, sondern dem Willen Gottes folgen solle. Er wiederholte, was er schon einmal gesagte hatte: „Sie haben nichts zu fürchten, denn Sie stehen von jetzt an unter Schutz. Nichts wird Ihnen geschehen."

Wir saßen noch eine Weile zusammen. Ich befragte ihn über den großen Murschid der Derwische, von dem ich in Anatolien gehört hatte. Er sagte: „Ich kenne ihn. Er ist mein Freund und hat mich vor kurzem hier besucht. Er sieht äußerlich wie ein unbedeutender kleiner Mann aus, aber er ist ein wirklicher Wali" — also ein heiliger Mann. Er sagte, es gebe noch andere in der moslemischen Welt, die wüßten, was kommen würde, und sich selbst und andere vorbereiteten. Er sprach noch weiter in endzeitlichen Ausdrücken — doch in mancher Hinsicht unterschieden seine Äußerungen sich von dem, was ich von Emin Chikhou gehört hatte. Als ich Emins Namen erwähnte, glaubte ich ein kurzes Zögern zu spüren, bevor er sagte: „Er ist ein guter Mann, und er tut viel Gutes."

Als ich gehen mußte, bat ich ihn um Erlaubnis, in zehn Tagen noch einmal zu kommen. Ich fuhr mit der Straßenbahn zurück, und während sie den Hügel hinunterratterte, fragte ich mich, ob ich diese seltsamen Prophezeiungen ernst nehmen mußte. Seine beiden Botschaften über meine Frau und mein Zuhause trafen in der Tat erstaunlich genau. Er konnte kaum aus irgendeiner normalen Quelle genug über mich erfahren haben, um wissen zu können, daß diese beiden Fragen im Augenblick so wichtig für mich waren. Die Anspielung auf die Armenier ließ mich nicht los. Gurdjieffs Mutter war Armenierin gewesen, und seine ganze Familie war mehr armenisch als griechisch. Die Warnung ließ sich so interpretieren, daß Gurdjieffs Leute sich gegen mich wenden würden.

Hatte er hellseherische Kräfte? War er wirklich von einem Engel gewarnt worden? Ich erinnerte mich des Engels, der 1947 über den Tod zu mir gesprochen hatte. Ich glaubte an Engel, besaß aber keine Vorstellung von ihrer wahren Natur. Wenn Abdullah Daghestani wirkliches Wissen über mich besaß, das er weder über die Sinne noch über das Denken bekommen haben konnte, dann besaß er vielleicht auch wirkliches Wissen über die Anwesenheit eines Botschafters von Gott. Ich schreckte vor dieser Schlußfolgerung zurück, denn die Welt ist der immer neuen Ankündigung ihres bevorstehenden Endes müde, und die Menschen mögen von neuen Propheten schon nichts mehr hören. Immerhin hatte ich selbst schon vor sieben Jahren von einer Neuen Epoche geschrieben und von meiner Überzeugung, daß eine neue Manifestation der göttlichen Gnade bevorstand. Was der Scheich gesagt hatte, war eigentlich ganz in Ordnung, nur eben recht unwahrscheinlich. Ich kam zu keinem Ergebnis und entschloß mich, seinen Rat anzunehmen, daß ich keinen Versuch machen sollte, seine Aussagen zu verstehen.

Elizabeth war natürlich enttäuscht, als sie hörte, daß sie den Scheich hätte kennenlernen können. Am Nachmittag fuhren wir über die Wüstenroute, die ich schon kannte, nach Baghdad. Die Beidlers erwarteten uns schon, und trotz Hitze und Müdigkeit unternahmen wir noch am gleichen Tag eine Fahrt nach Babylon. Mein Eindruck von der ersten Besichtigung, daß Babylon keine tote Stadt war, sondern Erinnerungen an ihr früheres Leben bewahrte, wurde erneuert und von den anderen bestätigt. Wir wollten nicht länger im Irak bleiben und brachen früh am nächsten Morgen mit dem Auto zu der iranischen Grenzstadt Khanikni auf. Als wir die Grenze gegen Mittag erreichten, war das Zoll- und Einwanderungsbüro schon zur Siesta geschlossen. Alle Fensterläden waren geschlossen, und als ich das verdunkelte Gebäude betrat, traf ich nur einen älteren Türken an, der an einem Tisch vor sich hin döste. Er wachte auf, grüßte mich, und wir begannen ein Gespräch, in dem sich herausstellte, daß er früher türkischer Regierungsangestellter und an der Hohen Pforte beschäftigt gewesen war. Er erinnerte sich einiger der Bediensteten, die ich gekannt hatte, und das stellte eine Verbindung zwischen uns her. Von irakischer Abstammung, hatte er Istanbul mit dem Fall des Sultanats verlassen und arbeitete jetzt für die irakische Regierung. Er machte mir den Eindruck eines Mannes, der in seinem spirituellen oder religiösen Leben eine Gelassenheit gefunden hatte, die ihn allem verflossenen Glück gegenüber ganz gleichgültig bleiben ließ.

Er nahm allerlei Umstände auf sich, damit wir die Grenze ohne stundenlanges Warten passieren konnten. Als wir uns verabschiedeten, sagte er leise zu mir: „Die meisten Leute, die nach Teheran fahren, übernachten in Kirmanshah. Ich meine, sie täten gut daran, in Kerind haltzumachen. Es gibt da eine gute Unterkunft und vielleicht noch mehr, das sie interessieren könnte.“ Seine ganze Art ließ vermuten, daß sein Rat mehr enthielt als bloß eine Empfehlung für die Übernachtung; wir nahmen ihn an und wurden mit Begegnungen belohnt, die für uns alle sehr interessant waren — die erste mit einem einsiedlerischen Derwisch, die zweite mit einer Gemeinschaft von Derwischen in einem Tekke am Rande der kleinen Stadt. Wir unterbrachen unsere Reise auf dem Hinweg und auf dem Rückweg in Kerind.

Einen schöneren Ort kann man sich kaum vorstellen. Der nördliche Iran wird von mehreren Gebirgszügen durchschnitten. Vom Kabir Kuh im Südwesten bis zum Elburz im Nordosten erheben sich die aufeinanderfolgenden Ketten von dreitausend Metern bis auf über fünfeinhalbtausend Meter. Auf dem Weg nach Osten überquerten wir drei oder vier Pässe. Kerind selbst liegt in einem engen Tal, das aus der Ebene von Kirmansha ins Hochgebirge hinaufführt. Überall stößt man auf kleine Flüsse, und das Rauschen der Wasserfälle bildet den Hintergrund für das Hufeklappern von Pferden und Maultieren. Kurdische Hirten mit ihren finsteren, zerfurchten Gesichtern mischen sich unter die hübschen Perser, die in dieser Gegend oft so hellhäutig wie Tscherkessen sind. Die Männer und Frauen von Kerind sind von ungewöhnlicher Schönheit.

Die kleine Stadt ist seit urdenklichen Zeiten ein Zentrum des Metallhandwerks. Sie hat, ohne ihren alten Charakter zu verlieren, die Bildungsreform des letzten Schah durchgeführt und besitzt jetzt eine gute Oberschule. Es gibt jedoch kein Radio, keine Elektrizität, keine Zeitung und kaum Autos. Paul Beidler, Experte in der Frage der Umsiedlung asiatischer Völker im Zuge von Bewässerungs- und anderen Entwicklungsprojekten, war entzückt über das, was wir hier sahen, denn es bewies, daß man das ureigene Leben Asiens bewahren konnte, ohne den Kindern Bildungsmöglichkeiten und den Erwachsenen moderne sanitäre Einrichtungen vorzuenthalten. Wenn wir uns jemals aufs Altenteil setzten, so sagten wir uns, würden wir eher nach Kerind als irgend woandershin gehen. Hier war alles voller Schönheit, und die lachenden, gastfreundlichen Perser drängten sich um uns, um sich fotografieren zu lassen oder ihre Kinder vorzuzeigen.

Der Derwisch Ahmad Tabrizi wohnte eine Meile oberhalb der Stadt in einer Hütte neben dem Grabmal eines vergessenen Heiligen. Paul Beidler ging das enge Tal hinauf und traf ihn oben ganz allein an. Ich war zurückgeblieben, um meine Eindrücke von Scheich Abdullah Daghestani und allem, was er mir gesagt hatte, aufzuschreiben, denn dies war meine erste Gelegenheit dazu seit der Abreise aus Damaskus. Als ich mit dieser Arbeit fertig war, fragte ich mich bei den Dorfbewohnern zu den anderen durch und fand sie bei der Familie eines Gendarmen, wo sie auf dem Dach Tee tranken. Paul erzählte mir von dem Derwisch, und da es schon fast Abend war, schlug er vor, ihn am nächsten Morgen vor der Abfahrt aufzusuchen. Ohne zu überlegen sagte ich: „Gehen wir doch gleich hin." Ich spürte einen Drang, diesen alten Mann sofort kennenzulernen. Wir gingen im Schatten hoher Platanen die enge Schlucht hinauf, bis wir etliche Hundert Meter oberhalb der Ebene in ein weites Tal gelangten. Fern im Südwesten fingen die schneebedeckten Gipfel des Pusht-i-Kuh die letzten Strahlen der untergehenden Sonne ein. Inmitten dieser ebenso prächtigen wie friedlichen Szene betraten wir die kleine Einfriedung, wo Ahmad Tabrizi vor seiner Hütte saß. Er war jetzt nicht mehr allein. Mehrere junge Männer — Derwische, wie wir später feststellten — saßen auf dem Boden zu seinen Füßen. Da er nicht Arabisch sprach, nahm Paul einen der jungen Männer beiseite und stellte ihm Fragen. Der alte Derwisch und ich unterhielten uns auf Türkisch. Er sprach den nordpersischen Dialekt, der dem osmanischen Türkisch ähnlich genug ist, daß ich ihn verstehen konnte. Zur Eröffnung des Gesprächs sprach ich über Scheich Hassan Sebisteri von Täbris. Er hatte von ihm gehört, zeigte sich aber nicht interessiert. Ich fragte ihn, ob er in Buchara gewesen sei. Er sagte, er sei weit in Turkestan und Afghanistan herumgekommen und habe Pilgerreisen und Mekka und Kerbala gemacht. In Kerbala hatte er einige Zeit gelebt, sich aber nie an einen Orden gebunden. „Mein ganzes Leben bin ich allein gegangen", sagte er. „Wo ich etwas über die Religion lernen konnte, machte ich Halt. Wenn ich soviel gelernt hatte, wie ich konnte, ging ich weiter. Jetzt bin ich froh, daß ich alles gefunden habe, was ich auf Erden brauche, und wenn es Gottes Wille ist, werde ich bis zum Ende meines Lebens an diesem Ort bleiben." Ich sagte: „Sie sind Ihr ganzes Leben lang der Religion gefolgt. Sagen Sie mir, was Ihrem Verständnis nach den wahren Derwisch ausmacht?" Als Antwort erklärte er den Unterschied zwischen *Tarikat* und *Marifat* — zwischen den Wegen und der Erleuchtung. Er besaß große Achtung vor den Wegen und wußte, daß für manchen Sucher ein Murschid oder Führer unabdingbar war. Doch in der Beziehung zwischen Lehrer und Schüler lagen viele Gefahren, und er selbst hatte vorgezogen zu warten, bis Gott selbst ihn erleuchtete. Gott war gnädig gewesen und hatte ihn durch viele Gefahren geleitet. Er fügte hinzu, er sei überzeugt, Anfang und Ende der Religion sei die Unterwerfung unter den Willen Gottes. Das allein sei das Kennzeichen des wahren Derwisch. Wann immer der Mensch seinem eigenen Urteil und seinem eigenen Willen folgt, schwebt er in der Gefahr, eine Todsünde zu begehen.

Als ich sagte, die Schwierigkeit bestünde — zumindest für mich — darin, daß ich nicht wüßte, was der Wille Gottes sei, erwiderte er: „Dann müssen Sie geduldig warten. Ihre Geduld ist Ihre Unterwerfung und der Beweis für Ihren Glauben."

Paul Beidler, der angeregt auf Arabisch mit zwei von den Derwischen gesprochen hatte, kam herüber und sagte, er habe erfahren, daß es im Dorf ein Tekke des Dschelaliordens gebe; dieser Name bezeichnet Derwische, die nach Vollendung streben. Ich fragte Ahmad Tabrizi nach seiner Meinung über diese Leute, und er sagte: „Diese Bruderschaften sind gut. Sie rufen ununterbrochen den Namen Gottes. Meiner Meinung nach sind solche Übungen unnötig, denn Gottes Engel wachen ständig über uns und kennen die Geheimnisse unseres Herzens. Doch gehen Sie ruhig einmal hin und sehen Sie selbst, wer sie sind."

Es fiel mir schwer, den alten Mann zu verlassen. Er hatte mich eigentlich weder etwas Neues gelehrt noch mir etwas Altes erklärt, aber in seiner Gegenwart empfand ich Vertrauen und Liebe zu Gott. Doch fühlte ich mich im Vergleich zu ihm als sehr grober Ton, mit dem der Schöpfer noch wenig anfangen konnte. Selbst Farhad Dede hatte nicht diesen Grad des Bewußtseins von der Gegenwart Gottes erlangt. Und ich selbst war noch so unreif, nach wie vor der Sklave meines Eigenwillens. Ich konnte zwar aufrichtig sagen: „Dein Wille geschehe", aber ich konnte nicht mit der gleichen Überzeugung sagen: „Mein Wille werde im Willen Gottes vernichtet." Mir war durchaus bewußt, wie weit es vom *Annehmen* des göttlichen Willens noch bis zur *Aufgabe* des eigenen ist.

Wir verabschiedeten uns von Ahmad Tebrizi und kehrten mit zwei oder drei der jungen Derwische nach Kerind zurück. Sie erzählten uns, das Tekke sei gerade von einem großen Scheich aus Turkestan besucht worden, zu dessen Ehren am vergangenen Abend die rituellen Tänze und Gesänge des Dschellaliordens aufgeführt worden seien. Sie meinten, der Scheich werde die Vorführung gewiß wiederholen, da wir besonders interessiert seien. Paul Beidler hatte sie offenbar über die Form ihres Rituals befragt, weil er wissen wollte, ob eine Ähnlichkeit mit Gurdjieffs rituellen Bewegungen bestand.

Das Tekke steht keine fünfzig Meter von der Hauptstraße entfernt, die von Baghdad nach Teheran und Kabul führt. Wir waren an ihm vorbeigefahren und hatten nichts bemerkt. Zweifellos kamen jedes Jahr Hunderte von Reisenden an den hohen Mauern vorbei und nahmen an, daß sich hinter ihnen nur Obst- und Weingärten verbargen wie hinter vielen solchen Mauern entlang der Straße. Bei unserer Ankunft in Kerind hatten wir uns gleich nach Derwischen erkundigt und die höfliche Auskunft erhalten, daß es in dieser Gegend keine Derwische gebe. Zweifellos wußte der ganze Ort von den Dschellalis und niemand verriet ein Sterbenswörtchen. Das bestätigte sich später noch mehrmals, als ich zwei oder drei verschiedenen Reisegruppen eine genaue Beschreibung des Tekke und einen Empfehlungsbrief an den Scheich mitgab. Niemand fand etwas. Als sie sich in der Stadt erkundigten, wurde ihnen versichert, die Derwische hätten die Gegend verlassen.

Der Scheich der Dschellalis war ein großer, stattlicher Perser, der aber kaum Türkisch sprach. Das Tekke selbst besteht aus mehreren Gebäuden auf einem ummauerten Stück Land. Diese Derwische durften heiraten, und als wir in das *Selamlik* — das Empfangszimmer — gebeten wurden, gesellte sich die Frau des Scheichs zu uns und setzte sich zu Elizabeth und Margaret Beidler. Dann wurde nach einem Türkisch sprechenden Derwisch geschickt, der bald darauf mit einem Dutzend anderer erschien und mit uns an der langen, niedrigen Tafel Platz nahm. Elizabeth und mir fiel sofort die Ähnlichkeit dieses Arrangements mit den Gepflogenheiten an Gurdjieffs Tisch auf. Ich werde nicht von dem Gespräch berichten, sondern will nur erwähnen, daß wir einander ohne viele Worte verstanden. Sie alle praktizierten den Dhikr, wie wir aus dem kaum wahrnehmbaren Hin- und Herschwingen der Körper und dem Vor- und Zurückneigen der Köpfe ersahen. Als Paul fragte, ob wir dem Ritual beiwohnen dürften, lud der Scheich uns ein, für eine Woche zu bleiben, da es nur am Donnerstagabend ausgeführt wurde. Leider hatte ich versprochen, in Zypern einen Vortrag zu halten, wodurch sich unser Abreisetermin nicht verschieben ließ.

Wieder in Damaskus, fuhr ich mit Elizabeth zu Scheich Abdullah Daghestani. Er sagte zu ihr: „Dieser Mann ist von Gott für eine große Aufgabe erwählt worden. Sie sind dazu erwählt, ihm zu helfen und zu dienen. Er braucht Sie an seiner Seite, und sie dürfen ihn nie verlassen. Was die Engel in der unsichtbaren Welt für ihn tun werden, müssen Sie in der sichtbaren Welt tun.“ Elizabeth wandte ein, wir seien nicht verheiratet, aber er winkte ab und sagte: „Es ist Gottes Wille, daß Sie seine Gefährtin sind und Ihre Seele mit seiner vereint sein soll.“ Er sprach dann noch im einzelnen über die Arbeit, die sie zu tun haben würde, und wandte sich dann wieder an mich mit den Worten: „Sehr bald werden Sie einen Hinweis erhalten."

Man findet auf der ganzen Welt kaum eine schönere Aussicht als diesen Blick von den Hügeln herunter auf Damaskus in der untergehenden Sonne. Als wir so schweigend dasaßen und über die Altstadt schauten, neben uns der Scheich in makellos weißem Burnus und Turban und mit seinem ebenso weißen Bart, empfanden wir ein tiefes Glück. Er hatte ausgesprochen, was wir insgeheim in uns fühlten. Wir waren beide dem ungeheuren Einfluß Gurdjieffs unterworfen gewesen und hatten gemeinsam die noch schwerere Prüfung durch die Krankheit meiner Frau auf uns genommen. Nie hatte Elizabeth sich selbst geschont oder an irgendeinen persönlichen Vorteil gedacht. Keiner von uns hatte sich vorzustellen gewagt, daß unsere Leben einmal so eng verbunden sein würden, wie die Worte des Scheichs vermuten ließen.

Es war schon Nacht, als wir ihn verließen. Wir gingen wortlos in die lärmende Stadt hinunter. Drei Jahre sollten vergehen, bis wir wieder über die Worte des Scheichs sprechen konnten.

In Zypern begegneten wir unverhofft Rodney Collin-Smith und seiner Frau. Sie hatten eine Kurzreise in den Nahen Osten unternommen — getrieben, wie es schien, von dem gleichen Bedürfnis, sich zu überzeugen, daß die uralte überlieferte Weisheit noch lebte.

Schon fünfzehn Tage nach unserer Abreise aus London waren wir wieder in Coombe Springs. Zwei Entscheidungen waren gefallen. Ich wollte dem Rat des Instituts vorschlagen, den Bau einer großen Halle in Coombe Springs in Angriff zu nehmen, und im Herbst würde ich in London eine Reihe öffentlicher Vorträge halten. Diese Entscheidungen mußten zwar unweigerlich dazu führen, daß meine und Madame de Salzmanns Wege sich trennten, doch hoffte ich, daß es eine vorübergehende Trennung sein würde und wir uns später in freierer Assoziation wieder zusammenfinden konnten — in einem Rahmen, der offen und flexibel genug war, um die neuen Einflüsse aufzunehmen, die ich jetzt für die nächsten Jahre erwartete. Unsere Architektengruppe unter Führung von Robert Whiffen freute sich, daß es nun losgehen sollte. Das erforderliche Geld brachten unsere Schüler auf — in der Form von Darlehen die zwischen einem und tausend Pfund lagen. Coombe Springs schien zu neuem Leben zu erwachen. Mit großer Freude sah ich, daß meine Frau sich genug erholt hatte, um unsere Entscheidungen verstehen zu können. Es fehlte ihr an Kraft, und ihr äußeres Verhalten war noch längst nicht wieder normal, aber jetzt war immer öfter und für immer längere Zeitabschnitte der Kontakt zum tieferen Bewußtsein ihres wahren Selbst möglich.

Im Juli reiste ich nach Italien, wo Madame de Salzmann sich in der Nähe von Como ausruhte. Ich führte für sie Verhandlungen mit Mitgliedern von Gurdjieffs Familie, die ihr Schwierigkeiten wegen der Urheberrechte an seinem Werk machten. Diese Verhandlungen verliefen für uns sehr ungünstig, und ich hatte das Gefühl, eine Gelegenheit zur Überwindung der Kluft zwischen uns verpaßt zu haben. Ich hatte Scheich Abdullahs Warnung vor den Armeniern ganz vergessen, bis sie mir plötzlich wieder einfiel, als ich merkte, in was für eine peinliche Lage ich geraten würde, und mir bewußt wurde, daß ich in Zukunft ganz allein dastehen würde. Jedenfalls konnte und sollte Madame de Salzmann nicht die Verantwortung für das mittragen, was ich in Coombe Springs tat.

Im Oktober 1955 kam sie nach London und leitete die vollständige Trennung unserer Aktivitäten in die Wege. Von da an durfte kein Mitglied ihrer Gruppe mehr an der Arbeit in Coombe Springs teilnehmen, und kein Mitglied meiner Gruppe wurde zu den Kursen zugelassen, die unter ihrer Leitung stattfanden. Als sie diese Regelung bekanntgab, brachte ich ihr meine Hoffnung zum Ausdruck, daß die Trennung nicht länger als ein Jahr dauern werde. Ich hatte eine Vorahnung, daß im Herbst 1956 etwas Entscheidendes geschehen würde und daß wir uns immer weiter voneinander entfernen würden, wenn wir bis dahin nicht wieder zusammengefunden hätten.

Der Winter 1955/56 kam und ging. Zu unserer großen Freude konnte meine Frau an ihrem einundachtzigsten Geburtstag, dem 23. März 1956, zu uns herunterkommen und an ihrer Geburtstagsfeier teilnehmen. Bald danach verschlechterte sich ihr Zustand wieder, und den Sommer über erlebten wir viele tief betrübliche Tage. Wir feierten ihren Geburtstag auch dadurch, daß wir mit der Arbeit an der großen Halle begannen. Anfangs lag noch Schnee, aber schon einige Wochen später waren wir von Krokussen, Narzissen und Hyazinthen umgeben. Das Team bildete sich von selbst. Außer den Engländern, die in Coombe wohnten, hatten wir noch Amerikaner, Kanadier, Australier, Südafrikaner und Norweger. Wenn ein Spezialist gebraucht wurde, tauchte er von irgendwoher auf.

Die Arbeit der Architektengruppe war höchst ungewöhnlich. Zwölf bis fünfzehn Männer von ganz unterschiedlichen Ansichten über Architektur arbeiteten ohne Bezahlung oder persönlichen Verdienst zusammen. Doch es gab nicht ein einziges Detail am ganzen Gebäude, dem nicht alle zugestimmt hätten. Das bedeutete manchmal wochen- und monatelanges Warten, bevor die Arbeit an einem bestimmten Teil weitergehen konnte. Das Gebäude schien einen eigenen Plan und eigene Ansichten zu haben, und wir konnten nichts weiter tun als abzuwarten, bis sich ein Teil dieses Plans nach dem anderen zeigte.

Der erste Band von *The Dramatic Universe* mit dem Untertitel *The Foundation of Natural Philosophy* war im Mai erschienen. Abgesehen von einer überraschend guten Besprechung in *The Times Literary Supplement* wurde es entweder ignoriert oder lächerlich gemacht. Ein Rezensent von *Nature* beschrieb es als eine haarsträubende Mahnung an alle Wissenschaftler, sich von fantastischen Spekulationen fernzuhalten. Keiner der Rezensenten oder der wenigen Leser, die mir schrieben, bezog sich auf die sechsdimensionale Geometrie, bis der Amerikanische Astronom Gustav Stromberg zwei Jahre nach Erscheinen des Buches mehrere Artikel schrieb, die von tiefem Verständnis zeugten. Ich wußte nur zu genau über die Mängel des Buches Bescheid, vor allem über die unnötigen Schwierigkeiten, die dem Leser durch Dutzende von sperrigen Neologismen entstanden. Das Wort *Hyparxis* — mein Ausdruck für die sechste Dimension, die Wahlfreiheit zuläßt — erwies sich für viele als irreführend und als Stein des Anstoßes. Aber ich hätte nicht anders schreiben können. Das Buch enthält so vieles, das neu ist und den gegenwärtigen Modeströmungen des Denkens so sehr zuwiderläuft, daß ich mit keiner günstigen Aufnahme bei Wissenschaftlern und Philosophen rechnen durfte. Die Darstellungsweise machte es für die Mehrzahl der Leser praktisch unzugänglich.

Am meisten lag mir am Herzen, daß mein Verlag durch das Buch keinen Verlust erleiden sollte. Die vierzehnjährige Arbeit daran war für meine eigenen Reifung notwendig gewesen. Wenn das, was ich 1920 gesehen hatte, richtig war, dann folgte daraus notwendig, daß es die fünfte und sechste Dimension wirklich gab. Viele der hier beschriebenen Erfahrungen haben diese Vision bestätigt und erweitert. Wenn das alles richtig war, würde die Forschung früher oder später die gleichen Entdeckungen machen. Es spielte keine Rolle, ob das noch zu meinen Lebzeiten geschehen würde oder erst nach meinem Tod.

Ich war überzeugt — und die Ereignisse haben meine Überzeugung nur bestärkt —, daß es ein Großes Wissen gibt, zu dem wir hin und wieder Zugang haben. Und dieses Große Wissen beeinflußt die *conditio humana* auch dann, wenn wir seiner nicht gewahr sind. Wenn es mir tiefe Geheimnisse enthüllt hatte, von denen das moderne Denken nichts weiß, so würde es sie zu gegebener Zeit gewiß auch anderen enthüllen. War das ganze Buch aber — wie der Rezensent von *Nature* angedeutet hatte — nichts weiter als ein pseudowissenschaftliches Fantasiegebilde, dann geschah es ihm recht, wenn es in Vergessenheit geriet.

Jedenfalls stand ich vor der Frage, ob ich den zweiten Band veröffentlichen sollte, der den Titel *The Foundation of Moral Philosophy* tragen würde. Wie niedrig ich selbst meine Arbeit auch einschätzen mochte, ich hatte eine Aufgabe zu erfüllen. Ich hatte mir vorgenommen, ein Buch zu schreiben, das alle menschliche Erfahrung umfassen würde, und ich wollte zeigen, daß der Vielgestaltigkeit und dem Chaos unserer Sinneswahrnehmung eine große Harmonie zugrundeliegt. Ich hatte den zweiten Band schon mehrmals umgeschrieben, doch er war und blieb unbefriedigend. Ich hatte mich zu sehr auf Gurdjieffs Ideen bezogen und gelangte zu keiner Synthese, die ich wirklich meine eigene nennen konnte. Ich kam wohl oder übel zu dem Schluß, daß ich den ganzen zweiten Band noch einmal schreiben mußte, und diesmal unter dem Gesichtspunkt meiner persönlichen Überzeugung, daß die Vielfalt von Werten und Zwängen sich aus dem Unterschied zwischen Systemen mit einem, zwei, drei, vier, fünf usw. unabhängigen Gliedern herleitet. Diese Idee war in Gurdjieffs System implizit schon enthalten, nahm aber nur einen sehr schmalen Raum ein. Er hatte sich besonders auf die Eigenschaften von drei- und siebengliedrigen Systemen konzentriert.

Das erschien mir willkürlich und war vermutlich auf die Tatsache zurückzuführen, daß die Drei und die Sieben traditionellerweise als heilig gelten. So mühte ich mich um die Revision des Manuskripts, machte aber kaum Fortschritte. Ich war innerlich ruhelos, als ob irgend etwas Notwendiges in meinem Leben fehlte.

Die Arbeit der Gruppen in Coombe Springs bestätigten dieses Gefühl. Die neuen Gruppen liefen gut, aber die alten, die seit vor 1950 bestanden, machten eine Art Krise durch. Die Bauarbeiten an der Halle gaben unseren Anstrengungen eine Richtung, doch die Älteren konnten nicht daran teilnehmen und waren ganz auf ihre eigene Unzulänglichkeit zurückgeworfen. Ich sah, daß die ganze Situation sich gemäß meinem eigenen Zustand entwickelte. Ich hatte die Stellung des Lehrers oder Führers akzeptiert. Ich konnte nur geben, was ich hatte, und das war sehr begrenzt. Was der einsiedlerische Derwisch Ahmad Tabrizi über die Nachteile der Lehrer-Schüler-Beziehung gesagt hatte, erwies sich jetzt als wahr. Diese Beziehung zeitigt bis zu einem gewissen Punkt gute Resultate, doch dann kommt man stets an eine Grenze, über die kein Mensch einen anderen hinwegheben kann.

Während ich mit diesen Problemen rang, tauchte eine Wolke — nicht größer als die Hand eines Menschen — am spirituellen Horizont auf. Irgendwann im Frühsommer erhielt ich einen Brief aus Japan, in dem ein aus Java stammendes spirituelles System beschrieben wurde, das viel mit den Ideen und Methoden Gurdjieffs gemein zu haben schien. Ich hörte, daß ein Vertreter dieser Bewegung in Zypern war und vielleicht nach England kommen würde. Die Beschreibung interessierte mich zwar nicht besonders, doch ich fühlte mich verpflichtet, mehr darüber in Erfahrung zu bringen.

Einer der Gründe, weshalb ich nicht selbst nach Zypern flog, um mir ein Bild von der Sache zu machen, bestand darin, daß ich den seltsamen Plan gefaßt hatte, den Mont Blanc zu besteigen. Ich war derartige athletische Unternehmungen nicht mehr gewohnt, hatte aber während unserer Aufenthalte in Snowdon und an den Seen ein wenig Erfahrung in der Felskletterei gewonnen. Ich war nicht besonders gut darin und auch nicht gerade furchtlos. Ich fand es dumm, sich um des Nervenkitzels wegen in Gefahr zu begeben, und doch trieb es mich jetzt zu dem Versuch. Ich fragte Elizabeth, ob sie mitkommen wolle. Sie zögerte keinen Augenblick, schien sogar auf derartiges gefaßt zu sein, obgleich sie eine instinktive Höhenangst hatte und wegen einer früheren Krankheit überhaupt nicht an körperliche Anstrengung gewöhnt war. Ein junger Franzose, Gilles Josserand, der das Jahr 1951 bei uns in Coombe verbracht hatte, war inzwischen Bergführer geworden. Ich schrieb ihm, und er antwortete, er werde uns zum Gipfel führen, vorausgesetzt wir trainierten vorher ordentlich. Das taten wir im Frühjahr und Sommer.

Wegen der Seminare in Coombe mußten wir den Aufstieg gleich zu Beginn der Saison machen, als der Schnee noch nicht fest war. Außerdem war er nur an zwei Tagen möglich, da Gilles als Lehrer an der Bergführerschule in Chamonix arbeitete und nur an den Wochenenden frei hatte. Das Wetter war sehr unbeständig. Dann fügte sich jedoch alles so, als hätte der Himmel seine Hand im Spiel. Gilles empfahl uns, zur Eingewöhnung einige Tage in 3600 Meter Höhe zu verbringen. Wir benutzten dazu das Refuge du Tête Rousse unterhalb des Aiguille du Rocher. Den ganzen Tag übten wir das Gehen mit Steigeisen und Eispickel. Es war noch so früh in der Saison, daß wir nur zwei anderen Bergsteigern begegneten; unsere einzige Gesellschaft waren Bergdohlen, die sich über unsere in den Schnee gestellten Lebensmittel hermachten.

Erst nach unserer Rückkehr wurde der Grund für diese Eskapade — denn nur so kann man das Unternehmen nennen — sichtbar. Wir schwebten dreimal in ernster Gefahr. Einmal mußten wir am Aiguille du Rocher eine Traverse über lockeren Schnee machen, und schon wenige Minuten später donnerte eine Lawine herunter und verschüttete unsere Spuren. Kurz darauf traten Kletterer, die sich über uns befanden, einige Steine los, und nur dem Glück war es zu verdanken, daß wir nicht getroffen wurden. Beim Abstieg gerieten wir in ein Gewitter, in dem zwei italienische Bergsteiger umkamen. Wir verstanden die Warnung nicht, die in den elektrischen Schlägen aus unseren Eispickeln enthalten war, und wußten nicht, wie leicht man in solch einer Situation vom Blitz erschlagen werden kann.

Die Viertelstunde auf dem Gipfel im strahlenden Sonnenschein entschädigte uns für alles, aber der Sinn dieser ganzen Erfahrung holte mich erst ein, als wir schon wieder in Chamonix waren und sich bei mir eine Schneeblindheit zeigte (meine Sonnenbrille war beim Aufstieg zerbrochen). Ich lag mit beträchtlichen Schmerzen im Bett und fragte mich, ob das ganze nicht nur hirnloses Draufgängertum gewesen war. Ich bekam zur Antwort, es sei notwendig gewesen, um uns einmal ganz der Gnade der Naturkräfte auszuliefern und zu sehen, wie bedeutungslos der Mensch gegenüber diesem indifferenten oder allenfalls stirnrunzelnden Universum ist.

Wir kehrten nach London zurück, um an den Seminaren in Coombe Springs teilzunehmen. Mit der neuen Halle war ein guter Anfang gemacht, aber es würde noch großer Anstrengungen bedürfen, um sie wie geplant im nächsten Juni fertigzustellen. Fast dreihundert Leute kamen und blieben eine Woche oder länger in Coombe Springs. Es war ein wunderbares Beispiel für Anstrengung ohne Gewalt.

Etliche von uns empfanden und sagten, daß das Gebäude zum Leben erwacht sei und den Weiterbau jetzt selbst dirigierte. Es übertrug selbst seine Form und Konstruktion auf die Gehirne der Architekten und zog die Spezialisten an, die es brauchte. Meine eigene Rolle war hier einstweilen zu Ende. Es würde sich selbst auf seine Weise zu seiner Zeit vollenden.

25. Subud

Seit 1955 hatte ich Gerüchte über Subud gehört, aber ich kam nicht auf den Gedanken, sie mit den Prophezeihungen in Verbindung zu bringen, die mir auf meinen Reisen gemacht worden waren. Der Mann, auf den die Gerüchte sich bezogen, Muhammad Subud, blieb bis zum Sommer 1956 eine nebelhafte Gestalt. Mein Interesse wurde durch Ronimund von Bissing geweckt, bei dem ich im Jahr zuvor auf Zypern gewohnt hatte. Bei einem Besuch in England erzählte er mir, er habe einen Abgesandten Muhammad Subuds kennengelernt, einen zum Islam übergetretenen Juden namens Hussein Rofé. Er sagte, Subud könne man nur verstehen, wenn man die spirituelle Übung praktizierte, die *Latihan* genannt wird. Er war vor kurzem eingeweiht worden, und die ersten Ergebnisse hatten ihn so beeindruckt, daß er glaubte, Subud könnte der Schlüssel für alle unsere spirituellen Probleme sein.

Zu der Zeit mühte ich mich erfolglos um eine Überarbeitung von *The Dramatic Universe* und wollte nicht durch irgend etwas anderes abgelenkt werden. Ich willigte jedoch ein, Rofé zu besuchen, der zu der Zeit im Londoner Norden wohnte. Ich lernte ihn als einen Mann von ungewöhnlicher Intelligenz und Belesenheit kennen, doch störte mich seine sonderbar materialistische Sicht der Dinge. Er präsentierte Subud nach dem Muster orientalischer Erfolgsstories. Ich fand es gar nicht erbaulich, von Soforttheilungen sterbender Menschen zu hören, von alten Männern, die ihre jugendliche Manneskraft zurückgewannen und wieder heirateten, von Geschäftsleuten, die unerreichbar scheinende Verträge und Konzessionen unter Dach und Fach brachten, oder von Politikern, die unter ihren grimmigsten Gegnern Anhänger fanden. Seine Wundergeschichten von Reisen auf der Astralebene, von sich erfüllenden Voraussagen und von übersinnlichen Phänomenen — allen Liebhabern des Okkulten vertraute — waren mir ein Greuel. Rofé schien gar nicht zu merken, daß seine Histörchen mich gegen Subud als Bewegung und gegen ihn als Person einnahmen. Der Glaube, daß die Anbetung Gottes materielle Vorteile sichert, war eine typische moslemische Einstellung, die ich schon an Emin Chikhou nicht hatte akzeptieren können. Die rauhe Wirklichkeit des Lebens verträgt sich nicht mit dem Glauben, daß dem Gerechten nur Gutes widerfährt. Dieser Glaube, logisch weitergeführt, endet bei absurden Schlußfolgerungen wie zum Beispiel der, daß Jesus als Gerechter gar nicht am Kreuz gestorben sein kann.

Im September erfuhr ich, daß zwei oder drei gute alte Freunde sich ebenfalls mit Subud befaßten. Zwei von ihnen waren dieselben, die 1948 zu Madame Ouspensky gegangen waren, sich dann wieder Gurdjieff angeschlossen hatten und schließlich eine Zeitlang in Madame de Salzmanns Londoner Gruppe mitarbeiteten. Sie gingen an Subud ganz anders heran als ich. Ohne Gurdjieff als Mensch von Fleisch und Blut, so sagten sie sich, fehlte seinem System ein wesentliches Element. Sie erwarteten etwas, das nicht nur neu war, sondern radikal anders als das, was wir zuvor gehabt hatten. In der Überzeugung, daß Gruppenarbeit, wie sie in London und anderswo von Anhängern Gurdjieffs und Ouspenskys versucht wurde, zu Stagnation und Sterilität verdammt war, hatten sie sich aus der aktiven Teilnahme zurückgezogen. Sie waren daher ganz frei von äußeren und inneren Bindungen.

Bei mir lag der Fall ganz anders. Ich hatte absolut nicht den Glauben an den praktischen Nutzen von Gurdjieffs Ideen und Methoden verloren — auch wenn er selbst nicht mehr da war. Und ich war sehr fest gebunden durch die über vierhundert Schüler, die auf meine Führung vertrauten und für die ich Coombe Springs in Gang halten mußte. Außerdem hatte ich meinen Glauben an Gurdjieff öffentlich bekräftigt. Im Vorwort zum ersten Band von *The Dramatic Universe* hatte ich geschrieben, er sei „ein Genie, und ich zögere nicht, ihn als übermenschlich zu bezeichnen." Schon als ich diese Worte schrieb, fragte ich mich, ob sie wohl klug seien, und als ich sie gedruckt sah, dachte ich zuerst an die möglichen Mißverständnisse. Jetzt nach zwei Jahren hatte ich nicht mehr den Wunsch, mich zu korrigieren. Wenn es dem Menschen in diesem Leben überhaupt möglich ist, einen übermenschlichen Status zu erreichen — und daran glaube ich fest —, dann war Gurdjieff solch ein Mensch. Im übrigen bin ich sicher, daß man seine Rolle für die kommende Neuorientierung des Bewußtseins mit der Zeit immer deutlicher erkennen wird. Wenn Subud nicht mit Gurdjieffs Kosmologie, an deren Gültigkeit ich nicht mehr zweifeln konnte, zu vereinbaren war, dann war Subud nichts für mich.

Madame Ouspensky hatte mir geschrieben, wenn ich einmal für längere Zeit nach Franklin Farms kommen wolle, um in Ruhe zu schreiben, so sei ich willkommen. In Coombe Springs gab es wenig Ruhe für mich. Der Zustand meiner Frau hatte sich wieder verschlechtert, und wenn ich im Haus war, wanderte sie ständig suchend durch alle Zimmer und rief meinen Namen. Ihr Arzt riet mir, für eine Weile zu verreisen, da sich ihr ruheloser Zustand dann vermutlich bessern würde. Ihr allgemeiner Gesundheitszustand war gut, doch sie sah immer weniger, und das nicht wegen des grauen Stars, sondern auch, weil seit der letzten Gehirnblutung die Hälfte ihres Sehfeldes ausgefallen war.

Sie war aber nicht meine einzige Sorge. Ich war damals schweren Belastungen ausgesetzt durch einen ständigen Strom von Menschen, die mit mir über ihre persönlichen Probleme sprechen wollten, und durch zehn bis zwanzig Gruppentreffen pro Woche. Unter solchen Umständen war es unmöglich zu schreiben. Ich sah ein, daß ich andere finden mußte, die die Last tragen halfen, sonst würde Coombe Springs seine Funktion als spirituelles Zentrum nicht erfüllen können.

Ich hatte mir vorgenommen, so lange in Coombe Springs zu leben und zu arbeiten, wie meine Frau noch bei mir war. Nach ihrem Tod würde ich nur noch bleiben, wenn nicht mehr alles von mir allein abhängig war. Ich war überzeugt, daß in unserer Zeit keine spirituelle Bewegung mehr wertvolle Resultate erzielen kann, wenn sie von der Führungsrolle eines einzigen Menschen abhängt. Führen und Geführtwerden mag ein leichter Weg zum Erfolg sein, aber es kann Führer und Geführte auch Kopf und Kragen kosten. Mir war bewußt, daß die Menschheit noch zu unreif ist, um ganz ohne Führerschaft auszukommen, aber in meinem eigenen kleinen Kreis wollte ich ausprobieren, ob man sie auf ein Minimum reduzieren konnte. Das würde nur gehen, wenn die Beteiligten einander verstanden und vertrauten, und mir schien, daß diejenigen, die schon so viele Jahre miteinander suchten und arbeiteten, ein gewisses Maß an gegenseitigem Vertrauen gewonnen hatten. Leider war meine eigene Natur hier ein großes Hindernis. Ich ging oft zu gewaltsam und zu hastig vor, um wirklich ein gutes Mitglied im Team zu sein. So war ich einmal ein Führer der schlimmsten Art — nämlich ein Diktator — und lehnte ein andermal wieder alle Verantwortung ab, so daß alle ihrer eigenen Ratlosigkeit überlassen waren. Solche Widersprüche sind bei der allmählichen Wandlung unserer Natur wahrscheinlich unvermeidlich, aber sie erzeugten einen chaotischen Zustand, der nicht nur für die anderen, sondern auch für mich schwer zu ertragen war.

In solchen Gedanken reiste ich mit der Queen Mary in die Vereinigten Staaten. Etwa sechs Wochen verbrachte ich als Gast von Madame Ouspensky in Mendham. Ich durfte mich vollkommen zurückziehen, um schreiben zu können. Meine Produktivität verblüffte mich selbst. In fünf Wochen schrieb ich zwölf sehr schwierige Kapitel.

In diese Zeit fiel auch — am 29. Oktober 1956 — die siebte Wiederkehr von Gurdjieffs Todestag, der wie immer mit einem Gedenkgottesdienst in der russischen Kathedrale begangen wurde. Zufällig sprach Madame Ouspensky an diesem Tag mit mir über Subud; sie hatte einen enthusiastischen Bericht von Roni Bissing erhalten. Madame Ouspensky fragte mich nach meiner Meinung, und ich sagte, ich sei mir noch nicht schlüssig. Ich erzählte ihr, was Gurdjieff mir über Niederländisch Ostindien gesagt hatte, und daß ich mich schon fragte, ob Muhammad Subuh der Mann sei, der nach ihm kommen solle. Sie sagte: „Seit Mr. Gurdjieff nicht mehr da ist, warte ich darauf, daß jemand kommt. Bis jetzt ist niemand gekommen, und vielleicht kommt auch niemand mehr, solange ich lebe.“ Sie stellte noch einige Fragen und sagte dann: „Wenn ein neuer Lehrer kommt, woran werden Sie ihn erkennen?“ Ich sagte, er werde etwas ganz Neues bringen, und wir würden es erkennen, weil wir von Gurdjieff darauf vorbereitet seien. Sie schien damit nicht einverstanden, äußerte aber ihre eigenen Gedanken dazu nicht.

Während meines Aufenthaltes in Amerika hatte ich mit den Gruppen in New York wenig Kontakt. Madame Ouspensky behandelte mich mit der Freundlichkeit, die ich von ihr schon immer erfahren hatte. In New York war das ganz anders. Die Gurdjieffgruppen waren abweisend und argwöhnisch. Eines ihrer Mitglieder sagte mir, sie seien von mir enttäuscht, weil sie fanden, ich hätte Madame de Salzmann verraten. Ich wußte nur zu gut, was für eine Last sie trug, indem sie es auf sich nahm, Hunderten von Anhängern von Gurdjieffs Ideen immer wieder neuen Glauben und neuen Mut zu vermitteln. Ich wollte ihre Schwierigkeiten nicht noch vergrößern, fand es aber auch nicht klug von ihr, sich die gesamte und alleinige Autorität aufbürden zu lassen. Jedenfalls wäre es schlimmster Undank gewesen, wenn ich vergessen hätte, was sie für Gurdjieff und für uns alle getan hatte. Sie allein hatte die Kraft und den Mut für die Aufgabe, die er hinterlassen hatte. Außerdem war ich sicher, daß hier ein Mißverständnis vorlag und das Verhalten der Gruppen mir gegenüber gewiß nicht in ihrer Absicht lag. Später erfuhr ich, daß ich damit recht hatte und daß sie Schritte unternahm, um die Dinge richtigzustellen.

Madame Ouspensky änderte in alldem niemals ihre Haltung. Sie gab niemandem recht und verwarf niemanden, sie ergriff niemals Partei und verfolgte stets nur ein einziges Ziel: die Einheit zu fördern, ohne die Grundprinzipien der Arbeit dafür zu opfern. Unter den vielen bemerkenswerten Menschen, denen ich in meinem Leben begegnet bin, war Madame Ouspensky einzigartig in ihrer unerschütterlichen Zielstrebigkeit. Ihre Selbstdisziplin war für alle, die sie gekannt haben, inspirierend. Sie unternahm nie etwas, das über ihren Verstand oder über ihre Kräfte ging. In diesem Gespräch über einen künftigen Lehrer sagte sie von sich selbst: „Madame ist keine Lehrerin. Sie betrachtet sich immer als eine Kindergartenschwester, die Kinder auf die Schule vorbereitet." Sie sagte niemals „Ich", sondern sprach über sich sich selbst immer in der dritten Person als „Madame" oder „sie".

Als ich Mitte November wieder nach Hause kam, ging es meiner Frau erheblich besser. Zum Glück hatten wir eine Nachtschwester bekommen, der sie Zuneigung und Vertrauen schenkte. Sie nannte sie Little Nan, und sie konnte meist friedlich schlafen, wenn sie wußte, daß Little Nan im Zimmer war. Tagsüber war ihre Pflege ein schwierigeres Problem, denn die Krankenschwestern konnten nicht verstehen, weshalb wir sie nicht unter Beruhigungsmitteln hielten. Die Hauptlast trug Edith Wichmann, aber alle Bewohner und Besucher von Coombe Springs waren bereit, immer wieder mal ein paar Stunden bei ihr zu sein, denn wir durften sie nie alleinlassen. Ich konnte nicht viel Zeit mit ihr verbringen, aber meist brachte ich ihr das Frühstück. Unsere gemeinsamen Morgende waren immer schön, und manchmal verflogen die Wolken über ihrem Geist, und dann sprach sie mit größter Klarheit über Vergangenheit und Zukunft, über Leben und Tod. Unsere Gespräche waren nicht immer ernst, denn in hellen Momenten unterhielt sie sich gerne über unsere gemeinsamen Abenteuer und entwarf prächtige Pläne für die Zukunft. Selbst in ihren Fantasien erkannten wir noch eine tiefsinnige Symbolik — so als gäbe sie einer Wirklichkeit Ausdruck, die nur ihr unbewußtes Selbst wahrnehmen konnte.

In London gab es so viel Arbeit, daß ich mein Manuskript wieder einmal liegenlassen mußte. Das war ein schwerer Verzicht, denn ich war zu einigen tiefen Schlußfolgerungen über Gott, den Menschen und das Universum gekommen, denen ich unbedingt Ausdruck geben wollte. Meine ureigensten Erfahrungen und meine Anläufe zu einer universellen Synthese führten beide zu der Einsicht, daß Gott der Höchste Wille ist, manifest geworden als die Versöhnende Kraft, die überall und in allem die Kräfte der Affirmation und Negation miteinander in Harmonie bringt. Ich glaube, daß die Vorstellung von Gott als einem Wesen ein anthropomorphischer Irrtum ist, der auf dem gegenwärtigen Entwicklungsstand der Menschheit nicht mehr notwendig ist. Geist hatte auf der anderen Seite eine Dimension für mich gewonnen, die voller Tiefe und Wunder war. Hegel schien mir mit seiner Vorstellung von Geist als dem progressiven Prinzip, das die Einheit der Wirklichkeit herstellt, auf dem Weg zur Doktrin von der Verwirklichung des Wesens zu sein, die ein fünfgliedriges System voraussetzt. Ich hatte Visionen von einer endlosen Entfaltung von Systemen, jedes komplexer als die vorangehenden. Bei meinen Versuchen, diese Dinge darzustellen, war die Beschränktheit der Sprache ein ständiges Hindernis. Ich war gezwungen, die konkreteste Wirklichkeit in elenden abstrakten Ausdrücken zu beschreiben. Solange ich überhaupt schrieb, konnte ich wenigstens irgend etwas ausdrücken, doch in Coombe Springs kam ich wochenlang nicht dazu, auch nur eine Zeile zu schreiben.

Ich sagte mir: „Wenigstens kann ich mich von Rofé fernhalten und nichts mehr wegen Subud unternehmen, bis das Buch fertig ist." Zu meiner Überraschung unterbrach mich gleich die innere Stimme, der ich zu vertrauen gelernt hatte, und sagte: „Ganz im Gegenteil, du mußt jetzt hingehen."

Ich ging zu Rofé und bat ihn um die Einweihung — im Subud „Öffnung" genannt —, die die Verbindung zu der im *Latihan* wirkenden Lebenskraft herstellt. Das war am 25. November 1956. Rofé erklärte, der Kontakt sei wie ein elektrischer Strom, den man willentlich an- und abschalten kann. Er sagte, ich würde die Energie als eine Art Zittern oder Vibrieren spüren. Er gab dem ganzen einen so nüchternen und rein praktischen Anstrich, daß mir seine Aufforderung, meinen Glauben an Gott und meine Unterwerfung unter Seinen Willen zu erklären, fast mechanisch klang. Ich bemerkte keine Veränderung, die man als Vibrieren hätte beschreiben können, doch beobachtete ich, daß die rastlose Bewegung meiner Gedanken aufhörte und ich in einen Bewußtseinszustand eintrat, von dem ich geglaubt hatte, daß er nur nach langem, zielstrebigem Bemühen erreichbar sei. Bald hörte ich ganz auf zu denken, nahm jedoch eine fast lückenlose Bewußtheit wahr — frei von aller mentalen Aktivität und doch äußerst lebendig. Ich weiß nicht, wie lange dieser Zustand andauerte, denn ich verlor jedes Zeitgefühl. Ich hörte Rofé sagen: „Das genügt. Sie können jetzt aufhören", und war augenblicklich wieder im Normalzustand und meiner Umgebung voll bewußt. Der numinose Charakter dieser Erfahrung ließ mich weniger an Gurdjieffs Selbsterinnerung denken als an das, was mystische Autoren das Gebet der diffusen Kontemplation nennen.

Ich war tief beeindruckt. Rofé erzählte mir voller Freude, er habe von Anfang an gewußt, daß ich die Einzigartigkeit von Subud sofort erkennen würde. Er lud mich ein, zweimal in der Woche mit anderen, die er während meiner Amerikareise eingeweiht hatte, das Latihan zu praktizieren.

Ich fand es für mich richtig, das Angebot anzunehmen, aber ich wollte nicht, daß irgendwer in Coombe davon erfuhr. Es würde die Leute nur verwirren: manche würden das Latihan selbst ausprobieren wollen, und andere würden denken, ich hätte meinen Glauben an Gurdjieffs Methoden verloren. Ich mußte erst noch einige Zeit damit experimentieren, bevor ich es verantworten konnte, anderen davon zu erzählen.

Der Latihan war für mich eine vollkommen neue Erfahrung. In Gurdjieffs Übungen gibt es ein Resultat, das es zu erzielen gilt, einen vorherbestimmten Zustand, der durch einen bewußten Willensakt zu erreichen ist. Hier war alles spontan. Keine zwei Latihans waren gleich, immer war etwas Neues zu lernen, und doch war es zugleich eine Rekapitulation all dessen, was ich bisher gelernt hatte. Vieles aus Gurdjieffs Psychologie, das ich im Lauf so vieler Jahre gelernt und gelehrt hatte, erwachte im Latihan zum Leben.

Ich bemerkte bald, daß es äußerst schwierig war, vollkommen rezeptiv zu sein und alles willentliche Handeln zu lassen, aber als ich allmählich begriff, was dazu erforderlich war, erschlossen sich mir ganz neue Sinnebenen.

Im Februar 1957, nach einer unserer Übungen, sprach Rofé mit fünf von uns über die Möglichkeit, daß Pak Subuh nach England kommen könnte. Er sagte: „Als ich 1950 in Java war, sagten seine Anhänger mir, Pak Subuh habe schon 1934 vorausgesagt, er werde die ganze Welt bereisen und Subud in viele Länder bringen, zuerst nach England. Er sagte mir, in England gebe es Menschen, deren spirituelle Qualitäten ihnen erlaubten, Subud zu verstehen, und ich solle sie aufsuchen, sobald ich hier sei. Ich glaube, Sie sind die Menschen, die er meinte, und ich möchte gern wissen, ob Sie es richtig finden, Pak Subuh einzuladen und für die Kosten seiner Reise aufzukommen."

Wir trafen uns am nächsten Tag ohne Rofé zum Essen und versuchten uns Klarheit zu verschaffen. Wir stellten staunend fest, daß wir alle unabhängig voneinander herausgefunden hatten, worin die Wirkung des Latihan besteht: in der Erweckung des Gewissens. Wir stimmten auch darin überein, daß es schneller und tiefgreifender wirkte als die Übungen, die wir von Gurdjieff gelernt hatten. Wir fanden es alle sehr wichtig, daß die früheren Schüler Gurdjieffs und Ouspenskys Gelegenheit erhalten sollten, Subud kennenzulernen. Madame de Salzmann war zu der Zeit in New York, und ich fuhr für kurze Zeit hinüber, um ihr und Madame Ouspensky zu berichten. Ich wurde wieder nach Franklin Farms eingeladen und sprach fast jeden Tag mit Madame Ouspensky. Ihre Kräfte ließen nach, und das Sprechen fiel ihr schwer. Madame de Salzmann, die in New York sehr beschäftigt war, kam mehrmals zu uns heraus. Sie wollten beide in allen Einzelheiten hören, was für Erfahrungen wir mit Subud gemacht hatten. Auch sie fanden es richtig, Pak Subuh nach England einzuladen. Madame de Salzmann sagte, sie würde ihn sehr gern kennenlernen, da sie sich nur so ein Urteil darüber bilden konnte, ob er der erwartete Lehrer sei.

Ich kehrte am 12. März nach England zurück. Wir schickten eine Einladung, und sie wurde angenommen. Ich nahm mir vor, die dazwischenliegende Zeit zu nutzen, um mit der Arbeit an *The Dramatic Universe* fertigzuwerden. Da ich in London unmöglich schreiben konnte, nahm ich Christopher Baynes Angebot an, mir sein Cottage Cae Crin am äußersten Punkt von Nordwales zur Verfügung zu stellen.

Dort arbeitete ich aller anderen Pflichten ledig an meinem Manuskript. Es wurde einige Tage vor dem 21. Mai fertig, an dem wir Pak Subuh erwarteten. In dieser Zeit verschwanden bei mir zwei schon sehr lange bestehende körperliche Schwächen. Die erste bestand in immer wiederkehrenden Beschwerden infolge der Ruhr, die ich mir in Smyrna zugezogen hatte, die andere in den Auswirkungen meiner Lungentuberkulose. Diese Erfahrungen und andere, die ich von Männern und Frauen hörte, die auch das Latihan praktizierten, zwangen mich, die Heilwirkung von Subud ernster zu nehmen.

Weit wichtiger war allerdings für mich eine Art moralische Regeneration, die im April, etwa fünf Monate nach meiner Öffnung, einsetzte. Das war ein wirkliches Purgatorium. Ein helles inneres Licht schien erbarmungslos auf meine Vergangenheit. Mein Leben stand in allen Einzelheiten vor mir. Es war kein Erinnern, denn das Erinnern ist launenhaft und wählt sich seine Inhalte aus: hier stand alles, Erfreuliches und Unerfreuliches, deutlich vor mir, und vor allem das, was ich lieber vergessen hätte. Zum Beispiel erlebte ich noch einmal in allen Einzelheiten meine Begegnung mit dem Ex-Khediven Abbas Hilmi Pascha und verging schier vor Scham über meine frühere Rechtfertigung eines Verhaltens, das eigentlich niederträchtig war. Ich sah noch einmal alle meine Affären mit Frauen: wie all das, was ich mir damals als Mitleid mit ihrer Einsamkeit oder als Wunsch zu helfen hatte einreden wollen, in Wirklichkeit nur eine Bemäntelung animalischer Impulse oder meiner tiefen Angst vor Frauen gewesen war. Meine Unzuverlässigkeit und Unaufrichtigkeit im Umgang mit Menschen, mein Weglaufen vor peinlichen Situationen und vor allem meine Blindheit für die Gefühle anderer und mein alles überrennender Eigenwille — alles lag völlig entblößt in Hunderten von Episoden vor mir, die mich wie hämische Kobolde verfolgten. Ich konnte sie keinen Augenblick vergessen. Nachts konnte ich vor Reue und Selbstanklagen nicht schlafen. Ich dachte, ich würde entweder verrückt werden oder sterben.

Seltsam war daran, daß es mein äußeres Leben kaum berührte, und ich glaube, daß niemand meinen qualvollen Zustand bemerkte. Wenn mein Gedächtnis mich nicht täuscht, ertrug ich dieses Purgatorium vierzehn Tage lang.

Zur Erholung vom Schreiben hatte ich immer wieder mal einige Stunden Indonesisch gelernt, und als Pak Subuh ankam, konnte ich schon, wenn auch unter Schwierigkeiten, sein Buch *Susila Budhi Dharma* lesen, das in Indonesien in drei Sprachen gedruckt worden war.

Wieder in London, erfuhr ich, daß Pak Subuh nicht nur seine Frau mitbringen wollte, sondern auch zwei Helfer, die ihre Reisekosten selbst trugen. Wo sollten wir sie unterbringen? Rofé meinte, Coombe Springs sei das naheliegendste Quartier. Dieser Vorschlag ließ Eifersucht entstehen und natürlich die Furcht, ich wolle Subud ganz für mich allein haben. Ich schlug vor, ein möbliertes Haus in London zu mieten. Ich hatte meine eigenen Gründe, weshalb ich Pak Subuh und seine Leute nicht nach Coombe einladen wollte. Subud war für mich nach wie vor eine wichtige Ergänzung dessen, was wir von Gurdjieff bekommen hatten — kein Ersatz dafür. Solange ich nicht mehr über Subud wußte, erschien es mir nicht klug, Coombe Springs sozusagen als Hauptquartier zur Verfügung zu stellen.

Je näher der Zeitpunkt rückte, desto weniger begeistert war ich von der Verantwortung, die auf mich zukam. Meine eigene innere Läuterung hatte mir gezeigt, daß Subud unzweifelhaft wirkte — aber mit fast niederschmetternder Gewalt. Was mochte mit Leuten geschehen, die nicht durch lange Jahre des Suchens und Leidens einige Widerstandskraft gewonnen hatten? Wonach sollte ich entscheiden, wer für Subud geeignet war? Die anderen fanden, daß ich tatsächlich in einer sehr mißlichen Lage war. Sie selbst waren frei. Sie konnten anderen von Subud erzählen, brauchten aber selbst keine direkte Verantwortung zu übernehmen. Wenn ich meinen Schülern erzählte, daß ich schon seit sechs Monaten Subud praktizierte, würden sie es gewiß selbst ausprobieren wollen.

Der beste Ausweg schien mir zu sein, Pak Subuh in London unterzubringen und mit nur wenigen Schülern zu ihm zu gehen und den anderen zu erklären, wie ich Subud verstand. Wenn dieser Plan funktionieren sollte, mußte ich so wenig wie möglich verlauten lassen und durfte Pak Subuh nicht nach Coombe bringen. Ein unerwartetes Ereignis veränderte die Situation. Die Filmschauspielerin Eva Bartok war seit Jahren meine Schülerin und Mitglied meiner Gruppen. Sie hatte mich durch ihre Ernsthaftigkeit beeindruckt, allerdings erlaubten die besonderen Umstände ihres Berufs ihr nicht, regelmäßig an den Gruppentreffen teilzunehmen. Sie drehte in Hollywood gerade einen Film und gegen Ende der Dreharbeiten rief sie mich an um mitzuteilen, daß sie sehr krank war und ihre amerikanischen Ärzte eine schwere Operation für unumgänglich hielten. Sie wollte nach England kommen, um mich um Rat zu fragen. Während sie noch sprach, kam mir der Gedanke, daß sie dazu bestimmt sei, durch Subud geheilt zu werden und daß Subud durch sie weithin bekannt werden sollte. Ich sah auch, daß mein ganzes Leben auf den Kopf gestellt werden sollte und Subud mich verschlingen würde. Bis dahin hatte ich Subud als etwas Persönliches betrachtet, das meine innere Welt tiefgreifend verändert hatte, mein äußeres Leben aber so lassen würde, wie es war.

Ich lud Eva ein zu kommen, und zwar möglichst um den 22. Mai, weil sich ihr dann vielleicht eine ganz besondere Gelegenheit bot, Hilfe zu bekommen. Als ich das sagte, wußte ich, daß die Würfel gefallen waren und daß ich mich auf ein weit größeres Abenteuer einließ, als ich gedacht hatte.

Wir empfingen Pak Subuh und seine Begleiter am Flugplatz. Er saß still auf einem Stuhl, ganz für sich und unberührt von der Hektik der anderen Passagiere, von denen einer sich mit einem Einwanderungsbeamten stritt. Unwillkürlich verglich ich die Szene mit Gurdjieffs Ankunft aus Amerika. Beide Männer hatten die Fähigkeit, um sich herum eine Art Kraftfeld aufzubauen, in das kein fremder Einfluß eindringen konnte. Beiden eignete diese äußerste Sparsamkeit von Gestik und Bewegung, diese vollkommene Ruhe, die für mich ein Kennzeichen der befreiten Seele ist. Damit endete die Übereinstimmung. Gurdjieff war in jeder Umgebung eine auffallende und beeindruckende Gestalt. Mit seinem rasierten Kopf, dem grimmigen Schnauzbart und seinem lodernden Blick zog er stets die Aufmerksamkeit auf sich. Pak Subuh wirkte dagegen unauffällig und schien die Aufmerksamkeit von sich abzulenken, als wollte er unbemerkt bleiben. Als er aufstand, sah ich, daß er viel größer war als andere Indonesier, denen ich begegnet war. Seine Gesichtszüge waren für mich schwer zu deuten; sie waren eher arabisch als indisch, und obgleich seine Haut braun war, wirkte er nicht wie ein Mensch der Tropen.

Am Abend trafen wir uns mit ihm in Rofés Haus, wo er vorübergehend untergebracht war. Ich fragte ihn, ob diejenigen, die zum Subud zugelassen werden sollten, mit der Arbeit nach Gurdjieffs Methoden aufhören mußten. Er antwortete: „Nein. Ändern Sie nichts. Bapak ist kein Lehrer. Gurdjieff ist Ihr Lehrer, und wer einmal einen wirklichen Lehrer hat, ist nie mehr von ihm getrennt, ob er nun lebt oder tot ist. Aber Bapak sagt Ihnen: Wenn Sie das Latihan ernsthaft praktizieren, werden Sie Gurdjieffs Lehren ganz anders verstehen." Er wartete, bis diese Aussage übersetzt war, und fügte dann hinzu: „Bapak sagt, daß Sie später von Ihrem Lehrer Gurdjieff viele Dinge lernen werden, die Sie ihn noch nie haben sagen hören."

Die Bedeutung dieser Aussage entging mir zunächst. Sie schien mir die Bestätigung meiner eigenen Überzeugung zu sein, daß Subud und Gurdjieffs System einander ergänzten. Ich war entzückt und teilte Madame Ouspensky sofort in einem Brief mit, was gesagt worden war. Erst viel später wurde mir klar, daß Pak Subuh den Leuten meist das sagte, was sie hören wollten, jedoch einen kleinen Hinweis auf den wirklichen Sinn seiner Aussage einflocht, den sie meist ganz überhörten. Erst nach zwei Jahren begann ich zu begreifen, daß seine Aussagen meist nur auf die gerade bestehende Situation anzuwenden waren und daß er zum gleichen Thema ein andermal etwas ganz anderes oder gar Gegensätzliches sagen konnte. Das hätte ich sehr viel früher merken müssen, denn ich war selbst schon zu dem Schluß gekommen, daß logische Folgerichtigkeit und Widerspruchsfreiheit alles andere als ein Prüfstein für letzte Wahrheit sind, sondern nur Ausdruck einer sehr beschränkten Art des Denkens. Man suche sie nicht in den inspirierten Äußerungen eines Propheten oder im zögernden Gestammel eines Heiligen.

Es läßt sich kaum eine größere Verwirrung denken als die, die im Juni 1957 in Coombe Springs herrschte. Statt der zwanzig sorgfältig ausgewählten und erfahrenen Schüler, mußte ich alle zulassen, die kommen wollten. Bapak Subuh bestand darauf, daß keine Auswahl getroffen wurde und sagte, es sei keine Vorbereitung nötig außer den Einführungsunterweisungen, die ich oben in meinem Arbeitszimmer gab, während die Teilnehmer unten im großen Speisesaal gruppenweise geöffnet wurden. Innerhalb eines Monats wurden über vierhundert Männer und Frauen, fast alle meine Schüler, benachrichtigt und kamen nach und nach zum Latihan. Da der Raum nur zwanzig Menschen Platz bot, mußten manchmal sieben bis acht Durchgänge an einem Abend stattfinden, von sieben Uhr bis nach Mitternacht. Wir konnten Bapak und Ibu nicht überreden, früher zu beginnen, denn das Latihan praktizierte man, wie sie sagten, am bestem am Abend.

Subud wirkte mit explosiver Gewalt. Viele von denen, die kamen, waren entsetzt oder abgestoßen angesichts der erbarmungslosen Entblößung des menschlichen Selbst im Latihan. Viele verschwanden wieder und verbreiteten in anderen Gruppen Horrorgeschichten über das, was bei uns vorging. Andere gerieten in eine solche Ekstase, daß man sie kaum dazu bringen konnte, sich auf die von Pak Subuh vorgeschriebenen zwei oder drei Latihans pro Woche zu beschränken. Wir erlebten erstaunliche Heilungen, hörten von mystischen Erfahrungen, von eingetretenen Voraussagen Pak Subuhs und waren uns bei all dem einer ungeheuren Welle von Energie bewußt, von der alle getragen wurden, ohne sich viel zu fragen, wohin. Eva Bartoks Krankheit blieb für diejenigen von uns, die sie nach Coombe Springs geholt hatten, ein Brennpunkt der Aufmerksamkeit. Nach einer anfänglichen scheinbaren Verschlimmerung, setzt ein sichtbarer Wandel ein. Am 20. Juni, nach drei kritischen Wochen, begann ihr Zustand sich plötzlich zu bessern. Zwei Wochen später zeigte sich deutlich, daß sie schwanger war, und Pak Subuh sagte richtig voraus, daß sie eine normale und unkomplizierte Entbindung haben würde. Das eigentliche Wunder war der für uns alle sichtbare Wandel in Evas innerem Zustand. Wir waren Zeugen von Tod und Wiedergeburt ihrer Seele.

Pak Subuh sagte später: „Mr. Bennett ist sehr stark. Gott hat ihn befähigt, schwere Bürden zu tragen, und er wird in der Zukunft noch mehr zu tragen haben." Solche Aussagen machten mich ratlos. Ich fühlte mich keineswegs stark, und zudem schien mein ganzes Leben diese Aussage Lügen zu strafen. Nicht weil ich stark war, nahm ich viel auf mich, sondern aus Leichtsinn. Meine Zeit bei Gurdjieff hatte mich gelehrt, mir selbst gegenüber objektiv zu sein, und so war ich zwar für Schmeicheleien ebenso empfänglich wie jeder andere Mensch, ließ mich aber nicht so leicht täuschen. Ich sagte mir, daß Pak Subuh mich wohl stark nannte, um mich zum Weitergehen anzuspornen in einem Augenblick, wo die anderen zu zögern begannen.

Pak Subuh besuchte auch meine Frau, und Ibu öffnete sie, obgleich sie nicht verstand, was gesagt wurde. Zu der Zeit schien das Ende ihres Lebens sehr nahe zu sein, und es sah so aus, als würde sie ihre geistige Klarheit nicht noch einmal zurückgewinnen. Die Wirkung der Öffnung und das Latihans, das vor allem Edith Wichmann mit ihr praktizierte, grenzte ans Wunderbare. Pak Subuh gab Edith den neuen Namen Margaret, und das löste eine verblüffende Charakteränderung aus. Ihre Haltung gegenüber Mrs. B. (wie meine Frau von allen genannt wurde) erfuhr eine subtile Veränderung. Aus ihrer emotionalen Anteilnahme wurde ein tiefes Mitempfinden und Verstehen. Meine Frau konnte sich wieder mit uns verständigen, und manche der Gespräche mit ihr waren tief erleuchtend. Die größte Gnade war die Beendigung des Grauens ihrer umnachteten Zustände. Die Frau, die ihre Mitmenschen liebte, erwachte zu ganz neuem Bewußt-sein: nicht mehr besitzergreifend und dominierend, sondern nur noch sanft. Meine Dankbarkeit für das, was meine Frau durch Subud empfing, bleibt von allem anderen unberührt.

So vergingen die Wochen. Im August fanden unsere Seminare statt, doch sie wurden anders als alle vorhergehenden. Besucher kamen aus Amerika, Südafrika, Kanada, Frankreich, Deutschland, Holland und Norwegen nach Coombe und wurden geöffnet. Subud wurde langsam bekannt.

Dann kam eine Einladung nach Kalifornien. Ich erbot mich vorauszureisen und den Weg zu ebnen. Ich war überrascht, als Pak Subuh sagte, ich solle Elizabeth und ihre beiden Jungen mitnehmen. „Wenn sie in Kalifornien waren kommen Sie nach Java“, sagte er. Ich erwiderte, das sei ganz unmöglich — schon allein deswegen, weil wir die Reisekosten nicht aufbringen konnten.

Doch dann riß uns der Strom unvorhergesehener Ereignisse mit sich. Nach zwei Monaten in Kalifornien — wir bereiteten uns gerade auf die Rückkehr nach England vor — wurde Bapak nach Australien eingeladen. Wieder bot ich mich an vorauszureisen, fand es aber für Elizabeth und die Jungen besser, nach England zurückzukehren. Zwei Wochen pausenloser Reisen zwischen San Francisco, Sacramento, Los Angeles und Carmel, Vorträge, Gespräche, Versammlungen, Öffnungen, Latihans mit großen Menschenmengen oder mit Kranken und Sterbenden hatten uns beiden alle Kräfte abverlangt. Doch Pak Subuh sagte: „Nein, Elizabeth wird gebraucht, und sie kann nicht ohne ihre Kinder sein; sie geben ihr Kraft.“

Wir flogen über Honolulu und Fidschi nach Australien und sahen von den Pazifikinseln gerade genug, um zu verstehen, daß es hier eine ganze Welt voll von Tradition, Weisheit und Menschlichkeit gab, von der ich überhaupt nichts wußte. Wir erreichten Sydney todmüde und in der Hoffnung, einen oder zwei Tage Ruhe zu finden.

Wir waren noch nicht durch den Zoll, als die Reporter schon über uns herfielen. Ich konnte natürlich nicht wissen, was man ihnen erzählt hatte. und weshalb ich mit Fragen über Pak Subuh, mich selbst, Eva Bartok, fliegende Untertassen und der Himmel weiß, was noch alles, bombardiert wurde. Von Dr. Phillip Groves, unserem Gastgeber, erfuhren wir, daß ein Informationsblatt für die Presse solches Aufsehen erregt hatte, daß ich eine Pressekonferenz geben mußte und außerdem ein Fernseh- und zwei Radiointerviews auf meinem Programm standen. Selbst Elizabeths Jungen wurden interviewt, und ihre Fotos erschienen in den Zeitungen.

Endlich gegen fünf Uhr Nachmittags konnten wir den Flughafen zum Umfallen müde verlassen — um gleich darauf zu erfahren, daß ich noch am selben Abend vierzig Männer und Elizabeth fünfzig Frauen öffnen sollte. Und um das Maß vollzumachen, mußte ich auch noch einen Einführungsvortrag halten. Wir waren in Manly Beach untergebracht, fünfzig Autominuten vom Flugplatz entfernt, hatten also kaum Zeit, uns zu waschen und in die Stadt zurückzufahren. Die Meetings sollten in der Adhyar Hall stattfinden, die uns die theosophische Gesellschaft zu diesem Zweck überlassen hatte. Hier hatten vor fünfzig Jahren Annie Besant und C.W. Leadbeater die bevorstehende Manifestation des Messias in der Person Krishnamurtis verkündet. Als wir nach Sydney hineinfuhren, sahen wir die Hafeneinfahrt, durch die das Schiff des Messias kommen sollte. Mich beherrschte ganz das Gefühl von dem Aberwitz, der in all dem lag. Die Reporter hatten mich gefragt, ob Pak Subuh der versprochene Messias sei, und ich konnte nur antworten, daß ich davon noch nie gehört hatte. Doch mir war unwohl und elend zumute. Pak Subuh war siebentausend Meilen weit weg, und wir waren ganz allein. Mein Glaube an Subud und all mein Selbstvertrauen waren in dem absurden Begrüßungsrummel untergegangen. Das Betreten der Adhyar Hall war wie eine mahnende Erinnerung an all den Unsinn, der aus allzu leichtfertigem Glauben an Zeichen und Wunder entstehen kann.

Unter größtem Widerwillen ging ich hinein und sah mich etwa dreihundert Menschen gegenüber, die auf meinen Vortrag warteten. Ich weiß nicht mehr, was ich gesagt oder welchen Eindruck ich gemacht habe. Ich sprach zwanzig Minuten lang und sagte den Leuten wahrscheinlich, daß es nicht auf die Erklärung, sondern auf die Erfahrung ankomme. Unter großen Schwierigkeiten und in wachsendem Durcheinander wurde der Saal geräumt. Den Reportern wurde nachdrücklich gesagt, daß sie bei der Öffnung nicht dabeisein konnten. Alle Männer verließen den Saal und Elizabeth blieb mit sechzig bis siebzig Frauen allein.

Für mich gab es nicht einen Augenblick, wo ich still irgendwo sitzen konnte, um meinen inneren Aufruhr ein wenig zu beruhigen. Nach vierzig Minuten ging ich mit den Männern in den Saal. Es waren kaum weniger als fünfzig.

Als ich ihnen gegenüberstand, sagte ich mir: „Unmöglich, die alle zu öffnen. Das ist doch der helle Wahnsinn. Ich habe überhaupt kein Recht, hier zu stehen."

Ich sprach die bei der Öffnung übliche Formel, forderte die Männer auf, die Augen geschlossen zu halten, was auch geschehen mochte, und gab mich selbst in Gottes Hände. Im gleichen Moment füllte sich die Halle mit einem

Gefühl höherer Gegenwart; ein ungeheurer Friede senkte sich über mich, und ich nahm die anderen vor mir nicht mehr wahr.

Nach zehn bis fünfzehn Minuten öffnete ich die Augen, und mir bot sich ein fast unglaublicher Anblick. Fast alle anwesenden Männer reagierten bereits auf das Latihan. Hier ereignete sich in einer Viertelstunde mehr, als ich in England in einem Monat gesehen hatte. Von diesem Augenblick an war ich ohne allen Zweifel davon überzeugt, daß die Kraft, die in Subud wirkt, nichts mit mir oder irgendeinem anderen Menschen zu tun hat. Ich konnte die reale, also objektive Gegenwart dieser Kraft nicht mehr in Frage stellen. Keiner der Anwesenden hatte je das Latihan gesehen oder wußte, was er zu erwarten hatte, und doch reagierten sie genauso wie ich es bei Menschen in England, Holland, Deutschland und Amerika gesehen hatte.

Als Elizabeth und ich schließlich spät am Abend nach Manly zurückkehrten, verglichen wir unsere Aufzeichnungen. Ihre Erfahrungen waren mit meinen identisch. Auch sie hatte eine numinose Erscheinung bemerkt und erkannt, daß die Öffnung von dieser Erscheinung bewirkt worden war.

Wir reisten weiter nach Singapur und Ceylon. Das Subudzentrum in Colombo war durch eine merkwürdige Verkettung von Ereignissen zustandegekommen, und zwischen mir und den führenden Mitgliedern entstanden enge Verbindungen. Sie beknieten mich, länger zu bleiben. Es war eine Zeit der strikten Ausgangssperre, und die örtlichen Unruhen ließen gerade wieder ein wenig nach. Es war wohl kaum ein Zufall, daß von den fünfzig Buddhisten, Tamilen, Moslems und Christen, die geöffnet worden waren, keinem bei den Ausschreitungen etwas geschah. Ich wollte gern noch bleiben und soviel sehen, wie nur möglich. Elizabeth erhielt von ihrer Schwester ein Telegramm mit der Bitte heimzukommen und reiste mit ihren beiden Söhnen sofort ab. Sie kam zu spät, denn ihre Mutter war am Morgen vor ihrer Ankunft gestorben. Ich fuhr über Indien und Pakistan zurück, wo ich gute Freunde hatte.

Schließlich kam ich wieder nach England. Meine Frau erwartete mich. Sie war viel schwächer geworden, aber strömte über von innerem Leben und versicherte mir, daß mit ihr alles gut sei. Margaret Wichmann erzählte mir, sie sei während meiner Abwesenheit zum ersten Mal frei gewesen von dieser schrecklichen Unruhe, die sie früher immer geplagt hatte, wenn ich unterwegs war. Ich erzählte Margaret, oft, wenn ich auf meine Uhr geschaut hätte, sei es in London gerade acht Uhr morgens gewesen, und dann hätte ich das Gefühl gehabt, ich sei bei meiner Frau im Zimmer und brächte ihr das Frühstück. Margaret meinte, daß wohl tatsächlich eine Kommunikation stattgefunden haben müsse, denn meine Frau habe oft gesprochen, als sei ich bei ihr, und dann sei sie stets still und glücklich gewesen.

Sie schien darauf gewartet zu haben, mich zu sehen. Vom Tag meiner Rückkehr an versiegten ihre Kräfte immer rascher. Ich konnte tagsüber und in der Nacht häufig bei ihr sein. Wir waren sehr glücklich. Wenn sie Fremden auch wunderlich erschien — für uns, die wir in ihrer Nähe lebten, war sie jetzt ganz und wahrhaft sie selbst. Manchmal sprachen wir von der

Vergangenheit, und die Schärfe ihres Gedächtnisses erstaunte mich. Sie erinnerte sich an Einzelheiten, die ich fast vergessen hatte. Es genügte ihr jetzt, von Augenblick zu Augenblick zu leben, und sie verlor alles Zeitgefühl. Wenn ich nach fünf Monaten zurückkam, begrüßte sie mich, als wäre ich gerade erst aus dem Zimmer gegangen. Verließ ich sie für fünf Minuten, so sagte sie anschließend: „Ich dachte schon, du kommst gar nicht mehr wieder." Mit jedem Tag wurde sie abgeklärter und doch liebevoller, als glitte unsere Beziehung aus der Zeit in die Ewigkeit hinüber. Und so war es auch, aber etwas fehlte noch.

Am 24. Juli kam eine unerwartete Besucherin nach Coombe, Sabiha Esen, an deren Schule Polly in Konstantinopel Englisch unterrichtet hatte. Neununddreißig Jahre waren seitdem vergangen. Die beiden Frauen hatten sich anfangs noch hin und wieder geschrieben, aber jetzt hatten wir ein Vierteljahrhundert nichts mehr von Sabiha gehört. Sie sagte, sie sei mehrmals in England gewesen und habe sich nach uns erkundigt, aber erfolglos. Diesmal hatte sie gespürt, daß es dringend war, kam aber trotzdem nicht weiter, bis sie zufällig mit einem Freund über uns sprach, der uns nicht nur kannte, sondern selbst Coombe Springs besucht hatte. Das war gestern gewesen, und sie hatte keine Minute mehr verloren.

Ich klärte sie kurz über die Lage auf und sagte, es sei zweifelhaft, ob Mrs. B. sie erkennen würde. Dann gingen wir unverzüglich in ihr Schlafzimmer. Meine Frau war halb eingeschlafen, und Sabiha begann leise von Istanbul, von der Bezm-i-Alem-Schule und von ihrer alten Freundschaft zu sprechen. Das Erkennen kam plötzlich. Meine Frau zog sie aufs Bett herunter und weinte vor Freude. Sie war vollkommen klar und sagte zu Sabiha: „Ich bin so froh, daß Du rechtzeitig gekommen bist. Ich werde bald gehen, und ich wollte Dich so gern noch einmal sehen."

Sie blieben eine Stunde lang zusammen und ließen die Vergangenheit wieder aufleben. 1920 war für uns alle ein Jahr der Wende gewesen, und nichts kündete deutlicher von der Einheit unserer Leben als Sabihas Erscheinen. Sabiha mußte London für ein paar Tage verlassen und versprach, bei ihrer Rückkehr noch einmal zu kommen. Meine Frau sagte: „Ich habe Dich noch einmal gesehen, und das ist für mich das einzig Wichtige."

Sie schien neue Kraft bekommen zu haben, aber als ich um fünf Uhr morgens in ihr Zimmer ging, flüsterte Little Nan mir zu, daß das Ende nicht mehr weit sei. Margaret war an ihrem Bett. Ich nahm ihre Hand, wie ich es ihr oft versprochen hatte, und sprach ihren Namen. Ihre Lieder zuckten, und ein Lächeln des Erkennens erschien auf ihren Lippen. Ihr Atem wurde immer sanfter. Ihre Hände waren schon kalt.

Mehrmals dachte ich, ihr Atem habe aufgehört, und sprach ihren Namen. Jedesmal folgte noch ein sanfter Atemzug. Dann war es vorüber. Lange Zeit saßen wir in vollkommener Stille. Ich sprach ihren Namen, und zu meiner großen Freude und Überraschung kam noch ein Atemzug, dann ein zweiter und ein dritter und dann keiner mehr. Sie hatte mir ein Zeichen geben wollen, daß sie bewußt durch den Tod gegangen war.

Während wir bei ihr saßen, spürten wir ihre Gegenwart im Zimmer und empfanden große Freude. Endlich war sie von aller persönlichen Verhaftung frei und hatte die Vereinigung der Seele gefunden, die weder der Tod noch irgendein Wesen zerstören kann. Ich habe mich seitdem nie wieder von ihr getrennt gefühlt.

26. Elizabeth

Der ununterbrochene Strom der Ereignisse seit der Ankunft von Pak Subuh hatte mir kaum noch Zeit oder Lust zum Schreiben gelassen. Es war meine Pflicht, mich wieder meinem Buch *The Dramatic Universe* zuzuwenden und die mit der Veröffentlichung des ersten Bandes begonnene Aufgabe abzuschließen. Ich sah in diesem Buch wenig mehr als eine Einführung in die Ideen, die seit meiner ersten Vision in der Rue de Péra (1921) in mir gereift waren. Ausgehend von der Erkenntnis der Notwendigkeit, über den Dualismus hinaus zur Triade fortzuschreiten, war in mir das Bewußt-sein gewachsen, daß jede Zahl Träger einer bestimmten Qualität ist, die die gesamte Bedeutung des Daseins mitformt. Das Buch, dessen erste Fassung 1941 entstand, war bis 1956 mindestens achtmal umgeschrieben worden und immer, wenn ich mit der Neufassung gerade fertig war, stellte ich fest, daß das Geschriebene nicht mehr meinem derzeitigen Erkenntnisstand entsprach. Immerhin schien 1956 endlich die ganze Geschichte vor mir zu liegen. Es gab nichts mehr, was ich noch sagen mußte, wenn ich mir auch wünschte, das Gesagte besser ausdrücken zu können.

Jetzt im August 1958 machte ich noch einmal Bestandsaufnahme. Widerstrebend las ich, was ich in Franklin Farms und in Cae Crin vor der Ankunft von Bapak geschrieben hatte. Ich erwartete, eine tiefe Unvereinbarkeit des damals Geschriebenen mit meinem jetzigen Verständnis vorzufinden. Zweifellos hatte ich mich selbst geändert. Eine Veränderung, deren ich mir bewußt war, bestand in der Verschiebung des Schwerkraftzentrums meiner Erfahrung vom Kopf zum Herzen. Mein ganzes Leben lang hatte ich mich vom Verstand leiten und beherrschen lassen. Prinz Sabaheddins Worte an meine Frau, „*Notre enfant génial a le coeur glacé*", waren in all den Veränderungen so vieler Jahre zutreffend geblieben. Subud hatte mein gefrorenes Herz geschmolzen, und nichts konnte jemals wieder so sein, wie es gewesen war. Als ich mich jetzt also daranmachte zu lesen, was ich geschrieben hatte, rechnete ich damit, es uninteressant oder gar abstoßend zu finden. Etwas in mir lehnte sich gegen meine früheren Studien und Theorien auf, gegen diese Neigung, in Abstraktionen zu leben und die Tatsachen zu ignorieren. Ich dachte daran, mein Manuskript zu verbrennen und erst wieder zu schreiben, wenn ich aus dem Herzen schreiben konnte.

Als ich zu lesen begann, stellte ich staunend fest, daß das Buch anders war, als ich es mir vorgestellt hatte. Abstraktionen und Theorien waren zwar reichlich vorhanden, doch in und hinter ihnen wirkte ein Verstehen, das mit meinen Subud-Erfahrungen völlig übereinstimmte. Dieser zweite Band von *The Dramatic Universe* war ganz anders als der erste. Der war eine intellektuelle Konstruktion auf der Basis einer Einsicht. Der zweite war Einsicht, die in die intellektuelle Konstruktion eingebettet war und aus ihr hervorging. Es war ein wichtiges Buch und mußte veröffentlicht werden, aber mir war auch klar, daß nur wenige es verstehen würden.

Überrascht bemerkte ich, daß ich begonnen hatte, meinem eigenen Urteil zu vertrauen. Mein ganzes Leben lang hatte ich zwar eigenwillig gehandelt und auf die Ansichten anderer wenig gegeben — aber ich hatte mir nie vertraut. Andererseits hatte ich mich auf Ouspensky und Gurdjieff, auf meine Frau und überhaupt auf jeden verlassen, der irgendeine Meinung zu dem hatte, was getan oder nicht getan werden sollte. Meine Vorgehensweise war stets ein Ärgernis selbst für meine besten Freunde, eben wegen diesem ständigen Hin und Her zwischen Eigenwillen und völliger Selbstauslöschung. Pak Subuh hatte für mich etwas getan, wozu vor ihm keiner fähig gewesen war: Er ließ sich von mir nicht als Krücke benutzen und zwang mich, auf eigenen Füßen zu stehen.

Ich sagte: „Jetzt muß ich Elizabeth heiraten.“ Als ich sie bat, meine Frau zu werden, antwortete sie mit einer seltsamen Geschichte: „Als ich klein war, sah ich Gestalten um mich herum. Du weißt ja, daß ich ungefähr von acht bis achtzehn krank war. Meine „Gefährten“ waren oft um mein Bett versammelt. Ich erzählte meiner Familie nie von ihnen, und irgendwie wußte ich, daß ich „echten“ Menschen, wenn sie in meinem Zimmer waren, nicht zu erkennen geben durfte, daß ich die „Gefährten“ sah. Ich konnte sie wirklich genauso sehen wie jeden anderen. Als ich älter wurde, sicherlich bevor ich fünfzehn war, konnte ich die Gefährten nicht mehr sehen, aber ich behielt sie in Erinnerung wie etwas zwar Fremdes aber doch Wahres.“ Dann sprach sie von ihrer Begegnung mit mir und ihrer Zeit bei Gurdjieff. Die zehn Monate in Paris, in denen sie jeden Tag bis zu seinem Tod in seiner Nähe gewesen war, hatten ihr Leben von Grund auf und für immer verändert.

Im Sommer 1957 wohnte sie mit ihren beiden Jungen im Gästehaus von Coombe Springs. Auch Eva Bartok hatte dort in der ersten Zeit ein Zimmer, und Elizabeth war außer Ibu und Ismana die einzige, die mit ihr übte. Ich hatte bemerkt, daß Pak Subuh und Ibu glaubten, sie besäße ungewöhnliche spirituelle Gaben. Als ich ihr das jetzt sagte, erwiderte sie: „Nein, gewiß nicht“, und setzte ihre Erzählung fort:

„In der Zeit, als Eva dort wohnte, ließ mich das Bewußt-sein meiner Unwürdigkeit und meines mangelnden Vertrauens einmal nachts nicht schlafen. Gegen fünf Uhr stand ich auf und ging, bevor die Kinder aufwachten, in den Garten, um zu arbeiten. Als es Zeit war, ins Haus zurückzugehen, war ich zwar müde, aber ruhig und zufrieden. Es war ein stiller, sonniger Sommermorgen. Als ich zum Haus kam, sah ich eine große Frau in einem blauen Kleid im Türrahmen lehnen und mich beobachten. Sie wirkte ganz gelöst, die Arme über der Brust verschränkt. Ich konnte ihr Gesicht nicht erkennen, wußte aber, daß sie fremd war. Vielleicht eine frühe Besucherin, dachte ich und schämte mich, daß ich sie hatte warten lassen. Als ich auf sie zuging, um sie anzusprechen, ging sie ohne jede Hast rückwärts ins Haus, und als ich ihr in die Diele folgte, war niemand mehr da. Erst als ich in alle Zimmer geschaut hatte, kam mir der Gedanke, daß sie nicht von Fleisch und Blut war. Während die Kinder frühstückten und ich sie für die Schule fertigmachte, tauchte sie mehrmals auf, meistens irgendwo in der Tür, und sie kehrte mir nie den Rücken. Ich beachtete sie nicht, und ich glaube, die Kinder haben sie nicht bemerkt — jedenfalls sagten sie nichts. Gegen Mittag, als ich unten allein war, erschien sie wieder und kam aus der Küche auf mich zu. Diesmal sah ich sie an und ging auf sie zu, und augenblicklich verschwand sie. Sie war sehr freundlich und beunruhigte mich überhaupt nicht. Ihr Gesicht konnte ich nie genau erkennen, glaubte aber ein feines Lächeln wahrzunehmen. Ich sah sie noch einmal, als es schon dämmerte, gegen halb neun am Abend. Sie lehnte wieder mit verschränkten Armen in der Küchentür und sah mir zu. Ich beachtete sie nicht, und als ich wieder einmal zur Küchentür schaute, war sie weg. Ich habe sie nie wiedergesehen, erinnere mich aber deutlich an ihre hohe Gestalt und die Art, wie sie sich bewegte. Ich hielt das Ganze nicht für besonders wichtig, und wir waren damals ja auch so beschäftigt, daß es kaum Gelegenheit gab, allein mit Bapak zu sprechen. Ich habe ihm erst etliche Wochen später von der Frau in Blau erzählt, und er sagte: „Warum haben Sie Bapak das nicht früher gesagt?"

Ibu und Ismana waren bei diesem Gespräch mit Bapak dabeigewesen, und alle drei hatten sich ungewöhnlich interessiert gezeigt. Ibu fragte: „Wie trug sie ihr Haar?" Elizabeth beschrieb es mit einer Handbewegung, worauf Ibu nickte und sagte: „Ja, genau so!" Bapak erklärte die Erscheinung und sagte, die „Frau in Blau" sei die wahre Frau von Mr. Bennett. Sie werde mit Elizabeth verschmelzen, und ihre Seelen würden einswerden. Wenn die Zeit reif sei, werde Mr. Bennett Elizabeth heiraten, und sie werde ihm Kinder gebären, die wahre Diener Gottes sein würden. Als Elizabeth erwiderte: „Aber Mr. Bennett ist doch schon verheiratet, und er ist eins mit seiner Frau", gab Bapak ihr eine sehr aufschlußreiche Darstellung von der wahren Beziehung zwischen Mann und Frau. Er sagte, die gegenseitige Ergänzung der männlichen und weiblichen Natur könne zwischen mehr als zwei Seelen stattfinden. Die Arbeit, die Mr. Bennett noch zu tun habe, erfordere eine Gefährtin an seiner Seite, und Elizabeth sei dazu bestimmt, diese Gefährtin zu sein.

Elizabeth hatte mit niemandem über diese Unterredung gesprochen, aber jetzt glaubte sie es tun zu können. Wir wußten schon seit langem, daß wir in unserem irdischen Leben und in unseren spirituellen Hoffnungen eng miteinander verbunden waren. Als sie ihre Erzählung beendet und ein paar Fragen beantwortet hatte, die ich ihr über die „Frau in Blau" stellte, machte ich sie darauf aufmerksam, daß Bapaks Aussage genau mit dem übereinstimmte, was Scheich Abdullah Daghestani uns vor drei Jahren gesagt hatte.

Die Frau in Blau ist ein Geheimnis geblieben, aber ich war überzeugt, daß an Bapaks Aussage etwas Wahres war, denn Elizabeth hatte sich durch Subud stärker verändert als irgendein anderer, den ich kannte. Hier konnten Psychologen Stoff finden, der sie in Erstaunen versetzt hätte. Die Elizabeth, die ich seit vierzehn Jahren kannte, war zwar noch da, aber sie hatte unzweifelhaft eine Vertiefung und Bereicherung erfahren. Wo sie zurückhaltend und unzugänglich gewesen war und kaum Freundschaften geschlossen hatte, zeigte sie jetzt tiefes Verständnis für Menschen und gewann ihr Vertrauen, so daß die verschiedensten Charaktere sie aufsuchten und über ihre Probleme mit ihr sprachen. Sie behielt ihren beißenden Humor, doch sie verletzte nicht mehr. Die Veränderung übertrug sich auf ihre Kinder, die vorher rauhbeinig und aufsässig gewesen waren und jetzt sanfter, in sich gekehrter und über ihr Alter hinaus verständig wurden.

Ich liebte sie auf eine Weise, die für mich ganz neu war. Ich hatte mir nie zuvor ein Familienleben gewünscht. Es lag gar nicht in meinem Vorstellungsbereich, daß es mich befriedigen könnte, Frau und Kinder um mich zu haben. Ich hatte mir nicht einmal ein eigenes Zuhause gewünscht. In fast vierzig Ehejahren hatte ich kaum jemals erfahren, was es heißt, ein Privatleben zu haben. Ich war gereist und von einem Haus ins nächste gezogen, und als wir uns schließlich in Coombe Springs niederließen, ging es uns nicht um ein Zuhause, sondern um ein Zentrum für meine Arbeit.

Jetzt, mit einundsechzig, erwachte in mir plötzlich der Wunsch nach einem Leben, wie es sich eher ein Einundzwanzigjähriger erträumen mochte. Elizabeth paßte genau ins Bild, und ich kann Ursache und Wirkung nicht unterscheiden: ob meine Liebe zu ihr den Wunsch nach Familienleben weckte, oder ob der Wunsch nach Familienleben mich zu ihr hinzog — ich weiß es nicht. Jedenfalls heirateten wir am 27. Oktober, drei Tage vor ihrem vierzigsten Geburtstag. Zwischen ihr und meiner verstorbenen Frau bestand ein Altersunterschied von dreiundvierzig Jahren. Vielleicht trug das zu meinem Gefühl der Verjüngung bei, aber ich glaube, die Veränderung lag tiefer. Mir ging allmählich die wahre Bedeutung von *Harmonie* auf. Ich war schon lange davon überzeugt, daß nichts in der Isolation Bestand haben kann und daß die Verbindungen zwischen den Dingen wichtiger sind als die trennenden Barrieren. Doch die Überzeugung, daß eine Behauptung richtig ist, ist nichts gegen die unmittelbare Gewißheit, die in ihrer Verifikation durch die Erfahrung liegt. Ich mochte meinen eigenen Charakter nicht, und mein Handeln bedrückte mich, aber es lag nicht in meiner Macht, etwas daran zu ändern. Ich hatte darum gerungen, hatte viel erreicht und viel gelernt und lernte weiter, doch der Grundbestand meines Charakters blieb unverändert. Jetzt endlich gab es noch etwas anderes als diesen „Charakter": ein neues Selbst war geboren worden.

Angst und der Umgang mit ihr ist wohl das sicherste Erkennungsmerkmal für unseren wahren Zustand. Ich war schon immer von tiefer Angst verfolgt gewesen, weil ich nicht in meinem wahren Selbst lebte. Ich glaube, daß fast alle Menschen von dieser Angst beherrscht sind, wenn sie ihrem Wachbewußtsein auch meist verborgen bleibt. Wir leben in Angst, weil wir nicht wirklich leben, und die schrecklichste Vorstellung ist die, daß diese Unlebendigkeit vor uns selbst und anderen entblößt wird. „Aber er hat ja keine Kleider an", das sind die Worte eines unschuldigen Kindes, die der

Kaiser in uns am meisten fürchtet — und dieses Kind lebt auch in uns selbst.

Jetzt endlich wachte ich auf und fand, daß ich doch nicht mehr ganz nackt war. War ich bisher nur ein Schein-Mensch gewesen, so konnte ich jetzt sicher sein, daß hinter allen falschen Fassaden der wirkliche Mensch den ihm zustehenden Platz einnahm, mochte er auch noch jung und unerfahren sein. Deswegen war ich jetzt bereit und fähig, als Ehemann und Vater mit einer Frau zu leben.

In *The Dramatic Universe* hatte ich über vielgliedrige Systeme geschrieben und über die sich vertiefende Harmonie bei der Entwicklung von zwei zu drei und von drei zu vier unabhängigen Gliedern. Jetzt fing ich an, diese Leiter in meiner eigenen Erfahrung zu erklimmen. Elizabeth und ich gewahrten sehr bald, daß wir eine einzige menschliche Seele miteinander teilten und doch jeder ganz er selbst blieb — ein Mann und eine Frau, so verschieden, wie nur Mann und Frau sein können.

In der Sprache des Sufismus heißt das Miteinander von Mann und Frau *Beit-ul-Muharrem* oder Geheime Wohnung. Pak Subuh hatte oft davon gesprochen und diese Wohnung als den ersten Himmel beschrieben, in den die menschliche Seele eintreten kann. Er betrachtete die Ehe als ein Heiligtum und sagte, sie sei dem Menschen vom Augenblick seiner Zeugung an vorherbestimmt. Erst durch die Ehe mit Elizabeth wurde mir klar, was die Vereinigung von Mann und Frau bedeuten konnte. Doch die vollkommene Harmonie in und zwischen uns trennte mich wunderbarerweise nicht von meiner toten Frau. Ich war im Gegenteil sicher, daß sie diese Geheime Wohnung mit uns teilte. Ich sah, daß die Harmonie zwischen Mann und Frau nicht zu Absonderung oder Isolation führt, auch wenn es die Harmonie der Dyade (des zweigliedrigen Systems) ist. Je enger unsere Beziehung wurde, desto mehr öffneten wir uns für andere.

Inzwischen begann man sich auf der ganzen Welt für Subud zu interessieren. Aus mindestens fünfzig Ländern lagen Anfragen vor, und in den meisten wurde darum gebeten, daß Bapak persönlich kommen möge. Es war abzusehen, daß die Reisekosten für uns in England bald nicht mehr zu tragen sein würden. In New York hatte sich eine kleine, aber aktive Gruppe gebildet. Als ich dort um Unterstützung bat, erhielt ich eine großzügige Zusage, aber auch die dringende Bitte, selbst mit Elizabeth nach New York zu kommen, um die Grundlagen zu legen.

Die Reisepläne nahmen Gestalt an. Pak Subuh ging zuerst nach Singapur, Hongkong und Japan und sollte dann über Australien und Neuseeland nach Mexiko kommen, wo wir ihn treffen wollten. Elizabeth und ich fuhren mit der *Queen Elizabeth,* begleitet von zwei guten Freunden, Pat Terry-Thomas und Karl Schaffer, die beide auf ganz verschiedene Weisen Zeugen für die Echtheit von Subud geworden waren. Pat war im Juni 1957 geöffnet worden. Sie war gekommen, um mich über etwas sprechen zu hören, das ihr nicht einmal dem Namen nach bekannt war. Irrtümlich wurde sie in den Speisesaal geschickt, wo Ibu gerade fünfzehn oder mehr Frauen öffnete. Sie erhielt keinerlei Erklärung, sondern nur die Anweisung: „Schließen Sie die Augen.

Es gibt nur einen Gott. Tun Sie, was Sie möchten.“ Sie gewahrte eine Veränderung ihres inneren Zustands, was deswegen besonders überzeugend war, weil sei keine Ahnung hatte, worum es überhaupt ging. Seitdem waren zwei Jahre vergangen. Sie hatte in vielen schwierigen Situationen am Latihan festgehalten und einen Punkt erreicht, wo sie an seinem Wert für sich selbst und andere nicht mehr zweifeln konnte.

Karl Schaffer hatte im März 1958 in einem Zustand tiefer Verzweiflung aus Athen an mich geschrieben. Er war nach Coombe gekommen, um hier zu leben, und machte zwischen Oktober und Februar eine lange religiöse Krise durch. Ich hatte seine Selbstanklagen als ein Phänomen erkannt, das ich selbst nur allzu gut kannte. Er glaubte sich selbst unrettbar verloren und von Gott verworfen. Wie so oft in solchen Fällen war seine Selbstverdammung maßlos. Er war der Erzsünder, Ursache für alles Leiden in der Welt und der ewigen Verdammnis anheimgegeben. Ich nahm es auf mich, ihm in dieser Krise beizustehen. Fast jeden Tag, manchmal auch mehrmals am Tag oder mitten in der Nacht kam er ins Gartenhaus, wo Elizabeth und ich nach unserer Hochzeit wohnten, und verkündete, er sei unrettbar verdammt. Ich las ihm aus Werken von Tolstoi, Bunyan, Johannes vom Kreuz und anderen vor, die ähnliche Krisen durchgemacht hatten, und versicherte ihm, es sei eine Läuterung und nicht Verdammnis. Er ging dann getröstet weg, stand aber nach einigen Stunden wieder da und sagte, ich irrte mich gewiß, da ich nicht wissen könne, was für unverzeihliche Sünden er begangen hatte.

All das geschah in einer Zeit, in der ich ein solches Glück erlebte wie nie zuvor in meinem Leben. Elizabeth, die beiden Jungen und ich lebten in vollkommener Harmonie. Unser gegenseitiges Verstehen war so tief, daß ich oft einen Gedanken hatte und Elizabeth ihn aussprach, bevor ich den Mund aufmachen konnte. Wir konnten kaum fassen, daß zwei Menschen ein solches Glück miteinander erleben konnten. Wie Karls innere Qual auf uns wirkte, kann man sich vorstellen. Wir erinnerten uns noch gut, wie wir gelitten hatten in Paris bei Gurdjieff, wieviel bittere Desillusionierung wir hatten hinnehmen müssen bei unserer eigenen allmählichen Selbstenthüllung. Keine Mühe war zu groß, um einem zu helfen, der noch im Sumpf der Verzweiflung steckte, und wir lernten Karl wie einen Bruder lieben.

Als wir nach Amerika aufbrachen, ging es ihm schon viel besser, aber die Krise war noch nicht überwunden. Ich wußte, daß ich ein Risiko einging, war aber sicher, daß alles sich zum Guten wenden würde. Und tatsächlich tauchte er am Tag, bevor wir in New York einliefen, aus der dunklen Nacht auf. Während unseres Aufenthalts in Amerika war er für Subud eine Säule. Nach drei strapaziösen Wochen in New York — Abstecher nach Montreal und Washington, tägliche Vorträge und Öffnungen und viele Gespräche über all die Probleme und Ängste der Menschen — reisten Elizabeth, Pat und ich am 9. März nach Mexiko, während Karl nach Florida fuhr, wo immer wieder nach Subud gefragt wurde.

In Mexiko war das Terrain für Subud durch Stella Kent, eine frühere Schülerin von Maurice Nicoll, gut vorbereitet worden, so daß ich außer einem oder zwei Vorträgen nicht viel zu tun hatte. Ich konnte meine Vorträge zwar nicht auf Spanisch halten, verstand die Sprache jedoch gut genug, um die Übersetzung überprüfen zu können. Als Pak Subuh am 26. März ankam, waren schon um die fünfzig Männer und Frauen geöffnet worden. Ich war von einem Erlebnis am Karfreitag besonders stark beeindruckt. Ich machte das Latihan mit einem tief unglücklichen Mann. Ob seine Gegenwart für das Erlebnis von Bedeutung war, weiß ich nicht. Mitten im Latihan gewahrte ich Jesus am Kreuz, wurde erhoben und trat in seinen Körper ein; ich blickte durch seine Augen auf eine aufgebrachte oder verständnislose Menschenmenge hinunter. Mir wurde ein scheußlicher Gestank bewußt und Schwärme von Fliegen über dem Körper. Ich war zutiefst empört und von Abscheu geschüttelt. Es gab keine Gnade, nirgendwo, und nichts war sauber. Und ich wußte, daß Jesus all das sah und unendlich viel mehr: alles menschliche Unverständnis, das sich endlos über Raum und Zeit erstreckt. Und ich gewahrte die ungeheure Liebe, die alles sehen und alles vergeben konnte. Ich bemerkte, daß meine Arme erhoben waren, und spürte, daß die Kreuzigung gerade stattfand. Dann fiel ich in eine Art Bewußtlosigkeit, in der alles von mir wegrückte, und aus der Finsternis kam ein strahlendes Licht, das immer heller und herrlicher wurde. In diesem Strahlen wurde ich der Anderen Natur Christi inne, der herrlichen Gottesnatur, die unberührt bleibt von allem Existierenden. Langsam hob sich das Strahlen immer höher über mich hinaus, und ich blieb zurück. Ich war wieder ich selbst und fragte mich, was diese Erfahrung wohl bedeuten mochte.

Nach dem Latihan fühlte ich mich so schwach, als müßte ich sterben. Ich konnte die Gegenwart anderer nicht ertragen und verkroch mich irgendwo, bis mein Normalzustand sich wieder einstellte. Als ich so für mich allein dasaß, wurde mir klar, daß ich mit der Wirklichkeit des christlichen Glaubens leben mußte und zu akzeptieren hatte, daß es Geheimnisse gibt, in die der menschliche Geist niemals eindringen kann und wird.

In dieser Zeit gewährte Pak Subuh der Gruppe seiner Helfer ein Gespräch, bei dem einer der am schwersten zu verstehenden Züge von Subud klar wurde. Er wurde gefragt, weshalb er bestritt, daß er ein Heiler sei oder Subud eine Heilmethode. Er antwortete: „Im Menschen sind viele Kräfte verborgen, die man durch asketische Praktiken entwickeln kann. Dazu gehört die Kraft, die Zukunft vorausszusagen oder die Gedanken der Menschen zu lesen oder zu heilen. Wenn ein Mensch durch seine eigenen Bemühungen solche Kräfte in sich entwickelt, kann er sie gebrauchen, wie er will, genau wie jede andere Kraft, die man durch geistiges oder körperliches Training erwerben kann. Beim Subud ist das ganz anders. Die Kräfte, die uns zuwachsen, sind von Gott verliehen, und Gott kann sie uns auch wieder nehmen. Wenn Bapak geführt wird und so anderen Menschen den Weg zeigen kann, dann ist das nicht so, weil Bapak viel gelernt hat oder übernatürliche Kräfte besitzt. Nein, das geschieht nur, weil Bapak sich vollständig Gottes Willen unterwirft. Wenn es Gottes Wille ist, daß jemand geheilt werden soll, dann kann Bapak das Mittel dazu sein — aber er selbst kann nicht heilen. Und auch Subud ist keine Heilmethode, sondern nur die Methode, den eigenen Willen unter Gottes Willen zu stellen. Wenn Bapak eine Frage stellt, und es ist Gottes Wille, daß er eine Antwort erhält, dann wird er sie bekommen, auch wenn der Gegenstand außerhalb dessen liegt, was er wissen kann. Ist es aber nicht Gottes Wille, dann ist Bapak hilflos: selbst kann er gar nichts tun. Das ist der Unterschied zwischen dem Weg der Selbstentwicklung und dem Weg der Unterwerfung unter den Willen Gottes."

Diese Erklärung befriedigte mich vollkommen. Ich habe sie oft zitiert, wenn jemand annahm, Subud sei eine Art Magie, durch die man sich okkulte Kräfte aneignen kann. Sie entkräftet auch die Behauptung, Pak Subuh halte seine eigenen Äußerungen für unfehlbar oder schreibe sich selbst Kräfte zu, die andere Menschen nicht besitzen.

Etliche interessante Leute kamen, um Pak Subuh in New York zu sehen. Unter ihnen war auch Aldous Huxley und seine italienische Frau. Ich hatte Aldous in den dreißiger Jahren kennengelernt, als er und sein Freund Gerald Heard regelmäßig zu Ouspenskys Zusammenkünften in Colet Gardends kamen, kein Wort sagten und wieder gingen. Er war in Los Angeles Probekandidat für Subud geworden und befand sich auf einer kurzen Reise in den Osten.

Er stellte Bapak drei Fragen: „Wer sind Sie? Sind Sie ein Prophet oder eine Inkarnation?" Bapak antwortete, er erhebe keinen derartigen Anspruch. Er sei der, der den Weg weise. Er öffne nur eine Tür, durch die die Menschen gehen konnten, wenn sie wollten. „Aber Sie können sich nicht von Ihrer Position distanzieren", sagte Aldous. „Sie sind der Begründer von Subud und sein spiritueller Führer. Ihre Anhänger können doch gar nicht anders, als von Ihnen abhängig sein." „Nein, Bapak ist kein Führer. Er geht nicht voran. Anfangs mögen die Leute ihn mißverstehen und denken, daß er sie führen wird. Aber später, wenn sie das Latihan aufrichtig praktizieren, sehen sie, daß Gott allein ihr Führer ist und sie nicht von Bapak abhängig sind." „Auch wenn Sie nicht ihr Führer sind, sind Sie zumindest ihr Lehrer. Sie sind in dem Maße von Ihnen abhängig, wie sie von ihnen lernen müssen." „Nein. Es gibt im Subud keine Lehre und also auch keinen Lehrer. Bapak gibt vielleicht Erklärungen, aber die sind nur für den Anfang. Mit der Zeit erlangt jeder sein eigenes Verständnis und braucht keine Erklärungen mehr." Aldous war damit sichtlich noch nicht zufrieden und sagte: „Das wäre wunderbar — wenn es nur wahr wäre. Mehr als alles andere braucht diese Welt Menschen, die sich ihr eigenes unabhängiges Urteil bilden können."

Dann stellten die Huxleys Fragen zur Stellung der Kinder und sagten, wenn es überhaupt noch Hoffnung für die Menschheit gäbe, dann läge sie bei den neuen Generationen, die noch nicht von unserer fehlgeleiteten Erziehung verdorben seien. Bapak erklärte ausführlich, daß man Kindern nicht direkt, sondern nur über ihre Eltern helfen könne. Wieder sah ich, daß die Huxleys wohl beeindruckt, aber nicht überzeugt waren. Aldous wurde noch am selben Tag geöffnet, und ich war sicher, daß er den Kontakt empfangen hatte. Ich sah aber schon voraus, daß der erbarmungslose Druck seiner vielen

Verpflichtungen ihn davon abhalten würde, das Latihan regelmäßig zu üben. Als ich ihn in sein Hotel zurückfuhr, sagte ich: „Das ist etwas, das man nur durch Ausprobieren überprüfen kann. Es gibt nur einen Beweis für oder gegen den Wert eines inneren spirituellen Geschehens: die eigene Erfahrung.“ Er stimmte zu, wolle sich aber auf nichts festlegen lassen. Ich sagte nichts mehr und fürchtete, vielleicht schon zuviel gesagt zu haben.

In Mexiko erhielt ich einen Brief von Pater Bescond, einem Mönch des Benediktinerklosters von St. Wandrille in Frankreich. Pater Bescond hatte mein Buch über Subud gelesen und schrieb, daß er und andere Mönche seines Klosters gern Pak Subuh kennenlernen würden. Da sie erkannten, daß die Subuderfahrung nicht mit Worten zu vermitteln ist, wollten sie gern selbst einen Versuch damit machen. Dieser Brief interessierte Pak Subuh sehr. Er sagte, er könne nicht selbst hinreisen, aber ich solle es versuchen. Ich fuhr im Juni 1959 nach St. Wandrille und verbrachte etwa eine Woche im Kloster. Ich wurde gebeten, vor einigen der Mönche zu sprechen, und hatte eine Reihe bohrender Fragen zu beantworten. Dabei kam heraus, daß einige Aussagen in meinem Buch vom Standpunkt der katholischen Kirche aus nicht akzeptierbar waren. Ich erklärte diese Mängel durch meine Unkenntnis und durch die Eile, in der das Buch entstanden war. Schließlich baten drei der Mönche um den Kontakt. Sie betonten jedoch, daß es sich um ein ganz persönliches Experiment handelte, mit dem die katholische Kirche als solche — zumal sie Subud noch nicht zur Kenntnis genommen hatte — nichts zu tun hatte. Ich versicherte ihnen, daß es ihnen jederzeit freistand, das Experiment abzubrechen.

Das Latihan mit Menschen zu praktizieren, die an keine weltlichen Belange gebunden waren und nur den Willen Gottes zu erfüllen trachteten, war eine reine Freude. Während dieser Tage im Kloster erlebte ich zum zweiten Mal in meinem Leben, was es heißt, Gott zu lieben. Ich wußte nur zu gut, daß ich zwar an Gott glauben und mich seinem Willen unterordnen konnte, aber es war mir noch nie gegeben, Gott zu lieben. Das schrieb ich meinem festen Willen zu, mich von allen Anthropomorphismen freizuhalten, die Gott nur als eine Art Übermenschen darstellen. Ein Bild zu lieben, war gewiß nicht schwer, und für Menschen, die nicht von intellektuellen Skrupeln geplagt waren, konnte es eine große Hilfe sein. Ich jedoch war überzeugt, daß Gott der Höchste Wille ist, also jenseits aller Individualität, mochte sie noch so rein und vollkommen sein. Für mich war Gott nicht das Absolute der Philosophen oder das Brahma des Vedanta. Ich war stets auf der Hut, wenn ich Tendenzen zum Pantheismus oder Monisums in mir feststellte. Wollte ich andererseits nicht in den naiven Anthropomorphismus des üblichen Religionsverständnisses verfallen, so mußte ich daran festhalten, daß Gott reiner Wille und Quelle aller Harmonie ist. Es erschien mir unmöglich, einen Willen zu *lieben,* den ich nie würde verstehen können.

Und jetzt war dieses Wunder geschehen. Ich erlebte, daß man Gott ohne jedes Bild und ohne Gedanken lieben kann. Gott zu lieben, bedeutet an Seiner

Liebe teilhaben. Dieses Bewußtsein war noch schwach und flüchtig, nicht mehr als ein Hoffnungsschimmer.

Die wahre Natur der Harmonie ist weder aktiv noch passiv, sondern besteht in einem dritten Zustand, der so verschiedenartige Qualitäten wie Liebe, Freiheit und Ordnung, Versöhnung und Wahrheit umschließt. Dieser dritte Zustand ist unserem modernen Denken so fremd, daß wir nicht einmal ein Wort dafür haben. Ich erkannte ihn in Pak Subuhs Hinweisen auf Roh Illofi, den Geist der Versöhnung. Ich hatte ihn als das Tao der Chinesen, das Sattva der Inder, die Harmonie der Griechen, den Heiligen Geist des Alten und Neuen Testaments und als das Zat Ullah, das Göttliche Wesen im Islam kennengelernt. Mein Leben lang hatte ich nach diesem dritten Zustand gesucht. Die Notwendigkiet, ihn zu verstehen und zu erleben, war die Wurzel von Gurdjieffs Lehre, und alle seine Übungen zielten darauf ab, diesen Zustand zu erreichen. Die Eigentümlichkeiten dieses dritten Zustands unter verschiedenen Bedingungen, aktiven und passiven, bildeten seit Jahren eines meiner Hauptinteressen.

Eines der Hauptthemen von *The Dramatic Universe* ist die Unterscheidung von Selbst und Individualität. Ich hatte jetzt aufgrund eigener Erfahrung den vollständigen und unerschütterlichen Beweis, daß eine einzige Individualität mehr als ein Selbst umschließen kann. Unter *Individualität* verstehe ich einen einzelnen ungeteilten Willen, der von Zeit und Ort unabhängig ist. Meine eigene Individualität hatte ich für einen Augenblick im Speisewagen auf dem Weg nach Paris gesehen. Dann erlebte ich sie wieder 1957 in der Zeit meines qualvollen inneren Purgatoriums, von dem mir äußerlich nichts anzumerken war. Sie war das Band, das mich durch den Tod hindurch mit meiner Frau in Verbindung hielt. Jetzt war mir bewußt, daß meine Individualität ihr eigenes Gefäß bekommen hatte, in dem Elizabeth und ich für immer vereint leben konnten. Das Wunderbare an dieser Einheit war aber, daß sie nichts ausschloß. Meine Polly war auch darin und auch andere konnten hinein. An diesem Ort war ein einziger Wille. Es war nicht „mein eigener“ Wille und doch „mein“ Wille. Wer die Unterordnung des Selbst unter die Individualität erfahren hat, wird verstehen, was ich meine.

Seit zweitausendfünfhundert Jahren glaubt die Menschheit an etwas, das man die „atomistische“ Theorie der Persönlichkeit nennen könnte. Wir betrachten die Seele oder das Selbst — falls wir überhaupt daran glauben — als etwas Unteilbares und Dauerhaftes, genauso wie die Wissenschaftler des 19. Jahrhunderts die Atome der Chemie betrachteten. Subud spaltet dieses psychische Atom nicht nur, sondern baut aus ihm auch wieder komplexere Formen auf. Die größte bis heute bekannte Quelle physikalischer Energie ist die Kernfusion, und genauso entsteht eine ungeheure spirituelle Kraft durch die „Fusion“ eines Selbst mit einem anderen. Die Worte Christi: „Wo immer sich zwei oder drei in meinem Namen versammeln, werde ich unter ihnen sein“, haben eine konkrete Bedeutung gewonnen, die sie nicht haben konnten, solange zwei oder drei Seelen als getrennte Atome betrachtet wurden.

Das Latihan hatte den Zugang zu einem neuen Verständnis der menschlichen Bestimmung geschaffen, indem es uns unmittelbar erfahrbar machte, daß die Isolation des Selbst nicht auf seinem „Teilchencharakter" beruht, sondern darauf, daß die Pforten der Wahrnehmung geschlossen sind. Wir erleben heute die allmähliche Abwendung vom psychischen und sozialen Atomismus hin zu einer wahrhaft menschlichen Gesellschaft. Das wird ein schmerzhafter und vor allem langer Prozeß sein, denn wir werden viele Vorstellungen aufgeben müssen, die auf der Annahme beruhen, daß die Seele des Menschen ein Atom ist und daher unvergänglich, daß sie sich selbst genügt und daher gottähnlich ist. Die Menschheit der Zukunft wird nach Wertvorstellungen leben und nach Wirklichkeiten forschen, die wir in unserer Unreife zwar schon vage spüren, aber gewiß nicht ausdrücken können.

Pak Subuh nahm mich voll in Anspruch. Er hielt viele Vorträge, die ich übersetzen mußte: in Wolfsburg, München, Wien, Genf, Nizza und Athen. In diesen Wochen machte ich eine innere Krise durch, die anders war als alle früheren. Ich war von innerem Aufbegehren geschüttelt. Ich wollte Coombe Springs zumachen und verkaufen. Alles, was ich geschrieben hatte, wollte ich vernichten. Und während diese Gefühle in mir tobten, handelte und dachte ich weiter wie gewöhnlich. Es war, als schlüge ein tödlich verwundetes Tier in der Tiefe meiner Seele um sich, doch äußerlich war von diesem Todeskampf nichts zu spüren. Ich verstand nicht, was das alles bedeutete, bis ich am 4. Januar im Flugzeug von Nizza nach Rom neben Pak Subuh saß und ihm von meinen Gefühlen erzählte. Er sagte: „Ja. Bapak beobachtet Sie schon. Es stimmt, daß Sie ein verwundetes Tier in sich haben. Es ist ein sehr großes Tier." Nach einer bedeutungsvollen Pause sagte er: „Es ist ein Elefant. Er ist das letzte Tier, das in Ihrer Seele sterben muß. Doch haben Sie keine Furcht — die Seele von Gottes Botschafter ist schon in Ihnen und wird Sie in Zukunft leiten."

Diese Worte waren für mich wie eine Offenbarung. Nur zu deutlich sah ich den „Elefanten" in mir, den Charakter, der als Herr der Tiere anerkannt werden will, der niemals vergißt und der, wenn man ihn ärgert, nicht Leben, sondern materielle Dinge zerstört. Die Krise ging zu Ende, als wir Athen erreichten. Der Elefant war zwar nicht tot, aber ich konnte hoffen, daß er gezähmt war. Wenn das stimmte, dann würde ich in Zukunft frei sein von dieser „Herr-der-Tiere"-Vorstellung, die ich immer gehabt und immer auszumerzen versucht hatte; frei vor allem von dem Impuls, zu jeder Zeit und Unzeit alle Arten von Lasten auf mich zu nehmen.

In dieser Zeit in Athen rückte ich Bapak und seiner Tochter Rochanawati näher, als ich ihnen je zuvor gewesen war. Sie hatte mich bisher eher eingeschüchtert mit ihrer gebieterischen Art und ihren unbezweifelbaren hellseherischen Kräften. Sie hatte fünf Kinder, die wir in Djakarta gesehen hatten und von denen mindestens zwei ebenfalls eine fast unheimliche Wahrnehmungsgabe besaßen.

Einmal mußte ich Rochanawati zu einem Frauen-Latihan fahren, weil Ibu zu müde war. Sie sprach über mich und sagte, sie sehe mit großer Freude, wie sehr ich mich seit der Abreise aus London verändert habe. „Jetzt sehe ich, daß Mr. Bennett Gott unaufhörlich dient." Dann fügte sie überraschend hinzu: „Für Mr. Bennett ist Alkohol sehr schlecht. Er verkürzt sein Leben. Mr. Bennett darf nicht jung sterben, denn er wird auf der Erde gebraucht. Es ist besser, wenn er keinen Alkohol trinkt."

Ich war etwas erstaunt, denn seit wir mit dem Latihan begonnen hatten, stellten wir alle fest, daß wir noch wenig Wein vertrugen und Spirituosen überhaupt nicht. Ich erzähle diese Episode nur, um zu illustrieren, was für Ratschläge wir erhielten.

Bald nach dieser Zeit in Athen besuchte ich wieder das Benediktinerkloster. Diesmal spürte ich den Wunsch, so intensiv wie möglich an den Exerzitien der Mönche teilzunehmen. Mit der Frühmette und den Laudes begann es morgens um zwanzig nach fünf und endete abends um halb neun mit dem Komplet. Ich fühlte mich hier wie zu Hause. Das Wohlwollen und die Freundlichkeit, die mir der Abt und alle Mönche entgegenbrachten, sind mir immer kostbar geblieben.

Die Mönche, die geöffnet worden waren, hatten das Latihan seit meinem letzten Besuch ernsthaft und regelmäßig geübt, und ich sah die Veränderungen, die sich bereits einstellten. Unser moderner Intellektualismus hat auch vor den Klostermauern nicht haltgemacht. Selbst Mönche denken oft zuviel und verbauen sich damit den Zugang zu jenem tieferen Bewußtsein, in dem die Anbetung Gottes ohne jede Vermittlung möglich ist. Selbst wenn man im Latihan nichts weiter sieht als eine Übung, die in den „dritten Zustand" führt, ist es gewiß für jeden von immenser Bedeutung, der zum kontemplativen Leben berufen ist.

Einer der Mönche lenkte meine Aufmerksamkeit auf die Analogie zwischen dem Zustand, den man in Latihan erlangt, und der diffusen Kontemplation, wie sie von den großen spanischen Mystikern, vor allem von Johannes am Kreuz beschrieben wird. Während aber früher die Kontemplation als Frucht langer Entsagung und Meditation galt, kann sie durch Subud im Rahmen des alltäglichen Lebens verwirklicht werden. Die drei Stadien des mystischen Weges, Läuterung, Erleuchtung und Vereinigung, waren für mich schon Wirklichkeit geworden, wenn ich auch die Vereinigung nur für kurze Augenblicke erfahren hatte.

Während dieser Zeit im Kloster vermittelte mir das Latihan mehrere Erleuchtungserlebnisse. Einmal hörte ich eine Stimme in mir sagen: „Unterwerfung unter den Willen Gottes ist die Grundlage aller Religion." Dann wurde mir die Gegenwart Jesu bewußt, und ich sah, daß Er die Manifestation der Liebe Gottes ist. Der Gedanke stieg in mir auf: „Dann ist das Christentum die eine wahre Religion." Im gleichen Moment sprachen sich in mir jedoch die Eröffnungsworte des Koran: *„El hamd ul Illah Rabb-el-alemeen er Rahman er Rahim* — Preis sei Gott, dem Herrn beider Welten, dem Gnädigen, dem Barmherzigen." Dann sagte die gleiche Stimme: „Es ist mein

Wille, daß meine Kirche und der Islam vereinigt werden sollen." Ich fragte verwundert: „Wer kann das erreichen?" Und die Antwort kam: „Maria." Kurz danach war das Latihan zu Ende.

Ich staunte. Hatte ich das alles selbst erfunden? Ich hatte die Rolle der heiligen Jungfrau noch nie verstehen können. Ich hatte die Kirchengeschichte gelesen und wußte, daß die großen Doctores wie Thomas von Aquin, sich dem populären Drängen nach einer Ausweitung des Muttergotteskults widersetzt hatten. Nichts konnte meinem ganzen Denken ferner liegen, als Maria mit einer Bewegung für die Vereinigung von Christentum und Islam in Verbindung zu bringen.

Ich erzählte den Mönchen, was ich erlebt hatte. Der älteste von ihnen, ein sehr frommer Mann, dessen Freundlichkeit mich tief berührt hatte, sagte, er fände nichts Sonderbares daran, daß Maria alle vereinigen sollte, die Gott reinen Herzens dienen. Seitdem ist mir die kosmische Bedeutung Mariens immer deutlicher geworden.

Bei einem späteren Besuch empfing ich eine Erleuchtung über den „Willen Gottes". Jahrelang hatte ich mit dem Problem gerungen. „Ich kann Gottes Willen nicht erkennen. Wie kann ich mich Gott unterwerfen, wenn ich nicht die Möglichkeit habe zu erkennen, was von mir verlangt ist?" Eines Tages kamen mir beim Latihan die Worte aus dem fünften Buch Mose: „Der Herr unser Gott ist ein Gott, und du sollst den Herrn, deinen Gott, lieben aus ganzem Herzen, aus ganzer Seele und mit ganzer Kraft." Dann die Worte aus dem dritten Buch: „Liebe deinen Nächsten wie dich selbst; ich bin der Herr." Während sich die Worte in mir wiederholten, fiel mir ein, wie Jesus sie zustimmend zitiert hatte und wie sie auch im Koran wiederholt wurden. Sie waren und sind für mich und für jeden von uns der Wille Gottes.

All das verschmolz in meinem Bewußtsein zu einem Ganzen. Ich war überwältigt von Liebe. Meine Liebe zu Elizabeth wandelte sich in Liebe für die ganze Menschheit. Dann verschwand alles Menschliche und Persönliche. Ich wurde gewahr, daß Gottes Liebe und meine Liebe ein und dasselbe waren. Ich stand zitternd da, meine Atemzüge wie tiefe Seufzer. Ich konnte die Liebe nicht länger ertragen, die mich übermächtig durchströmte, und stürzte zu Boden. Während ich dort lag, bemerkte ich, daß mir noch etwas gezeigt wurde. Da es wortlos geschah, muß ich es, so gut es geht, umschreiben. Ich sollte mich derzeit damit zufriedengeben, Gottes Willen im allgemeinen zu kennen. Ich war noch nicht reif, ihn zu irgendeinem besonderen Gegenstand zu kennen. Später würde ich mehr gezeigt bekommen, sehr viel mehr. Einstweilen mußte ich mich damit bescheiden.

Solche kraftlosen Worte können nichts von der Gewißheit vermitteln, mit der ich dieses Versprechen empfing und wußte, daß es gehalten werden würde. Wenn ich selbst zur Nächstenliebe finden konnte, würde ich gewiß in die Liebe Gottes aufgenommen.

27. Dienst und Opfer

Fünfzehn Jahre sind vergangen, seit ich diese Autobiographie schrieb. Jetzt, in meinem siebenundsiebzigsten Jahr, kann ich mit einiger Unvoreingenommenheit auf den Mann zurückblicken, der es schrieb. Ich sehe mein Leben als eine Folge „endgültiger Offenbarungen", die mich wohl alle einen Schritt vorangebracht haben — doch jede erwies sich nur als ein Gipfel, von dem aus ich neue sah, die es zu erklimmen galt. Vor vielen Jahren sagte ich in einem Moment der Desillusionierung zu Elisabeth: „Alle meine Gänse sind der Erzengel Gabriel." Ich sehe eher auf das, was kommen mag, als auf das, was ist, und dann rede ich mir ein, das, was ich sehe, sei die gegenwärtige Wirklichkeit. Vor fünfzig Jahren hatte Ouspensky das gleiche anders ausgedrückt, als er sagte, ich erinnere ihn an eine chinesische Fabel, deren Held darauf beharrte, auf einem Friedhof zu leben, weil er glaubte, daß die Toten lebten.

Eine von Gurdjieffs subtilen Einsichten in die menschliche Natur bestand in seiner Lehre vom „Grundzug". Jeder von uns hat einen zentralen Charakterzug, der seine sämtlichen Reaktionen färbt. Das ist unser blinder Fleck, den wir zwar in seinen Äußerungen erkennen mögen, aber wir sehen seinen Ursprung nicht. Solange er unbewußt und mechanisch in uns wirkt, ist er unsere schlimmste Schwäche, doch wenn wir von ihm Abstand gewinnen können und ihn in Aktion kritisch beobachten, wird er unsere wichtigste Stärke. Ich habe kürzlich bei fast hundert Studenten untersucht, wie der Grundzug sich auswirkt, und ich bin mehr denn je überzeugt, daß er der Schlüssel zum Verständnis einiger der merkwürdigsten Eigentümlichkeiten der menschlichen Psyche ist.

Wenn ich heute auf das Jahr 1961 zurückblicke, dann sehe ich, wie hartnäckig ich daran festhielt, daß Pak Subuh der Erzengel Gabriel sei — noch lange nachdem ich hätte erkennen müssen, daß Subud in seiner Wirkungsweise viel begrenzter war, als er uns glauben machen wollte. Ich konnte nicht umhin mir einzugestehen, daß die Dinge mir entglitten. Coombe Springs war in Unordnung. Ich hatte die Leitung anderen übergeben, um mich ganz dem letzten Band von *The Dramatic Universe* widmen zu können. Ich nahm an dem Leben in Coombe Springs nicht richtig teil und war doch nicht frei davon. Es gab ständig Uneinigkeiten, Finanzkrisen, Ablenkungen durch Besucher aus aller Welt, und all das verschlang zuviel von meiner Zeit, als daß ich in Ruhe hätte schreiben können.

Im Herbst 1960 dämmerte mir allmählich, daß ich aufgehört hatte, an mir selbst zu arbeiten, und mich darauf verlassen hatte, das das Latihan bewirken würde, was ich durch eigenes Bemühen bewältigen mußte. Ohne jemandem etwas davon zu sagen, nahm ich die Disziplin und die Übungen wieder auf, die ich von Gurdjieff gelernt hatte, und fast augenblicklich konnte ich feststellen, daß mein Zustand sich zum Besseren wendete. Einige meiner Schüler und Freunde kamen zu mir und sagten, sie hätten das Gefühl, daß irgend etwas nicht in Ordnung sei; sie beschrieben Symptome, die meinen ganz ähnlich waren. Ich schlug vor, in aller Stille die morgendlichen Übungen wiederaufzunehmen und uns vor allem „Willensaufgaben" zu stellen, die Anstrengungen und Opfer erforderten.

Als wir unsere Eindrücke austauschten, kamen wir zu der Überzeugung, daß das Latihan sich zwar ausgezeichnet zur Öffnung des Herzens eignete, aber nichts für den Willen tat; wir mußten also eine Möglichkeit finden, das Gleichgewicht herzustellen. Schon nach einigen Monaten arbeiteten wieder vierzig bis fünfzig Leute so zusammen, wie wir es vor Subud getan hatten. Als das bei der Subud-Bruderschaft in London ruchbar wurde, zeigte man sich schockiert und tief beunruhigt. Man schrieb Briefe an Pak Subuh und teilte ihm mit, ich habe alle Regeln von Subud gebrochen. Man „testete" ausgiebig und kam zu dem Schluß, daß ich vom Weg abgekommen oder gar unter „satanischen Einfluß" geraten sei. Wie schon so oft in meinem Leben, wurde falsch über mich berichtet, wurden Gerüchte aufgebauscht, bis Pak Subuh in Indonesien glauben mußte, daß ich mich als Stimme des Subud im Westen etablieren und mich seiner Autorität widersetzen wollte. Wieder einmal fand ich mich von alten Freunden abgeschnitten und mußte mich fragen, ob nun wieder mein Eigenwille mit mir durchgegangen war oder sich ein neues Verständnis in mir gebildet hatte.

Ich konnte nicht bezweifeln, daß das Latihan für mich und Elisabeth Wunder bewirkt hatte. Und ich sah viele andere, die sich zu ihrem Vorteil verändert hatten. Wir waren freier, offener und vor allem hoffnungsvoller als zuvor. Ich sah deutlich, welcher Schaden in den Gurdjieffgruppen durch Pessimismus und Restriktionen angerichtet wurde. Ich konnte nicht mehr an das pessimistische Glaubensbekenntnis glauben, wie es F.H. Bradley im Vorwort zu *Appearance und Reality* formuliert hatte: „Wenn alles verfault, dann ist es die Aufgabe eines Menschen, laut und deutlich zu sagen, daß es stinkt." Auch interpretierte ich Gurdjieff nicht anhand von Bradleys Definition des Optimisten, der sagt: „Dies ist die beste aller möglichen Welten, und alles in ihr ist ein notwendiges Übel."

Es war unmöglich zu bezweifeln, daß ich mich geändert hatte und daß ich mit einer Quelle der Weisheit in Verbindung stand, die zwar in mir selbst, aber jenseits meines Bewußtseins lag. Durch den Gang der Dinge war ich gezwungen, mich von etwas loszureißen, aus dem ich so großen Nutzen gezogen hatte. Mir war auch vollkommen klar, daß das schon fast zwanghafte „Testen" in den Subudgruppen — nicht nur in London, sondern auf der ganzen Welt — größtenteils Selbsttäuschung war und einem Wunschdenken entsprang. Ich hatte die Entwicklung der Oxforder Gruppe verfolgt und erkannt, welche Gefahren in dem Glauben an „Führung durch die innere Stimme" lauerten. Ich befand mich in der absurden Situation, daß ich bei anderen ablehnte, warauf ich mich bei mir selbst verließ. Ich war überzeugt, daß ich mit meinem eigenen Gewissen in Verbindung stand, und nicht überzeugt, wenn andere mir sagten, daß sie Botschaften und Rat direkt von Gott empfingen.

Nach Monaten peinlichster Selbsterforschung entdeckte ich die Lösung dieses Paradoxes. Immer wenn ich bewußt „testete", also mich passiv dem Latihan überließ und spezifische Fragen stellte, bekam ich unklare oder überhaupt keine Antworten. Enthielt jedoch meine Frage auch nur die kleinste Spur eines Wunsches nach einer bestimmten Antwort, dann bekam ich diese Antwort, und oft auf eine so subtile und indirekte Art, daß die Gefahr der Selbsttäuschung sehr groß war. Wenn ich andererseits überhaupt nicht fragte, sondern nur darum betete, daß mir der Weg gewiesen würde, so kamen auch ohne das Latihan und vor allem, wenn ich gar nicht mehr an mein Anliegen dachte, Hinweise darauf, was ich zu tun hatte. Diese Hinweise waren so vernünftig und fielen oft so anders aus als das, was ich vorhatte oder gern tun wollte, daß ich an ihrer Echtheit nicht zweifeln konnte. Ich formulierte versuchsweise die folgenden Kriterien für die Akzeptabilität von Eingebungen der „inneren Stimme":

1. Sie dürfen dem gesunden Menschenverstand nicht widersprechen.
2. Sie müssen überraschend oder zumindest unerwartet sein.
3. Sie dürfen nicht herbeigeführt oder verlangt werden; zulässig ist allein eine ganz allgemeine Bitte um Hilfe.

Wenn man sich ernsthaft der Führung des Gewissens anvertrauen will, auch das sah ich immer deutlicher, muß man bereit sein, ihm zu folgen, wohin es auch führen mag. Es gibt keine Befehle, sondern ist eine leise, kleine Stimme, die man leicht zum Schweigen bringen kann. Es drängt nicht und schreit nicht, doch wenn wir ihm vertrauen, so vertraut es uns auch und zeigt sich immer offener, wird uns immer mehr bewußt.

Im Januar 1961 ereignete sich etwas Bemerkenswertes. Eines Morgens hatte ich mich mit fünfzehn oder zwanzig Mitgliedern der Gruppe, die in Coombe lebte, zur Morgenübung versammelt, als ich die Stimme des Shivapuri Baba sagen hörte: „Komm bald, oder es wird zu spät sein." Ich hatte ihn nie gesehen und auch nicht viel an ihn gedacht in den zwanzig Jahren, seit ich von Professor Ratnasuriya, einem ceylonesischen Buddhisten, der ein sehr ernsthafter Schüler Ouspenskys geworden war, von ihm gehört hatte. Ich wußte, daß der Shivapuri Baba ein großer Heiliger von über 130 Jahren war, der in Nepal in den Shivapuribergen unterhalb des Himalayas wohnte. Von einem anderen Schüler Ouspenskys, Hugh Ripman, hatte ich vor kurzem erfahren, daß er jetzt bei Katmandu lebte und man ihn besuchen konnte; ich hatte allerdings nicht ernsthaft darüber nachgedacht, ob ich die Reise unternehmen sollte, und ich spürte auch keinen besonderen Drang, es zu tun. So erreichte mich diese „Einladung" überraschend und ohne daß ich um etwas derartiges gebeten hätte. Als ich über diese Eingebung nachdachte, sah ich, wie sinnvoll sie war. Ich mußte dringend mit jemandem sprechen, der sowohl weise als auch unvoreingenommen war, und vom Shivapuri Baba konnte ich beides erwarten.

Eine Reihe ganz erstaunlicher Fügungen machte die Reisee möglich, so daß ich in den Osterferien 1961 mit Elisabeth und Pat Terry Thomas, einer engen Freundin, nach Katmandu reisen konnte. Diesen Besuch und meinen zweiten im Jahr 1962 habe ich in meinem Buch *Long Pilgrimage* beschrieben. Der Shivapuri Baba selbst regte an, daß ich über seine Lehre schreiben sollte, und sein engster Vertrauter, Thakur Lal Menandhar, überließ mir dazu seine Aufzeichnungen. Es war für mich notwendig, über ihn zu schreiben, denn dadurch öffnete ich mich wieder der indischen Spiritualität, die ich fast vierzig Jahre lang — seit meinen Sanskritstudien mit Dr. Kanhere — vernachlässigt hatte. Der Shivapuri Baba war ein universaler Mensch. Er war zwar ein Yogi und betrachtete die Bhagavadgita als seine Bibel, doch er war über alle Unterschiede von Lehren und Religionen hinausgewachsen und von den Bedingungen der persönlichen Existenz frei. In seiner Nähe sein, hieß die Gewißheit bekommen, daß Befreiung möglich ist. Bei meinem zweiten Besuch bestätigte er übrigens meine Überzeugung, daß Unterwerfung im Sinne von Subud zwar notwendig ist, aber ohne Selbstdisziplin nicht wirksam werden kann. Man kann sogar seine ganze Lehre des rechten Lebenswandels zusammenfassend als die dreifache Disziplin von Körper, Geist und Seele bezeichnen. So kurz meine Begegnungen mit ihm auch waren, hat er meine Entwicklung doch entscheidend beeinflußt. Angesichts meiner Neigung, mich Hals über Kopf in alles hineinzustürzen, was Erfolg verspricht, war diese Kürze wohl auch angebracht.

Der Shivapuri Baba ließ in mir den Glauben keimen, daß ich dazu bestimmt sein könnte, „hier in diesem Leben", wie der Buddha es ausdrückte, die Transformation zu erfahren, von der Gurdjieff 1949 sprach, als er mir sagte: „Geben Sie sich nicht mit dem Paradies zufrieden, sondern streben Sie nur danach, die Sonne Absolut zu erreichen." Zum erstenmal schien dieses kühne Streben mehr zu sein als eine ferne Vision.

Ich fuhr über die Türkei nach Hause und stieg noch einmal auf die Gallerie der Hagia Sophia, von wo aus ich 1919 zum ersten Mal die „Nacht der Kraft" erlebt hatte. Im Rückblick sah ich, wie mein Selbstvertrauen durch eine Folge von Schlägen zerstört worden war. Alle tönernen Füße meines Lebens waren einer nach dem anderen weggeschlagen worden, und jetzt stand ich wieder der inneren Welt gegenüber. Alle meine Fehler und Fehlurteile standen vor meinem inneren Auge auf, und ich erkannte die unselige Verbindung von Schwäche und Überheblichkeit, von unechter Demut und Starrköpfigkeit, die mich von einer Katastrophe in die nächste hatte stolpern lassen. Doch ich sah auch eine sichere lenkende Hand. In jeder Katastrophe war ein Teil von mir gestorben, doch jedesmal war dem eine Auferstehung gefolgt. Äußerlich war mein Leben eine Folge unerfüllter Versprechen gewesen, innerlich eine schrittweise Befreiung vom Glauben an das Äußere und allmählich wachsendes Vertrauen zum Inneren. Der Shivapuri Baba hatte den Ausschlag zum Besseren gegeben.

In einem meiner Gespräche mit ihm bat ich ihn um seine Ansicht zu meiner wachsenden Überzeugung, daß ich in die katholische Kirche eintreten sollte. Er hatte die Religion als eine Zuflucht für jene bezeichnet, die nicht stark genug waren, ohne alles Hilfsmittel nach der reinen Erkenntnis Gottes zu streben. Um so überraschender war ich, als er ohne zu zögern sagte, das sei für mich genau das Richtige. Ich würde durch Christus Gotteserkenntnis erlangen, sagte er. Meine ersten Erfahrungen mit dem Benediktinischen Klosterleben habe ich im vorigen Kapitel beschrieben. Ich verbrachte, so oft ich konnte, Tage oder auch Wochen bei den Mönchen, aber zu was ich berufen war, wußte ich noch nicht.

Bald nach meiner Rückkehr aus Nepal fuhr ich nach St. Wandrille und beschloß, um Rat zu beten. Das Zeichen kam wie üblich in unerwarteter, doch überzeugender Form. Einmal nahm ich an der Hohen Messe teil. Ich saß als Gast des Klosters hinter dem Chor, aber vor dem Geländer an dem die Kommunion erteilt wird; der Zelebrant mußte also an mir vorbei, als er das Sakrament brachte. Meine Gedanken wanderten, aber plötzlich überlief mich ein Schauer. Mir war vollkommen bewußt, daß Christus in dem Sakrament auf mich zukam. Ich spürte ihn vorbeigehen und empfand tiefste Ehrfurcht und reine Freude. Als ich niederkniete wußte ich jenseites aller Zweifel, daß Gott in der Hostie gegenwärtig sein konnte und war. Blitzartig erkannte ich, daß die Worte „dies ist mein Leib“ nichts mit jenem Anthropomorphismus zu tun haben, der mich an der christlichen Theologie so abstieß. Wenn Gott reiner Wille ist, dann kann er sich in allem und durch alles manifestieren. Ich verstand auch, daß der zweite Aspekt der Trinität sich manifestieren muß und durch die Manifestation wahrhaft Person wird. Vieles andere verstand ich noch in diesem Augenblick, und zugleich empfand ich Freude und Dankbarkeit darüber, daß all das mir gezeigt wurde. Vor allem erfuhr ich aber Gottes Liebe als alle Grenzen der Existenz überschreitend, alle Namen und Formen, mit denen wir denken. Ich war gewiß, daß diese allgegenwärtige Liebe mich erreichte, dieses kleine Wesen, das da unbemerkt in einer Kapelle kniete.

Von diesem Augenblick an begann ich mich vorzubereiten, und einige Monate später wurde ich durch meinen Freund, den Abt des Klosters, in die katholische Kirche aufgenommen. Ein Jahr später wurden auch meine Frau und die Kinder aufgenommen. Anfangs wollte Elisabeth nichts weiter, als die Andacht mit mir teilen; erst viel später empfing sie eine eigene Offenbarung, die sie von der realen Gegenwart Gottes überzeugte und ihr half, manches an der Kirche und ihren Dogmen zu akzeptieren, was sie nicht hatte verstehen können. So sehr ich auch an die Gültigkeit der Sakramente und daher auch an die apostolische Nachfolge glaubte, sah ich doch deutlich, wieviele Spekulationen und Hirngespinste sich in die Lehren der Kirche eingeschlichen hatten. Mir ist wohl bewußt, wie wenig die Evangelien des Neuen Testaments mit der Wirklichkeit der Ereignisse in Galiläa und Jerusalem übereinstimmten, und ich sehe, wie notwendig es ist, ein neues

Verständnis der Fleischwerdung zu gewinnen. Der konservative und der modernistische Flügel der katholischen Kirche sind gleichermaßen auf dem Holzweg, und um die Mitte steht es nicht besser. Die Kirche ist Hüterin eines Geheimnisses, das sie nicht versteht, aber die Sakramente und ihre Wirkung werden dadurch nicht weniger real.

Der Besuch beim Shivapuri Baba in Verbindung mit meinen Erfahrungen in St. Wandrille befreite mich von einer Depression, in die ich geraten war, und gab mir frische Hoffung, daß ich die spirituelle Wirklichkeit doch noch finden würde, die ich in Subud vergeblich gesucht hatte. Neue Ideen und Einsichten öffneten sich mir, und ich war entschlossen, sie zu nutzen.

Eine der ersten Früchte meines neugewonnenen Vertrauens war der Entschluß, für den Sommer 1962 ein Seminar in Coombe Springs zu organisieren, bei dem ich meine Interpretation der Psychologie Gurdjieffs entwickeln wollte. Ich sah selbst, daß eine große Veränderung eingetreten war: zum ersten Mal wagte ich, ich selbst zu sein. Erst zwei Jahre zuvor glaubte ich das Ende meiner Suche erreicht zu haben, als mir bewußt wurde, daß mein materielles Selbst durch Subud gestorben war und ich mit einer echten Befähigung zu Mitgefühl und Verständnis wiedergeboren worden war. Jetzt sah ich, daß ich keineswegs fertig, sondern eher noch ein Kind oder allenfalls ein Jüngling war. Mit 65 mußte ich noch erwachsen werden.

Das Seminar wurde für alle, die daran teinahmen, eine erregende Erfahrung. Zwei alte Freunde halfen mir, Isabel Turnadge, Quäkerin, und John Holland, die damals beide in Coombe Springs lebten. Sie hatten mir während der schmerzhaften Loslösung von Subud beigestanden und mir Mut gemacht, zum vierten oder fünften Mal in meinem Leben allein weiterzugehen.

Die Diskussionen dieses Seminars wurden auf Band festgehalten. Damals sagte ich gern, daß Tonband sei eine der wenigen für den Menschen durch und durch segensreichen Erfindungen. Seitdem ist es zu einem vielbenutzten Instrument des Abhörens und Ausspionierens geworden — noch ein Beweis für die unerschöpfliche Dummheit des Menschen. Uns jedoch erlaubte das Tonband eine Rekonstruktion des Seminars, die mit Isabel Turnadges Hilfe in Buchform veröffentlicht werden konnte. Ich schickte das Manuskript an Paul Hodder Williams, um prüfen zu lassen, ob man daraus ein publizierbares Buch machen konnte. Zu meiner Überraschung antwortete er ein paar Wochen später, seinen Lektoren gefalle das Buch und sie hätten ihm empfohlen, es so zu veröffentlichen, wie es war. Es erschien 1964 unter dem Titel *A Spiritual Psychology* (dt. *Eine spirituelle Psychologie*, 1977), war bald vergriffen und ist inzwischen drei- oder viermal nachgedruckt worden. Ich hätte die psychologischen Techniken vermutlich weiter entwickelt und Coombe Springs wieder zu einem Zentrum der Lehren Gurdjieffs gemacht, hätte nicht überraschend wieder eine neue Entwicklung eingesetzt.

Im Juni 1962, während ich noch das Seminar vorbereitete, erhielt ich einen Brief von Reggie Hoare, einem der frühesten Schüler Ouspenskys, der sich seiner Gruppe schon 1924 angeschlossen hatte. Wir hatten zusammen die

Höhen und Tiefen von Gurdjieff, Ouspensky und Subud durchlebt. 1960, nach dem Subudkongreß, hatte er sich geweigert, an dem anschließenden Disput teilzunehmen, und sich dann still aus Subud zurückgezogen. In seinem Brief fand ich auch einen Zeitungsausschnitt, dessen Autor darin einen Besuch in einem Heiligtum in Zentralasien beschrieb, wo er eine Lehre entdeckte, die unverkennbar den gleichen Ursprung hatte wie vieles von dem, was Gurdjieff uns gelehrt hatte. Auf diesen Brief folgte die Bekanntmachung, daß Reggie und drei oder vier alte Freunde und Mitschüler Idries Shah kennengelernt hatten, der nach England gekommen war, um Anhänger von Gurdjieffs Ideen ausfindig zu machen und ihnen ein Wissen und Methoden zu übermitteln, die zur Vervollkommnung der Schulung notwendig waren.

Anfangs war ich mißtrauisch. Gerade hatte ich mich dazu durchgerungen, wieder allein ans Werk zu gehen, und jetzt tauchte schon wieder ein neuer „Lehrer" auf. Ein oder zwei Gespräche mit Reggie überzeugten mich jedoch davon, daß ich mir zumindest ein eigenes Bild machen sollte. Elizabeth und ich gingen zum Dinner bei den Hoares, um Shah kennenzulernen. Er war Anfang vierzig, sprach makelloses Englisch, und abgesehen von seinem Bart und seiner Gestik hätte man ihn auch für einen englischen Internatszögling halten können. Zuerst machte er keinen guten Eindruck auf uns. Er wirkte rastlos, rauchte ununterbrochen, redete zuviel und schien zu sehr darauf aus zu sein, einen guten Eindruck zu machen. Nach einiger Zeit änderte sich unsere Haltung jedoch vollkommen. Wir erkannten, daß er nicht nur ein ungewöhnlich begabter Mann war, sondern auch die nicht mit Worten zu beschreibende Ausstrahlung eines Mannes besaß, der ernsthaft an sich selbst gearbeitet hat.

Monatelang vertiefte ich den Kontakt nicht weiter. Im Herbst überredete Reggie Hoare mich, Shah noch einmal zu treffen, und versicherte mir, er habe Shahs Angaben gründlich geprüft und sei jetzt überzeugt, daß er wirklich von einer esoterischen Schule in Afghanistan in den Westen geschickt worden sei — wahrscheinlich von derselben Schule, die Gurdjieff im letzten Kapitel von *Meetings With Remarkable Men* beschrieben hatte. Reggie maß Shahs Äußerungen über das Enneagrammsymbol besondere Bedeutung bei und sagte, er habe darüber Geheimnisse enthüllt, die weit über das hinausgingen, was wir von Ouspensky gehört hatten. Da ich Reggie als sehr umsichtigen Mann kannte, der überdies in vielen Jahren Geheimdienstarbeit Informationen einzuschätzen gelernt hatte, akzeptierte ich seine Versicherung und auch seine Überzeugung, daß Shah eine sehr wichtige Mission im Westen hatte, bei der wir ihm helfen sollten.

Das stellte mich vor eine ganz neue Situation. Shah war kein Lehrer und behauptete es auch nicht. Er sagte jedoch, er sei von seinem Lehrer geschickt und habe die Unterstützung der „Hüter der Tradition". Er übergab mir ein Dokument und ermächtigte mich, es meinen Schülern und jedem, den ich für geeignet hielt, bekannt zu machen. Ich gebe hier mit Shahs Erlaubnis einige der wichtigsten Passagen wieder.

Erklärung der Hüter der Tradition

Bei allen Völkern aller Länder gibt es die Überlieferung einer geheimen, besonderen, höheren Form des Wissens, das dem Menschen nach Überwindung großer Schwierigkeiten zugänglich ist.

Diese Erklärung befaßt sich mit diesem Gegenstand.

Wir erklären, daß solches Wissen existiert, daß gegenwärtig und für die Menschen, die wir hiermit ansprechen, die Möglichkeit seiner Übermittlung besteht.

Da dieses Wissen und seine Wirkungsweise sich von dem unterscheiden, was man gemeinhin von Wissen erwartet, scheitern Versuche, es zu finden und zu nutzen, in der Regel. Es kann nur dann aktiviert und voll wirksam werden, wenn man sich ihm auf bestimmte Weise nähert. Das ist die erste der Schwierigkeiten, denen man auf dem „Pfad" begegnet.

Nur wenige Menschen leben lange genug, um durch Versuch und Irrtum herauszufinden, welche die notwendigen Bedingungen der „Suche" sind. Dazu sind besonderes Wissen und besondere Technik erforderlich. Massenbewegungen können die Unfähigkeit und Unwissenheit des einzelnen nicht wettmachen.

Dieses Wissen wird von drei Arten von Individuen, die zu jeder Zeit existieren, verdichtet, angewendet und verwaltet. Man hat sie „Unsichtbare Hierarchie" genannt, weil sie normalerweise nicht in Kommunikation oder Kontakt mit normalen Menschen stehen – jedenfalls nicht in wechselseitiger Kommunikation.

Der Weg zum Wissen führt über viele Stufen, wobei die Wahrnehmungsfähigkeit gewöhnlicher Menschen Hilfen braucht, um den höheren Kontakt empfangen zu können. In Religion, Folklore usw. finden sich zahllose maskierte Beispiele für diesen Vorgang.

In Religion, Magie, Alchemie, Psychologie und anderen Disziplinen finden sich Züge, die in Wirklichkeit rudimentäre Bestandteile jener Wissenschaft sind, von der wir hier sprechen. Viele Ansätze, die als „Weg zur Wahrheit" oder ähnlich bezeichnet werden, sind nicht mehr und nicht weniger als Spuren von Techniken, die in der Vergangenheit benutzt wurden, um den oben erwähnten Kontakt herzustellen.

Eine der großen „Schwierigkeiten" bei dieser Suche nach einem Wissen höherer Art besteht im Vorhandensein und der falschen Anwendung dieser Rudimente. Was einmal sozusagen der Kokon eines Schmetterlings war, wird der Raupe, die ihn jetzt benutzen möchte, um auch ein Schmetterling zu werden, zum Gefängnis. Sie merkt nicht, daß sie ihren eigenen Kokon spinnen muß.

So haben wir jetzt ein Haften an bloßen Äußerlichkeiten von Riten, Religionen und Personen, die einst eine besondere und hohe Funktion hatten. Daraus wird „Konditionierung", sentimentale oder intellektuelle. Würde die wahre Größe und Bedeutung solcher Institutionen, Personen und

Verfahren erkannt (anstelle der jammervollen Versuche, sich mit ihren Äußerlichkeiten zu identifizieren), so würden die Verfechter solch überholter Methoden gerade dadurch in die Lage kommen, die wahre Schönheit und Größe der Dinge zu erkennen, die sie durch Äußerungen wie die vorliegende bedroht glauben.

Der Mensch lebt weithin nicht mehr in Übereinstimmung mit der Wahrheit, von deren Vorhandensein er doch irgendwie weiß. Er muß diese Übereinstimmung herstellen. Das kann er jedoch nur, wenn ihm eine von allen vergangenen Assoziationen unberührte neue Formulierung seines Strebens gelingt. Hierin liegt auch der Grund dafür, daß der Pfad der Wahrheit schon in der Vergangenheit immer wieder neu formuliert wurde.

Das soll nicht heißen, daß man die bestehenden Assoziationen und Automatismen erst auflösen muß, um neu aufbauen zu können: denn hier und jetzt besteht die Möglichkeit, den Schleier der Konditionierung zu durchdringen und zu einer Wahrnehmung zu gelangen, für die eine bisher praktisch unbenutzte Provinz des Geistes gebraucht wird.

Das ist das Vorhaben, mit dem wir gegenwärtig befaßt sind.

In der Gemeinschaft, die mit dieser Erklärung angesprochen wird, bestehen Voraussetzungen, die eine Arbeit dieser Art ermöglichen. An dieser Stelle und auf dieser Gesprächsebene wäre eine Erörterung der „Gründe" für das Vorhandensein dieser Voraussetzungen nutzlos. Solche Erörterungen sind nichts als mentale Freiübungen, solange sie nicht von entsprechender Erfahrung begleitet sind.

Es geht den Hütern dieser Tradition darum, so gut sie können und in jeder erforderlichen Sprache mit denen zu kommunizieren, die aus dem Gesagten Nutzen ziehen können. Bei den Menschen, die sie ansprechen, geht es ihnen um das Potential und nur darum. Sie haben kein besonderes Interesse am Hintergrund oder den oberflächlichen psychologischen Tendenzen der Angesprochenen.

Wenn es überhaupt eine durchgängige Erfahrung gibt, dann die, daß man in allen Traditionen geeignete Kandidaten findet.

Eine weitere „Schwierigkeit" auf dem Pfad zur Wahrheit hat schon immer darin bestanden, daß das Wissen, von dem wir hier sprechen, an Orten und bei Menschen existiert, wo man es nicht erwartet.

Was über „Schwierigkeiten" gesagt wurde, wird schon deutlich machen, daß es sich eher um scheinbare als um reale Schwierigkeiten handelt. Eine Schwierigkeit ist immer nur für den groß, der sich den wirklichen Tatsachen einer Situation nicht anpassen kann.

Die Autoren dieser Erklärung verfolgen mit ihr nicht nur den Zweck, etwas bekanntzumachen, bestimmte Ideen in bestimmte Bereiche des Denkens einzuführen und auf einige der Faktoren hinzuweisen, die diese Arbeit umgeben, sondern auch ein praktisches Ziel.

Dieses Ziel ist die Lokalisierung von Individuen, die befähigt sind, sich jenes besondere Wissen, von dem hier die Rede ist, zu eigen zu machen; sie in planvoller Weise so zusammenzufassen, daß jede solche Gruppe einen harmonischen Organismus bildet; das am rechten Ort und zur rechten Zeit zu tun; für einen äußeren und inneren Rahmen der Arbeit zu sorgen und die „Ideen" gemäß den örtlichen Gegebenheiten zu formulieren; zwischen Theorie und Praxis einen Ausgleich zu schaffen.

Diese Erklärung wurde den Gruppen in Coombe Springs und London verlesen. Nach so vielen Jahren, in den man von der Tradition und vom „inneren Kreis der Menschheit" gehört hatte, war es kaum zu glauben, daß jetzt ein Mann in England sein sollte, der berechtigt war, für die „unsichtbare Hierarchie" zu sprechen. Ich hatte Shah gut genug kennengelernt, um zu wissen, daß er kein Scharlatan oder Großmaul war, sondern mit großer Ernsthaftigkeit an die Aufgabe ging, die ihm erteilt worden war. Er betonte stets, daß er nicht in eigener Initiative handelte, sondern gemäß den Anweisungen seines Lehrers, der ihn mit der im letzten Abschnitt der Erklärung beschriebenen Mission betraut hatte.

Anfang 1963 fragte ich mich, ob ich nicht verpflichtet sei, mich Shah zur Verfügung zu stellen und ihn nach besten Kräften zu unterstützen. Wir trafen uns jede Woche zu stundenlangen Gesprächen unter vier Augen. Bezeichnend ist, daß Shah mich selten besuchte, obgleich er dreißig Jahre jünger war als ich und damals unbekannt und ohne große Anhängerschaft. Ich machte jede Woche die ermüdende Fahrt von Coombe Springs in die Stadt, und reden tat er. Sein erklärtes Ziel war es, mich von der Echtheit seiner Mission und der Kraft, die hinter ihr stand, zu überzeugen. Er bezog sich häufig auf den sufischen Begriff der „Baraka", in dem ich die „Höhere Emotionale Energie" wiedererkannte, von der Gurdjieff 1923 am Prieuré gesprochen hatte und die in *Beelzebubs Erzählungen* und in seinen späten Gesprächen als Hanbledzoin auftauchte.

Mir schien, daß ich ganz für mich allein entscheiden mußte, ob Shah tatsächlich ein Botschafter der Hüter der Tradition war, des „Geheimen Direktoriums" wie ich sie in *The Dramatic Universe* genannt hatte. Im Januar 1965 bekam ich die Gewißheit auf jene kaum nachvollziehbare Art und Weise, in der diese Dinge geschehen. Eines Morgens beim Gebet bat ich um einen klaren Hinweis darauf, ob ich Shah vollkommen vertrauen sollte. Auf der Fahrt nach London kam die Antwort: „Dazu müßt ihr gemeinsam beten." Ich berichtete Shah davon, und er sagte: „Sehr richtig: die Wahrheit wird nur im Gebet enthüllt." Die Antwort stellte mich zufrieden, und erst später fiel mir auf, daß wir gar nicht zusammen gebetet hatten, wie es angeregt worden war. Ich fragte mich, ob es nicht ein Fehler gewesen war, dem Hinweis nicht konsequent zu folgen.

Das geriet schnell in Vergessenheit angesichts des wachsenden Interesses an Shahs Plänen, Menschen anzusprechen, die einflußreiche Positionen innehatten und denen schon undeutlich bewußt war, daß die Probleme der Menschheit nicht mehr durch ökonomische, politische und soziale Mittel zu bewältigen waren. Solche Menschen, sagte Shah, werden von den neuen Kräften berührt, die in der Welt wirken, um der Menschheit zu helfen, die kommende Krise zu überleben. Das stimmte mit meinen eigenen Schlußfolgerungen überein, die ich im Vorjahr in einer Vortragsreihe mit dem Titel *Die spirituelle Revolution unserer Zeit* dargestellt hatte. Ich konnte ihm auch darin voll zustimmen, daß Menschen, die von demonstrativ spirituellen oder esoterischen Bewegungen angezogen werden, selten die Qualitäten besitzen, die man in Führungspositionen braucht. Und wie Shah glaubte ich auch, daß es schon Leute in wichtigen Positionen gab, die über nationale und kulturelle Grenzen hinausblicken und sehen konnten, daß die einzige Hoffnung der Menschheit in der Intervention einer Höheren Quelle lag.

Mit der Zeit bemerkte ich, daß Shah etwas ganz Entscheidendes von mir erwartete, womit ich ihm helfen sollte, seiner Arbeit einen ganz neuen und viel weiteren Rahmen zu geben. Er machte deutlich, daß er so etwas wie Coombe Springs brauchte und viel mehr Menschen erreichen mußte. Ich machte verschiedene Vorschläge, auch den, Coombe Springs ganz zu seiner Verfügung zu stellen. Er wies sie alle zurück und forderte immer drängender von mir, zu entscheiden, was ich anbieten konnte. „Die Zeit ist knapp", sagte er, „und die Karawane kurz vor dem Aufbruch. Wer sich jetzt nicht anschließt, wird zurückbleiben."

Ich begriff, daß er nicht an der Nutzung von Coombe Springs interessiert war, sondern an seinem Besitz; daß er nicht nur meine Schüler zur Verfügung haben wollte, sondern auf das Recht abzielte, all die unter seine eigenen Fittiche zu nehmen, die für ihn von Nutzen sein konnten. Ich sah darin auch eine Gelegenheit, mich von meiner Bindung an diesen Ort zu befreien. Seit 1941 lebte ich dort, und ich hatte erwartet, dort auch zu sterben und die Arbeit vielleicht von meinen Söhnen fortgesetzt zu sehen. Ich liebte diesen Ort sehr, vor allem aber das Djamichunatra, das meiner eigenen Inspiration entsprungen war. Es war das Denkmal, das ich zurücklassen würde, und mir war der Gedanke unerträglich, daß man es vielleicht verkommen lassen würde. Nichts konnte für mich schwerer sein, als einfach wegzugehen und alles zurückzulassen. Je mehr diese Gefühle in mir wuchsen, desto stärker wurde die Überzeugung, daß ich das Opfer bringen mußte.

Wenn wir ihm Coombe Springs geben wollten, so sagte Shah, dann müsse die Übergabe absolut, unwiderruflich und vollkommen freiwillig sein. Wenn ich es tun wolle, dann müsse ich und nicht er die Leitung und die Mitglieder des Instituts von der Richtigkeit dieses Schrittes überzeugen. Bis zum Juni 1965 war der Entschluß in mir gereift, und ich machte mich an die Ausführung. Es würde nicht schwer sein, denn die Mehrheit der Mitglieder war bereit, sich ohne Frage mir anzuschließen. Einige begehrten auf und verlangten Sicherheiten. Ich war ihnen dankbar, denn ihr Einwand erlegte mir auf, mich noch einmal gründlich zu erforschen, um sicherzugehen, daß ich nicht einfach aufgrund eines Impulses handelte. In diesem Sommer fand das letzte Seminar in Coombe Springs statt. Shah kam zu uns heraus und sprach zu den Studenten. Ohne den Versuch, irgend jemanden zu überreden, ja ohne überhaupt etwas zu diesem Thema zu sagen, vermittelte er ein Gefühl von der Bedeutung seiner Mission und von ihrer Dringlichkeit.

Im Oktober wurde eine außerordentliche Mitgliedervollversammlung einberufen, um die Institutsleitung zu ermächtigen, die wertvollste Einrichtung des Instituts zu verschenken. Experten schätzten den Wert von Coombe Springs auf 100000 Pfund. Einige Mitglieder fanden, wir sollten das Anwesen verkaufen, Shah die Hälfte des Erlöses geben und den Rest behalten, um uns auf dem Land etwas neues zu kaufen. Ich war ernsthaft versucht, einen derartigen Kompromiß anzustreben, doch Shah beharrte auf seinem Alles oder Nichts. Schließlich wurde die Entscheidung in seinem Sinne gefällt, und wir bereiteten den Auszug vor. In zwanzig Jahren sammelt sich eine ganze Menge Hausrat an. Wir verkauften, was wir konnten, und vernichteten von dem Rest, was wir nicht selbst noch gebrauchen konnten. Wir ließen Shah alles, was er vielleicht gebrauchen konnte, auch das Djamichunatra mit allen Teppichen und der gesamten Einrichtung.

Er trieb uns dabei an und sagte, seine Arbeit dulde keinen Verzug. Ich wußte nicht, wohin ich gehen sollte. Einmal hörten wir von einem Haus in Kingston, das zum Verkauf stand. Elizabeth und ich fuhren noch am gleichen Morgen hin, machten ein Angebot, das akzeptiert wurde, und bereiteten den Einzug in Nr. 23 Brunswick Road vor. Am 13. Januar 1966 feierten wir Gurdjieffs Geburtstag mit einem großen Festmahl, an dem 250 Mitglieder und Freunde teilnahmen. Zum letzten Mal fand im Djamichunatra eine Demonstration der rhythmischen Bewegungen statt. Ich war innerlich tief zerrissen. Es gab keine Sicherheit dafür, daß Shah in Coombe Springs ein Sufizentrum einrichten würde; er hatte darauf bestanden, daß er vollkommen freie Hand haben müsse. Ich selbst hatte bei der Vollversammlung gesagt: „Angenommen, Shah verkauft Coombe Springs und macht sich mit 100000 Pfund in der Tasche nach Afghanistan davon. Was tut uns das? Wir tun jetzt das Richtige, indem wir seine Mission nach besten Kräften unterstützen. Garantien zu verlangen, würde den Geist der Aktion verderben." Trotz solcher tapferen Worte blieben meine unguten Vorahnungen. Wo war mein Entschluß, allein voranzugehen? Wo war mein Vertrauen in meine eigene Mission? Ich hatte alles meiner Überzeugung untergeordnet, daß es ungeheuer wichtig war, ein großes, unwiderrufliches Opfer zu bringen. Ich wollte mir selbst beweisen, daß ich frei war von allem Haften an materiellen Umständen oder an der Position, die ich bei meinen Schülern innehatte. Ich hatte das alles getan — und war doch nicht sicher, daß ich das Richtige getan hatte.

Die nächsten Monate waren hart. Shah hatte kaum von Coombe Springs Besitz ergriffen, als er unseren Leuten auch schon den Zutritt verbot. Er beschwerte sich heftig über alle Verzögerungen bei der Räumung. Auch mir gab er das Gefühl, nicht willkommen zu sein, und ich ging nicht mehr hin. Mit einigen meiner Schüler, die bei ihm wegen seines Verhaltens mir gegenüber protestierten, machte er kurzen Prozeß. Ich erhielt ein einziges Mal eine Einladung, und zwar zur Sonnwendfeier, die zwei Tage und zwei Nächte dauerte und hauptsächlich für die jungen Leute war, die Shah um sich versammelte. Shah ist ein Mann von vorzüglichen Manieren und feinstem

Gespür. Man könnte sein Verhalten uns gegenüber als bewußte Maßnahme verstehen, mit der er alle Bindungen an Coombe Springs zerreißen wollte. Ich wußte auch recht gut, daß ich einigen seiner loyalen Anhänger überhaupt nicht paßte und sah vor allem in seiner Organisation keinen sinnvollen Platz für mich. Ich hatte meinen Teil geleistet und es gab keinen Grund, mir noch mehr abzuringen. So stürzte ich mich in mein Bildungsprojekt, das, wenn es erfolgreich war, einen sehr realen Beitrag zu den Bedürfnissen der Zukunft leisten konnte. Mit meinem üblichen Enthusiasmus sah ich unsere Methode schon über die ganze Welt verbreitet, um aus dem passiven Lernprozeß, bei dem Lehrer über Schüler herrschen, ein aktives, selbstbestimmtes Lernen für alle zu machen.

1966 hörten wir, daß Shah Coombe Springs verkaufen wollte. Wir erfuhren davon durch eine entsprechende Ankündigungstafel am Tor — offenbar notwendig für die Behörde, die über die Gemeinnützigkeit einer Einrichtung befand, und für das Bildungs- und Wissenschaftsministerium, das widerwillig der Übergabe unseres Instituts an die Gesellschaft zum Verständnis der Grundlagen von Ideen (Society for Understanding the Foundations of Ideas — SUFI) zugestimmt hatte. SUFI war als Stiftung aufgezogen und als gemeinnützig anerkannt worden. Einige Monate später hörten wir, daß das Anwesen für über 100000 Pfund verkauft worden war und auf dem Grundstück 28 Luxushäuser entstehen sollten. Shah zog mit seiner Familie nach Langton House in Kent, ein Ort, der sich für seine Zwecke viel besser eignete als Coombe, und ich bedauerte nicht, daß Coombe seine Identität verlieren würde. Schmerzhaft war nur der Abbruch des Djamichunatra. Es wurde noch versucht, Rosemary Rutherfords wunderschöne Buntglasfenster zu retten, aber das erwies sich als unmöglich, und alles ging in Scherben.

All das geschah in einer Zeit, in der ich mich ganz in das Bildungsprojekt vertieft hatte. Ich hatte Shah meine Gruppe übergeben, und er integrierte alle, die er brauchen konnte, in seine Arbeit. Von etwa dreihundert Leuten fand die Hälfte einen Platz, und die übrigen hingen in der Luft. Ich konnte wenig für sie tun, und das war der Grund, weshalb ich langsam wieder anfing, mit Gruppen zu arbeiten.

Die Zeit von 1960, als ich mich von Subud zurückzuziehen begann, bis 1967, wo ich wieder ganz auf mich allein gestellt war, hatte für mich immensen Wert. Ich hatte gelernt zu dienen und zu opfern, und ich war von Verhaftungen frei geworden. Gegen Ende dieser Zeit reiste ich geschäftlich nach Amerika und traf Madame de Salzmann in New York. Sie wollte gern Näheres über Idries Shah wissen und fragte mich, was ich durch den Kontakt mit ihm gewonnen hätte. Ich sagte: „Freiheit!" Bis hierher hatte ich immer nach Unterstützung gesucht; selbst die Erkenntnis, daß mir Hoffnung und Glaube gegeben worden waren, hatte mich nicht dazu befreit, meiner eigenen Bestimmung zu folgen. Indem ich Shahs Mission, in der es für mich selbst keinen Platz gab, mit allem, was mir zu Gebot stand, unterstützte, hatte ich zurückgezahlt, was ich von anderen Menschen an Hilfe bekommen hatte. Jetzt konnte ich mich dem zuwenden, was ich meinem Schöpfer schuldig war.

Damals war ich von der Idee der Selbstauslöschung und des zurückgezogenen Lebens besessen. Mein siebzigster Geburtstag rückte heran, und meine Freunde wollten ihm durch ein gemeinsames Geschenk ein besonderes Gepräge geben. Über hundert Leute brachten eine große Summe zusammen, und ich wurde gefragt, was ich mir wünschte. Äußerst grob lehnte ich alles derartige strikt ab, bestand darauf, daß jeder sein Geld zurückbekam, und sagte, daß ich auch keine Geburtstagsfeier wollte. Dieses ungehobelte Verhalten konnte meinem inneren Aufruhr zugeschrieben werden.

1921 war mir voraussgesagt worden, daß ich den wahren Sinn meines Lebens erst mit siebzig finden würde. Jetzt war es bald so weit, und ich hatte keine Ahnung, was wohl gemeint sein mochte. Es gab niemanden auf der Welt, den ich um Rat bitten konnte, und meine innere Stimme war verstummt. Ich hatte mein Leben auf eine ganz neue Art zu sehen gelernt. Es gab zwei Dinge, die mir am meisten genützt hatten. Das eine war, mich der Demütigung auszusetzen, und das andere, einer Sache, die nicht meine eigene war, zu dienen und Opfer zu bringen. Ich hatte dabei nicht nur Freiheit gewonnen, sondern auch die Fähigkeit, Menschen zu lieben, die ich nicht verstand. Ich war nicht mehr *l'enfant au coeur glacé* — aber doch noch ein Kind. In meinem siebzigsten Jahr kannte ich den „Sinn und Zweck meines Daseins" immer noch nicht. Ich wußte nur, daß es katastrophale Folgen haben würde, irgend etwa Neues zu versuchen ohne eine klare Vision von dem, was zu geschehen hatte, und vor allem wann und wo.

28. Das Leben fängt mit siebzig an

Zehn Jahre lang, von 1960 bis 1970, war mein äußeres Leben hauptsächlich von dem Bestreben in Anspruch genommen, mein Wissen über die menschliche Natur auf die Probleme anzuwenden, die das veränderte Tempo des modernen Lebens mit sich bringt. Auf der ganzen Welt hinkt das Bildungswesen der Zeit um Jahrhunderte nach. Unsere Universitäten sind mittelalterlichen Ursprungs und mittelalterlich in ihrer Ausrichtung. Unsere Schulen fangen gerade erst an, sich vom Frontalunterricht freizumachen, der Jahrhunderte überdauert hat. Wir stopfen die gesamte Bildung in die Jahre der Kindheit und Jugend, also in die Zeit, in der die meisten Menschen noch keine Ahnung haben, was sie mit ihrem Leben anfangen wollen. In den meisten Berufen ist das, was man mit zwanzig lernt, mit vierzig schon überholt. Der Wandel nimmt an Schnelligkeit zu, und die Notwendigkeit einer lebenslangen kontinuierlichen Weiterbildung wird immer offensichtlicher. Doch die Trägheit des gegenwärtigen Systems mit seinem Riesenaufwand an Gebäuden und Menschen, macht eine schnelle Anpassung unmöglich. Für Bildung wird mehr Geld aufgewendet als für jede andere organisierte Aktivität des Menschen, aber wir haben kaum einen Gegenwert vorzuweisen. Wir sind weder bessere Menschen noch bessere Bürger als die, die wenig oder keine Bildung genießen. In den „entwickelten" Ländern gibt es mehr Unzufriedenheit, Unglück und glatten Wahnsinn als in den sogenannten zurückgebliebenen Ländern. Zivilisation ist nicht mehr zivilisiert.

Früher hätte ich mir das ganze angesehen und es dann links liegen lassen, dem Himmel dankend, daß ich andere Ziele hatte, als „der Menschheit zu helfen". Jetzt, wo ich meine eigene Unfähigkeit, irgend etwas zu tun, nur zu deutlich erkannte, sah ich, daß ich den Kern der Sache verfehlt hatte. Das Maß dessen, was wir tun, muß unseren Kräften entsprechen, und mehr zu versuchen, heißt in einer Traumwelt leben, in der gar nichts passiert.

Unter den vielen jungen Männern und Frauen, die zwischen 1957 und 1960 nach Coombe Springs kamen, war auch Tony Hodgson, ein Forschungschemiker, der den ersten Band von *The Dramatic Universe* verschlungen hatte und bereit war, alles zu versuchen. Er hatte bei einem Kletterunfall in Norwegen schreckliche Verletzungen erlitten, und das hatte ihn zu der Frage nach dem „Sinn und Zweck des Daseins" geführt. Er zog nach London und gründete eine Gruppe namens Integral Science Education Research Group — ISERG — die sich zum Ziel setzte, die zentralen Ideen von *The Dramatic Universe* auf eine Reform der wissenschaftlichen Bildung anzuwenden. Ich fand dieses Vorhaben sehr vielversprechend.

Zufällig wurde ich zur Mitarbeit in einem Ausschuß des Middlesex County Council eingeladen, der sich eine faszinierende Frage gestellt hatte: „Denken — aber wie?" Es ging darum, herauszufinden, weshalb junge Ingenieure, die von ihren Arbeitgebern für eine einjährige Fortbildung an einem technischen College freigestellt wurden, so wenig Nutzen aus dieser Möglichkeit zogen. Auch bei ISERG untersuchte man die Frage und stellte fest, daß die technischen Kurse zu sehr auf vorher festgelegte Operationen und Resultate fixiert waren. Wirkliche technische Probleme ordnen sich keinem starren Lösungsschema ein und erfordern ganz andere Ansätze als die, die in den Schulen gelehrt werden. Wir führten versuchsweise einen kurzen Dekonditionierungskurs am Ende des regulären Studienprogramms ein, und die ersten Ergebnisse waren spektakulär. Die Studenten, meist von einem recht niedrigen Bildungsniveau, sahen plötzlich, „worum es überhaupt ging".

Leider erforderte die Dekonditionierung fähige und engagierte Tutoren, die das für die Dekonditionierung notwendige Gleichgewicht zwischen Kontrolle und Chaos halten konnten. Solche Leute waren aber nicht zu bekommen, denn wenn sie die nötigen Qualitäten besaßen, wurden sie für viel anspruchsvollere Arbeit gebraucht. Konnte man den Prozeß mechanisieren, etwa mit einem Computer? Wir vertieften uns in dieses Forschungsgebiet, und unser Freund Bob Arbon von der General Electric Company (G.E.C.) entwickelte einen neuartige Lernmaschine, die wir *Systemaster* nannten. Karl Schaffer, den ich im Zusammenhang mit Subud schon erwähnt habe, brachte das Kunststück fertig, den Systemaster 1965 beim Jahreskongreß der American Management Association in New York auszustellen. Er erregte lebhaftes Interesse und sicherte uns damit die Unterstützung der englischen G.E.C. Über die Entwicklung des Geräts ist nichts Ungewöhnliches zu berichten; sie war von den gleichen Wechselfällen begleitet wie jede Erfindung dieser Art. Bis 1968 hatten wir eine Bildungseinrichtung geschaffen, das Centre for Structural Communication, und machten uns daran, unsere Technik einzusetzen. Wir hatten ein nützliches Forum in *Systematics,* der Zeitschrift unseres Instituts, die in akademischen Kreisen schon wohletabliert war.

Da es sehr lange dauern würde, in das bestehende Bildungswesen vorzustoßen, richteten wir unser Augenmerk auf die Industrie. 1969 konnten wir mit Hilfe finanzkräftiger Geldgeber in London eine Firma gründen, Structural Communication Systems, Limited (S.C.S.). Mehr und mehr sah ich mich von Fragen der Finanzierung, der Verwaltung und des Verkaufs in Anspruch genommen. Das war fünfundzwanzig Jahre nach Beginn meines Delaniumprojekts bei Powell Duffryn eine sehr merkwürdige Erfahrung. Wieder hatte ich keine Zeit mehr zum Schreiben und verlor den Kontakt zu meinen Gruppen. Kontakt hatte ich nur zu denen, die mit mir bei S.C.S. arbeiteten, und zu einigen anderen, die in Kingston wohnten und morgens wieder regelmäßig in unser Haus kamen, um gemeinsam zu üben und von mir ein wenig Unterweisung über die Methoden der Arbeit zu bekommen. Diese Gruppe war für uns alle die Rettung, denn ich begann zu erkennen, daß dies und nicht Industrie und Finanz meine wirkliche Arbeit war. Die Firma konnte eine wichtige gesellschaftliche Aufgabe erfüllen, aber ich war nicht der richtige Mann, sie zu leiten. Meine Schwächen, insbesondere meine Unfähigkeit, „Nein“ zu sagen, waren noch da, und ich konnte kaum etwas tun, um sie zu überwinden.

1968 war ein neuer Einfluß in mein Leben getreten. 1962, während meiner Türkeireise mit Elizabeth und Pat Terry-Thomas, war ich Hasan Shushud zum ersten Mal begegnet. Eine türkische Dame, Freundin meiner Schwester Winifred, drängte mich, ihren Lehrer zu besuchen, einen hohen Sufi, der bei Tarabya am Bosporus wohnte. Bei unserer ersten Begegnung schenkte er mir ein Exemplar seines Buches *Khwajagan Hanedani,* die Geschichte der Meister der Weisheit von Zentralasien, gekoppelt mit einer Darstellung des Weges der Absoluten Befreiung — *Itlak Yolu* —, deren führender Exponent er war und ist. Ich stand damals noch ganz unter dem Eindruck meines Besuches beim Shivapuri Baba und war deshalb nicht sehr aufmerksam. Als ich einige Jahre später vor der Frage stand, ob ich Idries Shah mit all meinen Kräften helfen sollte, schrieb ich an Hasan und bat ihn um seine Meinung. Er schrieb, ich solle meinem eigenen Weg folgen, und für mich sei es jetzt an der Zeit, von allen Lehrern und Schulen frei zu sein. Ich hörte nicht auf diesen Rat, obgleich ich die in den Worten versteckte Botschaft verstand. Erst drei Jahre später, als Hasan mich in England besuchte, begann ich zu sehen, daß er recht hatte.

Er kam und wohnte bei uns, wanderte aber rastlos von Ort zu Ort. Ich schämte mich, weil das Geschäft mir nicht soviel Zeit für ihn ließ, wie ich gehofft hatte. Dennoch machte er mir seine Absicht sehr klar: er war gekommen, um mir zu helfen, meine Bestimmung zu erkennen, und er wollte mein Vertrauen in meine Fähigkeit, ihr gerecht zu werden, wiederherstellen. Er beharrte darauf, daß ich ein „Meister“ sei und über alle hinausgewachsen, die ich als meine Lehrer betrachtete. Er lehrte mich und andere den *dhikr-i-daim,* das immerwährende Herzensgebet, das keine Worte hat und alle Religionen umspannt. Seitdem sind fünf Jahre vergangen, und ich habe großen Nutzen aus dieser Übung gezogen. Zu ihr gehört auch eine Methode der Atemregulierung, die wirkungsvoller ist als alles, was ich bis dahin kennengelernt hatte. Zuerst fand ich an dem Dhikr kein Gefallen, weil ich mißtrauisch gegenüber allen Methoden der Atemregulierung war, die sich von Gurdjieffs Methoden unterschieden. Nach einigen Wochen merkte ich jedoch, daß die Übung sehr zuverlässig und wohltuend wirkte. Die Atemübung überträgt die Wirkung des Dhikr vom physischen Körper auf den Kesdjan- oder Astralkörper, der spürbar kräftiger und funktionstüchtiger wird.

Hasan versicherte mir, daß meine Vision auf dem Friedhof von Skutari echt gewesen sei und sich jetzt erfülle. Er sagte, ich sei dazu bestimmt, weiter zu gehen, als meine kühnsten Hoffnungen reichten. Ich würde sehr alt werden, und der Dhikr würde nicht nur mein Leben sondern auch meine Lebenskraft verlängern. Dieses Versprechen fand in mir einen starken

Widerhall, denn ich spürte selbst, daß ich zu einem großen Schritt bereit war. Es gibt einen Zustand der Verwirrung und Vorahnung, den ich als Ankündigung von Tod und Auferstehung zu interpretieren gelernt habe. Mit siebzig verliert das Leben seine Wirklichkeit. Man fragt sich, ob man vom Weg abgekommen ist oder die Kräfte versagen. Das äußere Leben wird immer sinnloser, obgleich alles seinen gewohnten Gang geht. Solche Zustände sind — zumindest in meinem Fall — Hinweise darauf, daß ich mich einem entscheidenden Punkt nähere.

Hasan gab sich die größte Mühe, mich von meiner eigenen Bedeutung zu überzeugen. Ich will hier nicht wiederholen, was er im einzelnen sagte, muß es aber wegen seiner Auswirkungen auf mein Leben doch erwähnen. Mein Horizont weitete sich, und der Maßstab, unter dem ich die Lage der Menschheit betrachtete, erfuhr eine Erweiterung von Jahrzehnten zu Jahrhunderten. Wenn man diese Perspektive gewinnt, wird deutlich, daß während der nächsten zwanzig Jahre keine großangelegten Aktionen möglich sind. Das soziale System der Welt ist von einer Trägheit, die keine Reform mehr erlaubt und nur noch durch Zerschlagung zu überwinden ist. Eines von Ouspenskys erstaunlichen Dicta, geäußert etwa 1924, besagte, daß der Wandel gerade durch die Reformer verhindert werde, weil sie Sicherheitsventile für gefährliche Spannungen schafften. Die es mit der Verbesserung der Welt so eilig haben, stehen dem wahren Fortschritt mehr im Weg als all die Konservativen.

Ich wußte schon immer, daß echter Wandel durch die Kraft von Ideen zustandekommt, aber die wirklich neuen Ideen wirken sehr langsam. Die Idee, daß alle Menschenleben gleich heilig sind, war vor dem 6. vorchristlichen Jahrhundert unbekannt. Sie wurde durch Buddha und Konfuzius, durch die herbräischen Propheten der babylonischen Gefangenschaft, durch Solon und Pythagoras und durch Zarathustra in allen Teilen der bewohnten Welt verbreitet. Bis zur Verkündigung dieser Botschaft galt überall als selbstverständlich, daß die Menschheit aus einer kleinen Kaste höherer Wesen und einem schattenhaften Proletariat ohne Rechte und Bedeutung bestand. Die heroische oder, wie ich sie in *The Dramatic Universe* genannt habe, *Hemitheandrische* Epoche hatte den Stadtstaat hervorgebracht, Handelswege geschaffen, die Kunst des Schreibens entdeckt und große technische Fortschritte gemacht. Aber sie hatte nichts für den gemeinen Mann getan, für die Menschen, die zu Hunderttausenden den Launen irgenwelcher Eroberer zum Opfer fielen, ohne daß irgendwo moralische Entrüstung aufkam, nicht einmal bei Priestern und Dichtern. Die neue Idee von der Unantastbarkeit des menschlichen Lebens und vom Recht aller Menschen, sich ihr eigenes Heil zu suchen, war stark und mitreißend. Und es war höchste Zeit für diese Idee, wenn die Menschheit vor einer Katastrophe bewahrt werden sollte. Die Geschichte jedoch lehrt uns, daß Jahrhunderte vergehen mußten, bis die von dieser Idee implizierten Wertvorstellungen überall Gültigkeit besaßen.

Wir treten jetzt in eine neue Epoche ein, in der naiver Individualismus nicht mehr ausreicht. Die Welt ist so kompliziert geworden, und alle Vorhaben des Menschen wirken sich überallhin so stark aus, daß die Sorge um das Wohl anderer Vorrang haben muß vor der Sorge um das eigene Wohl. Das ist gewiß ein Zentralthema der christlichen Lehre von Anfang an: „Einer trage des anderen Last, so werdet ihr das Gesetz Christi erfüllen" (Galatherbrief 6:2). Zweitausend Jahren christlicher Kultur ist es nicht gelungen, der offensichtlichen und notwendigen Tatsache Geltung zu verschaffen, daß Egoismus für uns selbst ebenso verderblich ist wie für andere. Wir müssen uns eingestehen, daß alle bisher versuchten Mittel, Nächstenliebe unter den Menschen zu schaffen, versagt haben und immer versagen werden. Etwas Neues ist jetzt notwendig, das nicht unbedingt den Verstand befriedigen, aber die Imagination fesseln muß, und dieses „Neue" muß sich unaufdringlich bemerkbar machen und seinen Wert in kleinerem Rahmen beweisen, bevor es nach breiterer Zustimmung streben kann. Die industrielle Revolution machte die Gesellschaftsform der bestehenden Agrarkulturen obsolet, so wie diese zuvor das nomadische Leben obsolet gemacht hatten. Der Kommunismus kann ohne eine solide religiöse Basis von Glauben und Disziplin nicht funktionieren. Die Geschichte zeigt nicht erst am Beispiel des modernen Rußland, daß atheistischer Kommunismus nicht ohne brutale Unterdrückung existieren kann.

Woher soll diese neue Idee kommen, die der Menschheit ein neues Leben geben kann? In *The Dramatic Universe* hatte ich geschrieben, die Zusammenarbeit mit höheren Mächten — *Synergismus* — werde der Grundton des kommenden Zeitalters sein. Ich selbst sah dabei jedoch noch nicht die volle Reichweite dieser Aussage. Ich dachte mir die „Höheren Mächte" noch als etwas Außermenschliches. Deshalb stellte ich die Hypothese von einem „verborgenen Direktorium" auf, das aus Menschen bestand, die objektive Vernunft gewonnen hatten und deshalb mit den demiurgischen Kräften kommunizieren konnten.

Im Verlauf der Gespräche mit Hasan Shushud, vor allem aber durch die Praxis des Dhikr begann ich zu verstehen, daß die „Höheren Mächte" nur durch den Menschen wirksam werden können. Sie können ohne menschliche Instrumente nichts ausrichten. Synergismus heißt nicht Zusammenarbeit mit der demiurgischen Essenz, sondern selbst eine demiurgische Intelligenz zu werden. Längst hätte ich das erkennen müssen, denn schon 1960 hatte ich die demiurgische Essenz im zweiten Band von *The Dramatic Universe* mit der „höheren Natur" des Menschen gleichgesetzt. Erst als ich zu erfahren begann, was ich theoretisch vorweggenommen hatte, konnte ich die Wirkungsweise des „inneren Kreises" verstehen. Ich war immer noch nicht überzeugt davon, daß dieses Wirken auch in mir stattfinden konnte. Hasan überzeugte mich davon, daß es tatsächlich möglich war, wenn er es auch in den Begriffen seines Itlak-Sufismus ausdrückte. Im übrigen war es ja auch das, was Gurdjieff von Anfang an gelehrt hatte. Es war ein Dogma, das ich angenommen hatte, ohne es auf mich selbst zu beziehen — wie wir es so oft mit Dogmen tun. Erst jetzt, nach vierzig Jahren, konnte ich mich von der Konditionierung durch die Arbeit in den Ouspenskygruppen befreien, wo ständig betont worden war, daß die höheren Ebenen in weiter Ferne lagen und objektives Bewußtsein überhaupt nicht unsere Sache sei.

Die Veränderungen in meinem Innern waren nicht mehr zu übersehen. Ich sah, daß ich die Wahrheit gesagt hatte, als ich vor fünfzehn Jahren schrieb: „der Wille existiert nicht" und „Gott als reiner Wille existiert nicht". Dem entsprach, was ich jetzt erfahren hatte: daß ich selbst in meinem wahren Sein auch nicht existierte. Die ganz klare und objektive Einsicht, daß ich nicht existierte und das, was existierte, nur ein materielles Objekt ist, ein Mechanismus, in dem eine traumartige Bewußtheit den Platz des wahren Bewußtseins einnimmt, war nicht so erschreckend, wie sie klingen mag, sondern eher ein Prüfstein der Wirklichkeit und die eine Quelle der Hoffnung.

Während sich meinem inneren Leben neue Ausblicke erschlossen, begann ich mich zu fragen, ob meine Lebensweise sinnvoll sei. Mein Leben lang hatte ich mich immer wieder in Situationen gebracht, in denen ich schwere Lasten tragen mußte. Und immer war etwas Künstliches, fast Fiktives daran gewesen, was verhinderte, daß ich die nötige Unterstützung fand. Ich mußte wie besessen arbeiten, nur um die Dinge in Gang zu halten. Es war, als versuchte ich stets, aus Hirngespinsten reale Situationen herzustellen. Bei Structural Communication dachte ich anfangs, daß es diesmal ganz anders wird. Es war eine wirklich originelle und wertvolle Technik für die Verbesserung der Lern- und Kommunikationsprozesse, die im modernen Leben immer wichtiger werden. Ich arbeitete mit intelligenten und engagierten Leuten zusammen, und wir verfügten über ausreichende Geldmittel. Betriebsberater, die sich unsere Pläne ansahen, arbeiteten Ratschläge aus, die wir befolgten, und so schien der Erfolg gesichert. Dann jedoch kam ein Rückschlag nach dem anderen. Unvorhersehbare oder zumindest unvorhergesehene Ereignisse wie die drastische Beschneidung des Entwicklungsetats bei der G.E.C. verzögerten die Produktion von Demonstrationsgeräten, wodurch wichtige Verträge mit der U.S.-Marine nicht zustandekamen. Wir hatten auf höchster Ebene ausgezeichnete Kontakte zur I.B.M. und konnten eine Gruppe, die herüberkam, um sich unsere Arbeit anzusehen, davon überzeugen, daß man den Systemaster als möglichen Schlüssel zum computerisierten Lernen erproben sollte. Dann beschloß das Management von I.B.M. plötzlich, das ehrgeizige Programm auf dem Bildungssektor einzustellen, und ließ uns mit aufmunternden Worten und geringfügiger finanzieller Unterstützung stehen — ohne Aussicht auf einen Durchbruch. Uns erging es wie Tausenden anderen, die von den drastischen Einschränkungen der Sozialausgaben nach Richard Nixons Wahl zum Präsidenten betroffen waren. Um unser Unternehmen in Gang zu halten, mußte ich öfters in die Staaten reisen und immer mehr von meiner Zeit der Firma widmen. Ich war Vorsitzender des Aufsichtsrats und hätte eigentlich gar nichts mit der Unternehmensführung zu tun haben sollen, aber das Grundmuster meines Lebens schien sich noch einmal zu wiederholen.

Der Plan hatte so ausgesehen, daß ich ein paar Tage im Monat der Firma widmete und den Rest meiner Zeit dem Schreiben. Ich hatte Verträge mit meinem Verlag. Ich wollte die Wissenschaft der Systematik weiterentwickeln und Forschungen wieder aufnehmen, die ich bei der Arbeit an *The Dramatic Universe* begonne hatte. Und ich wußte auch, daß ich mehr Zeit für mein inneres Leben brauchte.

Hasan Shushud war in die Türkei zurückgekehrt und hatte mich noch gebeten, besser auf meine Gesundheit zu achten. Ich schlug diesen Rat in den Wind. Bis Dezember war ich nicht nur völlig erschöpft, sondern wurde auch ernsthaft krank. Zum Glück hatte ich meine Beziehung zu Dr. Chandra Sharma wieder aufgenommen, dem ich immer wieder begegenet war, seit Ratnasurya mich 1948 mit ihm bekanntgemacht hatte. Sharma ist einer der wirklich außergewöhnlichen Menschen, die ich kennengelernt habe. Er wuchs in einem Dorf in Südindien auf, wurde dann Tempeldiener und schließlich Betreuer von Sri Ramana Maharshi, der ihn nach Bombay schickte, damit er „ein Arzt wurde". Er ist heute voll approbierter Arzt in Großbritannien und einer der führenden Vertreter der Homöopathie und anderer natürlicher Heilverfahren. Als Diagnostiker besitzt er einen unglaublichen, ans Wunderbare grenzenden Blick für den Gesamtzustand seiner Patienten. Ich habe buchstäblich Hunderte meiner Schüler und Freunde zu ihm geschickt, wenn die Schulmedizin ihnen nicht hatte helfen können. Viele erstaunliche Heilungen haben ihm — vor allem in England, Nordeuropa und den USA — einen solchen Ruf eingetragen, daß er jetzt einer der gefragten Spezialisten des Landes ist.

Dieser Exkurs ist notwendig, damit ich erzählen kann, was im Januar 1969 mit mir geschah. Die S.C.S. war gerade erst gegründet und nahm mich vollkommen in Anspruch — aber ich konnte mich kaum noch ins Büro schleppen. Dr. Sharma hatte mir schon gesagt, ich würde mich einer Prostataoperation unterziehen müssen, aber vorher wollte er meine Kräfte aufbauen.

Am 28. Januar brach ich zusammen. Meine Frau rief Dr. Sharma an und sagte, ich sei im Delirium und anscheinend in großer Gefahr. Er kam sofort und blieb sechzehn Stunden lang bei mir, bis ich außer Gefahr war. Ich konnte mich weder mit ihm noch mit sonst jemandem verständigen, weil ich von meinem Körper getrennt war. Nichts von dem, was ich sagte oder tat, hatte eine Verbindung zu meinem Bewußtsein. Ich wußte, daß Elizabeth da war, konnte aber nichts tun, um sie zu beruhigen.

Ich machte eine der wichtigsten und aufschlußreichsten Erfahrungen meines Lebens. Ich wußte, daß mein Blut voller Gift war, und wenn es eine bestimmte Konzentration überschritt, würde mein Gehirn Schaden leiden, und ich würde mich nie wieder mit Menschen verständigen können. Ich wußte auch, daß ich nicht gleich sterben, sondern in einem Zustand verharren würde, der den Menschen in meiner Umgebung nur als vollkommene Verblödung erscheinen konnte. Und doch würde „Ich" von all dem jetzt nicht und niemals berührt werden; „ich selbst" würde frei bleiben, und es würde sogar Augenblicke geben, in denen Kommunikation möglich war. Ich versuchte meiner Frau etwas Beruhigendes zu sagen, aber ich war vollkommen hilflos. Ich sagte zwar etwas, doch es war nicht „ich", der da sprach. Ich merkte, daß Dr. Sharma etwas mit mir machte, aber ich konnte nicht einmal den Mund öffnen, als er mich darum bat.

Dieser Zustand hielt viele Stunden an, und ich schwebte lange in der Gefahr, irreparable Schäden zu erleiden. Dennoch war ich von Freude und Zuversicht erfüllt, denn ich wußte ganz sicher und unauslöschlich, daß ich nicht nur meinen „Körper" sondern auch meinen „Verstand" verlieren könnte und doch „ich selbst" bleiben würde.

Als die unmittelbare Krise überstanden war, mußte ich sechs Wochen bis zur Operation abwarten. Wir hatten gerade ein Landhaus in Sparkford, Somerset, gekauft, das seit Jahrhunderten zum Familienbesitz der Bennetts gehört hatte und 1919 an Fremde verkauft worden war. Dorthin fuhren wir, damit ich mich erholen konnte — fünfzig Jahre nach meiner Operation im Anschluß an die Verwundung in Frankreich. Ein großer Zyklus meines Lebens hatte sich geschlossen: 1919 hatte ich gesehen, daß ich auch ohne Körper sein konnte, jetzt wußte ich, daß die Funktionen meines Gehirns ebenfalls entbehrlich waren. Es war möglich, in einen Bewußtseinszustand einzutreten, der nur noch reines „Sehen" war, nicht mehr mit mentalen Prozessen einherging und sich äußerlich nicht zeigte. Dieser Bewußtseinszustand war nicht mehr „in" Raum und Zeit oder genauer, er war nicht mehr den Bedingungen von Raum und Zeit unterworfen. Es gab kein „Hier" oder „Dort" mehr, kein „Jetzt" oder „Nicht-Jetzt". Nach solch einer Offenbarung war es sehr seltsam, ans „Geschäft" zu denken. Doch Dank Sharma erholte ich mich mit erstaunlicher Schnelligkeit. Meine Kräfte und Fähigkeiten kehrten zurück, und ich war voller Energie.

Ich widmete mich wieder der Firma und bemühte mich eineinhalb Jahre lang, ihr einen festen Stand zu verschaffen. Die Einzelheiten sind interessant wegen der Kontakte, die wir zu einigen der größten Industrieunternehmen der Welt knüpften, doch für das Hauptthema meines Lebens sind sie ohne Belang, so daß ich sie hier übergehe. Im Juli 1970 sah ich ein, daß ich mich entweder für etliche Jahre ganz dem Geschäft widmen oder es an andere übergeben mußte. Die Möglichkeit der Übernahme durch eine sehr erfolgreiche Firma war gegeben, und diese Firma konnte auch die Managementerfahrung einbringen, die uns weitgehend abging. Wenn ich mich zurückzog, konnte ich mich zwar wieder meiner schriftstellerischen Arbeit widmen, doch die von uns erfundene Technik für die Reform des Bildungswesens würde verlorengehen, weil die Firma, die uns aufkaufen wollte, sich nicht mit Schul- und Universitätsausbildung befaßte. Da ich das Unternehmen acht Jahre zuvor gerade mit dem Ziel begonnen hatte, dem Bildungssystem neue Lebensimpulse zu geben, schien ein Verkauf ein Verrat an unseren tieferen Absichten zu sein.

In dieser Zeit wurde ich von Saul Kuchinsky, dem Generaldirektor der Electronics Components Division der Burroughs Corporation, nach Amerika eingeladen. Er hatte ein Château in New Jersey gemietet, wo ich ein Seminar über Systematik abhielt, an dem mehrere prominente Geschäftsleute und Ingenieure teilnahmen, unter ihnen auch Warren Avis. Es gelang mir in diesen zwei kurzen Tagen nicht, die ganze Reichweite der Systematik zu vermitteln, aber ich fand echtes Interesse. Eine wirklich wertvolle Technik, die ich seitdem bei meiner eigenen Arbeit anwende, entdeckte ich in Warren Avis' „Shared Participation", die er in dem von ihm begründeten American Behavioral Science Laboratories in Ann Arbor, Michigan, entwickelt hatte. Als ich nach Europa zurückkehrte, wußte ich weniger denn je, was der nächste Schritt sein sollte. Zweimal war ich in dieser Zeit mit Gruppen junger Amerikaner zusammengekommen. Die eine Gruppe war eher hippyhaft, während die andere aus respektablen Collegestudenten aus New England bestand. Beide zeigten ein fast leidenschaftliches Interesse an den Ideen der Arbeit und versicherten mir, ich würde Tausende von Anhängern haben, wenn ich für ein Jahr nach Boston oder New York käme. Einige dieser jungen Leute schlossen sich später der Gruppe von Paul und Naomi Anderson an.

Ich mußte eine Entscheidung fällen. Im September fuhr ich nach St. Wandrille, um in Stille und Zurückgezogenheit über die Situation zu meditieren und darum zu beten, daß mir der Weg gewiesen würde. Mit den Mitteln des Verstandes war zu keiner Entscheidung zu kommen, denn für keine der Möglichkeiten sprachen eindeutig bessere Gründe. Das Unerwartete geschah. Ich erhielt von der Stimme, die in Krisenzeiten stets in meiner Brust laut geworden ist, den klarsten Hinweis, der nur möglich ist: „Du sollst eine Schule gründen." Das geschah während der Frühmesse, als ich Psalm 94 sang: *„Si vocem eius audieritis, nolite obdurare corda vestra* — „Wenn ihr meine Stimme hören wollt, so verhärtet nicht eure Herzen", und ich eher meine mangelnde Dankbarkeit für alles, was mir in der Vergangenheit zuteilgeworden war, vor Augen hatte als das, was ich vielleicht in Zukunft tun würde. Erst dachte ich, der Hinweis beziehe sich auf das Bildungsprojekt, doch dann wurde schnell klar, daß ich zu etwas ganz Neuem aufgerufen war. Ich verbrachte den ganzen Tag in Gebet und Meditation und erinnerte mich, daß Gurdjieff mir 1923 gesagt hatte, ich werde eines Tages in seine Fußstapfen treten und die Arbeit fortsetzen, die er in Fontainebleau begonnen hatte. Ich durchlebte noch einmal die Stunden an jenem Samstagmorgen vor seinem Tod, als er gesagt hatte: „Nur Sie können alle meine Mühe vergelten." Seit einundzwanzig Jahren hatte ich mich geweigert, als Führer oder Lehrer aufzutreten. In Coombe Springs war ich nur die Stimme von Gurdjieff, Subud oder dem Shivapuri Baba gewesen. Meine eigene Autorität hatte nur auf ihrer beruht. Allerdings war das nicht einfach Feigheit, sondern eher bedingt durch das Bewußtsein, daß meine Zeit noch nicht gekommen war.

Jetzt war der Augenblick da. Von jetzt an sollte ich also nicht mehr Geschäftsmann oder Schriftsteller sein, sondern der Gründer einer Schule. Warum eine Schule? Diese Frage, die Krishnamurti Ouspensky 1932 gestellt hatte, stellte sich jetzt mir und forderte eine unmittelbare Antwort. „Weil die Menschen für die vor uns liegenden Schwierigkeiten vorbereitet sein müssen.“ Dann trat die Bedeutung des „Vierten Weges“ in mein Bewußtsein. Da lag für mich eine Aufgabe, und ich mußte Menschen darauf vorbereiten, mir zu helfen. Die Schule, die ich gründen mußte, würde eine Schule des Vierten Weges sein.

Ich hatte in mehreren Schulungszentren — am Prieuré, in Gadsden, Lyne Place, Franklin Farms, Coombe Springs — eine Menge Erfahrung gewonnen; ich besaß fünfzig Jahre Erfahrung mit Gruppenarbeit, bei der die Menschen vierzehntägig, wöchentlich oder noch öfter zusammenkamen, aber nicht kontinuierlich unter der Führung eines Lehrers zusammenlebten und arbeiteten; ich hatte Wege wie Subud und die Transzendentale Meditation kennengelernt, die eine natürliche Kraft zur Vertiefung des inneren Lebens haben; ich hatte in St. Wandrille Leben und Arbeit eines Benediktinerklosters erlebt; und ich hatte einiges von den Derwischgemeinschaften Asiens gesehen. Doch keine dieser Erfahrungen konnte einbringen, was jetzt notwendig war. Wollte ich etwas wirklich Nützliches tun, so mußte es etwas ganz anderes sein. Ich dachte darüber nach, daß Gurdjieff immer nur für begrenzte Zeit mit jemandem zusammengearbeitet und ihn dann weggeschickt oder gar vertrieben hatte. Mir war auch bewußt, daß sein Institut in Fontainebleau selbst in seiner Blütezeit nicht mehr als ein Experiment gewesen war. Er war zu sehr durch die Beschaffung von Geldmitteln beansprucht, als daß er seinen Schülern noch genügend Zeit hätte widmen können. Abgesehen von den rhythmischen Bewegungen, war man bei keiner seiner Methoden lange genug geblieben, um beständige Resultate zu erzielen, und selbst die Bewegungen wurden seinem Besuch in den Vereinigten Staaten angepaßt — das Sichtbare gewann Vorrang vor der inneren Arbeit.

Wollte ich es besser machen, so mußte ich in der Lage sein, mich ganz dieser Aufgabe zu widmen, und dazu brauchte ich die richtigen Leute, einen geeigneten Platz und genug Geld, um von materiellen Sorgen frei zu sein. Ich hatte nichts davon. Ich sagte mir: „Wenn die Höheren Mächte wollen, daß ich diese Aufgabe auf mich nehme, dann müssen sie mir die Menschen, den Ort und das Geld beschaffen.“

Ich kehrte nach England zurück und sprach mit Michael Franklin, dem Vorsitzenden des Institutsrats unseres in Coombe Springs gegründeten Instituts über das Projekt. Er zögerte keinen Augenblick, mir seine volle Unterstützung zuzusagen. Später erzählte er mir, daß in ihm selbst schon eine ähnliche Idee aufgekeimt war. Bald darauf, im Oktober, hatten wir unsere Jahresvollversammlung, und ich sprach über die Gründung einer neuen Schule. Es gab Fragen und Vorbehalte — vor allem meine eigenen Fragen betreffend: Wo soll das Geld herkommen? Wo willst du es machen? Wo findest du Leute, die willens und in der Lage sind, ein Jahr ihres Lebens für solch ein Vorhaben zu geben? Über meinen eigenen inneren Zustand sprach ich nicht und sagte nur, wenn die Höheren Mächte es wollten, dann würden sie auch für die Mittel sorgen.

Zufällig stand im April der fünfundzwanzigste Jahrestag der Gründung unseres Instituts bevor. Ich schlug vor, und alle stimmten begeistert zu, ein Jubiläumsfest zu veranstalten und zugleich die neue Schule zu gründen. Ich dachte daran, mit fünfundzwanzig Schülern in einem Haus in Kingston anzufangen, wenn ich auch glaubte, daß eine wirkliche Schule einen engeren Kontakt zur Erde haben mußte, als es in der Stadt möglich war. Bis zum Jubiläumsessen hatte ich sechs Kandidaten und von Lili Hellstenius, die uns in fünfundzwanzig Jahren nie ihre Hilfe versagt hatte, das Angebot, ihr Haus in Kingston zu benutzen oder zu verkaufen. Ich wählte für die Schule den Namen *International Academy for Continuous Education,* um auf ihren platonischen Geist hinzuweisen und deutlich zu machen, daß sie den Menschen, die hierher kamen, eine lebenslange Schulung anbot.

Mein Freund und Verleger, Paul Hoddar William, war der Ehrengast, unterstützt durch H.E. Apa Pant, den Hohen Kommissar für Indien. Fast dreihundert Mitglieder und Gäste versammelten sich im Ballsaal des St. Ermin's Hotel. Dem Abendessen ging eine Konferenz mit dem Thema „Der ganze Mensch" voran. Ich kündigte in einer kurzen Ansprache an, daß die Akademie am gleichen Tag gegründet wurde. Diese Nachricht fand allgemeinen Beifall. Es gab keine Presse, keine Verlautbarungen, kein Aufsehen; von Kandidaten, Ort und Geld noch nichts zu sehen.

Dann führte eine Reihe merkwürdiger Fügungen dazu, daß ich in die USA eingeladen wurde, um an verschiedenen Zentren Vorträge zu halten. Es war schon Mai, und das Universitätsjahr ging zu Ende. Wo sollte ich jetzt genügend Zuhörer herbekommen? Ich entschloß mich trotz allem hinüberzufahren. In Boston wurde ich von meinen alten Freunden Paul und Naomi Anderson und einigen Mitgliedern der Gruppe, die sich nach meinem Besuch von 1970 gebildet hatte, empfangen. Wir improvisierten eilends einige Vorträge in Harvard und an der Clark University von Worcester, Massachusetts. Ich ging mit den Bildungssystemen der Welt streng ins Gericht und sagte, sie hätten nichts, um die Menschen auf die bevorstehenden verheerenden Umschwünge vorzubereiten und daß die Akademie das Experiment mit einem ganz neuen Ansatz zur Verwirklichung des „Ganzen Menschen" sei. Diejenigen, die bereit waren, sich zu engagieren und ein Jahr lang hart zu arbeiten, lud ich zu einem persönlichen Gespräch nach dem Vortrag ein. Das Echo überraschte mich. Innerhalb von zwei Tagen hatte ich dreißig gute Kandidaten.

Ich rief Elizabeth an und sagte, wir brauchten ein sehr großes Haus. Sie hatte Sherborne House gesehen, das früher eine Schule für hundertdreißig Jungen gewesen war und wunderschöne Gärten und Rasenflächen besaß. Es lag im Herzen der Cotswold Hills in einer der schönsten Landschaften Englands. Ich sagte ihr, sie solle erkunden, ob wir das Anwesen kaufen konnten.

Von Boston aus fuhr ich mit Karl Schaffer nach New Hampshire und sprach am Franconia State College, wodurch ich zwei weitere Kandidaten fand. Dann weiter nach San Francisco, Berkeley und ans Sonoma State

College. Bevor ich Californien verließ, war die Akademie mit zweiundsiebzig Kandidaten — das Maximum dessen, was ich mir zutraute — ausgebucht. Auf Bitten von Irving Kahan fuhr ich nach St. Louis und sprach an der Washington University. Inzwischen waren fast alle Studenten schon in den Ferien, und doch fanden sich einige ausgezeichnete Kandidaten. Schließlich sprach ich noch im Gotham Book Mart von New York unter der gütigen Schirmherrschaft der liebenswürdigen Frances Steloff, die mit ihren fünfundachtzig Jahren jünger denn je war.

Wieder in England, stellte ich fest, daß ich nicht nur Geld genug hatte, um Sherborne House zu kaufen, sondern auch fünfundneunzig Kandidaten für den ersten Grundkurs. Die Höheren Mächte hatten sich ordentlich ins Zeug gelegt. Noch nie in meinem Leben hatte ich ähnliches erlebt. Bisher war das Mögliche immer schwierig gewesen — diesmal hatte sich das Unmögliche wie von selbst ergeben.

Die Akademie wurde am 15. Oktober 1971 eröffnet. Ich hatte nichts geplant und nichts vorbereitet. Ich hatte Elizabeth, die voller Zuversicht war, daß sich alles finden würde und die seither ohne Rücksicht auf sich selbst gearbeitet hat. Ich lud einen sehr alten Freund und Kollegen, John Holland, ein, mir zu helfen. Für den Unterricht in den Bewegungen hatte ich Anna Durco. Die Organisation oblag Gilbert Edwards — und das war alles. Wir hatten Sherborne House am 17. September bezogen und mußten in fünf Wochen reparieren und renovieren, die Heizung instandsetzen, die verwahrloste Küche erneuern, Einrichtungsgegenstände kaufen und anbringen und ein Sekretariat einrichten. Ich hatte nicht einmal jemanden, der meine Briefe schrieb.

Und alles lief, als sei es vorherbestimmt. Der Kurs entfaltete sich von selbst. Ein ungeheurer Reichtum an Ideen und Techniken, der mir in fünfzig Jahren der Suche zugewachsen war, stand abrufbereit. Ich besaß die Erfahrung von fünfundzwanzig Jahren in Coombe Springs und all der Seminare und Sommerkurse. Trotzdem fragten wir alle uns immer wieder staunend, wie so viel in so kurzer Zeit passieren konnte. Die ganze Absurdität der Umstände war ein wichtiger Faktor für die Entstehung eines Gefühls der Entschlossenheit. Als wir unseren großen Kochherd noch nicht hatten, mußten wir einmal für hundert Leute auf einem kaum noch benutzbaren, für ein paar Pfund gekauften alten Elektroherd kochen. In allen Räumen und Fluren roch es nach Farbe. Die Zentralheizung fiel immer wieder aus, und oft gab es kein warmes Wasser. Die Zimmer waren kalt, feucht, und sehr dürftig eingerichtet.

Unter solchen Umständen arbeiteten wir hart an Gurdjieffs Bewegungen. Wir befreiten den Garten vom Unkraut und pflanzten Gemüse — das prompt den Tauben und Kaninchen zum Opfer fiel. Viele der Studenten verknüpften ihr Streben nach höheren Dingen mit allerlei vorgefaßten Ansichten über richtige Ernährung und Lebensumstände. Meinen ersten Vortrag hielt ich über „Mögen und Nichtmögen". Ich sagte, um überhaupt anfangen zu wollen, müsse man erst einmal von allem Mögen und Nichtmögen freiwerden. Alle rangen mannhaft mit diesen ungewohnten Anforderungen.

Und ich tat wie üblich des Guten zuviel. Als ich den jungen Männern im Garten zeigen wollte, wie man umgräbt, hob ich mir einen Bruch und war durch die Operation für zwei Wochen ausgeschaltet. Das gab mir Gelegenheit, mich noch einmal gründlich zu erforschen. Ich sah, daß mein Leben sich geändert hatte, weil ich selbst mich geändert hatte. Ich stand im Austausch mit einer Höheren Weisheit, und es war eine wirklich zweiseitige Kommunikation. Ich konnte um Hilfe und Rat bitten und erhielt sie. Ich konnte sogar Einwände machen und darauf bestehen, daß die Botschaft klarer ausgedrückt wurde. Ich blieb nie mehr im Zweifel darüber, was ich zu tun hatte. Meine Schwächen und Dummheiten spielten keine Rolle mehr. Während meines Deliriums im Jahr zuvor, hatte ich erfahren, daß ich auch *ohne* die Funktionen meines Gehirns ich selbst sein konnte. Jetzt entdeckte ich, daß ich *trotz* dieser Funktionen ich selbst sein konnte. Da die Arbeit jetzt nicht mehr von meiner Fähigkeit, sie zu tun, abhing, gewann ich das Vertrauen, daß sie gelingen würde.

Im Neuen Jahr sah ich, daß wir wirklich vorankamen. Wir feierten Gurdjieffs 95. Geburtstag am 13. Januar 1972 mit einem großen Festmahl, bei dem wir wieder auf alle Idioten tranken wie vor neunundvierzig Jahren in Fontainebleau. Wir machten den Samstag zum Tag der offenen Tür, an dem wir die Bewegungen vorführten und uns darin übten, Besuchern zu erklären, was wir machten.

Im April 1972 kam Hasan Shushud nach Sherborne. Hier auf dem Land fühlte er sich sehr wohl, und er freute sich, mich zu sehen. Er hielt allerdings nicht viel von den Studenten und sah keinen Sinn in dem, was ich tat. Er beharrte darauf, daß ich eine viel größere Rolle zu spielen hätte, als nur Lehrer zu sein. „Sie sind erwählt, einer der wenigen zu sein", sagte er, „die den ganzen Weg zur endgültigen Befreiung von den Bedingungen des Daseins gehen. Ihre einzige Heimat ist die Absolute Leere." Mir fiel dabei wieder ein, was Gurdjieff mir im August 1949 in Vichy gesagt hatte: „Sie können das Paradies haben, aber Sie dürfen sich nicht zufriedengeben, bis Sie die Sonne Absolut erreicht haben."

Anders als vor zwei Jahren in Kingston, konnte ich jetzt jeden Tag mit Hasan sprechen. Schon nach zwei Tagen stellten sich Visionen und Auditionen ein, die letzteren meist auf Englisch, manchmal aber auch auf Türkisch. Ich war überzeugt, daß ich in der Zeit von Khwaja Ubeydullah Ahrar in Zentralasien gelebt hatte, und fragte Hasan, wie es sein konnte, daß ich jetzt so weit von meinem Heimatland entfernt geboren worden war. Ich hatte mich schon immer in Asien zu Hause und in Europa als Fremder gefühlt. Er sagte: „Der Wind kann die Samen über Kontinente wehen. Er weht jetzt nach England hin. Deshalb sind Sie hier geboren."

Nach einer Woche hatte Hasan die meisten Studenten kennengelernt und mit mehreren unter vier Augen gesprochen. Jetzt gewann er die Ansicht, daß einige von ihnen zu Helfern werden konnten. Allmählich begann er auch einen Sinn in meiner Schulungsmethode zu sehen. Vorher hatte er immer wieder betont, wir brauchten für unsere Vervollkommnung nichts weiter als Fasten und den Dhikr in Verbindung mit der Atemregulierung. Jetzt sagte er, er fände meine Methode für die heutige Zeit und für westliche Menschen ideal. Er sagte, ich solle nicht enttäuscht sein, weil nur so wenige Studenten ein wirklich großes Potential hatten. Solche Menschen seien selten. Er hatte in seinem Leben nur zwei getroffen, die über die Grundstufen hinauskamen. Der eine war ich und der andere ein türkischer Arzt, der in Detroit lebte — aber selbst der habe seine Grenzen, weil er die asketische Lebensweise zu wichtig nahm.

Mehrere meiner Studenten kamen zu mir und baten mich, seine Aussagen zu erklären. Er hatte ihnen gesagt, ich sei der erste Europäer seit Meister Eckhart, der das Geheimnis der Absoluten Befreiung erfaßt habe. Ich lachte und sagte, sie sollten nur glauben, was sie selbst verifizieren konnten. Wie hätten sie denn die Realitäten der Nichtexistenz verstehen sollen? Hasan war für sie starker Tobak, aber seine bloße Anwesenheit erzeugte ein tiefes Empfinden, daß es die Welt, in der keine Bedingungen mehr galten, wirklich gab.

Inzwischen kamen ständig Neuanmeldungen für das nächste Jahr herein. Wir versuchten das prachtvolle Stallungsgebäude zu kaufen, eine Perle mittelviktorianischer Architektur. Lord Sherborne wollte nicht verkaufen, verpachtete uns aber einen großen Teil und dazu noch Gärten und Hütten, die unsere Unterbringungsmöglichkeiten beträchtlich erweiterten. Die Bauarbeiten übernahm eine Gruppe junger Männer, die sich erstaunliche Fertigkeiten als Steinmetze und in anderen Bauhandwerken angeeignet hatten.

In den letzten Wochen des Kurses gab ich allen Studenten die Aufgabe, einander zu vermitteln, was sie in Sherborne gelernt hatten. Ich sagte, wir könnten nur das wahrhaft besitzen, was wir mit anderen teilen, und das Geben sei die notwendige Ergänzung des Empfangens. Ich wünschte mir, daß sie nach Hause gingen und kleine Gruppen um sich versammelten, um die Ideen und Methoden weiterzugeben, die sie gelernt hatten. Ich sagte: „Solange wir uns erinnern, daß wir in unserer konditionierten Natur nichts tun und nichts verstehen können, werden wir vor der Dummheit bewahrt, zu denken, wir seien besser als die, die wir etwas lehren."

Als der Kurs zu Ende war und ich sie gehen sah, bemerkte ich staunend, wie viel mit so vielen Menschen geschehen war. Einige, die anfangs nicht viel erwarten ließen, hatten sich als die Begabtesten erwiesen. Ich mußte aber auch zugeben, daß sie alle nach wie vor in der konditionierten Welt der materiellen Dinge, Sinneswahrnehmungen und Gedanken lebten. Niemand hatte mehr als einen kurzen Blick auf das Un-Bedingte erhascht. Ich sah auch meine eigenen Fehler. Zuviel Zeit war auf Vorträge und andere Dinge, die nur den Intellekt mästen, aber das Herz nicht anrühren, verschwendet worden.

Eine Methode, die „Entscheidungsübung", erwies ihren Wert von Monat zu Monat immer deutlicher. Es ist meine eigene Ausformung einer Technik, die ich fast beiläufig von Gurdjieff lernte und die er fast beiläufig in der dritten Serie seiner Schriften erwähnt. Ich werde sie hier nicht beschreiben, weil ich festgestellt habe, daß sie nur im direkten Kontakt zwischen Lehrer und Schüler adäquat vermittelt werden kann.

Als der Kurs zu Ende war fuhr ich mit Elizabeth und unseren zwei Töchtern in die Türkei, wo ich nicht nur Hasan traf, sondern auch Hadji Muzaffer, den Scheich der Halveti-Derwische, dessen Tekke in Istanbul beim Aquaedukt zu finden ist. Ich sah mit Freude, wie stark der Sufismus in der Türkei seit der Zeit von Ministerpräsident Menderes wieder aufgelebt war. Jetzt war es wieder möglich, wirkliche Scheichs zu finden und von ihnen angenommen zu werden. Ich sah auch, wieviel mehr wir in Sherborne besaßen, wo wir Ideen und Methoden aus aller Welt zusammengetragen hatten und über ein Repertoire verfügten, das denen, die willig waren zu arbeiten, rasche Fortschritte ermöglichte.

Der zweite Kurs nähert sich jetzt seinem Ende, und die Anmeldungen für 1973/74 kommen noch schneller als letztes Jahr. Und das alles geschieht ohne jede Öffentlichkeitsarbeit, allein durch den Eindruck, den die Studenten des letzten Jahres auf ihre Familien und Freunde machen. Ich habe angekündigt, daß ich fünf solcher Kurse bis 1975/76 geben will. 1976/77 möchte ich die einladen, die sich als fähig erwiesen haben, das Gelernte weiterzugeben, und bereit sind, einen weiteren Schritt zu tun.

Im Juni 1972 zeigte sich am Grundmuster meines Lebens eine weitere Facette, als ich von Valya Anastasieff, Gurdjieffs Neffen, gebeten wurde, der Familie bei ihrem Streit mit der Edition Janus, einer literarischen Agentur, der Gurdjieff die Veröffentlichung seiner Bücher und Notentexte anvertraut hatte, zu helfen. Gurdjieffs Schwester Sophie Ivanovna, das letzte Mitglied seiner engeren Familie, war kürzlich gestorben, und jetzt gab es nur noch einige Nichten und Valya selbst. Sie wollten nicht hinnehmen, daß Janus die Dritte Serie von Gurdjieffs Schriften nicht veröffentlichte und nicht mehr zur Verbreitung seiner Musik und Tänze tat. Ich freute mich, engere Beziehungen zu Gurdjieffs Familie knüpfen zu können, vor allem zu den Mitgliedern, die 1948 und 1949 bei ihm in Paris gewesen waren. Ihnen allen eignete ein tiefes Verständnis der menschlichen Natur, und sie verfügten über großes Können auf den verschiedensten Gebieten. Solche für das Überleben in fremder Umgebung entscheidenden Eigenschaften rechtfertigen die besonderen Schulungsmethoden, deren sich Gurdjieff bei seiner Familie bediente. Ich habe sie, so gut ich konnte, für meine Studenten in Sherborne adaptiert.

Die Familie hoffte jetzt auf meine Mithilfe bei dem Vorhaben, *Das Leben ist nur dann wirklich, wenn ICH BIN* zu veröffentlichen — in Übereinstimmung mit Gurdjieffs Wünschen, wie er sie im Prolog zum letzten Buch niedergelegt hat. Das war eine sehr delikate Sache, denn ich gehörte nicht der „orthodoxen" Gruppe seiner Anhänger an, die sich zum Ziel gesetzt hatten, seine Lehre „ohne Veränderungen oder Zusätze" zu bewahren. Ich hatte im Gegenteil auf eigene Faust gesucht, neue Ideen gefunden, neue Methoden entwickelt und neuen Meistern gedient. Einige Gurdjieffschüler waren besonders schockiert von meiner Vermutung, Pak Subuh könne der sein, den Gurdjieff 1949 angekündigt hatte. Ich konnte niemandem, der mich verwarf, einen Vorwurf machen, und ich wollte die Dinge nicht noch schlimmer machen, indem ich die große Verantwortung der Herausgabe der dritten Serie auf mich nahm. Als ich mir die Lage jedoch näher betrachtet und mit einigen der älteren Schüler in Frankreich und den Vereinigten Staaten gesprochen hatte, glaubte ich, daß ich helfen konnte, die Feindseligkeiten beizulegen, die schon so lange schwelten. Ich gewann das starke Gefühl, daß Gurdjieffs Familie wohl unfair behandelt worden war, aber selbst wiederum nicht recht zu schätzen wußte, daß Gurdjieffs Anhänger aufrichtig darum bemüht waren, das Richtige zu tun. Das Beste schien zu sein, wenn ich das Werk herausgab und einen Verlag suchte.

Die Arbeit an der Herausgabe der dritten Serie enthüllte mir einige sehr subtile Elemente in Gurdjieffs Lehre, die mir eine große Hilfe geworden sind. Die Familie bat mich, einige Vorträge Gurdjieffs in den Text einzuarbeiten, wie er es vielleicht vorgehabt, aber nirgends ausdrücklich vermerkt hatte. Daraus erhebt sich die Frage, welchen Zweck Gurdjieff eigentlich mit seinen Schriften verfolgte, und in der Konsequenz, welche Bedeutung sein Leben insgesamt hatte. Ich hatte diese Fragen schon untersucht, als ich im Auftrag von Turnstone Books die Biographie Gurdjieffs und eine kritische Würdigung seines Werks schrieb. Kurz vor der Eröffnung der Akademie hatte ich mit dieser Arbeit begonnen. Ich betrachtete diese Aufgabe als einen Teil der Erfüllung meines Versprechens, das ich Gurdjieff am Ende seines Lebens gegeben hatte: daß ich alles in meinen Kräften Stehende tun würde, daß seine Ideen bekannt und verstanden wurden.

Ich war zu der Auffassung gelangt, daß Gurdjieff mehr als ein Lehrer und weniger als ein Prophet war. Er war ein Mensch mit einer echten Mission, und er widmete ihr sein ganzes Leben. Er brauchte Menschen, die seine Botschaft verstanden, und gab sich doch alle Mühe, sie dunkel und schwer verständlich zu machen. Nur so konnte er die finden, die fähig waren, den nötigen Scharfblick und die nötige Entschlossenheit zu gewinnen, um sein Werk fortzuführen. Heute, vierundzwanzig Jahre nach seinem Tod, gibt es dreißig oder vierzig Menschen in allen Teilen der Welt, die die Lehre weitergeben können — doch nur sehr wenige können über den Menschen hinaus auf seine Botschaft blicken. Die Zeit, tiefer zu dringen und den Kern seiner Botschaft bloßzulegen, kommt jetzt heran, und wir müssen bereit sein, unsere eigenen begrenzten Ansichten zu opfern, damit das ganze Bild sich zeigen kann. Das wird einige Jahren brauchen, und wir haben keine Zeit zu verlieren, denn die Ereignisse sind dabei, uns einzuholen.

Ich schreibe so, als würde ich in fünf, zehn oder zwanzig Jahren noch leben. Wer will das wissen? Die Lebensspanne des Menschen ist ein noch kaum verstandenes Ding. Es läßt sich zwar leicht beobachten, daß manche Leute langsamer altern als andere, daß es keinen offensichtlichen Grund gibt, weshalb ein gesunder Mench nicht hundert Jahre oder länger leben sollte, und daß wir überhaupt durch die Wissenschaft der Gerontologie wichtige Aufschlüsse gewinnen. Doch all das berührt nicht die Frage, ob ein verwirklichter Mensch so lange leben kann, wie er für richtig hält. Ich hatte den Shivapuri Baba mit hundertsechunddreißig Jahren im Vollbesitz all seiner Kräfte gesehen. 1919 hatte ich einen türkischen Hamal getroffen, der mit echten Papieren nachweisen konnte, daß er 1776, zwölf Jahre vor der Französischen Revolution, geboren war. Er war langsam geworden und taub, aber keineswegs senil. Gurdjieff behauptet, die Lebensspanne sei das wichtigste aller menschlichen Probleme. Ein Mensch muß so lange leben können, wie es für die Erfüllung seiner Mission auf dieser Erde notwendig ist — für die Vollendung seines höheren Seinskörpers und das Erlangen „des erforderlichen Grades objektiver Vernunft".

Ich weiß aus eigener Erfahrung, daß der Tod ein Phänomen der bedingten Welt ist. Das „Leben nach dem Tod" ist auch ein bedingter Zustand, und kein erstrebenswerter, denn es ist ein Zustand des Träumens ohne Erwachen. Man braucht einen Körper, in dem man erwachen kann, und woher soll der kommen?

Der Pfad der Wirklichkeit führt nicht in die Zukunft, sondern ganz aus Raum und Zeit heraus. Wenn man diese einfache Wahrheit erfaßt, rücken Leben und Tod in eine andere Perspektive. Leben und Tod, Raum und Zeit — sie hören nicht auf zu exisitieren, doch die Existenz selbst wird ein Trugbild.

Einstweilen aber gibt es diese Welt und die Lage, in der sie sich befindet. Für die Menschheit ist die Zukunft durchaus real. Wir können den Bedürfnissen der Welt nicht den Rücken kehren, vor allem dann nicht, wenn wir überzeugt sind, daß sie in einem größeren Rahmen als allein auf diesem Planeten eine Rolle spielen. „Bewußte Arbeit und absichtliches Leiden" sind jetzt verlangt — vor allem von denen, die fähig sind, die Saat der neuen Zeit zu säen. Mehr als je zuvor braucht die Welt Menschen, die innere Freiheit erlangt haben und bedingungslos lieben können. Ich hoffe und wünsche, daß ich vielen helfen kann, ihren Weg zu finden, bevor ich diese bedingte Welt verlasse.

Über siebzig Jahre ist es her, daß ich Fragen zu stellen begann und Anworten bekam, die sich mir einprägten. Ich fragte meine Mutter: „Warum können wir Gott nicht sehen?" worauf sie erwiderte: „Ich nehme an, weil Er es nicht möchte." Das genügte mir damals nicht, aber es genügt mir heute. Ich verstehe jetzt viel besser, weshalb manche Geheimnisse bestehenbleiben müssen und weshalb andere gelüftet werden können. Ich bin fest überzeugt, daß in der Welt eine Vorsehung am Werk ist, doch sie kann uns nur helfen, wenn wir einwilligen. Ich beende die Neuausgabe von *Das Durchqueren des großen Wassers* wie die erste, indem ich Gurdjieff zitiere: „Zwei Dinge sind grenzenlos: die Dummheit des Menschen und die Gnade Gottes."